KB239957

현대전쟁의
논리와 철학

한미안보연구회총서 제6호

현대전쟁의 논리와 철학

THE LOGIC AND PHILOSOPHY OF MODERN WAR

강진석 지음

도서출판 동인

| 머리말 |

    동북아 지역에 신 냉전 기류가 형성되고 있다. 최근 독도(한-일), 이어도,(한-중) 조어도(쎈가꾸열도, 중-일), 쿠릴열도(북방4개섬, 일-러) 등 영유권과 관련하여 역내 긴장이 고조되고 있다. 북한이 핵보유국임을 헌법에 명기하였고 일본이 핵 관련법을 개정하여 핵 무장화의 길을 텄다. 중국은 유인 인공위성 발사와 우주도킹에 성공함으로써 우주강국으로 등극하였고 핵 항공모함 건설에 박차를 가하고 있다. 미국은 아시아 중시 전략으로 군사전략을 변경하고 MD체제 구축에 정성을 기울이며 한국의 참여를 요구하고, 전시 작전권의 한국군에게 전환 이후, 한미연합사의 계속적인 존속 필요성을 제시하고 있다. 또한 북한은 김정은 체제 공고화를 위하여 핵과 미사일 위협을 강화하며 유례없는 호전적 행위와 도발을 서슴지 않고 있다. 러시아는 과거의 영광을 재현하겠다며 각을 세우고 있다. 한반도의 평화 구축과 통일의 과정이 험난한 여정이 될 것이라는 예고들이다.

    다가오고 있는 통일의 과정에서 우리에게 주어진 과제는 크다. 무엇보다도 중요한 것은 굳건한 안보태세 확립이다. 그러나 우리 내부의 안보태세 현실은 암담하기만 하다. 2010 북한의 해군함정 폭침과 연평 포격 사태로 국방태세에 허점이 노출되었으며 국방 개혁은 제자리를 맴돌고 있다. 또한 국민들의 안보의식은 위험수위에 도달해 있다. 분명한 적의 도발을 두고도 정부의 조작이라며 북한의 소행이라는 증거가 없다고 공허한 변명을 하고 있고 제주도 해군기지 건설에 대해서는 무조건적 평화 논리로 국력을 낭비하고 있다.

    이러한 때에 절실히 요구되는 것이 국민들의 건전한 안보철학이다. 안보지도자들은 물론이요 국방업무관계자 그리고 일반 국민들이 한반도 현실에 입각한 전쟁과 평화에 대한 올바른 인식과 국가의 안전보장에 대한 명확한 문제인식, 그리고 투철한 평화구현 의지가 요구된다. 그동안 안보·군사문제 연구는 현상적 당면과제 위주의 정책 연구가 대종을 이루었다. 한마디로 한·미 안보협력을 기반으로 국방정책과 대북정책, 그리고 대외군사협력에 관한 연구의 범위를 넘어서지 못했다. 그러다보니 2015년 작전권을 환수하고 나서, 우리의 독자적인 안보를 어떻게 구축해 나가야 할 것인가에 대한 문제에 대해서는 전혀 연구된 것이 없는 실정이다. 이제는 우리의 독자적인 전쟁철학과 안보철학이 요구되는 시점에 있다. 이를 바탕으로 국방태세의 확립과 독자적인 전략과 작전교리 및 교전규칙의 개발, 국제 군사협력 방안 등이 강구되어야 할 것이다.

이러한 문제 인식하에 본서가 집필되었다. 본서는 전쟁과 평화에 대한 인식론적 접근으로 '현대전쟁론'이라 할 수 있다. 저자는 전쟁철학의 세부 논리로서 전쟁과 평화(정치와 전쟁의 본질), 전략의 철학, 정의전쟁론 등을 다루고 한국적 전쟁철학의 조화적 접근법으로써, '진정한(오센틱Ahthentic) 전쟁철학' 접근모형을 제시하여 보았다. 이러한 접근은 '클라우제비츠의 현대적 해석'을 기초로 한다. 이를 기반으로 '현대전쟁의 논리와 철학'으로 외연을 확대하였고 궁극적으로 한반도의 '조화·통일 안보철학과 전략 방향'을 도출하였다.

본서에 수록하지 못한 "클라우제비츠의 현대적 해석"과 "조화·통일 안보철학과 전략방향"은 본서와 짝을 이루는 『클라우제비츠와 한반도, 전쟁과 평화』에 분책하였다. 이러한 주제들은 클라우제비츠의 마음으로 돌아가 클라우제비츠가 다루고자 했던 그대로 전쟁의 본질과 전략의 철학 그리고 정의의 실현 문제를 한반도 '조화 통일·안보전략 발전방향'에 적용해 본 것이라 할 수 있다. 이것은 심오한 전쟁철학과 현대전쟁 논리 탐구의 대장정大長征에 있어서 이제 막 내딛는 한 걸음에 불과하다. 계속 보완 발전시켜 나갈 예정이다.

최근 군사학이 독립된 학문분야로 자리매김 되면서 전쟁철학 분야 이해를 위한 저술이 절실하게 요구되었는데 마땅한 교재가 없었다. 본서가 부족하지만 작은 보탬이 되었으면 하는 바램이다. 천학비재하고 무모하기까지 한 졸견拙見에 대해 용서를 빌며 호질虎叱을 달게 받고자 한다.

33년 동안의 군 생활을 마치고 대학에서 후진을 양성하는 보람에 빠져 있다. 그간 고생한 가족 최성희, 강인한, 강노을에게 고마움을 표하며 새로운 가족이 된 며느리 김새로와 이 책과 함께 세상에 나온 손주 강율에게 축하와 함께 사랑을 전하는 바이다. 학문의 길을 인도해주신 군 선배이자 은사이신 류재갑 교수님과 또한 이 책이 나올 수 있도록 격려해 주시고 큰 도움 주신 남궁근 대학 총장님께 심심한 감사드린다.

2012년 5월
서울 과학기술대학교 연구실에서
저자 강진석

Contents

제2장 전쟁과 군사적 측면의 논리: 전략의 철학

제3장 전쟁과 윤리·도덕적 측면의 논리: 전쟁과 정의

| 개관 |

전쟁연구의 범위와 영역, 전쟁철학 패러다임[1]

I

저서를 집필하는 이유와 목적은 저자의 동기에 따라 다르다. 특정분야에 대한 입문을 위한 교과서, 특정한 사실에 관한 정보나 기술을 제공하기 위한 해설서 경험적 자료와 분석의 틀을 기반으로 하여 특정한 과제를 취급하는 연구서, 연구의 방향을 제시하기 위한 방법론적 이론서나 사실을 설명하기 위한 이론서, 그리고 가치와 규범을 다루기 위한 정치철학서 등을 들 수 있다.[2] 본서는 엄격한 의미에서 볼 때, 위에 제시된 어느 한 유형에 속한다고 볼 수 없으며 본서는 넓은 의미에서 전문서적이 지니는 모든 특성이 종합되어 있다. 이러한 바탕위에서 전쟁을 중심으로 한 전쟁철학의 이론체계를 새로운 방향에서 우리 한국적 현실에 맞게 정리해 본 것이다.

사회과학의 영역에서 어느 분야를 막론하고 저자가 독창적인 작품을 집필할 수 없으며, 국제정치학 및 전쟁연구도 예외일 수 없다. 특히 전쟁철학 분야에 있어서는 더욱 그렇다. 본서는 국제정치학 및 전쟁철학, 전쟁연구의 많은 연구업적과 자료에 크게 의존하고 있다.[3] 저자는

---

1) 패러다임이란 방법론적 용어로서 사상을 체계화하고 연구의 방향을 가르쳐주는데 기여하는 모델, 형태(pattern), 또는 예(examples)를 의미한다. 이것은 사회과학 분야의 어떤 광범한 영역에서의 연구를 위한 틀을 가리키기도 하고, 보다 광의적으로는 전체적인 분야나 이 분야의 주요부에 특징적인 가정들과 사고형태를 가리키기도 한다. 안영섭, 『사회과학방법론총설』(서울: 법문사, 1996), p. 284 참조 패러다임은 원형질적인 '기조'로서 이론 자체는 아니고 이론화를 위한 모체라고 할 수 있다. 이러한 원형은 방법·이론·도구 등을 제시하는 모체로서 이것 없이는 학문의 과학적 활동이 미숙할 수밖에 없다. 토마스 쿤은 정상과학(normal science)의 단계에서 과학의 세계는 파다하게 퍼진 패러다임에 의해 지배받는다고 주장하였다. 김광웅, 『방법론강의』(서울: 박영사, 1997), p. 206 참조
2) 구영록, 『인간과 전쟁』(서울: 법문사, 1988), 서문, p. vii
3) 다수의 전문연구자들의 글을 본서 집필 의도에 따라 인용하고 저자들의 양해를 얻어 요약 발췌 및 부분 수록하였다.

기존의 연구 성과들을 중심으로 연구현황을 소개 및 반영하고 한국적 현실에 맞는 전쟁이해를 위한 새로운 접근방법 제시를 통하여 독자들이 보다 쉽게 다가설 수 있도록 하는데 그 의의를 두고 있다.

국제정치학 연구에서 제일 중요한 연구대상이 바로 전쟁과 국제분쟁에 관한 연구다. 통상 갈등-분쟁-전쟁의 단계로 진행되는 전쟁의 단계는 이들 단계의 수직적 상승이나 수평적 확대 또는 이들의 복합적 과정으로 파악되고 있으며 이것이 전통적 국제정치학의 연구대상이면서 아직도 그 중요성은 전혀 줄어들고 있지 않다.

국제정치에는 전쟁과 국제분쟁이 거의 끊임없이 나타나고 있기에 학자들은 인간의 역사를 전쟁의 역사라고도 말한다. 그러한 전쟁을 연구하는 것이 전쟁론이다.

II

이 책은 전쟁철학에 관한 연구서이다. 말하자면 '현대전쟁론'現代戰爭論으로서 인식론認識論, epistemology적 접근이라 할 수 있다.4) 21세기를 지향하는 현시점에서 평화를 논해도 부족한판에 왠 전쟁연구냐 하고 의아해 하는 독자들이 있을 것이다. 당연한 지적이다. 그러나 역설적으로 이 연구는 평화에 대한 연구다. 대단히 불행하게도 미래학자들은 앞으로 더 많은 전쟁이 전개될 것이라고 예측하고 있다. 따라서 전쟁에 대한 연구 없이 평화를 달성하는 방도를 찾아낼 수 없다. 전쟁연구 없는 평화의 염원은 가녀린 소녀의 기도에 불과할 뿐이다. 따라서 전쟁과 평화는 앞뒤가 구분이 없는 '뫼비우스의 띠'로 비유되기도 한다.

전쟁연구의 범위는 전쟁론의 학문적 성격과 범위, 전쟁의 본질, 전쟁과 정치의 상관관계, 핵시대에 있어서의 정치적 수단으로서의 전쟁의 적절성, 전쟁의 원인, 전략과 전술, 전쟁법, 정의正義의 전쟁, 국경론國境論 등에 관한 문제가 핵심범위라 할 수 있다.

전쟁의 본질과 이에 따른 전략의 실천에는 고도의 철학적 명제가 포함되어 있다. 즉 정치적 수단으로서의 전쟁의 사용에 관한 이성성理性性과 남발성濫發性에 관한 윤리적 사고들이 철학적 영역에 속한다. 현대에 이르러 특히 월남전 이후, 전쟁에 있어서 윤리적 문제는 중요한 전략적 고려요소가 되었고 전쟁의 정의正義 문제는 이제 장군들의 전략·전술에 있어 기본적인 것으로서 상식이 되었다. 따라서 전쟁철학은 현대전쟁 연구에 있어서 필수적인 것이 되었으며 오늘

---

4) 인식론(epistemology)이란 '지식', '참된 앎'이라는 뜻의 그리스어 epistēmē에서 유래된 것으로서 인간의 인식의 기원·본질·한계 등을 연구하는 철학의 한 분야이다. 정치학 연구에 있어서 인식론적 접근은 정치가 무엇이 되어야 하느냐 하는 당위적 철학적 접근으로서 정치현상을 보는 시각을 의미한다. 따라서 본서에서 말하는 전쟁에 대한 인식론적 접근도 전쟁은 무엇인가 하는 존재론적인 물음이나 전쟁은 무엇이 되어야(만) 하는가? 하는 당위론적 물음이 아니라 전쟁문제에 어떻게 접근할 것인가 하는 철학적 접근을 말한다.

날 국제정치, 안보전략 연구 분야의 핫이슈가 되어 논란되고 있다. 따라서 본서의 제목을『현대 전쟁의 논리와 철학』이라 이름 하였다.

전쟁론은 일반적으로 말할 때 사회과학 속의 한 분과이며 국제정치 현상과 불가분의 관계를 맺고 있는 학문분야이다. 국제정치학 연구에서 제일 중요한 연구대상이 바로 전쟁과 국제분쟁에 관한 연구다. 전쟁론은 특별히 전쟁에 초점을 두어 심화시킨 학문영역으로서 고도의 실천학문이고 실천과학이라 할 수 있으며 정치, 경제, 사회, 문화, 심리학 등 모든 학문이 망라된 종합학문적(과학적) 성격을 띠고 있다.

전쟁론을 독립된 학문분야로 본격적으로 다루기 시작한 것은 그 역사가 매우 짧다. 그것은 2차 세계대전 이후부터이며 핵무기시대에 접어들면서 무기혁명과 함께 전쟁개념이 과거와는 다른 양상으로 바뀌고 복잡해지면서부터이다. 이러한 배경으로 전쟁론을 포함한 군사문제를 다루는 '군사학'이 탄생된 것도 최근의 일이다.

전쟁론의 특성을 살펴보면 첫째, 전쟁론은 가장 최근 독립적 학문 분야로 자리 잡고 있다. 사회과학 분과로서의 전쟁론은 전쟁현상에 관계된 그 제도와 역사, 이론과 사상을 다룬다. 전쟁연구의 본질적 목적은 전쟁하는 기술과 방법을 연마하는 미시적 단순 작업이 아니다. 전쟁연구의 궁극적 목표는 거시적이고 이상론을 앞세워 추구하는 인간들의 평화로운 삶의 터전을 구축해 내기 위한 노력의 결실을 보는데 두고 있다.

둘째, 전쟁론은 통치 학문으로서의 정치학과 마찬가지로 고도의 실천학문이다. 지배와 통치의 정치학이 실천 정치세계의 이상과 실천술art, 그리고 슬기와 지혜를 깨우치고 익히게 하여 적이도 명분상 이상국가를 만들어 그 속에서 사람들이 행복하고 평화롭게 살게끔 다스리는 일에 지상목표를 두는 것이라면 전쟁론은 곧 궁극적으로는 전쟁을 없애고 이 지구상에 영구평화를 실현하기 위해 인간 모두의 슬기와 구체적인 방법을 깨우치는 일에 최고의 실천목표를 두고 있다.

셋째, 전쟁론은 종합과학적 성격을 가진 학문으로서 세계 평화의 문제, 그리고 국제정치 및 군사·전략의 제반문제를 분석, 고찰하는 일종의 종합과학적 성격을 띠고 있다. 전쟁·군사·전략의 제반 문제에 관한 제도, 이론, 사상, 역사 등 제 국면의 실상을 현대사적 역사현실에 기초하여 연구 분석하고 통찰한다. 따라서 군사문제를 다룸에 있어 전쟁의 문제를 시발로 삼게 된다.5) 결국 전쟁론은 현실의 세계정치, 군사, 세계 전략의 제 문제를 다루는 광범위한 연구 분야이다.

---

5) Julian Lider, *Military Theory: Concept, Structure, Problems*, Gower Publishing Company/England, 1983, esp. chapt. 1-2.

넷째, 따라서 전쟁론은 인간생활 현상 속에 존재하고 있는 모든 학문 분야와 상호 연관된 인접과학적 성격을 띠고 있어 실로 방대한 연구 범위를 가지고 있다. 그것은 전쟁이 무엇이고 어떤 것이어야 하는가를 다루는 철학적 영역으로부터 정치·경제·사회·문화 등 사회과학 분야는 물론 과학·의학·심리·생물학에 이르기까지 한이 없다.

어떻게 연구할 것이냐 하는 연구방법론으로서는 정태론적靜態論的 접근법과 동태론적動態論的 접근법으로 크게 나누어 볼 수 있다. 정태론적 접근법은 전쟁연구를 경험과학으로 간주하고 전쟁 양식의 역사적 시대적 유형 고찰, 전쟁 원인 고찰, 국제법적 고찰, 역사·철학적 연구, 역사사회학적 및 사회문화적 접근 등 질적 연구방법을 말한다. 동태론적 접근은 실제적이고 현실적인 실천적 의미의 정책과학적 접근으로서 국제정치 학자들이 많이 시도하고 있는 것으로서 국제적 차원과 규모의 군비정책, 국방·외교·안보 정책 및 전략, 군축 문제 등에 관한 정책연구와 이론을 정립하고 전쟁현상의 실제 문제들을 분석 고찰하며 계량·통계적 방법이 활용되기도 하고 행동과학적 접근방법이 활용되기도 한다.

이러한 접근법들은 궁극적으로 평화달성을 위한 전쟁연구를 통해서 전쟁의 예방과 전쟁의 방지 및 제거를 목적으로 전쟁의 전모를 파악하고 분석하여 실천적 대안을 강구하려는 노력이라 할 수 있다.

이와 같은 방법론을 추구하는 입장에는 대략 세 가지로 분류된다. 첫째는 현실주의적 접근으로서 비관론悲觀論적 전쟁필연론자戰爭必然論者들이다. 둘째로는 이상론理想論적 청사진학파靑寫眞學派로서 평화주의자들이다. 이들은 평화적 접근을 통해 전쟁이 없는 미래를 꿈꾸며 일반군축一般軍縮 및 세계정부 수립을 주창한다. 셋째로는 모든 전쟁의 원인을 단색적인 일원론으로 묶어 보려는 단순 인과론因果論적 학파이다. 이들은 정의正義의 전쟁을 주창한다.6)

III

본서는 전쟁의 본질을 주제로 전쟁의 철학적 측면을 조명하였다. 그것은 인류의 영원한 주제인 전쟁과 평화의 문제로서 어떻게 평화 달성이 가능한가 하는 기본적인 입론으로서 전쟁이 정책의 수단이라는 현대적 기본명제로부터 전쟁의 본질을 규명하고 그것으로부터 유래되는

---

6) 포크는 이러한 접근법에 대하여 찬동하지 않고 있는데 그것은 현실주의 전쟁 필연론자들은 '평화를 원하거든 전쟁을 준비하라(si vis pacem, para bellum)'의 원칙에 생각이 젖어있기 때문에 이들 학파에 있어서는 전쟁연구와 평화연구를 양립시킬 수 없음이 분명하며, 이상론적 평화주의 접근법에 있어서는 마찬가지로 현실주의적 입장에서 보면 순진한 잠꼬대 같은 소리에 불과하며 단순학파에 대해서도 순박한 단순논리 속에는 전체를 보지 못하는 기본적인 오류가 있다고 지적하고 있다. Richard A, Folk and S. Kim, 앞의 책, esp. pp. 3-5 (assumption and Approaches).

논란 즉 전쟁정책의 남발성과 이성적 자제성에 대한 분석을 통하여 현시대에 있어 평화의 달성과 정의正義의 실현은 평화주의적 접근 또는 현실주의적 접근이 아닌 조화적 접근을 통한 진정한 Authentic 전쟁철학 즉 분별지分別智, prudence와 국제협력의 제도화를 통한 군비통제를 통하여 가능하다는 결론을 도출해 내었고 이를 '오센틱 전쟁철학'이라 명명하였다.

이러한 현대적 안보철학은 '클라우제비츠'Carl von Clausewitz의 전쟁철학과 동일하다. 현대전쟁 연구를 위해서는 반드시 클라우제비츠로부터 시작되어야 하는 이유가 바로 여기에 있다. 현대의 전쟁론을 다루는 시각은 대부분 클라우제비츠의 재조명으로부터 시작하며, 현대 전쟁철학 연구의 토대가 되고 있다.

현대 핵 시대에 있어 전쟁을 가급적 회피하고 그 피해를 줄이려는 노력은 여러 가지 차원에서 시도되고 있다. 이론적으로는 전쟁의 폐기가 가능하지만 경험적으로 우리는 그것이 불가능하다는 것도 알고 있다. 그러다보니 전쟁원인 규명에 있어 인간성의 본질문제까지 다루게 되며 사악한 정치지도자 문제에 이르기까지 다양한 원인규명 작업이 이루어지고 있다. 로마 교황 바오로 6세가 말한 것처럼 불가능한 것으로 간파하고 있는 인간 본성의 근본적인 변화가 없는 한 무력에 의하지 않는 치안유지란 불가능한 것이다. 따라서 전쟁 폐기는 불가능하며 차선책으로서 우선적인 문제는 전쟁의 제한制限과 견제牽制라는 것을 깨닫지 않을 수 없는 것이다.

그렇다면 전쟁을 제한하고 견제할 수 있는 방법은 무엇인가? 하나의 접근방법은, 전쟁은 자신의 논리와 경로를 갖는 사회현상으로서 일단 시작되면 시작한 사람의 통제를 벗어나 무자비하게 움직이는 것으로 인식하고 항시전장에 대비하는 전쟁중심적 접근이다. 또 하나의 접근방법은 전쟁을 타 수단에 의한 정치의 연속으로 보고 현실적인 접근을 하는 것이다. 여기에는 자제성과 이성성이 내재한다.(아이러니칼하게도 클라우제비츠는 이 두 가지 방법을 모두 사용했다) 첫 번째 시도는 전면전쟁total war으로 유도하고 두 번째는 제한전쟁limited war 또는 정당한 전쟁just war에 이르게 된다.

전면전쟁 옹호론자들의 주요과제는 최종 승리를 위한 전쟁의 본질을 파악하고 이를 거리낌 없이 이용하는 것이다. 그러나 정당한 전쟁과 제한전쟁 교리의 지지자들은 정책의 도구로서 전쟁에 대한 한계와 도덕적으로 용납될 수 있는 목적을 결정하는 것이다.7)

현대전은 총력전의 추세를 보이고 있다. 총력전은 모든 국가의 역량을 총동원하여 추구하는 전쟁을 말한다. 전면전쟁은 일본에 대한 핵공격으로 마무리한 2차 대전을 끝으로 종지부를 찍었다. 세계적 차원의 전면전쟁은 핵에 의한 억제에 의해 더 이상 발생하지 않을 것이라는

---

7) 클라우제비츠가 고찰한 전쟁의 본질과 순수한 전쟁 및 정칙도구로서의 전쟁 개념과의 모순에 관한 권위있고 예리한 분석은 Edward M. Earle, *Philosophyers of Modern Strategy* (Princeton, N. J.: Prinston University Press, 1943), pp. 93-113 참조

것이 핵 옹호론자들의 입장이다. 전쟁의 정치적 수단에 관한 논의는 이러한 핵 공포로 인해 용납될 수 없는 정치도구로 간주하고 이를 금기시하는 시도들이 있기도 하지만 전면전쟁만이 유일한 전쟁의 형태는 아니며 군사력의 사용이 국제체제 내에서 국가 간에 필수불가결한 것일 때가 있는 만큼 정당한 전쟁과 제한전쟁은 절실하다 하겠다. 정당한 전쟁은 전쟁의 한계와 도덕적 정당성을 찾는 것이며 제한전쟁은 전쟁의 한계와 아울러 정치적 정당성을 모색하려는 것이다. 이 둘은 다소간 상호 보완적이며, 어느 정도 중복되는 성격을 가지고 있다.

정의의 전쟁이론Just War Theory은 수세기동안 존재하여 왔으나 자칭 그리스도교 국가들의 행위에 좀처럼 반영되지 않았으며, 제한전쟁이론도 현대의 전면전쟁과 핵전쟁의 위협에 따라 발전되어 왔다고는 하나 이 이론의 응용은 아직 불확실한 상태에 있다 할 수 있다. 따라서 제한전쟁과 정당한 전쟁을 신중하게 검토하고 나면 전쟁에 대한 새로운 재평가를 얻을 수 있을 것이다.

이러한 검토들은 전쟁철학의 영역에 속한다. 전쟁연구의 범위가 전쟁의 원인부터, 전략전술, 국제법, 과학기술, 경제, 사회 문화, 국경선 문제 등 광범위하고 종합 학문적 차원에서 접근이 이루어지고 있지만 전쟁이란 무엇이고What war is 무엇이어야 하며What war ought to be, 어떻게 수행되어야만 하는가What war ought to be proceed: Right Strategy and Tactics 하는 것과 정당한 전쟁은 가능한가? 그러한 조건들은 무엇인가? 하는 문제들은 철학적 문제에 속한다. 첫 번째와 두 번째는 전쟁 본질에 관한 문제로서 이성성과 자제성에 관한 문제이고 세 번째는 전쟁이 어떻게 이성적으로 수행되어야 하는가 하는 문제로서 용납가능성과 합리성에 관한 것이다. 이 문제는 다분히 과학의 발전에 따른 전쟁의 목적 달성을 위한 군사력 사용의 효율성 및 효과성과 연계된다. 네번째는 정의전쟁에 관한 문제이다. 정의전쟁 문제는 사후 평가적 차원의 논의가 주를 이루지만 이러한 평가는 전쟁정책의 책임자 즉 전쟁 지도자들의 정치적 책임과 도덕적 심판 문제와 연계되기 때문에 전쟁자체 또는 전쟁 개시의 철학적 기초를 제공하게 된다. '정의전쟁론'적 차원에서 보면 첫 번째와 두 번째는 '유스 아드 벨름'Jus ad bellum, 전쟁자체(이유) 또는 전쟁목적(개시)의 정의 문제를 포함하며, 세 번째는 '유스 인 벨로'Jus in bello, 전쟁수행의 수단과 방법상의 정의 문제를 포함하고, 네 번째는 앞의 두 가지에 추가하여 유스 파스트 벨룸Jus Fast Bellum, 전쟁종결(결과)의 정의 문제까지 포함된다.

그동안 이러한 문제들은 산발적으로 정치적 현실주의, 이상주의의 논의에서 논의되었고 전쟁연구 접근에 있어서 평화주의와 현실주의 논의에서 그리고 정의전쟁론에서 이상주의 평화주의, 현실주의적 접근으로 각각 논쟁이 되어오고 있으나 이를 종합적으로 다루려는 시도는 없었다. '정의전쟁론'正義戰爭論, Just War에서 일부 다루어지고 있기는 하나 정의전쟁에 관한 논의 자체가 결과론적인 특성상 사후 비판적인 논의들이 대부분이다.

전쟁철학은 기본적으로 윤리 도덕적인 것이고 그 기본 정신은 이상과 현실의 조화이며 실천적 평화의 구현이다. 평화를 추구하되 이상적 몽환적인 것이 아니라 실현 가능한 평화의 모색에 있는 것이다. 전쟁철학의 올바른 이해를 위해서는 3가지 차원에서 접근이 이루어져야 한다. 즉 전쟁과 정치, 전쟁과 전략 그리고 전쟁과 윤리이다. 이 세 가지가 본서가 다루는 주제이다. 그동안 전쟁철학이나 정의전쟁론이 어렵다고들 해 온 이유가 바로 이러한 종합적인 분석이 없었고 이데올로기에 따라 그 명분이 달랐기 때문이다. 전쟁 본질은 정치학자들이, 전략 문제는 군인들과 안보전략 연구자들이, 정의전쟁론은 철학, 법학, 윤리학자들이 각각 연구해 옴으로서 서로의 영역에서 제한되어 시각이 고정될 수밖에 없었다.

IV

본서가 다루는 제1주제는 전쟁과 정치이다. 전쟁과 정치는 전쟁의 본질에 관한 것으로서 정치의 수단에 관한 것이다. 전쟁은 정치의 계속이어야만 한다는 당위적 측면이다. 전쟁이 정치의 계속이라는 단서는 클라우제비츠로부터 제기되었다. 현대 전쟁의 연구가 클라우제비츠의 유명한 이 언명으로부터 시작되며 기본적으로 인용되는 어구이다. 여기에는 두 가지 함정이 존재한다. 첫 번째 함정은 정치적 도구로서 자제성自制性과 자의성恣意性 또는 남발성濫發性의 문제이다. 통상 자의적恣意的인 정치의 도구로 임의적으로 사용될 때 그것은 전쟁지상주의가 될 것이고 따라서 자제적自制的인 정치의 도구로 사용될 때 그것은 이성적인 정치의 도구로 전쟁이 사용될 수 있다.

두 번째 함정은 전쟁을 도구로 사용하는 정치의 순수성純粹性이다. 전쟁이 정치의 도구로 사용된 그 정치의 법적, 제도적, 이성적, 합리적, 국제적, 국민적 근거가 확립되어야 한다는 것이다. 그러한 토대에 입각한 정치의 정책적 도구로서의 전쟁이어야 한다는 것이다. 많은 논란이 있음에도 불구하고 그것은 최종적으로 민주주의적 이념과 절차에 의한 것이어야 하고 평화지향적이어야 한다는 것이다.

전쟁은 특히 현대에 이르러 핵전쟁은 그 가공할 파괴력과 살상력으로 인하여 핵전쟁은 절대 있어서는 안 되고 핵무기는 폐기되어야 한다고 소리 높여 외친다. 주로 좌파 평화론자들이 주동이 된 반전 평화운동은 무조건적 전쟁과 핵무기의 폐기를 주장하고 있지만 현실은 전혀 그렇지 않다. 2차 대전을 끝으로 전면전쟁은 핵 균형과 억제에 의하여 종식되었지만 국지적 차원의 전쟁들은 끊이지 않고 있으며 특히 9.11 테러공격 이후에는 국제사회가 이제는 새로운 전쟁환경을 맞게 되었고 이러한 비 국가단체에 의한 테러의 핵위협은 새로운 차원의 문제를 야기하고 있다.

따라서 현실주의자들은 이러한 상황에 적극적인 군사적 조치의 필요성을 강조하였고 이에 따라 이라크전과 같은 새로운 전쟁들이 수행되었으며 대량살상무기 통제를 위한 새로운 국제 레짐이 구축되었다. 현실주의자들에게는 국가이익 수호를 위한 국가안보의 중요성이 무엇보다 우선하여 강조되었고 따라서 정의전쟁론자들의 주장에 흔쾌히 동조하지 않았다. 그러나 이제 현금에 이르러서의 상황은 현실주의 안보이론과 철학만으로는 한계에 부딪히고 있으며 새로운 안보 패러다임이 요구되고 있다. 그것은 바로 인류의 이념을 실현할 수 있는 진정한(오센틱Authentic)전쟁철학과 안보철학이다. 이러한 개념 하에서 핵을 비롯한 대량살상무기와 테러, 그리고 종교적 이념적 갈등 속에서 도덕적으로 수용 가능한 전쟁정책과 안보정책의 내용은 무엇인가. 어떤 국제적 노력과 협력이 창출되어야 하는가 하는 문제를 다루고자 한다.

제2주제는 전쟁과 전략이다. 전쟁과 군사전략 측면의 논리는 전쟁수행에 대한 것이다. 전략 전술은 주어진 전쟁의 정치적 목표를 달성하기 위한 것이다. 어떠한 전략이어야만 하는가 하는 윤리적 측면에 대한 검토이다.

현대 전략은 중심, 체계, 기동의 측면에서 진화해 왔다. 국가중심이냐 탈 국가중심의 군사전략이냐 또는 단일체계이냐 복합체계이냐, 진지전이냐 기동전이냐 또는 이 둘의 혼합이냐에 따라서 그 내용과 양태를 달리한다. 이러한 군사전략은 핵전략과 함께 국가안보정책, 국가전략 차원의 전략 즉 절대안보와 공동안보, 상호안보, 예방안보, 협력 안보 그리고 포괄적 안보로 발전된 현대 국가안보·군사전략으로 발전되었다. 군사전략은 현대 과학기술의 발달로 군사적 변혁transformation을 이루고 있다. 이에 따라 전쟁의 개념과 무기체계가 변화하고 그 변화의 핵심은 비 살상, 정밀타격, 단기 속결전이다. 이러한 전쟁수행의 개념과 기술의 발달은 전쟁이 정치의 도구로서 사용되어질 수 있도록 그 범위와 내용이 제한되고 합리적으로 사용될 수 있도록 정의의 전쟁수행개념에 의해서 적용 가능한 방향으로 지침이 제공되며, 전쟁수행 현장에서 이행될 수 있도록 전쟁법에 의해 강제되고 있다고 볼 수 있다.

제3주제는 전쟁과 윤리倫理이다. 전쟁에 대한 윤리적 성찰, 곧 전쟁윤리학the ethics of war[8]은 크게 두 분야로 이루어진다. 전쟁의 이유와 목적에 대한 도덕적 정당성에 대한 성찰, 곧 전쟁도덕morality of war과, 전쟁 발발 후 전쟁수행 중에 발생하는 전쟁수단과 방법상의 도덕적 문제들에 대한 윤리적 성찰, 곧 전시도덕morality in war이 그것이다. 전쟁 도덕이 다루는 분야는 주로 전쟁개시 및 참전에 대한 윤리적 논의로서 정당한 전쟁론(정의전쟁론theory of just war)이 주를 이루며, 전

---

8) 윤리학은 '도덕과 도덕적인 문제에 관하여 연구하는 학문을 말한다. 즉 도덕적인 현상을 이론적, 합리적으로 규명하는 학문'이지만 도덕은 학문적 연구를 의미하지 않으며, 개인이 자신의 의 행동을 살펴보는 기준을 의미한다. 윤리는 '인격에 관한 학'을 의미하는 그리스어 ethike에서 유래되었으며, 도덕은 실천적 측면의 '습관'과 '예의'를 의미하는 라틴어 mores에서 유래하였다. 김춘태·이대희 공저, 『윤리학의 이해』(서울: 형설출판사, 2000), p. 17.

시도덕 분야는 비전투원의 살상, 제한된 무기 사용 및 시설 파괴 등에 대한 도덕적 논의가 주를 이룬다.9) 이런 까닭에 전쟁도덕의 논의 대상은 전쟁의 직접적인 책임자인 정책결정자들인 반면, 전시도덕의 대상은 전쟁정책 결정과정과 전쟁을 수행하는 전투현장의 군인들이라 할 수 있다. '정의전쟁론'은 결과론적 평가측면의 성격이 강하다. 정당한 전쟁이라 할지라도 그것의 수행과정에서 부정의하게 변질될 수도 있다. 따라서 전쟁정책의 결정과 전투수행의 현장에서는 고도의 도덕적 판단과 갈등을 극복할 수 있는 실천적 지혜가 요구된다. 한 이슈에 관련된 도덕적 판단은 여러 가지 다른 도덕적 고려사항들과 함께 중요성을 가지고 있기 때문에 최종적 판단은 규칙에 의해서보다는 아리스토텔레스가 '프로네시스'phronesis라고 부른 '실천적 지혜' 즉 '실천지'實踐智에 의해서 이루어진다. 영어로 말한다면 주의 깊은, 사려 깊고 절제한다는 의미의 프르던스Prudence라 할 수 있다.10) 그러나 이 실천적 지혜는 논리적 일관성의 법칙보다 우선하지 않는다. 도덕의 영역에서 논리적 일관성이 의미하는 바는 예외성을 배제하는 것으로서, 어느 특별한 경우에 대한 도덕적 판단은 똑같은 도덕적 고려사항들이 적용되는 모든 다른 경우들에

---

9) Malham M. Wakin(ed), *War, Morality, and the Military Profession* (Westview Press, Inc., 1986), p. 220 참조.
10) 프로네시스(Phronesis)는 '필요한 결정을 내리고 시기적절하게 행동하는 실용적 지혜'를 말한다(practical wisdom). 프로네시스의 개념은 아리스토텔레스에서 유래한다. 그는 자신의 저서『니코마코스 윤리학』에서 지식을 세 가지 유형 즉, 에피스테메스(episteme)와 테크네(techne), 프로네시스로 구분했다.
① 에피스테메스: 보편적인 진리로 시공간으로부터 독립적인 보편 적용성에 초점을 맞춘, 맥락에 의존하지 않는 형식적(객관적) 지식이다.
②테크네: 테크닉, 테크놀로지, 예술 등에 해당하는 말이다. 테크네는 창조 능력에 필요한 노하우나 실실석인 기술을 의미한다. 두구적 합리성에 근거하면, 테크네는 맥락 의존적인 실용적(암묵적) 지식이다.
③프로네시스: 지적인 미덕이다. 신중, 윤리, 실용적 지혜 또는 실용적 이성 등으로 번역되는 프로네시스는 일반적으로 '특정 상황에서 공익을 위해 최선의 행동을 선택하고 실행하는 능력'으로 이해된다. 프로네시스는 맥락적인 상황을 고려하고, 세부 사항에 역점을 두며, 필요한 경우 목표를 수정하기도 한다. 다시 말해 프로네시스는 실질적인 경험에서 얻은 양질의 암묵적 지식이다. 프로네시스는 신중한 판단으로 인도하고, 각각의 상황에 적절한 행동을 취하게 하며, 가치와 윤리에 의해 인도된다. 프로네시스는 훌륭한 장인의 덕목인 자신의 기술을 완벽하게 하려는 노력을 통해 얻을 수 있다. 일반적으로 프로네시스는 도덕적이고 사교적이며 실용적인 지식이다. 정치 분야에서 처음으로 프로네시스의 개념이 발전한 이유도 여기에 있다. 정치는 협상과 조정을 통해 미래를 창조하는 가능성의 예술이다. 정치에서 프로네시스는 특정 목표에 대한 보편적인 합의를 의미한다. 아울러 각각의 맥락에서 공유되는 판단과 개인의 신념으로 미래를 향해 행동하는 능력이다.
프로네시스 개념을 자동차에 비유하면 쉽게 이해할 수 있다. 테크네가 자동차를 잘 만들 수 있는 지식이라면, 프로네시스는 무엇이 '좋은 자동차'이고(가치판단), 그런 차를 어떻게 만들 수 있는지(가치판단에 따른 실현)에 대한 자각이다. 기업은 테크네만으로 생존할 수 없는데, 그 이유는 기업이 자동차를 얼마나 잘 만들었든지 간에 그것이 사용자 입장에서 '좋은 차'가 아니라면, 자동차를 만드는데 들이는 기업의 노력은 무의미하기 때문이다. 간단히 말해서 기업에서의 프로네시스는 특정 시공간에서 대다수의 고객들이 '좋은'으로 판단하는 것을 이해하고 그에 따른 결실을 맺는 능력이다. 프로네시스는 '왜 알아야 하는가?'(과학적 이론), '어떻게 알아야 하는가?'(실용적 이론), '무엇을 알아야 하는가?'(실현할 목표) 등을 종합적으로 다루는 개념이다. 에피테메스와는 달리 프로네시스는 특정 맥락의 실행에 역점을 둔다. 노나카 아쿠지로,『창조적 루틴』(*Managing Flow*)(서울: 2010, 북ㅡ 넛), pp. 93-96.

대해서도 같은 판단이 이루어져야 한다는 것이다. 일관성의 규칙, 즉 '보편화 가능성'universalization ability의 규칙은 인종주의, 국가주의, 그리고 다른 어떤 '주의'ism들에 의한 예외적인 특별한 도덕적 평가를 금하며, 도덕적 판단을 내리는 자들에게 순화된 마음이라는 엄격한 시금석을 제공한다.[11]

V

이상의 3가지 주제를 검토하여 이들을 종합한 조화적 전쟁철학을 제시하고자 한다. 그것은 진정한authentic 전쟁철학으로서 분별력 있는 실천지實踐智에 의한 평화의 구축이다. 그것은 전쟁과 정치적 측면에 있어서 현실주의를 기반으로 이것을 넘어서는 신구성주의新構成主義와 자유주의적 접근과 전쟁과 전략에 있어서는 진정한 제한전쟁을 추구하고 인도주의적인 개입과 자위를 추구하는 오센틱authentic 전쟁철학을 추구하는 것이다.

이것은 국가안보전략 리더들에게 요구되는 안보철학 개념으로서 저자가 최초로 제시하는 개념이다. 오센틱Authentic이란 '진정한' 뜻을 가진 그리스 철학에서 기원한 오센티서티Authenticity에서 유래된 말이다. 순수한genuine, 믿을만한reliable, 신뢰할만한trustworthy, 실제의real, 진정한veritable, 지혜로운sapient 등의 의미를 포함하고 있다.[12]

이것은 최근 리더십 연구에서 제시되고 있는 개념으로서 오센틱 리더십authentic Leadership은 윤리적 리더십을 포함한 변혁적Transformal 리더십을 표방하는 것으로서 기존의 리더십과 이론들이 지나치게 조직의 이익과 성과에 치중, 공공성이 취약하여 사회적으로 문제가 야기되어 이에 대한 반성으로 윤리적 리더십과 함께 새로이 대두된 개념이다.

전쟁철학으로서 오센틱 전쟁철학과 리더쉽을 제시하는 것은 '자신이 어떻게 생각하고 행동하는지에 대해 깊이 인식하고 자신과 주변의 사람들로부터 가치 및 도덕적 관점, 지식, 강점을 인식하고 있다고 지각되는 분별력 있는 리더' 그리고 '자신이 운영하는 상황적 맥락을 인식하는 리더'로, 또한 이와 더불어 '자신감, 희망, 낙관주의, 적응유연성을 가지며 높은 도덕적 특성을 가진 안보전략가들의 리더십 철학'이라고 정의할 수 있다.

요약하면 현대에 있어 진정한오센틱 안보전략가는 합리적이고 도덕적인 국가이성과 분별지의 균형을 통한 자위自衛를 위한 제한전쟁을 추구하고 군비통제와 국제협력을 통한 국가/국제안보와 인간안보人間安保를 추구해 나가야만 한다. 그러할 경우에 전쟁은 정의로울 수 있으며 정의

---

11) 더글라스 p. 래키, 『전쟁과 평화의 윤리』(*The Ethics of War and Peace*), 최유신 역(서울: 철학과 현실사, 2006), p. 27.

12) 이와 같이 오센틱이란 용어는 대단히 많은 의미를 내포하고 있다. 본서에서는 이 용어를 그대로 사용하기로 한다. 왜냐하면 특정 용어로 번역하면(예, 진정한) 그 의미가 대단히 협소해지며 처음 대하는 사람에게는 그 의미가 잘 부각되지 않기 때문이다.

로운 전쟁의 수행이 가능한 것이다.

이러한 논리적 귀결은 아이러니컬하게도 클라우제비츠의 전쟁철학으로 복귀한다. 현대적 정치, 군사, 철학개념으로 설명한 이러한 개념이 이미 클라우제비츠가 제시한 그 유명한 언명 '전쟁은 타 수단에 의한 정치의 계속'이라는 말에서 모두 설명이 가능하다. 클라우제비츠의 현대적 해석과 연구가 필요한 이유이다. 이러한 분석을 기초로 다음과 같은 오센틱 전쟁철학 접근모형의 구상이 가능하다.〈표 1〉

본서는 이 모형을 기초로 전쟁철학의 세부적인 검토를 하기로 한다. 한국의 안보전략가들에게 이러한 지혜로운 진정한(오센틱) 전쟁철학의 확립이 절실하다. 우리는 통일을 목전에 두고 있으면서 진보와 보수 간의 이념 논쟁이 진행되고 있다. 2010년 마이클 샌들의『정의란 무엇인가』란 책이 120만부 이상 팔렸고 국민들의 뜨거운 관심이 계속되고 있다. 그 이유에 대해서 여러 가지 분석들이 있겠지만 분명한 사실은 우리 국민들이 정의에 목말라 하고 있다는 것이다. 무엇이 우리 국민들을 갈망하게 하는가? 정치, 경제, 사회, 문화적으로 이에 합당한 절실한 이유가 있을 것이다.

안보문제에 있어도 마찬가지이다. 북한의 핵개발과 끝없는 군사도발은 우리국민들을 지치게 하고 있다. 무엇이 정의인가? 무엇이 옳고 무엇이 그른 것인가? 북한이 끊임없이 추구하는 공산주의 혁명전략 전술은 정의로운 것인가? 우리사회에서 주장되고 있는 종북주의자들의 북한식 주장에 대하여 어떠한 논리로 대응하고 국민들을 이해시켜야 할 것인가?

1953년 이후의 산입화시대, 1987년 이후 민주회 시대를 지나 2013년 체제를 맞이하고 있다. 한반도 평화체제 구축과 동북아 다자안보체제 및 비핵지대를 추진하며, 통일과 통합을 과제로 하고 있는 이 시대적 과업을 수행하기 위하여 이 과정에서 어떻게 북한을 이해하고, 어느 선까지 양보하고 양보해서는 안 되는 문제들은 무엇인가. 어떻게 실타래처럼 얽인 문제들을 정리하고 극복해 나가야 하는가?

한국군은 2015년 전시작전권을 환수하기로 하였다. 독자적인 전쟁시행 계획(전역계획 Campaign Plan)을 수립할 때 가장 기본적으로 고려되어야 할 것이 군사목표 달성을 위한 승리전략과 함께 윤리전략이어야 할 것이다. 건전한 전쟁철학이 기본이 된 군사전략과 전역계획이 수립되고 작전술과 전술이 적용, 실천되어야 할 것이다. 또한 평시 이를 기초로 한 군사교리가 준비되고 발전되어야 함은 물론이다. 다가오는 통일의 미래를 바라보며 우리국민들이, 안보전략가들이 가져야할 바람직한 전쟁철학과 안보관은 무엇인가?

<표 1> 오센틱(authentic) 전쟁철학 접근 모형

이상적 & 좌파적 접근법	절대적 패권주의 이상주의/자유주의 -국제법, 국제연합 -평화조약 -민주주의 평화론	이념형(Ideal Type) 좌파적 접근: 절대평화 이론 　방어적 방어,비무장 평화 　민간주도방위(CBD) 절대전 이론: 총력전,전면전 핵전략: 대량보복 ※ 클라우제비치안	평화주의 정의전쟁론 -세계경찰 정의전쟁론 -종교적 정의전쟁론 좌파적 정의전쟁론 -마르크스/레닌 정의 　전쟁론(유물사관세계)
	오센틱 전쟁철학: 분별력있는 실천적 평화 구현		
조화적 접근법	신자유주의 /구성주의 -구제의 정치 -다자안보협력 -문화적 기반확충 -집합정체성 구축	오센틱 제한전쟁(정의구현) -제한전쟁과 군비통제 　(핵 및 재래식) -현대적 국가이성 구현 -핵안보(3S) 실현	오센틱정의(正義)전쟁론 -인도주의적 개입 -국민보호(R2P) 의무 -분별적 자위(自衛)
현실적 접근법	상대적 패권주의 현실주의 -세력균형 -다자개입	현실전쟁 이론: 제한전 핵전략: 제한핵전 ※ 네오 클라우제비치안	현실주의 정의전쟁론 -민족주의 정의전쟁론 -핵억제와 제한전쟁 -다국적 개입
연 구 주 제	주제1: 정의와 정치는 어떤 관계인가? 전쟁은 정치(政治)에서 무엇인가? (전쟁과 평화) ●영역 -정치 와 전쟁의 본질 -국가 및 국제안보 -평화와 국제협력 〈정치철학〉	주제2: 전쟁은 어떻게 수행되어야만 하는가? 용납될 수 있는 전쟁은 존재하는가? (전쟁준비 및 수행) ●영역 -전쟁 및 전쟁이론 -군사전략 및 전쟁법규 -핵전략 및 군비통제 〈전략의 철학〉	주제 3: 정의(正義)로운 전쟁은 가능한가? 정당한 전쟁은 무엇인가 (전쟁과 도덕) ●영역 -전쟁목적(개시)의 정의 -전쟁수행의 정의 -전쟁종결 정의 〈도덕 철학〉
영 역	전쟁과 정치 (정치가/전쟁지도자)	전쟁과 군사 (군인)	전쟁과 윤리 (철학, 법학, 윤리학자)
전쟁철학: 평화의 구현			

제1장

전쟁과 정치적 측면의 논리: 전쟁과 평화

전쟁과 정치 개요

전쟁철학의 제1주제는 전쟁과 정치이다. 전쟁의 본질은 정치이고 정치의 본질은 평화와 정의의 실현에 있다. 학문은 과학과 사상과 철학의 세 영역으로 구분된다. 정치학도 마찬가지이다. 일반적으로 정치과학, 정치사상, 정치철학을 전부 포괄해서 정치철학 또는 정치사상이라고 말하고 있다. 이들은 엄격히 말하면 구분되는 개념이기도 하나 정치철학은 정치의 이상, 정치의 목적을 탐구한다. 정치철학은 정치현실 기저에 존재하는 본질원리를 탐구한다. 정치철학은 정치적 모순과 대립을 극복하고 조화와 통일을 실천하는 정치 이상을 추구한다. 따라서 정치철학적 탐구의 궁극적 목적은 정치의 본질 인식과 이에 따른 가치와 규범의 모색이라 할 수 있다.[1]

사회인식론과 결합된 자연법 이론을 토대로 정립된 합리론적 정치과학, 경험론적 정치과학, 정치사상, 정치철학은 각각 정치 이데올로기적 성격을 갖고 있으며 정치적 이데올로기는 크게 보아 보수주의, 자유주의, 민주주의, 사회주의의 네 단계로 구분된다. 철학사 전개과정에서 나타나는 모든 철학은 이 네 가지 철학중의 하나이다.[2]

이러한 정치철학과 정치본질을 연계하여 '전쟁은 정치의 계속이다'는 클라우제비츠의 언명의 인용으로부터 시작되는 전쟁 본질에 대한 탐색은 전쟁과 평화문제의 철학적 고뇌와 선생의 원인을 규명하려는 노력으로 연결된다. 전쟁의 본질에 관한 도덕적 사유는 그 첫 번째로 전쟁은 국가에 의해서 수행되는 것으로서 일반적인 폭력행위와 다른 것인가? 다르다면 어떻게 어떤 면에서 다르며 그것은 어떤 것이 되어야 정당한 것인가 하는 문제로서 전쟁의 정의와 목적, 폭력에 어떻게 도덕성을 부여할 수 있는가? 전쟁이 정치의 결과적 산물로서의 종속성과 전쟁의 도덕적 대상으로서의 인식의 확대 등이 이루어지며 두 번째로는 그렇다면 전쟁이란 인류가 피하지 못할 숙명인가 하는 명제로서 전쟁의 원인 규명, 전쟁의 원인에 대한 도덕적 판단 등이 그 범위라 할 수 있다.

인류의 역사를 통해서 볼 때, 인간은 개인의 차원에서부터 정치집단의 차원에 이르기까지 협력의 극으로부터 분쟁의 극에 이르는 전체적인 행위 영역의 스펙트럼 속에서 살고 있다. 이

---

1) 김홍철, 『전쟁론』(서울: 민음사, 1991), p. 20-22.
2) 김홍철, 위의 책.

행위영역의 연속선 내에서 가장 보편적인 협력의 극단이 평화의 상태이며, 가장 파괴적인 분쟁의 극단이 전쟁의 상태이다. 그래서 '평화와 전쟁'의 현상은 동전의 양면과 같아서 불가분의 관계에 있다고 할 수 있다. 뿐만 아니라 이 두 극단의 현상은 동일한 스펙트럼 내의 다른 현상들, 예컨대 타협이나 경쟁 또는 갈등 및 일반적인 분쟁현상들과 함께 인간의 집단적인 사회적 성향을 반영하며 조직생활의 총괄적인 정치행위를 반영한다.

따라서 동서고금을 통하여 이 지구상에 지속되어 온 전쟁의 현상은 평화의 반대 또는 장애 현상으로서 인간생활의 사회적 정치적 조직과 끊을 수 없는 관계를 이루고 있다. 조직생활에서 평화는 곧 전쟁을 방지하거나 제거시킨 상태이며 소극적인 안위의 상태로부터 적극적인 협력 공존의 상태를 의미한다. 그러므로 '전쟁과 평화'의 문제는 실천 영역에서는 분리할 수 없는 현상이다. 다만 분석의 목적상 또는 실천적인 필요에 따라 두 현상을 분리 할 수 있을 뿐이다. 국제정치학의 범위는 바로 이러한 전쟁과 평화의 전 범위를 다루는 학문이라 할 수 있고 전쟁론과 군사학은 이중에서 전쟁을 중심으로 다루는 학문이라 할 수 있다.

본고는 분석 목적상 이 두 현상을 진단적 시각에서 분리해서 취급하되 평화로 가기 위한 처방적 방법을 강구하기 위한 전제조건으로서 전쟁의 본질(이른바, 전쟁의 원인, 전쟁의 분류 등)과 평화의 방법(이른바 전쟁의 종결, 전쟁의 예방(억제), 적극적인 평화적 협력 등)에 관한 그간의 연구경향과 시각을 소개하고 현실주의적 견지에서 전쟁현상과 정치안보에 대한 몇 가지 문제와 시각을 제시하기로 한다.

오센틱 전쟁철학 접근모형에서, 첫 번째로 전쟁과 정치영역에서는 그 연구주제로서 전쟁은 정치에서 무엇인가? 하는 것을 탐구하는 것이며 정치철학, 전쟁의 본질, 국가가치와 정체, 정치와 안보 등이 세부 주제이다. 현실주의 접근법에서는 통상 세력균형과 다자개입이, 이상주의 접근법에서는 국제법, 국제연합, 평화조약 등이 주요 접근법으로 제시되고 있으나 오센틱 전쟁철학의 조화적 접근 모형에서는 신자유주의 및 구성주의 접근법으로서 구제의 정치, 다자 안보협력, 문화적 기반확충, 집합 정체성 구축 등을 주요 접근법으로 제시한다.

제1절 전쟁과 평화의 접근

1. '전쟁과 평화'의 개념적 의미

실천의 영역에서 전쟁과 평화의 현상은 같은 행위의 선상에 있기 때문에 이 두 가지 상태가 분석 목적에 유용하도록 정의될 필요가 있다. 우선 '평화'란 용어는 무엇을 의미하는가. '평화를 위한 우호협력위원회'Friends Coordinating Committee on Peace: FCCP의 '벤자민 시이버'Benjamin Seaver는 평화란 용어가 3가지 의미를 지니고 있다고 말하고 있다.[3]

첫째 의미는 인간 개체내의 마음의 화합상태unity, 종교적 헌신의 화합상태, 일상생활사의 화합상태, 타인과의 조화적 관계를 지적하는 것이다. 이런 형태의 평화는 내적인 마음의 상태이고 국가 간에서는 발견될 수 있는 전쟁과 평화의 상태가 아니기 때문에 이해하기가 힘들고, 경우에 따라서는 전쟁상태(특히 냉전)의 와중에서도 선인이 즐길 수 있는 고요와 평온에 비유되는 심적인 상태이다.

두 번째, 평화란 전쟁이 발생하지 아니할 뿐 아니라 어떠한 분쟁도 발생하지 않는 세계를 가리킬 수도 있다. 그러나 이러한 에덴의 동산은 이세계가 모든 전쟁을 저거하고 분쟁을 방지할 수단을 발견해 낼 때까지는 이룩하기 힘든 환상에 지나지 않는다.

세 번째, 평화린 전쟁이 일어나지 않으며, 일어 날 수 없는 상태를 의미할 수 있다 그러나 전쟁은 없어도 다른 분쟁은 이 세계의 어떤 국가들 간에서 발생할 수 있고 이런 분쟁은 전쟁이 아닌 다른 방법이나 메카니즘에 의해 해결될 수 있는 상태를 뜻한다.

'한나 뉴콤브'Hanna Newcomb와 '알란 뉴콤브'Alan Newcomb는 제4의 평화의 의미도 있을 수 있음을 지적하고 있다.[4] 평화상태는 일시적 강제수단-상호 합의에 의한-에 의해 응급적인 안전 상태를 유지함을 뜻한다. 예를 들면, UN의 '평화유지군'peace-keeping force에 의해 현상 유지되는 평화유지상태-'사이프러스'의 경우-가 여기에 속한다. '사이프러스'의 경우 이 평화유지군이 '그리스'와 '터어키' 간의 전쟁을 예방할 수 있었던 것이다. 그러나 만일 평화유지군이 철수한다면 '사이프러스' 분쟁은 다시 위태로워질 것이며 문제는 미해결된 채로 남아있을 것이므로 근본적인 평화 상태라고는 할 수 없는 것이다.

---

3) Benjamin Seaver, The Definition of Peace, Friends Coordinating Committee on Peace, Philadelpia, Pennsylvania, PAR Ref. No. 8473.

4) Hanna Newcomb and Alan Newcomb, Peace Research Around The World (Oakvill, Ontario, Canada: Canadian Peace Research Institute, 1969), pp. 1-2.

한편, 핵무기의 상호공포에 의한 '무장평화'armed force 또는 냉전상태는 근본적이고 완전한 평화의 상태가 아닐 수 있다. 특히 이상주의적 평화론자들에게 있어서는 당연히 현대의 '핵평화상태'는 완전한 평화상태가 될 수 없는 것이다. 그러나 현실주의자의 입장에서 볼 적에는 무력수단이 제공하는 상호억제의 상태도 그것이 구조적으로 제도화되어 있을 때에는 '평화유지군'에 의해 일시적으로 유지되는 '평화유지'와는 달리 '평화상태'일 수 있는 것이다. 따라서 필자는 현실주의적 입장에서 제3의 정의에 따라 다른 분쟁은 존재한다 할지라도 열전이 없는 상태 또는 발발할 수 없는 안전상태—그러한 상태가 무력수단에 의해 조성되었다 할지라도 구조적으로 제도화 되어 있는 경우(억제에서와 같이)에는—를 '평화상태'라고 정의하고자 한다.

이렇게 볼 때 평화와는 정 반대인 '전쟁상태'는 '평화상태가 아닌 상태'이므로 열전상태를 의미하며, 개인차원이 아닌 조직체간—즉 보다 포괄적인 차원에서는 정치집단 간—의 무력에 의한 유혈 투쟁을 의미하는 것으로 개념화 할 수 있을 것이다. 전쟁을 이렇게 정의할 때에는 전쟁의 범위에서 사적인 투쟁이나 일반적인 사회경제적 또는 의식차원의 분쟁이나 갈등현상을 배제 할 수 있고, 국가 간의 국제전 뿐 아니라 국내의 정치집단 또는 초국가적인 다국적 정치집단간의 무력투쟁을 포함시킬 수 있는 실천적인 이점과 분석상의 이점을 가질 수 있는 것이다.

2. 국제관계와 '전쟁체제' 및 국가안보

전쟁은 이 지구상의 주권국가 간의 관계를 끊임없이 변화시키는 주된 동인으로 작용하고 있다. 그래서 전쟁에서는 대치하고 있는 병사들 상호간에서 뿐만 아니라 대립하고 있는 정치선전가들 간에도 상존하고 있다. 전쟁은 인류 경험의 한 반복재발현상인 동시에 발전적 특징까지도 지니고 있다. 기술변화에 따라 전쟁의 형태와 역할 및 강제장치도 또한 변화해 왔다. 인류 경험상 전쟁의 위치는 또한 문화와 정치변화에 따라 규정되어 왔다. 전쟁에 대한 사람들의 태도도 또한 전쟁형태에 영향을 미쳐왔다.

역사적으로 볼 때 '나폴레옹' 시대의 국민개병제國民皆兵制는 전 국토와 전 국민을 전쟁에 투입시키게 되는 주된 요인이었다. 18세기 직업군인간의 전쟁에서 민간대중을 동원한 '나폴레옹' 전쟁은 국민으로 하여금 국가의 전쟁 노력을 믿고 지원하게 만들었다. 그래서 전쟁은 민족주의적 애국심과 연결되게 되었고, 자신의 나라를 위해 싸우는 것이 시민적 미덕이 되게 되었다. 전쟁은 그래서 대중화되고 대중적 차원에서 가능한 것이 되었다. 국민은 생명의 손실, 곤혹, 파괴 등을 감수하거나 그 비용을 받아들이게 되었다. 적은 항상 '악하고 나쁜'wrong and evil 집단이며 아 측은 항상 '정당하다는 느낌'right feeling을 대중들은 갖기에 이르렀다. 그래서 승리는 도덕적 정당성과 연결되게 되었다. 이러한 대중적 감정의 일방적 동원은 민주주의 사회에서나 전체주의 사회에서나 대중통신매체수단을 통하여 현대사회에서는 더욱 확산되기에 이르렀다.

이러한 역사적 경향은 전쟁을 사회의 단발적인 일시적 위기 현상으로써 보다는 항구적인 구조적 요소로 전환시켜, 평화 시에도 대량 상비 군비를 요청하게 만들었다. 강력한 국가 안보 관료제가 성장되고 민간분야에도 확산되어 '국가안보국가'national security state 체제가 발전되었으며, 정보기구의 강력화로 국가기관의 준 군사역할이 강화되어 경우에 따라서는 민주사회에서의 정치활동영역을 제한하기도 한다. 그래서 현대전의 스타일, 비용, 규모 등 모두가 국가권력의 집중화를 촉진시켜 국가 관료제의 범위를 확대시키고 정부의 군사화, 권위주의화를 촉진시켰으며 대권의 개인화를 초래하기도 한다. 따라서 전쟁이 하나의 사회체제social system가 되어 사회전체가 '전쟁체제'war system로 발전하게 되었다.5)

'전쟁체제'란 모든 조직적 행태적 변수가 전쟁과 상호 밀착되어 있는 포괄적 구조를 의미하며, 폭력이나 군사력이 인간사회의 모든 수준에서 사회분쟁의 궁극적 중재자로써 받아들여지고 정당화(적법화)되는 체제를 지칭한다. 이런 체제 내에서는 전쟁을 그 사회의 경제, 사회, 심리, 문화 및 규범적인 복합적 상호작용현상에서 분리시키는 것이 불가능하게 된다.6) 이러한 전쟁체제가 발전되면 국가수준에서는 시민정부체제에 가공할 영향을 미쳐 국가체제자체의 특성을 변화시키기까지 한다. 국가들간의 상호작용의 무대인 세계는 각국이 모든 시기에 군사적으로 더 강력하고 민첩하게 반응하도록 압력을 조성함으로써 이 전쟁체제戰爭體制的적 경향을 강화시키고 있다.

이러한 상황 하에서는 적국이 무엇을 할지, 무기수준에서 어떤 새로운 돌파를 이룩할지 확신할 수 없기 때문에 항상 상대방의 역량과 의도를 과장하는 거의 현실성이 없을 수도 있는 최악의 경우를 전제로 해서 자국의 안전보장 정책을 수립한다. 따라서 국가안보는 대체로 군사적 상관관계 차원에서 정의된다.7) 이러한 과정은 공산전체주의사회와 같은 폐쇄사회의 존재 때문에 더욱 강화되어 기획가는 상대방의 최악의 의도와 최고의 능력을 전제로 하여 대응수단과 조치를 강구하게 된다. 로버트 맥나마라Robert Mcnamara는 미 국방장관 시절에 이 점을 잘 대변해 주었다. : "가상적의 역량과 의도에 대한 우리의 평가는 보수적이 되지 않을 수 없다. 안보를 위해서는 최악의 경우를 전제하고 거기에 대응할 역량을 가져야 한다."8) 이러한 상호작용 과정이 계속적인 군비경쟁을 자극하는 동인이 된다. 국민의 지지를 유지하기 위해서는 국가는 항상

---

5) Richard A. Falk and Samuel S. Kim(eds), *The War System: An Interdiciplinary Approach* (Boulder, Colorado: Westview Press, 1980), pp. 2, 9.
6) 위의 책, p. 2.
7) 위의 책, p. 10.
8) Robert S. McNamara, *The Essence of Security* (New York: Harper & Row, 1968), p. 53.

상대방이 모험적이고 침략적이고 위험스러우면서도 유리한 지위에 있다고 강조하게 된다.

이러한 변천하는 역사적 경험을 통해서 전쟁이 우리의 현실생활 속에 깊이 뿌리박게 되었고, 국제체제는 전쟁이 중요한 역할을 수행하는 개별국가들 간의 상호작용체계로 발전되었다. 즉 전쟁이 인간의 사회적 개성과 근대국가사회에 깊이 뿌리내리고 있다. 정치공동체는 오랫동안 국가건설과 국가 확장과정에서 전쟁지향적戰爭指向的, war-oriented이 되어버렸다. 자원의 다원화, 군사기술의 발전은 사회를 더욱 영구적인 전쟁체제화로 밀어가고 있다.

물론 전쟁에 대한 대중들의 태도와 의견은 그간 많이 변화되었고, 현대전의 파괴력 증대와 핵파멸核破滅의 예견은 산업사회에서의 반전태도를 강화시켰다. 1, 2차 대전 이래 고전적인 전쟁의 정당성—모험성, 낭만적 필요성, 유익성—의 명분은 사라지고, 고전적인 전쟁의 정당성도 퇴색되었다. 그러나 아직도 필요악으로서의 전쟁에 대한 애국적 연계성은 핵시대에도 국민적 미덕으로 존속되고 있다.

제3세계에서는 전쟁이 아직도 식민지의 정치적 독립을 획득하기 위한 산파역을 수행하고 있고, 대중수준에서나 공식적 수준에서도 변화의 도구로써 전쟁의 궁극적 이미지를 지니고 있으며, 때에 따라서는 국내 통치의 군사화 도구로 활용되고 있다. 핵 출현 이래 전쟁 방지의 노력이 있기는 하지만 군사력 증강은 계속되고 있고 무기의 수출과 군사연구개발은 확대되고 있다. 현재 전 세계에는(주로 미·소 및 주요강대국) 50만 명 이상의 과학자가 군사연구에 종사하고 있으며, 이 규모는 모든 과학활동의 1/4에 해당된다. 제 2차 대전 이래 70개국 이상이 135개 이상의 전쟁을 치르는 동안 2,500만 명 이상의 인명을 잃었다.9) 그리고 현대세계의 구조면에서 볼 때 현대세계의 경제 질서 변화와 신 지역 세력의 등장은 전쟁체제에 새로운 역학적 요소를 추가시켜주고 있다. 하여간 국가사회에 의한 안전보장의 추구는 전쟁체제에 의해 정해진 한계 내에서 수행된다. 결과적으로 군사역량의 수준, 싸울 의지, 동맹관계의 수준 등이 힘의 과시를 위한 주요한 방법인 동시에 안보의 근간이 된다. 이러한 안보관은 그 자체가 때에 따라서는 전쟁의 원인으로 작용할 수도 있는 것이다.

그럼에도 불구하고 이 전쟁은 국가경영자적 차원에서 뿐만 아니라 대중적 차원에서도 파악하기 어려운 현상이다. 그래서 그런지 모르지만 아직도 우리가 살고 있는 국제사회에는 평화적 변화를 위한 효과적인 기능을 수행할 메카니즘machanism이 없으며, 초국가적인 입법도 기구도 없다. 국제연합은 다만 1차적으로 회원국 간의 국가적 상호작용을 위한 과정에 불과하며, 강제적 권위와 역량은 거의 없다. 물론 사회변화를 위한 비폭력 운동이 개별국가별로는 전개되고 있다. 그러나 국경을 넘은 운동은 없고 '전쟁체제'戰爭體制에 어떠한 영향도 못 미치고 있다. 국가적

---

9) Fall and Kim, op. cit., p. 2.

차원의 도구로서의 군사력을 폐기 또한 완전한 전면 감축과 같은 조치는 이루지지 못하고 있다.

따라서 전쟁체제에서 평화체제로 전환을 위해서는 모든 차원에서 전쟁을 이해할 포괄적이고 체계적인 노력이 필요하다. 전쟁체제의 본질과 원인에 대한 지식 없이 전쟁제거 방법을 창출해 낼 수 없기 때문이다.

3. 전쟁과 평화연구의 주제

전쟁과 평화의 문제가 인간의 역사와 사회생활에 있어서 불가분의 요소라면 이 두 주제를 통합적인 사상맥락 속에 분류해 본다면 분석목적상 다음과 같은 여섯 가지 기본적인 질문으로 대별 될 수 있을 것이다.

(1) 전쟁이란 무엇인가

(2) 어떻게 하면 전쟁에서 이길 수 있는가

(3) 어떻게 전쟁을 준비해야 하는가

(4) 어떻게 전쟁을 방지할 수 있는가

(5) 어떻게 하면 전쟁을 제거할 수 있는가

(6) 이떻게 하면 영구지속적인 평화질서를 구축할 수 있겠는가[10]

위의 여섯 가지 질문에서 처음 세 가지는 전쟁에 관한 것이고 나머지 세 가지는 평화에 관한 것이다. 제1의 문제는 전쟁의 원인과 본질 및 유형의 분석, 전쟁의 사회적 효과에 대한 고찰, 전쟁에 영향을 미치는 사회적 요인의 연구, 여러 가지 유형의 전쟁 발발과 예방의 문제 등을 포함한다.

제2와 3의 문제는 전략과 기획의 분야에 속한다. 전승戰勝의 내용에는 전략을 중심으로 한 '군사술'軍事術, Military Art의 분석, 전쟁행위warfare의 기술적, 군수적軍需的 기반의 발전문제, 군대의 조직과 관리 및 교육훈련의 문제를 포함한다. 무력투쟁의 종류는 핵 및 재래식 국가 간 전쟁 및 게릴라식 내전을 포함하며, 전쟁의 확산을 방지하는 방법과 전쟁을 빨리 종결짓는 방법의

---

10) Julian Lider는 군사문제 연구분야로서 ①What is war? ②How is war to be won? ③How should war be prepared for? ④How can war be prevented? 등 네 가지를 제시하고 있다. 필자는 여기에 두 가지를 더 추가하여(평화적 접근자 들의 전쟁 지향적이 아닌 평화 지향적 접근방식) 여섯 가지를 제시한다. Julian Lider, Military Theory: Concept, Structure, Problems (Aldershot, England: Gower Pub., 1983), p 14

고찰 등을 포함한다. 제3의 질문인 전쟁의 준비는 군사교리의 수립과 관련되는 모든 요소 즉 정치 군사전략에 관계되는 미래전의 개념을 정립하고, 한나라가 전쟁을 준비하고 전쟁에 활용할 군대를 준비하는 문제를 포함한다.

제4의 전쟁 예방과 제5의 전쟁제거 및 제6의 영구평화를 위한 대안적代案的 구조창출의 문제 중 전쟁 예방은 '전쟁중심적war-centered 사고思考'와 '평화지향적peace-oriented 사고'를 다 포함하지만 제 5와 6의 사고는 평화지향적, 나아가서는 이상주의적 경향을 반영한다. 전쟁예방의 현실적 접근은 현재로서는 억제와 평시의 협력창출의 문제에 연구의 초점이 주어지고 있다.

평화적 접근자들은 대체로 '전쟁 없는 세계'를 위한 새로운 세계질서의 유형을 만들어 내려고 노력한다. 그렇게 하기 위한 전제조건으로서 군사적 보수주의-전쟁의 불가피성을 믿기 때문에 안보를 군사도구에 의존하여 추구하려는 입장-를 탈피하고 새로운 안보시각을 갖기를 권고한다. 이들에게는 전쟁은 하나의 사회적인 문제problem로 정의되므로 새로운 사고는 전쟁의 제거로 지향指向되어야 하는 것이다. 그러나 전쟁의 원인이나 처방이 지나치게 단순화되거나 낭만화浪漫化되지 않아야 하며 비군사적非軍事的인 안보전략의 발굴을 제창提唱한다.11)

4. 현대 평화연구

평화연구는 역사가 깊다. 정치철학의 주제가 평화와 정의의 실현에 있었고 고대로부터 많은 정치철학과 평화사상이 유래되어 왔다.12) 인류가 평화를 위하여 동서양에서 시공을 초원하여 어떤 노력을 해 왔는가 하는 것은 굳이 여기서 따질 필요는 없을 것이다. 왜냐하면 그것은 인류의 염원으로서 이상이었기 때문이다.

현대적 의미의 본격적인 평화연구는 2차 대전 이후에 본격화 되었다. 어떻게 하면 전쟁을 억제하고 예방할 것이냐 하는 전쟁을 없애기 위한 노력이 핵심적인 주제였다. 그리고 이러한 노력은 현실주의의 국가안전보장 이론에 초점이 맞춰졌다.

냉전이 종료되면서 분쟁위주의 해결이나 안전보장 위주의 평화연구는 더욱 보편적인 분야로 확대되었다. 이러한 경향은 갈퉁Johan Galtung을 중심으로 하는 유럽의 오슬로-프랑크트학파 Oslo- Frankfurt Schule가 주도했다고 할 수 있는데 이들은 "평화적 수단에 의한 평화"를 강조하면서 정치적으로는 국내 및 국제체제의 민주화를 도모하고, 군사적으로는 순수한 방어적 수단이나

---

11) Robert S. Woito, *To End War: A New Approach to International Conflict* (New York: The Pilgrim Press, 1982), p. XIV.
12) 박채용 · 정태일 공저, 『평화사상 연구』(서울: 세계아기출판선교국, 2008); 『평화사상과 영구평화론』 참조

비군사적 수단에 의한 방어적 방위defensive defense를 추구하며, 경제적으로는 무역보다 자국자원에 대한 의존도를 강화하고, 관념보다는 감성을 중요시하는 연성문화를 확산시킬 것을 강조하였다. 즉 분쟁해결이나 안전보장을 위한 노력을 소극적 평화negative peace로 구별 지으면서, 이들은 빈곤, 기아, 사회적 불평등, 정치적 억압 등 인간성 실현을 저해하는 제반 구조적 폭력을 제거하는 적극적 평화positive peace로의 필요성을 역설하였다.13)

최근에는 안보연구에 있어서도 그 범위와 영역이 확대됨으로서 평화연구와 많은 부분이 중첩되게 되었다. 안보연구는 공동안보, 협력안보, 국제안보, 지구안보 등의 개념으로 확대되었고 그 영역도 정치안보, 경제안보, 사회안보, 환경안보, 자원안보, 식량안보, 문화안보, 인간안보 등으로 확대되었다. 이러한 영역의 확대는 과거의 '공포로부터의 자유'를 넘어서 '결핍으로부터의 자유'를 추구하게 되었으며 '적극적 평화'의 개념과 그 영역이 교차하게 되었다.

최근 들어 평화연구의 범위는 모든 학문영역과 관련을 갖는 종합적 연구 경향을 띠게 되었지만 근본적으로 평화연구는 국제관계와 전쟁에 관한 연구, 즉 안전보장에 관한 연구와 긴밀한 관련을 가질 수밖에 없다. 왜냐하면 평화의 기본조건은 국가 간의 충돌이 예방되거나 억제된 상태를 전제로 하기 때문이다. 또한 진정한 평화를 이룩하기 위해서는 전쟁의 방지와 제거 그리고 영구적인 평화질서를 구축하는 방안의 연구가 우선시되기 때문이다.

적극적 평화의 개념이 등장하면서 평화연구는 비군사적 영역에 대한 연구로 편향적으로 활성화되면서 또다시 스스로 한계에 봉착하고 있다. 평화를 결정적으로 위협하는 것이 전쟁이나 군사적 충돌인데 이에 대한 해결책을 제시하지 못하는 가운데 그것을 기본적인 안정적 조건으로 전제하고 논의하는 평화란 성립될 수 없기 때문이다. '평화적 수단에 의한 평화'의 달성이란 가녀린 소녀의 기도에 불과할 뿐인 것이다.

특히 국내 평화연구에 있어서 한반도의 지정학적 역학 구도 및 북한의 핵 미사일 위협을 도외시한 채 군축과 방어적 방위 개념에 의한 평화 논의는 그 한계가 명백하며 그것만 강조하는 의도가 의심될 뿐이다.

5. 기존 전쟁 연구의 몇 가지 신화와 오류

---

13) 이러한 시각을 바탕으로 스웨덴의 SIPRI(Stockholm International Peace Research Institute), 핀란드의 TAPRI (Tempere Peace Research Institute), 오스트리아 평화연구소(Austrian Study Center for Peace and Conflict Resolution), 미국의 평화연구소(U.S. Institute of Peace), 코펜하겐 평화연구소(Copenhagen Peace Research Institute) 등 다수의 국가차원 평화연구소가 설립되었다.

평화주의자들의 관점에서 볼 때 기존의 전쟁연구 중에는 몇 가지 지배적인 선입관이나 편견적인 오류가 있다.14)

첫째, 비관주의적悲觀主義的인 전쟁불가피론의 입장이다. 이 입장에 속하는 논의 중에는 역사의 반복성을 주장하는 입장, 즉 과거에도 전쟁이 있었으니까 미래에도 있을 수밖에 없다는 입장이 있는가 하면,15) '적자생존'適者生存의 원칙을 주장하는 입장도 있다. 이 적자생존의 '자연법 주의'는 목적을 본질에 귀속시키는 목적론적 오류를 범하고 있으며 피상적인 유추에 입각하고 있다. 생존의 투쟁은 희소한 자원을 쟁취하기 위한 간접적인 투쟁인 반면에, 전쟁은 직접적인 물리적 전투이기 때문에 오히려 전장에서는 선발된 물리적 강자인 우수자를 파괴시킨다.

또 하나의 전쟁필연성론의 입장은 인간의 침략적 본성을 믿는 철학적 비관주의이다. 이들은 인간의 본능적인 사악성이 폭력행위로 표출된다고 주장한다. 그러나 현대 심리학자들은 공격성향이 충동이나 기아飢餓에서 나온다는 개념을 거부한다. 이러한 공격적 충동, 즉 자연적이고 침략성은 동물세계 내에서는 발견되지 아니하며16) 다수의 개인 간이나 전체사회에도 자발적인 폭력행위가 없는 경우가 많음을 지적한다.17) 따라서 폭력은 '인간 본성에서 생기는 불가피한 충동이기보다는 일종의 욕구불만(또는 좌절)이나 적대적 환경에 대한 학습된 반응일 수도 있는 것이다.18)

사회심리학자인 '고돈 알포트'Gordon Allport는 전쟁불가피론을 반박하고, 개인과 집단의 안보를 사회학적, 인류학적 시각에서 고려할 것을 제의하면서 다음과 같이 피력하고 있다.

"오늘날 세계에서 가장 큰 위협은 전쟁을 불가피 하다고 생각하고 그들의 국민을 무장시키는 공식지도자들이다. 왜냐하면, 전쟁이 불가피하다고 생각함으로써 그것이 불가피하게 되기 때문이다. 기대는 곧 행위를 결정하기 때문이다."19)

다른 또 하나의 입장은 전쟁의 발생 필연성 외에 평화를 위한 현실성 있는 비군사적인 전략발전이 불가피하다는 신념이다. 즉 민족주의, 문화, 종교적 차이와 이질성이 한 국가나 문화권의 정치적 결속과 유지의 신념이기 때문에 이를 극복하기가 불가능하여 평화로 갈 수가

---

14) 앞의 책, pp. 16-17장 : Fall and Kim, op. cit., pp. 3-4: Dean G. Pruitt and Richard C. Snyder(eds.), *Theory and Reasearch on the Causes of war* (Engliwood Cliffs, NJ: Prentice-Hall, 1969), pp. 4-5.

15) 예를 들면 R. Stocken, *Inevitable War* (New York: Perth Press., 1932)

16) L. Berkowitz, *Aggression: A Social Psychological Analysis* (New York: McGrow-Hill, 1962).

17) C. Kluckhohn, Anthropological Research and World Peace, in L. Bryson, L. Finkelstein and R. Macliver(eds.), *Approaches to World Peace: A Symposium, Conference on Science, Philosophy and Religion* (New York, 1944).

18) Pruitt and Snyder, op. cit., p. 4.

19) Gorden W. Allport, *The Person in Psycology* (Boston: Beacon Press, 1968), p. 191.

없다는 입장이다.

모든 종류와 수준의 국제분쟁을 다 피할 수 있다는 것은 아니지만, 또 모든 분쟁이 살아진 세계는 아마 불건전할지 모르지만(분쟁은 일련의 순기능도 갖기에[20]), 다만 대규모분쟁(국제폭력)은 불가피 한 게 아니라는 점을 이해하는 것이 중요하다하겠다. 비관주의적인 '전쟁불가피론자'들은 전쟁제거가 불가능하다고 믿기 때문에 전쟁제거를 위한 노력보다는 오히려 평시의 '합리적'rational인 관리를 위한 노력을 강조한다. 역사적으로 이 학파는 사회적, 정치적, 진화론자들 중에 많았으며-예를 들면 '굼플로비치'Gumplowitz, '라첸호퍼'Ratzenhofer, '트라이츠케'Treichke, '스타인메츠'Steinmetz, 등-이들은 전쟁은 사회적 생존적 필요에 기여하기 때문에 전쟁재발은 영원하고 불가피하다고 생각한다. 이러한 인식은 세력균형정치에 내재하는 억제교리, 즉 "평화를 원하거든 전쟁을 준비하라"si vi pacem para bellum는 고전적 경구와 통하는 면이 있다. 따라서 이러한 인식은 평화연구peace research와는 양립할 수 없게 된다.

두 번째 편견적 오류는 전쟁의 '단일원인론적' 입장이다. 즉 모든 전쟁의 발발을 단일한 원인의 탓으로 돌리는 입장이다. 예를 들면 '사악한 특정지도자의 출현'greatman theory, '인간공격성 이론', 개별 주권국가의 분리독립 체제인 '무정부적 세계질서론', 끊임없는 해외시장과 원자재획득을 위한 '경제동기론', '이념적 대립론', '군사력 불균형론' 등의 어느 한 요인만을 중요한 원인으로 보는 입장이다. 이 입장은 대체로 전쟁의 합리적 근원을 주장하는 측과 감정적 근원을 주장하는 측간, 엘리트의 역할을 강조하는 측과 대중의 역할을 강조하는 측간, 그리고 경제적 동기를 강조하는 측과 군사적 자원 배분의 불균형을 강조하는 측간에 대립되고 있다.

현실적으로 모든 전쟁이 하나의 요인에 의해서 발생한다고 볼 수는 없다. 다만 경우에 따라서는 특정 전쟁은 위에 열거한 여러 가지 요인 중 특정한 요인에 의해서 일어날 수 있을 뿐인 것이다. 그래서 전쟁원인에 대한 다원적인 연구multidimensional study를 발전시킬 필요가 있다. 마치 인체의 암이 수 천 가지의 원인에 의해서 발생하는 것처럼 다만 인간이 아직 그 뿌리를 다 찾지 못하고 있을 뿐이다. 예를 들면 과거 공산주의자들은 맑스-레닌주의에 입각하여 전쟁은 해외시장 통제와 원자재확보를 위한 자본주의의 압제와 정치적 강압에 의한 계급 분쟁을 반영하기 때문에 사회주의 혁명에 의해 달성된 사회주의 정치체제 내에서는 전쟁은 사라질 것이라고 주장했지만, 실제로 소련과 동구간의 분쟁이나 중-소간의 분쟁 등은 전쟁의 기원이 계급구조보다도 더 깊은 다른 이유에 있음을 보여준다. 오늘날 사회주의 진영 내에서도 민족주의, 패권추구, 영토분쟁, '신계급'neo-class의 대두 등 현재의 이념과는 상관없이 대내외적인 권력의 조직화와 불평등 배분이 공공연히 나타나고 있는 실정이다.

---

20) L. A. Coser, *The Functions of Social Conflict* (New York: The Free Press, 1956).

따라서 다원적인 차원에서 전쟁의 원인을 분석하여 전쟁의 본질을 규명하고 다른 제반 사회적 분쟁과의 관계를 규명할 필요가 있다. 왜냐하면 현실세계에 있어서 전쟁체제에서 평화체제로 전환하기 위해서는 전쟁에 대한 포괄적이고 체계적인 이해가 우선 필요하기 때문이다.

세 번째 오류는 전쟁을 제거하기 위한 '단일처방론'적 이상주의 입장이다. 위에서 언급한 보편적 사회주의 이념(사회주의 혁명), 보편적 형제애, 초국가적인 세계정부, 전면군축 등을 주장하는 순진한 입장이 여기에 속한다. 전쟁은 심원한 특성을 갖는 문화적 인조물이기 때문에 이상주의적 제안인 세계정부와 같은 법적 장치로는 제거가 불가능하다. 그래서 인간의 근본적인 가치와 신념, 제도, 신화, 등의 장기적인 변화를 포함한 포괄적인 전쟁대처전략과 다원적인 접근이 필요하게 된다. '전쟁의 이해'와 '평화로의 길'을 위한 다원적 접근을 위한 연구지향이 곧 종합적 연구방법multidiciplinary approach 또는 학제적學制的 연구방법interdisciplinary approach이다.

6. 전쟁과 평화의 종합적 연구경향

위에서 언급한 바와 같이 전쟁을 어떤 특정 조건에서 나타나는 인간분쟁의 한 형태라고 한다면 전쟁과 평화의 연구는 개인 간의 차원에서부터 국가 간의 차원, 나아가서 국제수준에 걸친 전범위내의 인간 상호작용의 다원적 현실을 고려해야 할 것이다. 또한 처방적 대안을 창출하기에 앞서 진단적 시각에서 출발해야 하며, 장·단기적 견지에서 분석적 시각과 규범적 시각을 연결시키는 '응용정책과학적' 시각을 지녀야 할 것이다. 왜냐하면 어차피 전쟁과 평화의 연구는 순수과학적 지식으로서 보다는 실천적인 가치지향적 과제이기 때문이다. 다시 말하면 결국 평화상태란 보다 정의롭고 인간적인 세계질서, 즉 경제적 복지와 인종적 평등 및 균형, 사회적 정치적 정의를 이룩한 상태이기 때문이다.

이러한 종합적 연구방법에는 도덕적·철학적 연구, 인종적·사회적 연구, 문화적·인류학적 연구, 사회심리학적 연구, 사회학적 연구, 사회경제학적 연구, 정책결정차원의 연구, 국제체제연구, 규범적·법적연구 등이 포함된다.21) 이 접근방법에는 진단적 시각과 처방적 시각, 그리고 좌파주의적 입장(이상주의 입장 포함)과 우파주의 및 현실주의 입장을 다 포함한다.

그간의 전쟁 연구를 역사적 발전 단계로 구분해 보면 세 가지 방법론적 차이로 대별 될

---

21) 이 분야별 분류는 Fall and Kim의 앞의 책. *The War System*의 방식임. Newcomb은 앞의 책 *Peace Research Around the World*에서 다음과 같이 분류하고 있다. 첫째, 기본적인 연구와 이론 분야로서 국제체제, 위기연구, 분쟁연구(전쟁원인 연구 포함), 태도연구, 미래연구, 종합연구, 경제연구, 국제법, 군축연구로 분류하고, 실천행동 연구 분야로서 저항활동과 비폭력활동을 포함시키고 있다. Woito는 앞의 책. *To End War*에서 사상(idea)과 전략(context)과 활동(action)으로 분류하여 정리하고 있다.

수 있다.[22) 1950년대 말까지 전통적인 국제관계의 연구에 사용되어 온 '단일학술적연구' monodiciplinary가 지속되어 왔으나 1950년대 말과 60년대 초에 걸쳐 평화연구의 '종합적 접근방법' interdiciplinary approach이 시작되었다. 이 방법은 전통적인 방법에 비하여 보다 다원학술多元學術적 접근방법이고 보다 가치중립적인 연구의 현실성을 거부하고 소망스럽지 않다고 인식하는 가치지향적이며, 연구범위를 확대시켜 모든 분쟁현상을 비교·다원적 방법의 틀에 적용시켜 연구하며, 분석수준을 개체차원intrapersonal에서부터 개인간, 집단간, 국가 간, 국제체제에 이르는데까지 다양화시키고 있다. 제3의 접근방법은 70년대에 시작된 세계질서 연구의 종합 학술적 접근방법transdisciplanary approach으로써 평화의 가치를 보다 광역화 시키고 고착화시킴과 동시에 다른 가치, 이른바 경제적 복지, 사회·정치적 정의, 인류학적 균형 등과 연결시키고 있다. 이 접근방법은 제2단계의 종합적 접근방법의 발전 결과이지만 제2단계 연구를 거부하지 않고 정선, 확대, 통합synthesize 시키는 노력을 보여주고 있다. 그리고 이 접근 방법은 보다 미래지향적이고, 평화체제로의 전환전략 중심적이며, 보다 나은 세계를 설계하려는 가치지향적 경향을 반영하고 있다.

---

22) Fall and Kim, op. cit., p. 6.

제2절 전쟁과 정치의 본질

1. 정치와 전쟁의 논리적, 철학적 분석 필요성

현대는 핵무기라는 절대무기의 등장으로 억제가 이루어져왔다. 핵시대의 전쟁양상은 인류의 공동파멸이 전제되는 인류의 종말을 상정하고 있다. 그러면서도 정치 현실세계는 여전히 '평화를 원하거든 전쟁을 준비하라'si vis pacem, para bellum는 베지티우스의 금언이 실감나고 있다.

전쟁이 다른 재앙과 마찬가지로 인류사회에서 인간과 동반하는 하나의 현상이라면 그것을 어떠한 관점에서 이해하고 해석하느냐에 따라 우리의 관념과 판단은 극과 극을 치달을 수 있게 된다. 우리가 전쟁을 천재지변과 같이 불가피한 사회현상으로 간주하던가, 얼마든지 예방 가능한 인재로 생각하는 것은 그것에 대하여 판단하고 대처하는 방식에 있어서 큰 차이를 노정한다. 우리가 전쟁을 인식할 때 인류사회가 겪어야 하는 역사적 혹은 정치·사회적 과정의 하나로만 간주함으로써 전쟁이 가치중립적인 문제로만 파악된다면 윤리·도덕적 차원에서 그것을 논하는 것은 의미가 없다. 그러나 반대로 전쟁을 예방 가능하다고 생각하는 사람들에게는 전쟁은 충분히 도덕적·윤리적 영역에서 논의될 수 있는 문제로 인식된다. 더욱이 전쟁수행의 주체가 인간이라는 점에서 전쟁은 충분히 도덕적 가치판단의 문제로서 인식될 수 있다는 것이다. 어떠한 관점이 타당성이 있는지에 관해서는 아직도 많은 논란을 불러일으키고 있다.

전쟁은 윤리·도덕의 영역에 포함되던지 제외되던지 간에 그 자체는 윤리의 범위 내에서 다루어져야 할 사항이다. 다시 말하면 설사 천재지변 같은 불가항력적인 요소가 있다 하더라도 윤리적 고려대상이 되어야 한다는 것이다. 왜냐하면 그것은 특히 핵시대에 이르러 인류가 공멸할 수도 있는 상황이 전개되었기 때문이다.

전쟁이 정치의 수단이라는 것은 현대에 이르러 보편화된 명제이다. 아무도 이 명제에 대해서 이의를 제기하지 않는다. 이로부터 전쟁의 분석과정에서 전쟁정책 결정과정에서의 정치적 건전성을 논하는 기초가 된다.

이러한 명제가 아이러니칼하게도 150년 전 클라우제비츠에 의해서 제기되었다는 사실은 우리를 경악케 한다. 전쟁이란 '나의 의지를 상대방에게 강요하기 위한 일종의 폭력행위'로 규정되며, 더 나아가 정치의 본질을 '전쟁은 다른 수단에 의한 정치의 계속'이라고 천명하였다. 그의 타 수단에 의한 정치의 연장으로서의 개념은 현대의 민주국가에 있어서의 정치의 기본 철학이 되었다. 그렇다면 정치의 연장으로서의 전쟁은 어떤 모습을 가져야 하는 것인가? 또 이와는 반대로 전쟁을 궁극적 수단으로 하는 정치는 어떤 것이어야 하는가? 이러한 의문을 풀기 위해서는 정치의 본질과 전쟁의 본질을 규명해 보아야 할 필요성이 있다.

정치와 전쟁을 논함에 있어 전쟁을 정책 목적의 연장수단으로 여겨온 전통적 명제들과 이에 대한 비판적 시각이 있다(제4세대 전쟁이론 및 문화/문명 전쟁론). 따라서 전쟁을 이해하는 전통적 고정관념 및 통념적 명제가 오늘의 국제정치나 세계정치 현실에 직면하여 도전받고 있는 실상 국면은 어떤 양상을 띠고 있는 것인지의 문제를 핵시대에 재조명하여 보아야 할 필요가 있다.

2. 정치의 본질과 논리

전쟁을 궁극적 수단으로 하는 정치란 과연 어떤 것이어야 하는가? 전쟁을 논할 때 가장 중요하고도 필요불가결한 기초개념으로 고려되어야 하는 것이 '정치의 본질'이다. 정치 본질의 제 문제는 곧 전쟁과 정치의 상호 불가분의 밀착관계를 표출시켜 그 핵심적 상관관계를 파악하고 이해하려는데 목적이 있다. 현 시대 감각에 맞는 정치와 전쟁의 상호관계는 어떻게 이해되어야 하는가? 일반적으로 널리 사용되어지고 상식적으로 이해되어 온 '정치목적의 연장 수단으로서의 전쟁'이라는 것을 핵시대와 테러전 시대 그리고 인간 안보까지 안보 개념이 확장된 글로벌 세계 정치시대에 전쟁은 구체적으로 무엇을 의미하며 그러한 전쟁을 수단으로 활용하는 정치의 의미는 과연 무엇인가 전쟁본질의 분석과 전쟁과 평화의 연구동향을 살펴보기로 하자.23)

가. 정치의 개념

정치의 의미를 어떻게 규정할 것인가 하는 데에는 다양한 시각이 있다. 정치의 이념이나 목적에 착안하여 개념을 규정하는 시각, 물리적 강제력이라는 정치 특유의 수단에 착안하여 개념을 규정하는 시각, 그리고 정치가 영위하는 사회적 기능에 착안하여 개념을 규정하는 시각 등이 있다. 이러한 다양한 시각에 의하여 정치의 의미를 다음과 같은 다섯 가지 정도로 정리해 볼 수 있다.

첫째, 정치를 국가의 활동이라고 보는 견해이다. 정치를 국가 의사의 창조와 결정 및 그 행사를 둘러싼 사람들의 활동이라고 보는 학설이다.

---

23) 김홍철, 『전쟁론』(서울: 민음사, 1991), pp. 143-185. 「핵시대의 정치목적과 도전받는 전쟁의 전통적 고정관념」 요약 발췌 및 추가.

둘째, 정치를 오직 국가만 가지고 있는 특유한 현상이 아니라, 모든 공공 단체의 공동사무의 수행 과정에서 나타나는 현상이라고 보는 견해이다. 다원주의적 국가론의 입장이나 정치를 어떤 집단이 근본 방침을 결정하고 실현해 가는 활동으로 보는 견해 등이 이에 해당한다.[24]

셋째, 정치를 지배-복종 관계로서의 사회 통제 작용이라고 보는 견해이다. 정치를 국가 권력에 의한 실력 작용, 다스림을 받는 사람에 대한 통제 관계 등으로 보는 견해가 이에 속한다.

넷째, 정치를 사회적인 가치 촉진의 현상이라고 보는 견해이다. 정치를 이상적인 국가를 실현시키고자 하는 행위로 본다든가 또는 공동의 복지를 달성시키고자 하는 행위로 보려는 것 등이 이에 속한다고 할 수 있다.

다섯째, 정치를 경제적 착취를 목적으로 하는 계급적 지배라고 보는 견해이다. 인류의 역사는 계급투쟁의 역사이며, 계급투쟁을 곧 정치 투쟁으로 보는 마르크스주의의 입장이 그것이다.

이것은 최종적으로 국가 현상설과 집단 현상설로 나눌 수 있다. '국가현상설'은 정치를 국가의 근본 활동이라 보고 국가를 주체로 하는 현상으로 보는 견해이다. 인간 사회에는 질서가 필요하고 질서 유지를 위해서는 물리적인 강제력인 정치권력이 필요한데, 이 권력은 국가만이 독점한다는 견해이다. 즉, 국가라는 주체에 한정하고, 국가와의 관계에서 정치의 개념을 규정한다. 이에 비해 '집단 현상설'은 정치 현상을 반드시 국가에만 관련되는 현상으로 보지 않으며, 국가를 포함시킨 모든 집단에도 널리 정치 현상을 인정하려는 견해이다. 하지만 이 두 가지는 물리적인 강제력을 행사하여 집단을 통제하는 인간의 활동으로 본다는 공통점을 가지고 있다.

나. 정치의 본질

현대를 "정치화의 시대"age of politicization라고 칭하고 있다. 정치화의 시대란 인간이 존재하는 한 정치의 본질에 대한 끊임없는 접촉을 의미하는 것이다. 정치의 본질에 대한 끊임없는 사고는 다양한 여러 정치적 가치의 기준을 제시하여 주는 정의의 개념과 필연적으로 관련을 맺고 있다. 그렇다면 정치의 본질은 과연 무엇일까? 정치의 본질은 정치의 개념과 같이 다양하지 않다. 다만, 정치의 본질은 사회에 따라, 시대적 상황에 따라, 그리고 정치에 대한 관심과 이해

---

24) 대부분의 미국 학자들이 사용하는 government라는 용어는 정치를 국가만으로 한정되는 인간 활동뿐만이 아니라 인간 생활의 제 형태에서 발생하는 이해관계의 대립이나 의견 차이를 조정해 나가는 통제의 작용도 모두 포함하는 개념으로 사용하며 국가는 공적인 government인데 반하여 그 밖의 것은 사회적인 government로 설명하고 있다.

관계의 입장에 따라 다르게 파악할 수 있다. 즉 정치의 본질은 우리가 추구하는 당위Zollen가치의 측면에서 파악할 수도 있고, 실재實在, reality라는 존재存在, Zein 현실의 측면에서 파악할 수도 있다.

정치 본질에 관한 문제를 당위적 개념에서 파악할 때 인간이 추구하는 제 가치는 정치적 가치와 밀접하게 관련되어 있으며, 특히 정치적 가치 중에서 정의正義 Justice의 개념은 가장 근본적인 것이다. 정의를 정치적 가치 중에서 최고의 가치로 보는 것은 자유freedom, 평등equality 및 질서order와 같은 여러 정치적 가치 개념의 옳고 그름을 결정하는 중요한 기준을 제시하고 있기 때문이다. 따라서 정치의 본질과 정의의 개념에 대한 이해 없이 정치를 논한다는 것은 무의미할 수도 있다.25)

따라서 정치의 본질은 일반적으로 자원배분 과정에서 야기되는 갈등의 평화적 해결에 있다고 본다. 이스턴D. Easton에 의하면, 정치란 요구, 지지支持의 투입이 정책결정이라는 산출産出로 전환되는 과정으로서, 사회의 가치들을 권위적으로 배분하는 기능을 한다. 부, 권력, 지위, 안전, 명예 등과 같은 사회적 가치들은 희소하므로 이러한 가치를 획득하고자 하는 개인이나 집단 간에는 경쟁이 벌어지고 이 과정에서 긴장이나 갈등이 야기될 수 있다. 집단 내에, 그리고 집단 간에는 이러한 가치를 누구에게, 언제, 얼마만큼, 어떻게 배분해 줄 것인가에 관한 기준과 원칙이 있지만, 이 기준과 원칙이 지켜지지 않거나 이익들 간의 대립으로 갈등이 야기되는 경우가 생긴다. 이를 조정, 통제하는 것이 법과 제도이며, 특히 정치는 입법, 정책 결정 등을 통해 가치를 권위적으로 배분하는 기능을 한다. '권위적 결정'이란 이러한 결정이 모든 사회 구성원들에게 구속력 있는 것으로 받아들여지며, 국가 권력에 의하여 강제된다는 것을 의미한다. 민주 정치에서는 정책 결정이 정당성을 지닌 권력에 의해, 그리고 시민의 참여를 통해 합리적으로 이루어질 때 권위적인 결정이 될 수 있으며 정의롭다 할 수 있는 것이다.

정치의 본질을 이러한 '보편적 가치의 실현'이라고 정의할 때, 정치politics, government란 '국가의 주권자가 국민에 대하여 가치의 실현을 위하여 국가권력을 행사해서 지배·복종관계를 유지하는 일'이고 또 다른 뜻으로는 '사회집단이 권력을 매개로 하여, 사회 의사社會 意思를 집약하면서 사회적 가치를 추구하는 일'을 말한다.26) 이에 더하여 정치의 실천적 일반적 용어의 의미는 '상호 이익의 조정'으로서 이익의 표출과 집약 그리고 집행 및 순환에 따른 집권세력과 반대세력 사이의 정상적인 관계 설정과 정상적인 커뮤니케이션을 말하며 국가정책으로서 기본정책, 대내정책과 대외정책으로 표출된다.

---

25) 김영래, 「정치의 본질과 정의의 개념 재정립」, 『현상과 인식』 통권 22호(1982. 9), p. 193.
26) 신기철·신용철 편, 『새 우리말 큰사전』(서울: 삼성출판사, 1977, 증보판), p. 298.

기본정책은 국가 경영의 장기적인 목표 설정과 정부 및 정권적 차원의 실천 노선이 담겨지고 표방된다. 대내정책은 국기國基를 보전하고 국정의 안정과 사회의 안정은 물론, 민생·복지·국부의 증진 및 배분을 비롯하여 국가의 안전보장과 국방을 위한 군비정책을 도모하며, 애국·애족 할 줄 아는 국민의식구조를 개선·발전시키고 아울러 국민생활을 지도해가는 실천 방책을 의미한다. 대외정책은 외교정책을 뜻하며 국제관계와 세계정치 무대에서 국가의 정치적 권익과 독립성을 보전하고, 외교적 지위향상을 도모하며, 세계 평화를 위한 국제적 안전보장체제 수립에 참여하고 기여하는 것을 말한다.

정치사적으로 현대적 정치개념이 정립되기 까지는 많은 개념들이 논의 되었으나 그 핵심은 국가이익과 이성raison déta에 관한 것이었고 그리로 부터 전쟁과 평화 그리고 도덕과 정의에 관한 이념들이 정립되었으며 그것들이 바로 정치의 본질을 구성하고 있다.

독일의 법학자 칼 슈미트Carl Schmitt(1888~1985)는 정치의 본질을 적과 동지의 관계로 규정했다. 그의 우·적이론友-敵理論에 따르면 정치는 친구와 적의 실존적 대립이 불가피하다고 본다. 슈미트는 히틀러 치하에서 베를린대학 교수로서 나치즘 형성의 이론적 기반을 구축한 독일 법학자다. 그에 대한 법적 도덕적 단죄는 이미 오래전에 내려졌지만 그의 사상은 전후戰後에도 지금까지 심대한 영향을 미쳤다. "헌법은 그것이 규범화하기 이전에 정치적 결단이 선행된다"는 그의 주장은 한국의 유신헌법을 비롯하여, 권위주의 정권의 통치체제를 정당화하는 근거로 이용되기도 했다. 21세기 들어서도 그의 이론은 여전히 회자되고 있다. '파시즘 사상가'라는 비난에도 불구, 다원주의와 의회주의의 딜레마를 날카롭게 설파한 논리적 함의 때문이다. 그의 사상은 바이마르 공화국의 위기와 1차 대전 패전 등을 배경으로 형성됐다.

그가 '정치적인 것'의 개념을 '적과 동지의 구분'으로 규정한 것은 의회 민주주의에 대한 불신과 회의에서 비롯되었다. 그에 따르면 정치에 있어 적敵은 사私적인 증오 대상과는 별개의 공公적인 관계다. 그리고 국가는 외부의 적에 대응해 만들어진 정치공동체다. 그런데 의회는 끝없는 토론만 있을 뿐 국가 위기상황에서도 결단을 내리지 못하는 시스템이다. 따라서 대통령 같은 최고 권력자가 헌법의 수호자로서 민주주의를 일시 중단시키고 국가를 구해낼 책임이 있다는 것이다. 그는 이런 논리에 입각해 자유주의, 다원주의 사회의 위기를 극복하고 국가공동체를 위해 개인과 집단의 희생을 정당화하는 명분과 근거를 제시해 주었다.

슈미트는 서구에서 신보수주의가 부상하고 9.11 테러와 이라크 전쟁 등 국제정치에서 힘의 논리가 위세를 떨치면서 재조명을 받았다. 그는 우익사상의 원조로 일컬어지지만, 그의 우적이론은 급진좌파의 혁명이론과도 맥을 같이 한다. 국제정치학자 하랄트 뮐러는 헌팅턴의 문명충돌론도 마르크스 레닌주의, 종교적 근본주의, 슈미트의 우적이론과 같은 맥락에서 파악했다. 좌우파를 막론하고 전체주의, 근본주의의 이론 배경을 거슬러 올라가면 슈미트와의 만남이 가능해지는 것이다.27)

평화의 정치와 전쟁의 정치를 구별하고 있는 프로인트 J. Proint는 '정치는 그 자체가 본질이다'politique est une essence라고 말하면서 정치의 본질을 다음 세 가지로 분류하여 고찰하고 있다. 첫째로는 지배와 복종관계 둘째, 공-사公-私관계 셋째, 우-적友-敵관계이다. 여기서 지배와 복종관계는 정치 일반의 가장 기본적인 전제요소이고 공과 사 관계는 정치 본질의 내면적 세계를 지배하는 요소이다.

프로인트J. Proint가 지적하는 정치본질의 세 가지 요소 중에서 우-적 관계는 전쟁본질의 핵심적 단면이라 할 수 있다. 정치 본질에 있어서 정치적 의미의 우-적 관계는 무엇보다도 전쟁현상 및 그 수행에 있어서 가장 첨예하게 나타나는 현실의 적 관계로 이해되기 때문이다. 프로인트는 먼저 '개인적인 적'私敵, ennemi prive 개념과 '공공의 적'公敵, ennemi public 개념을 도입하여 논의를 전개해 나간다. 물론 이 적 개념은 '정치에 있어서의 적'으로서 역사 현실과 일반 경험사를 조명해 볼 때, 거기에는 항상 정치가 있고 정치가 있는 곳에는 반드시 정치적 적이 존재한다는 것이며 결국 정치의 심장부에는 항상 '폭력과 공포'가 충만해 있는 것으로 간주하는 개념이다.28)

정치에 있어서 우·적 관계는 독자적이고 특수한 가치기준을 가지고 있는 것으로서 정치상의 적은 윤리적으로 반드시 나쁜 것만은 아니라는 의미로 이해되기도 한다. 또한 우-적 개념은 비유적이거나 상징적인 의미로서가 아니라 어디까지나 구체적이고도 실존적인 의미를 갖는 것이다. 특히 이 같은 우·적 개념은 정치의 표준단위인 국가 간의 전쟁상태에서 가장 첨예화된 우-적 구분의 현상으로 부각된다. 그리하여 국가의 개념은 적어도 정치적으로 불합리하고 부조리한 것으로도 이해되어지는 것이다.

어떻든 정치의 세계에서는 '현실의 적'un ennemi reel(actuel)과 '실질·사실상의 적'ennemi virtuel을 상정하여 이해하는 것이 보통이다. 이 같은 우·적友-敵 개념을 통하여 국가의 존재이유와 역할·기능을 통찰·분석하게 되는 것이고 나아가서는 내란 및 혁명전쟁 등의 이해 뿐 만이 아니라 국가 간의 대결·적대·분쟁관계 등의 전쟁현상 까지도 추상하면서 전쟁의 본질을 추론해 낼 수 있는 것이다. 프로인트J. Proint는 이러한 분석을 통하여 '평화의 정치와 전쟁의 정치'que de la paix et de la guree를 규명하고 있다

더 나아가 프로인트는 '정치적 우정'amitie politique과 '정치적 적'ennemi politique으로 구분하여 우-

---

27) 송충식, 경향신문, 정치칼럼, 2007. 4. 10.
28) 프로인트(J. Proint)의 우-적 개념은 기본적으로 슈미트(Carl Schmitt)의 『정치 개념론』(Der Begriff des Politischen)에 의덕하고 있다.

적 개념을 확대해 나간다. 정치적 우정의 1차적 의미는 집단적 공동이익을 전제로 하는 정치적 단위공동체간의 '화목, 단결, 화합'에서 찾는다. 이 같은 정치적 우정은 곧 집단적 정치단위 공동체가 존립해가는 초석이라고 말 할 수 있는 것이며, 아울러 이것은 정치단위 공동체의 내부적 결속과 조화를 도모해 주는 원동력인 것이다. 그렇기 때문에 이 정치적 우정을 확대해 나가면 이상론이기는 하지만 세계정부국가Etat mondial로 가는 과정에 표출 될 수 있는 '보편적 우애와 우정'을 상정할 수 있게 되는 것이다.

정치적 우정의 두 번째 의의는 '동맹' 개념으로 이어진다. 동맹조약이나 협정 등을 통해 형성되는 이 동맹관계는 국제정치 차원의 '집단적 정치체' 간의 우호관계를 설정해주는 가장 전형적이고 특정적인 정치적 결속형태이기 때문에 동맹체론을 국제정치현상의 동태적 중심과제로 간주하고 취급해 주었다.

다음은 정치적 의미의 '적의'敵意, l'inimitie와 '정치적 적 개념'le concept d'ennemi politique에 관한 것이다. 먼저 정치라는 것은 정치를 천직으로 삼는 '특수직업인 개체'에게는 그것이 본질적인 요소이지만 세계주의를 표방하는 보편론자에게는 해당되지 않는다는 것을 전제로 출발한다. 또한 모든 정치에 있어서는 한편으로는 다원적 집단체인 도시라든가 국가·정당·계급 등을 상정하는 것이고, 또 다른 한편으로는 강자간의 힘의 대결·경쟁 혹은 이들 집단체간의 지배경쟁 의욕의 문제를 상정하게 되는 것이다. 따라서 거기에는 집단체 간의 서로 다양하고 상반된 이익 개념이 깔려있게 마련인데 이 이해관계의 상충 및 불일치 때문에 갈등과 대립, 분쟁이 일어나는 것이며 이것이 심화될 때 충돌 및 투쟁, 전쟁이 발생하게 되는 것이다. 따라서 프로인트는 '정치가 존재하는 한 거기에는 반드시 적이 존재하게 된다'고 강조하며 적을 상정하지 않고 정치를 논하는 무수한 이론들은 근본적인 철학문제를 제기하는데 불과하며, 이는 곧 개념과 체험의 상관관계를 기술하는 일에 불과하다고 말하고 있다. 이로부터 더 나아가 프로인트는 전쟁이란 정치에 있어서 불가결한 전속물이며 따라서 정치가 없는 국가나 사회는 상정할 수 없다며 정의의 전쟁과 정의의 적이 어떤 것인가를 규명하며, 전쟁과 평화의 상관관계를 통찰하는 가운데 평화 개념 및 평화유형과 평화조직·기구의 제 문제에 이르기 까지 검토하고 있다.

지금까지의 정치의 본질에 대한 논의를 요약하자면, 정치는 정치 그 자체가 본질이라 할 수 있다. 정치에는 그 고유의 논리와 법칙을 갖고 있으며 그것은 지배와 통치의 영역으로서 실천의 세계가 존재하며 정치 명분으로서 이상사회나 이상국가 건설이 상정되기도 하며, 우·적 관계로서 정치의 본질에 따른 실상이 전개된다. 정치는 실천의 논리가 지배하는 세계이다. 이 실천은 결국 통치와 지배의 의지의 구현이라 할 수 있다. 여기에는 반드시 실천철학實踐哲學이 있어야 하고, 경륜經綸과 도덕이 있어야 하며, 명분과 정의가 내재되어 있어야 한다.29)

따라서 정치는 일국민적이든 세계 국민적이든 간에 인류공동의 '보편적 선' 또는 '공공선'을 창출해 내고 구현 할 수 있는 실천노력을 인류의 소망으로 강요하는 것이라 할 수 있다. 이 '보편적 선'의 최고봉은 역시 평화를 만들어내고 전쟁을 방지하며 억제해 내는 일이다.30)

이러한 전쟁의 본질에 대한 인식에 따라 정치이념이 표출되며 그것은 크게 보아 보수주의, 자유주의, 민주주의, 사회주의의 네 가지로 구분된다. 따라서 전쟁을 수단으로 하는 정치의 건전성은 정치 이념(이데올로기)의 건전성과 연계된다. 이러한 측면에서 대한민국은 사회적 다원성을 존중하는 정치질서와 이념으로서 자유민주주의를 지향한다. 여기서 지칭하는 민주는 인민민주주의를 포괄하는 민주가 아니라 인민민주주의를 배척하는 자유민주주의라는 점에서 대한민국 헌법이 추구하는 민주주의의 이념의 정향성을 분명히 드러낸다. 현대에 이르러 자유민주주의 이외의 이념들은 이미 보편적 선의 측면에서 정의롭지 않음이 증명되었고, 증명되어 가고 있다고 할 수 있다.

그렇다면 이러한 보편적 가치의 실현을 위한 수단으로서의 전쟁은 그 사용의 법칙이 존재하는 것인가?

3. 전쟁의 본질과 논리

핵시대의 전쟁양상은 인류의 공동파멸이 전제되는 인류의 종말을 상정하고 있다. 그러면서도 정치 현실세계는 여전히 '평화를 원하거든 전쟁을 준비하라'si vis pacem, para bellum는 베지티우스의 금언이 실감나고 있다. 그렇다면 전쟁의 본질이 변화하였는가? 이 문제를 풀기위하여 전쟁이 무엇이며 본질이 무엇인지를 먼저 살펴보기로 하자. 통상 전쟁은 사회현상이며 정치의 도구라고 인식되고 있다. 클라우제비츠는 최초로 '전쟁을 타 수단에 의한 정치의 계속'이라고 설파하였고 현대의 정치 본질 분석은 이 정의로 부터 시작되고 있으며 이에 이의를 제기하는 사람은 없다.

그러나 이러한 사고에 유일하게 문제를 제기한 사람이 있었으니 라포포트이다. 그는 수학자이자 게임이론가였는데 전쟁의 본질을 정치의 계속으로서가 아니라 정치적 게임의 결과로 전쟁을 파악하였다. 현대 억제전략 이론의 상당부분이 '게임이론'Game Theory의 기본가정에 근거하고 있다.31) 수학적 이론은 현실세계의 의사결정 방식을 정확히 표현하지 못할 뿐 억제이론

---

29) 김홍철, 앞의 책.
30) 왈쩌나 마이클 센델이 주장하는 정의(正義)가 바로 '공공선'이다.
31) 전성훈, 「억제이론과 억제전략에 대한 소고」, 『전략연구』 통권 31호(2004), p. 131.

발전 당시의 주요 고려 대상이었던 소련이 상대적으로 게임이론적 사고를 수용하지 않은 혁명전쟁 사고를 하였다. 과연 전쟁이 게임으로 이루어 질 수 있는 것인가?

가. 전쟁의 본질 I: 사회현상으로서의 전쟁과 정치도구로서의 전쟁32)

1) 폭력분쟁(전쟁)은 문명의 산물이다.

인류의 역사가 지속되어오는 동안 반증 없이 믿어온 진리가 있다면 그것은 인간이 사회적 동물이라는 사실이다. 사회적 동물이란 곧 정치적 동물임을 가리킨다. 정치적 동물의 본질적 특성은 집단적 분쟁의 성향을 지닌다는 점이다. 따라서 물리적 힘과 폭력은 문명과 더불어 공존해 왔으며 원시사회로부터 20세기의 복잡한 정치·사회구조에 이르기까지 발전되어 왔다.

전쟁의 원인과 근원에 관한 문제는 오랫동안 연구되어 왔으나 서로 대립되는 다양한 견해들만 제시되어 왔을 뿐이다.33) 혹자는 분쟁이 인간의 악한 본성에 기인한다고 주장한다. 인간은 본질적으로 침략적이고 호전적이라는 입장이다. 침략성은 모든 생물의 내재적 본성이며 인간은 더욱이 자기 자신의 끊임없는 이익을 추구하는데 필요한 기술을 지배할 수 있는 지력을 지니고 있기 때문에 분쟁의 범위와 효과적인 수행에 한계가 없다고 주장한다.

한편 인간의 사회집단이나 국가의 조직적 구조적 결함이 국제적인 장에서의 분쟁의 원인이라고 주장하는 사람들도 있다. 국가조직은 자연법의 불변의 진리를 무시하기 때문에 필연적으로 전쟁을 회피할 수 없다는 것이다. 프랑스 혁명에 관한 작가 토머스 페인Thomas Pain은 이 견해의 대변자로서 '군주주권은 인류의 적이며 불행의 근원이기 때문에 폐기되고 그 본질적인 근원지인 국민에게로 돌아가야 한다. 유럽에 국민주권이 수립된다면 전쟁의 원인은 뿌리가 뽑힐 것이다'34)라고 말하고 있다. 다시 말하면 평화는 잘 조직된 좋은 국가의 산물이며 전쟁은 잘못 조직된 나쁜 국가의 산물이라는 것이다.

제3의 관점은 국제체제의 무정부상태가 각 단위국가로 하여금 타국을 희생시키고 자국의 목표를 달성하고 자체이익만을 극대화 하도록 방치할 수밖에 없기 때문에 전쟁을 초래하게 된다는 것이다. 즉 세계정부나 세계국가가 없는 한 독립주권국가와 자제하지 않는 단위국가들

---

32) 류재갑, 「전쟁의 본질」, 『국방연구』 제15집(1987), pp. 99-105.

33) 분쟁의 원인을 세가지 차원—인간의 본성, 국가의 내재적 특성, 독립주권국가 병립체제로 구성된 국제체계—에서 분석한 훌륭한 논의는 Ketenneth N. Waltz, *Man, the State and War* (New York: Colombia Univ. Pr., 1959) 참조. 다양한 접근방법을 소개하고 있는 참고자료로는 Richard A. Falk and Samuel S. Kim(eds.), *The War System: An Interdiciplinary Approach* (Boulder, Colorado: Westview Pr., 1980) 참고.

34) Thomas Pain, *The Complete Writing of Thomas Pain*(ed.), by Philip Foner (New York: The Citadel Pr., 1945), Vol.1, p. 342.

간의 끊임없는 경쟁 때문에 폭력 분쟁은 불가피할 것이라는 입장이다.

본고의 목적이 전쟁의 원인을 규명하고자 하는 것이 아니지만 전쟁원인에 대한 사회학적 또는 역사사회학적 분석35)이 어떠하던지 간에 한 가지 분명한 것은 폭력 분쟁이 현실적으로 발생하고 존재한다는 사실이다. 위의 세 가지 입장 중 어떠한 입장을 취하던지 간에 정치와 전쟁과의 관계가 너무나 분명하기 때문에 이 양자를 분리시키기란 거의 불가능하다는 사실이다.

정치란 기본적으로 분쟁상황에서 개인 상호간 또는 집단적인 사회단위간의 상호작용으로 인식되어 왔으며 각자는 가용한 모든 수단과 역량을 동원하여 자신이 만족할 수 있는 효과적인 방법으로 이 분쟁의 해결을 의식적으로 시도해왔다. 비록 이러한 시도가 스스로 자발적으로 인정하고 받아들인 규범이나 타방에 의해 그에게 가해진 규범에 의해 항상 어떤 제한적인 범위 내에서 이루어진다 할지라도36) 분쟁이 존재한다는 사실 그 자체가 바로 정치단위체와 정치제도의 형성 근거가 된다. 국민을 구성원으로 하여 동일한 영토 내에서 자율적인 정부나 정책결정구조를 갖는 국가는 자연적인 재난과 적대집단으로부터 생존을 보장하고 국민에 의하여 일반적으로 합의된 바람직한 목적을 추구한다.

전쟁은 분쟁의 대표적인 형태로서 조직된 집단 간의 무력분쟁이다. '전쟁은 조직화된 한 행위형태의 분쟁이고 집단 간의 물리적인 힘의 행사이며 양측은 다 같이 훈련을 통해 전투원들의 행동을 증강시켜 상대방에 대한 승리를 획득하려 한다.'37) '레이몽 아롱'R. Aron의 견해에 따르면 전쟁은 사회적 현상이기에 인간이 집단을 형성하기 이전에는 있을 수 없다. 그래서 소위 사회적 동물만이 전쟁을 하며 전쟁은 곧 전투원의 사회화socialization of the combatants를 의미한다.38) 그래서 '현대전쟁은 문명의 독특한 산물이고 신비스런 유형의 희생제물을 얻기 위한 조직화된 노력의 결과'39)이며 '인간이 독립성과 일체성을 유지하기 위해 사회적, 문화적 집단으로 발전해가는 과정의 결과'40)이다. 따라서 전쟁은 '두(또는 그 이상의) 독립적인 정치적 조직집단간의 투쟁'combat between two(or more) independent politically organized groups41)이라고 정의 될 수 있다.

---

35) 전쟁원인에 관한 역사·사회학적 분석에 관해서는 Pitirim A. Sorokin, *Social and Cultural Dynamics*, Vol. III (New York: American Book Co., 1973) 참고. 류재갑, "P. A. Sorokin에 관하여," 석사학위논문(서울대학교 외교학과, 1973.11) 참고

36) Keith R. Legg and F. Morrison, *Politics and the International System: An Introduction* (New York: Harper and Row, 1971), p. 350.

37) Raymond Aron, *Peace and War*, trans. by Richard Howard and Annette Baker Fox(New York: Preager, 1986), p. 350.

38) 앞의 책, p. 350.

39) 앞의 책, p. 364.

40) George Hunt Douse, 'A Comparative Study of Conflict Theory', unpublished Ph. D. dissertation (University of Maryland, 1974), p. 3

국제정치 현실에 있어서 이 정치와 분쟁의 끝임 없는 공존적 관계는 더욱 분명하다. 국제정치란 '이해관계를 둘러싼 분쟁의 당사자들이 이 분규를 자동적으로 해결할 수 있는 규칙 또는 권위상의 합의에 도달하지 못한 환경 하에서 이들 개인이나 집단 상호간에 현실적 대립 또는 잠재적 대립상태에서 그들의 목표를 의식적으로 성취하려고 시도하는 과정'42)이라는 점을 감안한다면 전쟁은 이러한 국제적 상황에서 상존하는 전투 또는 전투위협형태의 분쟁이다. 대립적인 국제환경에서의 정치란 자국의 상대적인 힘의 지위를 확보하고 투쟁을 조정 관리하는 사업이다. 따라서 전쟁은 정치적 상호작용의 불가피한 결과이며 특이한 돌발사건이나 탈선행위가 아니고 정치과정의 정상적인 결과이다.43) 역사상 보편적인 진리가 있다면 그것은 전쟁과 정치가 동일한 과정의 한 부분으로서 존재한다는 점이며 항상 상호작용한다는 점이다.

2) 전쟁은 제거될 수 있는 것이 아니라 통제될 수 있을 뿐이다

전쟁 즉 무력 분쟁이 정치적 상호작용으로부터 분리될 수 없는 현상이라면 전쟁은 제거될 수 없는 것인가? 전쟁이 사회현상으로서 역사적으로 상존해 왔고 정치의 한 통합부분이라면 전쟁은 완전히 제거될 수 없는 현상일 것이다. 하나의 세계정부가 결정과 조정상의 지배적인 힘을 가질 때까지는 국제정치체제 내의 주요한 행위주체인 단위국가가 정치적 목표를 설정함에 있어 물리적인 힘은 주요고려사항이 될 수밖에 없다. 모든 단위 국가가 독립적으로 행동하는 무정부상태인 국제체제 내에서는 중앙집권적인 권위체가 없기 때문에 국가들 간의 경쟁과 분쟁을 막을 길이 없으며, 이런 상황 하에서는 군사력 사용에 대한 합법적인 독점국가 없기 때문에 '국가 간의 정치는 무통치의 정치'44)가 되고 만다.

이러한 국제체제의 무정부적 본질을 변경시키고자 하는 거대한 실험이 시작된 지 거의 60년이 지났다. 제1차 대전 직후의 이 거대한 이상주의적 구상에 의하면 국제법과 국제조직이 국제분쟁의 평화적 해결을 보장하고 집단안전보장체제가 공공적인 세계질서에의 무모한 도전을 뿌리 뽑을 수 있는 새로운 하나의 세계질서로 기존의 '전쟁체제'war system를 대체하려 했었다. 국제연맹시대 이래의 증가일로에 있는 국제분쟁과 전쟁 및 준 전쟁행위들, 그리고 각국의 방위태세의 지속적인 강화가 그 위대한 실험의 실패를 단적으로 입증해 준다. 오늘날 제2차의 거대

---

41) Aron, op. cit., p. 364.

42) Legg and Morrison, op. cit., p. 39.

43) Douse, op. cit., pp. 9, 24, 301-302.

44) Robert J. Art, The Role of Military Power International Relations, in B. Thomas Trout and Games E. harf, eds., *National Security Affairs: Theoretical Perspectives and Contemporary Issues* (New Brunswick and London: Transaction Book, 1982), p. 14.

한 세계적인 조직인 국제연합UN조차도 국제분쟁을 해결하는데 있어서 단지 주변적인 영향밖에 미치지 못하고 있으며, 극히 소수의 남아지역의 경우를 제외하고는 UN의 안보이사회의 집단안전보장 조치들도 거의 효력이 없는 실정이다.

현대 핵전의 무서운 잠재적 파괴력, 재래전 등의 문제를 다루는데 있어 국제법과 국제기구 및 집단안보장치의 실패는 참으로 서글픈 사실이 아닐 수 없다. 현대전의 여러 가지 형태의 전쟁들의 파괴성은 모든 이성적인 희망을 송두리째 앗아가기에 충분하다. 따라서 이러한 전망이 희미해져 가고 전쟁발발의 가능성probability이 현재와 먼 미래에 이르기까지 우리를 엄습하고 있는 이때에 이성적인 사람이 인식해야 할 한 가지 점은 전쟁체제에 있어서 가장 우선적으로 고려해야 할 문제는 전쟁을 제거하는 것이 아니라 전쟁을 제한하고 억제하는 일이다.[45]

전쟁이 상존할 수밖에 없는 것이 문명적 현상이며 정치적 상호작용이라면 그것을 제거하려는 불가능한 시도보다는 제한하고 억제하려는 시도가 더욱 필요하고 바람직한 일일 것이다.

국제체제로부터 무력분쟁수단을 제거하는 방법을 발견하려는 노력과 호소는 일단의 평화주의자들이나 교회계통에서 조직적으로 시도되기도 한다. 예를 들면 로마 카톨릭 교회 교황 '요한 3세의 평화칙서(1963)'에서는 '우리들 시대의 평화구축을 위한 근본적인 원칙은 다른 원칙에 의하여 대체되어야 하는데 이 새로운 원칙은 국가 간의 참된 굳건한 평화는 무력 보유의 균형을 통해서가 아니라 상호 신뢰에 의해서만 달성될 수 있다는 점에 근거한다'[46]고 주장하고 있다. 교회 측의 이 '완전히 새로운 태도에 입각한 전쟁의 평가'[47] 요구는 결국은 상호신뢰의 증진을 통한 전쟁의 제기방법을 찾고자 하는 대표적 호소의 한 예이지만 모든 무력분쟁 수단을 제거하는 것이 가능하고 바람직한 것인지에 대해서는 의문이다.

비록 하나의 세계적 권위아래 성립된 하나의 세계라도 인간본성의 근본적인 변화가 없는 한 물리적 힘의 수단을 통해서 치안이 유지되고 다스려질 것이다.[48] 그래서 전쟁이 없는 하나의 세계를 염원하는 대단히 낙관적인 '비전'도 다른 형태의 전쟁을 수용한다. 즉 세계법과 세계질서를 방호하기 위해 하나의 세계적 권위 하에 국제경찰 행동을 배제하지 않는다.

따라서 우리가 현실reality을 취급하는 것이 목적이라면 '무력수단에의 의존은 인간조건의 불가항력적인 특징이다.'[49] 필연적으로 무력은 국내적 수준에서부터 국제적 수준에 이르기까지 사회의 모든 수준에서 사용된다. 이러한 사실로부터 국가는 실제로 국제정치의 다음과 같은 상황에서 국가행위를 뒷받침 할 수 있는 군사력을 준비해야 한다.[50]

---

45) William V. O'Brien, *The Conduct of Just and Limitted War* (New York: Preaeger, 1981), p. 1.

46) 앞의 책, p. 361 fn. 1.

47) Loc. cit.

48) 앞의 책, p. 2.

49) 앞의 책, p. 2.

첫째, 모든 국가는 자신을 지켜야 한다. 무정부상태 하에서는 자조自照를 필요로 한다. 한 국가는 설정한 목표를 달성하기 위한 수단을 준비해야 한다. 목표를 설정하는 것은 자유지만 그것을 성취하기 위해서는 수단이 있어야 한다. 어떠한 국가도 장기적으로는 타국의 선의와 내일의 우정을 믿을 수는 없는 것이다. 어떤 국가도 자신의 목표를 달성하기위해 필요한 자원을 국제정부에 내놓기는 어려울 것이며 자신의 이익에 배치되는 타국의 복지를 도울 수는 없는 것이다. 그러므로 국가는 항상 현실감각에 입각하여 자신의 수단을 준비하여야 한다.

둘째, 모든 국가는 자신의 물리적인 안전을 준비해야 한다. 안보security의 개념은 대단히 신축성이 크고 다양하여 심리적으로는 마음의 상태에서부터 한 국가가 할 수 있는 모든 행동의 자유를 포함할 수도 있다. 그러나 서술적으로 지나치게 정확한 개념은 분석적으로는 무용하기 때문에 상대적인 정확성과 분석적 목적에 적합한 개념이 필요하다. 그래서 무엇보다도 안보는 정치-군사적인 문제로서 군사적 공격으로부터 조국을 방호하는 것이며, 물리적인 침략이나 파괴로부터 국가를 지키는 역량에 관계된다. 국제적인 차원에서 볼 때 '정치'politics란 궁극적으로 협력으로부터 경쟁과 분쟁, 그리고 전쟁에 이르는 안보환경 계열선상security continum에서 국가의 안전보장을 추구하는 과업임을 감안할 때 물리적인 안보의 준비 없이는 다른 어떠한 목표도 달성할 수 없게 된다. 물리적 안보의 준비는 다른 목표달성을 위한 전제조건이 된다. 군사적 방위에 실패한 국가는 타국의 위협과 방해 뿐 아니라 국내적인 혼돈과 불안 때문에 국민의 물리적 복지도 정치적 자유도 획득해 줄 수 없게 된다.

셋째, 무정부적인 현실 하에서는 각국은 장기적으로 보편적인 모든 국가에 유익한 절대목표보다는 타국보다 유리한 상대적인 목표와 지위를 획득하는데 관심을 가져야 한다. 무정부적인 상황 하에서는 모든 국가가 각각 자국의 상대적 이익을 추구하기 때문에 다른 선택이 있을 수 없는 것이다. 즉 '국가적 애타주의가 아니라 국가적 이기주의가 국가행동의 신앙51)이 되고 있는 실정이다.

단기적인 목표의 추구는 장기적인 목표의 희생을 요구한다. 장기목표를 지향하려면 통상 단기적인 위험을 감수해야 하기 때문에 타국의 선의를 신뢰해야 한다. 장기적으로는 다 같이 이익이 됨을 확신해야 하기 때문에 모두가 다 같이 단기적인 위험을 감수할 준비가 되어 있어야 한다. 그러나 무정부 상태는 타방의 동기와 자제를 회의하게 만들고 단기적인 안목을 갖게끔 한다.

넷째, 무정부상태하의 모든 국가는 전략적인 상호 의존의 지위에 있다. 어떠한 국가도 그

---

50) 군사력의 역할과 필요성에 대해서는 Art, op. cit., pp. 14-20 참조
51) 앞의 책, p. 15.

자신의 운명을 완전히 통제할 수는 없다. 국제정치의 장에서 자신이 구하려는 것은 상대방의 행동에 상대적인 관계를 지니고 있기 때문이다. 그래서 상대방의 가능한 행동을 예측판별한 후라야 자신의 계획을 실행에 옮길 수 있게 된다. 각국의 전략은 모든 관련국가의 전략에 의존한다. 이런 의미에서 국제정치는 극소수의 강대국을 제외하고는 자신을 스스로 지켜야 하기 때문에 미시경제이론의 과두경쟁모형oligopolistic competitive model과 비슷하다.52) 초기의 조건으로부터 결과를 예측할 수 있는 가능성과 행위의 공식적인 규칙은 없다. 과두경쟁에서와 마찬가지로 국제관계는 일국의 행위의 전략은 상호의존적이고 그 결과는 일반적으로 비결정적이며, 승리를 획득하고자 하는 적극적인 측면보다는 패배를 방지하고자 하는 소극적인 측면이 우선 고려된다. 생존을 위한 게임의 장에서는 치열한 경쟁으로부터 충돌에 이르기까지 광범한 상호작용이 있다. 생존을 위한 게임에는 신사도가 존재하지 않는 법이다. 따라서 국제경쟁의 장에서 생존하기 위한 전략은 타방의 전략에 상관되는 강요된 선택일 수밖에 없는 것이다.

다섯째, 무정부상태 하에서 국가는 도덕성을 지키기 어렵다. 지속적인 도덕적 행위는 궁극적으로 불법적 행위를 억제하고 처벌할 수 있는 효과적인 정부의 존재여부에 의존한다. 무정부상태 하에서는 권위 있는 정부도 강제력을 지닌 법도 없다. 국제법이란 다만 공통적인 자기이익을 갖는 지배적인 국가들 간의 동의를 반영할 뿐이다. 그러한 법은 단지 그 국가에 유리할 때만 지켜지는 법이다. 그 법을 지키는 것이 불리할 때는 항상 면책의 편법으로 법을 위반하는 것이 허용된다. 정부도 효과적인 법이 없다면 법적 권리의 개념도 있을 수 없다. 국가는 단지 그 자신의 노력으로 얻을 수 있는 것만을 가질 수 있는 권리를 향유 할 수 있을 뿐이다. 어떠한 국가도 자신의 존립과 번영을 위한 법적 도덕적 권리를 갖지는 않는다. 다만 그가 가진 힘만큼 할 수 있는 권리를 가질 뿐이다. 이러한 의미에서 권리는 적법성을 의미하는 것이 아니라 설정한 목표를 위해 가장 효과적이라고 생각하는 바를 선택할 자유를 의미한다. 도덕성을 위한 전제조건은 국제정치에서는 존재하지 않는다. 그러므로 모든 국가는 자신의 이익을 방호하고 신장하기 위해 필요로 하는 것을 스스로 준비할 수밖에 없다. 무정부상태는 누구나 '추악한' 플레이를 할 수 있는 환경이다. 전략적 상호의존성과 함께 도덕의 부재는 '가장 추악한' 플레이어가 세운 규칙에 따라 자신이 필요하다고 생각하는 효과적인 방법과 수단으로 플레이 할 준비를 해야 함을 의미한다.

이상과 같은 국제 무정부 상황 하에서는 필연적으로 군사력은 국가의 대외정책 수행의 통합적인 부분이다. 물리적인 힘에의 의존이 모든 국가의 궁극적인 선택을 위한 길이기에 침략적인 국가가 전쟁을 준비하면 평화적인 국가도 전쟁을 준비해야 한다. 믿을만한 군사태세 없이

---

52) 앞의 책, p. 15.

는 한 국가의 외교는 일반적으로 그 효과를 상실한다. 그러므로 로마시대의 격언에서처럼 '평화를 원하거든 전쟁을 준비해야'civis pacem para bellum 한다. 평화를 유지하는 최선의 길은 무엇보다도 먼저 전쟁에 대비하기 위해 준비하는 것이다.

그래서 군사력은 국가의 모든 문제에 정치적인 지렛대 역할을 한다. 한 국가의 대외정책에서의 성공과 군사력의 상대적인 크기 간에는 직접적인 상관관계가 있는 것은 아니다. 국제정치는 다른 여러 가지 요소—이른바 지도자의 자질, 위험을 극복하는 끈기, 상대방의 대응정도 등—가 복합적으로 작용하기 때문에 군사력의 수준에 비례하여 정치적인 성공이 이루어지는 것은 아니다. 그러나 군사력은 생존을 위한 필수적인 요소이기 때문에 국가의 활력과 자원을 다른 안보 외적인 시책 추진에 사용할 수 있게 하는 동력 즉 국가의 노력배분정책을 자유롭게 하는 힘liberating force이 된다. 한 국가는 전쟁과 외침으로부터 해방될 때야 비소 빈곤으로부터 해방될 수 있는 시책을 우이해 국가 활력을 배분 할 수 가 있고 정치 폭력으로부터 해방될 수 있는 안정된 환경을 창조할 수 있는 것이다.

군사력 그 자체만으로 생존과 번영이 보장되는 것은 아니다. 그러나 군사력은 항상 생존과 번영을 위한 필수적인 요소이다. 그래서 무정부상태 하에서는 군사력과 정치는 항상 관련된다. 더 강력한 군사력을 보유한 국가는 상대방에 위협적인 공갈을 더 잘 활용할 수 있고 더 강력한 자세로 협상할 수 있으며 더욱 신뢰성 있는 대외 행동을 할 수 있게 된다. 홉즈Hobbs가 말 한 것처럼 '힘의 평판도 하나의 힘'이다. 역설적이지만 '군사적으로 더욱 강한 국가로 인식될수록 그 힘을 물리적으로 사용할 기회는 적어진다.53) 정치가이든 대외정책 수행자이든 간에 공공연한 힘에 호소하지 않고 상대를 압도하는 정치행위자의 능력은 그가 보유한 상대적인 힘에 따라 결정된다. 그리스 시대의 격언에서 보는 바와 같이 이 세상의 힘은 대등자간의 문제에서만 정당하다. 강한 자는 그가 할 수 있는 일을 하지만 약한 자는 그가 해야만 하는 일도 하기 어렵다.54)

이처럼 국가가 군사력을 필요로 하는 가장 단순한 이유는 그것 없이는 아무것도 할 수 없기 때문이다. 이렇게 볼 때 전쟁을 없애고자 하는 순진한 생각은 문제해결과는 동떨어진 것이며 무책임한 접근방식이다.55) 그렇다면 대안이 무엇인가? 국가가 군사력을 필요로 하는 것이라면 그것을 어떻게 사용할 수 있는가?

---

53) 앞의 책, p. 18.

54) Thucydides, *The Poloponnesian War*, trans. by Richard Crawly (New York: Dutton, 1963), p. 301: 앞의 책, p. 18.

55) O'brian, op. cit., p. 2.

3) 전쟁은 정치의 도구이다

전쟁은 완전히 제거될 수 없고 군사력은 국가의 필요한 수단이라면 이는 곧 무제한적인 총체적인 전쟁, 무제한적인 군사력의 보유가 불가피하고 바람직하다는 뜻인가? 두 가지 대안이 고려될 수 있다. 그 하나는 전쟁을 하나의 사회적 현상으로서 인식하는 입장이다. 이 경우에 전쟁은 그 자체의 논리와 진행과정을 가지고 있어 한번 시작되면 시초와는 달리 통제의 한계를 벗어나 무한 절대전으로 치닫게 된다. 이 총체전total war의 지지자들은 전쟁의 핵심적 본질을 파악하고 총체적 승리total victory를 획득할 때까지 무제한적으로 이 전쟁의 본질을 활용하는 방법을 찾아내려 한다.

다른 하나의 입장은 다른 수단에 의한 정치의 연속으로 인식하는 접근 방법이다. 이 경우 전쟁은 제한전limited war이 되며 '정의의 전쟁'just war으로 수행될 수 있게 된다.56) 이 제한전과 정의의 전쟁 개념에 따르는 사람들은 정책의 도구로서 전쟁을 도덕적으로 받아들일 수 있는 목표의 설정과 제한의 범위를 설정하려 한다.57)

역사적으로 볼 때 현대전은 '총체전'58)의 경향으로 발전되어 왔다. 이 경향은 처음부터 전쟁을 정책의 도구로서 받아들이지 않고 있는 입장을 반영한다. 총체전이 유일한 전쟁의 유형은 아니다. 특히 현대 핵전의 공멸위협 하에서는 생각할 수 없는 전쟁이다. 현대는 바로 전쟁수단의 절대화가 그 목적 또는 목표의 절대화를 불가능하게 만든 '안보딜레마'의 시대이다.

어떤 형태로든 무력수단을 준비해야 하는 것이 현대 국제체제에 사는 국가의 기본조건이다. 그러나 그 수단을 절대적인 목표를 달성하기 위해 무제한적으로 사용할 수는 없게 되었다. 총체전은 무제한적인 무력분쟁으로서 적의 완전한 섬멸 외의 다른 목표를 갖지 않기 때문에 핵시대에 있어서는 그 결과는 적뿐만이 아니라 쌍방의 종말을 가져오고 말 것이다. 그래서 총체전은 특히 현대에 와서는 타당한 생존정책이 못된다.(클라우제비츠 입장) 따라서 총체전이 현실적으로 가능치 않은 정책이고 전쟁 없는 하나의 세계 구상이 한낱 허망에 불과하다면 제한전쟁만이 필요하고도 현실적인 전쟁이다. 전쟁이 제한성의 범위 내에서 수행 될 때 도덕적 정당성을 가질 수 있으며,59) 정치적 정당성을 지닐 수 있는 것이다. 그러므로 전쟁은 정치적 목적이 있을 때에만 수행되어야 하고 그 수단은 목적에 적합하여야 한다.60) 현대의 핵무기는 그

---

56) 앞의 책, p. 3.

57) 이 두 가지 접근방식에 대해 보다 구체적인 분석은 Clausewitz의 절대전과 현실전 개념에서 다룰 것이다. 아이러니칼하게도 그는 동시에 두 가지 접근입장을 취하고 있다.

58) 'total war'는 통상 '총력전'으로 번역되고 있으나 이 경우는 주로 전쟁수단의 절대화를 의미하는 뉘앙스를 풍긴다. 여기서는 수단과 목적의 절대화를 반대하는 용어로서 '총체전'이란 용어를 사용하기로 한다.

59) '정의의 전쟁(Just war)'에 관해서는 O'Brien op. cit., Part 1, 2 참조 류재갑·정의환, '현대제한전쟁의 본질', 국방연구(1984. 12) 침고

수단에 상응하는 적합한 목표를 가질 수 없기 때문에 핵전은 합리적인 목적을 가질 수 없다. 그러므로 제한전적 수단으로 싸울 수 있는 다른 형태의 전쟁이 아직도 정치적 목표를 달성할 수 있는 가능한 행동의 과정으로 선택될 수 있다.

한 사회를 위한 목표의 결정은 그 공동체가 이 세계에서 추구하려는 목적과 역할에 대한 공통적인 의식과 감정을 정의하려고 시도함으로써 발전되는 한 과정이다. 어떤 목표는 공동체의 생존에 결정적으로 중요하다고 믿어지며 이 공통적인 공감의 목표는 본질적으로 공동체의식의 형성에 기여한다. 이 공동체의식과 감정은 사회에 따라 다르기 때문에 그들의 목표도 다르고 서로 대립되고 중복되는 목표들 간에 경쟁과 분쟁이 발생한다. 이러한 목표들 간의 경쟁과 분쟁이 국제정치의 본질이다. 전쟁은 이 분쟁의 필연적인 불가피한 결과는 아니다. 그것은 단지 하나의 가능한 결과이다. 분쟁상황에서 일국의 정치지도자들이나 정책결정자들이 목적 달성을 위해 수단을 신중히 고려하지 않거나 공동체의 생존을 저해하는 목표를 추구할 때에는 정치적으로 합당한 전쟁을 할 수 없게 된다.

전쟁은 군사적 승리보다 상위에 있는 목적을 가져야 한다. 정치의 목표는 국제 환경에서 바람직한 상태나 조건을 만들어 내거나 유지하는 것이다. 전쟁이 이러한 목표를 달성하거나 유지하는데 기여하지 못한다면 그것은 지속될 수 있는 정치적 전략이 아니며 선택된 정책이 될 수 없다. 이와 동시에 중대한 목표를 달성하기 위해 전쟁을 치루지 않을 수 없을 경우라도 그 예상된 비용이 너무 클 때에는 공동체의식과 불일치하거나 대립이 생기기 때문에 목표는 재평가되고 수정되어야 한다. 그러므로 전쟁을 정치로부터 분리시킬 수 없으며, 군사지휘관이나 정치가는 이 점을 이해하고 그들의 목표를 수립하고 정책을 결정해야 한다. 전쟁을 정치로부터 분리시켜 연구하려는 시도도 이 두 행위에 내재하는 가장 중요한 요소를 놓치는 결과를 초래하게 될 것이다. 그렇다면 정치적으로 고려되는 전쟁은 어떤 일정한 법칙rule이나 엄격한 원칙에 입각해서 수행될 수 있는가? 그것은 '게임'과 같은 방식으로 합리적으로 수립된 계획에 따라 일률적으로 수행될 수 있는가?

나. 전쟁의 본질 II: 전쟁과 게임의 차이

1) 전쟁과 게임의 플레이어적 성격

무엇보다도 먼저 전쟁과 게임과의 근본적 차이는 대립하는 두 행위자간의 지위의 인식에서 발생한다. 게임은 다만 서로가 동등하다고 간주하는 행위자간에서만 성립된다. 이들 행위자

---

60) Douse, op. cit., p. 302.

간에는 상호존경이 이루어지며 이러한 공통적인 가치를 공유하지 않으면 재미가 있을 수 없다는 사실을 이들은 잘 안다. 그러나 전쟁에 있어서는 쌍방은 서로가 평등하다고 생각하지도 아니하며 상호존중하지도 아니하고 상대와 공존하려는 것이 아니라 게임에서 제거하려 한다. 따라서 싸움은 전혀 게임과 다르다.[61]

게임에서는 상대방이 대단히 중요하다. 왜냐하면 상대방이 없으면 재미가 없기 때문이다. 싸움에서는 상대방이 성가신 방해물이다. 왜냐하면 상대방을 없애버리거나 제압하지 않고는 평화를 얻을 수 없기 때문이다. '라포포트'rapport의 말을 빌리면 게임의 목적은 상대방을 꾀로 물리치는 것이고 싸움의 목적은 상대방을 해치고 파괴하고 굴복시키거나 몰아내는 것이다.[62]

따라서 게임에는 엄격히 준수되는 규칙의 틀 내에서 플레이어들이 행동하며 게임 상의 분쟁이나 경쟁은 어떤 규칙에 의하여 한정된다. 18세기의 군주들 간의 내각전쟁은 일종의 게임에 근사한 것이었고 이러한 전쟁은 문화적 기능[63]을 수행할 수 있었다고 말 할 수 있을 것이다. 가장 잘 알려진 18세기의 규칙이란 국제법, 회의외교, 시위기동만 하는 전쟁, 세력 균형의 정치 등이었다. 그러나 민족주의 전쟁의 물결이 유럽을 게임이 아닌 전쟁으로 몰아넣고 말았다.

게임은 대항자들 간에 평화의 전제에 입각하고 있기 때문에 라포포트가 말하는 바와 같이 '어떤 특정규칙의 한계 내에서 서로 대립되는 목표를 추구하기 위해서는 적대자간의 합의 위에서'[64] 행해진다. 게임에서는 적대자 상호간은 동일한 언어를 사용한다. 즉 상대방은 성가신 방해물이 아니라 자신의 영상mirror image으로 간주되며 서로간의 이해관계가 정면으로 대립될 수도 있으나 합리적인 존재임을 인정한다. 그래서 게임에 있어서 적대자간에는 협력이 성립된다.[65]

이점이 바로 2차원성 즉 사고의 합리적 구조에 관련된다. 하나의 대립자는 상대방의 마음을 읽음으로써 게임을 파악하고 플레이하려 한다. 그러나 싸움에서는 이와 대조적으로 일방은 상대방의 마음을 읽을 수 없기 때문에 상대방의 행동에 반응하는 행동을 하게 된다. 라포포트는 이점에 대해서 '원칙적으로 우리가 이러한 반작용이 어떻게 일어나는지를 안다면 싸움의 전 과정을 예측할 수 있는데 이때 상대방의 목표나 나타날 가능한 결과를 참조하지 않고도 싸

---

61) Jurg Martin Gabriel, Clausewitz Revisited: A Study of His Writings and of the debate over their Relevance to Deterrence Today, unpublished Ph. D. dissertation (The American Univ., 1971), pp. 124-125.

62) Anatol Rapport, *Fight, Games and Debate* (Ann Arbor: Univ. of Michian Pr., 1974), p. 9.

63) Huzinga는 전쟁이 문화적 기능을 할 수 있는지 없는지는 플레이의 질에 달려 있기 때문에 적대자 상호간이 동등한 권리를 향유하고 있거나 평등하다고 인식할 때 전쟁은 하나의 게임으로서 문화적 기능을 수행 할 수 있다고 말하고 있다. 그래서 '총체전'의 이론은 전쟁의 문화적 기능을 저버리고 플레이 요소의 마지막 흔적까지도 지워버리는 것이라고 지적하고 있다. Johan Huzinga, *Homo Ludens: A Study of Play-Element in Culture* (London: Routledge 1 Kegan Paul Ltd., 1948), pp. 89-90 참조(초판은 1938년에 Holland에서 출판됨).

64) Rapport, op. cit., p. viii.

65) 앞의 책, p. 9.

움이 시작되는 방법으로부터 예측이 가능하다'[66]고 말하고 있다. 따라서 게임과 전쟁의 본질적인 차이를 라포포트는 '전쟁은 적대자들의 합리성의 결여로 이상화 될 수 있는 반면 게임은 적대자들의 완전한 합리성이 전제되는 투쟁으로 이상화 될 수 있다'[67]고 요약해서 표현하고 있다.

2) 전쟁수행 행위의 특성

단지 하나의 동기나 이익추구-분쟁동기-만을 가진 전쟁에서는 협력이나 공유의 가치, 상호존중 및 평등의 의식은 존재하지 않는다. 이러한 동기를 클라우제비츠는 '인적요소' 또는 증오와 원한 또는 맹목적 본능과 동일시하였고 라포포트는 이 증오를 전쟁의 동기에 상응하는 것으로 인하고 있다.[68]

이상형 또는 순수형의 싸움idealized fight은 분명히 클라우제비츠의 절대전 개념이나 요한 후이징가Johan Huizinga의 총체전 개념,[69] 또는 라포포트의 종말전catacliysmic war[70]에 해당한다. 동기가 분명하고 필요한 경우에는 이러한 전쟁은 자동적이고 무의식적인 자연의 진행과정과 유사하게 진행된다. 이러한 무력분쟁은 도이취Deutsch가 말하고 있는 '한 쌍의 미분방정식으로 기술될 수 있다.'[71]

라포포트는 또한 싸움을 심리적인 전염병이거나 무드mood(클라우제비츠의 정열이나 격정 또는 흥분의 기질)와 유사하다고 비유하면서 이 같은 전쟁인식은 '하나의 전체aggregate를 구성하는 분자들의 자유와 비결정성이 그 자체의 법에 종속되는 전체의 운명에 무관한' '사회과학'의 기반을 마련한다는 점을 보여주고 있다.[72] 이러한 전쟁인식은 다수의 현대사회학자들의 입장을 반영하는 것으로서 라포포트가 말하는 바와 같이 톨스토이Tolstoy의 전쟁관과도 유사하다. 전쟁을 격변적激變的 재난으로 여긴 톨스토이는 이런 재난에서는 분자(개인)의 행동이 집단전체의 행위와는 무관하다는 입장을 취하고 있다.[73] 이런 경우의 전쟁은 1차원적 원인에서 발생하여 1차원적 방향으로 진행해 나가게 된다.

그러므로 이러한 전쟁에서 결여하고 있는 것은 내적 논리나 필연적인 방향이 아니라 전쟁

---

66) 앞의 책, p. 10.

67) 앞의 책, p. 10.

68) Anatol Rapport, ed., *Carl von Clausewitz: On War* (Baltimore: Penguin Book, 1968), p. 424.

69) 네델란드 철학자이며 역사학자. Johan Huzinga, op. cit., pp. 89-90 본논문 fn. 41 참조

70) Rapport, On War, op. cit., pp. 16, 40 참조

71) Karl Deutsch, *The Analysis of International Relations* (Englowood Cliffs: Prentice-Hall Inc., 1968), p. 113.

72) Rapoport, *Fight, Games, and Debates*, op. cit., p. xii.

73) Rapoport, *On War,* op. cit., pp. 16, 40.

을 순수 무력분쟁형태가 아닌 어떤 분쟁형태가 되게 하는 '이성지향성'reasonability이거나 능력이다. 이 경우에 순수투쟁 개념은 전쟁정책을 결정하는 정책결정자들에게 확실성을 제공해준다. 그러나 이 같은 확실성은 궁극적으로는 전쟁 자체에 종속된 것이라서 전쟁은 '전쟁 그 자체' a thing onto itself이며, 클라우제비츠의 유명한 공식-전쟁은 다른 수단에 의한 정치의 계속에 지나지 않는다-에 완전히 배치된다.

이와 같이 순수 분쟁에서의 정책결정자는 상황의 결과(의지와 역량의 대립을 전제한)에 대한 통제력을 잃게 된다. 왜냐하면 섬멸의 상호인지가 적대자간에 불안한 균형을 창조하고 대칭적인 대립이 근본적으로 변경될 때야 비로소 끝나게 되는 자동적인 항구적 분쟁 확대 상태를 창조하게 되기 때문이다. 예를 들면, 상호협력의 상황 하에서 일방의 행위는 상대방과의 협력을 증대시키며 의도했던 일이 완료되었을 때에는 원상복귀하게 된다.

그러나 상호 적대관계의 상황에서는 서로간의 행위는 상황이 완전히 변경될 때, 상호 섬멸에 의해 행위자가 전부 없어지거나 일방이 타방에 완전히 굴복될 때 까지는 휴식상태로 돌아가지 못한다. 이 경우에는 결과가 어떻게 되든지 간에 초기상태와는 완전히 다른 상태가 되며 결과와 최초 상태 간에는 비대칭적 상태가 되어 버린다.[74]

다시 말하면 순수분쟁상황 하에는 행위자들은 서로서로에 대한 지적통제력mental control을 상실하게 된다. 즉 아이디어의 힘이 약해지고 칼의 힘이 들어서게 된다. 모든 사고, 모든 아이디어의 교환은 정지되고 타격의 교환만이 의존하며 전투원은 인간적인 혹은 '이성적'인 면에서 벗어나 '비이성' 또는 인간이하의 기질을 나타내게 된다. 이 경우에 떠오르는 유일한 사고는 1차원적이라서 어떻게 하면 주어진 목저(파괴)을 달성하기 위한 수단을 극대화 할 수 있을까 하는 것이 된다. 이러한 것은 전혀 사고가 아니다. 그것은 잘해야 하나의 계산행위에 불과하며 이러한 일은 컴퓨터가 오히려 잘 해 낼 것이다. 따라서 순수분쟁 행위는 인간의 의지적 행위를 벗어난 행위이며 1차원적 차원의 동물적 행위에 불과하므로 현실적인 목적을 상실한 행위라 할 수 있다. 그래서 현실적으로 고려되고 인간의 지적 통제하의 분쟁은 이러한 1차원적인 순수 분쟁일 수는 없는 것이다. 그렇다고 게임과 동일한 것은 더더욱 아니다.

3) 게임 이론의 한계

전쟁과 게임의 비교는 수학적인 게임이론이 등장하기 훨씬 이전부터 시도되었었다. 전술한 바와 같이 '휴이징거'는 그의 저서『호모 루덴스』Homo Ludens에서 문명사를 연구한 여러 저서들 중에서 전쟁의 스포츠적 요소를 강조한 참고자료를 소개하고 있다. 그에 따르면 전쟁은 '그

---

74) Gabriel, op. cit., p. 131.

수행자가 서로 동석하거나 최소한 법 앞에서의 평등을 인정하는 집단 내에서 수행되는 한, 문화의 기능으로 간주될 수 있다.'75) 이러한 상호인정이 전투원들 간에 존재할 때에는 전쟁은 필연적으로 상을 타기위한 하나의 경쟁이며 각각은 승리의 이점을 얻기보다는 승리의 영광을 위하여 상대방을 타도하려는 시련이 될 수 있다. 그래서 역사가들에 의하면 '고도로 발전된 문화관계에 있어서까지도 분쟁을 준비하고 있는 정치가들이 이 분쟁을 권력의 문제로 해석할지라도 일반적으로 물질적 획득을 추구하려는 요청보다는 자부심과 영광 위신과 우위의 시위를 목적으로 하는 동기가 앞섰었다. 일반적인 용어인 영광의 추구가 고대로부터 현대에 이르기까지 어떤 정교한 경제력 이론이나 정치적 계산보다는 모든 대정복전쟁의 보다 현실적인 설명을 제공한다.'76) 따라서 위신을 위한 경쟁과 대립은 전쟁의 인간적 요소 중의 하나이지만 전쟁은 순수하고도 단순한 잔인성도 포함한다. 게임이나 스포츠 또는 승마기사들의 투쟁에서는 경쟁이나 위신을 위한 대립이 지배하고, 규칙의 존중과 자신의 이름 때문에 폭력의 완화현상이 나타난다. 그러나 모든 수준의 문명에서 볼 때 문화에 의해 설치된 장벽을 걷어치우는 잔인성의 위험이 있고 전투원의 가슴속에 인간 공동체 감정을 짓누르는 동물적 격정이 있다.77)

　'후이징가'는 분쟁 중에 있는 개인이나 집단이 그들의 관계에 대한 의식을 잃어가는 데 비례하여 전쟁이 게임(공식적인 제한적)으로부터 멀어져간다고 시사하고 있다. "만일 하나의 집단이 자신의 명예욕을 만족시키기 위해 자신에게 가해진 제한을 지킬 때만 전투는 문화의 '제한' 내에 머물 것이다."78) 그러나 현실은 무척 복잡하다. 그 자신의 우위를 굳건히 하고자 하는 열정은 경쟁의 뿌리이기도 하지만 어떤 환경 하에서는 확전을 촉진시킬 수 있다. 고대 그리스 도시국가들처럼 전투원들이 관습과 금지사항을 계속 준수할 때에도 확전은 가능하다. 경쟁의 정신은 본질적으로 전리품을 얻고자 하는 취향이나 살인적 격정과는 다르다. 그러나 경쟁은 종종 협상이나 타협의 중용中庸을 거부하기 때문에 극단적인 만행을 촉진시킨다. 더욱이 분쟁 중에 있는 사회집단은 그 자신이야 어떠하던지 간에 다른 집단의 눈에는 야만으로 보이기 때문에 자신의 만족을 위해 상대방을 해치려는 도박에 운명을 걸 수도 있다. 그래서 '전쟁은 경쟁인 동시에 우연의 게임이다.'79) 역사시대에 있어서와 마찬가지로 고대의 사회도 잔인성과 공식화된 분쟁 간 규칙의 존중과 어떠한 조건에서도 승리하고자 하는 갈망 간, 권력과 부를 위한 경쟁과 탐욕 간에서 우왕좌왕 했었다. 오늘날 최고의 발달단계에 도달해 있는 전쟁의 '도구적 합리화'는 잔인성과 비인도주의의 위험을 만들어내지는 아니하였다. 그러나 종래보다 훨

---

75) Huzinga, op. cit., p. 90.
76) 앞의 책, p. 90.
77) Aron, op., p. 770.
78) Huzinga, op. cit., p. 90.
79) Aron, op., p. 771.

썬 신중하게 전쟁의 도구적 합리화를 생각하게 되었고 또 그렇게 해야만 하게 되었다. 무기 자체가 전쟁의 모든 경쟁적 생산요소를 질식시킬 위험과 모험을 제기하고 있기 때문이다. 열핵 전쟁이 발발한다면 실로 모든 게임적 요소는 사라질 것이다.

라포포트의 싸움과 게임 및 논쟁의 구분에 따르면 전술한 바와 같이 싸움fihting의 목표는 적을 해치는데 있고 게임의 목표는 상대방을 꾀로 이기는데 있으며 논쟁debate의 목표는 상대방을 설득시키거나 제3자를 중립적 위치 또는 불간섭 혹은 다른 입장을 취하도록 설득하는 데 있다. 이 구분은 개념적 수준에서 요약된 것이다. 그러나 실제로 지적요소를 포함하지 아니한 싸움은 없으며, 대부분의 게임은 힘의 요소를 포함하고 있다. 전략적 경쟁도 말 자체가 뜻하는 것처럼 싸움과 게임의 혼합물이다. 왜냐하면 서로 간에 꾀로 이기고자 하는 경쟁의지가 작용함과 동시에 최후통첩 수단을 유보하고 있기 때문이다. 같은 논리로 논쟁도 설득의 노력과 속임과 강제의 방법을 포함한다. 확실히 시대와 환경에 따라서 전투와 전략적 지능과 논쟁이 현대의 국가 간의 관계를 지배한다. '아롱'이 지적하는 바와 같이 '코르테즈'Cortez의 '스페인'인과 '아즈테크'Aztecs인 간에는 논쟁이란 가능치 아니한 적대관계이며, 소련의 군대에 대항하여 지능知能으로 헝가리를 구하지는 못하였다. 원자탄이 히로시마와 나가사키에 투하되었을 때에 일본은 당할 수밖에 없었다.[80]

전략적 지능과 설득의 노력은 극단적인 전투의 순간에만 무기력하게 된다. 정상적으로는 전시나 평시, 전략(작전)을 수행할 때나 외교(비폭력 수단)를 수행할 때나 모두 지능이 작용한다. 결정을 하는 전략가 개개인은 석으로부터의 응답을 기내하며 이 응답의 시기가 그의 결정을 통제한다. 저치가나 전쟁 지도자들은 전통적으로 직관에 의하여 위기와 위험의 개략적인 평가에 입각해서 그의 정책이나 전략을 결정한다. 따라서 게임의 이론은 다만 일종의 사고의 규율을 제공하여 주어진 상황 하에서 모든 가능한 최종 결과를 분석하고 판단하는데 도움을 줄 수 있다. 또한 분쟁 환경의 전형적인 유형을 구성하는데 도움을 제공하며, 대립의 변증법을 위한 요약된 공식을 제시해 준다. 게임에서의 결정은 우리가 알지 못하는 미래 우리에게 알려지지 않은 미래에 관한 것이 아니라 우리에게 알려진 여러 종류의 사건의 대체적인 빈도에 관한 것이다. 그러나 전략적 결정은 하나의 연쇄連鎖를 구성한다. 하나의 결정은 다른 하나의 후속 결정을 촉진시키고 후속결정은 선행 결정에 대응행위로 나타나는 경향이 있다. 우리가 알지 못하는 미래에 대해서도 다룬다. 따라서 전쟁에 대처하는 문제는 상황적이고 불확실하다. 전쟁이 정치적으로 유효하기 위해서는 자연적 경향과 게임의 혼합이어야 한다. 즉 이성적으로 수행되어야 한다. 즉 목적적으로 통제되어야 한다.

---

80) 앞의 책, p. 772.

4) 소결론

전쟁은 그 파괴성과 잔혹성 때문에 없어졌으면 하는 것이 인간의 소망이고, 없앨 수만 있다면 없애는 것이 바람직 할 것이다. 인간의 제반 사회적 분쟁을 전쟁이 아닌 다른 방법이나 메카니즘으로 해소시킬 수 있다면 전쟁은 제거되어야 마땅할 것이다. 그러나 역사의 현실은 전쟁이 국가 또는 정치집단간의 상호작용의 한 결과이며, 다른 정치적 행위와 마찬가지로 국가의 의도적인 창조물이었음을 입증해 준다. 따라서 전쟁의 현실은 감상적인 세계나 게임의 영역에 속하는 것이 아니라 생사에 직결된 실천의 영역에 속한다. 그래서 영구적인 평화를 달성하고자 하는 급진적인 환상보다는 평시에도 전쟁을 준비함으로서 전쟁을 예방하는 현실적 방법을 선택하는 지혜를 버릴 수가 없는 것이다.

따라서 전쟁을 항구적으로 제거할 수 없는 현실 하에서는 전쟁방지를 위한 예방적 조치, 예를 들면 억제, 군비통제, 전략적 안정 상황을 창조할 수 있는 제반 압력과 협력조치 등이 지도자와 대중의 심성과 태도 및 가치관의 변경을 기대하기 전에 진행되어야 할 것이며, 항구적인 평화 설계가 준비되기 이전에는 아직도 전쟁 중심적war-oriented 접근, 즉 전쟁 예방적 접근이 유효할 것이다. 대부분의 평화 접근론자들이 이런 접근을 뛰어 넘고자 하지만 아직 먼 길임에 틀림없다.

이러한 맥락에서 인간과 국가의 안보는 아직도 기존의 틀을 벗어나지 못하고 있는 것이다. 다만 억제와 같은 예방적 조치를 안보의 수단으로 삼고 있지만 전통적인 습성으로부터의 개념적인 전환이 필요한 것은 이런 예방적 조치를 군사적 차원에서만 생각하지 말고 대외정책의 다차원적인 수단으로 고려해야 하기 때문이다.[81] 이는 군사력의 개념과 그 목적과 역할에 대한 개념적 전환을 필요로 함을 의미한다. 과거에는 군사력이 전승을 위한 수단이었지만 오늘날 그것은 전쟁 예방적 수단으로써 평화를 유지하는 임무를 수행 할 수 있어야 할 것이다.[82] 이런 의미에서 현대의 국가안보는 평화를 보장하는 방법과 모순되지 않아야 하며 군사 중심적 또는 전쟁 중심적 사고보다 평화 지향적 사고에서 고려되어야 할 것이며 국가총력과 총 정책의 차원에서 수행되어야 할 것이다.

---

81) Patrick Morgan, *Detterence* (London: Sage Pub., 1977), p. 17: Ray E. Jones, *Nuclear Deterrence: A Shot Political Analysis* (London: Routledge and Kegan, 1968), p. 1: Phill Williams, Deterrence, in Jone Baylis et.al., *Contemporary Strategy: Theories and Policies* (London: Croom Helm, 1975), p. 69.
82) Henry A. Kissinger, *The Necessity of Choice* (London: Chatto and Windus, 1960), pp. 11-12.

제3절 정치와 국가안전보장의 과제

1. 국가가치와 국가정체성

'국가가치'national value는 역사적 혹은 이념적 근원을 갖는 유산이나 규범으로서 국민전체가 소중히 여기는 것이다. 일부 국가가치는 많은 국가들에 의해서 공유될 수 있으나 일반적으로 국가의 특성에 따라 독특한 국가가치의 집합national-specific을 상정한다.

프랑스 대혁명은 자유·평등·박애를 가치로 절대왕정에 대항하여 민중혁명을 일으켰고 이 가치는 현대 민주주의의 기본 가치로 되어 있다. 미국은 신사고에 의한 개척정신New Frontier을 기반으로 '민주적 가치'를 국가가치로 하여 자유 민주국가를 건설하고 세계정신의 구현과 국제정의를 실천하려 노력하고 있으며 이러한 가치는 20세기의 시대정신으로 자리 잡았다.[83]

이렇듯 국가가치는 이념의 원천이기도 하며 국가정체성의 핵심이기도 하다. 국가이성은 이러한 국가가치를 기본으로 표출되는 국가행위의 도덕적 행위규범이라 할 수 있다. 따라서 국가 가치는 국가이익과 함께 국가전략의 중요 요소로 간주되고 있다[84] 통상 국가가치체계는 국가가치-국가이익-국가목표-국가정책-국가전략의 체계를 구성한다.

한국의 국가가치는 아직 정립된 것이 없다. 통상 반만년 역사에서 타국에 대한 침략사례가 거의 없었다는 사실이 보여주는 평화 애호주의와 대한민국 헌법 전문에 선언된 자주독립정신과 민주주의 이념을 지고의 국가가치로 인정하는 견해 들이 있으나 이것은 소극적인 견해로서 보다 적극적인 국가가치를 정립할 필요가 있다. 그것은 한국이 동북아를 넘어서 세계를 지

---

83) 2009년 5월 22일 미국에서 미국의 정치철학과 관련한 대 논쟁이 있었다. 오바마 대통령은 9.11 사태 이후 240여 명의 테러리스트들을 감금하고 있던 티타모 수용소를 폐쇄하는 논리의 근거로 국가안보 이상으로 중요한 '미국가치'를 강조하였다. 반면 공화당의 체이니 전 부통령이 '안보가치'로서 '자유수호'를 주장하므로서 '미국가치'대 '미국안보' 정치철학 논쟁이 야기되었다. 오바마가 주장하는 삼각주의(안정주의)는 정치전략이지 '국가안보' 전략은 아니라고 비난하였다. 오바마는 '미국가치'는 이념적 절대성을 뛰어넘는 것이고 그것은 바로 '민주적인 가치'를 의미한다고 역설하였다. 민주적인 가치란 '정의와 정당한 절차'(Justice and Due Process)를 핵심 내용으로 하며 체이니가 주장한 국가가치로서 국가안보(자유수호) 가치는 이념적 절대주의가 국가안보의 핵심 이라는 의미이다. 국가안보에 있어서 이념적 상대주의와 법적 수단을 내용으로 하고 있는 '미국가치(민주가치)' 를 앞세울 것이냐 아니면 이념적 절대주의와 전략적 목적을 핵심으로 하고 있는 '국가안보(자유수호)'를 강조할 것이야 하는 정치철학 논쟁은 미국의 정체성(Identity)에 관련된 것으로서 미국의 우방과 적성국가들에게 그 귀추가 주목되고 있다. 백순, '미국의 안보와 국가가치', 북경연합 CBMC, http://cafe.daum.net/CBMC. 검색. 2012.10.24.

84) Donald Nuechterlein, *America Recommitted/United States National Interests in a Restructured World*(Lexington: University Press of Kenturky, 1991), p. 19 그는 여기서 "national value + national interest = national strategy" 라는 공식을 제시하였다.

향하는 도약의 새 역사 창조를 위해서 한국인의 정체성을 확립하는 작업이라 할 수 있다.

우리민족의 정신적 중심, 민족정기의 핵심은 뭐니 뭐니 해도 '한'철학과 '단군정신' '홍익인간'의 이념이다.85) 국조 단군의 건국이념인 '성통광명性通光明, 재세이화在世理化, 홍익인간弘益人間'은 오랜 역사를 통해서 우리 민족이 추구해온 보편적 가치였다. 필자는 이 세 가지를 대한민국의 국가가치로 식별하고 이를 통해 국가이익과 국가안보목표 도출의 근거로 삼고자 한다. 이러한 개념들은 민족의 3대경전이라고 불리는 천부경天符經과 삼일신고三一神誥, 그리고 참전계경參佺戒經에서 유래되고 있다.86)

성통광명이란 인간의 자기완성을 말하는 것으로서, 스스로에게서 일신을 찾는 과정을 말한다. 불교에서 말하는 깨달음이나 기독교에서 말하는 성령강림, 유학에서 말하는 극기복례克己復禮가 이와 크게 다르지 않다. 재세이화在世理化란 세상에서 이치로 교화하는 것을 말하는 것으로써 기氣로 가득한 세상을 이理로 다스리는 작업, 즉 혼돈의 세계를 질서의 세계로 만드는 것을 말한다. 홍익인간弘益人間은 모든 사람을 널리 이롭게 한다는 것으로써 특히 이러한 보편적 가치는 우리가 '홍익민족'이라 내세우지 않고 '홍익인간'이라고 했다는 점에서 개방적이고 우주적인 것이라고 일컬어진다.

국가이익national interest은 통상적으로 주권국가의 대외정책 차원에서 사용된 중심 개념으로서 오늘날에는 국내적 차원에서의 공공이익을 포함하여 포괄적인 개념으로 사용되고 있다.87) 국가이익은 역사, 문화, 전통, 규범 및 시대 상황에 따라 다소 변할 수 있지만 일반적으로 국가의 보존, 번영과 발전, 국위선양 및 국민이 소중히 여기는 가치와 체제의 보존과 신장 등을 추구하는 것을 의미한다. 즉 국가이익은 국가의 최고 정책결정과정을 통하여 표현되는 국민의 정치, 경제 및 문화적 욕구와 갈망으로 이해될 수 있다.88)

'국가목표'national objectives는 국가이익을 보존하고 신장시키기 위하여 국가가 달성하고자 하는 목표를 의미한다. 국가목표는 국가이익을 유지하기위해 필요한 요건으로서 국가이익의 하위 개념이며 국가이익의 증진·보호·획득에 필요한 행위와 상황으로 정의될 수 있다.89) 국가

---

85) 민병학 편저, 『한국정치사상사』(대경, 2005.3. 대전), p. 70.
86) 천부경, 삼일신고, 참전계경의 유래와 자세한 내용은 강진석, 『한국의 안보전략과 국방개혁』(평단문화사, 2005, 서울), p. 367 각주 참조
87) 임동원, "한국의 국가전략: 개념과 변천과정," 『국가전략』 제1권 1호, (1995), p. 28.
88) 구영록, "한국과 국가이익의 문제점," 『한국과 국제정치』 vol. 3, No.1(1987 봄), p. 25.
89) Ted Davis, Concepts of international politics and sovereign nation -states. in *Joint and combined Environments* (Fort Leavenworth, KS: Department of Joint and combined Operation, U.S. Army Command and General Staff College, 1994), pp. 16-18, 전성훈, '한국의 국가이익과 국가전략', 백종천 편, 『한국의 국가전략-환경과 선택-』, pp. 122.

이익이 추상적이고 불변적이라면 국가목표는 보다 구체적이고 중장기적으로 변화할 수 있는 성격을 가진다. 국가목표가 사실상 국가이익 자체라는 견해도 있으나[90] 분명한 것은 국가목표는 국가이익보다 구체적이고 세부적이어야 한다는 점이다. 물론 국가목표도 국가의 체제가 변하지 않는 한 정권 교체에 큰 영향을 받는다고 보기 어렵다. 다만 국가목표의 설정과 상이한 목표들 간의 우선순위 결정은 시대적 상황과 정권의 성격에 따라 영향을 받을 수 있다.

이러한 국가목표는 국가 정체성에 따라 달리 표출된다. 1789년 루이 왕조의 절대왕정을 무너뜨리고 창건한 프랑스 제1공화국은 근대 민주주의 국가의 효시를 이룬다. 민주주의란 국민이 신민臣民이나 노예의 신분에서 자유로운 인격체로서 주인이 되는 정치질서다. 민주주의의 기저에는 임금 대신에 백성이 주인이 되는 국민주권주의가 그 이념적·법적 기초를 이룬다. 우리 헌법 제1조도 "대한민국은 민주공화국이다. 대한민국의 주권은 국민에게 있고, 모든 권력은 국민으로부터 나온다"라고 해 대한민국은 주권재민의 민주공화국임을 분명히 한다.

자유·평등·박애에 입각한 근대 민주주의는 1917년 러시아에서 공산주의 혁명의 성공으로 새로운 전환점을 맞는다. 만민 평등을 주장하는 공산주의는 인류세계에서 유토피아를 꿈꾸는 이데올로기다. 하지만 현실 세계에서 공산주의 국가는 인민의 자유와 권리를 보장해 주지 못하는 권위주의적 전체주의로 전락하고, 인민민주주의는 20세기 말 베를린 장벽의 붕괴로 그 종말을 고한다.

동서냉전의 와중에 공산당 일당 독재에 천착한 인민민주주의는 한반도의 북반부를 장악한 조선민주주의인민공화국으로 현신顯身해 있다. 반면에 대한민국은 사회적 다원성을 존중하는 정치질서로서 자유민주주의를 지향한다. 헌법 제8조에서 규정하는 바와 같이 정당의 목적이나 활동이 '민주적 기본질서'에 위배되었을 때에는 위헌정당이 된다. 여기서 지칭하는 민주는 인민민주주의를 포괄하는 민주가 아니라 인민민주주의를 배척하는 자유민주주의라는 점에서 대한민국 헌법이 추구하는 민주주의의 정향성을 분명히 드러낸다. 헌법의 전문이나 제4조의 자유민주주의적 기본질서와 제8조의 민주적 기본질서는 그 표현상의 차이에도 불구하고 민주주의의 보다 구체화된 모습으로서의 자유민주주의를 의미하는 것이다.

우리 헌법이 지향하는 자유민주주의는 서유럽 국가에서 구현되고 있는 사회민주주의까지를 포괄하는 자유민주주의라는 데 이론의 여지가 없다. 하지만 그 민주주의가 인민민주주의까지 포섭하는 민주주의라고 한다면 이는 대한민국의 국가적 정통성과 정체성에 어긋날 수밖에 없다. 바로 여기에 한국적 민주주의의 가치상대주의는 그 관용의 경계가 설정된다. 선진 민주

---

90) 김열수는 문헌에서 잘 발견되지 않는 국가목표라는 개념보다는 널리 사용되는 이익이라는 개념을 사용하는 것이 안보를 이해하는데 용이하다며 가치와 목표보다는 이익을 위협 및 취약성과 함께 국가안보의 중심 개념으로 사용한다고 밀하고 있다. 김열수, 『국가안보 -위협과 취약성의 딜레마-』(서울, 법문사, 2010), p. 21.

주의 각국의 헌법학과 정치학 교과서에서 국가형태론(헌정체제론)의 현대적 모델에 관한 일반
적이고 보편적인 논의는 사회의 다원성을 수용하는 자유민주주의liberal democracy 내지 다원적 민주
주의와 권위주의 및 전체주의로 구획되고 있다. 권위주의의 또는 전체주의의 극좌에 있는 인민
민주주의people's democracy나 극우에 있는 파시스트 세력은 배척돼야 할 경계의 대상이다.91)

2. 국가정체성에 대한 위협과 갈등92)

정치적 안전성 및 국가의 정통성을 유지하고 발전시키는 것이 현대국가의 과제이며 정치
안보의 핵심이다. 여기서 특별히 정치안보라 구분하는 것은 안보 개념이 과거 전통적 개념의
군사안보로부터 전 범위 영역으로 확장되어 포괄적 안보 개념이 사용되면서 광의의 정치 개념
으로서가 아닌 협의의 정치 개념으로서 안보관련 사항을 지칭하는 것이다. 그러나 내용면으로
보면 그 실제에 있어서는 별반 차이가 없다. 다만 개념상, 분류상의 문제일 뿐이다.

정치적 안전성에 대한 위협은 자국의 정치적 이념을 종식시키기 위해 정통성 있는 정부를
전복시키려는 행동, 민족의 독립을 위한 분리주의 운동, 정치적 목표를 달성하기 위한 테러리
즘 등이 될 것이다. 또한 국가 정통성에 대한 위협은 특정국가의 정통성에 대한 인정여부와
관련이 있다. 군사독재정권, 인권을 침해하는 정권, 사회내의 다양한 집단을 차별하는 정권, 그
리고 서로 수교하지 않은 정권 등은 국제사회로부터 국가의 정통성을 인정받기 어렵기 때문에
정치적 위협을 느끼게 된다. 국가란 본질적으로 정치적 단위이기 때문에 정치적 위협은 군사적
위협만큼이나 두려움의 대상이 된다. 특히 연약한 국가에겐 더욱 그러하다.

정치적 위협이 문제가 되는 이유는 국제무정부의 명분을 제공해온 개념과 전통이 다양하
기 때문이다. 20세기만 해도 자유민주주의, 파시즘, 공산주의, 이슬람 근본주의 등 다양한 정치
사상이 조직 이념으로 대립해 왔다. 19세기에는 군주정과 공화정의 대립이었다. 이들 이념간의
대립은 근본적인 만큼 하나의 이념을 채택한 국가가 다른 이념을 채택한 국가로부터 위협을
느끼는 것은 당연하다.

---

91) 성낙인, "자유민주주의가 정답이다", 중앙일보 시론, 2011. 8. 29. 민주주의냐 자유민주주의냐 하는 논쟁은 우리
헌법이 대한민국의 정체성을 규범적으로 표현하는 데 매우 인색한 점도 그 원인의 하나다. 예컨대 현행 헌법은
국시(國是), 국가(애국가), 국어(한글), 국기(태극기), 수도(서울)에 관해 침묵으로 일관하고 있다. 차제에 대한민
국의 국가적 정향성은 국민주권주의에 기초한 자유민주주의임을 분명히 함으로써 앞으로 있을 개정헌법의 지
표로 삼아야 한다.
92) 2-5 항은 김열수, 『국가안보: 위협과 취약성의 딜레마』(서울: 2010, 법문사), pp. 163-173. 참조. 그는 위협 및
취약성 감소 개념으로 국가안보 요소와 이론들을 설명하고 있다.

국가와 민족 간의 경계불일치도 정치적 위협이 된다. 주로 표적국가 내부의 민족적·문화적 갈등이 정치적 위협의 대상이 된다. 강제적이거나 자발적 합병, 통일, 분리주의 운동 등이 정치적 위협의 실체로 등장하고 있다.

정통성에 대한 위협도 다양하다. 목표 국가의 특별한 정책이나 행위에 대한 압력이 대표적인 주권 침해이자 정통성에 대한 위협이다. 특정국가의 인권침해 여부, 대량살상무기 확산 여부, 테러리즘 지원 여부, 심지어 정부의 투명성 여부 및 부패 여부도 압력의 대상이 된다. 강건한 국가에서는 정치안보에 대한 내외부의 위협이 거의 없지만 연약한 국가에서는 내외부의 위협이 일상적인 일이 되고 있다.

3. 정치안보의 대상과 주제

국가적 차원에서 정치안보의 대상은 국가의 구성요소중 주로 민족, 이데올로기, 그리고 주권과 관련이 있다. 국가의 차원을 벗어나면 유럽연합EU과 같은 유사類似, pseudo 초국가超國家 집단, 팔레스타인 같은 주권이 없는 유사pseudo 국가, 그리고 구성원으로부터 고도의 충성을 동원할 수 있는 세계적 종교집단 등도 정치안보의 대상이 될 수 있다.

국가의 경우 정부가 안보의 행위자가 된다. 강건한 국가의 정부는 국민의 합법적인 대리인으로서 행동하나 연약한 국가의 정부는 정권의 대리인으로서 행동할 수 있다. 비록 정치·사회적으로 연약한 국가라 할지라도 합법적인 절차에 의해 수립된 정부라고 한다면 그 정부는 정치안보의 중요한 행위자가 된다. 기능적 행위자는 정당, 분리를 주장하는 단체, 통합을 주장하는 단체, 정부와 이념을 달리하는 단체, 인권을 주장하는 단체, 초국가적 조직을 선호하거나 반대하는 단체, 종교 근본주의나 세속주의를 주장하는 단체 등이 될 것이다.

4. 국가정체성에 대한 위협과 취약성

정치적 안전성 및 국가의 정통성을 위협하는 요소는 많다. 민족이나 이념 뿐 아니라 국가의 승인여부, 그리고 주권에 대한 침해도 정치적 위협요소가 된다. 대부분의 국가들로부터 승인을 받지 못하는 대만은 언제나 정치·군사적 위협을 느끼고 있고 한국은 냉전 시 국가적 외교관계가 없었던 중국과 소련으로부터 위협을 느꼈다. 외교관계가 수립되어 있다하더라도 주권이 침해될 수 있다. 중국의 동북공정에 의한 역사왜곡은 한국의 역사주권을 침해한 것이고,

일본의 식민지 역사왜곡이나 독도 영유권 주장은 한국의 영토주권을 침해한 것이다. 한 국가에서 대량학살 등 인권침해 사태가 발생해도 국제사회는 유엔 안보리 결의를 통해 이에 합법적으로 개입할 수 있는데, 피 개입 국가의 입장에서 보면 이를 주권침해라고 주장할 수 있다.

강건한 국가는 정치·사회적으로 취약하지 않기 때문에 국내에서 분리주의 운동이 일어나지 않는다. 또 외부 행위자들도 강건한 국가의 안정성이나 정통성을 위협할 이유가 별로 없다. 그럼에도 불구하고 강건한 국가가 정치적 위협을 받고 있다고 생각할 수 있다. 예를 들어, 냉전 시 미국은 미국식 자본주의의 합법성과 효율성, 그리고 민주주의 정치체제에 대한 공산주의로부터의 위협을 인식하였다. 또한 강건한 국가라 하더라도 초국가적 통합이 실현되면 이를 주권의 위협이자 정치적 위협으로 인식할 수 있다. 주권의 일부를 유럽연합EU에 양도한 유럽 국가들이 이런 사례에 속할 것이다. 유럽헌법에 속하는 리스본조약은 2009년 12월 1일부터 발효되었으며 이로 인해 유럽은 '유럽합중국'을 바라보게 되었다. 그럼에도 불구하고 주권이 유럽연합에 너무 많이 이양되지 않을까 하는 의구심은 여전히 유럽인들의 가슴속에 남아 있다.

민족적인 문제는 보다 감정적이다. 분리형식을 취할 수도 있고 통합형식을 취할 수도 있다. 독일, 대만, 한국의 경우가 좋은 예다. 캐시미르나 쿠릴열도처럼 인구와 영토의 일부가 다른 국가에 의해서 주장될 경우 고토 회복주의 형식을 취할 수도 있다.

국내적으로 이념적 분열이 있을 경우 외국 개입에 대한 두려움이 있을 수 있다. 냉전 시 제3세계 국가들이 대부분 이런 위협에서 자유롭지 못했다. 또한 세계적인 정치질서가 그 국가의 현존하는 정치질서와 조화되지 않는 민주주의나 인권과 같은 어떤 원칙을 전반적으로 증진시키는 방향으로 발전된다면 이 또한 세계적인 정치질서 혹은 국제사회로부터의 보다 구조적인 위협에 직면할 수 있다. 냉전 종식 이후 국제사회는 민주주의와 시장경제라는 비교적 높은 수준의 동질성을 유지하고 있다. 여기에 더하여 인권, 대량살상무기의 확산 금지, 대테러리즘 등에 대해서도 폭넓은 공감대를 형성하고 있다. 그러나 이런 공감대에서 이격되어 국가주권의 틀 속에 있는 국가들은 위협을 느낄 수도 있다. 예를 들면 인권이 세계적인 관심사가 되고 있으나 이를 거부하는 무슬림과 일부 아시아 국가들은 이를 위협으로 인식할 수 있다. 또한 국제회의에서 인권 탄압국으로 지명된 국가들은 직접적인 정치적 위협으로 인식할 수 있다.

국가와 민족의 차원, 정치·이념적 차원, 그리고 주권 차원의 위협과 취약성을 몇 가지로 요약해 보면 다음과 같다.

첫째, 국가와 민족이 분리된 국가에 대한 국제적 위협: 국가와 민족의 일치를 주장하는 분리주의 또는 구 영토의 회복주의가 등장할 가능성이 있다. 루마니아의 트란실바니아transilvania

에 거주하고 있는 헝가리아인들, 우크라이나에 거주하고 있는 러시아인들, 벨기에의 프랑스인, 북아일랜드를 회복하고자하는 아일랜드인, 키프러스의 터어키인들에 대한 터어키인들의 관심 등 이 이러한 경우이다. 국가를 수립하고자 하는 쿠르드족, 서로가 통일의 주체가 되고자 하는 남북한도 서로에 대한 국제적 위협이 있다.

둘째, 국가와 민족이 분리된 국가에서의 비고의적 단위체 수준의 위협: 여기서 비고의적이란 의미는 강제적 요소보다는 심리적 요소가 많다는 것을 의미한다. 국가와 민족이 불일치되어 있는 국가에서 소수민족이 느끼는 비고의적인 위협은 많다. 에스토니아인이라는 정의는 여기에 살고 있는 러시아인에게는 하나의 위협으로 인식된다. 크로아티아인에 대한 정의도 그 속에 살고 있는 세르비아인에게는 하나의 위협으로 인식된다. 중국인의 정의 속에 포함된 55개의 소수 민족도 비슷한 감정을 느낄 것이다.

셋째, 정치와 이념적 기반이 취약한 국가에 대한 의도적 위협: 위협이란 그 자체가 의도성을 가지고 있지만 이를 구조적 위협과 구분할 수 는 있다. 이 위협은 체제운영의 기반이 되는 이념이 국민들 사이에서 광범위하게 수용되지 않을 때 발생한다. 냉전 시 미국이 민주주의 정권을 지원하거나 공산정권을 전복시키기 위해 반군을 지원했으며, 소련은 공산주의 정권을 지원하거나 또는 민주정권을 전복시키기 위해 반군을 지원하였다. 정치적 이념이 사라진 냉전 이후에는 이에 대한 위협은 상대적으로 줄어들었다. 체제의 합법성에 대해 이를 직접적으로 위협하는 경우는 드물어졌기 때문이다.

넷째, 정치적 이념적 차원에서의 구조적인 위협: 이는 특정행위자간의 의도적 행위에 대해서 발생하는 것이 아니라 상황의 본질에서 초래되는 위협을 말한다. 특정국가의 원칙들이 국제사회의 문명화 발전 정도와 공존할 수 없을 때 발생되는 위협이다. 20세기의 시대정신(진리, 정의, 자유)이 군주정에 대한 정치적 위협을 가했다고 볼 수 있다. 또한 남아프리카공화국의 인종차별정책, 아시아적 가치를 추구하는 중국, 싱가포르, 말레이시아 등도 보편적 인권을 중시하는 21세기 시대정신과도 맞지 않다. 이슬람적 가치도 보편적 인권과 충돌된다. 이들 국가의 입장에서 보면 이러한 시대정신이 자신들에게는 구조적인 위협이 된다.

다섯째, 초민족적, 지역적 통합으로부터의 위협: 초국가적인 정치기구는 주로 지역적 수준과 관련이 있다. 유럽연합EU과 독립국가연합CIS 등이 이런 사례에 속한다. 초민족적, 지역적 통합 움직임은 각 국가의 주원을 침해한다는 측면에서 이를 위협으로 받아들일 수 있다. 특히, 정책결정에 있어서 투표권이 일국일표제가 아닐 경우, 또는 특정국가에 의해 이런 기구나 운동 등이 주도될 경우에는 주도적 입장에 있지 못하는 국가는 이를 더 위협적인 것으로 인식할 수 있다. 구소련이나 구 유고슬라비아의 해체, 그루지아의 CIS 탈퇴, 10년 밖에 유지되지 못했던 이집트와 시리아 통일아랍공화국의 해체, 유럽연합의 헌법에 대한 국민투표에서의 부결 등은 위협에서 벗어나고자 하는 단위체들의 몸부림이라 할 수 있다.

여섯째, 초민족적, 초국가적인 운동에 의한 위협: 민족과 국가를 뛰어 넘어 그들의 구성원으로부터 고도의 충성심을 향유하려고 시도하는 운동은 해당국가의 안보를 위협할 수 있다. 과거의 공산주의 운동이 이런 사례에 속한다. 범 이슬람주의도 초국가적, 초민족적 운동이라고 할 수 있다. 주로 이슬람 근본주의자들에 의해 동원되는 범 이슬람주의는 이슬람 세속주의 국가들에 대한 위협은 물론 국제안보에 대한 위협으로도 작동한다. 이슬람 근본주의자들은 이슬람 세속주의 국가들을 전복시키기 위해 활동하고 있을 뿐 아니라, 9.11 테러에서 보듯이 세계를 테러의 위협으로 몰아넣고 있다.

일곱째, 주권에 대한 직접적인 위협: 위의 유형들도 크게 보면 모두 주권의 위협에 해당된다. 그러나 주권을 겨냥한 보다 직접적인 위협들도 있다. 레짐의 가입 여부는 국가의 주권에 해당된다. 따라서 핵확산금지도약NPT, 생물무기금지협정BWC, 화학무기금지협정CWC, 미사일기술통제레짐MTCR, 테러리즘 관련 각종 국제조약 등 국가안보와 관련된 각종 국제 레짐에 대한 가입여부는 국가가 결정한다. 그럼에도 이러한 군비통제 레짐에 가입하지 않을 경우, 국제사회가 가입을 독려하거나 또는 다른 국가의 국가안보를 위협할 소지가 있는 국가로 낙인을 찍게 된다. 대상국가로서는 위협이 아닐 수 없다.

5. 정치안보 정책

민족과 국가의 경계 문제는 대단히 어려운 문제이다. 민족에 대한 차별이나 민족의 정체성이 커지게 되면 국가는 민족의 경계선을 따라 분리되거나 통합되기도 하기 때문이다. 탈냉전 이후에도 수많은 국가들이 해체되었고 또 민족의 경계선을 따라 신생국가가 분리 독립되었다. 따라서 소수민족에 대한 차이를 서로가 인정하면서 국가의 정체성을 키워나가야 이 문제를 극복할 수 있다. 그럼에도 불구하고 이 과업은 결코 쉽지 않을 것이다.

이념의 문제도 어렵기는 마찬가지이다. 정치적 이념 대결은 사라졌지만 여전히 중국, 북한, 쿠바, 베트남 등은 공산주의 이념을 채택하고 있으며 네팔도 21세기의 모택동주의자들이 무력투쟁을 통해 정권을 장악하였다. 중국과 인접해 있는 한국, 서로의 체제를 중심으로 통일하고자 하는 남북한, 민주주의의 대국인 미국의 앞마당에 있는 쿠바 등은 여전히 이념적 위협에 노출되어 있다. 문제는 이러한 이념이 국민들 사이에 얼마나 광범위하게 수용되고 있으며 외부의 이념적 침투에 대해서도 얼마나 이를 방어해 낼 수 있는 능력이 있느냐와 관련이 있다.

정부와 국민이 동일한 정치적 이념에 대해 강한 신념을 보유하고 있다면 내외부적 이념적 침투에 대해 위협을 느낄 이유가 없다.

초민족적, 초국가적 통합 문제는 이러한 통합이 가져다 줄 정치, 경제, 사회적 측면에서의 유·불리 점을 판단하여 결정하면 된다. 통합이 가져다줄 이점이 주권의 침해보다 더 크고 이익이 많다면, 그리고 인민의 복지를 더 향상시킬 수 있다면 통합이 나쁜 것만은 아니다. 분리와 해체의 경험이 대부분이었던 탈냉전의 역사에서 유럽의 통합은 오히려 주권국가가 앞으로 나아가야 할 방향을 제세해 줄 수도 있는 것이다.

초민족적, 초국가적 운동은 연약한 국가가 그 대상이 되기 쉽다. 특히 이슬람 근본주의 운동은 사우디아라비아처럼 왕정체제를 유지하면서 부패한 국가, 이집트와 파키스탄처럼 세속주의 체제를 유지하면서 부패한 국가가 목표가 될 수 있다. 이러한 국가들이 근본주의 운동에 의해 체제가 전복되는 것을 막기 위해서는 부패를 청산하여 국민들로부터 체제의 정통성을 인정받는 방법 밖에 없다.

문명화로 인한 시대정신과 관련된 주권 침해 문제도 결국 선택의 문제이다. 대량살상무기 확산과 관련된 각종 국제 레짐에 가입하지 않는 것은 국가의 주권 사항인 것만은 틀림없다. 그러나 국가안보, 더 나아가 국제안보와 관련된 레짐에 가입하지 않는다는 것은 결국 이들 무기를 생산, 보유, 실험, 배치, 그리고 다른 국가로 확산하겠다는 의지와 다름 아니다. 따라서 국제사회가 이들 국가를 경계하는 것은 당연하다. 정치범 수용소의 운영, 그리고 범죄인에 대한 공개처형 등도 21세기의 시대정신과 맞지 않는다. 어떤 것을 선택할 것인가는 주도권이 문제이지만 시대정신의 흐름에 발을 맞추지 못한다면 이 또한 국제사회로부터 경계의 대상이 될 것이다.

제4절 현대 국제정치 이론과 국가안전보장

1. 국가안보·군사전략의 인식론적 접근

가. 국가안전보장의 철학적 접근

세계정치에서 안보, 즉 안전보장은 삶과 죽음의 문제이다. 국제정치학이라는 학문 자체의 기원도 안보문제에 대한 인간의 기본 문제의식에서 출발하였다. 세계정치에서 차지하는 중요성에도 불구하고 안보의 기본 개념과 정의는 정작 활발히 그리고 제대로 이루어지지 않았다. 가장 일반적이고 상식적인 안보의 정의는 '한 국가가 타국으로부터 침략을 받지않고 자국민의 인명과 재산을 보호하는 것'이다. 안보는 한 국가의 가장 중요한 책무로서 국가정책상의 최우선 과제로 이해된다.

안보에 대한 보다 근본적이고 철학적인 접근은 아널드 울퍼스Arnold Wolfes에 의해 최초로 시도되었다. 울퍼스는 안보를 "획득된 가치에 대한 '위협'의 개연성이 낮은 상태"93)로 정의 했다. 이에 대해 볼드윈David Baldwin은 안보를 보다 넓게 해석해서 안보대상의 범위를 확장시켰다. 볼드윈은 안보를 "획득된 가치에 대한 '손상'의 개연성이 낮은 상태"94)로 정의했다. 이 정의에 따르면 우리가 소중히 생각하는 가치의 손상은 인위적인 위협에 의해서도 생길 수 있지만 자연재해 같은 비인위적인 요소에 의해서도 생길 수 있다. 냉전 이후에 전개된 세계정치 상황은 안보에 대한 전통적인 접근에 많은 의문을 제기하게 되었다. 이제 인류는 초강대국간의 핵전쟁이나 국가간의 전쟁보다 자연재해나 빈곤속의 질병, 종교적 갈등, 혹은 해적 등 국제범죄조직에 의한 삶과 죽음의 문제에 더욱 두려움을 느낀다. 전통적인 안보개념에서 벗어나 안보의 정의가 확장되고 심화되는 현상은 탈냉전 이후 보다 복잡다단해진 안보현실을 반영하고 있다. 안보분제에 대한 보다 유연하고 균형잡힌 접근이 그 어느 때보다 요구된다 할 수 있다.

나. 국제정치에 있어서의 인식론과 존재론

원래 철학에서 인식론은 인간이 대상, 즉 현상이나 사실을 어떻게 인식하고 있느냐 하는 것과, 또 인간이 지닌 지식의 근원과 구조를 파헤치는 방법을 사용하여 그 존재원인을 밝히는

---

93) Arnold Wolfers, "'national Security' as an Ambiguous Symbol", *Political Science Quarterly* 67(4), 1952.
94) David Baldwin, "The Concep of Security", *Review of International Studies(January)*, 1997, pp. 67-79.

것이다. 이에 비해 존재론은 사물이나 사실을 있는 그대로 설명하는 방법을 사용하여 존재 원인(근거)을 밝히는 것이다. 존재론은 사물이나 사실이 신이나 절대자처럼 사실에 선행하는 존재를 생각할 수도 있고 신의 창조를 거부하고 그것들을 있는 그대로 보려는 형이상학적 입장이다.

학문으로서 국제정치학이 출현하면서 많은 사람들은 이성과 학문의 힘으로 전쟁의 재발을 막을 수 있을 것으로 기대했다. 1차 대전이 끝나고 미국의 윌슨 대통령은 국제연맹의 창설을 제안했고 이러한 인류이성人類理性에 대한 이상理想적 기대는 2차 대전의 발발로 무참히 무너졌다. 국제정치의 현실주의의 대두는 이러한 이상론적 기대의 좌절로부터 초래되었고 2차 대전 이후 미소 냉전으로 인해 현실주의 정치이론과 다양한 체제 안정에 관한 이론들이 발전하였다.

현실주의와 자유주의 두 패러다임을 중심으로 발전해온 냉전시대의 국제정치 이론은 1990년대에 들어와 탈근대주의 조류와 맞물려 커다란 변화를 맞게 된다. 무엇보다도 양대 패러다임 내에서 고착된 인식과 시각을 보다 유연한 형태로 바꾸려는 노력이 대두되었다. '제3의 논쟁'을 통해 활발하게 전개된 인식론의 논의는 이런 점에서 국제정치학의 지평을 한 단계 더 높이게 되었다. 탈근대주의의 영향은 진리의 절대적 속성을 거부하고 주어진 상황과 인식의 한계를 반영하여 세상을 볼 수밖에 없다는 상대주의적 인식론을 확산시켰다. 비판이론가 해석학, 그리고 구성주의 이론의 등장은 20세기 말의 국제정치이론 논쟁 속에서 보다 다원적이면서 관용적인 자세를 요구하게 된다. 인식에 따라 이론도 달라지질 수밖에 없다는 것이다.95)

그러나 이러한 인식론적 논의가 지나치게 발전되면서 1990년대를 통해 다양한 비판적 담론들이 나왔고 인식론과 존재론의 적절한 결합을 통해서 올바른 이론의 구축이 가능하다는 입장이 대두되고 있다. 구성주의가 그 대표적이다. 구성주의는 사회가 상호 주관적으로 구성되는 집단적 산물이라는 존재론을 공유하고 있다.

다. 안보 · 전략의 인식론적 · 존재론적 접근 범위

전략은 목표와 수단 그리고 방법으로 구성된다. 그러나 통상 전략은 전략의 방법, 즉 목표와 수단을 연결하는 하나의 술術을 의미한다. 정해진 목표를 달성하기 위해 한정된 수단을 어떻게 사용할 것이냐 하는 것이 바로 전략의 개념이다. 정치적 목표를 달성하기 위하여 정치전략이 필요하고 경제적 목표를 달성하기 위해서 경제전략이 필요하며 군사적 목표달성을 위해서는 군사전략이 필요하다. 국가안보는 정치, 경제, 사회, 문화 등 광범위한 목표를 추구하기 때문에 국가안보전략의 범위는 전방위적인 것이며 따라서 전방위 실천전략이라 할 수 있다.

---

95) 하영선 · 민병원, 「현대세계정치의 국제정치 이론과 한국」, 하영선 · 남궁곤 편저, 『변환의 세계정치』(서울: 을유문화사, 2009), p. 203.

실천 전략의 수립을 위해서는 우선 존재론적 접근이 필요하다. 존재론에 대한 철학적 논의는 분분하지만 근본적 정의를 한마디로 요약하면 사물의 존재를 있는 그대로 보는 전체적인 추구로 볼 수 있다. 역사와 현실을 통해 국제정치의 실상을 보고 전쟁으로 점철되어 온 국제관계의 본질을 이해하는 것이다. 그 다음으로는 그러한 현실을 타개하기 위한 인식론적 접근이 필요하다. 인식론이란 주어진 문제에 대한 인식 방법에 대한 지적 논의로서 주어진 현상을 어떻게 이해하고 대안을 강구해 나가느냐 하는 것에 대한 것이다. 오늘날 우리가 인식하고 있는 국제정치의 분석 및 이해에 대한 지적知的 논의의 적실성과 수월성秀越性에 대한 논의를 통해 향후 국제정치학에 대한 새로운 패러다임을 창출해 낼 수가 있다. 현재까지 논의되고 있는 인식틀은 현실주의, 자유주의, 신현실주의, 신자유주의, 및 구조주의와 같은 실증주의를 통한 국제사회에서의 각종 행위자간의 갈등과 협력의 관계 속에서 어떤 것이 전쟁을 방지하고 진정한 인류의 평화와 복지를 증진 시킬 수 있느냐 하는 담론들이 진행되고 있다. 이와 더불어 구체적인 방법론들이 제안되고 있는데 국제기구론, 국제정치경제, 국제안보, 지역통합, 인권과 국제정치 등에 관한 논의들이다.

라. 국제관계 이론과 안보대안

국가안보를 이해하기 위해서는 국가 간의 갈등과 협력에 대한 이해가 선행되어야 한다. 국가 간의 협력과 갈등에 대한 연구가 바로 국제관계이론이다. 과거 국제정치·외교로 국한하였던 것이 전 범위적인 국제관계로 확대되었다.

각 이론들은 국가안보에 대하여 서로 다른 대안을 제시하고 있다. 현실주의는 위협은 항상 존재한다는 가정 하에 나의 취약성을 감소시켜야 한다고 주장한다. 자유주의는 이와 반대되는 것으로 위협은 협력을 통하여 감소시킬 수 있다고 주장한다. 현실주의와 자유주의의 가정을 결합시킨 신자유주의는 위협도 '어느 정도' 줄일 수 있고 나의 취약성도 '어느 정도' 줄일 수 있다고 주장한다. 구성주의는 위협은 문화적이고 제도적인 것에 의해 구성되기도 하지만 행위주제들이 이를 재구성 할 수 있기 때문에 행위자들이 '하기 나름'에 따라 국가안보가 보장될 수도 있고 그렇지 않을 수도 있다고 주장한다.

1) 현실주의와 국가안보

가) 전통적 현실주의: 모든 국가는 권력을 추구한다.

현실주의는 투키디데스Thukydides, 마키아벨리Niccolo Machiavelli, 홉스Thomas Hobbes, 모겐소Hans

Morgenthau, 그리고 왈츠Kenneth N. Waltz 등으로 이어지는 계보를 갖고 있다. 투키디데스는 도시국가 각의 전쟁의 원인을 아테네와 스파르타 간 국력신장을 위한 경쟁이라고 보았고 마키아벨리는 국가안보와 국가생존을 위해서는 수단과 방법을 가리지 않아야 하고, 비도덕적인 행위까지도 국가안보를 위해서는 정당화 될 수 있다고 주장하였다. 홉즈는 사회가 형성되기 이전의 상태를 "만인에 의한 만인의 투쟁" 상태로 보았고 절대군주에 의한 패권국가나 국가 간의 계약이 없는 국가 간의 상태도 투쟁의 상태로 간주하였다. 이렇듯 현실주의는 깊은 역사적 뿌리를 갖고 다양한 분야의 연구를 하였지만 공통적인 점은 국제정치를 '이상'이 아닌 있는 그대로의 '현실'로 분석해야 한다고 보고 있다.

현실주의는 이상주의idealism의 반동으로 등장한 것이다. 이상주의자들은 국가 간의 이해관계가 조정 가능하며 국제법과 제도를 조율함으로써 세계평화를 유지할 수 있다고 가정한다. 그러나 국제정치의 냉혹한 현실은 이상주의자들의 이상을 몽상으로 만들고 말았다. 제1차 대전 이후 대표적인 이상주의자였던 미국의 윌슨대통령이 주창한 국제연맹The League of Nations은 창설되지도 못했다. 제2차 대전의 비극도 막는데 실패하였다. 이후 이상주의와 현실주의는 논쟁의 대상이 되었고 현실주의가 승자로 부상하면서 현실주의가 국제정치의 지배적인 패러다임이 되었다.

전통적 현실주의의 국제관계에 대한 가정은 다음과 같다. 첫째, 국제체제는 국가를 기본단위로 구성되어 있다. 둘째, 국가들은 이익을 가지며 그 이익에 대한 권리를 가지는 유일한 단위이다. 셋째, 희소성의 조건이 존재하거나 경쟁국간에 그 조건이 압력을 받게 될 때 이익은 국제적 관심이 된다. 넷째 주권국가들 사이에서 희소적 자원을 포함한 쟁점에서 문제가 생길 때, 힘Power은 이러한 차이점을 해결하기 위해 사용되어진다. 다섯째, 힘의 행사는 국제관계에서 분쟁해결의 정치적 수단이다. 여섯째, 힘의 정치적 수단중의 하나는 군사력이며, 이것은 국가들 사이의 차이를 해결하기 위한 하나의 선택이다.96)

전통적 현실주의에서 국제평화를 유지하는 유일한 방법은 세력균형이다. 세력균형정책의 수단은 동맹이며 그 대표적인 것이 19세기 영국이었다. 1940년대에서 1960년대에 이르는 시기는 전통적인 현실주의 이론이 맞아 떨어지는 국제정치 환경이 조성되었다.

내) 신현실주의: 무정부상태에서 불가피한 국가 간의 충돌

1930년대에 등장하여 1960년대에 이르기까지 냉전기간 중에 국제정치 이론을 지배해온 전통적 현실주의는 1980년대에 들어 왈츠Kenneth Waltz에 의해 새로운 모습으로 발전하게 된다.

---

96) 김열수, 앞의 책, p. 35.

따라서 왈츠 이후의 현실주의를 모겐소의 전통적 현실주의와의 차이를 강조하는 관점에서 신현실주의Neo-Realism라 부르고 있다.

신현실주의 의 등장배경은 1970년대 오일쇼크 이후 미국 국력의 상대적 쇠퇴와 미·소 데탕트의 등장, 제3세계 국가들과 비국가행위자 들의 등장을 들 수 있다. 왈츠는 국제정치현상에서 전쟁이 반복적으로 나타남으로써 동일한 결과의 반복에 영향을 미치는 변수가 존재한다는 가정에서 출발하였고 그 원인을 국제정치의 무정부성에서 찾았다. 왈츠는 전통적 현실주의 이론가들과는 달리 국제정치의 특징을 무정부상태로 규정하였다. 이 무정부상태란 무질서나 혼란을 의미하는 것이 아니라 국내정치와 달리 행위자들 간의 갈등을 해결할 권위체authority가 없다는 것을 의미한다. 따라서 행위자들 간의 신뢰의 부재lack of thrust에 따른 불확실성uncertainty이 증가하고 이에 따라 생존을 위해 국력의 증가가 필요하고 국력의 경쟁적 증가는 안보딜레마를 야기한다. 안보딜레마와 밀접히 관련된 신현실주의 개념이 "상대적 이익"relative gain이다.

① 상대적 이익의 중요성

상대적 이익은 자유주의의 절대적 이익absolute gain과 대치되는 개념이다. 자유주의자들은 상호이익이 존재하기만 한다면 협력이 가능하다고 주장 한다. 상대적 이익 개념을 정립한 그리코는 국제제도가 무정부상황에서 오는 안보딜레마를 약화시키고 협력을 가져올 것이라는 주장을 전개해온 신자유주의적 제도주의의 국제협력 관점에 대해 현실주의 입장에서 가장 체계적인 비판을 가했다. 그리코의 중심 주장은 무정부적 상황을 특징으로 하는 국제체제에서 국가들은 절대적 이득에 대한 것보다 상대적 이득에 더 관심을 갖는다는 것이다. 즉 국제협력은 상대적 이익 때문에 쉽게 발생하지 않는다는 것이다.

결국 이들은 국제관계를 영합게임zero sum game으로 보고 있다. 이런 연유로 어떤 국가도 다른 국가와 협력하지 않으려 하며, 자신의 이익을 수정하려고도 하지 않는다는 것이다. 국가는 다른 국가의 희생이 있더라도 자신의 안보와 권력을 증진시켜야 한다는 것이다. 수인의 딜레마prisoner's dilemma는 국제협력을 어렵게 만드는 상대적 이익의 존재와 배반의 가능성, 그리고 심지어 비 영합적 상황에서도 국제협력이 어려운가를 잘 보여준다.

신자유주의적 제도주의가 절대적 이득의 중요성을 강조하는 데 대응하여 그리코는 자국의 안전을 자기 스스로 지켜야 하는 무정부적 국제사회에서 다른 국가가 상대적인 이득을 취해 강해질 경우 이러한 힘을 바탕으로 자국을 위협할지 모른다는 두려움 때문에 상대방 국가가 강해지기 전에 이를 막을 필요가 있으며 그 결과 국제협력에 참가하는 데 신중하다는 주장을 전개했다.

② 공세적 현실주의와 방어적 현실주의

왈츠의 제자인 미어샤이머[97]는 왈츠와는 달리 국제체제의 안정의 조건을 군사력의 양극적 배분에서만 찾지 않고 두 강대국 간의 거의 비슷한 군사력과 두 강대국이 보유한 대량의 핵무기의 존재에서도 찾고 있다.

미어샤이머는 탈냉전과 더불어 전개되고 있는 국제체제를 다극체제로 보고 이 체제의 일반적인 불안정성을 논하면서 다극체제가 어떤 방향으로 나갈 것인가에 대한 가능한 시나리오를 제시하고 어떤 다극체제가 그래도 안정을 가져올 수 있는가를 논하고 있다. 이에 대해 특히 핵무기가 어느 정도의 안정을 위해 중요한 역할을 한다는 것을 강조하고 있다.[98] 신현실주의에 있어서 구별되고 있는 '공격적 신현실주의'offensive neorealism와 '방어적 신현실주의'defensive neorealism는 어떻게 다른 것인가? 미어샤이머는 전형적인 공격적 신현실주의자로 분류되며 왈츠는 이 두 경향의 특성을 조금씩 다 가지고 있는 학자로 혹은 때때로 방어적 현실주의자로 분류된다.

공격적 신현실주의는 방어적 신현실주의에 비해 국제사회를 좀 더 경쟁적이고 비관적으로 바라본다. 구체적으로 공격적 신현실주의는 국제체제의 무정부성이 공격과 갈등을 촉진한다고 보며 국제체제는 또한 국가들 모두가 다른 국가들을 이용할 기회를 엿보고 서로를 신뢰할 이유가 거의 없는 잔인한 곳으로 보고자 한다.

따라서 안보란 확보되기 힘들며 따라서 국가 간 경쟁이 치열하고 전쟁이 일어나기 쉽다고 본다. 이러한 상황에서 국가들은 공격적인 의도를 갖게 되고 공격적인 전략을 세우지 않을 수 없게 되며 생존을 위해 힘의 극대화를 추구하게 된다. 이러한 상황 아래 속임의 문제와 상대적

---

97) 시카고대 교수, 한스 모겐소(Hans J. Morgenthow) 이후 최고의 현실주의 학자로 칭송되고 있다. 2004년 7월 12일 시카고대학 졸업식 치사에서 그는 21세기에도 미국이 한 세기를 세계유일 최강국으로서 유지될 수 있다고 전망하면서 그 이유를 미국이야 말로 진정한 열린사회로서 미국은 경쟁을 전제로 한 동적 사회이기 때문이라고 설명했다. 업코리아(www.upkorea.net), 2004. 7. 12.

98) 2001년 말에 미어샤이머는 『강대국 정치의 비극』(*The Tragedy of Great Power Politics*)이라는 제하의 책에서 무정부적 국제체제에서 왜 그리고 어떻게 강대국들이 행동하는가에 대해 '공격적 현실주의(offensive realism)'의 관점을 투사하고 있다. 구체적으로 미어샤이머는 국제체제의 무정부적 구조가 국가들로 하여금 자신의 안보와 복지를 걱정하게 하며 이러한 안보와 복지를 확보하기 위해 전쟁이 정당한 수단이 된다고 주장한다. 중심적인 권위가 부재한 이러한 국제체제에서 국가들은 불안정성을 극복하기 위해 가능한 한 타국가보다 많은 상대적인 힘을 획득하려고 한다. 강대국들은 다른 국가들이 적대적인 의도를 가지지 않을 것이라는 것을 확신할 수 없는 세계에서 다른 국가의 공격에 대비하여 자신을 보호하기 위해 가능한 한 많은 권력을 획득하고 지배적인 국가가 되고자 한다는 것이다. 미어샤이머는 강대국들이 자신의 이익을 증진하기 위해 구사하는 전략을 구체적으로 밝히고 있는데, 그에 따르면 강대국들은 세력균형을 유지하는 비용을 동맹국가와 경쟁국들 간의 전쟁을 환영하는 등 좋은 기회가 생길 때마다 자신의 권력을 극대화하고자 하며, 미국이 가장 우선하는 전략적인 이해관계를 가지고 있는 동북아와 유럽에 있어서 이 두 지역이 현재 상대적인 평화를 보이고 있는 듯 보이나 이는 강대국 간의 끊임없는 투쟁에 있어 잠간의 휴지기간인 막간(a brief interlude)에 불과하다는 것이다. 박재영, 앞의 책, p. 155.

이득의 문제가 크게 부각되며 이 때문에 국가 간의 협력에 대해 비관적이다. 제도의 역할과 관련하여 제도란 국가 간 치열한 경쟁으로 인해 국가의 행동에 별 영향을 미치지 않으며 이기적인 이익에 대한 국가의 계산을 반영하는 데 지나지 않는다.

방어적 신현실주의는 국제체제가 필연적으로 전쟁과 갈등을 반드시 야기하는 것은 아니라고 본다. 공격적 신현실주의가 국가를 힘의 극대화를 추구하는 존재로 바라보는 데 반해 방어적 현실주의자는 안보의 극대화를 추구하는 존재로 바라보고자 한다. 방어적 신현실주의는 힘의 배분보다는 위협의 수준과 방향을 좀 더 중요한 것으로 보며 이러한 관점에서 '위협균형론'을 전개한 왈츠가 이에 속한다. 이 밖에 글래서Charles Glaser와 반 에브라Stephen Van Evera를 방어적 현실주의자로 분류한다.

힘이 아닌 안보를 추구하는 국가를 상징하고 있기 때문에 협력의 가능성을 배제하지 않으며 국가 간 경쟁이 신현실주의의 기본 가정의 피할 수 없는 필연적인 논리적인 결과는 아니라고 본다. 즉 힘이 아닌 안보가 국가가 추구하는 궁극적인 목표이기 때문에 협력이 종종 이러한 안보를 가져올 수 있는 최상의 방법이 될 수 있다.

구체적으로 현상유지를 원하는 하나의 국가가 현상타파가 아닌 현상유지를 원하는 국가와 안보딜레마 상황에 봉착했을 때 협력이 가능하며 이러한 상황 아래에서도 투명성이 증가하고, 속임으로부터 얻는 것과 속임을 당하는 것으로부터 치러야 하는 비용이 낮을 경우, 상호협력이 이탈보다 좀 더 이익이 있을 경우, 그리고 개개 국가가 상호성의 전략을 택했을 때 협력이 좀 더 가능하다고 본다. 방어적 현실주의는 또한 제도의 중요성을 부인하는 공격적 현실주의와는 달리 제도란 국가들의 이익의 결과물이기는 하나 광범위한 협력의 장場을 제공한다고 본다. 본고의 논의에 있어 부시·럼스펠드 독트린은 노골적인 공격적 현실주의 노선이라 할 수 있으며 이에 반하여 클린턴의 노선은 다음에서 설명하는 자유주의적 국제주의 노선이었다고 할 수 있다. 그다음의 아들 부시는 다시 공세적 현실주의로 전환되었고 오바마 행정부는 방어적 현실주의로 전환하였다.

2) 자유주의와 국제주의: 제도와 민주평화

가) 이상주의Idealism 등장과 자유주의

1차 대전이 끝나고 세계정치의 주역으로 등장한 미국은 자신들의 이상주의적인 신념을 현실세계에 적용할 수 있는 기회를 잡은 것으로 여겼다. 이러한 배경으로 우드로 윌슨 대통령이 집단안보를 핵심으로 하는 국제연맹의 결성을 주창한다. 이상주의 철학의 핵심은 인간이 수단으로서가 아니라 목적으로 취급되어야 한다는 것이다. 힘(권력Power)의 추구보다는 도덕적 원칙이 우선되어야 하며 무정부상태인 국제정치에서 국가들 간의 권력을 제어하기 위해서는 제도가 필요하다는 점을 강조했다. 이들은 국제기구를 통해서 경쟁적 국제관계의 갈등을 해소할 수 있다는 신념이 있었다.

이와 같이 이상주의는 국가 간의 이해관계는 조화가 가능하며 따라서 평화가 가능하다는 입장으로 요약할 수 있다. 그 이유로

첫째, 이상주의자들은 인간은 근본적으로 선하므로 상호협력이 가능하다고 본다. 그리고 전쟁과 같은 행동은 인간의 본성에서 비롯되는 것이 아니라 인간을 이기적으로 만드는 제도나 구조적 장치 때문으로 파악한다. 따라서 전쟁은 불가피한 것이 아니라 그것을 일으키는 제도들을 제거 또는 수정함으로써 막을 수 있다는 것이다.

둘째, 전쟁이란 한국가의 문제도 되지만 국제적인 문제이므로 국가들 간의 집단적 협력을 통한 억제가 가능하다고 본다. 즉 국가들의 동의하에 국가의 행동을 제어할 수 있는 세계정부를 만듦으로서 국제사회의 문제를 해결 할 수 있다는 것이다.

이렇듯 이상주의자들은 국가 간 평화가 국제기구나 국제법, 그리고 세계정부와 같은 제도를 통해서 이루어질 수 있다고 보았다. 따라서 국제연맹이라는 국제기구를 통해서 집단안보체제가 평화의 형태로 발현된 것으로 보았다.

자유주의의 기본적 가정은 다음과 같다.

첫째, 상업적 자유주의Commercial Liberalism: 이것은 국가 간의 상호의존의 심화는 전쟁의 가능성을 감소시킨다는 것이다. 자유무역과 경제교류는 국가들 간의 평화적 관계의 원천이라고 자유주의자들은 믿는다.

둘째, 제도적 자유주의Institutional Liberalism: 국제관계에서 국가들의 행동을 규제할 수 있는 국제적 규칙과 기구의 발전을 통해서 국제협력과 평화가 달성될 수 있다.

셋째, 공화적 자유주의Republican Liberalism: 국가의 국내정치 제도가 민주주의로 발전함으로써 전쟁을 방지할 수 있으며 나아가 국제평화에도 기여할 수 있다. 민주주의 국가일수록 국가 간의 관계가 평화로울 수 있으며, 국민의 동의를 얻는 과정 자체가 전쟁을 억제한다는 것이다. 최근의 민주평화론democratic peace은 이 전통에 기초하고 있다.

넷째, 사회학적 자유주의Sociological Liberalism: 생산기술, 교통수단의 발달로 소통의 원활해졌고, 자유무역체제로 인해 상호의존 네트워크가 탄생했으며 그 결과 국가 간의 접근이 용이해졌고 상호의존이 심화되어 이에 따라 전쟁의 위험이 줄어들었다.

현실주의자들은 이에 대하여 비판한다. 첫째, 이상주의는 결국 승전국의 현상유지정책을 뒷받침하는 이론적 배경에 지나지 않으며, 둘째, 이상주의는 인간의 본성의 선한 측면에 지나

치게 의존함으로서 비현실적이며, 셋째, 이상주의는 세계정부와 국제법의 효용성에 대해서도 비판을 받는데 그것은 국제사회는 국내정치와 달리 규칙을 지키지 않은 행위자를 처벌할 수 있는 권한을 보유한 권위체가 부재하여 세계정부는 국가들 간의 분쟁을 방지할 수 없다는 것이다.

냉전기 동안 상대적으로 열세에 놓여있던 자유주의는 탈냉전과 함께 무대의 중심으로 나서기 시작했다. 현실주의의 비관적 전망과는 달리 유럽연합이 21세기 새로운 협력의 상징으로 등장함에 따라 자유주의는 협력의 국제정치에 대한 낙관적 기대를 높였다. 통합이론, 상호의존이론, 제도주의 협력이론 등으로 발전하였다.

내) 신자유주의와 탈냉전기 국제주의 패러다임

자본주의가 점차 독점 자본주의적 성격을 띠기 시작한 이론적 배경으로서 신자유주의는 어느 하나의 학파나 이론을 지칭하는 것이 아니고 70년대 오일쇼크 이후 경제위기를 극복하는 과정에서 보수우익세력들이 채택한 일련의 정치적 · 경제적 · 이데올로기적 조류를 통칭한다. 자유로운 개인들이 시장에서 공정하게 경쟁하는 체제를 희망했던 자유주의가 독점자본주의로 변질되자 자유주의는 변신을 하게 되고 국가가 어떤 일을 해야 하는가를 중심으로 발전하게 된다. 이러한 배경 하에서 신자유주의는 국가중심적 가정과 국제사회의 무정부성을 강조한 현실주의 이론에 도전하면서 인간사이의 거래에 주목함으로써 각종 통합이론의 탄생을 주도하였다.

신자유주의자들의 입장에서 국가안보의 대안은 위협과 취약성을 적절히 줄이는데 있다. 신자유주의자들은 '안보딜레마'도 해결하고, '수인의 딜레마'도 해결할 수 있는 방안은 '레짐 Regime'99)의 창설이라고 주장한다. 이들은 레짐 창설을 통하여 국가들이 서로 위협하지 못하도록 제도화 할 수 있고, 또한 자신과 상대방의 능력도 일정한도 내에서 유지되도록 함으로써 취약성 감소의 제도화도 가능하다고 주장한다.

현시대의 특징인 신자유주의는 고전적 자유주의가 20세기 후반에 국제제도의 긍정적인 작용을 기대하면서 등장한 것이다. 자유주의 이론들은 일반적으로 세계화의 긍정적인 측면을

---

99) 레짐이란 '국제관계의 특정 영역에서 행위자의 기대가 수렴되는 명시적 혹은 묵시적 원칙(principles), 규범(norms), 규칙(rules), 그리고 의사결정절차(decision procedures)'이다. 여기서 원칙이란 사실과 인과관계 그리고 옳고 그름에 대한 믿음을 의미하며, 규범이란 일반적인 권리와 의무라는 관점에서 정의된 행위의 준거이다. 규칙이란 무엇을 해야 하고 하지 말아야 한다는 구체적인 명령과 금지를 의미하며, 의사결정 절차란 집단적인 선택을 하고 이러한 선택을 이행하는 일반적인 관행을 의미한다. Stephen D. Krasner, Structual Causes and Consequence: Regimes as Intervening Variables, in Stephen D. Kransner ed., *International Regimes* (Ithaca: Conell University Press, 1983), p. 3.

강조하고 세계화의 결과로 나타나는 부작용을 등한시한다는 평가를 받았다. 9.11 테러가 세계화의 부정적 측면에 그 원인이 있다는 분석이 제기되는 것이 그 좋은 예이다.

한편 안보분야에서는 민주평화론democratic peace theory이 탈 냉전기 자유주의 국제정치이론의 또 다른 축으로 큰 발전을 이루었다. 마이클 도일Michael Doyle이 칸트Kant의 영구평화론 논의를 현대세계정치에 도용하면서 시작된 민주 평화론은 냉전종식과 더불어 자유주의, 민주주의, 자본주의 승리의 이론적 기반으로 구미사회에서 널리 호응을 얻었다. 이 이론은 민주주의, 경제적 상호의존, 그리고 국제기구라는 '3각 구도'를 통해서 지구의 평화체제 구축이 가능하다고 본다. 이에 따라 전쟁과 갈등에 관한 가설들을 설정하고, 풍부한 사례 및 계량 데이터를 이용한 실증분석이 활발하게 이루어지고 있다. 구체적으로 '민주주의 국가들 사이에는 전쟁이 일어날 가능성이 적다' 또는 '민주주의 국가들 사이에는 전쟁의 가능성이 적지만 민주주의체제와 독재체제 사이에는 오히려 전쟁 가능성이 크다' 등과 같은 이론적 명제들을 검증하고 있다.

다) 안보딜레마와 수인囚人의 딜레마 극복

안보딜레마를 극복하기 위해서는 한 국가의 군사력 증강이 다른 국가를 위협하는 정도가 되지 않도록 이를 제도화 하는 것이다. 군사력에 대한 투명한 공개, 군사훈련을 포함한 군사행위에 대한 공개, 상호 훈련 참관 및 감시, 고위 군관계자들의 상호 방문, 핫라인 설치, 무기체계의 공동개발, 심지어 공동훈련 등이 제도화 되면 상호 위협 감소는 물론 상호 군사능력을 어느 정도 제한할 수 있다. 신자유주의자들은 레짐을 통해 상호 신뢰와 투명성이 확보되면 안보딜레마가 극복될 수 있다고 본다.

안보딜레마(Security Dilema)

딜레마란 대안 중에서 어떤 것을 택해도 바람직하지 못한 결과가 나오게 되는 곤란한 상황을 말한다. 즉, 어떤 것을 선택하더라도 만족스럽지 못하다는 뜻이다. 한 국가가 위협에 대응하기 위해 군사력 건설 등을 통해 그 군사력을 증강시키면 이것이 B 국가에게 위협으로 작동하게 되어 B국가도 군사력을 추가적으로 건설하게 된다. A국가는 자신의 안보불안을 감소시키기 위해 군사력을 증강시켰지만 B국가도 군사력을 증강시킴으로써 이것이 오히려 더 큰 안보불안으로 되돌아오게 된다. 군비증강을 해도 또한 안 해도 안보불안이 생기는, 즉 이러지도 저러지도 못하는 상황을 일컬어 안보딜레마라 한다.

수인囚人의 딜레마Dillema of Prisoner는 현실주의자들이 주장하는 상대적 이득의 문제와 배반의 가능성을 그대로 보여주고 있다. 그러나 신자유주의자들은 수인의 딜레마도 해결될 수 있다고 주장한다. 이들은 레짐이 협력의 창출과정에서 상대방의 이득에 대한 중요한 정보와 이득의 전반적인 분배에 관한 정보를 제공함으로써 이득의 불평등한 배분과 관련된 문제를 해결하도록 도와줄 수 있다고 본다. 또한 이들은 이득이 공평하게 배분되고 있는가, 또 이득이 군사적 목적으로 전용되고 있지 않은가 하는 점에 대해서도 그에 대한 정보를 제공함으로써 오히려 상대적 이득의 문제를 해결하고 있다고 주장한다.

수인의 딜레마(Prisoner's Dilemma)

두 사람의 피의자가 있는데 쌍방이 묵비권을 행사하여 자백하지 않으면 똑같이 1년, 한쪽이 자백하고 다른 쪽이 자백하지 않으면 전자는 석방되고 후자는 10년, 쌍방이 자백하면 다같이 5년을 복역하게 된다고 가정한다. 만약 쌍방이 협력하여 자백하지 않으면 쌍방에게 명백한 이익이 존재함에도 불구하고 최악의 사태를 피하기 위해 결국은 쌍방이 모두 자백하는 것과 같은 상황을 수인의 딜레마라고 한다. 단기적으로는 배신이 이익이지만 장기적으로는 배신보다는 협조가 유리함을 증명하였다. 수인의 딜레마는 비영합적 상황에서도 합리적 행동이 어떻게 차선의 결과를 가져오는지 그리고 왜 협력이 어려운지를 보여주고 있다.

신자유주의자들은 또한 배반의 문제도 해결할 수 있다고 주장한다. 수인의 딜레마 같은 경우, 변호사라는 제도만 있으면 간단히 딜레마를 극복할 수 있다는 것이다. 바로 변호사와 같은 역할을 하는 것이 레짐인 것이다. 신자유주의자들은

첫째, 수인의 딜레마와 같은 협력의 실패는 게임의 반복을 통해 배반보다는 협력이 상호 이익을 가져다준다는 것을 깨닫게 할 수 있고, 또 배반할 경우에는 이에 상응한 응징tit-for-tat을 함으로써 배반의 가능성을 차단할 수 있다. 또한 배반할 경우 다양한 분야에서 보복이 기대되는, 즉 '미래의 그림자'shadow of the future를 길게 하면 이를 봉쇄할 수 있다고 주장한다.[100]

둘째, 다양한 쟁점들 간의 그물망이 형성되므로 국가 간 상호 의존의 정도를 심화시킨다. 다차원적 상호의존의 그물망이 형성되면 한 분야에서의 배반이 불가능해질 것이다.

---

100) Robert Axelord and Robert O. Keohane, Achieving Cooperation Under Anarchy: Strategies and Institution, World Politics, Vol. 38 No. 1(October 1985), pp. 226-254.

셋째, 정보의 상호 교환의 정도가 증대됨으로써 상대방의 의도에 대한 상시감시가 가능해지고 배반국가에 대한 일종의 조기경보체제가 성립될 수 있다. 상대방의 능력 뿐 아니라 의도까지 감시할 수 있다는 뜻이다.

넷째, 협력적 규칙은 거래비용을 감소시킨다. 제도화된 관계 속에서 국가들은 교섭과 감시에서 보다 낮은 비용을 지불할 수 있기 때문이다.

신자유주의자들은 결국 안보관계의 상호 의존성과 상호협력을 강조한다. 다자안보는 여기에 바탕을 두고 등장하였다.

국가안보에 대한 신자유주의적 시각이 반영된 구체적 실체는 공동안보, 협력안보, 포괄적 안보 및 기타 다자안보협력 레짐으로써 OSCE, ARF 그리고 유엔의 평화유지활동 등이며 동아시아 다자안보협력 노력과 우리가 지향하는 6자회담을 통한 북핵문제 해결과 한반도 평화체제 구축 노력 및 동북아 다자안보협력체제 구축 등이 이에 해당된다 할 수 있다.

3) 구성주의와 국가안보: 인식론과 존재론의 융합

가) 구성주의의 대두와 발전

1990년대 후반부터 사회학의 영향을 받아 국제정치학에 도입되기 시작한 구성주의는 지난 20여 년 간 비약적인 성장을 했다. 오늘날 대부분의 국제정치학자들은 현실주의와 자유주의에 이어 구성주의를 국제정치학의 3대 이론의 하나로 인정한다. 현실주의와 자유주의가 서구의 합리주의 전통을 대변하는 것이라면, 구성주의는 합리주의 시각으로 다룰 수 없었던 사회적 규범과 이해관계의 구성이라는 문제들에 관심을 갖는다. 또한 주어진 현상을 객관적으로 인식하기보다는 상황의존적 일반화를 통해 이해하려는 인식론과 사회가 상호 주관적으로 구성되는 집단적 산물이라는 존재론을 공유하여 지배질서의 형성과정에 대한 성찰과 비판을 모색한다. 이러한 점에서 인식론과 존재론의 철학적 입장을 공유하며, 비판이론과도 일맥상통한다.[101]

구성주의의 핵심내용과 안보대안을 간략히 소개하면 다음과 같다.[102] 신현실주의자인 월츠가 국제구조를 능력의 분포라는 물질적 요소로 정의했다면 구성주의자인 웬트Alexander Wendt는 '지식의 분포'Distribution of knowledge라는 시각으로 국제구조를 해석하였다. 즉 국제정치의 내용은 국가가 서로 간에 가지고 있는 믿음과 기대에 의해 결정되고, 그 믿음과 기대는 많은 부분 물질적인 것이 아니라 사회적 구조에 의해 결정된다는 것이다. 상대방을 경쟁자(로크적) 또는 친구

---

101) 하영선·민병원, 「현대세계정치의 국제정치 이론과 한국」, 하영선·남궁곤 편저, 『변환의 세계정치』(서울: 을유문화사, 2009), p. 204.
102) 김열수, 앞의책, pp. 46-49.

(칸트적)로 보는 무정부 상태는 같은 무정부 상태라 하더라도 상당한 차이가 있다. 많은 핵무기를 가진 영국과 6개 내외의 핵무기를 가진 것으로 추정되는 북한을 물질적 시각에서 본다면 당연히 영국이 더 위협적이긴 하지만 영국과 북한이 우방인가 경쟁국인가에 따라서 북한의 핵이 더 위협적일 수 있다. 그 이유는 물질적인 것은 더 많은 서로 간에 가지고 있는 믿음과 기대라는 관념에 의해 의미가 달라질 수 있기 때문이다.

웬트는 또한 행위자-구조agent-structure problem 문제를 제기하면서 구조가 그 구성단위들의 행동에만 영향을 미치는 것이 아니라 그 구성단위들도 구조에 영향을 미치게 된다고 주장한다. 웬트는 두 존재가 상호결정하고 또 서로를 구성하는 관계에 있다고 주장함으로써 행위자와 구조에게 동등한 존재론적 지위를 부여하였다.

월츠의 구조에 대한 개념은 무정부상태란 상황이 처음에는 단위들의 비의도적인 행위에 의해 창조되었지만 더 이상 단위들의 의지와는 상관없이 강력한 영향력을 행사한다는 것을 의미한다. 그러나 웬트의 국제구조는 한번만이 아니라 끊임없이 단위들에 의해 만들어지고 변화되는 것이다. 웬트는 "오늘날 우리가 자력구제의 세상에 살고 있다면 그것은 구조 때문이 아니라 과정 때문이다 구조란 과정과 독립적으로 존재하거나 인과적 힘을 갖지 않는다. 자력구제와 권력정치는 무정부상태의 존재들이지 본질적 속성은 아니다. 무정부 상태란 국가들이 만드는 것이다"라고 하면서 구조와 단위 간 행위의 과정을 중시한다. 따라서 국제제도에 편입되어 행동한다는 것은 자신의 정체성이 변화를 겪을 수 있는 과정 속에 편입된다는 것을 의미하며, 이 속에서 자신의 이익, 선호, 정체성에 대한 생각, 규범, 이념 등을 수정하고 새로운 사회적 정체성을 획득하는 것이다.

구성주의는 안보환경이 단지 물리적인 것만이 아니라 오히려 문화적이고 제도적인 것이라고 주장하면서, 이러한 문화적 환경이 국가행위의 동기부여에 영향을 미칠 분만이 아니라 국가의 기본 성격, 즉 정체성에도 영향을 미친다고 주장한다. 따라서 이들은 1)문화적 환경이 국가의 안보이익을 정형shape하거나 또는 국가안보정책을 정형하며, 2) 문화적 환경이 국가의 정체성을 정형하고, 3) 국가의 정체성의 차이 또는 국가정체성에서의 변화는 국가들의 제반 국가안보이익 또는 정책들에 영향을 미치며 4) 국가정체성의 윤곽configuration은 레짐이나 공동체와 같은 국가 간에 존재하는 규범문화(문화적 환경)에 영향을 미치고 5) 국가정책들은 문화적 구조와 제도적 구조를 재생산하고 재구성한다고 주장한다.

예를 들어, 양국의 관계가 우호적으로 발전되어 온 경우, 상대방에 대한 정보가 불완전하다 할지라도 상대방의 군비증강 행위에 대해 덜 불안을 느낄 수 있다. 이는 양국 간 공동기대와 상호이해에 기반 한 문화적 관계가 국가안보정책을 결정함에 있어서 안보 딜레마적 상황을 완화시켜 줄 수 있기 때문이다.

따라서 구성주의는 상대방에 대한 보다 완전한 정보의 추구나 공격수비의 구별 가능성에 대한 기대, 국제정치의 세력분배구조의 변화 같은 면에서 노력하는 것이 아니라 국가 간의 관계를 개선하여 양국 간에 존재하는 갈등적 상호관계를 해결하고 공유할 수 있는 문화적 기반을 확장하여 양국 간에 조화적 집합정체성을 만들어 나갈 것을 대안으로 제시하고 있다.[103]

구성주의의 이러한 노력에도 불구하고 21세기 세계정치학은 쉽사리 해답을 찾지 못하고 있다. 이유는 간단하다. 현대세계정치 복잡화의 변환현실을 이론적 모색들이 충분히 따라잡지 못하고 있기 때문이다.

나) 영국 국제사회학파: 안보개념의 확대

영국의 헤들리 불Hedley Ball, 허버트 버터필드Herbert Butterfield, 애덤 왓슨Adam Watson, 빈센트R.J. Vincent 등 영국의 정치학자들은 공통의 이해관계를 기반으로 하는 '국제사회'가 존재할 수 있다고 보고 이를 위한 제도의 수립이 필요하다는 입장을 제시하고 있다. 이러한 입장은 자유주의 또는 구성주의 입장과도 맥을 같이 한다. 이들의 안보관련 견해는 안보 대상과 영역을 확대하여 오늘날의 국제정치이론을 재편해야 한다는 코펜하겐 학파의 신 안보론으로 연결되고 있다. 베리부잔Barry Buzan, 오울 위버Ole Waver, 그리고 링클 레이터 등으로 대표되는 코펜하겐 학파의 이론가들은 '안보개념의 확대'를 주창하고 있다. 부잔은 탈 냉전기에 들어와서 안보대상이 다양화되고 안보영역이 넓어지면서 안보개념 자체가 바뀌어야 한다고 주장한다. 구성주의 입장에서 코펜하겐 학파는 안보이슈의 형성이 사회적인 담론을 통해서 만들어진다고 강조하며 안보를 결정짓는 것은 담론을 지배하는 세력의 '화행'話行이라고 보며, 화행이란 사회적으로 중요한 이슈가 언어적 수단을 통해서 위협으로 인식되기 시작되면 곧 행동으로 전환된다는 점에서 안보는 사회적으로 구성된다는 것이다. 코펜하겐 학파에서는 이러한 구성과정을 '안보문제화' securitization라고 부르고 있다.[104] 국제협력과 제도화를 통한 새로운 국제질서 창출의 가능성을 제시하고 있다.

마. 현대 국제정치 이론과 한국

21세기 한국은 냉전의 한반도와 근대의 동북아, 그리고 탈근대의 지구를 동시에 헤쳐 나

---

103) 이근·전재성, 「안보론에 있어서 구성주의와 현실주의의 만남」, 『한국과 국제정치』 제16권 2호(2001), p. 176.
104) 하영선·민병원, 「현대세계정치의 국제정치 이론과 한국」, 하영선·남궁곤 편저, 『변환의 세계정치』(서울: 을유문화사, 2009), p. 205.

가야 하는 복합적 삶의 숙제를 풀어야 한다. 21세기 한국은 지구적 탈냉전의 변환에도 불구하고 북핵 위기의 현실이 잘 보여주고 있듯 한반도 냉전을 여전히 졸업하지 못하고 있으며, 동아시아는 유럽연합에 비하여 근대와 탈근대의 갈등을 오래 겪게 될 것으로 예상된다.

21세기 냉전 한반도의 현실주의는 구미 현실주의에 비하여 보다 광범위한 분야에서 여전히 생명력을 발휘하고 있다. 이와 함께 국제정치경제학의 활성화와 함께 신자유주의의 한국적 적용을 위한 노력이 진행되어 왔다. 한편 1990년대 이후 본격적으로 소개되기 시작한 구성주의 정치이론은 짧은 시간 내에 새로운 자리를 확보해 나가고 있다. 구성주의는 오랫동안 한반도의 현실을 힘과 강대국 중심으로만 파악하려는 현실주의 패러다임이 지닌 한계를 극복하는데 도움을 줄 수 있는 한국적 현실을 이해하는데 중요한 이론 틀로서 받아들여졌다. 최근 한국 구성주의 논의는 단지 '제3의 대안'으로만 여기기보다는 현실주의, 자유주의, 그리고 구성주의 이론을 보다 건설적으로 접합하려는 국제논의에 관심을 보이고 있다. 동시에 구체적 사례연구로서 미·일간의 무역 분쟁 사례나 유럽통합의 움직임을 구성주의 관점에서 재해석하고 동아시아의 전통 국제질서를 구성주의로 바라보려는 노력 등이 진행되었다.

그러나 구미의 21세기 국제정치 이론은 한반도의 21세기 복합성을 분석하기에는 지나치게 단순하다. 이러한 단순함을 극복하기 위해서는 한국 국제정치 이론의 현실주의나 자유주의는 구성주의와 과감한 접합을 시도해야 한다. 동시에 한국의 구성주의는 근대국제질서의 주류 이론인 현실주의와 자유주의와의 만남을 모색해야 한다. 그 만남의 기회는 한국형 네트워크 복합질서의 분석에서 마련될 수 있을 것이다.105)

따라서 구성주의는 상대방에 대한 완전한 정보의 추구나 공격수비의 구별 가능성에 대한 기대, 국제정치의 세력 분배구조의 변화 같은 면에서 노력하는 것이 아니라 국가 간의 관계를 개선하여 양국 간에 존재하는 갈등적 상호관계를 해결하고 공유할 수 있는 문화적 기반을 확장하여 양국 간에 조화적 집합정체성을 만들어 나갈 대안을 찾고 있다.

동아시아의 한국은 지구화, 지역화, 한반도 통일, 국내통합이라는 4중의 복합성 속에서 살고 있다. 더 이상 근대국민국가의 부국강병을 위한 갈등과 협력의 단순모델로 21세기 미래를 품기 어려우며 21세기 한국형 복합화를 극복해 나갈 수 있는 설계도를 마련하고 추진해 나갈 수 있는 지적 기반을 마련하는 것이 한국 국제정치학계 및 안보전략가들의 당면과제이다.

이와 같이 동아시아의 국제정치의 이론적 측면과 향후 지역질서를 고려해 볼 때, 한국은 다차원적인 동아시아 전략을 추진해야 할 것이다. 우선, 최악의 상황에 대비한 세력 균형 정책을 추진할 필요가 있다. 결국 미·중간의 대립구도, 다극적 경쟁체제가 도래하였을 때, 생존을

---

105) 하영선·민병원, 앞의 책, p. 212.

보장할 수 있는 방안이 필요하기 때문이다. 구체적인 방법은 다중 균형전략으로서 미국과의 전략동맹과 중국과의 전략 동반자관계의 발전이다.

둘째, 생존 방안이 마련된 토대 위에서 양자적, 다자적 협력을 증진할 수 있는 환경, 테러, 비확산, 인간안보 등 도덕적·가치적 이익 패러다임의 창출 등을 통한 지역질서의 변환자, 혹은 변환의 촉진자 역할을 하는 연성변환자soft transformer로서의 다양한 방안들을 마련해야 할 것이다. 동북아에서 여전히 상대적 약소국으로 남아있는 한국은 동북아의 경쟁적 구도는 물론 폭력적 대결 양상을 반드시 방지해야 하며, 이를 위해서는 협력을 증진하면서, 기존 세력균형 질서를 변환시키는 노력을 해야 할 것이다.106)

이상의 논의를 기초로 국제관계를 바라보는 시각과 그 시각을 반영한 국가안보 패러다임을 살펴보면 〈표 2〉와 같이 요약될 수 있다.

<표 2> 국가안보 패러다임의 비교

구분	현실주의 패러다임	자유주의 패러다임	신자유주의 패러다임	구성주의 패러다임
국제 관계	무정부	상호의존	무정부+상호의존	상호구성
핵심 관심	국가이익	개인/지구적 이익	국가/지구적 이익	문화/제도
협력 관계	부정적, 배반우려, 상대적이익 중시	긍정적, 절대적 이익 중시	긍정적, 레짐을 통해 배반과 상대적이익 극복 가능	사회적 정체성에 따라 협력
안보 중심	취약성 감소	위협 감소	위협/취약성 감소	위협/취약성 감소
안보 대안	자주국방, 동맹, 세력균형	국제법, 집단안보, 군비통제, 통합	다자안보협력	문화적 기반 확장, 집합정체성 추구

2. 국가안보의 개념과 접근 방법

가. 국가안보의 개념과 패러다임의 변화

모든 국가는 국가이익national interests을 추구하며, 이 국가이익을 추구하기 위하여 힘, 또는

---

106) 김유은 외, 『한국의 동아시아 미래전략』(서울: 삼영사, 2008). pp. 26-33.

권력을 추구한다는 것이 한스 모겐소Hans J. Morgenthau의 국제정치의 핵심적 지론이다. 국가이익은 국가생존을 위한 최우선적 이익으로 영토의 보존과 자주독립의 보존, 국민보호와 국민복지 향상 국가의 명예 그리고 국가의 힘의 증대를 의미하고 있다. 따라서 그에게 국가이익이란 힘power이며 힘이 바로 국가이익이다. 힘은 국가목적인 동시에 수단이 된다.107)

"국가안보"National Security란 "국가안전보장"의 준말인데, 국가의 생존과 국가이익의 안전 확보를 위한 정책과 전략이다. 일찍이 국가안전보장에 대한 연구는 전통적으로 국제정치 학자들의 주요 관심사이었다.108) 이들은 국제정치의 연구를 통하여 국가의 생존과 안전 그리고 국가의 번영을 연구했다. 이들의 연구는 주로 "권력론"power theory과 "평화"peace 개념을 기초로 하여 국가안전보장에 대한 연구를 해 왔다.

국가안보 연구는 크게 나누어 현실주의realism와 이상주의idealism의 양대 학파의 연구로 대별될 수 있다. 이들의 인류평화 문제와 안보문제 연구는 인간의 본성과 태초의 인간 원시사회의 "자연상태"the state of nature를 보는 시각의 차이에서 안보문제의 인식을 달리하며, 그 인식논리에 따라 해결방법에 있어서도 그들의 차이점을 노정한다. 현실주의자들realists들의 권력논리에 의하면 국가는 안보를 위하여 무한한 무력증강을 위하여 무한한 무력경쟁을 추구하게 되고 이것은 또한 국가로 하여금 국가능력의 증대를 위하여 해외자원과 해외시장의 확보를 위하여 식민지 쟁탈을 위한 제국주의imperialism화를 추구하게 된다. 이는 결과적으로 국제사회에서 국제 무정부international anarchy 상태를 초래하게 되고, 국가안보를 위하여 더 많은 권력, 더 강력한 권력을 추구해야 한다는 권력론에 빠지게 된다. 이러한 현실주의자들의 입장은 무한한 권력 추구로 인하여 오히려 안보불안이나 전쟁위협을 가중시키는 "안보딜레마"security dilemma 상황을 조장케 되는 자기모순에 빠지게 된다. 이상주의자Idealist들은, 현실주의자들과는 달리, 인간의 본성을 "인간은 본래 선한 존재"라는 성선설에 입각하여 이해하려 하며, 사회악과 전쟁은 사회의 구조적 제도적 산물로 인식한다. 따라서 이들은 평화적 접근에 기초하여 세계평화와 국가안보는 이러한 전쟁을 유발시키는 원인들을 제거하기 위한 전쟁 억제력과 세계평화를 위한 공동의 노력을 통해서 가능하다고 생각한다. 그래서 이들은 국가안보 문제를 해결하는데 정치, 외교, 국제법, 국제기구, 국제사법재판소를 통해서 해결할 것을 강조하며, 또한 군축과 군비통제, 국가의 의무, 국제논리와 도덕 그리고 국제여론 등 평화적 정책과 노력을 통해서 해결할 것을 강조한다.

---

107) Hans J. Morgenthau, *Politics Among Nations : The Struggle for Power and Peace*, fifth edition (New York: Alfred a. Knopf, inc, 1973). p. 36.

108) Joshua S. Goldstein, *International Relations* (New York: Harper Collins College Publisher, 1994). Goldstein은 국제정치학의 중요한 연구영역을 크게 (1)국가안보와 (2) 국제정치경제 2부분으로 나누고 있다.

나. 주요 안보 개념의 발전

1) 절대안보

국가안보 개념은 2차 세계대전 이후 정치적 현실주의 패러다임으로 절대안보 개념으로 정형화되었고 탈냉전의 과정에서 공동안보, 협력안보 개념으로 발전되었으며 최근 글로벌 거버넌스Global Governance 논의가 진행되면서 신현실주의가 대두되었고 현대의 복합적 안보요소의 발달로 다차원 다원인적 포괄적, 총체적, 체계적 안보개념이 종합적 정책과학으로서 정착되고 있다.

절대안보absolute security 개념은 억제이론에 바탕 한 것으로서 국가는 그의 적대국을 희생시켜야만 안전보장을 달성할 수 있다는 가정 하에서 절대적 안전을 추구하는 개념이다. 절대안보 개념은 가장 고전적이며 과거 미·소 냉전 시대에 주류를 이루어온 안보 개념이다. 이러한 개념은 앞에서 설명한 정치적 현실주의적 세계관에서 출발한다.

2) 상호안보

상호안보mutual security 개념은 1980년대에 이르러 세계정세가 변화하고 특히 구소련이 미국과의 적대관계를 수정하면서 새로운 안보개념이 요구되게 되었고 1989년 미·소의 공동연구로 『상호안보』란 책109)이 발간되었다. 여기서 1990년대에는 국가의 진정한 이익과 군사력이 상호 직접적인 관계를 상실하는 시기가 도래할 것이라고 예견하였다. 이에 따라 "상호 안보란 각자가 상대방의 안보를 감소시키거나 저해함으로서 자국의 안보를 증진시킨다고 하는 개념에 반대되는 개념으로서, 결국 자국이나 자기 진영의 안보는 타국이나 타 진영의 안보를 똑 같이 인정하는 바탕위에서 공동으로 추구되어야만 한다"는 것으로 정의되었다.110) 용어적으로 보면 상호안보라고 하는 것은 내편과 적 편, 우방국과 적이 묵시적으로 서로 양해한다는 차원이다. 소위 냉전시대라고 불리 운 미·소 대결상태가 있을 때도 미국과 소련 간에는 서로 묵시적·명시적으로 합의하는 상황에서 소위 억제라고 하는 전략교리가 성립이 되었다. 그 이후에는 대체로 적국敵國과 묵시적으로 양해하는 사항에서 전략이 추구되었는데, 소련의 고르바초프 이후에 이러한 현상이 대두되었다. 이러한 배경으로 상호안보라는 용어가 등장하게 되었다.

상호안보라는 말은 우방국간에는 사용하지 않는다. 우방국간은 공동안보, 혹은 공통안보

---

109) Richard Smoke and Andrei Kortunov(eds), *Mutual Security: A New Approach to Soviet-American Relations* (New York: St. Martin's Press, 1991).
110) 한용섭, 『한반도 평화와 군비통제』(서울: 박영사, 2004), pp. 126-127.

common security라는 용어를 사용한다. 그런데 상호안보라는 말을 사용하다 보니까 서로 간에 묵시적인 양해 속에서 자제하고 양보한다는 뜻이 포함되어 있기 때문에 그 내용이 협력하는 안보라고 해서 협력안보라 칭하게 되었다. 왜 협력하느냐 하면 군사기술 수준이 너무 발전하다 보니까 전쟁이 일어나면 그 전쟁이 너무 치열하고 파괴력이 크기 때문에 미리부터 예방하는 예방사상이 강화되어 협력해야 할 필요성이 대두되었기 때문이다. 따라서 협력안보는 다른 표현으로 예방안보preventive security라 말하기도 한다.

3) 공동안보

공동안보common security는 "어떠한 국가도 그 자신의 군사력에 의한 일방적 결정, 즉 군비증강에 의한 억제만으로 국가의 안보와 평화를 달성할 수 없으며, 오직 상대국들과의 공존·공영을 통해서만 국가안보를 달성할 수 있다"는 개념이다.111) 공동안보는 상호 전쟁방지를 위해 협력하는 것이며 종래의 무장을 통한 억제 개념을 대체하는 것이다. 국제적인 평화는 상호 공멸위협을 통한 안보의 확보보다는 공동 생존을 통한 안보의 확보에서 얻어질 수 있다는 개념이다. 따라서 공동안보에 의한 국방정책은 항상 침략 시 받을 손해가 이익보다 크다는 것을 인지케 함으로서 군비증강을 통해 침략의 의사를 억제시킨다는 억제이론을 대체하고자 한다. 억제이론은 적을 늘 고정적인 이미지로 보고 있지만 공동안보론자들은 적의 이미지를 변화시키고자 하는 보다 적극적인 안보정책을 시도한다. 그 내용은 군사적인 부분을 넘어서 경제, 환경문제 뿐만이 아니라 저발전, 군비경쟁, 외세 개입문제, 분쟁 예방 등 문제까지로 확대되며, 군사적 문제는 공격적인 군사전략과 배치, 무기체계를 방어 위주의 군사전략과 후진배치, 그리고 방어적 무기체계로 전환할 것을 권장하고 있다. 이러한 공동안보 주창자들은 공동안보의 목적을 달성하기 위하여 다음의 여섯 가지 원칙의 적용이 필요하다고 강조한다. 첫째, 모든 국가는 합법적 안보관을 가져야 한다. 둘째, 군사력이 국가 간의 이해갈등과 분쟁을 해결하기 위한 합법적 도구가 되어서는 안된다. 셋째, 군비증강이나 일방적 이득을 위한 협상, 그리고 군사력 행사를 통해 우위를 추구하려는 정책은 포기되어야 한다. 넷째, 안보는 군사적 우월을 통해서 성취될 수 없다. 다섯째, 군비감축과 질적 제한은 공동안보에 필수적이다. 여섯째, 군비협상과 정치적 사건의 연계는 회피되어야 한다.112)

---

111) Bjøn Møller, *Common Security and Non-Offensive Defense: A Non- realist Perspective* (Boulder, Colorado: Lynne Rienner Publishers, Inc., 1992), p.28. 한용섭 앞의 책, p. 127 재인용.
112) 박의섭, 「동북아의 공동안보체제는 가능한가」, 『국방논집』 제22호(1993년 여름), pp. 138-144.

4) 협력안보

협력안보cooperative security 개념은 상호안보와 공동안보의 개념이 냉전시대 후반기에 등장한 것과는 달리 탈 냉전기에 등장하였다. 냉전의 종식과 더불어 소련의 해체는 종래의 국가안보 개념과 내용을 완전히 변화시켰다. 대규모 지상전과 핵공격의 가능성은 더 이상 국방기획의 주요이슈가 될 수 없는 상황이 되었다. 따라서 협력 안보 개념은 각 국가의 대립관계를 청산하고 협력적 관계의 설정을 추구함으로서 근본적으로 상호 양립 가능한 안보 목적을 달성하는 것을 의미한다. 이 개념에 의하면 상대국의 군사체제를 인정하고 상대국의 안보이익과 동기를 존중하면서 상호 공존을 추구한다는 면에서 앞서의 공동안보와 유사하나, 전쟁 예방을 위하여 보다 적극적으로 양자간 또는 다자간의 합의된 조치들을 추구하고 침략의 수단을 총동원하기 어렵게 만드는 조치를 적극 추구한다는 면에서 공동안보와 차이점이 있다. 협력안보를 달성할 수 있는 수단은 더 이상 물리적 위협이나 강요가 아닌 제도화를 통해서 관련국의 협력적 개입을 유도 하는데 그 정신이 있다. 공동안보와 협력안보간의 차이점은 첫째, 시기적으로 공동안보는 냉전시기를 배경으로 하는데 비해 협력안보는 탈냉전시기에의 적용을 전제로 하며, 둘째 공동안보는 이념적·정치적으로 보다 '명확한 잠재적 적'의 존재를 가정하는데 비해 협력안보는 잠재적 적의 존재를 부인하는 것은 아니지만 안보상 '이해관계의 갈등을 지닌 상대방'의 존재를 전제하는 측면이 강하고, 셋째 공동안보는 양극체제하에서 주로 미·소 관계 및 그 동맹국들 간의 관계에 적용하는 블록간의 쌍무적 성격을 지니는데 비해 협력안보는 3자 이상의 다자간 안보주체들 간의 관계를 전제로 주로 지역적인 안보협력에의 적용을 의도하고 있다는 점이 다르다.113)

5) 포괄적 안보

포괄적안보comprehensive security는 종래의 정치적, 군사적 측면을 중시하는 이른바 '고위정치'high politics 중심의 개념에서 비정치적, 비군사적 측면의 '하위정치'low politics 부문까지 포함하는 개념이다. 오늘날 포괄적 안보개념은 이와 같은 안보위협의 다양화에 따라 국가안보에 영향을 미치는 정치·군사적 위협은 물론이고 경제, 환경, 에너지, 사회 등 모든 분야에서 야기되는 위협에 대처하는 종합적 안보개념을 의미하고 있다.

포괄적 안보 개념을 최초로 사용한 것은 아세안 국가연합이다. 1990년대 아세안에서 시작한 아시아지역의 다자간 안보협력을 주도하는 안보개념이 포괄적 안보였다. 이에 의하면 안보

---

113) 이철기, 앞의 논문, pp. 241-242.

는 경제적 협력과 지역적 노력 그리고 평화적 수단을 통하여 국가 간의 문제를 해결하려는 공약을 통하여 상호 의존성과 신뢰를 증진시키며 이를 통해 국가들은 궁극적으로 안보를 증진시킬 수 있다고 보았다. 따라서 이들은 군사적 수단보다 비군사적 수단을 통한 안보 증진이 더욱 중요하다고 생각하였다. 포괄적 안보의 비군사화는 잠재된 분쟁의 방지에 도움이 될 뿐만이 아니라 지금까지 재래식 군사안보의 분석과 실행범위 밖에 놓인 요소들을 강조함으로서 군사적인 문제 해결에 대한 간접적인 접근을 시도한 점에서 의의가 크다 할 수 있다.

다. 국가안보 연구의 접근방법

국가안보의 구체적인 실천전략의 접근방법을 보면 전략연구, 평화연구, 안보연구로 대별하여 볼 수 가있다.

1) 전략연구

우선 전략연구는 현실주의를 통해 발전했는데 본격적으로 학문적 체계를 갖추고 발전하게 된 것은 2차 대전 이후이다. 냉전과 데땅트, 그리고 탈냉전을 거치며 부침을 거듭하였다. 현실주의자들은 국가의 생존과 사활적 이익을 위해 안보를 가장 중요시하며 이를 달성하기 위해서는 군사적 수단이 가장 중요하다고 본다. 현실주의자이며 전통적 안보학파에 속하는 월트 Stephen Walt는 "안보연구는 군사력의 위협, 사용, 그리고 통제에 관한 연구"라고 했다. 군사안보와 국가안보를 거의 동일시 했던 현실주의자들과 전통적 안보학자들은 국가의 안전을 보장하기 위하여 군사력을 어떻게 운용할 것인가에 초점을 두었다. 이것이 바로 전략연구이다. 따라서 전략은 기본적으로 실용적이며 실천적인 행동이기도 하다. 브로디의 주장처럼 전략이론은 행동이론인 것이다.

구소련과 중국 등 강대국들이 핵무기를 개발하자 전략연구는 상호공멸을 가져오는 핵전쟁을 어떻게 회피하면서 국가이익을 도모할 것이냐에 초점을 맞추었다. 억제, 제한전쟁, 위기관리, 대량보복, 신축대응 등 현대전략 개념의 대부분은 쿠바 미사일 위기를 전후하여 발전하였다. 데탕트가 도래하자 전략연구는 쇠퇴하였다가 구소련의 아프가니스탄 침략을 계기로 전략연구가 다시 활성화 되었는데 핵 억제전략의 문제점과 전략정보에 대한 연구가 주류를 이루었다. 전략 연구에 대한 비판은 다음과 같다.114)

---

114) 윤태영, 『동북아 안보와 위기관리』(서울: 인간사랑, 2005), p. 36; 김태현 역, 『세계화 시대의 국가안보』, p. 37.

첫째, 전략가들의 주요 관심사는 현실주의에 입각한 군사력의 역할이기 때문에 국제관계의 평화적이고 협력적인 측면을 간과하고 있다. 국가목표는 자유주의나 신자유주의자들이 제시하는 수단에 의해서도 달성이 가능함에도 불구하고 이들은 군사적 수단만을 강조한다.

둘째, 전략연구는 현상을 분석하고 설명하는 것이 아니라 목표달성을 위해 어떤 대안이 필요한 것인가를 제시하는 정책 지향적 연구이다. 전략연구는 변화하는 국가 간의 우호와 적대관계, 또 무기체계의 발달과 배치 등을 끊임없이 지켜보고 평가해야 하기 때문에 단기적 관점에서 경험적이고 정책지향적인 연구에 머무를 수밖에 없다.

셋째, 전략연구는 국가중심적인 접근을 취하고 있어 외부에 대한 위협에만 관심을 가질 뿐 국가 내부에서 발생하는 위협이나 국가 스스로가 개인을 위협하는 주체라는 사실에 대한 연구는 등한시 한다. 즉 전략연구는 다양한 정체성에 기반을 둔 국내 행위자 집단들이 국가를 위협 할 수 있음에도 불구하고 이에 대한 연구는 소홀하다. 또한 국가 스스로가 개인의 자연권을 위협하는 주체가 되는 문제에 대해서도 침묵한다.

넷째, 전략연구는 패권국의 현상 유지적 성향을 반영한다. 전략연구는 대체로 서방세계의 방어를 위한 정책적 필요의 산물이다.

다섯째, 전략연구는 안보를 위협하는 다양한 출처에 대하여 무시했다. 전략연구는 군사 분야의 위협에 대해서만 관심을 가질 뿐 정치, 경제, 사회 등 다른 분야의 위협에 대해서는 이를 등한시 했다. 이러한 비판 외에도 전략연구는 그 접근 방식이 학문적이지 않으며, 윤리적 쟁점에 대하여 별로 관심을 기울이지 않는다는 문제점이 있다.115)

이러한 연유로 전략연구는 안보라는 용어를 많이 사용하면서도 힘을 위한 투쟁이라는 현실주의적 모델을 벗어날 수 없었다. 탈냉전이 되자 전략연구가 방향감각을 잠시 상실하였으나 오히려 이들은 국제안보 쪽으로 전략연구의 폭을 넓혀가기 시작하였다. 따라서 안보연구와 중첩되는 부분이 훨씬 넓어졌다.

이러한 문제인식하에 본서가 집필되었는데 본서 서문에서 밝혔다시피 본서는 전쟁에 대한 인식론적 접근이며 윤리적 접근이라 할 수 있다.

2) 평화연구

평화연구란 폭력의 원인과 평화의 조건을 연구하는 것이다. 전략연구가 국가이익의 구현이라는 목표달성을 위해 군사력을 운용하는 방법에 관한 연구라고 한다면 평화연구는 폭력의

---

115) John Baylis, James Wirtz, Colin S. Gray, and Eliot Cohen, *Strategy in the Contemporary World*, 2nd ed.(London: Oxford University Press, 2007), 박창희 역, 『현대전략론』(서울: 국방대 안보문제연구소, 2009), p. 9.

원인을 규명하여 폭력을 예방함과 동시에 평화를 누릴 수 있는 조건을 연구하는 것이다. 따라서 두 개의 연구는 국제관계를 바라보는 서로 다른 시각에 근거하고 있다. 전략연구가 현실주의적 시각에 바탕을 두고 있다면 평화연구는 이상주의, 또는 자유주의 시각과 가깝다. 따라서 연구 경향이 다르다.

평화란 소극적 평화negative peace와 적극적 평화positive peace로 대별되는데, 소극적 평화란 개인적·물리적 폭력의 부재를 의미하며, 적극적 평화란 사회·경제적 측면에서 구조적 폭력의 부재를 의미한다.116) 즉 억압과 착취라는 두 가지 폭력이 없어야 한다.

평화연구도 국제관계의 형태에 따라 부침을 거듭하였다. 냉전의 가속화와 핵전쟁의 위험이 높아지자 평화에 대한 연구가 본격화되었다. 전쟁연구소와 평화연구소가 창립되기 시작하였으며 군비통제, 무기거래, 생화학무기 등에 관한 연구가 진행되어왔다. 1970년대에는 개도국의 저발전 문제와 남북관계(북반구의 선진국과 남반구의 저 발전국을 의미), 그리고 구조적 폭력에 대한 연구가 진행됨으로써 평화연구는 개인·사회·경제적 측면의 연구로 확대되었다. 신 냉전이 시작되자 평화연구는 비핵방어non-nuclear defense, 민간주도방어CBD: civil based defense, 공동방어, 군산복합체에 대한 비판 등에 초점이 맞춰졌다. 탈냉전이 되자 평화연구는 분쟁해결, 분쟁예방, 인간안보, 문화적 측면의 평화, 복지·평등·정의, 생태학적·환경적 측면에서의 평화, 여성과 평화 등 다양한 쟁점 영역으로 확대되었다.

요약하면 소극적 평화에 대한 연구는 폭력을 예방하거나 또는 기존의 폭력을 제거하는데 관심을 두고 있다. 적극적 평화에 대한 연구는 평화의 조건 창출과 기본적인 평화체제 실현을 위한 구조적 폭력의 제거를 연구 대상으로 한다.117) 평화 연구는 존재sein에 대한 연구보다는 당위sollen에 대한 연구에 초점을 맞추고 있다. 이상적 사회를 건설하고자 하는 규범적 성격이 강한 평화연구는 학문적 영역이라기보다는 오히려 하나의 운동으로 인식118)되는 이유도 여기에 있다. 평화연구도 확대되기 때문에 안보연구와 중첩되는 부분이 많다.

3) 안보연구

안보는 힘이나 평화와는 다른 시각을 제공해 준다. 안보개념은 힘과 평화라는 양 극단의 중간에 위치하여 이들 개념이 제공하는 대부분의 통찰력을 수용함과 동시에 서로에게 흠집을 내고 있는 이들 학파 간에 간극을 메워준다. 그럼에도 불구하고 안보연구는 탈냉전이 되기 이

---

116) Johan Galtung, .Violence, Peace, and Peace Research, *Journal of Peace Research* Vol.6, No.3(1969), p. 183. 윤태영 앞의 책 재인용.
117) 윤태영, 앞의 책. pp. 107-108.
118) 김명섭, "평화학의 현황과 전망," 김명섭 편저, 『21세기 평화학』(서울: 풀빛, 2002), pp. 127-153.

전까지 주요 개념으로 자리를 잡지 못했다.

1970년대 데땅트의 도래와 함께 변동환률제로의 전환, 그리고 오일 쇼크 등이 일어나자 전략문제를 넘어서는 경제문제가 안보문제의 주요 관심사로 등장하게 되었다. 1976년『국제안보』*International Security*지 창간호 서문은 "무역, 테러리즘, 군수물자 공급, 환경과 같은 탈 국경적 관심이 안보의 불가결한 요소로 되어가고 있다'라고 적시하고 있다.

이는 전략연구, 평화연구, 경제안보 등으로 분산되고 있던 안보의 여러 분야에 대한 연구가 안보연구의 핵심분야가 될 것임을 의식한 것이기도 했다. 그리고 1980년대부터는 부잔Barry Buzan의『국민, 국가, 그리고 공포』*People, State, and Fear*가 안보연구의 표준적 교과서가 될 정도로 인기를 끌면서 안보 논의가 활성화되기 시작했다. 그리고 1990년대 들어서면서 안보관련 학자들 간에 안보 개념을 둘러싼 열띤 논쟁이 시작되었다. 비판적 안보연구critical security studies 학자들이 등장한 것이다.

논쟁의 결과는 전통적 안보개념을 고수하려는 일부 학자들의 주장에도 불구하고 안보 개념을 확대하는 방향으로 움직였다. 안보연구는 군사 분야를 벗어나 정치, 경제, 사회 환경 분야로 확대되었고 연구 수준도 국가를 중심으로 개인과 국제안보 수준으로 확대되었다. 전략연구와 평화연구가 확대되면서 안보연구와 중첩되는 부분이 많아진 것도 사실이다. 전략연구는 국가안보를 위해 폭력을 어떻게 다루느냐에 초점을 맞추고 있는 반면에 평화연구는 개인, 국가, 체제 안보를 위해 폭력을 어떻게 없애느냐에 초점을 맞추고 있다. 따라서 전략 연구는 취약성을 감소시키는데 초점을 맞추고 있고 평화연구는 위협을 감소시키는데 초점을 맞추고 있다. 그러나 비판적 안보연구는 힘과 평화의 중간에 서서 위협의 감소와 함께 취약성의 감소에 초점을 맞추고 있다고 볼 수 있다.

이상에서 검토한 인식론적 검토를 배경으로 구체적인 안보전략을 검토해 보기로 하자.

3. 국가안전보장과 국제평화의 실현: 실천적 접근

가. 국가 안전보장의 세가지 차원

오늘날 안보연구의 최신경향은 국가 간의 전쟁 뿐만이 아니라 최근 그 심각성이 우려되고 있는 국내분쟁 및 내전의 방지와 분쟁의 해소에 초점이 맞추어지고 있다. 이론적으로 신현실주의 시각으로부터 신자유주의 접근법 더 나아가 민주평화이론까지 다양하다. 따라서 이를 종합적으로 전쟁의 방지와 분쟁 해소를 위한 다양한 구체적인 전략과 실천적 방안을 망라한 종합적인 접근이 절실하다 할 수 있다.

전쟁 및 안보 욕구에 관한 논의에 있어서 수많은 연구자들이 다양한 수준Level of Security에서 안보문제가 발생한다고 결론을 내리고 있으며, 패트릭 모건Patrick M. Morgan은 국제체제 수준, 국가 수준, 사회수준 등 세 가지 수준에서 전쟁의 위협, 전쟁의 발발, 전쟁의 심각성을 줄이려는 노력을 설명하고 있다.119)

안보의 수준에 있어, 체제안보Systemic Security는 항시적인 위협이 없는 안정되고 질서 있는 국제체제를 말한다. 이러한 안보는 전쟁과 전쟁 위협이 제한되거나 혹은 전쟁 위협이 해소되는 방식으로 운영되는 세계에서 찾아볼 수 있다. 국가안보State Security 수준에서 국제체제는 국가수준의 행위자로 구성되며, 국가에게 있어서 안보는 핵심적인 관심사이다. 국가의 입장에서 국가안보의 출발점은 무엇보다 국가의 생존이다. 생존문제를 제외하고 대부분의 상황에서 국가가 추구하는 가장 중요한 가치는 자주성Autonomy이다. 사회안보Social Security는 국민과 관계가 있다. 즉 국민의 물리적 안전과 자신들이 원하는 바를 할 수 있는 능력인 자율성의 유지와 관계가 있다. 국민들은 군사공격으로부터의 안전 뿐 만이 아니라 외부세력이 의도적으로 조장하거나 국내정치체계에 간섭을 통해 초래한 테러행위나 경제적 어려움으로부터 안전하기를 원한다. 특히 내전 상황은 국민들이 원치 않으며 이 같은 상황은 안보 상태와 정 반대의 상황이다.

이 같은 세 가지 수준의 안보는 일정부분 서로 중첩되며, 각각은 다른 수준에서 나타나는 평화와 안보의 흐름을 강화 시킬 수 있다. 세 가지 안보는 중요한 점에서 서로를 보완해 준다. 그러면서 한편으로는 서로 상충되기도 한다. 어느 한 수준에서 안보의 조화는 다른 수준에서 심각한 안보 불안을 초래할 수도 있다.

나. 각 안보차원의 상충과 조화: 균형

1) 국제체제 안보와 국가안보

국제체제 안보는 국가안보와 상충될 수 있으며, 실제로 종종 그렇다. 안전하고 질서 있는 국제체제는 국가 자주성의 축소를 요구하기도 한다. 반면 국가의 강력한 자주성의 강조는 국제체제의 약화를 초래한다. 예를 들어 국제 비확산 레짐의 발전은 개별국가의 자주성을 침해하며 이로 인해 심각한 갈등이 야기된다. 국가안보와 체제안보가 조화를 이루는 것은 대단히 어려운 것이 현실이다. 따라서 건전한 국가전략이 요구된다. 북한과 일부 불량국가들이 추구하는 국가

---

119) Patrick M. Morgan, International Security: Problems and Solution, 민병오 역, 『국제안보: 쟁점과 해결』(서울: 명인문화사, 2011), pp. 12-25 참조.

안보 전략이 국제체제와 상충되어 문제가 되고 있는 것이 좋은 예이다.

2) 사회안보와 국가안보

현대에 이르러 한 국가의 대내정책과 대외정책은 상호 연계되어있다. 통상 국가 지도자들은 국가안보와 사회 안보는 별개이며, 국가안보가 사회안보보다 더 중요하다고 생각한다. 지도자들은 시민들의 문제나 시민들의 복리보다도 지도자 자신의 개인적인 생존이나 정권 및 국가의 존립이 무엇보다 중요하다고 주장하며 국가의 목표달성을 위해서는 언제든지 시민을 희생시킬 수 있으며, 시민들의 자유와 재산을 빼앗을 수도 있고, 시민들을 폭력으로 대할 수도 있다. 지도자들은 다른 나라로부터의 공격이 임박한 징후가 없는 상황에서조차 국가안보를 위해 시민을 억압하는 조치가 불가피하다고 주장할 수도 있다. 그러나 사회안보는 외세의 위협으로부터 뿐만이 아니라 때로는 국가로부터, 즉 사회를 통치하는 국가나 정부의 위협으로부터 사회를 안전하게 보호하는 조치가 필요하다. 최근 2010년 리비아에 대한 인도적 개입의 명분인 국민보호R2P 개념이 바로 그것이다. 따라서 사회안보는 개인, 집단, 그리고 사회 전체 등을 포괄하며 이에 준거하여 평가될 수 있다. 또한 사회안보의 내용은 정치적 차원을 넘어서 글로벌 사회의 인류 복지와 관계된 광범한 범위를 포괄하게 되었고 이것은 국가의 대외정책과 연계된다. 따라서 여기에서는 건전한 전쟁철학과 안보철학이 요구된다. 국가가 안보전략을 전쟁전략으로 추구해서는 안 되며 국제평화 달성을 위한 평화전략을 추구해야 하는 시대가 되었다.

3) 체제안보와 사회안보

체제안보와 사회안보는 충돌할 수 있으며, 따라서 국가들이 자국의 사회에 대하여 행하는 해로운 행위를 국제체제가 억제하는 경우에서 조차 사회의 구성원들은 안정적이고 질서 있는 국제체제를 위협으로 느낄 수도 있다. 현대 국제체제에 있어서 인도적 개입이나 식량, 환경 안보의 추구 등은 바로 이 같은 사회안보에 대한 체제안보의 개입현상이라 할 수 있다. 사회안보는 사회 구성원의 수준에 따라서 다양하게 표출 될 수 있으며, 사회구성원들이 인식하지 못하는 것들과 전 지구적 차원에서 추구되어야 할 문제들에 대해서 유엔을 비롯한 국제기구들이 체제안보적 관점들에 접근하고 있다.

다. 조화적 접근

이상과 같은 다양한 안보 수준의 상충에 따른 안보 딜레마와 안보 추구에 있어서 딜레마가 발생한다. 안보딜레마 상황에서는 안보를 강화하기 위한 어느 한쪽의 조치가 상대방의 안보를 약화시키며, 이러한 안보를 추구하는데 있어서 발생하는 딜레마는 현대사회에 있어서 군사행동과 전쟁을 제외하고도 국가와 사회 혹은 국제체제에 위해를 가하는 다양한 요소가 존재하고 그러한 것들은 전염병, 지구온난화, 경제위기, 테러, 국제범죄 등과 같은 비 군사적 요소들과 국내정치상의 포퓰리즘populism 등 안보 부재상황 역시 심각한 안보 위해 요소가 된다. 또한 특정한 이념과 국가지도자 및 정권에 의한 이익 추구에 따라 국민들의 사회적 욕구와는 상충되게 주권이라는 이름으로 국제체제 및 사회안보와 갈등을 빚고 있는 것이 현실이다. 따라서 이러한 문제의 조화적 해결을 위해서는 전략적·구조적 해결 방안과 전술적·실천적 해결방안의 조화가 요구된다.

1) 전략적·구조적 해결방안

현대 국제관계에 있어서 국제정치상의 전쟁문제를 해결하기 위한 노력들은 많은 시도들이 있어 왔다. 소위 현실주의적 접근과 자유주의(이상주의)적 접근들이 그것이다. 인류가 추구해 왔던 평화와 안보를 달성하기 위한 다양한 전략들은 일반적으로 큰 성과를 이루어 왔다고 평가된다. 2차 대전 이후로 대규모 전쟁이 없었고 국가 간의 총력전이 사라졌고 제한전쟁으로 수행되며, 수많은 국제 레짐이 발달하였기 때문이다. 평화와 안보를 달성하기 위한 전략에 있어서 기본적인 전제는 첫째, 안보는 계획되어야 하며 평화안보 전략은 이를 위한 의식적인 노력이 요구된다는 것이다. 평화는 주어지는 것이 아니며 전쟁을 없애는 방식을 통해서는 실현되지 않는다. 이러한 노력은 평화를 방해하는 요인을 피하고 무력화하고 격퇴시키기 위한 조치들이 꾸준히 추구됨으로서 달성된다. 요컨대 국제정치를 효과적으로 관리함으로써 이루어 질 수 있는 것이다. 둘째, 대부분의 경우 추구되는 전략들은 상호 배타적이지 않다. 여러 전략들이 동시다발적으로 추진되며 어느 정도 서로 중첩된다. 셋째, 전략의 선택과 집행과 관련하여 정부 및 사회 내에서 많은 논란이 야기되며 효과적인 전략만 남고 실현성 없는 전략들은 폐기된다. 또한 상황의 변화에 따라 폐기되었던 전략이 다시 적용될 수도 있다. 넷째, 전략은 국제정치의 일부이다. 따라서 역사상 전쟁을 통제할 수 있는 세계정부 또는 지역정부를 만들자는 제안과 노력이 수없이 있어왔다. 유럽통합이 그 대표적인 예이며 국제법과 강력한 국제재판소 설립 등이 추구되고 있다. 그러한 구상은 의미 있는 발전이긴 하지만 아직 큰 진전은 없는 것이 현실이다.

국제안보의 발전과정은 기본적으로 국가를 기본단위로 하며 국제안보에 대한 전쟁위협에 대처하기위하여 정부들이 고안해 낸 다양한 전략들은 어느 한 국가에 의하여 단독으로 실행될 수도 있지만 여러 국가들에 의하여 공동으로 실행 될 수도 있다. 세력분산 접근방식은 정부로 하여금 필요에 따라 국제체제의 세력관계를 조정할 것을 요구하며, 여러 국가들의 개별적 노력이 합쳐져 세력 분산이 실현된다. 국가간의 경쟁관계가 그러한 결과를 초래하게 된다. 거의 모든 경우에 있어 값싼 승리전략은 정부가 자국의 필요를 충족하기 위해 독자적으로 사용된다. 정부는 방어의 범위를 다른 나라로 까지 확장할 수도 있지만 기본적으로 값싼 승리전략은 스스로의 노력을 통해 자신을 안전하게 하려는 자구책으로 사용되었다. 억제전략은 처음에는 어느 한 국가의 일방적인 노력으로 수립되었지만, 나중에는 다른 나라로까지 확대되었으며, 그리고 또한 다른 나라들의 노력을 통해 확대되었다. 그러나 국가는 계획을 세우고 그에 맞추어 상대 국가와 긴밀한 협력관계를 가진 것은 아니다. 단지 오랜 시간이 지나면서 특히 군비통제를 고려하기 시작하면서 억제는 일종의 협력관리체제가 되었다. 일반적으로 집단적 노력형태로 시작되는 군축조차 때로는 어느 한 국가에 의해 일방적으로 추진되기도 한다. 협력적 집단적 특성을 가진 전략들의 기본 목표는 감당하기 어려운 비용과 손실이 요구되는 전쟁을 제한하거나 예방하는 것이다. 이러한 협력의 시도는 동맹체제에 국한되지 않으며 여러 다양한 국제협력체제를 추구하게 되었다. 이러한 배경으로 강대국 협조체제가 형성되게 되었다. 강대국 협조체제는 강대국 사이에 전쟁의 가능성이 없을 때에는 전쟁방지에 큰 기여를 하는 것이 사실이지만 강대국 간의 전쟁 가능성이 클 때는 이 협조체제는 깨지기 시작한다. 즉 협조체제는 국제정치에 있어 전쟁문제에 대한 확실한 해결방안은 되지 못한다.

그럼에도 불구하고 현대사회의 상호의존의 증가, 민주주의, 커뮤니케이션의 증가, 국제사회의 보다 높은 정의성과 투명성의 요구로 인한 협력적 국제안보의 필요성 증대로 국제정치의 공동체 수준은 빠르게 증가하고 있으며 이에 따라 강대국 협조체제는 이보다 더 나은 협조체제 즉 집단안보체제나 복합적 다자주의체제와 함께 보완 발전될 수 있는 무시 못 할 전략중의 하나라 할 수 있다.

이와 같이 그동안 현대 국제사회에서 전쟁을 방지하고 위험을 감소시키기 위해 추구되어 왔던 전략적·구조적 해결방안들은 대략 다음과 같은 6가지로 정리해 볼 수 있다.[120]

가) 적절한 세력분산(세력균형)

이것은 세력균형 전략으로서 힘의 우세에 의한 패권안정, 균형을 통한 양극체제에 의한 평화 등이 유지되어 왔다. 세력분산전략은 최후의 수단으로 제일 많이 사용된다. 왜냐하면 이것은 많은 정부와 사회에 부담을 지우며, 제대로 효과를 얻지 못하기 때문이다. 국제체제에 갈

---

120) Patrick M. Morgan, 앞의 책, pp. 55-263 참조.

등이 만연하여 전쟁이 초래될 가능성이 높을 때, 또는 특정국가에 대한 개별국가의 반대가 전쟁으로 비화될 수 있을 때, 국제정치의 세력분산에 주목하는 것은 합리적이다. 전쟁의 발발 여부를 결정하는데 있어, 그리고 전쟁이 어떻게 진행 될 것인지를 결정하는데 있어서 세력분산은 중요하다. 그러나 세력분산이 전쟁을 예방하는데 있어서 언제나 효과가 있는 것은 아니며 때로는 전쟁의 발발을 촉진 할 수도 있다.

많은 분석가들이 세력균형의 작동방식에 대하여 연구했다. 패권hegemony, 양극체제bipolarity, 다극체제mulitipolarity 등이 세력분산의 3유형으로 대표된다. 냉전기간 동안 가장 지배적인 시각은 구조적현실주의structural realism이었다. 이것은 심각한 전쟁의 억제를 비롯하여 평화와 안보는 국제체제제의 구조에 달려 있다고 보았다. 구조는 국제체제의 가장 중요한 국가들 간에 힘이 분산되어 있는 방식으로 개념정의 된다. 그것은 크게 우세에 의한 평화와 균형을 통한 평화로 구분될 수 있다. 우세에 의한 평화는 패권안정 전략으로서 힘의 우위를 통해 평화와 안보를 추구하는 전략이며 균형을 통한 평화는 냉전기 양극체제가 그 대표적인 것이며 다극체제보다 이것이 더 효과적이라는 생각이 지배적이었다.

내) 상대적으로 저렴한 승리 전략의 추구

국가안보를 확보하기 위한 가장 매력적인 전략은 국가가 큰 희생 없이 분쟁을 쉽게 승리할 수 있는 방법으로서 값싼 승리를 강구하는 전략이다. 이 전략의 요소는 압도적인 군사적 우위, 전략적 기습, 신속한 군사동원과 사용, 상대방의 효과적인 고립, 견고한 방어체제 구축 등이다. 이러한 전략의 결과 1, 2차 대전을 통해 소모전 전략, 진지전, 전격전, 대량공습 등으로 나타났고 냉전 및 탈 냉전시대에 이르러 전략방위구상SDI: Strategic Defensive Initiative 일명 Star Wars, 대량 살상무기WMD 개발로 이어졌다.

강대국 전쟁의 경우 값싼 전략의 추구는 항상 실패하였으며 1, 2차 세계대전으로 처참한 역사의 교훈을 얻었다. 값싼 승리전략은 결과적으로 그 전략을 이용한 정부와 함께 국민들에게 가혹한 결과를 초래하며 특히 이 계획이 실패하였을 때 그렇다.

현대에 이르러 전쟁은 교전 쌍방에 가능한 최소의 피해를 주고 승리할 수 있는 전략으로 발전되고 있다. 군사혁신RMA은 전쟁은 반드시 군사적 목표물만을 대상으로 해야 하며, 반드시 일반시민에게 피해를 입혀서는 안되며, 승리를 위해 불가피할 경우 외에는 인명을 살상을 최소화 하는 방향으로 전략과 무기체계가 발전하고 있다. 또한 정의로운 전쟁Just War 개념이 부활하고 따라서 이제는 전쟁이 고도로 윤리 도적적으로 고려되는 시대가 되었다. 이에 따라 현대 전략 및 무기체계는 비살상 신속기동, 효과기반 작전 등 군사혁신RMA: Revolution of Military Revolution,

미사일방어MD: Missile Defense 등으로 발전하고 있다.

다) 억제와 군비통제

2차 대전 이후 유엔과 강대국협조체제가 제대로 작동하지 않고 핵군축의 가능성도 희박한 냉전의 상황에서 값싸게 안보를 추구할 수 있는 방법으로 대두된 것이 억제Deterrence이다. 억제는 반드시 핵무기를 필요로 하지 않는다. 그러나 핵억제가 가장 중요하며 가장 정교하고 이론적으로 가장 잘 연구된 실행전략이라 할 수 있다. 냉전시기 국제체제에 대한 전쟁 위협을 다루기 위한 최선의 전략이었던 핵억제는 국가차원을 넘어선 국제체제 관리를 위한 협력적 노력으로 전환되었다. 군비통제와 결합하여 핵억제는 세계대전의 발발을 방지하는데 기여하였다. 동시에 이 전략은 불안정하였다. 안정과 불안정의 역설stability-instability paradox로 대변되는 이 평화는 핵무기가 안정을 제공하는 상황에서 큰 전쟁은 억제되었던 반면 소규모의 비핵 재래전이 전개되었고 전쟁은 새로운 개념으로 발전하게 되었다. 핵억제전략의 매력은 핵 국가의 주권이 보장된다는 점이었다. 이에 따라 비핵국가들은 핵개발을 추구하였고 핵 강국은 동맹 및 핵우산 제공으로 이를 억제하였으며 비확산체제 구축에 매진하였다. 그러나 현대에 이르러 불량국가 및 비국가행위자들에 의한 핵확산이라는 심각한 상황에 직면하게 되었고 안보차원에서 새로운 접근이 불가피해짐에 따라 핵안전safe guard과 원자력안전safety, 그리고 핵테러 대비security 등 3S가 핵안보 개념으로 정립되면서 국제사회는 핵안보정상회의를 통해 해결책을 강구해 나가고 있다.

상호억제를 바탕으로 억제와는 반대 개념인 군비통제, 군비축소 개념이 대두되었고 현내에 이르러 핵을 포함한 대량살상무기와 재래식 무기 군비통제가 국제체제 안보의 핵심으로 대두되게 되었다. 군비통제는 심각한 갈등상황 속에서도 협력을 추구할 수 있으며, 군비통제의 성공은 국제체제의 장기적 협력을 가져올 수 있다.

라) 강대국 협조체제

강대국 협조체제는 자발성에 근거하는 제한적 협력을 수반한다. 지역 국제체제 또는 범세계 국제체제의 안보를 제한적으로 관리하고 협력한다. 그 대표적인 사례가 18세기의 유럽 협조체제, 양차 세계대전 사이 기간의 동맹국 협조, 2차대전 종전 후 및 냉전시대의 진영대립 및 군비통제와 데탕트, 유엔안전보장이사회 활동 그리고 탈냉전 이후의 테러리즘과 대량살상무기에 대한 통제레짐의 발전 등이다. 현대사회의 상호의존의 증가, 민주주의의 확대, 소셜네트워크SNS 등 국제 커뮤니케이션의 증가, 국제윤리와 도덕의 중요성 대두로 인한 정의의 전쟁관 확산, 최근의 자스민 혁명에 의한 민주화의 진전 등은 협력적 국제안보 관리의 가능성을 더욱 증가시켜주고 있다. 국제체제의 공동체 형성에 관한 전망도 급속히 증대되고 있어 강대국 협조체제 전략의 중요성은 더욱 가중되고 있다 할 수 있다. 윌슨류의 집단안보체제냐, 복합적 다자주의냐 어느 것이 더 유용할 것인가?

마) 윌슨의 집단안보체제WCS: Wilsonian Collective Security

최근 미국 패권의 약화와 중국의 부상 그리고 러시아의 재부상 등으로 국제체제의 강대국 협조체제에 균열이 보이면서 국제체제의 집단안보에 대한 생각은 또다시 인기를 얻고 있다. 미국의 윌슨Woodro Wilson(1913~1921) 대통령이 추창했던 이 국제안보전략 개념은 강대국 협조체제와 마찬가지로 억지전략의 부분적 변형이라 할 수 있다. 이 '집단안보체제'는 동맹체제와는 다른 개념으로써 이것은 회원국 상호간에 평화를 유지하며 서로에 대하여 방어를 제공하는 것이다. 즉 회원국을 다른 회원국으로부터 방어하는 개념이다. 윌슨은 세계 대부분의 정부들 혹은 모든 정부들이 참여하는 동맹체제를 구상했으며, 이들 정부 모두가 반드시 민주정부이어야 함을 강조했다.

이 체제의 주요 구성요소는 첫째, 참가국들은 서로에 대해 전쟁을 일으키지 않기로 약속한다. 이것은 구속력 있는 공동방위 약속으로서 회원국들은 추가협정을 통해 힘을 합쳐 협정위반국가에 대응하며 필요한 경우 군사력을 사용한다. 둘째, 회원국들은 자국의 안보를 사실상 집단적으로 다루어야 한다. 셋째, 이를 위하여 공동의사결정 기구의 수립이 요구된다. 넷째, 국가들은 이 집단안보체제의 약화나 붕괴로부터 자신을 보호할 수 있는 상당 수준의 자체 방어 수단을 보유해야 한다. 다섯째, 회원국간에 상당한 수준의 신뢰성과 안전성이 확보되어야 한다.

이러한 윌슨의 집단안보체제 구상은 국제연맹으로 나타났으며 그 결과는 실패였다. 국제연맹이 실패하였던 중요한 근본 이유는 회원국들 간에 신뢰성이 상실된 결과였으며, 중요한 회원국들이 빠졌고 회원국들 간의 단결력이 약했고 약속 이행의 의지가 결여되었기 때문이다. 이 결과로 2차대전 이후에 강대국 협조체제가 그 대안으로 부상하였고 유엔 안전보장이사회를 만들어 강대국 협조체제를 구축하게 되었던 것이다.

오늘날 북대서양조약기구NATO의 유럽안보를 관리하는 방식이 윌슨의 집단안보체제WCS로 발전 중에 있다. 그러나 아직 완전한 WCS에 이르지는 못했다. 현재의 체제를 WCS로 전환하기 위해서는 모든 관련 국가들이 정규회원으로 더욱 확대되어야 하며 러시아의 유럽안보 참여라는 불가능하게 여겨지는 일이 실현되기 까지는 오랜 시간이 걸릴 것이다.

WCS 안보전략 구상은 여전히 매력적이다. 이것은 적은 비용으로 주요 안보딜레마를 완화시킬 수 있으며 개별국가들은 보장책으로 군사력을 유지할 수 있다.

바) 복합적 다자주의와 통합

전쟁문제를 해결하는데 큰 진전을 위해서는 국가 간의 관계에 있어 높은 수준의 공동체가 존재해야만 한다. 월슨의 집단안보체제가 효과적으로 작동하여 전쟁을 억제하고 저지하기 위해서는 국가들을 구성원으로 하는 잘 발달된 국제공동체가 요구된다. 강력한 국제공동체는 두 가지 방식으로 국내전쟁이 일어나는 것을 방지한다. 그 한 가지 방식은 억제Deterrence로서 국제공동체가 주요문제의 해결을 도와주고 내전을 야기한 분쟁이 종식되도록 도와준다. 또 하나의 방법은 국제공동체에 의한 압력행사이다. 국가들은 국제기구를 통하여 고도의 협력을 하고 있으며 대표적인 예가 정부간국제기구IGO: Intergovernmental organization와 민간인들에 의한 비정부기구NGOs: Nongovernmental organizations들이다. 그러나 협력이 곧 공동체는 아니며 협력이 특별한 수준으로 이루어져야 공동체라 할 수 있다. 그것은 복합적 다자주의Complex Multilateralism와 통합Intergration이다.

복합적 다자주의는 주요 국제기구, 다국적기업, 그리고 마침내 일부 국제노조와 민간이익집단 등이 촉진하는 구체적이고 긴밀한 상호교류 및 협력으로, 즉 포괄적 상호주의에 입각한 다자협력Multilateral Coorperations으로 발전하였으며 다원적 공동안보공동체로 나타나게 되었다. 그 대표적인 것들이 북대서양조약기구NATO, 바르샤바조약기구The Warsaw Pact, 유럽안보협력기구OSCE 등이며 동아시아 지역에서는 정부간 기구로서 아세안지역포럼ARF: ASEAN Regional Forum, 민간 중심 기구로서 아태안보협력이사회CSCAP: Council for Security Cooperation in Asia-Pacipic 및 동북아협력대회NEACD: Northeast Asia Cooperation Dialogue 등이 있다. ARF는 1994년 아태지역에 설립된 정부차원의 다자안보협력체로서 역내 대부분의 국가를 포괄하고 있다는 점에서 그 의의가 크나, 그러나 실질적으로 지역 내 분쟁의 평화적 해결에는 그다지 중요한 역할을 하지 못하고 있다는 점에서 현실적 한계가 있다.

통합intergration은 유럽에서 전쟁의 문제를 해결하려고 하는 가장 강력하고 가장 극단적인 접근방법으로 추진되어 유럽연합EU을 이루어냈다. 유럽연합처럼 발전된 다자주의는 높은 수준의 상호교류를 가져오며 독립과 주권을 그대로 유지하는 다수의 국가로 구성되는 복잡한 공동체를 창출한다. 통합은 복잡한 공동체의 수립을 가능케 해주는 보다 높은 수준의 상호교류의 활성화를 추구한다. 기본목표는 회원국의 고유한 개별적 정체성이 사라지게 되는 시점까지 이 공동체를 발전시키는 것이다. 통합은 대담한 조치이기 때문에 완전한 통합의 달성은 어렵다. 따라서 통합은 여러 곳에서 여러 가지 형태로 시도되었지만 오직 유럽에서만 통합이 정착되었다. 그러나 최근 그리스 사태 등 유럽의 경제위기에서 보듯이 이러한 문제의 공동해결 노력의 성패여부가 유럽연합의 미래를 좌우하게 될 것이다. 어떻든 국제정치 역사상 가장 전쟁이 첨예하게 있어왔던 지역에서의 통합이 이루어졌다는 점에서 그 의의는 무엇보다도 크다 할 수 있다.

2) 전술적 실천적 해결방안

전략적 구조적 접근 방안들이 국제체제의 조정과 국제체제 차원의 맥락에서 정부간 관계의 조정에 초점이 맞추어졌다면 보다 직접적으로 전쟁 자체 및 전쟁으로 비화되는 정치적 분쟁에 초점을 둔 전술적 실천적 접근법을 살펴보자. 이러한 접근법은 국제체제의 상태와 무관하게 국제정치의 본질을 변화시켜 충분한 협력을 도모할 수 있는 방법들을 모색하는 것이다. 전술적 성격을 갖는 이러한 접근은 현대적인 접근으로서 과거에는 생각할 수 없었던 방법들이다. 그만큼 현대는 과거와는 다른 전쟁과 평화에 대한 인식이 달라졌다고 할 수 있다. 모건은 이러한 방안으로 협상과 조정, 평화유지, 평화강제와 평화 부과, 평화구축 방안을 들고 있다.[121]

가) 협상과 조정negotiation and mediation

일반적으로 평화조성peacemaking은 평화상태가 깨져서 살상과 파괴로 얼룩질 가능성이 있거나 이미 그렇게 되어버린 심각한 분쟁을 해결하려는 노력을 말한다. 이를 위해 국제정치에서 사용되는 수단들은 협상negotiation, 하나 이상의 제3자가 도와주는 조정調整, mediation, 사전 합의에 따른 제3자를 활용하여 해결하는 중재仲裁, arbitration, 판사나 법원 등의 외부 재판소를 활용하는 재정裁定, adjudication 등이 있다. 국제정치의 분쟁에 있어서 일반적으로 협상과 조정이 주로 사용된다. 그러나 이것이 실패하였을 경우 가능한 해결방법들이 평화유지, 평화 강제와 평화 부과, 그리고 평화 구축 등이다. 평화유지는 협정의 준수를 통해 싸움을 중단하고 싶어 하는 분쟁 당사자들을 돕기 위한 목적으로 외국군대를 활용하는 것을 말한다. 완충세력의 역할 제공과 중립지대의 유지, 사건의 조사, 분쟁당사자간 협상의 촉진, 국경수비 및 치안유지 등과 같은 일들이 평화유지활동에 포함될 수 있다.[122]

나) 평화유지peacekeeping

평화유지는 협정의 준수를 통해 싸움을 중단하고 싶어 하는 분쟁 당사자들을 돕기 위한 목적으로 외국군 군대를 활용하는 것을 말한다. 완충세력 역할의 제공과 중립지대의 유지, 사건의 조사, 분쟁당사자간 협상의 촉진, 국경수비 및 치안유지 등과 같은 일들이 평화유지 활동

---

121) 앞의 책. pp. 267-440 참조

122) 현재 유엔의 평화유지활동 관련 용어의 한국어 번역은 통일되어 있지 못하다. peacemaking은 평화조성 또는 평화형성으로, peacebuilding은 평화구축, 평화재건,, 평화 건설 등으로 번역되고 있다. 특히 peace enforcement는 평화강제, 평화집행, 평화이행 등으로 다양하게 번역되고 있다. 그리고 이와 유사한 개념인 peace imposition은 비교적 생소한 용어로서 분쟁당사자의 요청이 없는 상황에서 군사적 개입을 의미하기에 peace enforcement에 비해 보다 적극적인 군사적 조치를 의미한다.

에 포함될 수 있다. 평화유지는 제 3자 개입의 특정 유형으로써 전쟁이 임박하거나 또는 전쟁이 이미 시작된 경우에도 수행될 수 있다.

평화유지활동은 유엔의 활동, 유엔의 승인을 얻은 특정국가나 국가들의 노력, 유엔과 무관하게 이루어지는 활동 등으로 이루어진다. 또한 평화유지활동은 미주기구OAS: Organization of American State나 아프리카통일기구OFU: Organization of African Unity와 같은 지역기구에 의해 수행되거나 또는 이러한 지역기구의 후원 하에 수행될 수 있다.

1990년대 초반 및 중반에 걸쳐 유엔이 주도하거나 또는 유엔이 승인한 평화유지활동이 봇물처럼 증가하고 아울러 몇몇 실패(보스니아 초기, 소말리아)를 경험한 이후에 유엔이 너무 많은 일을 벌였다는 생각이 널리 확산되었다. 많은 정부들은 유엔이 주도하는 평화유지활동 또는 그 밖의 평화유지활동을 축소하는 방안을 모색하였다. 그러나 일은 의도대로 되지 않았고 사례 수, 참여병력 수, 사용된 비용 측면에서 유엔평화유지활동은 더욱 확대되었다.

다) 평화강제peace enforcement와 평화 부과peace imposition

평화유지활동을 강력하게 수행하는 것과 평화를 군사적으로 강제하는 것 양 극단사이에 위치하는 것이 평화강제와 평화부과이다. 평화강제는 분쟁당사자들로 하여금 싸움의 중단을 약정한 협정을 준수하도록 강요하기 위하여 분쟁 당사자가 아닌 제3자가 무력을 사용하거나 무력 사용의 위협을 하는 것을 말한다.

평화부과는 분쟁 당사자 어느 일방 또는 쌍방이 싸움의 중단을 원하지 않는 경우에도, 분쟁 당사자가 아닌 제3자가 분생 당사자들로 하여금 싸움을 중단히도록 강요하고, 싸움을 통해서 획득한 바를 포기하고 돌려주도록 강제하기 위해 무력을 사용하거나 무력 사용의 위협을 하는 것을 말한다. 평화부과의 목표는 분쟁당사자 어느 일방이 분쟁에서 추구하는 정치 군사적 목적을 좌절시키는데 있다. 평화강제와 평화부과는 패권국가에 의해 수행될 수 있으며, 세력균형 체제에 참여하고 있는 일련의 국가들에 의해서나 다자기구 들에 의하여 수행될 수 있으며, 집단안보체제에 의해 수행될 수 있다. 순수한 형태의 평화강제에 관한 사례는 많다. 하지만 일단 평화강제 활동이 시작되고 나면, 보스니아의 예에서처럼 평화강제는 평화유지활동으로 전환될 수도 있으며, 또는 상황이 악화되어 평화부과 노력으로 바뀔 수도 있다.

유엔평화부과 활동의 첫 번째 사례는 1950~1953년의 한국전쟁이었다. 1960~1964년의 콩고 개입이 평화 부과에 근접한 사례였으며, 미국이 주도한 걸프전쟁, 평화강제가 평화유지로 전환되었던 보스니아와 아이티 사례, 평화강제와 평화부과가 실패하고 군대가 철수하였던 소말리아 사례, 프랑스가 주도한 아이보리코스 사례 등이 있다. 동티모르에서는 호주의 주도로 강력한 평화유지활동이 전개되었다. 동티모르에서의 평화유지활동은 필요한 경우 폭력사태의 진압을 위하여 군사력의 사용을 준비하였지만 실제로 군사력을 사용해야 하는 상황은 발생하지 않았다. 코소보에 대한 NATO의 평화부과 활동은 대규모 군사력 동원 및 살상으로 이루어졌다. 최근 중동의 자스민 혁명에 따른 민주화지원은 인도주의적 지원의 새로운 개념 즉 '국민보호의무R2P'에 의해 이루어졌다. 2010년 리비아에 대한 서구 연합군NATO의 리비아 공습 및 카다피 축출은 유엔이 결의한 '국민보호책임'R2P: Responsibility to Protect의 첫 사례로 적용된 평화부과 활동이다. R2P 개념은 2005년 9월 유엔 세계정상회의에서 채택된 개념으로써 집단학살과 인종청소가 자행된 르완다와 코소보 사태 등에서 국제사회가 인도주의적 개입Humanitarism에 실패했다는 반성에서 그 대안으로 대두되게 된 것이다.

라) 평화구축peacebuilding

평화구축은 심각한 내전을 겪은 나라에서 향후 내전의 재발을 방지하기 위하여 튼튼한 정치체제와 사회, 국민이 원하는 바를 충족시키는데 반드시 필요한 경제발전 등의 기반을 새롭게 만드는 활동을 말하며 평화구축은 원조, 자문, 훈련지원 등을 포함하며, 그리고 때로는 정부간국제기구IGO, 비정부기구NGO, 다른 나라들 등 제3자에 의한 고도정부 역할수행 등이 포함된다. 평화구축은 국제정치에 있어서 전쟁이 야기하는 안보문제를 다루기 위해 고안된 다양한 노력들 중에서 가장 야심찬 노력이라고 할 수 있다. 평화구축은 본질적으로 평화로운 공동체 건설을 통해 전쟁을 완전히 제거하는데 목적을 둔다. 평화지대Peace Zone 건설이 최종 목표이며 유럽연합EU이 그 대표적인 예이다. 평화구축의 주요 요소로는 패권국가의 존재, 복합적 다자기구들, 상호교류와 접촉, 공동가치 및 규칙의 발전이며 요구되는 공동가치로는 민주주의, 인권, 자본주의, 자유무역, 공동안보 등을 들 수 있고 규칙들은 규칙의 동등한 적용, 강력하게 준수되는 합의사항, 군사력 사용 위협의 금지 등을 들 수 있다. 평화구축의 사례로는 캄보디아 크메르루주 무장해제, 엘살바도르 내전 종식 및 민주화, 보스니아 민주국가 건설, 이라크 전쟁 후 안정화 등을 들 수 있다. 2003년 시작된 이라크 전쟁은 평화강제나 평화부과 행위가 아니었으며, 주로 미국에 의해 실시된 노골적인 공격이었다. 그리고 나서 미국은 대규모 평화구축 노력을 시작하였다. 이라크의 평화구축 노력은 처음에는 점령군(주로 미군과 영국군)에 의해 이루어졌지만 나중에는 일부 다른 나토회원국들, 일부 유럽연합 회원국들, 그 외에 다른 나라들이 참여하였다.

제5절 결론

전쟁철학의 탐구에 있어서 전쟁과 정치의 관계에 대한 분석은 곧 전쟁과 평화에 대한 것이며 실천영역에서 이 둘은 분리가 불가능한 것이다. 정치의 본질은 무엇인가 하는 것을 고찰해 보면서 정치란 결국 정의의 실현이라는 것을 도출해 낼 수 있었다. 전쟁의 본질은 클라우제비츠가 설파한대로 정치의 계속이며, 정치의 계속이어야만ought to be 한다는 것은 인식론적 차원에서 결국 전쟁은 정의실현이며 정의실현의 계속이어야 한다는 명제를 현대에 제시하고 있다. 그 명제는 바로 평화와 연계된다.

이러한 평화 달성을 위하여 무장평화를 추구하는 절대적 패권주의나 이상주의 또는 자유주의 접근법으로 국제법이나 유엔 등 국제기구, 그리고 평화조약의 창설, 민주주의 평화론 등이 제시되었고 현실적 접근법으로서 상대적 패권주의, 세력균형, 다자개입 등이 제시되었다. 그러나 이러한 접근만으로는 변화하는 현대 국제사회와 체제의 안정과 평화의 구축에는 한계가 있으며 이에 따라 새로운 접근들이 시도되고 있다. 본고에서는 이러한 시도들을 종합하여 신자유주의, 구성주의, 실용적 현실주의적 접근 등을 조화적 접근 방법으로 제시하였다.

현대 평화학에서 평화란 전쟁이 없는 상태를 말하며, 국제정치와 국제관계에 대한 연구는 전쟁과 평화의 스펙트럼 상에서 갈등 또는 상황, 분쟁, 그리고 전쟁의 3가지 단계에 이르는 과정에 대한 국가 간의 외교와 협상, 흥정, 평화적 해결 및 평화적 변화 등과 밀접한 관련성을 가지고 있다. 외교와 협상은 국제정치에서 오랫동안 사용되어온 전통적 용어이며, 평화적 해결 및 변화란 국제기구 전문가들이 즐겨 사용하는 용어이다.123)

평화에 관한 사회과학적 연구는 국제정치를 어떻게 보느냐에 따라 달라진다. 현실주의 입장과 자유주의 입장이 크게 대별된다. 현실주의적 시각은 평화를 '전쟁과 전쟁 사이의 일시적인 안정'에 불과한 것으로 보며 전쟁에 대한 대비와 평화에 대한 노력은 동일시된다. 반면에 자유주의는 '국제정치를 현실주의에서처럼 정글이 아니라 경작이 가능한 정원'으로 보고 전쟁이 전혀 없을 수는 없더라도 노력 여하에 따라 진정한 평화가 가능하다고 믿으며 신자유주의는 이를 보다 더 적극적으로 발전시켜 국가 중심적 가정假定과 국제사회의 무정부성을 강조하는 현실주의 이론에 도전하면서 인간사이의 거래에 주목함으로서 각종 국제통합이론을 제시한다.

평화학의 대가인 노르웨이 요한 갈퉁124)은 평화를 단순히 전쟁의 반대 개념인 '소극적 평

---

123) 구영록, 『인간과 전쟁: 국제정치 이론의 체계』(서울: 법문사, 1988), p. 74.
124) 요한 갈퉁(Johan Galtung)은 1930년 노르웨이 오슬로에서 태어났다. 미국 컬럼비아 대학과 프린스턴대학이

화'negative peace와 의미를 확대한 '적극적 평화'positive peace로 대별하고 사회통합의 단계를 적극적인 평화로 보았다. 그는 빈곤 기아 환경오염 등에서 벗어나고, 행복 복지 번영이 보장되어 있고, 사회정의를 실현하는 것이 적극적 평화라고 단언했다. 특히 그는 핵무기를 비롯한 테러리즘 등으로 대표되는 구조적 폭력은 인류 번영을 위해 반드시 제거해야 한다고 갈파했다.

따라서 평화는 우리 인간을 모든 형태의 갈등과 위해로부터 해방시키는 인간중심 개념이다. 오늘날 세계는 상생 문화를 인류의 보편적 세계관으로 정착시키고 평화운동의 깃발을 높이 세워야 하는 역사적 시점을 맞았다. 우리에게 위해가 되는 다양한 해악을 철폐하고 상생의 평화공동체를 구현시켜야 할 때이다.

그러나 적극적 평화는 소극적 평화를 기반으로 한다. 소극적 평화는 전쟁의 예방과 억제에 중점을 두는 현실주의적 입장이고 적극적 평화는 신자유주의적 입장을 포함하는 개념이라고 할 수 있다. 소극적 평화 없이 적극적평화가 달성될 수 없다. 즉 전쟁의 예방과 억제 없이 포괄적 안보협력과 인간안보의 실현이란 요원하다.

분별적인 실천적 평화를 구축하기 위해서는 신자유주의와 구성주의 정치철학이 요구된다. 이를 기반으로 구제의 정치, 다자안보협력, 문화적 기반 확충, 집합정체성 구축 등이 요구된다 할 수 있다.

특히 한국적 현실에서 요구되는 것은 실용적 현실주의 철학이다. 그간 대북정책에 있어서 햇볕정책은 너무 유화적이었다는 비판에서 비틀거리고 있다. 북한에 너무 끌려다녔다는 것이다. 반면 이명박MB정부의 압박정책은 불필요한 위기상황을 초래했다고 비판된다. 외교도 대화도 실종됐기 때문이다. 결과론적이기는 하지만 북한의 '변화'를 기다리는 햇볕정책이나, 북한의 '굴복'을 기다리는 압박정책 모두 현실적이지도 실용적이지도 못한 것으로 국민들의 눈에는 비춰지고 있다. 대결의 역사를 공존의 역사로 이끌어 낸 외교정책은 대체로 실용적 현실주의자들의 작품이었다. 제2차 세계대전 이후 서방세계의 안정과 번영을 가져온 트루먼-애치슨-마셜의 정책이나, 냉전 대결에 데탕트를 몰고 온 닉슨-키신저의 미·중 국교정상화, 총성 한 방 울리지 않고 냉전 종식을 가져온 아버지 부시-베이커-스코크로프트의 정책 등이 그 대표적인 예들이다.

동북아시아 지역에 신 냉전 구도가 심화되고 있다. 북한에게는 굴러들어 온 역설적인 행운이다. 북한이 무슨 도발을 하던 중국이 보호해 주지 않을 수 없는 구조가 탄생했기 때문이다. 김정은 체제는 이 역설적 행운을 최대한 누리려 할지 모른다. 이를 막아야 한다.125) 한국은

교수를 거쳐 현재 유럽평화대학에서 강의를 하고 있으며 세계평화연구소, 세계평화학회의 창립자이기도 하다. 그는 『평화적 수단에 의한 평화』 강종일 외 역(서울: 들녘, 2000)에서 평화를 직접적인 폭력이 없는 상태인 소극적 평화와 갈등을 비폭력적 방식으로 해결하는 적극적 평화로 구분하였다.

이러한 상황 속에서 철저히 현실주의적인 동아시아 지역전략을 추진할 필요가 있다. 우선은 한미 동맹을 21세기적 전략동맹으로 변화하는 노력을 가속화 하는 동시에 중국과의 전략적 협력도 함께 추구하는 노력을 해야 할 것이다. 친미·친중이 아닌 용미·용중이 필요한 시점이다. 일각에서 논란이 되고 있는 친미·친중 논란은 바람직하지 않다. 우리의 생존과 번영을 장기적으로 보장할 수 있는 국가전략이 필요한데 이러한 논란은 그 핵심을 벗어난 것이기 때문이다. 만약 이러한 노력이 한국의 생존과 번영을 확보해 준다면, 더 나아가 동아시아의 경쟁적 국제질서를 근본적으로 변환하는 노력을 선점해야 할 것이다. 그리고 그 수단은 군사력과 경제력은 물론, 구성주의에 입각한 연성권력과 보편적 가치로 보완해야 할 것이다. 이렇게 연성변환자의 역할을 선점할 때 주변국가들은 한국의 역할을 인식하고 한국의 동북아 전략을 주시할 것이다.126) 정치가와 안보전략가들에게 있어 실용적인 현실주의 정책의 지혜와 노력이 절실히 요구된다 할 수 있다.

---

125) 장달중, '이제 실용적 현실주의자들 차례다', 중앙시평, 「중앙일보」, 2012. 6. 21.
126) 김유은 앞의 책, p. 35.

제2장

전쟁과 군사적 측면의 논리: 전략의 철학

전략철학 개요

전쟁철학의 제2주제는 전략의 철학으로서 전쟁과 군사전략 측면의 논리이다. 전쟁의 목적 즉 정치적 목적 달성을 위한 수단으로서의 군사력을 어떻게 윤리·도덕적으로 사용하여 효과적으로 목표를 달성할 수 있겠느냐 하는 것이다. 그것의 성공을 위한 방법론과 실제 싸워서 이기는 방책에 관한 것으로서, 무조건 이겨서 승리하면 되는 것이 아니라 어떻게 해서 이겨야 하는 것이냐 하는 당위當爲적 차원의 논의이다. 정의의 전쟁론 이론적 차원에서 보면 '유스 인 벨로'jus in bello 전쟁수행의 정의 차원이다.

전쟁의 수행은 정치적 정책적 차원인 전쟁정책의 결정에 따라 전쟁이 개시되고 전쟁이 개시되면 그것은 정치적 목적의 효과적 달성을 위한 군사전략의 운용과 군사전략상의 군사목적 달성을 위해 작전술과 전술 구사를 통해서 전쟁이 수행된다. 과거에는 승리를 위해서는 무조건 어떤 수단을 쓰던지 간에 승리할 수 있는 방법과 기술을 강구하였고 국가의 온 역량을 집중하였다. 현대에 이르러 핵무기의 등장과 과학기술의 발달로 총력전(총체전) 개념으로 발전하면서 역설적으로 전쟁은 이제 이론적, 개념적(정신적 물질적) 총력전으로만 남고 실제 국가 간의 총력전은 일어날 수도 없고 일어나서도 안 되는 시대가 되었다.

현대전쟁은 첨단무기로 무장하면서 발전하고 군사전략은 변혁을 계속하며 신속결정 및 비 살상, 피해 극소화, 단기 제한전短期 制限戰으로 발전하여가고 있다. 이러한 진화는 클라우제비츠가 말하는 정치적 도구로서의 전쟁을 도덕적으로 수용 가능한 현실의 전쟁, 정의의 전쟁으로 수행하기 위한 인류의 자제적自制的 노력의 결과라 할 수 있다.

정의로운 전쟁의 수행이 가능한가하는 논란의 와중에서 현대전이 정의의의 전쟁으로 수행되기 위한 조건은 무엇인가 하는 것이 현대 전략가들의 고민의 핵심이라 할 수 있다. 지금껏 현실주의 이론가들은 전쟁은 불가피하며 국익 수호를 한 안보 실현에 정책의 최우선을 두어야 한다며 정의의 전쟁 이론가들의 주장을 경시해 왔다. 그러나 제4세대 전쟁 시대에 이르러서는 현실주의 이론만으로 대처가 불가능한 상황이 되었고 새로운 안보철학이 요구되게 되었다. 국가 간의 도덕적 행위의 규칙이 우선적으로 고려되지 않으면 안 되는 안보전략 환경 속에서 새롭게 인류의 이념 실현을 위한 전쟁전략과 안보전략이 요구되게 된 것이다. 필자는 그것을 정의의 실현에 기반한 오센틱 전쟁철학이라 개념하였고 본서의 핵심 주제이다.

현대 정의전쟁 이론의 대부 마이클 왈쩌Michael Walzer와 샌들Sandle은 이것을 공공선公共善이라는 이름으로 정의에 접근한다. 전쟁의 잔혹성이란 감정感情은 '자연 상태의 전쟁'을 '도덕적 현실의 전쟁'으로 만들며 그것은 국민들의 여론으로 가능하다고 말하고 있다.1) 전쟁수행에 있어 어려운 의사결정을 어렵지 않게 생각하는 장군들은 자기 임무와 직분에 필수적으로 수반되는 '전략적 실상'을 이해하고 있지 못하고 있거나, 무모하거나 위험에 무감각하다고 할 수 있다. 이 같은 군인들은 부하들을 지휘통솔하거나 전투를 수행할 자격이 없으며 이 같은 경우 소위 전투력 중의 한 부분(우측 반쪽)이 취약하다는 것을 알아야 하고 이 같은 문제를 놓고 고민해 위험을 모면하기 위한 조치를 취해야 한다. 그 한 부분이란 공공선으로서 바로 국민의 지지이다. 전략적 결심은 도덕적 차원의 결심과 동일하다. 군인과 정치가들은 잔혹성과 부정의不正義에 따른 위험을 올바로 인지하고 이 위험에 고민해야 하며 이것을 회피하기 위한 조치를 취해야 한다.2)

따라서 현대에 있어 전쟁은 제한전으로 수행될 수밖에 없고 또 그렇게 수행되어야만 한다. 현대의 제한전 이론은 이러한 철학적 배경으로 발전되었고 그것의 핵심은 실천이성의 차원으로서 실천지實踐智, Prudence의 구현이라 할 수 있다.

저자가 제시하는 오센틱Authentic 전쟁철학 접근모형에서 전쟁과 전략의 주제는 전쟁은 어떻게 수행되어야만 하는가? 하는 전쟁의 준비 및 시행에 관한 것이다. 이것의 세부주제는 전략연구, 안보연구, 현실주의적 평화연구 등이다. 이에 대한 현실적 접근법은 현실전쟁이론으로서 제한전 이론과 제한 핵전쟁 이론 등이 있고 이것은 현실주의 정치학자들인 네오 클라우제비치안들의 핵심 논리이다. 반면 이상적 접근법에서는 기본적으로 이념형인 절대평화이론과 절대전쟁이론이 있다. 절대평화 이론은 70-80년대 한때 풍미했던 시민주도방위Civil Based Defense: CBD론3)나 방어적 방어론 등이 있고, 절대전쟁이론으로서 총력전, 전면전 이론이 그리고 핵전략으로서 대량보복전략 등이 있으며 이것은 소위 클라우제비츠 추종자Clausewitian들의 이론이라 할 수 있다. 오센틱 전쟁철학의 조화적 접근법에서는 오센틱 제한전쟁론으로서 분별지의 균형, 현대적 국가이성(국가이익), 군비통제(핵 및 재래식) 등을 제시한다.

---

1) 마이클 왈쩌, 권영근 외 번역 『마르스의 두 얼굴: 정의의 전쟁과 부정의 전쟁』(서울: 2007, 연경문화사), pp. 83.
2) 마이클 왈쩌, 위의 책, p. 84.
3) 탈군사적인 시민주도 방위이론(CBD)은 '거부에 의한 억제' '합리적 선택이론' 그리고 '권력의 동의의존성'(consent dependency) 이론에 토대를 두고 있으며 금세기에 그 실천과 성공의 경험도 있다. 또한 1980년대에 북유럽에서는 방위정책의 하나로 입법화가 추진되기도 하였으나 많은 국가나 지역에서 쉽게 채택하기에는 어렵다. 현재 적용하고 있는 곳은 코스타리카이며 상비군이 없고, 최소한의 경찰과 민간 예비 자위조직이 시민사회를 자체 방어한다. 이러한 시민주도 방위론은 진 샤프(Gene Sharp)의 CBD(Civilian Based Defense) 이론에 근거한다. 전쟁 경험과 군사적 대치 상태에 있는 남북한은 서로가 선뜻 이를 수용할 가능성은 극히 희박하며 통일이 되더라도 주변 동북아 국가 모두가 CBD를 채택하지 않는 한 한반도에 적용되기는 어렵다. 일부 낭만적 좌파 진보이론가들이 주장하는 비현실적 이론이다.

제1절 전략철학의 중요성 대두

1. 전략사상의 변천

전쟁은 인간의 의지가 도달하지 못하는 신의 영역에 속하는 것인가? 하는 의문은 역사적으로 많은 사상가들에 의하여 연구되었다. 그 결론은 그렇지 않다는 것이다. 전쟁은 개인이나 정치가들, 혹은 국가가 일으키려 하거나 또는 오산하는데서 발생한다.[4] 전쟁은 국가정책의 결과가 아니면 정책의 빈곤에 의해 발생하는 것이다. 그리고 국가가 전쟁을 수행하는 중대한 정책을 일단 채택하면 그 후의 지도指導를 잘하고 잘못하고에 따라 승리, 또는 패배의 결과로 종결된다. 따라서 전쟁정책의 결정은 일부 군인이나 혹은 정치가에만 맡기는 것은 매우 어리석은 일로 인식되었다. 또한 이러한 중대한 문제를 일일이 국민대중과 토론하여 결정하는 것 또한 불가능한 일이다.

결정된 전략이 성공하느냐 못하느냐 하는 것은 총명하고 결단력 있는 일반 국민들의 지원을 얻을 수 있느냐 없느냐에 따라 결정된다. 전시에 있어서 민주국가에서는 위대한 지도자가 필요하게 되는데 이와 같은 사태에 직면하면 대개의 경우 영웅적인 인물이 출현한다. 조지 워싱턴, 링컨, 로이드 조오지Lioyd George, 웰슨, 클레망소Clemenseau, 처칠, 프랭클린 루즈벨트, 그리고 한국의 이순신 장군 등이 그러한 인물들이다. 이들의 위대한 지도력의 원천이 되는 것은 국민들의 정신력, 의지력 및 투철한 신념이다. 군의 군기軍紀와 군사행동이 이성적·합리적이어야 한다는 기본원칙을 세운 사람은 프러시아 장교인 스토이벤Steuben이었다. 그리고 미국 국민의 기초교육의 일부로써 군사교육을 실시해야 한다고 제안한 사람은 위대한 민주주의자였던 토마스 제퍼슨Thomas Jefferson이었다. 파스칼은 "무력이 없는 정의正義는 무력無力이며 정의가 없는 힘은 폭력이다. 우리는 정의와 힘을 결합시켜야 한다"고 말했다.

전략은 전쟁 자체와 전쟁 준비와 수행을 다루는 것이다. 이를 협의로 정의한다면 전략이란 전역戰役 Campaign에 대한 계획과 지도 및 부대지휘술이다. 전략은 전술과 다르다. 전술은 전장에서 개개의 부대를 직접 지휘하는 기술이다.

18세기 말까지 전략Strategy은 모략위계謀略危計를 본질로 삼고 있다. 전쟁의 간계奸計, ressede gurre 즉 적을 속여 승리를 거두는 것으로 해석되고 있었다. 그러나 시대가 바뀜에 따라 전쟁도 사회도 복잡해지게 되었다. 전쟁과 사회는 분리적인 것이 아니라 사회에 내재하는 성질 자체인 것

---

4) Edward Mcad Earl, Makers Modern Strategy, 곽철 역, 『신 전략사상사』(서울: 기린원, 1980), p. 8 서문.

이다. 이에 따라 전략도 필연적으로 비군사적 요소 즉 경제적·심리적·도덕적·정치적 및 기술적 고려가 중요한 요소로 대두되었다. 따라서 전략은 단순히 전시 뿐만이 아니라 평화 시에도 정치의 한 요소가 되었다. 전략의 용어를 협의적으로 사용할 경우 그것은 군사력을 운용하는 術술이라 정의된다.

현대에 있어 전략이란 국가자원의 통제, 그 이용법 및 다수 국가의 협동단결, 이들의 생명선 확보, 국가이익의 증진 등을 포함하며, 적의 현실적·잠재적인 공격 또는 예측할 수 있는 적에게 대응하는 술법 까지도 전략의 범주에 속한다. 대전략Grand Strategy은 국가가 전쟁 수단에 호소하지 않고 목적을 달성하거나 전쟁에 돌입한 경우 승리를 최대한으로 추구 하기위해 국가정책과 군비통합을 도모하는 일이다. 외교와 전략 그리고 정치와 군사는 불가분의 관계에 있다. 국가의 존립은 국민이 그 국가의 이익은 무엇인가, 그 이익을 증진시키기 위해서는 어떻게 해야 하는가 하는 인식의 정도에 달려있다. 그러므로 국민은 반드시 국가의 전략을 이해 할 필요가 있다. 그리고 이것이 일부 군인들에게 전면적으로 일임되어서는 안 된다. 군대는 민주적 기초인 국민들에 의해서 선정되는 것이다. 따라서 민주주의 국가에서 국가의 안전보장의 기초는 국민들 이어야 하고 그러지 않으면 안 된다.

역사적으로 공격자보다 방어자가 유리한 조건을 가졌으나 예외적으로 그러한 조건이 역전되는 사례가 있기도 하였고(1793년의 프랑스, 1933년의 히틀러) 공격자가 우세한 신무기 및 신 전술로 장비할 경우(독일의 급강하 폭격기, 장거리 폭격기 등)도 그러하였다. 19세기에 이르러 새로운 무기 출현(기관총과 잠수함)에 의해 방어력이 한 층 강화되었으나, 전차와 항공기의 출현으로 이러한 경향은 새로운 전기를 맞게 되었고 현대에 이르러 핵무기의 출현과 이에 대한 방어력Missile Defense이 현대 전략을 지배하게 되었다.

현대에 이르러 군사문제는 정치·경제·사회 및 기술적 요소들이 상호 교차되어 있어 순수하게 군사전략만을 다루는 것은 불가능하다. 오늘날 이와 같이 정치와 전략은 불가분의 관계에 있다.

2. 전략 수행에 요구되는 철학

군사력 위주의 전략 개념은 목표, 방법 그리고 수단을 포함하고 있다. 전략 목표는 국가이익으로 표현되는 국가목표를 달성하기 위하여 필요한 군사목표를 결정하는 것이다. 전략 수단이란 인적·물적 자원과 무기 등 모든 군사자원을 말한다. 전략 방법 또는 전략 개념은 국가정책목표를 달성하기 위하여 군사적 수단을 어떻게 사용할 것인가를 말하는 것으로서 전략의 가장 핵심이 되는 측면이다. 라이케Auther F. Lykke, Jr는 전략을 다음과 같은 도식으로 표시하고 있다.5)

$$전략 = 정책목표 + 전략수단 + 전략방법$$

따라서 전략가는 이러한 세 가지 전략요소들의 유기적 관계를 정확히 파악하여 잘 조화시 킴으로서 전략을 성공시킬 수 있다. 이론적으로는 정책목표와 전략개념이 수단, 즉 군사력의 구조와 그 준비범위를 결정해야 하지만 현실적으로는 현존하는 군사력의 능력이 전략개념, 심 지어는 군사목표를 결정하는데 영향을 미친다. 바로 이러한 이상과 현실의 괴리로 인하여 전략 가들은 목표를 달성하기 위한 방법보다는 수단에 더 많은 관심을 기울이는 경향을 나타낸다. 이러한 예로서 미국이 월남전에서 전투에 승리하였지만 전쟁에는 패배하였던 경우를 들 수 있 다. 미국이 월남전에서 패했던 원인은 전략적 면에서 크게 두 가지를 지적할 수 있다. 첫째 원 인은 미국이 군사전략과 국가정책의 관계를 구분하지 못함으로서 월남전의 본질을 파악하지 못한 점이며, 둘째는 미국이 월남전을 전략적 맥락에서보다는 독자적인 사건으로 오인 misperception하였던 점이다.

2차 대전 이후 미국은 핵무기 보유로 인하여 군사전략에 대한 관심이 달라지게 되었고, 이에 대한 연구도 직업군인들이 아닌 정치학자들과 체계분석가들이 주축이 된 민간인들에 의 해 수행되었다. 정치학자들이 정치적 목적을 달성하기 위하여 사용되는 전쟁의 정당성에 대하 여 주로 공헌하였다면, 체계분석가들은 전쟁에서 사용되는 수단이 효과적인 운용방법을 개발 하는데 중점을 두었다. 따라서 미국의 민간전략가들은 전략의 목적과 수단에 대해서만 주로 관심을 가졌을 뿐, 정치학자들이 정당화시킨 목적을 달성하기 위하여 체계분석가들이 마련한 수단을 어떻게 사용해야 할 것인가 하는 방법, 즉 전략 개념의 개발에 소홀히 하였다.

이 결과로 미국은 월남전에서 미국의 안보목표 달성을 위한 군대의 적절한 운용에 실패하 였다. 즉 월남전을 전략적 맥락에서 승리할 수 있도록 월남주민들과 미 국민들로부터 적절한 지지를 받는데 실패하였던 것이다. 특히 오늘날과 같이 매스미디어가 발달된 상황에서는 모든 전투행위가 시시각각으로 국민들에게 전달되기 때문에 전투행동이 행정부의 결정과 국민의 인 식에 지대한 영향을 미치게 된다. 더 나아가 국민들은 군대가 행정부의 수단으로 사용되는지 또는 국민의 수단으로 사용되는지에 대해서도 관심을 갖게 된다. 따라서 국민 여론의 호응을 받지 못하는 전쟁은 비록 전투에서 승리할지 모르지만, 전쟁 그 자체에서는 실패하지 않을 수

---

5) Arthur F. Likke, "Toward an Understanding of Military Strategy," U. S. Army War College (ed), Military Strategy: Theory and Application (Carlisle Barracks, PA: U. S. Army War College, 1982), p. 31.

없다.6)

　　이에 따라 전략가는 전략 개념을 수립할 때 국민, 정부, 그리고 전쟁이라는 세 가지 대상을 고려하지 않으면 안 된다. 이와 같은 정치행동은 전쟁이 발발하기 이전이나 전쟁 수행 기간 동안의　군사행동에 지대한 영향을 미치기 때문에, 오늘날 전략은 쌍방이 가능한 한 최소의 손실을 입는 범위 내에서 정치목적을 추구할 수 있도록 계획되어야하고 수행되어야 한다. 따라서 군사전략가는 군사적 요소는 물론이고 정치적 요소를 신중하게 고려하여 양자의 균형·보완관계 속에서 군사전략을 구상해야 할 것이다. 이러한 것은 실천지實踐智로서 가능하다. 신중한 Prudence 접근이 요구되며 이러한 측면이 전략의 철학 영역이라 할 수 있다.

---

6) 백종천, 『국가방위론: 이론과 실제』(서울: 박영사, 1992), pp. 124-126.

제2절 전쟁양상의 역사적 변화

1. 전쟁양상 개념의 변화 역사

중세의 전쟁 개념에서 근본적인 것은 전쟁과 권리의 귀속관계다. 원래 전쟁이라는 의미로 쓰이던 라틴어 '벨룸'bellum은 "침해된(권리)질서"를 뜻하는 '게라'guerra라는 단어에 자리를 비켜 주고[7] '전투'만을 의미하게 된다. '전쟁' 개념은 중세에 "권리분쟁 자체"에서 "무력에 의한 권리분쟁"으로 의미가 축소되는데 이는 중세의 '페데권'fehderecht[8]의 발전 때문이다. '페데'fehde란 유럽 중세 때 자유인 사이, 특히 봉건귀족이나 도시끼리 벌였던 합법적인 개인들 간의 사투私鬪, 私刑를 의미한다. 전쟁에 있어서 '신사도'紳士道의 개념은 여기에서 유래한다. 이 페데권의 발전으로 점점 더 많은 인간 집단은 기존에 허가되던 무력에 의한 분쟁해결을 선택하지 못하게 된 것이다. 전쟁은 무력사용을 합법적인 것으로 인정한 기존 법질서의 테두리 내에서 구체적인 권리분쟁이 무력에 의해 해결되는 것으로 이해되었다. 따라서 중세의 전쟁은 권리분쟁으로서의 그 개념에 걸맞게 최소한의 무력 행위에 의해 수행되었다. 따라서 중세에 있어서는 그렇게 많은 전쟁이나 전투가 역사에 기록되어 있어도 사회가 유지되고 발전할 수 있었던 것이다. 우리가 흔히 생각하는 국가 간의 전쟁이나 전투가 그렇게 많이 중세 유럽에 있었다면 문명이 존재하기 힘들었을 것이다.[9]

이러한 연장선상에서 '정당한 전쟁' 독트린이 생겨났다. 전쟁을 벌이기 위해서는 '명분'이 필요한 것인데 이는 '부당하게 침해당한 권리의 회복'을 뜻한다. 구체적으로는 빼앗긴 재물의 탈환이나 (국가나 민족을 포함한)사회집단의 방어를 위한 경우이다. 이것이 아닌 사적私的인 전쟁은 전쟁이 아니라 '분쟁'으로 규정된다.

근대에 들어서서 '전쟁' 개념은 다양하게 변화되었다. 중세 말기 종교전쟁(30년 전쟁)은 중세의 '전쟁' 개념을 넘어선다. 이 전쟁의 참혹한 결과는 이후 오랜 기간 '내전'에 대한 혐오를 낳는다. 자연법주의자들(토마스 홉스 등)의 사상에서 전쟁은 국가 간의 '만인의 만인에 대한

---

7) Guerra is a Portuguese, Spanish and Italian term meaning War. People with the surname.

8) 봉건국가의 지배관계는 극히 엄격하게 행사되었으며, 이로 인한 여러 영주세력의 균형유지가 봉건국가를 존속시키는 대전제가 되었다. 따라서 법(法)의 실시가 중요시되었는데, 그 법도 봉주와 봉신의 상호관계에 의해서 이해되는 것이며, 당사자 간의 이해(利害)가 대립될 경우에 그것은 실력행사에 의해서만 해결되었다. 이 실력행사는 한편으로는 분쟁을 실력으로 해결하는 페데권(fehde 權: 私刑)으로서, 다른 한편으로는 신판(神判)으로서, 법 자체에 의하여 공인되고 있었다.

9) Wilhelm Janssen, 『전쟁 개념의 역사적 변화』, 권선형 역(서울: 푸른역사, 2010) 서평.

투쟁'인 자연적인 상태가 된다. 즉, 전쟁은 '국가'들 사이에서만 가능한 개념이 되고 전쟁의 본성은 실제 전투에 있는 것이 아니라 전투할 의도가 알려져 있는 데 있다.

국가와 전쟁이 결합함으로써 국가의 무력이 작용하는 면에서 외부와 내부에 동일하게 판단, 평가되기 시작하여 국가 내적인 특성은 억압이 된다. 경제적 능력은 향상되었음에도 정치적 결정권을 갖지 못하는 시민계급은 국가를 강제기구 그 자체로 여겼다. 그러므로 전쟁이 없는 영구평화는 이러한 구체제 국가들을 제거해야 도래할 수 있게 되었다. 이런 제거는 바로 혁명, 즉 '내전'이라는 고통스런 수술과정을 거쳐야 한다. 그리고 프랑스 민주혁명이 일어난다. 혁명 후 프랑스는 내부적으로도 외부적으로도 군주제를 옹호하는 왕당파王黨派와 맞서게 된다. 프랑스 혁명 이념의 전파라는 메시아적 사명을 가지고 프랑스가 구 유럽의 세력들과 벌인 전쟁은 국제적 내전의 성격을 띠었다. 그리고 이러한 소명을 가진 병사들의 전투력은 기존의 구세력이 가진 병력들의 전투력을 상회하고 더욱 탄력적인 전술 운용을 가능하게 하였다. 또, 이데올로기에 따른 메시아적 소명 의식은 인류의 문제에 대한 열광으로 인해 금방 민족적인 우월감 쪽으로 옮겨갔다. 혁명전쟁에서 민족전쟁이 된 것이다.

민족 전쟁의 개념은 전쟁은 인류의 본성이며 전쟁으로 인해 문명이 진보한다는 '전쟁주의'戰爭主義를 번성시키게 된다. 클라우제비츠는 전쟁을 "적을 강요하여 우리의 의지를 충족시키기 위한 무력행위로, 다른 수단들이 개입된 정치적 교류의 연장으로" 본다. 비스마르크는 전쟁을 합법적 정치 수단으로 다루었다. 민족주의의 번성과 함께 민족국가가 확립되면서 전쟁주의는 "국가는 전쟁이 일어나야 비로소 그 진정한 의미를 드러내기 때문에" 국가와 동일시된다. 이러한 전개는 군국주의와 제 1차 세계대전을 낳게 된다. 또한 혁명적 내전 개념의 전통은 마르크스주의에 이르러 계급투쟁의 역사를 통해 전쟁을 파악하였다.

20세기 들어 핵무기의 등장은 이전까지의 전쟁개념을 송두리째 변화시켰다. 국가 간 전쟁에 정치수단이라는 의미를 부여하거나 전쟁주의자들처럼 전쟁을 주전론主戰論적으로 신격화하는 것이 불가능해진 것이다. 또한 1차 세계대전 이후 '총력전'은 더 이상 전쟁이 군인들끼리의 전투가 아니라 민족 혹은 국가 전체가 맞닥뜨리는 것이 되었고, "도덕적인" 의미에서 상대국가와 국민을 괴멸시킴으로써 무조건적인 자기주장을 하는 것이 되었다.

냉전이 종식된 후 핵전쟁은 종말을 고하는 듯 했으나 9.11 테러는 국제분쟁 양상을 180도 바꾸어 놓았다. 이제는 과거의 전쟁개념만으로는 세계 도처의 다양한 갈등을 설명하기 어렵게 되었다. '총력전' 개념보다는 '제한전' '국지전' '테러전(대분란전)' 개념이 현대 전쟁 개념으로 대두되게 되었고 전쟁의 탈국가화 및 문화(문명)전쟁, 제4세대 전쟁 개념이 대두되었으며, 전쟁 양상warfare은 우주·사이버전의 5차원 전쟁으로 확대되었다.

2. 9.11 테러와 현대전쟁 양상의 변모

9.11 테러를 기점으로 인류는 새로운 형태의 전쟁과 조우하였다. 그것은 전쟁의 목적으로부터 연유하는 전쟁war의 유형변화이고, 다른 하나는 군사기술 변수의 결과인 전쟁양상warfare, 즉 전장조건 또는 작전방식(군사전략)의 변화이다. 이는 전쟁에 관한 패러다임의 일대 변혁이라고 볼 수 있다. 현대(국민국가시대)에 이르러 전쟁 패러다임의 변화는 네 차례 있었는데 그것은 첫째, 국민전쟁 패러다임 둘째, 혁명전쟁 패러다임 셋째 군사기술 혁신에 의한 정보전쟁 패러다임이며 넷째, 9.11 테러를 통하여 새로운 형태의 전쟁 즉 대테러전 패러다임을 목도하게 된 것이다. 이들 전쟁 유형은 자체로 독립된 개념이라고는 할 수 없고 상호 중복된 형태로 나타나고 있다고 볼 수 있다.

다국적군도 국민전 요소이며, 국민전과 혁명전쟁이 격돌한 대표적 예가 월남전이었으며, 걸프전과 대테러전으로 수행된 아프간전과 이라크전은 정보전과 국민전의 형태이며 아직도 계속되고 있는 중동지역의 무력충돌은 혁명전 유형이라 할 수 있다. 물론 그 바탕은 국민주권national sovereignty 수호를 위한 클라우제비츠의 정치적 전쟁 개념이 기본이다.10)

전쟁유형type of war 면에서 패러다임의 변화를 살펴보면 1948년 웨스트팔리아 강화조약 이후 서양인들은 국가를 중심으로 한 '국가안보 패러다임'을 형성하였다. 이 패러다임이 가정하고 있는 몇 가지 전제는

첫째, 국제정치상에서 국가는 독립적인 존재이기도 하지만 국제정치 기본단위인 행위자로서 영원히 존재한다.

둘째, 각국은 경쟁국들과 비교해서 자신의 존재를 항시 평가한다. 각국은 적을 상대하고 우군을 상대로 하는 안보정책을 수립한다.

셋째, 각국은 자기에게 가장 유리한 국제체제를 수립하려고 노력한다.11) 등이다.

이처럼 근대국가modern state(영토, 국민, 주권국가) 시대의 전쟁은 국민전쟁 유형으로서 국가주권과 국가이익을 위한 전쟁, 즉 국가에 근거한state-based 전쟁 또는 클라우제비츠가 제시한 삼위일체 전쟁trinity war(국가와 군대와 국민의 전쟁)이 대종을 이루었다.

---

10) 이러한 측면에서 현대전 분석에 있어 클라우제비츠의 유용성은 계속된다. 헌팅턴의 문명충돌론의 영향으로 한때 문명전쟁에서의 클라우제비츠 이론의 적실성과 관련하여 비판이 제기된 적도 있고 과학기술 발전에 따라 기술적 요소를 강조 4위일체 이론으로 조정되어야 한다고 문제가 제기되기도 하였으나 이러한 비판들은 클라우제비츠의 이론을 제대로 소화하지 못한 결과이며 클라우제비츠의 이론은 대테러전 분석에도 아주 유용하다 할 수 있다. 클라우제비츠이론의 현대적 해석은 강진석, 『전략의 철학』(서울: 평단문화사, 1996) 참조, 또한 문명충돌론과 관련하여 정보전시대에 있어 클라우제비츠 비판과 유용성에 관한 분석은 강진석, "문명의 충돌과 클라우제비츠", 「공군평론」, 제106호, 대전: 공군대학, 2000, 참조

11) 임용순, 「포괄적안보 연구」, 「AWC 강의자료집」, 공군대학, 2002. 4.

다른 한편으로 국민전쟁 유형과 더불어 대두된 것이 '혁명전쟁' 유형이다. 이는 이데올로 기적 전쟁유형으로서 게릴라전등 새로운 전쟁 형태를 나타냈는데 20세기 후반 냉전의 소멸과 함께 개념이 약화되었다. 물론 중국과 북한 등 아직도 사회주의를 표방하고 있는 국가들과, 제 3세계국가에서는 여전히 이념전쟁 유형으로 남아있으며 9.11 테러를 유발한 이슬람 원리주의 자들에 의한 전쟁도 이에 속한다 할 수 있다.

이와는 다른 측면에서 과학 기술의 발달에 의한 새로운 전쟁유형이 대두되었는데 그것은 최근 걸프전 이후로 대두된 '정보전쟁' 유형이다. 이것은 과학기술의 혁신으로 야기된 것인데 기존의 3차원(지상, 해상, 공중) 전쟁에 기동과 속도가 더해져 4차원 전쟁, 우주와 사이버전으 로 확장된 5차원 전쟁 유형으로 확대되었다. 정보기술이 발달하게 되면서 더 이상 전쟁 형태가 국민전 유형으로 일어날 가능성이 낮아지면서 전략적으로 클라우제비츠의 전쟁방식이 더 이상 유용하지 않은 것처럼 보였고 이에 대한 비판이 제기되기도 하였다.12)

그러나 국가주권이 유지되는 한 국가에 의한 '국민전쟁' 유형은 사라질 수가 없다. 아직도 탈 근대국가 시대는 아니기 때문에 국가 간 전쟁의 가능성과 전쟁의 지리 전략적, 정치적 원인 은 변하지 않고 있다. 정보와 지식혁명이 지정학의 항구적 요소를 변경시키리라는 증거는 없 고13) 국가의 정치적 의지는 변함이 없다.14) 소련이 붕괴된 이후 성급한 급진적 평화주의자들 은 소위 "냉전구조"가 해체되어 "탈냉전 시대"가 열렸으므로 종래의 군사초강대국이었던 미국 과 소련간의 전면 전쟁위협 가능성이 희박해지고 국가 간의 전쟁은 소멸될 것이라는 진단을 하기도 하였다. 그러나 그 결과는 정반대로 나타났다. 냉전의 소멸은 바로 평화를 의미하는 것 이 아니고 더 많은 숨어있던 갈등의 표출로 이어졌고 세상은 더욱 혼잡스러워졌다. 분쟁과 전 쟁의 주 패러다임은 진영 간block-based이나 국가들 간state-based의 것에서 "정체성에 근거한" identity-based 분쟁이나 전쟁으로 그 빈도가 증가되는 방향으로 변경되고 있다.15)

---

12) 헌팅턴의 문명충돌론이 제기되면서 때를 맞추어 영국 육군사관학교 교수인 존 키건(John Keegon)은 1993년 『전쟁의 역사』(*A History of Warfare*)라는 책을 내었는데 거기서 정치의 연장이라는 클라우제비츠의 정의를 정 면으로 비판하고 문화전쟁론을 주창하였다. 또한 Martin Van Crevelt도 1990년『전쟁의 역사적 변화』(*Historical Change of War*)라는 책에서 클라우제비츠의 삼위일체 전쟁관을 비판하고 기술적 요소를 중요하게 제시하면서 4위일체 전쟁 개념을 제시하였다.

13) Robert H. Scales, Jr., *Future Warfare: Anthology* (Carlisle Barracks, PA: U.S. Army War College, May 1999), p. 98.

14) Aron L. Friedberg, Asia's Sttrategic Configuration is 2020: Potential Paths and Implications, *Paper Presented for the 3rd International Air Power Conference* (Seoul: Yonsei University, August 31-September 1, 2000), pp. 7-10, 류재갑, 앞의 논문, 재인용.

15) 위의 책, pp. 16 및 28. 후쿠야마는 탈냉전으로 국가의 기능이 약화되고 시장경제에 의해서 주도될 것이라고 '역사의 종말'에서 예견했으나, 최근 오히려 강력한 국가가 필요하게 되었다고 말하고 있다. Francis Fukuyama, 'Bring back the state', Guardian, Sunday July 4, 2004.

이러한 때에 9.11 테러리즘은 전 세계를 경악케 하며 전쟁패러다임의 변화를 보여주는 계기가 되었다. 그 주요한 특징은

첫째, 현대에는 전쟁 당사자의 양측 모두에게 엄청난 희생과 비용이 수반되어 국가들 간의 전쟁 즉 국가와 국가 간의 국민전쟁 발발 빈도는 현저히 줄어들었다는 것이며,

둘째, 세계화가 진행되면서 국제사회의 질서가 지리경제적Geo-economy 중요성이 부각되었는데 이제 다시 지리안보적Geo-security 문제가 국제관계의 핵심 의제로 다시 부각되었다는 점이다. 즉 국가안보 문제가 세계화Globalization 또는 세계적 통치Global Governance에 있어서 경제적 문제와 함께 중요한 국제문제로 다시 대두하게 된 것이다.

셋째, 문명 대 반문명의 전쟁으로 비화할 가능성이 내재되어 있다.

넷째, 9.11 테러전의 가장 큰 특징은 '비국가 단체'가 전쟁행위자non- state actor로 되었다는 점이다.

다섯째, 과거에는 대테러전을 '전쟁이외의 군사 활동'MOOTH War으로 인식하였으나 이제 대테러전은 중요한 군사 활동으로 인식되는 계기가 되었다.16)

3. 4세대 전쟁(4GW)의 대두

현대전쟁 양상으로 새로이 대두된 개념이 제4세대 전쟁이다. 제4세대 전쟁4 Generation War: 4GW이란 마오쩌둥의 '인민 전쟁'에서 구체화된 것으로서 기존의 1·2·3세대 전쟁과는 전혀 다른 성격을 띠는 것이다. 기존의 전쟁 형태가 적의 군사력을 파괴하거나 무력화하는 것에 초점을 두고 있다면 4세대 전쟁은 군사적인 승리보다는 적의 정치적인 의지를 직접 분쇄하는 데 초점을 두고 있다. 4세대 전쟁에서는 활용할 수 있는 모든 네트워크를 동원해 적국의 정치 지도자들에게 좌절을 안겨주는 것이 목적이다. 적국은 절대로 전략적인 목표를 달성할 수 없으며, 설사 달성된다고 해도 엄청난 대가를 치를 수밖에 없다는 것을 적국에게 인식시키는 것이 목표가 된다. 여기서 네트워크는 단순히 군사적인 부문에 제한되지 않는다. 정치·경제·문화의 모든 네트워크가 이런 목표를 위해 동원된다. 최근에는 정보전 차원에서 컴퓨터 해킹 및 DDOSDistributed Denial of Service(분산서비스거부) 공격에 의한 상대방 국가 기간전산망의 네트워크 마비가 중요 공격 수단으로 등장하였다.

주의할 점은 4세대 전쟁에서 군사적 강자가 반드시 승리한다는 보장이 없다는 점이다. 역

---

16) 미 합동참모본부는 2004년 9월 발간된 「합동작전」 교리 초안에서 대테러전 등 전쟁이외의 군사활동을 전쟁 또는 전쟁 이외의 구분이 없이 제반 합동작전의 하나로 기술하고 있다.

사상 유례없는 강대국인 미국도 4세대 전쟁에서는 베트남, 레바논, 소말리아에서부터 최근에는 이라크와 아프가니스탄에 이르기까지 줄줄이 패배를 거듭하고 있다. 프랑스는 베트남에서, 옛 소련은 아프가니스탄에서 4세대 전쟁의 쓰라린 패배를 맛보았다. 제4세대 전쟁은 철저히 나의 의지를 적에게 강요하기 위한 수단이라는 클라우제비츠의 언명을 다시금 되 새겨보게 하며 일부 문화(문명)전쟁이론가들이 주장하는 클라우제비츠 이론의 쇠퇴라기보다는 오히려 클라우제비츠 전쟁이론의 유용성을 재확인하는 전쟁 형태라 할 수 있다.

'4세대 전쟁'4 Generation War이라는 용어는 1989년 윌리엄 린드William S. Lind와 그의 동료들에 의해 처음 사용되었다.17) 린드는 근대국가의 등장 이래 전쟁양상은 진화해왔는데, 지금까지 크게 3단계의 진화 과정을 거쳐 왔고, 현재 네 번째 단계, 즉 4세대 전쟁양상으로 옮겨가고 있는 중이라고 설명한다. 그의 분류에 따르면 1세대 전쟁은 베스트팔렌 평화Peace of Westphalia 이후부터 나폴레옹 전쟁에 이르는 시대의 전쟁으로서 이 시기에는 활강식 머스킷 소총과 밀집대형 전술과 같은 새로운 무기 기술과 전술을 보유한 근대적 성격의 주권 국가가 전쟁의 중요 행위자로 본격적으로 등장하게 된 시기이다.

전쟁의 제2세대는 나폴레옹 전쟁 이후 제1차 세계대전에 이르는 시기로서, 대혁명 이후 주권국가의 성격이 국민국가로 바뀜에 따라 전쟁도 애국심과 민족주의로 무장한 대규모 국민 군대 사이의 전쟁으로 바뀌게 되었다. 또한 산업혁명의 결과로 보다 강력해진 화력과 통신 및 이동수단이 등장하게 되었고, 특히 장사정포와 전신, 그리고 철도가 전쟁에 사용되면서 소모전attrition이 2세대의 대표 전술이 되었다. 독일의 몰트케Moltke 장군은 이러한 전술로 독일을 19세기 말 최강의 국가로 만들었다.

3세대 전쟁은 1차 세계대전 이후 현재까지 이루어지고 있는 전쟁양상이다. 기존의 세대와 달리 3세대에서 전쟁은 엄청난 화력과 정밀무기를 바탕으로 하는 기동전을 특징으로 한다. 특히 신속하고 정밀한 이동수단을 사용하여 적의 후방을 타격하여 신속하게 전쟁을 종결짓는 전략이 모색되었는데, 고성능 전투기와 전차를 중심으로 하는 전격전blitzkrieg이 대표적인 이 시대의 전술로 등장했다.

4세대 전쟁의 가장 큰 특징은 1세대 전쟁 이후 전쟁의 중요 행위자였던 국가 이외에 새로운 행위자인 비 국가 행위자가 전쟁의 중요 행위자로 등장하게 되었다는 사실이다. 새로운 전쟁에서의 전투는 나폴레옹 이후의 국민군대 중심의 전투와 달리 분산된 전장에서 분권적 병참에 따른 높은 기동력을 가진 소규모 비국가 조직에 의해 전개되며, 물리적 파괴가 아닌 적 내부

---

17) William S. Lind, Keith Nightengale, John F. Schmitt, Joseph W. Sutton, Gary I. Wilson, "The Changing Face of War: Into the Fourth Generation," Marine Corps Gazette (October 1989), pp. 22-26.

의 사회적·문화적 붕괴를 전투의 목적으로 삼는다. 따라서 4세대 전쟁에서는 전투의 행위자의 구분, 전선의 구분, 더 나아가 전쟁과 평화의 구분이 모호해진다.[18]

〈표 3〉 4세대 전쟁 개념에서의 전쟁의 세대 구분

구분	1세대	2세대	3세대	4세대
시기	베스트팔렌 이후	나폴레옹이후	1차 대전 이후	20세기 중반 인민전쟁 이후
주요행위자	국가	국가	국가	국가 및 비국가 행위자
특징	근대국가의 등장과 무력의 독점	국민 군대의 등장과 소모전	대규모 기동력 중심의 총력적	소규모,분권적 조직의 분란전 (insurgency), 저강도 분쟁

이러한 양상의 전쟁에서는 전략적 '무게중심'strategic center of gravity이 쉽게 파악되지 않으며, 따라서 결정적인 일격에 의한 적군의 괴멸보다는 장기적인 관점에서 적대 세력 내부의 시민과 정책결정자의 마음을 사로잡아 적대 세력 스스로 물러나거나 굴복하게끔 만드는 것을 추구한다.[19] 린드가 구분한 전쟁의 세대는 대략 〈표 3〉과 같이 묘시될 수 있다.

기술적, 사회적, 정치적, 경제적 변화로 인해 미래의 전쟁양상이 대규모 기동전으로부터 소규모 저강도 전쟁양상으로 전환될 것이라는 4세대 전쟁 개념의 논리적 기반은 이미 1970년대 초반부터 등장한 것이다. 1971년 영국군 장성이었던 프랭크 킷슨Frank Kitson이 저강도작전low intensity operation 개념을 제시한 이래 저강도 분쟁low-intensity conflict 혹은 저수준 분쟁low-level conflict에 대한 논의가 꾸준하게 전개되어 왔다.[20] 미국 육군 전투교범에 따르면 저강도 분쟁이란 적대적인 국가 혹은 집단들이 재래식 전쟁보다는 낮지만 일상적인 평화적 경쟁보다는 높은 수준에서 정

---

18) 조한승, 「4세대 전쟁의 이론과 실제: 분란전(insurgency) 평가를 중심으로」, 『국제정치 논총』 제50집 1호, 2010. pp. 219-223. 참조

19) 4세대 전쟁에서는 전투가 아닌 상대의 마음을 사로잡음으로써 전략적 효과를 거두는 것이 중요함을 강조하면서 린드는 미국 해병대가 이라크 남부의 한 도시에서 대분란작전(counter-insurgency)을 전개하던 중 시아파 밀집지역 한 곳에서 거행된 현지 주민의 장례행렬과 마주하게 되자 길 양옆으로 물러서서 헬멧을 벗고 망자에게 조의를 표하는 모습이 알려진 후 이 지역에서의 저항이 크게 줄어들고 결국 이 지역을 안전하게 관리할 수 있게 되었다는 사례를 제시하였다. William S. Lind, "Fourth Generation War," in Winslow T. Wheeler and Lawrence J. Korb, *Military Reform* (Westport, CT: Praeger Security International, 2007), Appendix V, p. 197.

20) Frank Kitson, *Low Intensity Operations: Subversion, Insurgency, Peace-keeping* (London: Faber and Faber, 1971).

치적·군사적 대결 양상을 보이는 것을 말한다.21)

저강도 분쟁에 대한 논의의 기저에는 기존의 대규모 군대 중심의 전쟁보다는 반군이나 민병대와 같은 비 국가 행위자들nonstate actors에 의한 전쟁이 미래의 전쟁양상이 될 것이라는 예측이 깔려있었다. 이러한 전쟁에서는 엄청난 화력과 기동력과 같은 양적 중심의 군사력보다는 문화적·역사적 배경에 따라 전투의 의미와 목적이 결정되거나 변화하는 전쟁의 맥락적contextual 성격이 강조된다. 하지만 냉전기간 중에 대규모 기동전 중심의 기존의 전쟁양상이 계속 진행됨에 따라 1980년대에는 다소 절충적인 입장이 제시되었다. 즉, 미래에는 기존의 대규모 기동전 중심의 전쟁양상과 더불어 게릴라전과 국제 테러리즘을 포함하는 저강도 분쟁 형태의 전쟁양상이 '공존'하게 될 것이라는 예측이 제기되었다.

1983년 미국의 정부 보고서에서 브라이언 젠킨스Brian Jenkins는 미래전에서는 재래식 전쟁, 게릴라전, 국제 테러리즘 등 3가지의 무력분쟁 요소가 공존할 것이며, 국가와 국가하부subnational 행위자들은 이러한 요소들을 개별적 혹은 교환적으로, 그리고 연속적 혹은 동시적으로 운용하게 될 것이라고 전망했다.22) 그는 이러한 양상의 전쟁이 "20세기 세계대전으로부터 연유된 전쟁 모델과는 상당히 다른 전쟁의 시대"를 가져올 것이라 평가하는 한편, 이는 (무력분쟁이 국가 경계에 의해 제약받지 않는) 근대 국민국가 등장 이전의 르네상스 혹은 17세기 초반의 전쟁과 유사할 것"이라고 예측했다.23)

1990년대 갑작스런 냉전 구도의 해체와 더불어 기존의 국가가 해체되거나 국내의 소수세력들이 독립을 추구하는 현상이 나타나면서 국가 내부의 무력분쟁이 급증하게 되었다. 이에 따라 그동안의 절충적 입장에서 벗어나 비국가 행위자 중심의 저강도 분쟁이 미래전 양상이 될 것이라는 예측이 다시 확대되었으며, 전술한 바와 같이 1980년대 말 린드가 '4세대 전쟁'의 개념을 구체화함으로써 비 국가 행위자 중심의 미래전 논의가 더욱 활발해졌다.

크레벨트Martin van Creveld는 대표작인 『전쟁의 변천』The Transformation of War에서 베스트팔렌 이후 무장폭력을 독점해온 근대국가가 미래에는 사라질 것이며, 그 대신 우리가 흔히 테러리스트, 게릴라, 반도, 약탈자라고 불러왔던 행위자 집단에 의해 전쟁이 치러질 것이라고 주장하는 한편, 미래의 전쟁에서는 '어떻게' 승리하느냐 보다는 '누가' '무엇을 위해' 싸우느냐가 더 중요하다고 역설했다.24) 이와 유사하게 홀스티K.J. Hosti도 전쟁의 목적, 민간인의 역할, 전쟁 제도, 전쟁

---

21) United States Department of the Army, *Field Manual 100-20: Military Operations in Low Intensity Conflict* (December 5, 1990). p. 1.

22) Brian Michael Jenkins, *New Modes of Conflict, Report prepared for the Defense Nuclear Agency* (Santa Monica, CA: Rand, 1993), p. v.

23) Jenkins (1993), pp. v-vi.

24) Martin van Creveld, *The Transformation of War* (New York: Free Press, 1991). 이 책에서 Creveld가 '4세대 전쟁'

의 기간과 단계 등에서 오늘날의 전쟁은 과거의 전쟁과 뚜렷한 차이를 보인다고 평가하고, 미래의 전쟁은 인민전쟁people's war 양상을 띠게 될 것이라고 주장했다.25)

위와 같은 주장들을 마치 맞아떨어진 예언처럼 만들어버리듯, 21세기가 시작되자마자 발생한 2001년의 9.11 테러사건과 아프가니스탄과 이라크에서의 전쟁은 4세대 전쟁 개념이 제시하는 미래전의 양상에 대한 관심을 더욱 크게 만들었다. 현재 이라크와 아프가니스탄에서 미국이 상대하는 세력이 국가가 아닌 반군집단이나 국제테러집단이라는 점에서 기존의 '국가 대 국가' 전쟁과는 뚜렷하게 구분된다. 게다가 이들 지역 모두에서 막강한 전력을 가진 미국이 탱크나 전투기 한 대 보유하지 못한 이들 세력에게 고전을 면치 못하는 상황이 지속됨에 따라 미래전의 양상이 변모하고 있다는 논의가 더욱 활발하게 전개되었다. 특히 2004년 미국 해병대 장교인 함메스Thomas X. Hammes가 『물매와 돌멩이: 21세기 전쟁론』The Sling and the Stone: On War in the 21st Century을 출판하면서 4세대 전쟁의 관점에서의 아프가니스탄 전쟁과 이라크 전쟁에 대한 평가와 비판이 본격적으로 이루어졌다.26) 그는 4세대 전쟁의 기원을 마오쩌둥毛澤東의 인민전쟁에서 찾는 한편, 정치적 의지가 경제적·군사적 힘보다 강하다는 신념이 미래전 승패의 관건이 될 것이라 예측했다. 특히 그는 부시 행정부 하에서의 지나친 기술중심적 접근을 비판하면서 미국의 군사혁신RMA이 장기적이고 은밀하게 대중과 지도자의 마음을 얻는 것을 도외시한다고 평가했다. 함메스의 출판 이후 4세대 전쟁에 대한 논의는 더욱 활발해졌다. 미국의 세계전략적 차원으로 4세대 전쟁 논의를 확대하는 연구와 더불어,27) 4세대 전쟁을 유럽 등 다른 국가들의 군사전략 및 중동 이외의 다른 지역에서의 무력분쟁 등에 적용하여 평가하려는 연구가 이루어지기 시작했다.28) 한편 4세대 전쟁 논의가 확산되는 것과 더불어 4세대 전쟁 개념의 적실성에 대해 문제를 제기하며 국가/비국가 행위자 구분으로 전쟁의 진화를 설명하는 것은 전쟁의 역사성을 무시하는 것이라고 주장하거나,29) 4세대 전쟁이 강조하는 소규모 분산적 전투행위는 대규모 교전을 가로막는 교란작전에 불과한 것이라고 평가절하 하는30) 비판적 연구

이라는 용어를 직접적으로 사용하지는 않았으나, 그가 제시하는 미래전의 양상은 4세대 전쟁 논의의 맥락에서 충분히 이해될 수 있다.

25) K.J. Holsti, *The State, War, and the State of War* (Cambridge: Cambridge University Press, 1996).

26) Thomas X. Hammes, *The Sling and the Stone: On War in the 21st Century* (St. Paul: Zenith Press, 2004). 실제로 이 책의 표지는 팔레스타인 소년이 이스라엘 탱크를 향해 돌멩이를 던지는 사진으로 디자인되었으며, 이를 통해 다윗이 돌물매질로 거인 골리앗을 쓰러뜨린 유대인 고사를 연상시키고 있다.

27) Thomas P.M. Barnett, *Blueprint for Action: A Future Worth Creating* (New York: Berkely, 2005) 참조

28) Lind와 Hammes 등의 논문 등 총 25편의 논문이 수록된 Terry Terriff, Aaron Karp and Regina, *Fourth generation warfare* (London: Routledge, 2008) 참조. Karp, eds. *Global Insurgency and the Future of Armed Conflict: Debating.*

29) Antulio J. Echevarria II, *Fouirth Generation War and Other Myths* (Carlisle, PA: Strategic Studies Institute, 2005) 참조

들도 함께 전개되었다.

4세대 전쟁에 대한 국내에서의 연구는 주로 군사 전문기관에서 이루어지고 있다. 따라서 국내 국제정치학계에서는 아직 생소한 개념이다. 한국의 국제정치학계에서 4세대전쟁 연구가 활발하지 못한 이유는 동아시아의 전략적 환경이 분란전이 전개되고 있는 이라크, 아프가니스탄, 파키스탄 등과는 크게 다르고 따라서 그러한 연구의 필요성을 피부로 느끼는데 한계가 있기 때문이다. 그러나 북한이 행하고 있는 군사적 도발이 바로 이러한 형태의 전쟁이며 앞으로 국제사회에서 이러한 전쟁은 과거와는 다른 형태의 전쟁으로서 확산될 것으로 전망됨으로 이에 대한 연구는 절실하다 할 수 있다.[31]

4. 기타 신개념의 전쟁 및 작전의 진화

가. 저강도 분쟁과 전쟁이외의 군사작전

'제4세대 전쟁'과 기존의 '저강도 분쟁'Low Intencity Conflict: LIC, '전쟁 이외의 군사작전'Military Operations Other Than WAr: MOOTW은 개념적으로 중첩되어 혼란스러울 수 있다. '전쟁이외의 군사작전'은 저강도 분쟁 유형을 포함한 여러 형태의 전쟁 이외의 군사작전에 대한 구체화된 '군사교리'軍事敎理, Military Doctrin의 명칭이고 '제4세대 전쟁'이란 전통적인 전쟁 개념을 벗어난 테러, 게릴라전 등 비정규전 등을 통칭하는 개념적, 이론적 학술용어이다.

"전쟁이외의 군사작전"MOOTW은 가장 최근에 발전된 군사교리이다. 이것은 국제안보환경 및 안보위협 변화에 따라 전·평시 군사작전 자체만을 수행해오던 군이 민간분야에도 기여활동을 하게 되었고, 전쟁, 분쟁 그리고 평시로 구분되던 군사활동 범주가 국가단위 수준을 넘어선 초국가적 위협으로 확대됨으로서 오늘날 군의 또 하나의 중요한 임무로 자리 잡게 되었다.

"전쟁 이외의 군사작전" 개념은 냉전 이전부터 치열한 전투를 수반하지 않는 환경 하에서 지역안정을 증진하고 민주주의의 달성을 위해 수행되어오던 군의 활동에서 그 근원을 찾을 수 있으며, 탈냉전 이후 포괄적 안보 개념이 대두되면서 본격적으로 발전된 개념이다.

이 용어를 처음으로 사용하기 시작한 국가는 미국으로서 전통적인 전쟁이 아닌 비정규전에 대해 소전쟁Small War, 게릴라전쟁Gerilla War, 저강도 분쟁底强度 紛爭, Low Intensity Conflict이란 용어를 사용하였다.[32] 1981년 미 육군에서 『저강도 분쟁』(FM 100-20, *Low Intensity Conflict*)이라는

---

30) Bob Woodward, *State of Denial* (New York: Simon & Schuster, 2006) 참조.
31) 조한승, 앞의 글.

야전교범이 발행됨으로써 저강도 분쟁이 본격적으로 군 교리에 반영되었으나, 저강도에 대한 수준과 기준이 모호하며 국가의 입장에 따라 똑 같은 전쟁이 전면전, 또는 저강도 분쟁으로 간주될 수 있다는 문제점이 제기되었다. 이후 용어에 대한 검토가 지속적으로 이루어져 1982년 발간된 미육군의 작전요무령(FM 100-5 *Operations*)에서는 저강도 분쟁에 대한 군사작전의 원조라고 할 수 있는 "우발작전"이라는 용어가 탄생하였다.33) 또한 1990년에는 『저강도 분쟁 하에서의 군사작전』(FM 100-20/AFP 3-20 *Military Operations in Low Intensity Conflict*)이라는 야전교범이 발간되어 1981년의 야전교범 「저강도 분쟁」을 대체하였다.34)

전쟁 이외의 군사작전'이라는 용어가 본격적으로 처음 사용된 것은 1993년 발간된 미 육군의 『작전요무령』(FM 100-5 *Operations*)에서 군사작전의 범위를 전쟁과 전쟁 이외의 작전(Operations Other Than War)으로 구분한 것에서부터 비롯된다. 이 교범에서 전쟁 이외의 작전은 "당사자의 조직화된 군대간 무력충돌을 반드시 수반하는 것이 아닌 분쟁상황과 평시상황에서 전개되는 군사작전을 말하며, 국가와 주州 및 지방정부에 대한 지원, 재난구조, 국민지원, 마약저지, 평화유지, 대전복활동, 비전투원 후송, 평화강제 등의 활동으로 구성 된다'라고 정의하여 분쟁시와 평화시의 모든 군사작전을 포함하는 개념으로 설명하고 있다.

이 같은 개념은 합동교리에도 적용되어 1995년 『전쟁 이외의 군사활동 교리』(JP 3-07 *Joint Doctrin for Military Operations Other Than War*)가 발간되었으며, 현재는 2000년 발간된 미국의 최상위 군사교리 『미군의 합동전』(JP 1 *Joint Warfare of the Armed Forces of the United States*)과 2001년에 발간된 『합동작전 교리』(JP 3-0 *Doctrin for Joint Operations*)에 진쟁이외의 군사작전이라는 개념이 본격적으로 다루어지고 있다.35)

이상과 같이 전쟁이외의 작전에 대한 정의는 최초, 평시와 분쟁시에 이루어지는 활동이라고 하여 전시에 해당하는 활동은 포함하지 않았고, 그 유형 역시 지역안정 증진, 민주주의의 최종상태 달성에 기여, 인도적 지원의 세 가지 형태로 한정되어 있었다. 그 이후로 1995년에는 전시상황까지 포함시켰으며, 그 이후 전투 및 비전투를 망라하여 전쟁의 억제, 분쟁해결, 평화증진 및 민간 기구를 지원하기 위해 수행하는 작전까지 포함시켜 그 범위가 매우 넓어졌다.

---

32) 소규모 전쟁(Small War)이라는 용어는 2차세계대전 당시 미 해병대가 처음 사용했으며, 게릴라 전쟁이라는 용어는 1950-60년대 한국전과 월남전에서 사용되었고 저강도 분쟁이라는 용어는 미국이 월남전에서 반란군 소탕을 위해 게릴라전을 수행하는 과정에서 프랭크 킷슨 장군이 처음 사용하였다.

33) 이 교범에서 '우발작전'은 "냉전체제하에서 일반적인 전쟁 이하 수준의 급격한 상황이나 위기발생시 국가정책을 구현하기 위해 군사력이 요구되는 작전'이라고 정의되었으며 여기에는 국내 민간기관 지원으로부터 공격 및 습격까지 다양한 활동이 포함된다고 기술하고 있다. 최종철, 『한국의 저강도 분쟁 전략』 42, 1999, p. 132.

34) 윤태영, 「탈 냉전기 비전통 위협의 대두와 미국의 전쟁 이외의 군사작전(MOOTW)」, 『전사』 6, 2004, p. 322.

35) 길병옥·길정우, 「전쟁이외의 군사작전(MOOTHW) 수행을 위한 정책방향—주요 외국교리의 사례와 한국에 대한 적용—」, 『軍史』 제60호, 2006, 국방부 군사편찬연구소, pp. 307-310.

종합해보면, 현대의 전쟁이외의 군사작전은 "전면전에서의 전투작전을 제외한 군의 모든 활동"이라고 정의할 수 있으며 그 영역이 점차 확대되어가고 있다.

전쟁이외의 군사작전을 본격적으로 발전시킨 미국은 현제까지 전 세계에 걸쳐 다양하고 수많은 전쟁이외의 군사작전을 해 오고 있다. 대표적인 사례로는 1991년 시행된 쿠르드족 난민 구호작전Operation Provide Comfort, 1993년 소말리아 재난구호활동Operation Restore Hope, 1994년 시행된 르완다 난민 구호작전Operation Support Hope 및 대테러전의 일환으로 수행된 2001년의 아프카니스탄 대테러전Operation Enduring Freedom 등을 들 수 있다. 미국의 전쟁이외의 군사작전 범주와 유형은 〈표 4〉〈표 5〉와 같으며, 참고로 역내국가 및 나토국가의 대표적 초국가적 위협은 〈표 6〉과 같다.

〈표 4〉 미국의 군사작전 범주

군사작전	형 태	미군의 목표	대표적인 임무
전　쟁		전투와 승리	• 대규모 전투작전 • 공격/방어/봉쇄
전쟁이외의 군사작전	전　투	전쟁의 억제와 분쟁의 해결	• 평화강제 • 비전투원 철수작전 • 타격/기습/군사력 과시 • 평화유지 • 대반란작전
	비전투	평화조성과 민간 권위체 지원	• 반테러/재난구호 • 평화재건 • 국가지원 • 국내지원 • 마약
출처: U.S. Joint Chief of Staff, JP 1 Joint Warfare of Armed Forces of the United States (Washington, D.C.: JCS, 2000), p. III-15.			

〈표 5〉 미국의 전쟁이외의 군사작전 유형

유 형	내 용	비 고
군비통제	지역 안보위협을 감소시키기 위한 군비통제 참여	• 협약검증활동 참여 • 대량살상무기 점거 • 위험물질 전달호위 • 위험무기체계 파괴 및 해체
테러외의 전쟁	테러의 예방 및 대응	• 방어적 수단의 반테러 • 공격적 수단의 반테러
결과관리	우발사태 처리를 위한 준비 및 대비	
국방성의 대마약작전 지원	마약퇴치를 위한 연방·주 차원의 법 집행기관 지원	• 마약유입 탐지 및 관찰 • 마약유입 금지를 위한 C3 및 기술정보자산 통합 • 법집행기관의 지원
국내지원작전	정부조직이 감당할 수 없는 위기 발생시 법의 한도내에서 민간기구 지원	• 항공통제요원과 우편근무자의 일시적 증원 • 인재 및 천재지변 발생이후 법과 질서회복 • 천재지변 발생 이후 인명보호 및 구호물자 제공
제재강요	특정물품이 특정지역으로 반입/반출되는 것의 금지	
배타지역 강요	피 제재집단의 행동수정을 위한 군사적인 제재강요	
항행 및 비행자유 보장	국제법이 인정하는 항행의 자유와 영공통과 권한행사	
인도주의 차원의 외국지원	국내·국외의 재앙, 인재, 전염상황을 완화 및 제거	
비전투원 후송작전	외국에서 위협받는 비전투원의 다른 곳으로 이주	
평화작전	장기적인 정치적 해결을 목적으로한 군사작전	• 평화유지 • 평화강제
타격 및 기습	적대국 및 집단에 대한 보복, 국제법 위반방지, 종료 목적으로 수행	
대반란전 지원	특정 정부의 반란을 저지하기 위한 지원	• 무기판매 • 군사지원 • 군사교육 및 훈련
반란전 지원	기 수립된정부의 전복을 목표로 하는 행동의 지원	• 군수 및 훈련 지원 • 전투작전 미참가

출처: U.S. Joint Chief of Staff, JP 3-0 Doctrine for Joint Operations
(Washington, D.C.: JCS, 2001), pp. V-6-V-13.

<표 6> 역내국가 및 나토국가의 대표적 초국가적 위협

지 역	국 가	관심위협	태평양지역	나토(유럽)지역

둥북아시아	일본	• 무기·탄약 밀매
		• 해적활동
		• 자금세탁
		• 불법이민
		• 전염병 확산
			• 초국가범죄
			• 전염병
			• 테러리즘
			• 해상범죄
			• 환경파괴
			• 무기밀거래
			• 불법이민
				• 테러리즘
				• 정보기반
				  사이버범죄
				• 대량살상무기
				  제조 및 확산
				• 마약 밀거래
				• 조직적 범죄
				• 인도적위기 및
				  난민유입
				• 불법이민
				• 경제적 도전
				• 잠재적 원자로
				  재앙

	중국	• 마약밀매		
	러시아	• 테러		
	한국	• 마약밀매 • 밀입국 해상범죄 • 해양환경 오염		
동남아시아	필리핀	• 국경통과 문제 • 유괴테러		
	태국	• 마약 밀거래		
남아시아	인도	• 마약거래 • 불법무기 거래 • 불법이민 • 테러		
	파키스탄	• 테러 • 마약거래 • 불법이민		
남태평양	도서국가	• 환경문제 (해수면 상승)		
	PNG	• 인신매매		
	호주	• 지식층 범죄 • 자금세탁		

출처: 육군본부,『비군사적 위협에 대한 육군 대비책』(육군본부, 2002), p. 38.

나. 혼합전

혼합전(하이브리드 워Hybrid War)는 가장 최근에 대두된 것으로써 미군에서 부각되고 있는 하나의 위협인식이면서 발전시키고자 하는 개념이다. 하이브리드전의 일반적인 개념은 "유연하고 지능적인 적이 목표달성을 위하여 특정한 시기에 동시적으로 다른 형태의 전투를 통합하여 수행하는 것"이다. 위에서 말하는 다른 형태의 전투는 정규전, 비정규전, 그리고 핵과 대량살상무기WMD를 활용하는 모든 전투를 포함하며, 정치, 경제, 사회, 그리고 심리적 영역에 여향을 미친다.36)

이것이 대두되게 된 배경은 레바논의 반군세력인 헤즈볼라Hezbollah가 2000년대 초반 막강한 전력의 이스라엘에 맞서기 위하여 무려 6년 동안 이스라엘군과 미군을 연구하여 그 취약점을 파악하였다. 그리고 헤즈볼라는 이란과 시리아의 지원 하에 전투를 통하여 이스라엘을 철저히 농락하였는데, 이로부터 하이브리드전 개념이 대두되게 되었다.37)

헤즈볼라의 리더 하산 나스랄라Hassan Nasrallah가 수행한 하이브리드전의 특징은 첫째, 정면 승부를 피하고 치고 빠지는 전술을 구사하기 위하여 베트콩식 게릴라전을 착안하여 수행하였다. 둘째, 고도로 훈련된 전투요원을 양성하고 예비 병력을 충분히 보유하였으며 전투와 비전투를 막론하고 주민들과 잘 섞여 은거하고 도시근교에 매복하여 임무를 수행하였다. 셋째, 이스라엘 본토를 공격하기 위하여 이란과 시리아와 협조하여 필요한 준비 및 전투 장비를 구비하였다. 넷째, 심리전과 정보전대비를 철저히 하였다. 다섯째, 적의 통신을 감청하거나 정보를 수집하여 대비하는 등 매우 진화된 작전 수행을 하였다. 여섯째, 게릴라전을 넘어서 본토공격을 감행하여 이스라엘 국민들을 방공호에서 생활하게 만들어 심리적 충격 및 경제적 마비를 극대화 하였다.

미 국방부 정책담당 차관인 플루노이는 2010년 신미국전략연구소 연설에서 하이브리드전 연구의 필요성을 강조하면서 그 개념을 "적이(압도적인 재래식 전력에 대응하기 위하여) 비대칭전략을 구사하는 바, 강점을 약화시키고 약점을 찾는 전쟁"이라고 정의하였다. 그리고 하이브리드전의 주요 사례로서 이라크 및 아프가니스탄, 이스라엘에서 경험한 인구밀집지역에서의 정규 및 비전투원을 활용한 급조폭발물Improvised Explosive Device: IED과 자살폭탄 공격을 들었다. 그리고 그 영역을 비정부군에 의한 첨단장비를 활용한 반 위성, 반 항공, 반 함정, 수중전쟁과 핵화

---

36) 박영택, "북한의 하이브리드전 실행 가능성과 전개양상" 국방정책 연구 제27권 제4호(2011년 가을, 통권 제94호), pp. 95-121.

37) Frank G. Hoffman, *Conflict in the 21st Century: The Rise of Hybrid Wars* (Virginia: Potomac institute for Policy Studies, 2007), pp. 35-42.

·생물학무기 등 대량살상무기WMD, 사이버공격까지 확장하였다.38) 2010년 북한의 핵개발과 천안함 공격 방식을 그 대표적인 예로 들 수 있다.

미 공군의 라시카 대령은 하이브리드전 개념을 "모든 전쟁영역에서 여러 행위자가 혼재된 가운데 같은 시공간 지역에서 목적을 달성하기 위하여 각기 다른 수준, 영역 또는 범위의 전쟁 방법과 이론이 혼재된 전쟁개념"으로 정의하고 인식과 도덕 개념 측면의 영역까지 확장하였다. 그는 하이브리드전을 넓은 범위의 의미인 전쟁War과 전술적 수준, 특히 약자가 강자에게 대항 하여 다른 형태의 전투를 수행할 때 사용하는 전쟁양상Warfare의 개념이 혼재된 것으로 보았다.

특히 라시카는 앞으로 "어떻게 이기느냐"How to Win 하는 전술적 승리보다 "어떻게 승리하 느냐"How to Victory 하는 전략적 승리로 정의가 선행되어야 한다고 역설하였다. 다시 말해서 전쟁 승리를 인식론적 구조수준, 즉 전략적 목표를 달성하기 위하여 신속하게 인식과 도덕에 영향을 미치는 전략과 전술의 조합으로 정의하였다. 즉 하이브리드전에서 승리란 외형적인 승리 뿐 만이 아니라 인식과 도덕의 수준(정의성 및 정당성)에서도 승리하는 것이며, 장기적인 상황에 서 모든 위협에 잘 대처하는 것이 전쟁 승리의 공식이라고 말하고 있다.

하이브리드전 개념은 아직 국내에서 학술적인 논의가 부족한 상태이다. 박휘락은 하이브 리드전을 '혼합전'으로 명명하면서 "온갖 형태의 투쟁방식이 포함될 수 있는 포괄적인 전쟁형 태"로 정의하였다. 그는 하이브리드전이 부각됨으로써 국가 간 전쟁의 빈도가 감소된 상황에서 군대의 새로운 임무영역 제시, 군사적 승리를 정치적 승리로 연결시키는 전쟁승리의 개념 등장, 그리고 비 국가 주체의 도발을 위협으로 명시함으로써 대응 방법의 획기적 사고전환을 촉구한 것을 긍정적으로 평가하였다. 반면에 부정적인 측면으로는 다수의 이종異種이 섞인 개념의 불명 확성, 전쟁범위의 확대로 군사대비방향의 모호성 증대, 자국영토 방어의 국가에의 적용 한계, 그리고 대비방향에 대한 구체적 대안제시 미흡 등을 들고 있다.39)

다. 사이버공간 작전

현대사회에 있어 컴퓨터 또는 컴퓨터를 중심으로 하는 네트워크가 차지하는 비중은 절대 적이다. "디지탈 기반구조는 점점 번영해 나가는 경제, 활발한 연구공동체, 강력한 군대, 투명 한 정부, 그리고 자유로운 사회의 등뼈가 되고 있다.40) 따라서 현대는 사이버 시대이며 이에

---

38) Michele Flournoy는 국제전략연구소(CSIC) 연설(2009.4.29.), 신 미국전략 연구소(Center for New American Strategy) 연설(2010.6.10.), 그리고 미 하원 군사위원회 등의 연설에서 하이브리드 위협을 언급하였다.

39) 박휘락, "혼합전(Hybrid War)의 개념과 한국군의 수용방향" 「군사평론」 제405호(2010, 6), pp. 99-109.; 『평화와 국방』(서울: 한국학술정보(주), 2012), pp. 202-224. 참조 그는 여기서 혼합전의 배경과 개념, 혼합전의 의의, 한국 상황과의 적합성 분석, 한국군에 대한 교훈 등을 상세히 분석하고 있다.

따라 인간사회에 과거와는 전혀 다른 새로운 문화와 생활방식이 형성되고 정착되고 있다. 정치 영역에서 인터넷에 기반 한 사이버 세계에 의한 '사고정치'Noo Politics가 현실화되었으며, 중동의 자스민 혁명과 최근의 한국정치계의 모바일 투표 등이 그 대표적 예이다. 이렇듯 한국의 컴퓨터와 인터넷 산업은 국가의 기반이 되었다 할 수 있다. 군사 분야에 있어서도 사이버세계는 또 하나의 전쟁·군사작전 영역으로 부상되었다.

사이버 세계는 이미 전쟁 중이다. 바이러스, 악성코드를 이용한 개인 사용자의 계정탈취부터 기업의 데이터베이스 서버를 공격, 자료를 빼내는 해킹의 단계를 지나 지금은 국가 간에 전쟁을 펼치는 수준까지 이르렀다. '국가 안보'의 핵심과제가 된 것이다.

2012년 6월 1일 미국 뉴욕타임즈NYT는 미국이 이란 핵시설에 대한 '사이버공격'을 했다는 사실을 보도했다. 미국과 이스라엘 정보기관이 합작했다는 것이다. 오바마 대통령이 비밀리에 서명했으며 '올림픽 게임'으로 명명된 이 작전은 보안전문가들 사이에선 익히 알려진 '스턱스넷'Stuxnet[41]을 일컫는 말이다. 스턱스넷은 아주 강력한 악성코드로 지난 2010년 이란 핵시설을 공격했고, 5000개 원심분리기중 약 1/5을 훼손시켰고, 프로그램을 지연시켰으며 이로서 이란의 핵무기 개발능력이 1년 반~2년간 후퇴하였다고 보도하였다. 이후 프로그램상의 오류로 변종 바이러스가 인터넷으로 퍼져나갔다.

이는 컴퓨터 악성 바이러스가 물리적 시설에 피해를 입힌 첫 번째 사례다. 유사 이래 가장 정교한 이 악성코드를 많은 사람들이 스턱스넷이라고 부르기 시작했다. 당시 전문가들과 이란은 이 사건의 배후로 미국과 이스라엘을 지목했으나 '증거'가 없어 논란은 금세 가라앉았었다. 미국은 이 이후에도 스턱스넷을 이용한 공격을 지속적으로 진행해온 것으로 밝혀졌다.[42]

이번 사건은 소위 해커와 기업 간의 대결로 묘사되곤 했던 '사이버 전쟁'이 국가 간의 분쟁으로 본격화 됐음을 세상에 알리는 계기가 됐다. 최근엔 최근 발견된 또 다른 강력한 사이버 공격 무기인 '플레임'Flame과 관련, 이스라엘 또한 사이버 공격을 하고 있음을 시인했다. 플레임이 발견된 이후 이란은 이스라엘을 강력 비난했고 이에 이스라엘은 자국군 웹사이트를 통해 사이버전을 펼치고 있음을 밝혔다.[43]

앞서 사례에서 살펴보듯 이제 사이버 세계에서 국가 간 전면전은 피할 수 없는 일이 되었

---

40) White House 2010. 3.

41) 스턱스넷은 2007년부터 개발된 사이버 무기이며 산업시설, 군 관련, 원자력기관 등 여러 기관에 피해를 끼친 것으로 유명하다.

42) 이철민, <사이버 전쟁, 어딜 원점 대응타격하나?>, 「조선일보」, 20112. 6. 15.

43) 이스라엘 국방장관은 2012년 6월 6일 텔아비브 대학에서 열린 사이버전쟁 관련 국제학회에서 참석하여 자국군의 사이버 전쟁 작전활동을 확인하고 사이버 전쟁에서는 재래식 전쟁과 달리 방어에 더 투자를 해야 한다고 강조했다(「연합뉴스」, 2012. 6. 6).

다. 특히 수많은 해킹사고에서 범인을 '북한'으로 지목, 데우스 엑스 마키나deus ex machina를 패러디한 '데우스 엑스 부카니스탄'deus ex bukanistan[44)]이란 말까지 생겨날 정도로 우리가 심각한 안보 위협을 받고 있다.

현대전의 양상 중에 가장 최근 대두된 것이 정보전, 네트워크전과 함께 사이버전Cyber WAr이다. 사이버공간 작전이라 불리는 이것은 사이버 공간이 새로운 전쟁의 작전 공간으로 대두되었다는 것을 의미한다. 사이버공간 작전이란 사이버공간에 대한 의도적인 군사적 활동을 포괄적으로 수행하는 것을 의미하는 용어이다. 지금까지 정보작전, 컴퓨터 네트워크 작전으로 불려왔던 내용을 더욱 확장시킨 것이다. 최근에는 "사이버공간 우세"Cyberspace Superiority라는 개념도 사용되고 있다. 미군에 의하면 사이버공간 우세는 "사이버공간 내에서, 사이버 공간을 통하여, 사이버 공간으로부터 방해를 받지 않고 주어진 시간과 영역에서 작전을 수행하는 작전적 유리점"[45)]이라고 정의하고 있다. 향후 "사이버 기술의 빠른 성장과 진보로 통제가 힘든 '지능적인 사이버 무기'가 곧 개발될 것이며 이런 무기에 대해 단지 형식적인 방법을 통해 안전을 확보하기는 불가능할 것"[46)]이라고 전문가들은 전망하고 있다.

사이버공간 작전은 약소국이라 하더라도 강대국에 대하여 우위를 확보할 수 있다는 점에서 기습을 위한 중요한 요소가 될 수 있다. 그 최초의 사례는 2007년 5월 러시아 해커들에 의한 에스토니아Estoinia 공격이다. 러시아 해커들은 인터넷 의존도가 컸던 에스토니아의 대통령 관저, 의회, 정부기관 등을 공격하고, 일부는 은행, 통신망, 방송망 등의 민간 표적에 공격을 가하여 3주정도 그 기능을 마비시켰다. 본격적인 사이버공간 공격 사례는 2008년 러시아가 그루지아Georgia를 공격한 사례이다. 2008년 8월 러시아는 군사작전을 개시하기 전에 그루지아 정부 사이트들에 대한 공격을 감행 관련 사이트들을 다운시킨 것으로 의심받고 있다.

북한의 사이버전 능력은 러시아와 미국에 이어 세계 3위 수준이라고 평가되고 있다. 북한은 1980년대 후반부터 사이버전에 대비했고 러시아와 미국에 이은 세계 3위권의 사이버전 강국이라고 평가된다.[47)] 북한은 군사적 목적 달성을 위해 국가 중심으로 사이버인력을 정책적으

---

44) 데우스 엑스 마키나(deus ex machina): 고대 그리스극에서 자주 사용하던 극작술(劇作術)의 하나이다. 초자연적인 힘을 이용하여 극의 해결하기 어렵고 긴박한 국면을 타개하고, 이를 결말로 이끌어가는 수법이다. 라틴어로 '기계에 의한 신(神)' 또는 '기계장치의 신'을 의미하며, 무대측면에 설치한 일종의 기중기(起重機)를 움직여서 여기에탄 신이 나타나도록 연출한다 하여 이러한 이름이 붙었다. 데우스 엑스 부카니스탄이란 북한을 패러디한 것으로서 '~스탄'이라는 이름들의 중동의 교조적 이슬람국가들(독재, 유일신, 자폭테러)을 빗대어 젊은 계층에서 유행하는 용어이다.

45) Security of Airforce 2010. 2.

46) 엔 튜그, NATO Cyber Defense Center 연구원, 「연합뉴스」(2012. 6. 12.)

47) '국방정보보호 10년, 도약하는 사이버국방, 제10회 국방정보보호 컨퍼런스' 2012년 6. 7. 공군회관(주관: 국군기무사령부).

로 양성하고 있으며, 전자전, 서비스거부공격, 해킹 등 다양한 유형의 사이버공격을 자유자재로 구사하는 것으로 파악되고 있다. 2009년 7월7일 청와대를 비롯한 주요 정부기관 홈페이지 디도스DDoS, 분산서비스거부 공격이 북한 평양컴퓨터 기술대학의 소행이라고 추정되며 또 2010년 8월 23~26일, 2011년 3월4~14일, 2012년 4월28~5월13일 등 세 차례에 걸쳐 발생한 GPS 교란 작전도 북한 전자정찰국의 사이버전지도국 소행인 것으로 의심되고 있다. 국방부가 국회에 제출한 자료에 따르면 북한은 평양 인근에 1개 전자전 연대가 있고, 전방 4개 군단마다 전자전 대대가 배치돼 있다. 북한은 작전반경 50~100㎞ 인 이동식 GPS 교란 장치에 이어 100㎞를 넘는 장치도 개발 중이다. 이 밖에도 북한은 해킹과 사이버 심리전 등을 수행하는 특수부대가 3만 명에 달하며, 그 능력은 미국 CIA에 버금간다는 분석이다.48)

임종인 고려대 정보보호대학원장은 북한이 본격적으로 사이버 도발에 나설 경우 5분 안에 남한의 주요 시설이 모두 초토화될 수 있다고 경고했다. 공격 개시시간을 미리 설정해둔 '타임 봄'time-bomb을 장착한 스턱스넷만 있으면 한국전력, 서울메트로, KTX, 인천공항, 경찰청, 증권거래소 등 주요 기반시설들을 동시에 마비시킬 수 있다는 것이다.49)

북한은 유사시 사이버 공격으로 남한의 주요 정보기술 기반시설을 마비시킨 뒤 대혼란을 틈타 본격적으로 군사공격을 하는 방식으로 진행될 것으로 예측된다. 북한의 가공할 사이버테러 능력에 대비해 우리의 대응능력을 키우는 것이 절실하다. 이를 위해서는 우선 사이버 공격 선제 대응 등의 사이버 안보 확립을 위한 사이버 위기관리법의 조속 제정이 필수적이며 사이버 보안 전문인력 양성, 사이버 보안에 대한 인식제고도 함께 이루어져야 할 것이다.

라. UN 평화유지 활동

1) 평화유지활동 개요

평화유지활동이란 국제사회의 다자안보협력 활동으로서 유엔을 비롯한 다자안보협력기구 등을 통하여 이루어지고 있는 것을 말한다. UN 주도의 인권보호, 아세안지역안보 포럼ARF 주도의 마약거래 및 해적 근절, 의지意志의 동맹에 의한 '대량살상무기확산방지구상'PSI:Proliferation Security Initiative, NATO 주도의 대량학살방지, 유럽안보협력기구OSCE 주도의 유럽재래식전력 감축

---

48) 북한은 현재 사이버전 특수부대 3000명을 운영 중인 것으로 알려져 있으며, 북한은 최근 노골적으로 남한의 특정 공격 대상을 지목하여 모든 수단을 동원하여 보복하겠다고 협박하였고 이에 따라 우리 군도 사이버전 부대를 준장에서 소장급 지휘관으로 격상시키며 현재 500여명의 인원을 두배로 증원해 나갈 계획을 밝힌바 있다.

49) 앞의 세미나 자료

조약CFE 등이다.

국제평화활동은 예방외교, 평화조성, 평화유지, 평화재건,50) 평화강제 등으로 구성되어 있다. '예방외교'Preventive Diplomacy란 당사국(자)간의 분규dispute 발생을 예방하며, 발생한 분규가 고조되어 분쟁conflict으로 발전하지 않도록 예방하고, 분쟁이 발생했을 때 이러한 분쟁의 확산을 제한하는 활동이다.

'평화조성'이란 유엔헌장 제6장에서 제시하고 있는 평화적인 수단을 통해서 적대적인 정치집단들 간의에 합의를 이끌어내는 활동이다.

'평화유지'Peace Keeping란 분쟁관련 모든 정치집단들의 동의하에 통상 유엔 군사요원과 경찰요원 및 민간요원들이 현장에 배치되어 분쟁의 확대가능성을 예방하고 평화조성의 가능성을 확대하는 기술이다.

'평화재건'Peace Building이란 평화조성과 평화유지활동이 성공적이기 위해서는 평화를 공고히 하고, 사람들 간에 신뢰와 번영의 감정을 진전시킬 수 있는 구조를 찾아내어 이를 지원하는 포괄적인 노력을 말한다.

'평화강제'Peace enforcement란 평화조성 또는 평화유지에 의한 활동이 분쟁을 관리함에 있어 그 실효성을 거둘 수 없을 때 강제적인 수단과 방법을 동원하여 평화를 획득하는 것이다.

'평화유지활동'이라는 용어는 위의 모든 개념을 수용할 수 없다. 미국은 이를 위하여 '평화활동'Peace Operation이라는 용어를 사용하고 있으며, 영국은 '평화지원활동'Peace Support Operation이라는 용어를 사용하고 있다.51)

2) 국제사회의 평화유지활동

평화활동은 유엔만이 수행하는 것이 아니다. 지역기구나 특정국가가 주도하기도 한다. 평화강제Peace Enforcement의 경우에는 주로 특정국가가 다국적군을 구성하여 평화활동에 참여하고 있다.52)

40여년 냉전기간 동안 유엔의 평화유지활동은 엄격히 제한되었다. 극소수의 국가들만이

---

50) 1992년 부터러스 갈리(Bouttros-Ghali)전 유엔사무총장이 『평화를 위한 의제』에서 제시되었다. 여기서는 평화강제가 빠져있다. Bouttros-Ghali, *An Agenda for Peace: Preventive Diplomacy*, Peacemaking and Peacekeeping (New York: UN, 1992).

51) HQ, Department of the US Army, *FM 100-23; Peace Operations*(1994), 영국군 교범, *JWP3-50, Peace Support Operation*: 국방부 역, 『평화지원작전』(서울: 국방부, 2000).

52) 참고로 2008년 평화활동 현황을 살펴보면, OSCE(9개), NATO 및 NATO 주도(3), EU주도(12), 러시아 및 CSI(3), 미주기구(OAS)(1), AU(2), 중부아프리카 경제공동체(CEEAC)(1), 이라크 다국적군을 포함한 기타활동(6) 등이다. UN이 28개의 평화활동을 수행한 반면 유엔을 제외한 국제사회가 총 37개의 평화활동을 실시했다.

유엔주도의 평화유지활동에 참여했다. 그러나 탈냉전이 되면서 주변부 국가들의 분쟁이 본격화 되자 강대국들뿐만이 아니라 수많은 중진국 및 개도국들이 평화활동에 참여하기 시작하였다.

3) 유엔의 평화유지활동

국제분쟁에 대한 유엔의 개입은 탈냉전 이후로 획기적으로 이루어졌다. 유엔 창설 이후 1989년 까지 유엔 PKO는 총 18개가 설치되었던 반면, 1990년 이후부터 2009년 말까지는 무려 45개가 설치되었다. 탈 냉전시의 PKO가 냉전시대의 그것에 비해 2.5배정도 늘어났으며 냉전 및 탈냉전의 지속기간을 고려해 본다면, 탈 냉전시의 PKO는 냉전시의 그것보다 약 5배가 넘는다.

2010년 4월 현재, 유엔은 16개 지역에서 PKO임무를 수행중이다. 122개 국가가 참여하고 있으며 단위대單位隊 소속의 군인 85,044명, 경찰 12,920명, 군 감시요원MO 2,447명 등 약 10만명 정도가 임무를 수행 중에 있다. 평화조성이나 소규모의 평화재건을 위한 평화활동PO도 12개에 달한다.

유엔은 병력 및 물자를 분쟁지역에 신속하게 전개하기 위해 1994년부터 PKO상비체제 UNSAS:Stand-by Arrangement System를 운영하고 있다. PKO상비체제의 핵심은 얼마나 빠른 시간 내에 현지에 적절한 규모의 부대와 장비를 전개시켜 평화와 안전을 유지하느냐 하는 것이다. 2009년 5월 현재 UNSAS에 참여하고 있는 국가는 86개국으로서 참여 능력과 의지에 따라 3단계로 수준으로 구분된다.[53]

유엔은 UNSAS 외에도 즉응명부On-Call List 제도를 유지하고 있다. 즉응명부란 PKO단이 구성되면 현지 사령부에 즉각 투입할 수 있는 인원을 평시에 지정해 두었다가 신속하게 전개하는 제도이다. UNSAS를 한 단계 더 높인 제도로서 신속전개수준RDL: Rapid Deployment Level이 있다. RDL은 안보리 결의 후 30일(5000명 이하), 또는 90일(10,000이상) 이내에 UNSAS에 약속한 자원을 현지에 전개시키는 것이다. 요르단, 우루과이, 루마니아 등이 유엔과 MOU를 체결하였다.

---

53) 제1수준(Lebel 1)은 능력목록(List of Capability) 즉, 규모, 병력, 반응시간 등을 통보한 수준으로 한국, 미국 등 23개국이 이에 해당된다. 제2수준(Lebel 2)은 PKO기획문서(Planning Data Sheet)를 제출한 수준으로서 PKO부 대편성, 편제장비 보유수준, 자력수준, 개인자력 등 데이터가 포함된 구체적 계획을 완비 수준이다. 호주, 브라 질, 인도 등 10개국이 이에 해당된다. 제3수준(Lebel 3)은 PKO에 제공되는 자원, 반응시간, 고용조건 등 구체적 인 사항에 관하여 유엔과 양해각서를 체결한 수준이다. 캐나다, 독일, 스페인 등 53개국이 이에 해당된다.

4) 한국의 평화유지활동 참여

한국은 1993년 소말리아에 UN PKO의 일원으로 공병대대를 파견한 이후 현재까지 국제사회의 다양한 평화활동(PO)에 참여하고 있다. 유엔주도의 PKO군 단위부대로 참가한 실적을 보면, 소말리아 공병대대(1993~1994), 서부사하라 의료지원단(1994~2006), 앙골라 공병대대(1995~1996), 동티모르 상록부대(2000~2003), 레바논 동명부대(2007~현재), 아이티 단비부대(2007~현재) 등이 있으며, 소수의 군 감시요원(MO)들이 각각 그루지야, 인도/파키스탄, 사이프러스, 라이베리아, 수단, 네팔, 코트디브와르, 서부사하라 등에 지원되었다.

특정국가가 주도하는 다국적군에 참여한 사례는 호주 주도의 동티모르에 상록부대(1999~2000), 미국주도의 아프가니스탄에 동의부대 및 다산부대(2002~2007) 등이다. 그리고 최근 미국주도의 아프가니스탄에 300여명 규모의 단위부대가 파병(2011~현재)되었고 한국경찰 및 해양경찰은 주로 소수의 감시요원으로 소말리아, 동티모르 등에 참여하고 있다.

현재 한국은 11개 지역 640명이 활동하고 있다. 350여명의 레바논 동명부대에 가장 많이 참여하고 있으며 기타 인원들은 대부분 군 및 경찰 감시요원들이다. 아프가니스탄 평화재건 활동에 참여하고 있는 320여명의 오쉬노Ashena: 친구부대를 고려하면 총 파병 병력은 약 900여명 규모이다. 2012년 7월 정부는 2011년 7월 독립한 남수단에 300명 규모의 평화유지군을 파병하기로 하였고 2012년 말 파병기한이 끝나는 5개 부대(청해, 오쉬노, 아크, 동명, 단비부대)의 파병 기한을 연장하기로 하였다. 오쉬노 부대는 단계적으로 철수 할 예정이다.54)

---

54) 『서울신문』, 2012. 7. 17.

제3절 현대 제한전쟁과 억제: 분별지의 균형

1. 전쟁의 정당성과 제한전쟁[55]

가. 현대 제한전쟁의 대두 역사

많은 논리적 절차를 생략하고 단순화하여 정치를 정의의 실천과정이라고 정의할 때, "전쟁은 타 수단에 의한 정치의 계속"이라는 클라우제비츠의 명제는 "전쟁은 타 수단에 의한 정의실천의 계속"이라고 말할 수 있고 그것을 본고의 주제와 일치하게 규범적 명제로 바꾸면 "전쟁은 타 수단에 의한 정의실천의 계속이어야만 한다"로 대체될 수 있다.

그러한 전쟁이 제한전쟁이라 할 수 있다. 현대 제한전쟁은 많은 근원을 갖고 있다. 그중에서도 가장 중요한 것은 현대의 정치적 현실주의와 국가안보연구의 발전, 미국의 봉쇄정책, 집단안보와 집단방위 노력의 진전, 전면전의 위협에 대한 반작용, 핵전쟁과 대량 보복에 대한 전략적 대안의 모색, 한국전쟁의 경험, 대분란전(대테러전insurgency)의 대두 그리고 정당한 전쟁 교리의 부활 등을 꼽을 수 있다.

나. 현대 제한전쟁의 필요성

위에서 기술 한 것들이 1950년대로부터 현대에 이르기 까지 제한전쟁 이론과 정책을 발전시키는데 기여하였다. 앞으로도 이것들은 계속하여 영향을 미칠 것이다. 그러나 최근 전통적인 제한전쟁 전략 이론에 새로운 도전이 나타났다. 그것은 중국의 부상과 소련의 군사력 회복에 따른 전통적인 세력균형의 부활과 함께 중동지역에서 일고 있는 자스민 혁명이다. 현대 안보개념이 확대되어 인권의 보호에까지 국제사회는 안보협력이 이루어지고 있고 이러한 차원에서 부정의에 대한 국제사회의 정의의 실현을 위한 인도적 개입이 이루어지면서 제한전쟁은 더욱 절실해지고 있다. 이에 따라서 미국을 비롯한 각국은 신속기동군을 창설 운용하고 있고 유엔은 평화유지군을 파견 유지하고 있다.

---

55) William V. O'Brien, *The Conduct of Just and Limited War*, Praeger Publishers, CBS Educational and Professional Publishing, A Division of CBS, Inc, New York, U.S.A. 1981. 국방대학원 역, 『전쟁의 정당성과 제한전쟁』(서울: 1987, 국방대학교), pp. 320-341 요약 발췌 및 추가.

다. 제한전쟁을 위한 지침

일반적으로 통용되는 제한전쟁의 정의는 없다. 실제로 제한전쟁이라는 용어는 전략핵전쟁을 제외한 모든 형태의 전쟁에 사용된다.[56] 제한전쟁의 지침은 다음과 같이 요약될 수 있다. ① 정치적 우위와 군사적 수단의 통제 ② 제한된 목적 ③ 병력의 절약 ④ 자발적으로 제정한 전쟁의 규칙들(교전규칙) ⑤ 광범한 능력과 확전회피 의지에 기반을 둔 신축대응 등을 들 수 있다. 구체적으로 살펴보자면

1) 정치적 우위와 군사적 수단에 대한 통제

전쟁은 정책의 한 수단이다. 무력의 사용은 전쟁의 정치적 목적을 위해서만 허용된다. 군사적 수단은 교전국의 정치적 목적과 정책에서 그 정당성, 임무, 그리고 제한사항이 제시된다. 그러나 클라우제비츠가 말한바와 같이 군사적 수단은 종종 통제 범위를 넘어서고 자체의 논리를 가지고 자신의 목적을 추구하는 경향이 있다는 것은 주지의 사실이다. 이러한 군사적 목적들은 정치적 목적에 의해서 정당화 되지 않을 수도 있다. 더 나아가 그들은 정치적 목적과 상충되기도 한다. 건전한 정치적 군사적 목적과 부합되는 전쟁은 모두 제한전쟁이며 제한전쟁에서는 군사적 수단이 정치적 목적에 종속되고 또한 정치적 목적 달성을 위해서 없어서는 안 되는 절대적 수단이다.

정치적 우위의 원칙이란 문민통제를 말하는 것으로서 민간인 지도자에 의해서 군사적 수단이 통제되는 것을 말한다. 서구 선진국들의 대부분은 문민우위의 원칙이 헌법에 의해 보장되고 있다. 그러나 정치적 우위 원칙은 군인이 최고 권한을 행사하는 국가에서도 적용되지 않으면 안된다. 군사적 우선이 되어서는 안 된다는 것이다.

이러한 정치적 우위와 군사적 우위에 관한 문제는 여러 가지 형태로 나타난다. 한국전쟁에서 맥아더 장군처럼 전장에서 지휘관이 그의 정치적 상관이 한정한 전쟁목적과 전략결정을 침해하려 하면 큰 문제가 될 수 있다. 2차 세계대전 말기에 유럽의 장래에 대하여 결정적인 영향을 미치게 한 주요 결정 중에서 상당수는 적절한 상급 문민의 지도가 없었기 때문에 주로 군사적 고려를 의중에 둔 군인들에 의해서 이루어졌다.

제한전쟁이란 정치적 목적이 항상 군사적 수단을 결정하는 전쟁을 말하며 이것이 제한전쟁의 가장 첫 번째이며 으뜸가는 지침이다. 군부통치 국가에서도 군사적 목적 보다는 정치적

---

56) 제한전쟁 이론은 많은 학자들에 의해 제시되었다. 주요 학자들을 들자면 Robert E. Osgood, Henry A. Kissinger, Bernard Brodie, Morton H, Halperin, Seymour J. Deitchman 등을 들 수 있다.

목적의 우위원칙을 적용하지 않으면 안 된다.

2) 목적의 제한

현대에 핵 시대에 이르러 전쟁의 목적에 대하여 심각한 우려가 제기되었다. 그것은 핵무기로 인하여 전쟁의 목적이 무제한적이거나 무한적일 수도 있고, 이데올로기에 따라 핵무기의 비이성적 사용 가능성 등이 우려되었다. 그러나 그 가능성은 현저히 감소되었다고 볼 수 있다. 그것은 현대국가에 있어서 현대적 국가 이성Raison dêtre이 발현되기 때문이다.

2010년 11월 미국과 소련은 전략핵무기 보유를 1500기로 제한할 것에 합의 하고 그간 비준이 미루어져왔던 전략무기감축조약(START)-II에 서명하여 발효시켰다. 이 숫자는 냉전시대 3,5000여기에 비하면 엄청나게 진보된 결과이다. 이렇듯 국가 간의 핵강대국에 의한 핵 군축은 성과를 보고 있으나 문제는 비 국가non state actor 간의 핵사용 위험성은 여전히 국제사회를 위협하고 있는 것이 현실이다.

20세기에 들어와 전쟁은 국가정책의 허용범위를 넘어선 목적－이념적, 종교적, 인종적, 국가적－을 위해서 수행되어 왔다. 그와 같은 성전은 정당한 전쟁교리와 국제법에 의해서 비난을 받아왔다. 현대에 와서 평화와 질서를 강조하고 있는 자유주의자들의 국제법은(소위 법리주의 모형) 좀 더 높은 수준의 도덕성을 요구하는 정의전쟁론자들에게는 미흡하게 여겨지고 비판되고 있다. 이에 따라 전쟁의 제한을 강조하는 제한전 옹호자들은 현대 전쟁이 너무 파괴적이고 무자비하게 진행될 수 있기 때문에 목적과 수단의 제한을 요구하고 있다. 따라서 제한전쟁의 논리는 정당한 전쟁의 개념을 전쟁결과가 초래하는 선과 악의 균형을 유지 할 수 있는 최선의 대안으로 인식하는 것이다. 즉, 전쟁의 목적을 제한시킴으로써 전쟁을 제한적으로 수행해 낼 수 있다는 것이다. 제한전쟁론자들은 그 대표적인 예로 한국전, 베트남전, 그리고 제4차 중동전을 들고 있다.[57]

3) 병력 절약과 비례적 대응

병력절약은 군사학에서 인정되어 있는 기본적인 전쟁원칙중의 하나이다. 미군은 이러한 전쟁원칙의 내용, 순서 및 우선순위를 발전시켜왔는데 최근에는 목표, 공세, 집중, 병력절약, 기동, 지휘의 통일, 경계, 기습, 그리고 간명의 원칙을 채택하고 있다.

---

57) O'brien 앞의 책, p. 324. 제한전쟁의 중요한 구성요소인 제한된 목적에 관해서는 Osgood, Limited War, pp. 24-41; idem. Limited War Revisited, p. 3; Kissinger, Newclear Weapons, pp. 140-41, 169; Deitchman, Limited War, p. 14; Brodie, Strategy in Missike Age, pp. 312-13; and McClintcok, The Meaning of Limited War, pp. 1, 4. 참조

　병력절약 원칙은 목표의 원칙과 긴밀한 연관을 관계가 있는데 목표의 원칙은 각 군사행동이 적군을 격멸한다는 궁극적인 목적에 기여하여야 한다는 것이다. 병력절약은 집중의 원칙과도 연관관계를 가진다. 집중의 원칙은 결정적인 결과를 획득하기 위하여 우세한 군사력을 결정적인 시간과 장소에 집중시킬 것을 요구하고 있다. 병력의 절약은 주요 전투정면으로부터 무기 및 장비의 활용을 적절한 활용을 요구하고 있는데 그것은 목표와 집중의 원칙에 일치되도록 추구되어야 함을 의미한다.

　병력절약의 원칙은 교전국의 자원이 무제한하지 않고 제한적이라는 것을 전제로 하고 있는 개념이며 주목표(적군의 격멸) 달성을 위해 적절히 사용되어야 한다는 것을 말한다. 이것은 또한 목적과 수단의 비례적 대응 이라는 규범적인 원칙과 관련이 있다. 합리적으로 적을 강제를 적용하는데 있어 병력 절약의 원칙과 군사법 중의 하나인 '군사적 필요성'은 이러한 차원에서 개념적으로 일치된다고 볼 수 있다. 오스굳은 다음과 같이 이문제의 중요성을 강조한다.

> "정치적 우위원칙에 따라 결과 되는 중요한 것은 병력의 절약이다. 이것은 국가정책의 한 수단으로 군사력을 사용함에 있어서 군사력을 투입하여 목표를 달성하는데 필요로 하는 것보다 더 많은 군사력을 사용해선 안 된다는 것이다. 다른 말로 표현하면 군사력의 규모는 문제가 되어 있는 목표의 가치와 비례되지 않으면 안된다.... 병력절약이 갖는 도덕적인 함축성도 못지않게 중요하다. 주지하다시피 무력의 사용에 수반되는 난폭함과 파괴적인 것은 비록 때때로 필요하지만 분명한 악이기 때문이다. 따라서 무력의 사용을 신중하게 양심적으로 국가목표 달성과 조화를 유지하며 사용해야 한다는 것은 도덕적 의무이다."[58]

　제한전쟁은 병력의 절약을 강조한다. 제한전쟁 하에서 적에게 가능한 모든 손상을 입힌다는 무한정한 목적은 설정될 수 없다. 따라서 군사력의 행사는 구체적인 정치적 목적에 따른 특정 군사적 목표에 한정하지 않으면 안된다.

4) 국가의 자발적인 전쟁규칙

가) 교전국간의 의사소통: 분쟁의 규칙

　제한된 수단으로 제한된 목적을 위해서 제한전쟁을 수행하려면 교전국간에 어떤 상호관

---

58) Osgood, *Limited War*, p. 18.

계가 필요하며 그것을 통해서 여러 가지 제한들이 명시적 혹은 묵시적으로 제안될 수 있다. 전쟁은 타 수단에 의한 정치의 계속이기 때문에 정치적 관계는 교전국간에 계속 존재하고 있다. 만일 양측이 제한전쟁을 원한다면 준수해야 할 제한의 형태에 관해서 상호간 의사를 표명할 필요가 있다.[59]

이러한 제한조치를 제의하고 수락하는데 필요한 의사소통은 직접적이며 명시적인 것 또는 간접적이며 묵시적인 것이 사용될 수 있다. 쉘링이 말한 것처럼 또한 교섭이 양 교전국간에 이루어 질 수도 있고 이와는 반대로 핼퍼린이 말한 것처럼 제한조치는 자진해서 또는 일방적으로 이루어질 수도 있다.[60]

초강대국들은 최악의 경우 전략 핵전의 위험 때문에 대리인이나 의뢰인의 고용, 상대국 영토에 대한 직접적인 위협의 회피, 자국요원의 참전 은폐, 국지전쟁에 대한 보급로 차단 자제, 대결회피를 바라는 공식성명 등으로 직접적인 대결을 회피해 왔다.

미국이 수행했던 극단적인 핵전쟁 위협에 따른 제한전쟁 의사소통 사례는 쿠바 미사일 위기를 들 수 있다. 세계역사에서 최초이자 유일했던 이 사건은 1962년 쿠바로 향하는 소련의 핵미사일 수송의 차단을 강행함으로서 핵전쟁의 일촉즉발의 상태로까지 가는 긴장상태를 유발했으나 의사소통을 통한 소련의 포기로 종결되었다. 이후 이 쿠바 미사일 위기 사례는 위기관리 위게임의 전형적인 예로 각국에서 연구 응용되고 있다.[61]

나) 핵무기의 제한

현대의 핵선생에 있어서 가상 분녕한 규칙은 핵무기의 선제불사용이다. 핵선쟁 가능성(노는 문지방Threshhold)은 현대전쟁을 제한하는 가장 명확하고도 핵심적인 근원이다. 이러한 핵 문지방을 넘으려는 유혹은 한국전과 베트남전에서 훌륭하게 극복 저지되었고 제한전의 모범이 되었다.[62]

---

59) 제한전쟁에 있어서 분쟁의 자발적인 규칙의 개념에 관해서는 Osgood, *Limited War*, pp. 241-243, 248-250; Kissinger, *Nuclear weapons*, p. 140-41; Brodie, *Strategy in the Missle Age*, pp. 309-312; Deitchman, *Limited War*, pp. 14.

60) 교전국간의 의사소통과 교섭에 관련해서는 Thomas C. Schelling, *The Strategy of Conflict* (New Haven Conn.: Yale University Press, 1966); and Halperin, *Limited War in the Nuclear Age*, pp. 30-35. 참조

61) 제한전쟁의 기본적인 규칙인 초강대국간의 대결회피에 관해서는 Halperin, *Limited War in the Nuclear Age*, pp. 36-37 and Brodie, *War and Politics*, pp. 406-407, 425-426, 428, 가장 권위있는 주석서들은 제한전쟁이란 용어를 초강대국들이 직접적으로나 간접적으로 개입된 전쟁에 사용하고 그들이 개입되지 않은 전쟁을 국지전쟁의 범주에 넣고 있다. Brodie, *Strategy in the Nuckear Age*, pp. 309-310; Osgood, *Limited War Revisited*, pp. 3, 7, 13-24.

62) 핵무기를 모두 배제하거나 아니면 제한핵전쟁의 문지방을 두자는 제안들은 Kissinger, The Problems of Limited Nuclear War. in *Nuclear weapons*, pp. 310 311, 321 327; Osgood, *Limited War*, pp. 251-259; Brodie, *Strategy*

그러나 대량보복위협과 재래식 방위의 불충분성으로 인해 서방측은 1950년대 말부터 NATO에 제한 핵전쟁태세를 부득이 취하게 되었다. 그 이후부터 제한 핵전쟁이라는 대안과 분쟁규칙에 대한 필요성이 대두되어 전략핵전쟁으로의 확전 위험을 피할 수 있는 제한 핵전쟁의 개념과 범위를 모색해 왔다.[63]

다) 분쟁의 지리적 제한

분쟁의 지리적 제한은 제한전쟁을 위한 지침 중에서 초강대국의 직접적인 대결과 핵전쟁의 회피 다음으로 중요한 사항이다. 이것은 전쟁을 지리적으로 직접적이고 명백한 교전국에 한정해야 한다는 것이다. 1, 2차 대전은 이러한 제한 없이 교착상태나 패배를 피하기 위해서 새로운 동맹과 새로운 영역을 찾아 끝없는 경쟁을 하였고 그 결과는 참혹하였다. 지리적 제한은 제한전쟁을 수행하겠다는 의도를 표명하는 가장 명시적인 신호 중의 하나이다. 그것은 핵전쟁의 자제와 함께 전쟁을 제한시키려는 전반적인 의지를 나타내는 일종의 신호가 될 수 있다. 이것은 3가지 차원에서 중요성을 갖는데 그것은 적敵과 국제세계, 그리고 자국민들과 전쟁종사자國內戰線이다. 미국과 월남군에 의한 1970년의 캄보디아 침공은 지리적 제한을 깨고 그들의 성역까지 침공했기 때문에 이 3가지 차원에서 극렬한 저항이 일어났다.[64]

라) 합법적인 정당성과 공론화

비록 UN의 집단안전보장체제가 확고히 자리 잡았다고 할 수는 없지만 불법 무력사용을 금지하고 있는 유엔헌장은 현대국가에 있어서 전쟁 교전국의 합법성과 정당성을 부여하는데 중요한 시금석이 되고 있다. 통상 무력사용에 대한 정당화는 지역안보체제에 의해서 보완이 된 개별적 및 집단적 자위권 발동의 요구형태로 표출된다. 이에 대한 신뢰성 확보를 위하여 많은 동맹국들을 참여시키려고 노력하고 그 대표적인 예가 한국 전쟁 시 국제연합의 경찰활동이다. 특히 미국은 집단적인 방위 노력에 동맹국들을 참여시킴으로써 정당성을 확보하고 추가적인

---

in the Nuckear Age, pp. 310-311, 321-327; idem *War and Politics* pp. 375-432; Deitchman, *Limited War*, pp. 43-52; and McClintok, *The Meaning of War*, p. 4.

63) 핵 문지방을 유지하는 문제에 관해서는 Halperin, *Limited War in the Nuclear Age*, pp. 58-75; and Martin, 'Limited Nuclear War.' pp. 103-122. 제6장을 참고할 것. 재래식 무기와 목표에 관한 분쟁의 규칙도 있을 수 있다. 이에 대해서는 Halperin, *Limited War in the Nuclear Age*, pp. 28, 35-36 참조

64) 지리적 제한에 관해서는 Osgood, *Limited War*, pp. 243-248; Kissinger, *Nuclear weapons*, p. 139; Halperin, *Limited War in the Nuclear Age*, pp. 28, 34-37; and Brodie, *War and Politics*, pp. 66-68. Schelling은 *Arms and Influence*, p. 159에서 '궁극적인 문지방으로서 적국의 본토 외부로 확장되지 않도록 분쟁을 제한하자고 주장하고 있다.

중요성을 확보하는데 많은 노력을 경주하고 있다. 미국은 개별적 단독적 무력행사 보다 집단적인 무력 강압에 호소하는 것이 근본적, 정치적, 법적 그리고 도덕적 우월성이 있다고 믿고 있다.[65)]

마) 제한된 동원

제한전쟁을 연구하는 학자들은 전면전쟁의 특징인 군인들과 국가의 동원 그리고 제한전쟁의 제한동원과를 대비시켜 연구한다. 제한동원은 제한전쟁의 제한된 목표의 한 가지 기능이다. 전쟁의 명분인 국가의 생존과 핵심적인 국가이익을 위한 전쟁이 아니라고 생각하는 사람들의 지지를 획득하기 위하여 제한된 동원은 효과적이고 필요한 정책이다. 더욱이 이것은 경제적 효율성을 극대화시켜준다. 일반적으로 제한전은 대 국민 소집이 없이 가능한 한 현역 직업군인으로 수행하는 것이 바람직하다. 동원에 의한 전투원의 징집은 전면전을 상징하며 이에는 많은 문제들이 수반된다.[66)]

바) 심리적 수단의 사용억제

정책의 심리적인 수단에는 정부의 행동을 대내적으로 그리고 국제사회에 보고, 설명 및 정당화하기 위한 정부의 전반적인 정책과 방책이 포함된다. 현대의 전면전쟁에서 심리적 수단은 교전중인 자국의 전쟁목적과 전쟁수행을 지원하고 적국을 사악과 비행의 화신으로 묘사하기 위해 동원되어 왔었다. 공산주의자들은 '증오운동'憎惡運動에서 쓰이는 이러한 용법을 숙달시켜왔다. 미국과 서방국가들도 민주적인 아량과 헌법의 권한 내에서 또는 그 연장선상에서 적과 대등한 운동을 전개하여 적에 대한 승오와 전쟁 노력의 공고화를 공식적으로 조직하였다.

그와 같은 과잉행동들이 전쟁의 목적과 수단에 제한을 유지하고 승리 없이 전쟁을 종결시키는 일을 어렵게 만들고 있다. 심리적 수단을 억제하는 것은 적뿐만이 아니라 전 세계에 그리고 자국민들과 전쟁종사자에 대하여 전쟁을 제한시키려는 의지를 표명하는 것이 된다.[67)]

---

65) 미국은 한국전쟁을 정도는 각기 다르나 공동참전국으로서 많은 국제회원국(16개국)을 가진 국제연합의 평화유지작업으로 전환시켰다. 쿠바 미사일 위기와 1965년의 도미니카 개입은 많은 라틴아메리카 제국이 참여한 미주기구(Organization of American States)의 강제조치로 제압되었다.

66) 제한된 동원과 그것이 병력절약에 미치는 영향에 관해서는 Osgood, *Limited War*, pp. 241-243; Brodie, *Strategy in the Nuckear Age*, pp. 310-311; and Halperin, *Limited War in the Nuclear Age*, pp. 6-7 참조.

67) 심리적 수단의 사용 제한에 관해서는 Osgood, *Limited War*, pp. 92, 279-84; Kissinger, *Nuclear weapons*, pp. 167-172; and Halperin, *Limited War in the Nuclear Age*, pp. 24-25 참조

사) 전투와 협상

제한전쟁에 있어서 적과의 의사소통 방법은 전투를 하면서 협상을 진행하는 것이다. 때로는 협상이 진행되면서 휴전이 마련되기도 한다. 일반적으로 현대의 제한전쟁에서 협상대표들은 그들의 협상조건을 유리하게 하기 위하여 불필요한 전투를 계속하기도 한다. 통상 교전 당사국간의 '전투와 협상'은 우선적으로 전선 전면의 강도를 감소시키기 위해 이루어진다. 이러한 전략은 주로 공산국가들이 많이 사용했던 것인데 민의民意가 투명하고 비판적인 민주국가에서는 많은 어려움이 있다. 즉 전쟁이 곧 종결될 것 같은 상황에서는 전투원도 국민들도 더 이상 싸우기를 원치 않는다.

그럼에도 불구하고 전투와 협상은 현대 제한전쟁의 필수불가결한 조건이다. 일방적인 선언과 행동을 통해서 메시지를 교환하는 것보다 전투와 동시에 협상을 실시하는 것이 더 효과적이다. 시간과 욕구불만이라는 측면에서 대가가 무엇이던지 간에(한국전의 휴전협상에서 경험했듯이 그 과정은 몹시 고통스러웠다.) 전투를 계속하면서 직접협상을 하는 것이 현대 제한전쟁의 특징이며 고유한 특색이라 할 수 있다.68)

아) 제 3자: 국제기구

국내전쟁의 경우에서 흔히 발생하는 것처럼 제한전쟁을 추구하는 당사자들은 전쟁을 제한하고 종결하기 위한 노력을 국제기구를 포함한 중립적인 제3자에게 의존하기도 한다. 그러나 양측 모두에게 수락될 수 있는 제3자를 구한다는 것은 어려운 일이다. 과거 공산국가들은 불행하게도 국제적십자위원회의 객관성까지도 의심하였다. 최근의 제한전쟁 사례에서 제3자의 중재요청은 계속되어왔다. 그와 같은 중재자들이 제공할 수 있는 실제적인 도움의 내용이 어떠한 것인지는 차치하고 전쟁을 제한하고 가능한 한 조속히 전쟁을 종결시키려는 의지의 표현으로서 제3자를 개입시키는 것은 상징적 중요성이 있다 할 수 있다.

자) 신축대응

광대한 능력범위와 확전을 회피하려는 의지에 기반을 둔 신축대응은 제한전쟁의 대략적인 운영기반이다. 대량보복전략은 그 어떠한 형태로든지 간에 미국의 방위태세의 기본으로 용납할 수 없었기 때문에 미국은 다양한 도전에 대처할 수 있는 대책을 발전시켜야 했으며 이것이 제한전쟁의 범위라 할 수 있다.69)

---

68) 전투와 협상전략에 대해서는 Brodie, *War and Politics*, pp. 91-106; Schelling, *The Strategy of Conflict* and idem, *Arms and Influence*, 참조.

이것은 주요 우발전쟁의 식별, 대처능력의 구비 발전, 위협의 범위에 적절한 정치전략과 군사전략의 발전 등이다. 이것은 이미 미국의 행정부와 군부에서 충분히 인식되고 있고 수용되었다. 제한전쟁의 실현은 미국의 신축대응 전략의 성공적 실시 여부에 달려 있다.

5) 제한전쟁 치침의 적용

전쟁이 핵전쟁이든 재래식 전쟁이든 또는 초강대국간의 전쟁이든 국지전이든, 국제 분쟁이든 국내전쟁이든 간에 제한전쟁이 되기 위해서는 적어도 주요한 전쟁지침을 충족시키지 않으면 안 된다. 그래야만 정치적으로 용납이 가능하다. 그렇다면 정당한 전쟁 조건에 부합하는 제한전쟁의 요건은 무엇인가?

오브라이언은 앞서 논의한 지침 중 정치적 우위, 제한된 목적 그리고 병력의 절약이 필수적이며, 신축대응에 관한 정책과 능력은 이것들의 목적을 달성하는데 필수적인 것으로 들고 있다. 제한전쟁은 군사적 수단에 대한 정치적 통제가 시행되지 않으면 안 된다. 또한 전쟁은 반드시 제한된 정치적 목적을 달성하기 위해 수행되어야 한다. 또한 전쟁의 수행은 병력절약의 원칙과 일치되지 않으면 안 된다. 이 같은 전쟁은 통상 신축대응 정책과 능력을 필요로 한다.

전쟁의 자발적인 통제(규칙)는 어떠한 제한전쟁이든 보유해야 할 필수적인 것이지만 앞에서 제시한 8가지 세부 항목의 선택과 절차는 상황에 따라 적절히 변경될 수도 있다. 비록 간접적인 것일지라도 교전국간에는 반드시 의사소통이 있어야 하며 교섭이 이루어져야 한다. 그러나 이러한 제한전쟁 지침은 절대적인 것이라 할 수 없다. 너무 이것의 준수에 집착하게 되면 이것을 이용하는 측에게는 득을 줄 수가 있지만 성실히 순수하는 측에게는 불리하게 되는 경향도 있을 수 있다. 더욱이 초강대국간 대결의 경우에는 전략핵전쟁이 불가피하다는 확신을 조장시키는 것은 어느 측에도 이익이 될 수 없다. 실제로 총력방위를 위해서 대도시전략에 입각한 억제에 전략을 주장하고 있는 사람들도 있는데 이러한 전제 자체는 정의롭지 못하다. 반대로 초강대국들은 대결의 상황을 극단적으로 가정하기 때문에 이것을 회피하기 위해서는 신축대응할 수 있는 능력과 정책이 요구된다 할 수 있다.

핵무기의 선제불사용 원칙 또한 절대적인 것은 아니다. 핵보유국들이 분쟁에 직접적으로 개입되지 않을 때는 관계가 없으나 개입되었을 경우에 핵무기의 절대사용금지를 주장하는 논리에 제한전쟁 논리는 이에 대한 충분한 대응 논리를 제공할 수 있다. 그러나 현대의 도덕적

---

69) 제한전쟁의 신축대응 능력과 전책의 중요성에 관해서는 Osgood, *Limited War*, pp. 235-237, 249-250; Kissinger, *Nuclear weapons*, pp. 155-167; Deitchman, *Limited War;* and Brodie, *Strategy in the Missle Age*, pp. 331-342, 396.

인식은 여하한 경우에도 핵무기 사용은 사악한 것으로 생각하기 때문에 핵의 선제 사용은 그 책임이 막중하다고 할 수 있다.

전쟁의 지리적 제한은 전쟁을 제한시키겠다는 의도를 알리는 매우 유익한 신호이고 상징일 뿐만 아니라 그 자체의 진가에 의해서 정당하다는 것이 입증된다. 그러나 그렇다고 해서 지리적 제한 지침이 절대적인 것은 아니다.

법적 그리고 도덕적인 면에서 전쟁개시의 확실한 명분은 전쟁을 제한하는데 있어 필수불가결한 것이다. 그것은 첫 번째 지침인 정치우위에 대한 확고한 실증이다. 전쟁은 정치적 목적에 의해 발발하며 그러한 정치적 목적은 법적, 도덕적으로 정당화되지 않으면 안 된다.

제한된 동원의 제한전쟁 지침은 주로 강대국에 해당되는 것이다. 사실 약소국가들은 제한전쟁을 치루기 위해서 전면적인 동원을 하지 않으면 안 되는 경우가 많다. 전쟁 시에 어떤 국가가 해야 할 동원의 정도와 필요성은 상황에 달려있다. 문제는 전쟁의 성격에 미치는 동원의 영향이다. 만일 적에 대해 파악이 안 되고 상황을 모르면서 전쟁을 무한적이고 장기적인 것으로 만든다면 전쟁은 제한적으로 수행될 수 없다. 단적인 예로 레이몽 아롱에 의하면 1차 대전에서 교전국들은 불필요하게 엄청난 동원을 하고서는 그것을 정당화하기 위하여 극단적인 전쟁목적을 날조해 내었다고 말하고 있다. 따라서 전쟁을 제한적인 것으로 유지하기 위해서는 동원정책에 있어서 자제가 필수적이다.

심리적 수단의 사용문제는 밀접히 관계가 있다. 참전국의 의도를 왜곡하는 경향이 있음에도 불구하고 심리적 수단은 어떻든 교전국의 의도를 전달하는 역할을 한다. 만일 의도가 비열하고 전면적인 전쟁의도가 전달된다면 전쟁도 그렇게 될 가능성이 크지만 심리적 수단의 자제에 관한 규칙은 제한전쟁을 수행하고자 하는 국가에게는 가장 필수적인 것이다.

전투와 협상은 제한전쟁의 절대적인 조건은 아니다. 간단하게 전투를 중지하고 협상을 할 가능성은 항상 있다. 또는 전투가 교착상태에 빠지거나 또는 평행점에 이르게 되어 협상과 휴전, 또는 평화협정 없이 전쟁의 타결이 임박해 질 수도 있다. 그러나 형태가 어떻든지 간에 제한전쟁은 종결에 이르지 않으면 안 된다. 아랍사람들은 이러한 원칙을 회피하였기 때문에 중동지역을 괴롭혔다. 전쟁, 특히 제한전쟁은 무한정으로 지속되는 상호 복수극이 되어서는 안 된다.

제한전쟁은 항상 제 3의 중재, 특히 UN이나 국제기구의 중재에 따르지 않으면 안 된다. 제3의 중재 또는 유엔이나 국제기구를 활용하느냐의 여부는 개별국이 결정할 문제이다.

끝으로 확전을 회피 하겠다는 의지에 바탕을 둔 신축대응 정책과 능력은 제한전쟁의 선결요건이며 특히 강대국에게는 필수적인 것이다. 요컨대 첫째, 둘째, 셋째, 그리고 다섯째의 제한전쟁 지침은 전쟁을 제한전쟁으로 한정시키려는 교전국에게는 필수적인 것들이다. 자발적으로 분쟁의 규칙을 수용하는 형태로서 네 번째의 제한지침을 지키려는 진실한 노력도 제한전쟁을 위해서는 필수적이다. 그러나 이러한 규칙의 형태는 상황에 따라 다르다. 분쟁의 규칙 중 심리적 수단의 제한 사용을 요구하는 것이 그 대표적인 예이다.

2. 전쟁 방지를 위한 실천전략: 억제전략[70]

가. 한반도 안보여건과 억제전략의 중요성

대량살상무기WMD 포기를 국가정책으로 삼은 한국에게 있어서 억제 이론은 일견 아무 관련이 없는 남의 나라 이야기로 들릴 수 있다. 그러나 한국 정부와 국민들이 억제이론에 대하여 정확히 이해하고 대책을 세워 나가야 할 다음과 같은 네 가지 이유가 있다.

첫째, 지정학적으로 한반도를 둘러싼 주요 강대국들이 모두 핵 국가이거나 잠재적 핵 국가라는 점이다. 세계 5대 핵 국가 가운데 중국과 러시아가 한반도와 국경을 맞대고 있다. 미국도 한반도에 군대를 주둔시키고 있다. 일본은 1967년 이후 핵무기를 "보유, 제조하거나 반입시키지 않는" 비핵 3원칙을 국시로 견지해오고 있으나 핵무기 제조가 가능한 기술적, 물리적 기반을 구축하는데 성공했고, 책임 있는 정치인들의 핵무장 발언이 끊이지 않고 있다. 한반도의 주변국들이 핵무기를 중요한 군사적, 외교적 수단으로 삼고 있는 상황에서 이들의 전략을 이해하고 현명하게 대처하기 위해서는 핵전력 운용의 이론적 근거이자 핵심지침인 억제에 대한 분명한 이해가 선행되어야 한다.

둘째, 21세기 국제안보의 중요한 특징은 냉전시대 미국의 대표적인 억제전략인 "상호확실파과"Mutual Assuard Destruction: MAD로부터의 탈피라는 것이다. 즉 과거 부시행정부는 MAD를 뛰어 넘는 새로운 억제전략을 채택하였는데 그 핵심은 공세적 보복전략 이었던 MAD와 달리 공격과 방어를 동시에 고려하는 억제전략을 채택하였다는 것이다.[71] 당시 월포비츠 국무장관은 이를 "중층적 억제"Layered Deterrence라고 명명하였다.[72] 방어측면에서 미국이 내세우고 있는 것이 "미사일방어망"Missile Defense: MD의 구축인데, 특히 미 본토 방어용인 "국가미사일방어" National Missile Defense: NMD는 핵무기를 바탕으로 한 미국의 세계안보전략과 불가분의 관계를 맺고

---

70) 전성훈, 「억제이론과 억제전략에 대한 소고」, 『전략연구』(서울: 한국전략문제연구소) 통권 제 31호(2004), pp. 123-148 요약 및 추고

71) 전성훈, 『미국의 MAD 구축과 한반도의 안전보장』(서울: 통일연구원, 2001), pp. 54-58.

72) Paul Wolfowitz, *Prepared Testimony at the Senate Armed ServicesCommitte on the Fical Year 2002 Defense Buget for Balastic Missile Defense Program*, Washington D.C., July 12, 2001, p. 5.

있다. 미국은 한국에 대해 MD참여를 줄기차게 요구해 왔는데 한국 정부는 이를 중국에 대한 고려 때문에 참여를 유보해 오다 2010년 북한의 천안함 도발을 계기로 MD참여를 긍정적 검토를 하게 되었으며 한국형 MD체제 구축으로 그 모습이 나타나게 되었다. 따라서 한국은 앞으로 미국의 미사일방어MD체제에 따른 미국의 핵전략과 그 맥을 같이 하게 되었다 할 수 있다. 지금까지는 비핵국인 우리가 미국의 핵전략을 이해하려 하거나 미국도 우리에게 관련 정보와 지식을 제공할 필요가 없었으나 MD문제의 중요성이 높아질수록 이의 필요성은 더욱 증가하게 되었다.

셋째, 북한의 핵무기와 핵 억제력의 유지를 공언하고 있는 상황에서 이제 남북관계도 억제전략으로부터 자유롭지 못하게 되었다는 점이다. 북산은 이제 "핵 억제력"이란 용어를 사용하면서 핵보유가 주권을 방어하기 위한 자위적 수단이며 핵 억제력의 유지수단을 다른 나라에 이전할 의도는 없다고 주장하고 있다. 북한의 핵보유가 사실이라면 이는 지난 반세기간 남북관계를 지배해왔던 핵무기 없는 재래식 군사대결 구도에 근본적인 변화를 야기할 수 있다.

넷째, 북한의 핵무기와 핵 억제력의 보유, 미국이 주도하는 새로운 억제전략의 전개, 그리고 한반도가 그러한 억제전략의 일부에 포함되었다는 사실은 우리도 이제 나름대로 대비책을 세워야 한다는 것을 의미한다. 비록 한국은 비핵국이지만 핵국가들과 잠재적 핵국가들의 외교 안보 전략에 대한 대응 전략을 수립하기 위해서도 핵을 보유한 나라의 억제전략에 대한 이해는 필수적이다.

억제이론에 대한 국내 학계의 연구는 매우 제한되어 있으며 억제이론에서 사용되는 용어도 통일되어 있지 않다.73)

나. 억제이론과 전략

1) 억제의 정의

르보와 스타인은 억제를 다음과 같이 정의했다.74)

"억제는 바람직한 행위를 하려는 행위자로 하여금 행위의 비용이 이익보다 많다는 사실을 확인시킴으로써 그런 행위를 예방하고자 한다. 안보분야에서 억제는 통상 군

---

73) 최영, 『현대 핵전략 이론』(서울: 일지사, 1987); 장노순, 「합리적 억제이론의 한계: 정보전을 중심으로」, 『국제정치 논총』 제41집 4호(2001), pp. 29-45. 통상 Deterrence를 억지(抑止), 또는 억제(抑制)로 번역하고 있는데 억지는 일본식 용어로서 본고에서는 억제로 통일하여 사용하기로 한다.

74) Richard Lebow and Janice Stein, eterrence: the elusive dependent variable, orld Politics 35(April 1990), p. 336.

사공격을 예방하고자 한다. 하지만 소련의 쿠바 미사일 배치와 같이 방어자가 수용할 수 없는 군사적 배치를 예방하거나 국가안보에 위협으로 간주하는 비군사적 행위를 예방하는 데에도 적용되어 왔다. 억제에는 다음과 같은 점이 필요하다. 방어자가 수용할 수 없는 행위를 정의하고, 침략자를 응징하거나 단속하겠다는 약속을 표방하며, 그러한 의지를 과시하고, 이러한 위협을 실행할 능력을 갖추어야 한다. 일반적인 억제는 적대 당사국간의 힘의 관계에 기초하며, 적대국으로 하여금 분명한 역효과를 우려해서 어떠한 군사공격도 심각하게 고려하지 못하도록 예방하고자 한다."

간단히 말해서 억제는 "상대방에게 그가 감당하기를 꺼리는 위험을 과시함으로써 상대의 행위를 예방하거나 단념시키는 행위"로 규정할 수 있다. 이런 점을 감안할 때, 억제에는 심리적인 요소가 중요한 역할을 한다. 키신저도 억제는 인간의 마음속에서 생겨나는 것이며, 상대방이 무엇을 믿는가 하는 점이 무엇이 객관적 진실인가 하는 것보다 더 중요하다고 말한바 있다.75)

억제는 "강요"Compellance 혹은 "강압적 외교"Compellance Diplomacy와 구분된다. 억제는 상대방이 특정행위를 하지 못하도록 "소극적인 영향력"Negative Influence을 행사하는 것인 반면에 강요는 상대방이 특정행위를 취하도록 설득하는 "적극적인 영향력"Positive Influence을 행사한다. 억제의 성공은 특정행위가 이행되지 않았을 경우에 달성되는 반면에 강요는 상대가 특정행위를 얼마나 신속히 잘 완수하느냐에 따라 성패가 갈린다.76)

억제는 군사적 측면과 외교적 측면이 교차하는 부분에 놓여있다. 억제력을 뒷받침하기 위해 군사력이 필요하지만 억제의 성패는 외교력을 동원해서 상대방의 군사력을 얼마나 효과적으로 저지하느냐 에 달려 있기 때문이다. 군사력을 바탕으로 하되 가급적 비군사적인 방법으로 상대에게 영향력을 행사하는 억제는 핵전력이 등장하기 이전에도 존재했다. 하지만 억제이론의 대가인 쉘링은 현대 기술의 발전으로 인해서 영향력의 확대와 억제수단으로서 핵전력 뿐만이 아니라 재래식 전쟁위협이 갖는 중요성도 또한 높아졌다고 말하고 있다.77)

억제와 방위에도 개념적 차이가 존재한다. 방위는 물리적인 것으로서 전쟁이 발발하면 작동하는 반면, 억제는 심리적인 것으로서 대부분 전쟁 발발 이전에 작동한다. 전쟁이 발발하면 억제는 실패한 것이 되며 방위가 주되 역할을 하게 된다. 방위는 상대의 의도와 행위와 무관하게 자력으로 안전을 화보하는 것이고 억제는 상대의 공격으로 좌절시켜야만 안전을 획득할 수

---

75) Henry Kissinger, *American Foreign Policy* New York W. W. Norton & Co., 1974), p. 15.
76) Tomas Shelling, *Arms and Influence* New York Haver: Yale University Press, 1966), pp. 69-91.
77) 위의 책, p 33

있다고 본다. 전통적으로 미국이 억제에 중점을 둔 반면에 소련은 방위에 큰 비중을 두었다. 방위목적의 무기는 억제와 방위의 기능을 함께 수행하지만 가공할 파괴력을 가진 핵무기는 억제용일 뿐 유사시 사용할 수 있는 방위무기는 아니라는 지적도 있다.[78]

초기의 억제전략은 1972년 ABM조약에서 나타나듯이 상대의 선제 핵공격에 대한 방위를 사실상 포기했다고 볼 수 있다. 핵전쟁에서 "우세"優勢를 주장한 레이건 행정부가 SDI를 추진하면서부터 "방위적 억제"의 개념이 적용되기 시작했다. 핵전쟁에서 우위를 유지하기 위해서는 적절한 방어망의 구축이 필요하다고 보았기 때문이다. 21세기 들어 출범한 부시 행정부에서는 ABM조약을 뛰어 공격과 방어를 포괄하는 새로운 억제전략을 채택하기 시작했다.

2) 재래식 억제와 핵 억제

'억제'라는 개념이 논리적으로 체계화된 것은 최근의 일이지만 억제행위는 인간의 역사와 함께 시작되어 왔다고 해도 과언이 아니다. 자연재해와 외부의 침입으로부터 생존하기 위해 투쟁해 온 인류의 역사를 돌이켜 볼 때, 억제는 가급적 싸움을 피하고 평화로운 생활을 영위하려는 인간 본능의 발로라고 볼 수 있다.

하지만 억제가 개념적으로 체계를 잡고 국가전략의 한 부분으로 집중적인 연구와 실천의 대상이 된 것은 핵무기가 출현하면서 부터이다. 특히 핵시대가 미국과 소련이라는 초강대국을 중심으로 출범해서 반세기간 전개되어 왔기 때문에 억제이론도 주로 양자관계의 맥락에서 발전되어 왔다. 물론 억제이론이 핵무기를 중심으로 전개되어왔다고 해서 재래식 분야에서의 억제이론 연구가 아주 없었던 것은 아니다.[79]

재래식무기체계를 이용한 억제를 재래식 억제로, 핵무기 출현 이후 핵을 이용한 억제를 핵 억제로 분류할 수 있다. 이 둘의 큰 차이는 억제에 사용했던 무기를 억제가 실패하였을 때 방위용으로 사용할 수 있는가 하는 점이다. 재래식 억제에서는 재래식 무기체계가 억제 실패 시 바로 방위에 투입될 수 있다. 하지만 핵 억제에서는 핵무기의 가공할 파괴력으로 인해 핵의 사용이 상대의 핵 보복을 초래하는 자살행위로 인식되기 때문에 억제용 무기체계가 방위용으로 전환되기 어렵다는 특징이 있다.

---

78) Honoré Catudal, *Soviet Nuclear Strategy From To Gorbachev A Revolution In Soviet Military And Political Thinking* Atlantic Highlands, N.J.: Humanitiess Press International, Inc., 1989), p. 54.

79) 예를 들어, John Mearsheimer, *Conventional Deterrence* (Ithaca: Cornell University Press, 1983); Richard Harknet, "The logic of conventional deterrence and the end of Cold War", *Security Studies* 4 (Autumn 1994), pp. 86-114.

3) 1차공격력과 2차공격력

억제이론을 논하는데 있어 중심개념의 하나가 '1차공격력'First Strike Capability과 '2차공격력' Second Strike Capability이다. 1차공격력은 상대를 먼저 공격했을 때, 상대의 효과적인 반격능력을 파괴할 수 있는, 즉 상대의 2차공격력을 제거할 수 있는 공격의 감행능력을 말한다. 단순히 먼저 공격할 수 있는 능력을 말하는 것이 아니다. 반면에 2차공격력은 상대의 공격을 받은 후 효과적으로 반격하기에, 즉 상대에게 '감당할 수 없는 피해'Unacceptable Damage를 입히기에 충분한 전력을 확보하는 능력을 말한다.[80) 피공격 후의 단순한 반격능력을 말하는 것이 아니다.

1차 공격력과 2차 공격력의 개념이 최초로 정립된 것은 1959년 홀스테터Wohlstetter에 의해서였다.[81) 억제전략 성공의 관건은 2차 공격력의 확보 여부이기 때문에 중요한 것은 전체 핵무기 보유 숫자가 아니라 선제 핵공격을 받은 후 상대의 방공망을 뚫고 대량 보복을 감행 할 수 있는 잔존 핵전력의 규모에 달려 있다. 핵전쟁에서의 우위를 주장한 레이건 행정부 이전의 억제이론은 모두 상대의 1, 2차 공격에 대한 효과적인 방어를 포기한다는 전제에서 출발했다.

4) 억제와 군비증강 그리고 군비통제

억제의 신뢰성을 높이기 위한 수단의 하나가 군비증강이다. 나의 억제가 실패할 경우 상대에게 감당할 수 없는 보복을 가할 것임을 상대가 믿도록 만드는 것이 바로 군사력이기 때문이다. 억제전략에 바탕을 둔 군비증강은 핵전력의 기본 구성을 공중, 지상 및 해상으로 다원화하고 무기체계의 정밀도를 높이는 등 다양한 방법으로 진행되어 왔다. 예를 들어, 선제공격의 표적으로 삼기 어려운 잠수함 탑재 SLBM 전력은 상대의 선제공격을 견디어 낼 수 있는 2차 공격력으로 간주되어 SLBM 전력 구축에 집중적인 투자가 있었다. 또한 상대의 핵전력을 효과적으로 제압할 수 있는 공격력을 확보하려는 투자도 확대되었다. 핵무기의 양산을 통한 1차공격력 확보나 지상발사 대륙간탄도탄ICBM의 다탄두화 및 정밀화 등이 이에 속한다.

억제는 상대방을 선제공격하겠다는 것은 아니지만 내가 적절한 힘을 보유함으로써, 상대가 나를 얕보거나 침략하려는 의사를 사전에 봉쇄하고, 설혹 침략하더라도 이를 단호히 격퇴하겠다는 전략개념이기 때문에 적절한 군사력이 뒷받침되어야 성공할 수 있다.

---

80) '감당할 수 없는 피해'에 대해서는 다양한 정의가 있는데, 한 예로 1968년 맥라마라(Robert McNamara)는 인구의 20-25%를 살상하고 산업기반의 50%를 파괴하는 것으로 정의했다. 당시 미국이 보유하고 있던 10,000개 이상의 핵탄두 중 400개만으로도 소련 인구의 30% 이상, 산업시설의 76%를 파괴할 수 있다는 것이 그의 예측이었다. *Hearing of House Armed Forces Committee on Military Posture*, 90th Congress, 2nd session, Washington, D. C., April 3-27, 1968. 파괴범위의 최대치를 인구의 경우 1/3, 산업시설의 경우 3/4까지 잡기도 한다.

81) Albert Wohlstetter, "The delicate balance of terror," *Foreign Affairs*, January 1959, pp. 211-234.

하지만 군사력을 과다하게 보유함으로써 군비경쟁을 유발하는 것이 억제전략이 갖는 문제점 중의 하나이다. 바로 이 부분에서 군비통제 및 군축의 필요성이 제기된다. 군사력의 보유를 통해 견제와 균형을 유지하되, 보유 군사력의 종류와 규모 및 운용전략을 제한해서 상대방에게 줄 수 있는 위협의 정도를 줄이고 우발적 전쟁의 발생 가능성도 낮추는 것이 바람직하기 때문이다. 따라서 군비통제는 억제전략 하에서 견제와 균형을 통해 평화를 달성하되 군사적 긴장과 충돌의 가능성을 낮춤으로서 평화의 질을 높이고자 하는 안보전략의 주요 수단으로 볼 수 있다.

5) 억제이론에 대한 비판

억제이론이 성립되고 현실에 적용하는 과정에서 여러 가지 문제점과 한계가 지적되어 왔는데, 억제이론에 대한 주요 문제점을 정리하면 다음과 같다.[82]

첫째, 억제이론의 개념이 생성된 방식의 문제로서, 핵 대결이 시작된 냉전이라는 환경 속에서 편의상 만들어진 이론이라는 지적이다. 즉 재래식 전력 차원에서 통용되던 개념을 핵과 재래식 전력의 근본적인 차이에 대한 적절한 고려 없이 그대로 핵전력 분야로 이식했다는 것이다. 재래식 전력은 적의 침공을 억제하기 위해 준비하였다가 억제가 실패하면 바로 방위에 사용될 수 있지만 핵무기의 경우는 가공할 파괴력 때문에 억제 실패시 사용이 쉽지 않다는 문제도 야기된다.

둘째, 억제이론의 근간을 이루는 행위자의 '합리성'Rationality에 관련된 문제이다. 합리적 행위자 모델이 국제정치에서 일률적으로 통용되는 것은 아니며, 정책결정자들은 빈번하게 비이성적 행동을 하기도 한다는 지적이다. 합리성이 행위자에게 주어진 정보에 근거해서 최적화를 추구하는 것이라고 할 때, 정보의 진위眞僞나 정확성이 고려되지 않는 문제도 있다. 억제이론은 모든 행위자들이 똑같이 합리성을 갖는 것으로 가정하지만, 각 행위자는 스스로의 현실 인식과 주관에 따라 행동하기 때문에 비합리적일 수 있고 합리성의 정도가 다를 수도 있다.

셋째, 억제 실패 시 보복위협이 갖는 신뢰성의 문제이다. 핵전략에서 억제가 실패했을 경우에 보복은 '공멸'Mutual Sucide을 불러올 수 있는데 과연 이런 보복위협이 신뢰성이 있는가 하는 점이다. 이런 점을 꼬집으며 키신저 박사는 1979년 서방의 전략이 공멸위협의 신뢰성에 기초하고 있다는 것은 상식에 위배된다고 선언했다.[83]

---

82) Honoré Catudal, *Nuclear Deterrence-Does It Deter?* (Atlantic Highlands, N.J.: Humanities Press International, Inc., 1985), pp. 75-80.

83) Henry Kissinger's Speech of September 1, 1979, *Survival*, Nobember-December 1979, p. 266.

넷째, 억제라는 개념 자체가 모호하기 때문에 이를 정책화 하는데 어려움이 따른다. 구체적으로 억제의 대상은 누구이며 어느 수준에서의 억제를 말하는가 하는 의문점을 명확히 해소하지 못함으로써 보복위협 자체가 불분명해진다.

다섯째, 억제이론이 상당부분 '게임이론'Game Theory의 기본 가정에 근거하고 있다는 것도 문제로 지적된다. 수학적 이론이 현실세계의 의사결정 방식을 정확히 표현하지 못할 뿐 아니라 억제이론의 발전 당시에 주요 고려 대상이었던 소련이 다분히 서방의 구미에 맞는 게임 이론적 사고를 수용하는 것도 아니었기 때문이다.

여섯째, 억제이론의 근간을 이루는 '충분성'Sufficiency 개념도 문제가 된다. 군비증강이 억제에 충분한 전력을 확보한다는 명목으로 이루어지고 있지만 어느 정도의 전력이면 충분한가에 대한 명확한 해답이 없기 때문에 그 결과는 종착역을 알 수 없는 군비경쟁이 있을 뿐이라는 지적이다. 즉 억제이론이 기술발전으로 더욱 탄력을 받고 있는 군비증강을 합리화하기 위한 편리한 수단으로 이용되었다는 주장이다.

일곱째, 억제이론이 단차원적 성격을 갖고 있다는 것도 문제이다. 상대방의 행위에 영향을 줄 수 있는 다른 요소들을 무시한 채, 보복위협만을 강조하는 경향이 있기 때문이다. 이는 외교정책의 무분별한 군사화를 초래하고 상대방의 행위를 바꿀 수 있는 외교적, 경제적 차원의 긍정적인 유인책 개발을 방해한다.

여덟째, 억제이론은 상대방의 사악한 이미지에 의존하면서 이를 촉진하는 경향이 있는데, 이는 적대감을 영구적인 것으로 만들고 타협을 어렵게 만든다.

아홉째, 위협에 대한 대응방식이 상대에 따라 다를 것이기 때문에 보복위협에 과도하게 의존하는 것은 실제로 매우 위험할 수 있다. 보복위협에 순응하는 상대가 있는 반면, 오히려 절망감에서 반항하는 상대도 있을 것이다. 즉 억제이론은 보복위협의 결과가 상대의 심리상태에 좌우된다는 사실을 간과하면서 모든 상대가 위협에 대한 민감성 면에서 똑같은 것으로 간주하는 오류를 범하고 있다.

제4절 국가 안보 · 군사전략의 변혁

1. 개요

2012년 1월 5일 미국은 향후 10년 동안 4890억불(약 560조원)의 국방예산 감축에 맞춘 새 전략을 구축하겠다고 발표하였다. 미국의 새 군사전략의 핵심 내용은 (1) 유럽 지역군 감축 (2) 아시아로 안보 축 이동 (3) 해 · 공군 통합전력 강화 (4) 과감한 인건비 및 퇴직 수당 감축 등이다.

4년마다 발표하는 '4년 주기 국방전략검토'Quternenial Defense Review :QDR 중간 기간에 이례적으로 발표된 것은 그만큼 사안이 시급함을 반영해 주고 있다. 이것은 미국이 오랫동안 유지해왔던 1-4-2-1전략 즉 두 곳의 재래식 전쟁(한반도와 걸프 만)에서의'2개 전장 동시승리전략'을 사실상 포기한 것으로서 냉전체제가 와해된 1990년 콜린파월 합참의장 등이 주도해 수립했던 전략이 22년 만에 수정되는 것이다. 2010년 QDR에서 이 용어가 별다른 설명 없이 자취를 감추었었다.

2003년 조지 W 부시 미국 대통령의 이라크 전쟁 결정은 금세기 최고의 실책이었다. 물론 당시 9.11 사태로 격앙된 미 국민들의 감정과 핵 테러 가능성으로 인한 불안감은 이성적 자제감이 발휘될 여지가 없이 미 행정부의 강경정책을 고조시켰다. 1조 달러의 전비가 미국의 곳간을 비우는 데 한몫했다. 이에 더하여 2009년 야기된 미국 발 경제 위기는 미 국방비의 지출을 더 이상 감내할 수 없게 만들었다. 펜타곤은 향후 10년간 4870억 달러의 국방비를 삭감해야 한다. 의회는 추가로 5000억 달러 삭감안을 논의 중이다. 합치면 1조 달러에 육박한다.

부시 대통령의 개전開戰 명분이던 이라크 민주주의는 요원하다 '아랍의 봄'에서 보듯 중동의 민주화는 강제이식이 아니라 밑으로부터 움트고 있다. 부시의 종교적 신념과 네오콘Neo-Con의 집단사고group thinking는 미래를 읽는 눈을 가렸다. 역사와 자유의 진보, 세계화와 정보혁명의 힘을 믿었다면 부시의 전쟁은 아프가니스탄에서 그치지 않았을까. 이라크와 아프간에서 동시에 수행된 '2개의 전쟁'은 21세기 미국의 정점이자 쇠락의 출발점이었다.

중동에서만 국한해 보자면 이라크에 대한 공격은 네오콘의 뜻대로 돌아가지 않았다. 이라크의 후세인 체제(이슬람 수니파) 전복은 새 강국을 탄생시켰다. 시아파 이란이다. 중동의 맹주를 넘보면서 핵무기 보유 쪽으로 성큼 다가섰다. 시아파 주도로 바뀐 이라크는 이란의 2중대가 되고 있다. 이란 · 이라크 사이의 견제와 균형은 미국이 구사해온 중동 전략의 축이다. 1983년 이란-이라크전 당시 레이건 대통령 특사로 후세인을 만나 상호 협력을 타진한 인물은 다름 아닌 이라크전의 주역 도널드 럼즈펠드 국방장관이었다.

오바마 대통령은 그 이라크에서 2011년 부대를 완전히 철수시켰다. 아프간 주둔 미군은 2014년 모두 귀국할 예정이다. 오바마는 부시의 2개 전쟁을 사실상 끝냈다. 그러면서 새 국방전략을 통해서 2개 지역 동시 전쟁 전략을 포기했다. 보고서는 '하나의 지역에서 대규모 작전에 있더라도 다른 지역에서 침략자의 의도를 무력화시킬 수 있을 것'이라고 명시하고 있다.

2010년의 '4년주기 국방태세검토보고서QDR와 비교해 보면, '2개 지역 침략자의 억제와 패퇴' 표현이 사라졌다. 오바마는 대신 '날렵·유연·첨단·네트워크' 군을 강조했다. 2개의 대규모 지상전은 하지 않겠다는 얘기다. 아니 못하는 것이다. 로버트 게이츠 전 국방장관의 마지막 연설은 이에 대한 솔직한 고백이다. "앞으로 대통령에게 지상군을 아시아나 중동으로 보내야 한다고 조언하는 국방장관의 두뇌는 검증받아야 한다." 이러한 미국의 새 전략은 뒤집어보면 G2(미·중)시대의 도래에 대한 선언이라 할 수 있다.

이 와중에 '럼즈펠드 독트린'이 재조명되는 것은 아이러니다. 럼즈펠드는 군을 중후장대重厚長大형에서 경박단소輕薄短小형으로 개조했다. 전투병과 부대, 항모·전투기·드론의 무기체계를 하나의 네트워크로 묶었다(네트워크 중심전). 해외 기지는 요새要塞에서 기동군의 정거장이 됐다. 벌떼 공격식swarming 포진이다. 아프간과 이라크는 럼즈펠드의 현대판 전격전의 거대 실험장이었다. 아프간과 이라크 두 정권은 초기에 와해됐다. 그러나 럼즈펠드의 전쟁은 성공하지 못했다. 탈레반은 괴물로 돌아왔다. 이라크는 극심한 치안 불안을 겪었다. 럼즈펠드는 점령 후 안정화 작진에 필요한 지상군의 역할을 과소평가했다. 이것이 럼즈펠즈가 중도하차한 이유다. 오바마의 새 전략은 럼즈펠드 독트린의 파괴력과 한계를 동시에 안고 있다. 미군은 여전히 최강이지만, 두 지역을 점령할 수 없는 시대로 접어들게 된 것이다.84)

2. 이라크전의 교훈

2011년 12월 12일 미국을 방문중인 '누리 알 말리크' 이라크 총리와 '버락 오바마 미국 대통령은 정상회담을 하고 이라크전의 종료를 공식 선언하였다.85) 그리고 예정대로 2011년 말까지 이라크 주둔 미군을 모두 철수시키겠다고 밝혔다. 이로써 충격과 공포란 이름으로 시작된 전쟁이 8년여 만에 공식적으로 끝난 것이다.

이라크전은 9.11의 여파로서 이라크 독재자 사담 후세인의 대량살상무기 위협을 제거하기

---

84) 오영환, <럼즈펠드의 부활>, 「중앙일보」, 2012. 1. 13.
85) 「중앙일보」, 2011. 12. 14일자

위하여 2003년 3월 20일 미군과 영국군이 합동으로 이라크를 침공함으로써 이라크 전쟁이 발발하였다. 2003년 4월 9일에 이라크의 수도인 바그다드를 함락하게 되었고 같은 해 5월 1일에 1차적으로 끝난 것 같았다. 그러나 잔존 세력의 저항은 끈질기게 이어졌고 미국은 월남전의 악몽을 되새기며 지루한 제4세대 전쟁을 계속해왔다. 이 전쟁은 정치 군사적으로 많은 교훈을 남겼다.

미국과 영국이 주장한 침공의 근거는 아래와 같다.

1) 이라크는 과거 대량 살상 무기의 보유를 밝힌바 있고, 여전히 그 무기를 보유하고 있을 가능성이 있어서 세계의 안보 환경을 위협하고 있다.
2) 독재자 사담 후세인은 국내에서 쿠르드인을 탄압하는 등 많은 압정을 실시하고 있다.
3) 거듭되는 유엔 사찰의 방해 때문에, 대량 살상 무기의 폐기를 확인하기가 쉽지 않다.
4) 거듭되는 사찰 방해 때문에, 걸프 전쟁의 정전 결의인 유엔 안보리 결의 687이 찢어지고 있다.

유엔 안보리 결의 1154호와 앞으로의 어떠한 안보리 결의 위반도, 이라크에 있어서 가장 어려운 결과를 부른다고 하는, 걸프전쟁 정전협정(위의 687) 파기 조건의 결의, 즉 마지막 경고 결의가 진행 중이었다.

대체로 위와 같은 까닭으로 이라크를 중동의 위협이라고 단정하고, 이라크의 무장 해제를 목적으로 한 무력행사라고 주장하여, 이라크를 침공했다. 프랑스, 덴마크, 독일, 뉴질랜드, 러시아, 스페인 등은 전쟁을 시작한다면 1441호 이외에 새로운 안보리 결의를 추가해야 한다고 주장했으나 미국과 영국 및 동맹국은 그러한 필요가 없음을 밝히고 위의 까닭에만 기초를 두어 전쟁을 단행했다.

또, 미국과 영국 측이 승전을 선포한 뒤의 2004년 10월, 미국이 파견한 조사단이 이라크에 대량 살상 무기는 존재하지 않는다는 마지막 보고를 제출하였다. 전쟁을 시작한 근거가 된 대량 살상 무기의 정보의 신빙성도 희박한 것이었던 것이 밝혀져 이 전쟁의 정당성이 크게 흔들리는 결과를 낳았다.

이라크전은 이러한 정치적 측면을 넘어서 군사적으로는 초현대전으로서 전쟁의 개념, 전략, 전술의 변화, 최신 무기체계에 의한 혁신적 전투의 수행 등 여러 가지 측면에서 혁명적인 기록을 남겼는데 이를 통하여 전 세계는 군사변혁과 군사혁신의 물결에 휩싸이게 되는 계기가 되었다. 이라크전의 군사적 교훈은 다음과 같이 요약될 수 있다.[86)

1) 미국은 9.11 테러이후 제시된 국가안보전략NSS에 의거 예방적 차원의 선제공격을 감행하고 그간 추진되어온 군사변혁의 결과를 성공적으로 적용시킴으로서 미래전 양상을 가시화하였다.

2) 연합군은 신속결정 작전RDO과 효과중심작전EBO으로 단기간 내 최소의 인명피해(민간인 포함)로 군사적 목표를 달성하였다.

3) 연합군 전력을 '감시체계 + 정밀타격체계 + 디지털화된 네트워크(지휘통신통제체제: C4ISR)'로 결합하여 실시간에 '표적획득-결심-정밀타격'하는 새로운 전쟁패러다임(개념·방식)을 제시하였다. 그것의 주요 내용은 다음과 같다 (1) 전장가시화 (2) 장거리 교전의 보편화 (3) 전쟁/전투 의사결정 사이클의 가속화 (4) 전장공간의 확장과 중첩 (5) 전자전 및 사이버전 위력의 증대 (6) 비선형 및 분산 상태에서 작전수행이다.

4) 연합군은 기존에 수행해오던 전쟁방식에 디지털화된 정보화 기법과 개선된 교리 등을 여러 분야에 적용하여 효율적인 전쟁을 다각도로 수행하였는데 그 중요한 것들은 (1) 다양한 심리전 (2) 적시적절한 전투근무지원 (3) 적절한 예비군의 운용 (4) 충격과 공포 Shock and Awe의 작전효과 등이다.

대테러전쟁의 일환으로 수행된 미국의 대아프간전과 대이라크전은 21세기에 들어서서 첫 전쟁으로서 여러 측면에서 전쟁사에 기록될 새로운 전쟁의 양상을 보여 주었다. 변화된 전장의 성격 그리고 새로운 선두수행 양상은 부시행정부가 들어선 이후 미 국방부의 주도로 강도 높게 논의되어 오던 '군사변혁'Military Transformation의 주요 개념, 주요 방향 및 우선순위를 실전 경험을 통해 재검토하도록 해 주었으며 국방지도부는 이를 통해 그동안 계획해 오던 군 변혁의 기본방향들의 정당성을 확인하게 되었다.[87]

미국은 97년 국방태세 검토QDR에서 이미 미래에 대비한 군사변혁을 제시하였다. 개념적으로 합동비전Joint Vision 2010을 제시하고 군구조 변화는 군사혁신Revolution in military Affairs: RMA 개념에 의거 추진하였다. 그러나 위협의 감소에 따라 군사혁신에 대한 투자는 지연되었고 기존 무기체계의 성능 개량이나 수명 연장이 강조되었다. 이러던 차에 21세기에는 안보에 대한 위협이 아주 광범위하고 다양하며 20세기보다 예측하기 어려울 것이라고 하는 기존의 주장이 9. 11 테러 공격과 이에 대한 반응을 통해서 확인되었으며 이로서 소위 이러한 '비대칭' 위협에 대응

---

86) 합동참모본부, 『이라크전쟁 종합분석』(서울: 대한민국 합동참모본부, 2003.10), p. 211.

87) 부시행정부의 안보위협 평가와 국방변혁 접근은 1999년에 구체화 된 것으로 9.11 테러보다 훨씬 앞선 것이다. 사실 그것은 1997년 국방패널(National Defense Panel) 까지 거슬러 올라간다. W. Stephen Piper, "2002년 미국의 방위구상과 군의 변혁", 한국 국제전략문제연구소 국제신포지움 발표논문집(서울, 2002.7.19.), p. 6.

하기 위해서는 군사력의 주요 요소들에 대한 구조조정Force Restructuring과 재편성Reorganization이 요구되며 새로운 개념의 군사전략 수립 필요성을 절감하게 되었다.

아프간 전쟁과 이라크 전쟁에서 나타난 미국의 대테러 전쟁의 특징을 보면 한마디로 '지식전'Knowledge Warfare이라 할 수 있다.[88] 지휘 통제의 중추를 비롯한 합동작전의 개별단위들이 전장상황을 실시간 입체적으로 파악하고 정보 결정 능력을 공유함으로서 병렬전쟁 즉 동시적 전력운용이 가능하였다.

군사전략 측면에서 이 전쟁이 미친 영향은 지대하다. 첫째, 미국의 세계 군사전략의 변화를 초래하게 되었다. 지금까지는 미국이 보유하고 있는 군사전력으로 세계의 2개 지역에서 발생한 분쟁을 동시에 수행하는 것이 불가능하다는 인식이 지배적이었다. 따라서 2001 국방태세검토에서 종래의 윈윈 전략에서 '원플러스'One Plus 전략으로 선회하였으나 이라크전의 결과로 '윈윈Win-Win 전략'의 실현 가능성을 확인하는 계기가 되었다. 1-4-2-1 전략으로 알려진 이것은 ① 미국 본토를 방어하고, ② 네 개의 중요한 지역에서 침략과 강압을 배제하며 ③ 두개의 동시 전장에서 신속히 적을 무찌르며 ④ 그 중의 하나의 전쟁을 승리로 이끈다는 개념이다.[89]

둘째, 미국 군사력 사용개념이 선제공격으로 변화하였다. 확증 없이 심증만 갖고도 이라크 전쟁을 수행한 미국이 앞으로 외교적 목적 달성을 위해 군사력을 사용할 가능성은 더욱 높아졌다고 할 수 있다.

셋째, 미군사력의 전방 배치전력에 대한 전반적인 재검토 조정이다. 미국은 이라크 전쟁을 통해서 신속기동의 필요성을 절감하였고 과거의 대규모병력 중심의 군사 운용이 더 이상 필요치 않다는 것을 절감하였다. 비교적 소수의 특수 목적 병력을 신속히 집결하여 운용함으로서 효과가 극대화되고 승리가 가능하다는 것을 알게 되었다. 따라서 이제는 더 이상 많은 병력을 해외에 주둔시킬 필요가 없다고 생각하게 되었기 때문에 해외주둔 미군의 대폭적인 조정을 추진하였다.

넷째, 이라크 전쟁을 통해서 '현지 즉시투입'Rolling Star 개념이 정착되는 계기가 되었다. 전력의 집중 면에서 병력의 순차적 투입은 전쟁원칙에 위배되는 것이지만 화력의 압도적인 우세, 동맹국에서 군사력 전개공간이 부족할 경우 등을 고려할 때 앞으로 이러한 군사력 운용은 매우 유용하다 할 수 있다.

---

88) 강봉구, 「아프간 전쟁 이후 미국의 군변혁 : 변화된 전쟁양상에 대한 대응을 중심으로」, 『국제정치논총』 제42집 1호(2002). p. 127.

89) HQ USAF/XPXC, *The U.S. Air Force Transformation Flight Plan* (November 2003), USAF Future Concepts and Transformation Division, pp. 10-11.

다섯째, 이상의 것을 실현하기 위하여 벌떼기동인 '스워밍Swarming 개념'의 전략으로 전면적인 군 구조와 군사전략이 전환되었으며 이에 따른 신속배치작전Rapid Deployment Operation을 위한 기동 편성군이 특수 목적군으로 교리가 발전되었고[90] 공군력 중심의 협동교전역량Cooperative Engagement Capability : CFC 발전에 노력이 집중되었다.

3. 미국의 안보 · 군사전략의 변화와 군변혁: 공세적 현실주의

가. 전략 개념 : 선제공격으로 전환

군사전략은 국가전략의 기능전략으로서 전쟁준비를 위한 군사개발, 전쟁지도를 위한 전쟁전략, 그리고 평시 군사력 운용을 위한 평시전략으로 구성된다. 현대적 군사전략 개념은 클라우제비츠의 정의로부터 발전되었는데 그는 전략을 "전쟁목표 달성을 위한 전투의 사용"으로 정의하였고 이후 국가전략 개념이 정립되어 전통적 군사전략이 국가전략의 한 기능전략으로 자리매김 되면서 "국가정책 목적 달성을 위한 군사력을 행사 또는 위협하는 방법으로 운용하는 술과 과학"으로 정의되고 있다.[91]

2차 대전을 계기로 군사전략은 일대 전기를 맞는다. 소위핵무기가 전장에 직접 사용됨으로서 클라우제비츠가 제기했던 절대무기의 출현은 더 이상 전략이 수단과 능력을 극대화한 군사중심의 총력전 전략이 되어서는 안 된다는 교훈과 함께 수단과 능력이 제한되는 제한전 이론으로 변화되면서 핵억제 전략이 국가전략으로서 군사전략을 대신하게 된다. 이러한 억제선략이 독립국가의 중요한 국가안보전략이면서 동시에 군사전략으로서 채택되었다.

9.11 테러전을 계기로 억제전략에 기초한 군사전략은 또 한 차례 변화를 가져왔다. 미국은 그간 핵억제전략의 근간을 이루어왔던 핵 선제불사용을 전제로 한 소극적 안전확정Negative Security Assurrance: NSA 정책을 포기하고 선제사용을 전제로 하는 전략을 채택하였다. 이로서 그간 핵은 사용할 수 없는 억제무기였으나 이제는 먼저 사용할 수도 있는 공격무기가 된 것이다.[92] 이에

---

90) 미 육군은 전력의 효율성을 극대화 하기 위해 여단급 편제로 전환을 준비중이며 이를 위해 표준화된 전투단위 모형을 만들고 있다고 밝혔다. 월터 W홀리스 미육군성운영분석 차관은 "21세기 전략환경 변화와 신 전장개념"을 주제로 한 이 세미나 개회식에서 이라크 전쟁 등 전 세계적 대테러 전쟁을 수행하고 있는 미국은 전력의 효율성을 극대화하고 만반의 전시대비태세를 갖추기 위해 사단급 편제에서 여단 중심의 군으로 변화하고 있다고 밝혔다. "미 육군이 추진하고 있는 변화는 패러다임의 변화를 의미하며 변화의 중심인 여단급 부대는 좀더 독립적 임무수행이 가능한 전방위적 조직으로 변화할 것이라고 말했다. 제 12차 한 · 미 국방분석 세미나. 기조연설(2004.4.12, 서울, 국방연구원)

91) 미합동군사용어사전.

따라서 선제공격과 예방전쟁에 대한 일대 논란이 야기되었다. 과연 미국이 천명하고 나선 선제공격 개념은 정당한 것이고 용납될 수 있는 것인가? 국제적 비난 여론과 함께 한편으로 이에 대한 옹호론도 팽팽하게 맞서고 있다. 선제공격은 정당하고 예방전쟁은 침략전쟁인가 아니면 방어 전쟁인가?

선제공격과 예방전쟁은 전략적 작전적 차원의 적의 기습에 대응하기 위한 것이다. 먼저 선제공격preemptive attack은 내가 먼저 행동하지 않으면 당할 수밖에 없는 상황, 즉 내가 기습공격 surprise attack을 먼저 개시하지 않으면 나의 생존이 치명적으로 위태롭게 되는 그러한 위기적인 상황의 불안전성 때문에 취해지는 방위적 행동이며 국제법이나 관례상 정당한 자위행위에 속하는 군사행동이다.93)

이와 비슷한 개념으로 먼저 행동의 기선을 취하는 공격으로 '예방공격' 또는 '예방전쟁'이 있다. 선제공격과 예방공격의 차이는 다소 애매하다. 그리고 '예방전쟁'은 '전쟁예방'과 구분된다. 예방전쟁은 "예방하기 위한 전쟁"이니까 전쟁행위이지만 "전쟁예방"은 전쟁행위 예방이 목적인 것이다. 예방전쟁은 국제법으로나 국제관행상 불법적인 과잉 군사행동이다. 따라서 선제공격이나 예방공격이 다 같이 기습행동일 수 있지만 선제공격은 합법적이고 예방공격은 불법적이다.94) 그러나 이 둘 간의 차이는 애매하여 그 행위 면에서는 명확히 구분하기가 쉽지 않다. 이 두 개념의 차이는 원칙적으로 질적인 것이나 그 경계선은 대단히 애매하다.

선제공격을 방지할 수 있는 것은 전략적 안정이다. 기습을 계획하는 쪽은 혹시 의도가 노출되어 상대방이 선제공격해 오지 않을까 두려워하며 이 두려움 자체가 기습공격을 준비하고 있는 쪽에 대한 억제효과가 있다. 따라서 기습공격을 억제하기 위해서 '선제공격정책'을 천명할 수 있다. 기습공격은 한번 경험해 본 나라는 기습공포의 강박관념을 갖게 된다. 따라서 이러한 기습의 위험성에 대처하기 위해 최소한 선제공격정책을 선호하게 된다.95)

그러나 문제는 이러한 선제공격 정책은 상대로 하여금 마찬가지로 선제공격으로 대응하도록 만들어 "선제행동의 악순환"을 이루게 되고 그 결과 전략상황의 불안전성은 계속 증대된다는 점이다. 따라서 기습과 선제의 충동을 방지하는 주된 요소는 선언이 아니고 군비통제를 통한 상호 신뢰구축이나 보복력의 보유이다. 전자의 경우 상호 신뢰와 군비축소를 통해서 기습

---

92) 2002년 1월 미 의회에 제출된 미국의 「핵 태세 보고서」(Nuclear Posture Readiness)의 주요내용은 첫째, 핵위협의 다변화에 따른 핵 선제사용 가능성, 둘째, 기존의 핵억제전략을 벗어나 보다 적극적인 핵무기 사용의지의 천명이다.
93) 류재갑, 「현대 군사전략 전술: 이론과 실제」, 공대교참 AWC3-1, 대전: 공군대학, 2003, p. 446.
94) 1960년대 이스라엘과 이집트간의 6일 전쟁시 이스라엘은 자신들의 정당성을 내세워 이집트에 대한 선제공격을 주장한 반면 이집트는 이스라엘이 불법적인 예방전쟁을 하였다고 비난하였다.
95) 선제공격과 예방전쟁의 정당성에 관한 논의는 본서 제3장 정의전쟁의 논리 분석에서 상세히 검토

이나 선제의 충동을 억제할 수 있고 후자의 경우 공격한 측에 대해서 충분한 보복역량을 보유함으로서 전략적 안정을 달성할 수 있다.

전략적 안정이란 기습한 측에 대한 치명적인 손실을 입힐 수 있는 보복력을 보유한 상황이므로 양측은 각각 적국인 상대방의 보복력을 파괴할 수 없다는 의미에서는 약한 상황이지만 양측이 다 상대방의 공격을 억제할 수는 있으나 감히 일방적인 개전을 할 수 있을 정도로 강력한 역량을 보유하지 못한 상황을 의미한다. 바로 이것이 "이성적 충분성" 개념이다. 이것이 바로 방위적 충분성이 되는 이유는 방어자가 공격자에 비해 전체적인 전력에서는 열세하더라도 공격자에 대한 치명적인 손실을 줄 수 있는 보복력만 유지하고 있으면 상대방의 기습을 억제할 수 있기 때문이다.96)

현대 군사기술의 발전은 기습효과를 증대시키고 있는 게 사실이다. 그러나 기습의 가능성은 본질적으로 기술에 의해 증대되지만 인간의 지혜 부족에 의해 유발 될 수도 있다. 불확실성 시대에서 생존하기 위해서는 긴박한 대치상황으로 문제를 해결하려 하기보다는 전략적 안정을 달성 할 수 있는 방향으로 사고하고 행동해야 할 것이다. 그러한 측면에서 군비통제는 전략적 안정을 달성하기 위한 분별력 있는 선택이 될 수 있다.97)

따라서 미국의 선제공격 정책선언은 일단 합법적이라 할 수 있다. 미국의 대테러 정책을 수행함에 있어 대량살상무기에 의한 미국의 테러가 현실화되었음을 감안할 때 미국인들이 갖는 공포와 그 두려움은 당연히 이들 기습 공격에 대한 선제공격을 합리화시키고도 남는다. 이와 더불어 클린턴 행정부 때부터 추진해온 예방전략(예방공격이 아님)을 추진해 미국의 안보환경을 유리하게 조성해 가면서 구체적인 위협에 대해서는 선제공격으로 이를 제거해 전략적 안정을 달성하겠다는 것이다. 이에 대한 하나의 구체적 수단으로서 미사일 방어가 고려되고 있다고 보아야 할 것이다. 이러한 핵과 핵억제에 관한 논란에 대해서는 제3장 정의의 전쟁 연구 현대전의 논리분석에서 구체적으로 검토해 보기로 한다.

나. 군사혁신과 군사변혁의 가속화

9.11과 대테러전은 그동안 군사변혁Military Transformation과 관련하여 구상과 논의 수준에 머물러 있던 것들을 실제로 행동으로 옮기도록 강요하는 상황이 되었다. 탈냉전 이후 21세기에 들어 글로벌시대가 전개되면서 국제안보환경하의 새로운 위협 요인들은 미국의 안보·국방전략의 변화뿐만 아니라 그것을 보장하고 수행할 수 있는 군 전력체계의 근본적인 변화를 요구해

---

96) 류재갑, 앞의 책, pp. 452-453.
97) 류재갑, 위의 책, p. 454.

왔으며, 무수한 공식 문서, 보고서 및 연구논문들에서 유사한 필요성이 지적되어 왔다. 걸프전 이후 10여 년 동안 미국의 첨단기술의 군사영역에서의 수행능력 및 '군사혁신'Revolution of Military Affairs: RMA에 관해 많은 노력이 있어왔으나 그것은 대부분 비전류의 분홍빛 청사진이 대부분이었고 미국의 군사혁신과 군사변혁을 위한 구체적인 노력 즉 획기적인 예산증가는 실현되지 않았다. 그러던 차에 9.11과 대테러전은 이를 구체적으로 실천해 나가야하는 필요성과 당위성을 제공해주게 된 것이다.

아프간 전쟁과 이라크전을 수행하면서 미국은, 지금까지 럼즈펠드 국방장관의 주도 아래 미 국방부가 추진해 왔던 군 변혁의 개념과 기본 방향들이 대부분 옳다는 것을 증명해 주었고, 그 과제의 긴급성을 확인해 주었다. 그동안 부시 행정부가 추진해 왔던 군사변혁에 대한 구상 및 접근방법에 이의를 제기하던 국방부와 군 내부 저항세력들의 목소리가 잦아들었고, 결과적으로 미국의 새로운 국방전략 그리고 군사변혁에 대한 강력한 추진 동력을 얻었다고 할 수 있다. 이에 따라 2003년과 2004년 회계년도 예산안에 미국의 군지도부가 아프간전을 통해 확인한 군사변혁 및 군전력 증강의 구상과 방향들이 폭넓게 반영되었고98) 적극 추진되었다.

미국은 '윈윈Win- Win 전략'을 구체화시킨 '1-4-2-1 전략'을 좀 더 효율적으로 이행하기 위해 미국은 군사변혁MT과 미군기지 재조정GPR 작업을 동시에 추진하였는데 첨단과학무기를 이용한 비선형적 첨단전을 지향하는 군사혁신을 이룩하여 미군을 21세기의 첨단 군으로 환골탈태하자는 것이 군사변혁의 내용이다.99) 이를 위해서 ①정보 및 군사결정의 우위 ②정밀타격 ③군사력 신속 투사 ④전술적 신축성 ⑤군대 방어력 제고 ⑥지상, 해상, 공중 및 우주 전장 지배능력 등을 추구 하였다. 이러한 변환이 이루어진다면 군사력의 규모는 현재보다 축소되더라도 '1-4-2-1 전략'을 이행 할 수 있다는 것이다. 또한 세계적 규모로 진행되고 있는 미군 재배치 및 미군기지 재조정 작업도 바로 이 '1-4-2-1 전략'을 이행하기 위한 것이었다. 미군을 4개 지역에 전진 배치하되 이중 두 곳에 신속하게 군사력을 집중할 수 있도록 하는 것이 핵심목표이기 때문이다. 이러한 군사변혁과 재조정의 상승작용이 나타나면, 보다 작은 군대로도 군사력을 극대화 할 수 있기 때문에 '1-4-2-1 전략'을 효율적으로 이행할 수 있다는 것이 부시-럼스펠드의 군사변혁 구상으로서 추진되었으나 오바마 행정부에 이르러 미국으로서는 감당할 수 없는 경제위기에 따른 전략환경의 변화로 2010 국방태세 검토QDR에서 '1-4-2-1 전략'은 자취를 감추고 일반적인 개념으로 전환되었다.100)

---

98) 이 뿐만 아니라 이미 '9.11 테러' 직후에 발표된 "국방태세 검토(QDR) 2001에서 명시된 국방전략의 변화가 회계연도 예산 요청안의 작성에 도움을 주었다"(Cordesman 2002, p. 18.)고 럼즈펠드 국방장관이 말한바 있다.
99) 서재정 외, 『전환기 한미관계의 새판짜기』(서울: 한울, 2004), p. 55.
100) 2010 국방태세 검토(QDR) 참조. 미국의 군사변혁에 대한 기본적인 개념, 방향 및 목표들은 "합동비전 2020" *Joint Vision 2020*(2000.5.30), "군사변혁연구보고서 *Transfor- mation Study Report*"(2001.4.27), "4년주기 국방

‘군 변혁’이란 과학정보기술을 토대로 혁신과 개선을 아우르면서 미래에 효과적인 군사력을 정착시키는 활동이다. 이것은 극적인 새로운 방법으로 전쟁을 수행하기위해 필요한 새로운 기술, 작전개념 및 조직구조 개발 뿐 아니라 현재의 능력을 획기적으로 개선시켜 나가는 활동까지 포함하고 있다.101) ‘군사변혁연구보고서’에 따르면 “그것을 통해 작전 효율성, 작동하는 능률 그리고/혹은 비용 절감 등의 영역에서 중대한 이득이 달성되는 개념들, 조직, 과정, 기술 적용 및 장비 등에서의 변화”102)이다. 변혁의 근본적인 목표는 “대규모 전쟁으로부터 평화 시의 활동들에 이르기까지 전 영역에 걸쳐 작전 가능한 능력을 구비하도록 보장하는 것, 혹은 “냉전기에 확보했던 적에 대한 근소한 우월성으로부터 21세기 군사작전의 모든 영역에 걸친 우월-합동대응군으로 전 영역의 우월성 확보-로 이동”하는 것으로 설정되어 있다.

럼즈펠드는 군사변혁을 수행한다는 것은 과거와는 다르게 생각하고, 새로운 도전과 예상치 못한 환경에 신속히 적응할 수 있는 종류의 군사력과 능력을 발전시키는 것을 의미한다고 보았다. 군사변혁의 핵심은 군의 무기체계 및 조직구조 등의 쇄신만을 포함하는 것이 아니라 사고방식, 태도, 문화 등을 포함하는 복합적이고 전체적인 성격을 갖는다. 이런 점에서 미국방지도부는 군사변혁을 하나의 일회적인 운동이나 사건이 아니라 장기적이고 지속적인 과정으로 파악하였다.

“군사변혁연구보고서”는 변혁의 초점을 ‘조기투입합동대응군’the Early Entry Joint Response Force 개념에 두고 있는데, 여기서도 “합동대응군의 달성은 새로운 물리학 혹은 기술 발견을 요구하지 않는다. 그것은 획득가능한 기술들을 새로운 개념들, 독드린, 조직들 및 체계들로의 도전적인 통합을 요구한다”103)고 적시하여 새로운 사유와 능력을 혁명적으로 결합하는 데 군사변혁의 본질이 있음을 확인하고 있다.

군사변혁에 대한 미 국방지도부의 시각은 “생각하는 방식, 연습하고 싸우는 방식을 변혁하지 못한다면, 어떤 고 기술의 무기들도 미군사력을 변혁하지 못할 것”104)이라는 주장에 함축

검토 보고서 *Quadrennial Defense Review Report*”(2001.9.30) 그리고 럼즈펠드 국방장관이 워싱턴의 미 국방대학(NDU)에서 미군의 “21세기 변혁”이란 주제로 행한 연설(200.1.31)등 공식문서들에 기본적으로 제시되어 있다. 이 중 “군사변혁보고서”는 ‘9.11 테러’ 발생 4개월 여 전에 작성된 것이지만, 당시 자신의 구상과 방향에 대해 확신을 갖고 있었던 국방지도부의 시각을 대부분 반영하고 있으며 동시에 아프간 전쟁 경험을 통해 그들은 군사변혁 필요성에 절감하고 구체적인 추진일정계획(Road Map)을 작성 추진되었다.

101) Binnendijk, *Transforming America's Military*, NDU Press, 2002.

102) Transformation Study Group, *Transformation Study Report: Trans- forming Military Operational Capabilities* (April 27, 2001), p. 6.

103) *Transformation Study Report*(2001), p. 8.

104) Donald Rumsfeld “Secretary Rumsfeld Speaks on ‘21st Century Transformation’ of U.S. Armed Forces (transcript of remarks and Question and answer period), www.defenselink.mil/speecjs/woos /s20020131-secdf.htm (검색: 2003,5,15)

되어 있다. 그렇다면, 군 변혁에서 가장 중요한 것은 혁신의 문화이며, 지휘관 및 하위성원들이 솔선하여 위험부담을 감수하고 새로운 방법과 구상을 시도하려는 의지라고 정리할 수 있다. 이러한 기본적인 인식 틀 위에서 미 국방지도부는 21세기 미국 국방전략 및 전력구조_{force structure}가 달성해야 할 변혁목표들을 여섯 가지105)로 제시하고, 구체적인 변혁 목표들을 달성하기 위한 접근방법의 4가지 기초를 제시하였다. 그것은 ① 상설합동임무군사령부를 통한 합동작전의 강화 ② 전투, 작전개념 및 능력, 조직적 구성 등에 대한 새로운 접근방법으로 실험 ③ 미국의 첩보 능력의 우위를 이용 ④ 변혁능력의 개발이다.106)

다. 미국 군사변혁의 경과와 평가107)

미 국방변혁의 기본적인 방향과 과제는 2001년 9월 30일 미 의회에 제출한 "2001년 QDR"을 통하여 체계화되고 공식화되었다. 이 문서는 9.11 테러 이후 19일이 지난 시점에서 보고된 것이지만 그 내용은 9.11 이전에 이미 완성된 것이었다. 여기에서 미군은 "동맹 및 우방국을 확신시키고, 미래 군사경쟁국을 단념시키며, 미국의 국가이익에 대한 우협과 강압을 억제하고, 억제실패 시 어떤 적이라도 결정적으로 격퇴한다"는 4가지 국방정책 목표를 정립하여 제시하였고, 이 중에서 미래 군사경쟁국을 단념시키기 위하여 변혁이 필요하다는 점을 강조하였다. 또한 "미국 본토와 해외기지의 보호, 효과적인 정보작전 수행, 원거리 전역에 대한 군사력의 투사와 유지, 적 근거지 거부, 우주체계와 그 지원시설의 능력과 생존성 향상, 정보기술과 혁신적 개념의 활용" 등 6가지 작전목표를 통하여 미군이 변화해 나가야 할 중점을 제시하였다.108)

미 국방부는 2003년 4월 『변혁계획 수립지침』_{TPG: Transformation Planning Guidence}을 발간하여 예하기관 및 부대에 하달하였고, 2003년 가을 『군사변혁: 전략적 접근』_{Military Transformation: A Strategic Approach}과 2004년 10월 『국방변혁의 요소』_{Element of Defense Transformation}를 작성하여 전파하였다.

---

105) 여섯 가지 변혁목표는 ① 미 본토와 해외 기지들의 보호 ② 원거리 전역에 힘을 투사하고 유지 ③ 미국의 적들의 은신처를 불허 ④ 미국의 정보망을 공격으로부터 보호 ⑤ 다양한 종류의 미국의 무력들이 실제로 합동으로 싸울 수 있도록 그들을 연결하는 정보기술을 이용 ⑥ 우주공간에 대한 방해받지 않는 접근 그리고 우주역량을 적들의 공격으로부터 보호 하는 것을 들고 있다. Donald Rumsfeld (2002), p. 4; 국방태세 검토 (QDR) 2001, p. 30; 더욱 상세하게는 Anthony H. Cordesman, "The 국방태세 검토(QDR) and Force Transformation : Notes for A Cautionary Analysis. (CSIS, October 29, 2001), pp. 16-20. 강봉구 앞의 논문 재인용.

106) Quadrennial Defense Review Report (September 30, 2001), pp. 32-47.

107) 박휘락, 『평화와 국방』(서울: 한국학술정보(주), 2012), pp. 272-280. 참조. 그는 여기서 한국의 국방개혁 현황과 문제점을 분석하면서 미국의 국방개혁 사례를 소개하고 있다.

108) Department of Defense 2001, Quadrenial Defense Review Report. Washington D.C.: DoD.(Sep. 30).

이에 따라 미군은 군사력 기획방식에 있어 "능력기반 국방기획" 제도를 전면적으로 도입하였고 "진보적 획득EA: Evolution Acquisition 또는 나선형 개발"SD: Spiral Development의 개념을 설정하여 완벽성 보다는 신속성을 강조하였다. 기존의 2 MTW 전략을 보완하여 "1-4-2-1"의 명칭으로 새로운 세계차원의 군사력 운용개념을 정립하였고 국토방위Homeland Defense 임무를 수행할 북부사령부North Command 창설 등 사령부 체제를 전면적으로 개편하였으며, 소련과의 대탄도탄 조약을 일방적으로 폐기하면서 까지 미사일 방어망을 구축하기 시작하였다. 효과기반작전이나 네트워크중심전 등을 바탕으로 다양한 군사작전 수행 개념을 발전 시켰고, 원정군의 형태로 군대를 재편하는 가운데 육군의 경우 여단전투단BCT: Bridge Combat Team으로의 모듈화를 추진하였다. 군대 운용에 있어서도 효율성 향상을 위한 대폭적인 제도개선을 추진하였고, 전투근무지원 및 전투지원 업무의 상당부분을 "사설군사회사"PMC: Private Military Company를 통하여 해결함으로써 전투원의 개념 자체를 바꾸었으며, 현역과 예비군 이외의 군무원과 계약원도 "총체전력"Total Force에 포함시키는 방향으로 군대의 외연을 확대하였다.109)

2006년 QDR에서 미군은 그동안 추진해 왔던 변혁의 타당성을 강조하고 변혁을 통해 달성한 성과를 일목요연하게 정리하여 제시하고 있으며 앞으로도 지속해 나갈 것임을 천명하였다. 2006년 국방과학이사회Defense Science Board에서도 국방장관의 변혁 노력은 주요 전투작전 수행 능력에 대해서 "혁명적 진전"을 이룩하였거나 이룩하는 도중에 있다고 평가하였고 2006년 국방부의 자체 성과측정에서도 변혁을 중심으로 설정한 66개 목표 중 42개가 목표를 초과 제대로 달성된 것으로 평기히였디.110) 그 방창의 타당성에 대해서는 견해가 다를 수 있지만 럼스펠스 장관이 짧은 시간에 상당한 변화를 일으킨 점만은 분명하다 할 수 있다.

9.11 테러는 미 국방변혁의 방향과 속도에 더욱 큰 영향을 미쳤다. 전 국민적 공감대가 형성되었고 국방·군사변혁은 가속화 되었다. 9.11 직후 국방부에 군사변혁실OFC: Office of Force Transformation을 설치하였고, 다양한 형태의 문서를 하달하여 변혁의 철학과 방향, 그리고 변화를 위한 세부적인 지침을 하달하였으며, 각 군 및 기관들로 하여금 나름대로의 변혁을 위한 추진계획을 작성하여 추진되었다.

4. 미국의 경제위기와 안보·군사전략의 변화: 방어적 현실주의

2009년 미국에 불어 닥친 경제 위기는 또 한 번 심각한 국가안보 전략의 변화를 가져왔다.

---

109) 박휘락, 『정보화시대 국방개혁의 이론과 실제』(서울: 법문사, 2008) pp. 100-122.
110) Department of Defense 2006b 30.

2012년 1월 5일 미국은 향후 10년 동안 4890억불(약 560조원)의 국방예산 감축에 맞춘 새 전략을 구축하겠다고 발표하였다. 미국의 새 군사전략의 핵심 내용은 (1) 유럽 지역군 감축 (2) 아시아로 안보 축 이동 (3) 해공군 통합전력 강화 (4) 과감한 인건비 및 퇴직 수당 감축 등이다. 이것은 미국이 오랫동안 유지해왔던 1-4-2-1전략 즉 두 곳의 재래식 전쟁(한반도와 걸프만)에서의 '2개 전장 동시승리전략'을 사실상 포기한 것으로서 냉전체제가 와해된 1990년 콜린파월 합참의장 등이 주도해 수립했던 전략이 22년 만에 수정된 것이다.

미국은 '두 개의 전쟁' 수행 대신 한 개의 지상군 전쟁 수행능력만 갖춰 놓고 다른 지역에서는 또 다른 전쟁 시도를 막는 '방해자'spoiler 역할에 만족하는 '원 플러스(1+)전략'으로 수정하였다. 이것은 두 개의 침략 위협이 있을 경우 하나는 외교적 노력이나 경제제재를 통해 해결할 수밖에 없다는 뜻이다. 미국의 국방비 감축은 한국의 방위비 분담금 증가로 이어질 수 있다.

오바마 대통령은 '미국의 글로벌 리더십 유지: 21세기 국방 우선순위'라는 제목의 새 국방전략과 관련한 입장을 발표하면서 "지금은 전환의 시점"이라고 말했다. 표현은 거창했지만, 2011년 여름 천문학적인 재정적자를 줄이기 위해 의회와 합의한 '10년 내 국방비 4870억 달러(약 565조원) 감축'에 맞춘 전략을 발표하는 자리였다. 새 국방전략의 골자는 지상군 감축, 아시아·태평양 지역 중시, 사이버·드론Drone(무인정찰기) 등 미래전과 비정규전 강화였다.

오바마는 행정부의 2013 회계연도 예산안은 향후 10년간 4870억 달러(약546조원)의 국방비를 감축한다고 밝혔다. 구체적으로 57만명의 육군을 49만명 수준으로 감축하고, 45개인 전투여단을 32개로 줄이며 유럽에 배치된 4개 여단을 2개로 축소된다. 대당 가격이 1억 달러(약 1161억원)인 신형 F-35 스텔기 전투기의 구매도 423대 계획하였던 것을 244대로 줄인다.

국방예산 감축에도 불구하고 사이버전 전력과 드론으로 대표되는 신개념 군사력은 증강될 전망이다. 2011년 미국은 대규모 병력을 동원하지 않고도 무인정찰기 드론을 활용해 알카에다 지도자들을 제거했다. 지상군은 보다 경량화하고, 기동성이 뛰어난 부대로 바뀌게 된다. 오바마는 이를 "날렵하고 유연한 군대"라고 표현했다. 브리핑 중에 오바마 대통령과 패네타 장관은 "동맹국·파트너와의 협력 강화"를 수차례 강조했다. 미국은 병력을 감축하는 유럽 지역에선 나토(북대서양조약기구) 동맹국이 그 공백을 메워주길 기대한다. 또 아태 지역에선 한국·일본 등 동맹국이 부담을 나눠 갖기를 희망하고 있다. 힐러리 클린턴 국무장관은 "새 국방전략은 국방부 혼자만 할 게 아니다. 외교 노력도 기울여야 한다"는 성명을 발표했다. 미셸 플로노이 국방부 정책담당 차관은 "아태 지역 동맹국들과 탄도미사일 방어를 지속적으로 논의하고 있다"고 말했다.111)

---

111) 「중앙일보」, 2012. 1. 7.

미국의 새 국방전략 보고서 요지는 다음과 같다.

1) 아·태로의 안보 축 이동: 미군은 전 세계 안보에 계속해서 기여하면서, 아시아·태평양을 중심으로 재조정될 것이다. 미국은 인도와의 장기적 전략 파트너십에 투자할 것이다.

2) 한반도: 미국은 동맹과 다른 국가들과의 협력을 통해 북한의 도발을 억제하고 방어하는 방식으로 한반도의 평화를 유지할 것이다.

3) 중국: 중국의 부상은 여러 방식으로 미국의 안보와 경제에 영향을 줄 잠재력을 가질 것이다. 중국의 군사력 증강은 전략적 의도에 대한 투명성을 동반해야 한다. 미국은 이 지역에 대해 접근과 동맹상의 의무에 따른 자유로운 작전능력을 보장하기 위해 필요한 투자를 계속 해나갈 것이다.

4) 중동: 미국의 정책은 이란의 핵무기 능력을 막기 위해 걸프해의 안보를 강조할 것이다.

5) 유럽: 이라크와 아프가니스탄에서의 병력감축은 유럽에 대한 미국의 투자를 재조정할 전략적 기회를 창출했다. 이런 전략적 환경 진전에 맞춰 유럽에서의 대비 태세도 변해야 한다.

6) 2개의 전쟁 포기(1곳은 전쟁, 1곳은 작전만): 세계 여러 지역에서 중요한 이익을 가진 국가로서, 우리의 군은 한 지역에서 대규모 작전을 벌이더라도 다른 지역에서 적의 침략을 억제하고 패퇴시킬 수 있어야 한다. 또한 한 지역에서 대규모 작전을 벌이는 중이라도 다른 지역에서 침략자의 의도를 무력화할 수 있을 것이다.

5. 미국의 국가안보·군사전략 패러다임의 변화 종합

미국의 국가안보 전략은 9.11 테러를 계기로 획기적으로 변하였으며 이것은 과거의 전략 개념과는 다른 새로운 전략 패러다임을 형성하였다. 클린턴 행정부의 안보전략이 제3유형의 공세적 자유주의의 안보전략이었던데 반하여 부시행정부의 안보 전략은 새로운 제4의 유형의 공세적 현실주의 안보전략으로서 강압적 패권 추구 안보전략으로 변화하였다. 이라크전후 처리의 실패와 이에 대응한 '반反명제로서 이것이 수정되거나 또는 방어적 현실주의 안보전략이 출현될 것으로 예상되었는데 역시나 오바마 행정부는 방어적 현실주의 안보전략을 채택하였으며 차기 정부에서도 지속될 것으로 예상된다. 그 이유는 미국을 중심으로 한 세계적인 경제위기의 도래가 가장 큰 이유라 할 수 있다.

이러한 변화는 앞에서 고찰해본 바대로 9.11 이후 미 공화당 정부에서 신보수주의의 안보철학 신봉자들이 미국의 안보정책 결정과정을 장악하고 있었기 때문이었다. 이들은 빌 클린턴 재임기간을 포함해 지난 1990년대를 '잃어버린 10년'으로 치부하면서 냉전의 승리를 여세로 몰아 1차 걸프전에서 사담 후세인을 제거하고 중동을 장악한 후 21세기의 전략적 경쟁자인 중국을 포위하는 전략을 추진하지 못했던 것을 후회하며 조지 부시 대통령의 취임을 계기로 안보정책 일선으로 나타나 미국의 안보정책을 결정하게 된 결과이다. 따라서 부시정부에서는 전략적인 주 관심지역을 미국에 도전 할 수 있는 유일한 국가인 중국을 전략적으로 관리하는데 역점을 두었는데 오바마 행정부에 이르러서는 이것이 더 구체화되었다고 할 수 있다.

이를 위한 구상은 대체로 괌과 호주를 전략적 후방으로 하고, 일본으로부터 대만을 거쳐 멀리 인도에 이르는 봉쇄망을 형성하는 것이다. 그리하여 미국의 대 아시아 정책은 일본의 역할 재정립, 인도와의 전략적 이해관계 재인식, 괌 및 호주의 전략적 가치 재평가 그리고 대만의 확보 등으로 특징 지워지며 한반도도 그러한 방위선 상에서 영향 받고 있다고 볼 수 있다.

이러한 포위전략은 이미 제2차 세계대전 후 소련의 아시아 공산화 침략에 대응하기 위하여 구상했던 전진 방어전략의 연장선상에 있는 것으로써 필리핀을 후방기지로 삼고 알류산열도에서 일본본토, 오끼나와를 잇는 소위 극동 아시아 방위선(AJO 라인) 선언(1950년 1월 12일), 즉 애치슨 선언으로 유명한 미국의 태평양 방위선과 같으며 미국은 새삼스러이 전방 군사기지와 최전방 동맹국들을 활용, 고전적인 봉쇄정책을 소련이 아닌 중국을 상대로 전개하고 있는 것이다.

이상의 검토 결과를 종합 분석하여 보면 〈표 7〉과 같이 도식해 볼 수 있다. 여기서 다섯 개 유형으로의 구분은 각 유형이 각각 독립된 것을 의미하는 것은 아니고 각 분야가 5유형으로 진화 발전하는 개념으로써, 각 단계는 이전단계의 특장을 포함하는 느슨한 유연성 있는 개념이다. 예를 들어 군사전략 체계에 있어서 단일체계, 복수체계, 메타체계, 네트워크 중심 군사변혁의 수직적 발달단계로의 기술은 이전단계와 단절된 독립적인 것이 아니라 이 전체계의 특장을 포함하며 보완 발전된 것으로서 상황에 따라 이들 모두가 혼용될 수 있음을 의미한다. 또한 국가전략과 군사전략의 유형별 수평적 배열도 느슨한 개념적 구분으로써 상징적, 개념적 연계이며 구조적 연계 개념은 아니다. '정의의 전쟁론('정의전쟁론)'의 평가적면에서 보면 국가전략은 '전쟁목적(개시)의 정의'Jus ad Bellum 측면이고 핵전략은 '전쟁목적(개시)의 정의'Jus ad Bellum와 '전쟁수행상의 정의'Jus in Bello 두 가지 측면, 그리고 군사전략의 중심, 체계, 기동전략 들은 '전쟁수행상의 정의'Jus in Bello에 속하는 문제들이다. 이 '정의의 전쟁'Just War 관련한 것은 제 3장에서 구체적으로 검토될 것이다.

〈표 7〉 국가안보 · 군사전략 패러다임(종합)

국가전략 패러다임		군사전략 패러다임			
		중심	체계	기동	핵전략
제1유형 이념형	절대안보 국가주의 세계체제	국가중심 군사전략(총력전) 수단/능력 극대화	단일체제 (Single System)	소모전(진지전) (Direct)	억제의 최종성 전략핵/ 단발주의
제2유형 실천형	공동/ 협력안보 현실주의	군사중심 군사전략(제한전) 수단/능력 제한	복수체제 (Multi System)	기동전(Indirect)	억제의 신뢰성 전술핵/ 제2격력
제3유형 절충형	포괄적 안보 국제주의 (국제레짐)	탈국가중심 군사전략(다국적군, PKO, 대테러, 저강도 분쟁)	메타체계 군사혁신 (RMA)	정밀화력 기동전 ※항공력중심	WMD 및 재래무기 군비통제
제4유형 패권적 안보형	전진방어, 예방안보 미국적국제주의(공세적 현실주의)	미국중심 군사전략 (동맹군)	네트워크/ 정보전 체계 (사이버 워, 혼합전)	신속주도 EBO/RDO	강압적 억제 (선제핵공격) TMD/NMD
	전진방어, 예방안보 협동적국제주의(방어적 현실주의)	미국/유엔 및 집단안보 중심 군사전략 (집단군)			방어적 억제 핵 군축 및 핵안전, MD
'정전론' (正戰論) 적용	국가/국제 이성 실현 차원 (유스애드벨룸)	군사력사용 국제협력 차원 (유스인벨로)	군사혁신/ 효율성 제고 차원 (유스인벨로)	군사력사용/ 효율성 제고 차원 (유스인벨로)	핵평화 구현 차원 (유스애드벨룸/ 유스인벨로)

제5절 핵전쟁과 핵평화: 야누스의 두 얼굴

1. 개요: 북한 핵개발 위협의 시대착오성

핵전략의 변천과정을 보면 인류의 이성과 야만의 역사가 고스란히 압축되어있다. 2차 대전의 종결을 위하여 미국이 히로시마와 나가사키에 핵폭탄을 최초 사용한 이래 인류의 전쟁 역사는 일대 전환을 하게 된다. 핵무기의 등장으로 냉전의 역사가 시작되었고 핵에 의한 평화가 유지되었다. 핵에 의한 평화는 동서 냉전의 핵우산에 의해 이루어졌으며 대량보복전략 및 상호확실파괴 전략 교리에 의해 인류 이성으로서는 상상할 수 없는 비이성적 핵탄두(양 진영 추산 5만여 기)를 보유하게 되었다.

첫 번째, 획기적인 변화는 소련의 붕괴로 인한 탈냉전으로 이루어졌다. 소련이 자발적으로 전략핵무기 감축을 선언했고 이에 따라 미국도 획기적인 핵 정책의 전환을 추진하였다. 비핵보유국에 대한 선제불사용 보장 등이 이루어졌다.

두 번째, 획기적인 변화는 9.11 테러로 기인하였다. 미국은 기존의 핵정책을 대폭적으로 수정하고 MAD를 넘어선 새로운 정책으로 전환하게 되었다. '새로운 전략적 틀'을 구상하고 이에 따른 핵 태세를 검토하여 핵 선제공격 전략으로 전환하였다. 3가지 긴급 상황 시에 불량 국가들과 잠재적 적국의 도발에 대하여 공격할 수 있다고 천명하였다.

세 번째 획기적인 변화는 2010 버락오바마의 '핵 없는 세계 구축' 선언이다. 오바마는 2010 NPR을 발표하고 미·소간 획기적인 핵 군축을 추진하여 1500기로 합의하고 핵안전을 위하여 '국제 핵 안보 정상회의' 개최를 제의하여 제1차 회의를 워싱턴에서 개최하고 2차 회의가 서울에서 개최되었다.

오바마가 주창하는 원자력 발전의 안전을 통한 핵에너지의 신기술은 인류에게 새로운 에너지 혁명을 가져다 줄 뿐만 아니라 핵무기로의 전용이 불가능한 안전한 핵에너지 시대를 열어갈 수 있는 희망을 제시하고 있다.

이렇듯 핵보유국(G-5)을 중심으로 한 이성적인 군축 및 핵안전 확보 노력은 많은 발전을 하고 있고 또 많은 성과를 이루고 있다. 특히 미-소간의 핵 군축 노력은 획기적이라 할 수 있다. 그러나 같은 G-5 국가 중 영국, 프랑스, 중국의 핵전력은 그동안 주목받지 못했으나 이제 새로운 국면을 맞게 되었다. 같은 맥락에서 이스라엘, 인도, 파키스탄의 핵무기도 군사 전략적 측면에서 새로운 의미를 갖게 되었다. 이러한 상황을 일각에서는 "제2차 핵시대"The Second Nuclear Age가 도래했다고 규정하기도 한다.112) 북한이 핵보유를 고수한다면 한반도는 제2차 핵시대의 주요

무대의 하나가 될 것이다.

결국 21세기에는 기존의 억제이론을 바탕으로 하되, 핵전력의 편차가 그리 크지 않은 8개 국 혹은 그 이상의 나라들이 개별적으로 혹은 동맹을 통해 견제와 균형을 이루어 나가는 동태적인 현실을 반영해서 억제이론과 억제전략도 새롭게 채택되고 발전되어 나갈 것으로 전망된다. 이런 흐름 속에서 한국형 억제전략을 개발하는 것이 한국에서 이 시대를 사는 학자와 전문가들의 사명이라 할 수 있다.[113)]

이러한 핵의 이해를 위하여 핵무기에 대하여 알아보고 핵전략의 발전을 우파적 입장과 좌파적 입장에서 개괄하여 본 다음 핵문제를 해결하기위한 국제적 노력이 어떻게 이루어지고 있으며 문제점은 무엇인가를 살펴보기로 한다.

2. 핵무기와 위력[114)]

가. 핵무기核武器, Nuclear Weapon 개요

원자무기原子武器라고도 한다. 현대물리학의 진보에 따라 1930년대에 핵분열의 원리가 발견되어 그 에너지의 이용가능성을 예견할 수 있게 되었고, 제 2차 세계대전이 일어나자 주요 교전국에서는 핵에너지의 이용에 관한 연구에 박차를 가하였다. 미국에서도 A.아인슈타인 박사 등의 건의를 받아들여 맨해튼계획Manhattan 計畫이라는 암호 명 아래 약 20억 달러를 투입해서 원자폭탄의 개발에 착수하게 되었다.

원자폭탄의 핵분열물질로서는 우라늄235 235U와 플루토늄239 239Pu가 사용된다. 우라늄235 235U는 천연산의 우라늄광석을 정제해서 얻어낸 금속우라늄 속에 0.7%밖에 포함되어 있지 않고, 나머지 99.3%는 비분열물질인 우라늄238 238U이므로 우라늄 238 238U로부터 우라늄235 235U를 대량으로 분리시키고, 또한 그것을 원자폭탄에 사용할 수 있게, 순도 90% 이상으로 농축하는 작업이 가장 어려운 문제인데, 이 같은 농축우라늄을 제조하기 위해서는 방대한 공장시설과 막대한 전력이 필요하게 된다.

플루토늄239 239Pu는 원자로 속에서 분열반응을 끝낸 폐기물로부터 정제 추출된다. 우라늄235 235U가 분열반응을 일으킬 때에 발생하는 중성자가 비분열물질인 우라늄238 238U에

---

112) Colin Gray, The Second Nuclear Age(Boulder: Reinner Publishers, 1999).
113) 전성훈, 「억제이론과 억제전략에 대한 소고」, 『전략연구』 통권 제31호(2004), p. 143.
114) 위키백과 참고.

작용하여 핵분열물질인 플루토늄239 239Pu로 변하 게 되는 것이다. 미국은 1942년 테네시주州 오크리지에 우라늄 분리공장을 건설하고 1943년부터 우라늄235 235U의 분리 · 농축작업에 착수, 원자폭탄 제조에 필요한 만큼의 양을 얻게 되었고, 1942년 12월에 오크리지에 건설한 1,000kW의 대규모 원자로로부터 플루토늄239 239Pu를 얻어내는 데 성공, 1943년부터 조업을 시작하여 1944년부터는 본격적인 생산에 들어가게 되었다.

원자폭탄의 제조를 위해서 1943년 7월 뉴멕시코주州의 로스 앨러모스Los Alamos에 연구소가 설치되었고, 1945년 7월 16일 인류 최초의 원자폭탄 실험에 성공하였으며, 같은 해 8월 6일 우라늄235 235U를 사용한 원자폭탄을 일본의 히로시마廣島에, 8월 9일 플루토늄239 239Pu를 사용한 원자폭탄을 나가사키長崎에 투하하여 두 도시에 엄청난 피해를 주었다.

핵분열 반응을 일으키기 위해서는 일정 임계량臨界量의 핵분열물질(5~20kg)이 필요하므로, 예전에는 폭발력을 크게 하거나 작게 할 수 없는 것으로 생각되었으나, 근래에는 폭발효율을 낮춤으로써 소형 원자폭탄을 만들 수 있고, 초임계량을 사용해서 효율을 높임으로써 대형 원자폭탄을 만들 수 있게 되었다. 이 같은 대소형의 원자폭탄의 출현으로 온갖 무기체계에 원자폭탄을 이용할 수 있게 되었다.

나. 핵무기 종류

가장 간단한 핵무기는 핵분열을 이용한 무기이다. 핵물질을 임계질량 이상으로 모으면 연쇄 반응이 폭발적으로 일어나는 것을 이용한 것이다. 이를 원자폭탄이라고 한다. 보다 큰 에너지를 얻기 위해서는 핵융합 반응을 이용한다. 핵분열 폭탄을 이용하여 중수소나 삼중수소, 리튬 등을 순간적으로 가열/압축하여 핵융합 반응을 일으킨다. 이 원리를 이용한 수소폭탄은 원자 폭탄의 수백 배 이상의 파괴력을 지닌다.

그밖에도 여러 종류의 핵무기도 있다. 핵무기 주위를 적당한 물질(코발트나 금) 등으로 감싸서 방사능 낙진의 양을 늘리는 첨가탄 등의 핵무기들도 있다. 그리고 고속중성자를 이용, 생물 살상에 쓰이는 중성자 폭탄도 있다. 어떤 군사적 목적으로 사용되느냐에 따라 전략핵무기와 전술핵무기로 구분된다.

1) 전술핵무기

전술핵무기는 그 위력이 킬로톤Kt 이내의 것을 말한다. 이는 효율성, 경제성에서 큰 매력이 있는 전투 화력수단이다. 1970년대 중반까지는 근거리 군사목표를 공격하기 위한 핵무기체제를 가리켰다. 즉, 핵탄두를 발사할 수 있는 각종 화포와 핵탄두를 운반할 수 있는 지대지·공대지·지대공·지대함·함대지·함대공·공대함·함대함 미사일 등과 핵지뢰·핵어뢰 등이 이에 해당하는데 핵탄두는 통상 kt급이었다.

1970년대 후반 이후 사정거리가 전략 핵무기보다는 짧고 전술 핵무기보다는 긴 중거리 미사일 체제가 급속히 확산되어, 이전의 전술핵무기는 전장戰場 핵무기라고 지칭되기도 하며 전역핵무기에 통합, 분류되기도 했다.

'전역핵무기'戰域核武器, Theater Nuclear Weapon, TNW는 1970년대 중반 이후부터 사용된 개념으로, 일반적으로 전략 핵무기를 제외한 사정거리 6,400km 이하의 중·단거리 핵무기 체계를 가리킨다.

지상발사 중거리탄도탄Intermediate Range Ballistic Missile, IRBM·중거리탄도탄Medium Range Ballistic Missile, MRBM과 이전의 전술핵무기를 총칭하는 분류개념으로, 이중 사정 1,000km 이상의 전역핵미사일을 장거리전역핵무기Long-range TNF, LRTNF혹은 중거리핵전력Intermediate Nuclear Weapon, INF이라고 한다. 미국의 퍼싱-II형 지상발사 순항 미사일Ground Launched Cruise Missile, GLCM과 소련의 SS-20(사정 5,000 km)이 대표적 INF인데, 1987년 12월 8일 미·소간에 체결된 INF폐기협정에 의해 폐기되었다.

재래식 대포로 발사할 수 있는 최초의 전술핵은 미국이 50년부터 개발을 시작해 1953년 5월 25일 첫 발사실험을 한 'Mk9'라는 핵폭탄이다. Mk9는 280mm 직사포로 발사되며, 전장에서 핵무기가 사용될 가능성이 있음을 보여준 전술핵의 효시다.

2) 전략핵무기

전략핵무기는 개개의 전장이 아닌 적의 영토 혹은 국가기반을 파괴할 목적으로 사용되는 핵무기로, 핵을 적재한 대륙간탄도탄Intercontinental Balastic Missile: ICBM, 잠수함발사탄도탄Submarin Launchered Ballastic Missile: SLBM, 항공기탑재탄도미사일Airborne Launchered Balastic Missile: ALBM 등이 있다.

전략핵무기戰略核武器는 일반적으로 사정 6,400km 이상의 목표물(전략목표)에 대한 직접 공격을 가할 능력을 가진 핵무기체계를 말한다. 지상발사 대륙간탄도탄ICBM, 잠수함발사 탄도미사일SLBM, 전략폭격기탑재 공중발사 순항미사일ALCM이 현대의 대표적 전략핵무기 체제로 이 세 가지를 총칭하여 '전략무기 3각체계'Triad-System라고 한다.

ICBM은 지상고정silo 또는 이동식 기지에서 발사되며, 대부분 로켓엔진 추력과 관성유도비행 방식에 의해 1~10개의 핵탄두를 운반한다. 미국의 미니트맨·피스키퍼(MX의 정식명칭)·미제트맨과 구소련의 SS-18·19, SS-X- 24·25가 이에 해당한다. 미국의 ICBM은 아틀라스Atlas를 시작으로 타이탄Titan-I과 타이탄 II, 미니트맨Minuteman-I과 미니트맨-II, 미니트맨-III, 피스키퍼Peace Keeper를 거쳐 스몰ICBMSICBM(미제트맨Midgetman으로도 불림) 순으로 발전해 왔다.115)

타이탄 II ICBM은 9 Mt급인 W53핵탄두를 장착한다.
이것은 냉전 시대에 미국이 보유한 최고 폭발력의 핵탄두 중 하나이다.

SLBM의 추력이나 비행 방식은 ICBM과 같으나 수중의 잠수함에서 발사된다는 차이가 있다. 탑재잠수함 자체가 원자력 추진에 의해 장기간 수중 항해할 수 있으므로 ICBM에 비해 탐지가 어려우며, 공격지점을 자유롭게 선택하고 회피할 수 있는 이동성, 즉 보유능력이 뛰어나 상대방의 선재공격 의사에 대한 강한 억제력을 갖고 있다. 미국은 폴라리스 → 포세이돈 → 트라이던트 형$_型$으로 개량·발전했고, 소련은 SSN-8 → SSN-18 → SSN-X-20 형으로 진전되었다.

ALCM은 전략폭격기·전술항공기에 탑재되어 사정거리까지 접근, 탑재 항공기에서 이탈하여 지상대응 유도장치의 유도에 의해 자체 추력으로 비행하는데, 초 저공으로 비행해 재래식 방공망으로는 조기 탐지·파괴가 어렵고, ICBM·SLBM에 비해 근거리에서 발사되므로 명중 정밀도$_{COP}$가 대단히 뛰어나다. 통상 순항미사일$_{Cruise\ missile}$(무인 비행체)이라 불리는데, 사정거리는 2,000~2,400km가 보통이며, 핵탄두 파괴력은 200kt급이 일반적이다[116].

스텔스$_{stealth}$[117]화가 이루어진 이후에는 방공체제의 본질적 보완이 요구되었다. ALCM의

---

115) 미국의 ICBM발전사에 대해서는 www.globalsecurity.org/wmd/systems/icbm.htm 참조
116) 히로시마에 투하되었던 원폭의 10배 규모이다.
117) 레이더, 적외선 탐지기, 음향 탐지기 및 육안에 의한 탐지를 포함한 모든 탐지 기능에 대항하는 은폐 기술이다. 스텔스에는 다양한 기술 요소들이 포함된다. 레이더파를 흡수하는 도료 기술, 레이더파의 난사를 최대한 막는 설계 기술, 엔진의 배기가스 배출량을 줄이는 기술 등이다. 이러한 다양한 기술 요소들이 포함되어 있어, 스텔스는 한 가지 기술만을 의미하는 것이 아니며, 하나의 체계(System)이다. 스텔스 기술이 본격적으로 사용된 전쟁으로는 걸프 전쟁이 대표적이다. 당시 F-117A 나이트 호크 스텔스 공격기가 맹활약했다. 스텔스기가 최

운반수단(체)인 전략폭격기·전술항공기들은 통상 전략공군에 속하며 전략정찰기·공중급유기들과 공동으로 작전하는데, 미국의 경우 B-52가 개량·보완되면서 오랫동안 주력을 담당하여 왔으나 B-1을 주축으로 F-111·B-2스텔스기로 대체되었고, 소련의 경우에도 투폴레프(TU)16·22·95 형에서 백파이어나 블랙잭으로 대체되었다. 1940년대 중반 이후 원자폭탄과 B-29를 연결한 미국의 '전면전략'에서 시작된 제1세대 전략무기시대는 불과 40여년이 경과한 1980년에는 제5세대 전략무기시대로 진전되었고, '다탄두개별목표타격시스템MIRV'화,[118] 원형공산오차Circular Error Probability: CEP의 향상, 방공망돌파 능력의 비약적 증진, 재공격 시차단축 등 전략목표 공격능력이 강화되었으며, 특히 전략핵 전력의 잔존성(비취약성)[119]이 큰 진전을 보임으로써 대군사목표Counter Military Objectives의 공격능력이 강화되어 대군사목표Counterforce strategy 실행이 가능하게 되었고 이로써 핵전 억제능력이 더한층 안정화되었다.

다. 핵무기의 진보

핵무기는 전략·전술적 측면에서 최우선 과제로 채택되어 개발되었고 발전되어 왔다. 관심의 대상은 특히 핵탄두의 파괴력과 CEP에 있었고, 재래식 방공체제나 조기경보체제가 상대적으로 약화되는 시점에서 볼 때 중대한 의미를 가졌다.

핵탄두의 경우 히로시마에 투하되었던 원자폭탄의 파괴력을 기준으로 하는데 그 폭발력은 20kt급이었다. 현재의 핵탄두는 핵분열·융합형으로, 소련의 SS-9가 단일 핵탄두로서는 최대 규모인 20~25Mt급인데, 이것은 기준원폭과 비교할 때 무려 1,000~1,250배에 상당하는 위력을 가지며, 미국의 타이탄형은 5~10Mt급이다.

폭발력의 비약적 진전과 함께 MIRV화가 이루어졌다. MIRV화란 1기의 운반수단에 수발에서 수 십 발의 핵탄두가 탑재되어 대기권 돌입과정에서 각각 정해진 개별목표를 향해 분리 돌입하는 '다탄두 각개목표 재 돌입화'로서, 핵탄두는 1Mt급으로 축소되었으나 통상 1운반체에 10발씩 탑재된다고 볼 때 전체적인 파괴력 규모는 실제로 증가된 것이다. MIRV화는 동시에 복수 이상의 목표를 공격할 수 있고, 투사중량Throw weight의 감소로 CEP가 크게 향상되었으며, 1운반체 1탄두에 대비한 재래식 방위·경보 체제를 무력화시켰다. 예컨대 핵탄두의 파괴력은

초로 배치된 년도는 1982년으로, 미 공군의 F-117A 도입이다.

118) MIRV(Multiple Independently targetable Reentry Vehicle), 또는 다탄두 각개목표설정 재돌입 비행체는 하나의 탄도 미사일에 여러 개의 탄두 (일반적으로 핵탄두)를 포함하고 각각 다른 목표 지점에 대한 공격을 하는 탄도 미사일을 말한다. 핵미사일의 배치 수를 늘리지 않고 공격력을 늘릴 획기적 수단으로 불린다.

119) Unvulnerability: 상대방이 선제 기습 제1격을 가해오더라도 무력화되지 않고 그에 대응해 효과적인 보복공격을 한 수 있는 전략핵 전력의 잔존성을 말하며, 미·소는 비취약성 증진에 전략 강화 목표를 두고 있다.

지형적인 영향을 많이 받는데 MIRV화로 동일 목표에 대한 각개 돌입으로 그 영향을 최소화할 수 있다는 것이다.

CEP_{Circular Error Probability}란 일정한 수의 미사일을 발사했을 때 목표지점에 도달한 반수 이상의 착탄범위를 원으로 표시하여 반경 m으로 환산한 명중 오차 정밀도를 말한다. 1960년 ICBM의 CEP는 400m 수준이었으나 미국의 미니트맨 Ⅲ형에 탑재되는 최신형탄두 Mk/2A가 220m, 피스키퍼(Mx 미사일)는 90m로 향상되었으며, INF인 미국의 퍼싱Ⅱ형은 불과 30m에 이르는 진전을 보였다. 구소련의 경우 SS-19가 300m로 미국에 비해 뒤지고 있으나, INF인 SS-20의 경우 정밀도가 매우 뛰어난 것으로 알려져 있다.

전략공격 목표에 관해서 하드타깃과 소프트타깃이란 용어가 사용되는데 전자는 ICBM 기지나 군사기지·시설물 등 견고한 대응 방위체제를 갖추고 있는 목표물을 뜻하고, 후자는 방위시설이 약하거나 없는 대도시·공업중심지 등 공격자의 손실이 적게 예상되는 목표물을 가리킨다.

라. 핵무기의 효과

핵무기는 에너지(X선)·열·폭풍에 의한 파괴효과를 지니는데, 핵반응에 의해 방출되는 알파·베타·감마($\alpha \cdot \beta \cdot \chi$) 입자는 광범위하고 오랜 방사능 오염지대를 형성한다. 파괴효과에 영향을 미치는 제 요인을 배제하고 저고도에서 1Mt급 탄두를 폭발시킨 경우 9.6㎞ 이내의 목조건물은 완전히 파괴되고, 6.4㎞ 이내의 연와건물煉瓦建物은 완전도괴倒壞되며, 콘크리트·석조 건물도 4.8㎞ 이내이면 전부 파괴된다.

10Mt급의 경우 목조건물은 22㎞, 연와건물은 14.4㎞, 콘크리트건물은 10㎞ 이내이면 전부 파괴시킨다. 폭심은 순간적으로 수천도의 고열高熱에 휩쓸려 대화재를 일으킨다. 인체에 대한 피해는 1Mt의 경우 14.4㎞, 10Mt이면 38㎞의 지점에서도 피부에 2도 화상을 입으며, 방사선에 의한 치사반경은 2.4㎞에 이를 것으로 보고 있다. 폭발 1분 후에 1Mt급 탄두가 발하는 핵 방사선은 라듐 1천만 톤에 해당할 정도로 강렬하다. 또 방사성낙진이나 잔류 방사능으로 원폭풍이 발생해 피폭효과는 지속된다.

1) 1메가톤급 핵무기

1메가톤급 핵폭탄이 서울 종로구 세종로 사거리 상공에서 터질 경우, 폭발지점으로부터 반경 7km 이내의 모든 사람이 사망하고, 따라서 업무 시간대에 반경 3km 내에 있을 것으로 예상되는 300만 명이 전원 사망할 것으로 예상한다.

2) 20킬로톤급 핵무기

20kt급 핵폭탄이 터질 경우에는, 폭발지점으로부터 반경 1.2 km 이내의 모든 사람이 사망할 것으로 보고 있다. 1945년 8월 6일, 일본의 히로시마 시에 투하된 미군의 리틀 보이가 20킬로톤 급으로서, 보통 핵폭탄의 위력이 히로시마 원폭의 몇 배나 되는가 하는 식으로, 그 폭발력을 표시하는 한 기준으로 사용되고 있다.

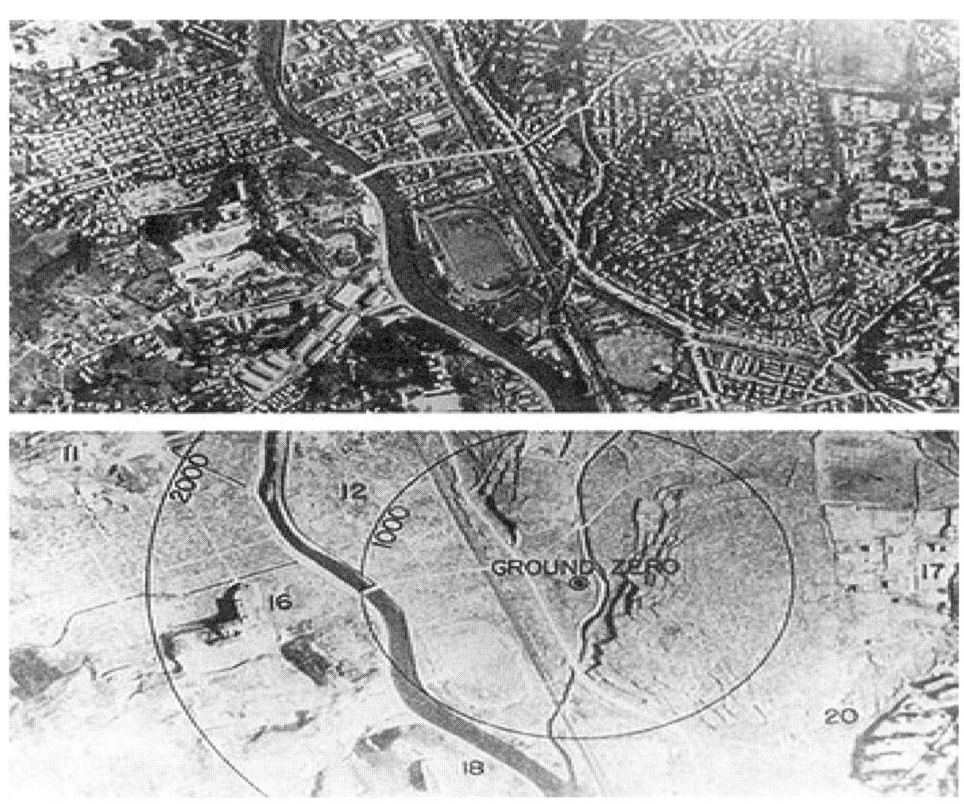

1945년 8월 9일 핵무기 투하 전·후의 나가사끼 시(市)

히로시마에 투하된 20 키로톤급 핵폭탄으로 약 16만 명이, 나카사키에서 7만 명이 희생되었다. 나카사키에서 희생이 적은 것은 폭격기 조종사가 일기불순日氣不純 때문에 항법에 착오를 일으켜 도심를 정확히 겨냥하지 못한 이유 때문이었다.

3) 15킬로톤급 핵무기

2004년 미국의 반핵단체 NRDC(천연자원보호협회Natural Resources Defense Council)가 미 국방부 산하 국방위협감소국DTRA의 컴퓨터 모델을 이용하여 '한반도에서의 핵사용 시나리오'Nuclear Use Scenarios on the Korean Peninsula라는 보고서를 작성하였다. 이 보고서에 의하면 북한이 미사일, 폭격기 등 다양한 경로로 동시에 공습하여 단 한 개의 핵폭탄만이 폭격에 성공하는 것으로 가정한 핵공격 피해 시뮬레이션을 한 결과의 예상 피해는 다음과 같이 가공할 정도이다.[120]

국방부가 위치한 용산구 삼각지 상공 500m에서 15킬로톤 위력의 핵폭탄이 폭발했다고 가정할 경우 낙진에 의한 간접피해는 거의 발생하지 않지만, 핵폭풍과 열, 초기방사선 등으로 인해 반경 1.8km 이내의 1차 직접피해 지역은 즉시 초토화되고 4.5km 이내의 2차 직접피해 지역은 반파半破 이상의 피해를 당하게 된다. 이로 인해 발생하는 사망자만 62만 명이 넘는다.

용산구 삼각지의 100m 상공에서 15킬로톤 위력의 핵폭탄이 터져 비교적 방사능 낙진이 적은 경우 84만 명, 지면에서 폭발이 일어나 낙진이 가장 많이 발생하는 경우에는 서울 중심부는 물론 경기도 고양시 일산, 성남시 분당, 수원시까지 핵폭풍과 충격파, 낙진으로 파괴돼 60만~120만 명의 인명 피해가 날 것으로 분석됐다. 125만 명의 사망자가 발생한다는 결과가 나온다. 최악의 경우 서울 인구의 10%가 사망할 수도 있다는 것이다.

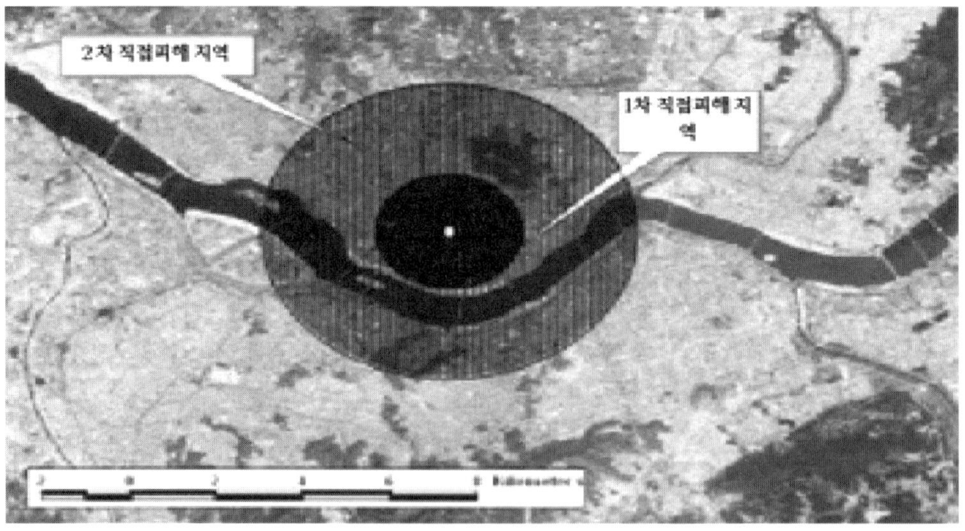

서울 용산 상공 500m 위치에서 TNT 15킬로톤 위력의 핵폭탄이 폭발하는 경우의
1차(1.8km 이내)와 2차(4.5km 이내) 직접피해 범위. 예상 사망자 수는 62만명.

---

120) 강정민·황일도, <미 NRDC의 한반도 핵폭격 시뮬레이션>, 「신동아」, 2004. 12, 82-96쪽,
http://docs.nrdc.org/nuclear/files/nuc_04101201a_239.pdf

4) 10킬로톤급 핵무기

미국 국방부 산하 국방위협감소국DTRA에서는, 북한이 10kt급 핵폭탄을 서울에 투하할 경우 최소 34만 명의 사상자가 발생할 것으로 보고 있다. 즉, 최소 18만 명의 사망자와 16만 명의 부상자가 발생할 것으로 예상하고 있다. 18만 명의 사망자 중 10만 명은 핵폭발 당시 즉사, 8만 명은 낙진 피해로 사망할 것으로 본다.[121)]

참고 1

핵실험 역사

1945년 7월 16일 미국, 최초로 핵실험 실시(트리니티 테스트). 뉴멕시코 주 알라모고도(Alamogordo) 서북쪽 60마일 되는 곳에서 실시되어 트리니티 테스트라고 명명, 후에 방사 화학적 분석으로 약 18.6킬로톤 정도의 위력을 낸 것으로 판명.

1945년 8월 6일 '에놀라 게이'로 명명된 B-29 4발 중폭격기가 최초의 핵폭탄인 우라늄235 폭탄 리틀 보이를 일본의 산업도시인 히로시마 시에 투하, 20만 명 사상, 가옥6만호 파괴. 12km2가 폭풍과 화재에 의하여 괴멸됨.

1945년 8월 9일 미국이 플루토늄239 폭탄 팻 맨(Fat Man)을 나가사키 시에 투하. 7만 명 사망.

1949년 8월 29일 소련 최초의 원자폭탄 실험 성공.

1952년 11월 1일 미국 최초의 수소폭탄 실험 성공.

1952년 10월 3일 몬비벨로 군도에서 영국 최초의 원자폭탄 실험 성공.

1953년 8월 12일 소련 최초의 수소폭탄 실험 성공.

1954년 수소폭탄의 외각을 우라늄238(238U)로 싼 3F폭탄을 미국에서 개발, 비키니(Bikini)에서 실험.

1957년 영국 최초의 수소폭탄 실험 성공.

1958년-1962년에 걸쳐 4년 사이에 미국은 7차례, 소련은 4차례 우주 공간에서 핵실험.

1960년 2월 13일 사하라 사막에서 프랑스 최초의 원자폭탄 실험 성공.

1961년 소련이 차르 봄바의 실험을 함. 이 수소폭탄의 위력은 TNT 5800만톤(58메가톤)으로 지금까지의 핵폭탄 중 최대임.

1964년 중화인민공화국 최초의 원자폭탄 실험 성공.

1967년 중화인민공화국 최초의 수소폭탄 실험 성공.

1968년 8월 23일 프랑스 최초의 수소폭탄 실험 성공.

---

121) 황유성·윤상호, <日히로시마 원폭보다 위력 작은 소형급>, 「동아일보」, 2006년 10월 10일 작성.

참고 2

핵무기 보유국

핵 확산 금지 조약(NPT)에서 인정하는 핵무기 보유국은 미국, 영국, 러시아, 프랑스, 중국 5개 국이다. 그러나, 인도와 파키스탄은 1974년과 1998년 각각 실험까지 했고, 이스라엘 등도 비록 실험은 실시하지 않았으나 핵무기 보유국으로서 사실상 인식되고 있다. 남아프리카 공화국과 우크라이나, 카자흐스탄, 벨라루스는 한때 핵무기를 보유하고 있었지만 이후 폐기하였다. 2006 년 4월 11일 이란이 자국을 핵 클럽 국가로 선언했으며, 2006년 10월 9일 조선민주주의인민공 화국은 핵무기 실험을 성공적으로 수행했다고 발표하였지만 국제 사회는 인정하지 않는다.

미국 9400기(2010년)	러시아 12000기(2010년)
영국 225기	프랑스 300기
중국 240기	인도 60~80기
이스라엘 60~80기	파키스탄 70~90기

○ 의심 국가

　이란, 리비아, 사우디아라비아, 미얀마, 조선민주주의인민공화국

○ 개발시도 국가

　독일(개발당시 나치독일), 일본(개발당시 일본제국), 브라질, 아르헨티나, 대한민국, 알제리

○ 폐기 국가

　남아프리카 공화국(개발당시 남아프리카 연방), 카자흐스탄(개발당시 소비에트 연방), 벨라 루스(개발당시 소비에트 연방), 우크라이나(개발당시 소비에트 연방)

핵무기 보유량

미국2010년 5월 3일 미국은 최초로 미사일등 실전 배치돼 있는 장·단거리 핵탄두가 5,113기 (2009년 9월 기준)의 핵무기를 보유하고 있다고 밝혔다. 미국과학자연맹(FAS)은 사용가능한 것 모두 합치면 실제 미국의 전체 핵 보유고는 1만여기에 달할 것으로 추정하고 있다.

대한민국은 비공식적으로 '현재 핵무기를 갖고 있지는 않으나 핵개발 능력을 지닌 나라'로 분류되어 있다. 2014년 한·미 원자력 협정이 끝나면 핵연료 활동이 중지되며 규정에 따라 미 국의 동의가 있어야 가능하게 된다.

참고 3

'둠스데이 시계'(Doomsday Clock)
인류의 핵 멸망 5분전 2012년 1월, 2년 만에 1분 당겨

2012년 1월10일(현지시간) CNN에 따르면 '둠스데이 시계'(Doomsday Clock)를 관장하는 미 핵과학자회보(Bulletin of the Atomic Scientists: BAS)는 지난해 일본 대지진으로 인한 후쿠시마 원전 폭발사고와 테러리스트들의 핵폭탄 위협 등을 이유로 이 시계의 분침을 종전의 오후 11시54분에서 11시55분으로 조정했다. 이 시계의 자정은 핵으로 인한 인류의 멸망을 의미한다.

BAS 이사인 앨리슨 맥팔레인은 2년 전 세계 지도자들이 글로벌 핵 위협에 잘 대처한 것으로 판단해 분침을 1분 늦췄지만 핵무기 감축 노력이 제대로 이행되지 못하고 기후변화에 효율적으로 대처하지 못해 이런 기류가 지속되지 못하거나 오히려 역행하고 있다는 판단에서 분침을 다시 1분 앞당겨 11시55분으로 조정했다고 밝혔다.

또한 "핵무기 감축 노력이 제대로 이행되지 못하고, 기후변화에 효율적으로 대처하지 못했다"며 시계의 분침을 조정하게 된 배경을 설명했다. 2007년 11시55분으로 조정된 이 시계는 2010년 1월 버락 오바마 대통령 등 전 세계 지도자들이 핵 위협에 잘 대처한 것으로 판단해 11시54분으로 1분 늦춰졌다. 하지만 이란 핵 위협과 호르무즈 해협 갈등 등 국제 정세가 험악해지면서 2년 만에 다시 당겨진 것이다. 이날 '운명의 날 시계' 조정식에 참석한 자얀타 다나팔라(Jayantha Dhanapala · 74) BAS 자문위원(전 유엔 사무차장)은 "미 · 러 양자 간의 핵감축 노력은 진전됐지만, 중국 · 이스라엘 · 파키스탄 등은 여전히 핵실험을 하고 북한은 핵무기를 개발하고 있다"며 "지구촌의 핵무기 위협은 계속되고 있다"고 강조했다.

그는 또 "2012년은 미국 · 러시아 · 프랑스에서 대선이 열리고 중국 지도부가 교체되는 시기인데 새로운 지도자들이 어떤 핵 정책을 펼칠지 아직도 불확실하다"며 이들 핵보유국의 차기 지도자들이 핵 감축에 대한 리더십을 발휘해 줄 것을 주문했다.[122]

둠스클락(인류 종말시계)은 1947년 미국의 핵무기 개발계획에 참여했던 아인슈타인을 비롯한 시카고 대학 과학자들이 격월로 발행하던 잡지인 『BAS』(The Bulletin of the Atomic Scientists)의 운영이사회가 핵전쟁으로 인류가 사라지는 시점을 자정으로 나타내는 시계를 잡지 표지에 실었던 것이 시초이며, 잡지를 발행할 때마다 세계에서 진행되고 있는 핵실험이나 핵무기 보유국들의 동향과 감축 상황 등을 파악해 분침을 지정하고 있다.

이 시계는 미국 핵과학자회(BAS)에서 관리하는데, 자정에 가까워질수록 인류멸망의 위협이 증가한다는 의미이며 처음에는 자정의 7분 전(11시 53분)에 맞춰져 있다. 1953년 미국이 수소폭탄 실험을 감행하자 2분 전(11시 58분)으로 조정됐는데 이때가 시계의 분침이 자정에 가장 가깝게 조정된 시점이기도 하다. 이에 반해 자정에서 가장 멀리 조정된 시기는 1991년 분침이 자정에서 17분 전(11시 43분)으로 조정되었을 때로, 미국과 러시아가 전략무기감축협상에 서명

---

122) 「중앙일보」, 2012. 1. 12.

하고 핵무기 보유국 사이에 화해의 분위기가 무르익던 때였다.

　최근에 분침이 조정된 시기는 2010년 1월 14일인데, 핵무기와 기후 변화 등 2개 위협에 대한 상황이 '더욱 희망적'이라는 평가가 내려지면서 2007년 11시 55분으로 맞춰졌던 시계의 분침을 11시 54분으로 1분 늦췄다. 이는 15년 만에 처음으로 늦춰진 것인데, AFP통신에 따르면 핵과학자회보가 "핵무기 테러로부터 인류를 구하고 글로벌 환경을 극적으로 바꿀 수 있는 특별한 기회를 맞이하고 있다"며 "우리는 이 기회를 활용해야 하며 결코 날려버려서는 안된다"라고 전하며 시계의 분침을 1분 늦췄었다.[123]

[둠스데이 클락 조정 역사]

1)　1947년　7분전 : 핵 위험도를 나타내는 상징으로 첫 발표

2)　1953년　2분전 : 1952년 미국 수소폭탄 실험 성공

3)　1960년　7분전 : 미·소 등 각국 과학자들이 참여한 국제지구물리관측년(IGY) 창설

4)　1963년　12분전 : 1962년 쿠바 미사일 사태에도 불구하고 미국, 소련, 영국간 부분적
　　　　　　　　　　　　핵실험금지조약 체결

5)　1968년　7분전 : 프랑스, 중국 핵무장

6)　1969년　10분전 : 거의 모든 국가들이 핵확산금지조약(NPT) 가입

7)　1972년　12분전 : 미·소 전략무기제한협정(SALT 1) 체결

8)　1974년　9분전 : 인도 첫 핵실험. 미·소핵무기 현대화

9)　1980년　7분전 : 미·소 핵무장을 국가안보의 필수요건으로 규정

10)　1981년　4분전 : 미국, 모스크바올림픽 불참. 로널드 레이건 미 대통령, 군축 반대

11)　1984년　3분전 : 미·소 군비 경쟁 가속화

12)　1988년　6분전 : 미·소 중거리핵전력협정(INF)

13)　1990년　10분전 : 구 소련 붕괴, 냉전 종식

14)　1991년　17분전 : 미·소 전략무기감축협정(START1) 체결

15)　1995년　14분전 : 구 소련 해체 후 핵무기 유출 우려

16)　1998년　9분전 : 인도, 파키스탄 핵 실험. 미·소, 약 7000기의 핵탄두 보유

17)　2002년　7분전 : 핵 테러 위험 증가. 미국, 탄도탄요격미사일(ABM) 협정 파기

18)　2007년　5분전 : 북한 핵실험, 이란의 핵개발 의혹. 기후변화, 생태계 파괴 위험

19)　2010년　6분전 : 핵 무기 감축 논의, 사상 최초 지구 기후 변화 대책 논의

(자료출처 : 미국 핵 과학자회/BAS)

---

123) 이어령 외, 「인문학콘서트2」, (출판사 이숲).

3. 핵정책과 핵전략

가. 핵억제 전략의 대두와 발전

핵전략nuclear strategy이란 국방·군사전략의 하나로서 핵전쟁 및 대규모의 재래형 전쟁을 억제하며, 만약 억제가 실패할 경우에는 이에 대처하기 위하여 핵전력을 운용하는 방책을 말한다. 원래 핵전력의 유용성은 전쟁(게릴라전과 같은 소규모 전 제외)을 억제할 능력이 있다는 데 있으며, 현재의 핵전략 또한 전쟁의 억제를 주체로 하여 구상되고 있다.

'억제이론'과 '억제독트린' 그리고 '억제전략'은 많은 경우에 혼용해서 사용되고 있다. 사실 억제는 이론적인 개념과 실제로 채택된 공식적인 전략 간의 차이를 구분하기가 어렵다. 억제는 냉전의 시작과 핵무기의 출현이라는 역사상 거대한 현실의 변화에 적응해 가려는 인간의 지혜와 논리적 사고의 산물이었다. 따라서 새로운 안보 상황에 직면해서 이의 불완전한 상황을 타개하기 위해 새로운 아이디어를 개념화하고 체계화해 나간 것이 억제의 이론이자 독트린이며 전략이라고 할 수 있다. 억제 이론을 한 나라의 군사·외교·안보전략으로 구체화 한 것이 억제 독트린 또는 억제전략이라 할 수 있다.124)

억제이론에 대한 논리적 탐구와 학문적 연구가 가장 발전한 나라는 미국이다. 세계에서 가장 먼저 핵무기를 개발했고 실제 전쟁에서 사용하여 그 위력을 실감했으며 소련을 비롯한 기타나라들이 핵무기를 개발하게 되자 이 절대적이고 치명적인 무기의 사용과 처리문제를 진지하게 고민하게 되었던 것이다. 따라서 억제이론의 틀을 이루고 있는 기본전제와 가정, 그리고 주요용어들이 모두 미국적 사고의 산물이며, 억제이론의 발전 역사가 곧 미국의 핵전략의 발전 역사와 그 궤를 같이해왔다. 이런 점에서 억제이론을 제대로 이해하기 위해서는 미행정부의 억제전략을 살펴보는 것이 중요하다.

나. 미 행정부의 핵정책·전략 변천과정

1) 봉쇄전략: 트루먼 행정부(1945-1950년대 초)

일본의 히로시마와 나가사키에 대한 핵무기 투하로 2차 대전을 종료시킨 미국은 전통적으로 동원전략Strategy of Mobilization 개념을 가지고 있었다. 동원전략이란 평소 군사력을 과감히 감축시켜 최소한의 수준을 유지하고 긴급 시나 전쟁발생시 대량동원이 가능한 체제를 확립해 놓

---

124) 전성훈, 앞의 글, p. 133.

는다는 전략이다. 그러나 소련이 공산주의 세력 확장에 나서자 이의 저지를 위하여 트루먼 독
트린을 선언하고, 대소 봉쇄정책을 추진하게 되었고 이를 시행하기위한 전략절차와 군사적 뒷
받침을 어떻게 해야 할 것인가 하는 문제가 대두됨으로써 개념적으로 억제전략이 싹트게 되었
다. 이에 따라 트루먼 행정부는 적의 전면전 도발에 대비한 핵전력 사용을 포함한 전쟁계획을
NSC-68이라는 극비 문서를 만들었고 그 와중에 에치슨 선언으로 우리에게 유명한 미국의 태평
양 방위권을 A. J. O선으로 축소하였다. 이로서 북한 김일성이 오판을 하게 되어 6.25 전쟁을
도발하게 되었으며 역설적으로 NSC-68 계획은 한국전을 계기로 공식적으로 추진할 수 있게
되었던 것이다.

2) 대량보복전략: 아이젠하워 행정부(1950년대)

가) 뉴룩New Look 정책

아이젠하워 대통령은 취임하면서 국가 경제력을 저해하지 않는 범위 내에서 강력한 군사
력을 건설하고자 하였고 이에 따라 검토된 문서가 NSC-162/2이다. 뉴룩은 이 문서를 토대로
형성된 정책이다.

대량보복전략의 기초가 된 '뉴룩New Look 정책'은 핵무기를 탑재하는 대규모 전략공군의 건
설과 이를 중심으로 한 광범한 전쟁억제력을 유지함과 동시에 군비를 유선화(재래군의 불필요
한 부분의 삭감)하여 통상전력을 위해 필요한 경비를 극력 절감하려는 것이었으며, 이는 '카운
터포스counter force(대군사)' 전략으로서 적으로부터 선제공격을 받으면 적의 전략전력을 격멸하
려는 것이었다.

나) 대량보복전략

군인출신 아이젠하워 대통령은 민간인 출신 트루먼 정권과는 다른 안보정책을 제시하
였다. 그는 전쟁개념을 전통적 전쟁관에서 냉전적 전쟁관으로 전환하고 군사전략적 관점에
서 국가전략적 관점으로 이동하였을 뿐 만 아니라 동원전략적 사고에서 억제전략적 사고로
전환하였다. 1954년 1월 12일 국무장관인 덜레스John F. Dulles는 뉴욕의 외교협회에서 행한 연
설에서 '대량보복전략'massive retaliation strategy을 공식 천명하였다. 이것은 다양한 형태의 침략을
전면 핵 보복전쟁 위협으로 억제한다는 것이다. 대량보복전략은 아이젠하워 행정부가 국가
안보 상황을 파악하고 정책을 수립하기 위해 가졌던 관점, 일명 "새로운 시각"New Look에 기
반을 두고 있었다.125) 아이젠하워 정부는 취임당시 미국이 핵전력과 기술 분야에서 소련에

대해 우위를 점하고 있던 현실을 이용하고자 했다. 즉 병력에 대한 의존도를 줄여서 국방예산을 절약하는 대신 핵무기와 그 운반수단인 전폭기에 대한 의존도를 높이고자 한 것이다. 한국전쟁의 발발도 대량보복전략 형성에 적지 않은 기여를 한 것처럼 보인다.126)

다) 충분성 전략

그러나 소련이 핵 투발수단인 장거리 폭격기를 개발함에 따라 소련의 전략폭격기가 질적 양적 측면에서 미국을 능가하는 경우에 대한 우려로 폭격기 격차Bomber gap 논쟁이 대두되었고 '공포의 균형' 개념이 대두되었다. 따라서 핵전력의 압도적 우위와 핵무기 사용을 전제로 한 뉴룩 전략은 재검토가 불가피하게 되었다. 이로부터 "네오 뉴룩"Neo New Look 전략이 나오게 되었다. 뉴룩전략의 대안으로서 "충분성 전략"Strategy of Sufficiency이 나오게 되었는데 이 전략은 소련의 도시에 대하여 파멸적 손해를 주는데 충분한 핵 보복력을 갖는 것으로 족하며 그 이상은 가질 필요가 없다는 것으로서 그 충분성의 정도는 그 당시의 미·소의 방공능력이나 기술 수준 등을 평가하여 결정해야 한다는 것이다. 이것은 1950년대 아이젠하워 정권 후반 서방의 많은 학자, 정치가, 장군들에 의해 주창된 '최소억제전략'minimum deterrent strategy과 대동소이한 것이었다.

리) 점진적 억제Gradual Deterrence와 유한 억제전략

미·소간의 핵 교차상황이 진행됨에 따라 대량보복전략의 국지분쟁에 대한 결함이 노출되었고 그의 대안으로써 고안된 것이 소형 핵무기를 사용하여 경제적으로 대응할 수 있는 점진적 억제 개념이 대두되었다.127)

점진적(단계적) 억제 개념은 전술핵무기의 등장으로 전면핵전쟁으로 확대되지 않는 한도 내에서 국지적으로 전술핵무기를 사용하는 것을 말한다. 따라서 점진적 억제전략은 핵무기의 전술적 사용과 전략적 사용간의 명확한 한계를 설정하고자 한 개념이다.

유한억제전략은 1960년 11월 <폴라리스> 핵잠수함 1호인 <조지 워싱턴>George Washington호

---

125) New Look 정책에 바탕을 두고 아이젠하워 행정부가 한국의 지상군과 미국의 핵무장 공군력으로 한국의 안보를 담당하게 함으로써 한국군이 육군위주의 기형적인 모습을 띠게 되었다. 서진태, 『미국의 New Look 정책의 재조명』(서울: 세종연구소, 1997), pp. 7-9.

126) Honoré Catudal, *Nuclear Deterrence-Does It Deter?* (Atlantic Highlands, N.J.: Humanities Press International, Inc., 1985), p. 105.

127) 이 개념은 헨리 키신저가 『핵무기와 외교정책』(1957)과 로버트 오스굿(R.E. Osgood)의 『제한전쟁』에서 제한전쟁의 한 국면으로 제시되었다

가 취역함에 따라 이것의 공격 목표는 대량보복전략의 목표가 '카운터포스'counter force(대군사 목표)임에 반하여 '카운터 시티'counter city(대도시 목표)로서 잠수함의 은밀성과 생존성의 이점을 이용 꼭 대량보복 전력을 보유하지 않아도 전면전쟁을 유한하게 억제할 수 있다는 개념이다.128) 이 유한억제 전략은 1961년 3월 28일 케네디가 의회에 보낸 국방예산 특별교서에서 ① 「폴라리스」잠수함과 「미니트맨」체계의 강화 ② B-70 전략폭격기의 생산 중지 ③ 문민통제의 강화 등 정책을 취함으로써 새로운 핵 억제전략 개념을 도입하였는데, 후일의 「맥나마라」의 확실파괴 전략도 바로 이 유한억제전략 개념에 바탕을 둔 것이었다.

핵 작전계획129)

- 국가전략표준목록(NSTL) 작성 및 '단일통합작전계획'(SIOP) 수립 -

50년대 말까지도 미국은 7000여발의 핵무기를 보유했지만 이때까지만 해도 국가적인 통합핵전략을 가지고 있지 못했다. 핵을 사용하는 주체인 육, 해, 공군과 해병대가 상호 협의나 협력을 배제한 채 각자 표적을 선정하고 각각 독립적으로 핵사용 전쟁계획을 수립해 왔다.

1957년 소련이 인류 최초로 스푸티니크 인공위성을 발사한 후 소련의 ICBM에 대한 공포는 미국사회 전반을 흔들어 놓았다. 그동안 미국은 소련의 폭격기에만 신경을 써 폭격기 방어에 많은 투자를 하고 있었기 때문이다. 이에 따라 각 군과 전략공군사령부SAC: Strategic Air Command는 독자적인 전쟁수행계획을 정비하고 국방부에 보고하였고 위기상황을 맞은 정부는 대통령의 지침이 반영된 통합 핵전략이 절실히 요청되었다. 이에 따라 1959년 미국의 합동참모본부JCS: Joint Chief of Staff는 전략공군사령부SAC에 '국가전략표적목록'NSTL: National Strategic Target List을 작성하게 하고 '단일통합작전계획'SIOP: Single Intergrated Operation Plan을 세우겠다고 국방장관(닐 맥엘로이, Neil McElroy)에게 보고하였다. 그러나 합참내에서 의견이 통일되지 않아 진전되지 않다가 후임 장관인 토마스 게이츠Thomas Gates가 존슨대통령에게 보고함으로써 정책으로 채택되었다.

1960년 미국 합동참모본부는 '단일통합작전계획(SIOP)-62'로 알려진 첫 번째 '단일통합작전계획'을 승인하였다. '단일통합작전계획(SIOP)-62'는 급하게 만들어진 계획으로서 "소련과 핵전쟁이 시작되면 미국은 보유한 모든 핵무기를 한꺼번에 다 쏟아붓는다"는 오직 한가지 전략과 여기에 필요한 한 세트의 표적 목록만 포함하고 있었다. 표적에는 소련과 중국의 거의 모든 군사 및 산업기지를 포함하고 있었으며, '단일통합작전계획(SIOP)-62'를 시행했을 경우

---

128) 이 전략은 1959년 3월호의 미해군 학회지 *Naval Institute of Proceedings*에 실린 논문 「유한억제, 통제된 보복」의 내용을 당국이 군사전략으로 채택한 것이다.
129) 핵 작전계획은 정규수, 『ICBM, 그리고 한반도』(서울: 지성사, 2012), pp. 347-356을 참조하였다.

사망자 수는 적게는 3억 6천만 명에서 많게는 5억 3천만 명으로 예상하였다.[130]

3) 신축대응전략: 케네디-존슨 행정부(1960년대)

가) 전략적 공격 목표의 다각적 선택

아이젠하워시대 대량보복전략을 내세우게 된 배경에는 미국이 주도권을 잡고 적에게 위협을 가함으로서 유리한 전쟁 상황을 조성하는데 있었다. 그러나 이러한 단일처방적 전략은 선택의 여지가 없이 대통령은 단지 수동적으로 전면 핵전쟁, 무반응, 아니면 무조건적인 항복의 세 가지 선택만 할 수 있는 것이다.

따라서 케네디는 핵 교착상황에서 발생가능성이 큰 국지전쟁, 게릴라전, 전면핵전쟁에 이르는 모든 유형의 전쟁에 단계적으로 적절히 대응할 수 있는 전략을 강구하고자 하였다. 케네디는 1961년 3월 의회에서 신 행정부의 전략을 설명하면서 이를 신축대응이라 명명하고 그 목표를 다음과 같이 밝혔다.

> 신축대응이란 제한전쟁이건 전면전쟁이건 핵전쟁이건 재래전쟁이건, 전쟁의 규모가
> 크건 작건 간에 모든 전쟁을 억제하는 것. 모든 잠재적 침략자들에게 공격이 무용지
> 물이라는 것을 확신시키는 것, 군비경쟁을 종식시키기 위해 적절한 협상력을 확보하
> 는 것이다.

이것은 한마디로 상대에 대해 행사할 수 있는 다양한 보복 옵션을 확대하는 전략으로서 NATO에 대해 수용을 요구하여 1967년 나토의 공식 전략으로 채택되었다.[131]

나) 전략공격 목표의 변화: 카운터포스Counter Force(대 군사공격)

아이젠하워 시대의 '충분성 전략'은 '카운터 시티'Counter City 또는 '카운터 벨류'Counter Value 즉 대도시 인구 밀집지역을 공격 목표로 함으로서 억제를 추구한 것이었다. 이러한 전략은 무고한 인명의 희생을 담보로 한 것이어서 비인도적이며, 정의롭지 못하다는 비판이 일었고 이에 따라 새로운 전략의 구상과 무기체계 개발이 추진되었다. 대군사목표공격counter Force으로의 전환은 도

---

130) Matthew G. McKinzie, et al., "The U.S. Nuclear War Plan-A Time for Change," p. 6. http://www.nrdc.org/nuclear/warplan/index.asp. 정규수, 앞의 책, p. 347-349 인용.

131) 신축대응전략은 미국의 유럽방위 의지를 의심한 나토 동맹국들의 강력한 반발에 부딪혀서 5년이 지난 1967 년에야 나토 군사위원회의 문서 14/3(MC 14/3)으로 공식 채택되었다.

시를 인질로 잡았다는 비판은 피하면서 그 효과는 대등하게 유지하는 방법이라 할 수 있다.

대군사목표공격 전략이 의미를 가지기 위해서는 압도적인 전략적 우위가 필수적이다. 이를 위해서 맥나마라는 3가지 전력의 보유를 주장하였다.

첫째, 소련의 도시목표 및 군사목표에 대한 동시적인 결정과 파괴가 가능한 비취약적 핵보복력

둘째, 소련의 군사목표를 선택적으로 제어하여 단계적 보복공격을 가할 수 있는 정밀한 유도력과 비취약성을 지닌 핵전력

셋째, 도시 및 산업시설에 대하여 단계적인 보복공격을 가할 필요가 있다면 일거에 이를 타격할 수 있는 핵전력

다) 제한핵전쟁 수행과 재래식군사력 건설

맥나마라의 억제전략은 또 하나의 개념을 제시하였는데 그것은 거부적 억제전략이다. 맥나마라는 핵 보복능력을 향상시킴으로써 제재적 억제효과를 높이는 한편, 그 직접적 효과가 미치지 못하는 제한전쟁의 억제와 핵전쟁의 에스칼레이션 방지를 위하여 거부능력을 향상하여 억제효과를 높이려고 노력을 경주하였다. 케네디 특별보좌관으로 임명된 테일러 장군은 강력히 거부적 억제력 증강 및 보유를 주장하였는데 신축대응 군사계획은 종전까지의 대량보복전략을 파기하고 역사적인 정당성에 입각하여 무기와 군대를 거부적 억제 개념에 입각하여 새로운 각도에서 준비해야 한다고 주장하였다. 그 하나는 핵 억제력의 현대화와 그 보호이며, 다른 하나는 소련의 우세한 지상군과 상쇄할 수 있는 제한전쟁과 지구전에 대처할 수 있는 재래식 군사력을 건설해야 한다는 것이었다.

라) 피해제한 및 확증파괴

1960년대 들어 소련의 핵전력이 급격히 신장되면서 미국의 대소 핵우위는 점차 사라지게 되었고 미·소 공히 상대의 핵전력을 선제공격으로 제압할 수 없는 상황에 도달했다. 아울러 1960년대 미국의 여론은 미국의 핵전력 상당부분이 소련의 도시를 표적으로 배치되었고 소련의 핵전력도 유사한 형태로 배치되어 있다는 인식을 갖고 있었다. 이에 따라 확증파괴assuard destruction라는 새로운 전략개념이 대두되었다.

이에 따라 매나마라 국방장관은 1960년대 후반 상호확증파괴Mutual Assard Destruction 전략을 개념화 하게 된다. MAD전략은 미·소가 공히 서로에 대한 확증파괴능력, 즉 2차 공격력을 갖추었다는 것과 함께 미국이 소련과의 관계에서 "전략적 균형"Strategic Parity이 달성되었다는 것을 인

정한다는 정치적 의미를 가졌다.

MAD전략은 양 당사자 간에 "핵의 교착"Nuclear Stalemate 상태를 보장하기 위해서 "생존성" Survivability과 "취약성"Vulnerability이라는 두 가지 요건을 갖춘다. 생존성은 쌍방이 1차 공격으로부터 살아남을 수 있는 전력을 보유하는 것이다. 취약성은 1차 공격을 받은 피 공격측이 보복공격을 통해 공격 측의 도시, 산업시설 등 사회적 가치가 있는 표적들을 파괴할 수 있을 만큼 기습공격측이 보복공격에 취약해야 함을 말한다. 생존성이 없는 측은 상대의 공격을 그만큼 더 두려워하게 되고 취약성이 없는 측은 상대의 보복공격을 두려워하지 않을 것이기 때문에 위기 발발 시 두 경우에 모두 상대에 대한 기습공격의 동기가 높아질 것이고 핵의 교착상태가 깨질 가능성이 커진다는 논리이다.[132]

맥나마라 국방장관에 의해서 1965년 2월 최초 사용된 이 전략의 확실파괴 능력이란 침략자가 충분히 사전 계획한 기습공격을 아방에게 가한 연후에도 그 침략자에 대하여 도저히 감당할 수 없을 정도의 파괴를 가할 수 있는 능력을 뜻하고 있다. 그러나 이 전략은 '최소억제전략'Minimum Deterrence Strategy과 표리관계表裏關係에 있는 유한억제전략을 지향하고 있다.

맥나마라는 MAD전략이 다음과 같은 이점이 있는 것으로 보았다.[133]

첫째, 상대에 대한 전력 우위를 유지하기 위해서 지속적인 투자를 하지 않아도 되기 때문에 장기적으로 국방비를 질약할 수 있다는 점이다. 이는 1966년 당시 시점에서 새로운 무기구매가 안보증진을 가져오지 않는다는 현실, 즉 전력증강의 효용성이 포화상태에 달했다는 맥나마라의 상황판단을 반영하고 있다.

둘째, 핵무기 사용위협의 신뢰성이 낮아짐으로써 핵무기가 정치적 영향력 확대의 수단으로 사용될 가능성을 없앨 수 있다.

셋째, MAD 전략 하에서는 미국이 소련과의 군비통제 협상에 진지하게 참여할 동기가 생긴다는 사실이다.

마) 피해국한전략

한편 맥나마라는 적에게 반격의 여력이 없도록 충분한 제1격을 가할 수 있는 전력건설이

---

132) Coit Blacker and Gloria Duffy, International Arms Control: Issues and Agreements (Stanford: Stanford University Press, 1984), pp. 203, 230.

133) Honoré Catudal, *Nuclear Deterrence-Does It Deter?* (lantic Highland, N.J.: Humanities Press International, Inc., 1985), P 113, 전성훈, 앞의 글, p 136 재인용

기한 내(1967~1969)에 불가능하다며 이를 부정하고 그 대신 피해국한damage limitation이라는 새로운 개념을 도입하였다. 핵전쟁이 일어날 경우 미국의 인구와 산업시설에 대한 피해를 최소한으로 국한시킨다는 것이다.

따라서 맥나마라의 억제전략은 확실파괴와 피해국한이라는 2개의 개념에 의해서 구성되었으며 이 두 개의 개념은 표리의 관계에 있다. 이 개념에 의한 두 가지 전력은 상호보완 관계에 있으며, 억제전략에 있어 제재적 억제기능을 가진 확실파괴 전력이 주역이며, 피해국한전력이 보조적 역할을 하도록 하였다.

케네디의 급서로 존슨Lyndon B. Johnson 대통령이 들어서자 피해국한 능력을 크게 제고시키려던 계획인 ABM 배비 계획은 취소되고 대신 경經 ABM 체계로 대체되었다.

핵 작전계획

1961년 대통령에 취임한 케네디는 '단일통합작전계획(SIOP)-62'가 선택의 폭이 전혀 없는 경직된 계획이고, 결과가 너무 참담하다고 판단하였다. 이에 따라 맥나마라Robert McNamara 국방장관은 대통령이 취할 수 있는 여러 가지 옵션을 포함한 '단일통합작전계획(SIOP)-63'을 내놓았다. 1950년대의 전략과 '단일통합작전계획(SIOP)-62'가 '카운터벨류'이었던데 반해 '단일통합작전계획(SIOP)-63'은 가급적 인구가 밀접한 도시의 공격을 억제하고 군사적 목표, 특히 적국의 핵전력을 주요 표적으로 삼는 '카운터포스'Counterforce 공격에 중심을 둔 작전계획이었다. 따라서 선제공격전략으로 비판을 받았으나 맥나마라는 '확실파괴'를 '단일통합작전계획(SIOP)'의 목표로 설정하되, 무기 사용은 상황에 맞게 통제할 수 있는 것이 '단일통합작전계획(SIOP)-63' 이라고 주장하였다. 이후 이러한 전략은 케네디 정부에서 존슨 정부로 계승되었다.

4) 신 충분성전략: 닉슨-포드 시대(1970년대)

케네디 정권을 승계한 닉슨행정부는 억제전략을 재검토하게 되었고 전략핵전력에 대한 신 정권의 기본 방침은 소련에 대한 전략적 우위 확보와 전 정권의 '확실파괴 전략'에 대한 비판에 있었다. 이에 따라 채택된 것이 충분성 전략이다.

닉슨행정부는 전략검토회의에서 1970년 이후에 닥쳐올 상황에 대처하기 위해서는 미국의 전략군사력의 급격한 삭감과 증강이라는 양 극단의 선택은 위험을 수반하게 되므로 그 중간의 태세를 취해야 한다는 것으로 결론지어졌고 그 전략적 대안으로 나온 것이 충분성 전략이다.

닉슨의 '신新충분성 전략'은 아이젠하워가 주장한 충분성 전략 즉, 다양한 운반수단을 통하여 대도시를 공격하는데 충분한 전력만을 보유하는 충분성 전략과는 달리 제한핵전쟁을 억제할 수 있는 충분한 정도의 제재를 가할 수 있는 억제력을 보유 유지함으로써 소련의 핵 공갈을 무력화 시키고 동맹국에 대한 소련의 정치적 압력행사를 방지하는 것을 그 내용으로 하였다. 즉 제한핵전쟁을 억제하는데 충분한 정도의 보복력 유지를 제1목적으로 하고, 이에 대응 가능한 무기체계를 확보, 신뢰성을 제고시켜 소련의 기습적 핵공격 위협을 무력화 시키고 동맹제국에 대한 소련의 위협으로부터 보호한다는 공약을 이행하는 것을 제2의 목표로 하였다.

이러한 충분성의 확보를 위한 구체적인 조건 4가지를 국방백서에서 제시하였는데 그것은 다음과 같다. 첫째, 미국에 대한 전면 기습공격을 억제하는데 충분한 제 2격 능력의 유지이다. 둘째, 위기에 처했을 때 소련이 미국을 기습공격 할 수 있는 빌미를 제공하지 않고 셋째, 소규모 핵전쟁이나 우발적 핵 투발에 의한 피해를 입지 않아야 한다. 넷째, 소규모 핵전쟁이나 우발적 핵투발에 의한 피해를 방지하는 것이었다.134)

이러한 조건에 부합하는 대안 도출을 위하여 1969년 닉슨행정부는 전 정권의 센치넬Sentinel 계획을 확충한 세이프 가드Safe Guard 계획을 발표(ICBM기지 방위를 위한 제한방위체계)하였고 그 후 5개월간의 검토 끝에 케네디 행정부에서 무산된 소극적 방어체계인 탄도미사일방어ABM 체계135) 구축을 결정하였다.

이러한 전략의 채택에는 전략 환경의 변화를 반영한 것이었다. 이 시기는 국제안보상 많은 변화기 있었던 시기로서 첫째는 데탕트Detent의 도래이다. 미·소는 1972년 5월 모스크바에서 '탄도미사일방어'ABM 제한조약과 "전략무기제한협상"SALT-1을 체결하고 12개항의 데탕트 기본 조약에 합의하였다. 둘째는, 소련의 핵전력이 미국을 앞서게 된다. 셋째, 소련 세력의 지속적 팽창이다. 중동 3차 전쟁과 인도차이나의 붕괴, 그리고 소련의 이집트를 통한 아랍세계 교두보 확보가 그 대표적 사례이다. 넷째, 미·소 양국이 서로 힘의 한계를 인식하게 된 것이다. 양국은 '핵확산금지조약'NPT을 체결하고 전략무기제한협상SALT도 시작하게 되었다.

또한 미국은 월남전의 장기화 및 1973년 오일쇼크로 인한 석유 파동 등으로 경제적 부담이 심각하였다. 결국 양국은 힘의 균형 속에서 안정을 유지하면서 전략적 우위를 선점하려는 노력을 하게 되었고 이러한 정책은 포드 대통령 시기까지 계속 되었다.

---

134) Public Papers of Presidents: Richard Nixon, 1969, 1971. p. 217. 이선호, 『핵무기와 핵전략』, p. 259 재인용.
135) ABM체계를 구성하는 세이프가드(Safe Guard) 체계는 스파르탄(spartan)과 스프린트(sprint) 두 개의 미사일로 구성된다. 스파르탄은 대기권 밖에서 미사일을 요격하고 스프린트는 대기권 내로 진입한 미사일을 요격한다. 이 세이프가드 체계는 겨우 100개의 미사일로 ICBM기지를 방어하고 미국의 중심부를 방어한다는 것은 더욱 불가능하였다. 또한 이 구상의 모체인 센티널 계획이 점방위가 아닌 지역방위 개념으로 발전 된 것이기 때문에 레이더 장비가 점방위에 적합하지 못했다. 또한 핵탄두가 폭발할 때 이 레이더 장비가 직접적 피해를 입게 되어 스파르탄과 스프린트 가 조종불능상태가 된다. 이러한 기술적인 이유로 이 세이프가드 체계는 1976년 2월 폐기되었다. ABM망 구성을 위한 기술 수준이 아직까지는 전략을 뒷받침하지 못했던 것이다.

닉슨행정부의 '탄도미사일방어ABM 체계' 구축은 기술적 조건 미충족과 많은 투자비용 소요로 70년대 중반 폐기되고 만다.

핵 작전계획

'단일통합작전계획(SIOP)-63'을 채택하면서 필요한 전략무기 숫자가 대폭적으로 늘어났다. 이는 군사시설, 산업시설, 핵무기 생산 및 저장시설, 전략무기 발사대 등 표적 수가 도시 수보다 훨씬 많기 때문이었다. 각 군은 무기의 수를 늘리기 위해 많은 예산과 새로운 무기의 개발 요구를 봇물처럼 토해 내었다. 1974년 1월 17일, 4년간의 치밀한 검토 끝에 닉슨 대통령은 '국가안보결정각서-242'NSDM: National Security Decision Memorandom를 발표하였다.136) 이것은 '제임스 슐레진저 독트린'James Schlesinger Doctrin이라고 불렸으며, 전략무기의 제한적 사용옵션Limited Employment Option이 핵심이었다. 이것은 교전중인 국가에게 미국의 의도를 확실하고 신빙성 있게 전달할 수 있는 수준으로 공격의 강도와 범위, 기간을 제한한다는 개념이다. 이러한 작전에는 C3(지휘·통제·통신Command, Control, and Communication) 시스템이 필수 요소가 되었다.

NSDM-242의 지침에 맞도록 카운터포스부터 카운터벨류에 이르기 까지 여러 가지 옵션을 포함한 작전계획이 '단일통합작전계획(SIOP)-5'이다. 적국의 군사력에 대한 선택적 보복에서부터 시작하여 전장의 추이에 따라 점진적으로 확전 할 수 있는 옵션을 가지고 있다. 적어도 처음에는 특정 표적들을 공격에서 제외함으로써, 적국에게 전쟁을 끝낼 합리적 명분을 만들어 준다는 내용이었다. 이 계획대로 전쟁에 이기기 위해서는 적국의 협조(?)가 절실히 요구되었다.

5) 상쇄전략: 카터행정부(1977-80)

상쇄전략相殺戰略, Countervailing Strategy은 전면핵전쟁이 일어나면 미국과 옛 소련 양국 모두 군사목표 시설, 정치적 중추中樞시설, 공업시설, 교통시설 등의 대부분이 파괴돼 상호 자살행위가 될 것이 분명하다는 것을 전제로 하는 전략이다. 1980년 8월 당시 지미 카터 미대통령의 명령 제59호로 정식 채택됐다.

가) 카터행정부의 초기 정책 기조는 데탕트를 지속하며 인권 외교를 추구하려 하였다. 기본적으로 동맹체제를 유지하면서 소련과 '전략무기제한협상'SALT을 추진하여 핵의 균형을 유지하고 세계 도처에서 발생하는 분쟁에 대처하며 소련과의 평화 공존을 추구하였다.

---

136) National Security Decision Memorandom 242, "Planning the Employment of Nuclear Weapons," http://gwu.edu/~nsarchiv/NSAEBB/NSEBB173/SIOP-24b.pdf. 정규수, 앞의 책, p. 350 재인용.

그러나 대통령 취임 후 3년이 지난 즈음에 미·소 관계는 급변하였고 신 냉전체제로 돌입하게 되었다. 1970년대 후반 소련은 핵 군사력 증강으로 대미 군사력우위를 확보했다는 자신감으로 중동과 아프리카, 동북아지역에 팽창을 추구하였고 이것은 미국에 강한 위기감을 주었다. 이에 따라 미국은 강경책으로 돌변하면서 아시아지역에 주둔 미군을 강화하는 등 신 냉전체제로 접어들게 된다. 카터 대통령은 1978년 12월 1일 백악관 기자회견에서 방위정책을 더욱 강력한 대량보복전략으로 전환할 것이라고 하면서, 핵억제 전략을 강력히 추진해 나가겠다고 천명하였다.137)

나) 핵 보복력의 강화

소련의 핵무기가 급속히 증가하고 그 파괴력이 향상되고 '다탄두(독립목표) 재돌입체'MIRV를 보유하게 됨에 따라 핵 균형에 의한 억제력의 실효성에 대한 우려가 고조되었다. 또한 소련이 개발한 SS-18 ICBM 등은 탄두가 거대할 뿐만이 아니라 미국 내의 지하 ICBM Silo를 공격하여 미국 핵 주 전력을 무력화 시킬 수 있는 위험성이 커지자 1977년 카터 대통령은 이에 대한 대안 검토를 지시하여, 1980년 7월 25일 대통령지시 제59호PD59에 의해 상쇄전략이 대두되었다.

상쇄전략相殺戰略, Countervailing Strategy은 소련의 어떠한 핵공격에도 그 공격의 효과를 상쇄해서 충분한 반격을 가할 수 있는 보복력을 갖춤으로써 억제를 달성하는 것이라고 브라운 국방장관은 정의 하였다.

상쇄전략은 1970년대 초부터 구상되어 이미 군사전략에 반영되어 있고 전쟁억제라는 핵전력 기본 운영방침을 변경하지 않는 것으로서 새로운 전략개념이나 기존전략을 수정하는 것이 아니었다. 그러나 대통령 지시 59호라는 이름으로 부각시킨 데에는 그만한 이유가 있었다. 그 이유는 소련의 급격한 핵무기 증강과 강화된 군사력을 배경으로 직접적인 무력 침공을 통한 팽창정책에 대하여 강력한 경고를 시사하며, 소련의 핵공격에 대한 강력한 보복의지를 나타냄으로써 동맹국에 대한 신뢰를 회복하고자 하는 것이었다.

핵 작전계획

지미 카터 대통령의 '대통령 지휘서신 59'Presidential Directive-59와 레이건Ronald Reagon 대통령의 '국가안보결정 명령 13호'National Security Decision Directive-13에 의해 '단일통합작전계획'SIOP은 더욱 정교하고 세밀해졌다.138) 대통령지휘서신 PD-59는 한마디로 '핵전쟁수행 교리'이다. 상황에 따

---

137) New York Times, Dec. 1, 1978. p. 32.

라 전쟁 중에 핵공격 계획을 바꿔 재래식 무기와 전략무기를 같이 쓸 수 있도록 몹시 유연성 있는 계획이라고 할 수 있다. '국가안보결정명령 13'NSDD-13 총 5쪽 중 "대통령은 우리나라(미국) 핵전력의 배치와 사용 및 생상에 대해 다음과 같이 지시하였다"라는 문장과 "이 지침은 '대통령지휘서신 PD-59'를 대체 한다"는 두 문장만 빼고는 아직도 비밀로 분류되고 있다.139) '비핵 탄도망 방어'Star Wars, '스텔스 폭격기'Stealth Bomer B-2, 생존 가능한 초정밀 ICBM과 SLBM 등 레이건 정부의 무기개발 추이를 살펴보면 '국가안보결정명령 13'NSDD-13에 의해 다시 카운터 포스 쪽으로 '단일통합작전계획'SIOP이 되돌아간 것을 짐작할 수 있다.

6) 방어적 억제: 레이건-부시-클린턴 행정부(1980-1990)년대140)

● 탈핵무기 및 군축 전략

탈 냉전기는 소련의 붕괴에 따라 세력균형은 일시에 무너지게 되었고 과거 소련의 핵전력에 맞서 억제력 우위를 확보하기 위한 미국의 노력은 점차 그 필요성이 약화되었다. 국제체제가 두 강대국에 의한 양극체제에서 유일 초강대국의 단일체제로 변화된 것이다. 이러한 국제안보환경의 변화는 소련과 유럽중심의 전략에서 군축과 점차적으로 증가하는 소규모분쟁 가능지역에 대한 관심으로 그 축이 이동하게 되었다.

가) 레이건 행정부의 '전략방어구상'Strategic Defense Initiative: SDI

카터정권 말기부터 서구권에 위협으로 대두된 소련의 급격한 군사력 증강과 현실로 나타난 아프가니스탄의 침공은 미국의 전략방향을 급격하게 변화시키게 되었다. 이와 때를 같이하여 소련은 동유럽지역에 기동화 되고 다탄두화 된 '전역핵유도탄'INF SS-20을 서유럽을 목표로 전개하여 서유럽에서의 재래식 무기와 더불어 소련의 위협은 더욱 증가하였다.

1981년 레이건 행정부가 출범하면서 "압도적 군사목표 타격전략"Prevailing Counterforce Strategy이 채택되었다. 이것은 전략핵무기의 증강을 통해 핵전쟁 수행능력을 강화한다는 개념으로서 "향상된 군사목표 타격전략"Enhanced Counterforce Strategy이라고도 부른다. 레이건 행정부는 핵전쟁이 수개월 이상 장기화될 경우에 대비해서 핵전쟁에서도 압도하고 승리할 수 있는 전쟁 수행전략을 만들고자 했다. "압도적인 군사목표 타격전략"은 "국가안보결정명령서"National Security Decision

---

138) PD-59, http:/www.fas.org/irp/offdocs/pd59.pdf.

139) http://www.fas.org/irp/offdocs/nsdd/nsdd-013.htm.

140) 탈핵무기 전략이란 용어는 미국정부 또는 미국 학계에서 사용되는 용어는 아니다. 이기간 동안 미국이 SDI, GPALS, TMD. NMD 등의 미사일 방어능력을 강화함으로써 소련의 핵무기 위협을 감소시키려는 전략을 추구하였다. 따라서 핵무기 전략이라기보다는 미사일 능력 강화전략이라 할 수 있다.

Directive: NSDD 제13호에 구체화 되었는데 이것은 핵전쟁 승리를 억제전략의 목표로 삼겠다는 미 행정부의 의지를 담은 최초의 문서였다.

레이건 행정부의 압도적인 군사목표 타격전략에서 빼놓을 수 없는 요소가 바로 "전략방어구상"Strategic Defence Initiative: SDI이다. 소련의 미사일 공격으로부터 미 본토를 방어하겠다는 SDI는 이때까지 공격력을 통한 보복 위협에 토대를 두어왔던 억제의 개념에 배치되는 것이었다. 물론 역대 미 행정부에서 미사일 방어망 구축을 위한 노력이 있어왔고 ABM 조약에서는 쌍방이 제한된 규모의 ABM 체제를 유지하도록 허용하고 있다. 하지만 SDI 이전의 미사일방어체계 구축 시도는 상호 취약성 유지를 통해서 보복 공격력의 효과를 보장해야 한다는 억제개념의 근간을 뒤흔드는 정도는 아니었다. 레이건 행정부는 SDI가 ABM 조약을 위반한다는 우려에도 동의하지 않았다.

미국은 한편으로 핵전력의 강화를 통하여 억제력을 유지하고 한편으로는 군비통제 협상을 추진하는 병행접근Two Track Approach을 통하여 소련의 위협을 제거하려하였다. 이러한 노력은 미국의 기술력의 우위와 경제력의 우위를 통해서 핵무기의 질적 향상을 도모하고 새로운 SDI를 추구함으로써 소련에 대한 경제적, 군사적 압박을 가중시킴으로써 소련의 변화를 도모하였고 한계에 도달한 소련은 고르바쵸프 등장으로 이러한 노력은 성과를 나타내었다.

1988년 고르바초프는 아프가니스탄에서 소련군을 철수 시키고, 1988년 6월 미·소 정상회담에서 'INF 비준서'가 교환되었으며 이어서 전략무기감축조약START 협상과 CFE 그리고 유럽안보협력회의CSCE와 이에 따르는 신뢰구축방안CSBM 등의 협상이 순조롭게 진행되었다. 1988년 12월 고르바쵸프는 유엔 연설을 통해 '소련의 일방적인 대폭적인 군축' 선언을 하였다.

핵 작전계획

레이건 행정부의 '단일통합작전계획'SIOP는 "미국의 핵억제력에도 불구하고 전쟁이 일어날 경우, 미국은 장기간에 걸친 지속적인 핵전쟁에서 우세한 전력으로 전쟁을 이끌어 미국에 유리한 조건으로 전쟁을 유도한다"는 정책을 담고 있다. 이러한 레이건 행정부의 '단일통합작전계획'SIOP에는 '지휘부 제거공격'Decapaciation Strike도 중요한 내용으로 포함되어 있음을 의미한다.141) 장기전에서는 각 레벨의 지휘체계를 모두 무력화시키고도 지속되는 전쟁과 종전 후의 보복을 막기 위해 항상 충분한 수의 예비 전략무기를 남겨놓는 것이 중요하다고 판단하였다. 따라서 레이건 행정부가 수립한 '단일통합작전계획'SIOP의 목표를 달성하기 위해서는 엄청난

---

141) Mattew G. McKinzei, et. al., "The U.S. Nuclear Warplan: A Time for Change,"
   http://www.nrdc.org/nuclear/warplan/index.asp.

수의 전략무기가 요구되었다. 이러한 정책은 냉전이 끝나고도 한동안 지속되었다.

빌 클린턴 2기 행정부는 장기전에서 우세를 유지한다는 조항을 삭제하여 당시 준비하고 있던 전략무기감축조약(START)-Ⅲ가 요구하는 2,500기의 전략탄두 수를 맞추었고, 대부분의 전쟁수행 교범은 그대로 유지하였다.

1967년 미국은 3만 2천발의 핵탄두를 보유하였는데, 그중 3분의 1이 전략탄두였다. 1987년 탄두 수는 2만 3500발로 줄었지만 전략탄두 수는 오히려 늘어났다. 2만 3500발 중 2/3가 전략탄두로 전략탄두 수는 1967년에 비해 오히려 5천여발이 증가하였다. 그러나 1987-1996년 사이 탄두 수는 1만 3천여기로 줄었고 2001년 조지 W. 부시 대통령에 이르러 핵 작전계획은 새로운 전기를 맞게 된다.

나) 부시행정부의 '전지구적방위'GPALS: Global Protection Against Limited Strike

1990년 소련이 해체됨에 따라 미국은 차후 당분간 미소상호 침략의 염려가 없을 것으로 믿고 군축 경쟁을 하기 시작하였다. 1991년 9월 부시는 일방적으로 미국의 지상 단거리 핵무기 및 전술핵무기를 전 세계적으로 철거 파기하겠다고 발표하고 약속대로 한국에 있는 전술핵무기를 포함해서 모든 전술핵무기를 1991년 7월까지 철수 완료하였다. 소련 고르바쵸프도 이에 호응하여 동년 10월, 소련도 단거리 핵무기를 감축하며 군사력 70만 감군, 1년간 핵실험 중지 그리고 503기의 핵전대비태세를 해제한다고 선언하였다. 이렇게 미·소는 긴장완화와 군비축소 경쟁으로 급선회 하였으나 미국은 결코 핵무기를 포기하지 않고 전략군을 통하여 자국과 동맹국에 대한 핵우산을 지속적으로 유지하려하였다.

핵 작전계획

부시행정부는 SDI계획을 발전시켜 구체화 하였다. 부시대통령은 장비화를 전제로 한 '한정적인 탄도미사일에 대한 글로벌한 방위GPALS'계획을 1991년 1월 30일 발표하였다. SDI는 소련으로부터의 본격적인 전략핵탄두를 탑재한 ICBM의 공격을 억제·방어하는 것이었다. 이에 대하여 GPALS는 소련이나 제3세계로부터의 우발·한정적 또는 중앙의 지령에 근거하지 않은 군부의 독자적인 판단이나 오인에 의하여 발사되는 100내지 200발에 달하는 탄도미사일 공격으로부터 미국 본토 뿐 만이 아니라 해외에 파견되어 있는 미군 및 동맹국을 방어하는 것을 목표로 하였다.

다) 클린턴 행정부의 '전구戰區미사일방어'TMD: Theather Missile Defense

1993년 클린턴 행정부의 애스핀Les Aspin 국방장관은 6개월 예정으로 "핵태세 검토"Nuclear Posture Review를 단행하겠다고 밝혔다. 이는 1978년 카터 행정부에 이어 미국의 핵무기 사용정책을 포괄적으로 재검토하기 위한 두 번째 시도였다. 애스핀 국방장관은 핵정책 검토 취지를 다음과 같이 밝혔다.

한시대는 끝이 났고 새로운 시대가 시작되었다. 세계는 근본적으로 변했다. 우리는 15년만에 처음으로 핵정책 검토를 통해 대응하고 있다. 사실 이번 재검토는 정책, 독트린, 전력구조, 안전과 안보 및 군비통제를 통합해서 보는 국방부 최초의 정책 수정이다.

NPR은 구체적으로 클린턴 행정부의 핵정책을 다음과 같이 다섯 가지로 제시했다. 첫째, 핵무기가 미국의 안보에서 그 어느 때보다 적은 역할을 수행하며 이는 NPR의 출발점이 된다. 둘째, 현 상황에서 미국은 훨씬 적은 핵전력을 필요로 한다. 셋째, 냉전 종식이후 안보상황이 급변하긴 했지만 아직도 상당한 불확실성이 존재하며 미국은 이에 대한 대비책을 세워야 한다. 넷째, 미국은 자국만을 위한 억제태세를 유지하는 것이 아니라 우방국을 위해서 핵 억제력을 확장하고 있다. NPR은 NATO와 아시아에 대한 미국의 공약을 지지한다. 이에 따라 유럽에도 핵과 재래식 탄두 겸용이 가능한 480대의 전술항공기를 그대로 주둔 시킨다. 다섯째, 미국은 핵무기의 안전과 안보, 지휘통제, 사용에 대한 통제 등에서 최고도의 수준을 유지해 간다.

1993년 1월 20일 아스핀 국방장관은 탄도미사일에 대한 지침을 제시하였는데 그 내용은 우선순위에 관한 것으로서 최우선은 냉전 후 및 소련 후의 세계에서 새로운 위기에 대처하기 위하여 '전역탄도미사일방위'TMD를 최우선으로 하고 두 번째, 미국 본토를 지상배비시스템으로 방위하는 '국가미사일방위'NMD 그리고 세 번째, TMD 및 NMD 양방에 유용한 '후속follow-on 기술연구'로 제시하였다.

TMD는 탈냉전을 배경으로 해외에 주둔하는 미군과 미국의 동맹국을 제3세계 제국으로부터 발사되는 탄도미사일로부터 지키는 것을 목표로 한 것이다. SDI로 영격迎擊하지 않으면 안 되는 소련의 ICBM탄두는 수천 발에 이르는 방대한 것으로서 광대한 미국 대륙이 방어 대상이었다. 반면에 TMD가 상정하는 제3세계의 탄도 미사일은 수십 발로부터 많아야 수백 발 정도로써 방어의 대상이나 범위도 SDI보다 좁다. 따라서 TMD가 SDI보다 기술적으로 실현가능성이 더 크다.

클린턴 행정부 2기에서는 보다 정교한 핵전략이 채택되는데 이는 1997년 클린턴 대통령이 승인한 "대통령결정명령서"Presidential Decission Directive: PDD 제 60호에 담겨있다. PDD 60은 레이건 행정부에서 시작되었던 핵전쟁 승리전략의 종식을 선언함으로써 대폭적인 핵감축의 토대를 마련한 것으로 평가된다. PDD 60은 러시아의 재래식 전력을 공격하기 위한 핵무기 숫자를 줄이는 대신, 중국 내의 표적 수를 늘렸고, 이전 행정부에서와 같이 중러 이외의 다른 나라들을 겨냥한 표적화 작업도 진행시켰다. 이와는 별도로 "적응계획"Adaptive Planning이라는 이름으로 소위 불량국가들의 WMD 관련 시설 등 주요 군사목표물에 대한 표적 정보를 확보함으로써 유사시 신속한 공격이 가능토록 하였다.

핵 군축과 관련해서 클린턴 대통령은 러시아의 옐친 대통령과 함께 1997년 9월 26일 전략무기감축조약(START)Ⅱ 조약의 핵 군축 기간을 2007년으로 연장하는 내용의 의정서를 채택하였다. 러시아의 핵감축 속도가 예상과 달리 늦어졌기 때문이다. 클린턴 행정부는 러시아가 전략무기감축조약(START)Ⅱ를 비준한 후에 상원에 비준 동의서를 신청하겠다고 했으나 2000년 초 러시아가 전략무기감축조약(START)Ⅱ와 관련 의정서를 비준한 후에도 의회 상정을 미루다가 임기종료를 맞았다.

핵 작전계획

클린턴 행정부는 '단일통합작전계획'SIOP에서 러시아와의 장기적 핵전쟁을 배제하였다. 기타는 전임 행정부의 작전계획을 그대로 유지하였다.

7) 공세적 억제(상호확증안정(MAS)전략(핵전투/중층적 억제)): W. 부시 2세 행정부(2000년대)

● 적극적비확산Non-Proliferation, 대확산Counter-Proliferation, 미사일방어체제Missile Defense, 핵무기의 최저수준 감축Nuclear Disamament

2001년 9월 11일 발생한 미국 무역센터 쌍둥이 빌딩에 대한 테러는 미국의 안보정책을 근본적으로 바꾸는 계기가 되었다. 냉전종식 이후 유일초강대국인 미국이 불과 10여명의 테러리스트들의 공격에 민간인 5천여명이 희생되는 참사를 경험하면서 테러가 "21세기 새로운 전쟁"으로서 최대의 안보위협으로 대두되었다. 9.11테러는 지금까지 외부의 공격을 받지 않는 성역으로 여겨졌던 미국 본토가 직접공격을 받게 된 현실을 보면서 미국본토방위의 중요성을 새삼 깨닫게 되었다. 미국의 막대한 핵전력 앞에서 발생된 이러한 초국가적 위협인 테러와 소위 불량국가라 불리 우는 북한, 이란 및 이라크 등 국가의 대량살상무기의 확산, 국지분쟁의 발생은 미국으로 하여금 과거냉전시대에 구축되었던 핵전략의 신뢰성에 의문을 품게 되었다.

또한 러시아 푸틴대통령은 2000년 1월 및 4월 집권이후 발표된 "신국가안보 개념"과 "신군사교리" 문서를 통해서 "침략자를 격퇴할 수 있는 노력이 실패할 경우 핵무기를 포함한 모든 무력수단을 사용한다"는 전략을 채택함으로써 사실상 핵무기의 기습사용 가능성을 포함하여 핵무기의 의존도를 강화시킨 것으로 평가받고 있다. 또한 러시아는 아직도 미국 본토를 직접 핵공격을 할 수 있는 능력을 보유하고 있으며, 중국은 장차 미국의 패권을 거부하고 군사적 대결상태로 나갈 수 있는 잠재력을 충분히 보유하고 있기 때문에 이를 고려한 방위체계 확립이 필요하게 되었다.

부시행정부는 이러한 안보상황의 급변에 따라 새로운 억제 개념을 도출해 내었는데 MAD가 냉전 후 달라진 국제안보환경의 변화와 불량국가들의 대량살상무기 확산위협에 효율적으로 대응하기에는 적절하지 못하다는 판단 하에 상호확증파괴'MAD를 넘어선, 신전략구상NSF 즉 MAD에 기초한 공격력 위주의 억제를 넘어 공격력과 방어력을 모두 염두에 둔 개념의 '상호확증안정'MAS: Mutual Assured Stability 억제로 전환하였다. 월포비츠 국방장관은 이것을 '중층적 억제'Layered Deterrence라고 명명하였다.142)

중층적 억제는 다음 세 가지 요소로 구성된다. : ① 다른 나라들이 미국과 경쟁할 동기를 없앨 수 있는 능력을 개발, 배치함으로써 이들이 애초부터 위험한 능력을 추구하지 못하도록 '단념'Dissuade시킴. ② 이들이 이미 시작했지만 아직 중대한 위협은 되지못한 위험한 능력의 추구에 더 이상 투자하지 못하게 '좌절'Discourage시킴. ③ 우리를 위협할 수 있는 능력을 보유한 집단이 이 능력을 사용하지 못하도록 강력한 보복력으로 '억제'Deter함.

이러한 새로운 억제 개념을 실현하기 위한 방법론이 바로 부시George Walker Bush대통령이 2001년 5월 1일자 연설에서 밝힌 "새로운 틀" 또는 그 후 다른 관료들이 보다 구체적으로 밝히고 있는 "새로운 전략적 틀"A New Strategic Framework이다. 새로운 전략적 틀은 ABM조약143)을 포함한 과거와의 단절을 의미하며 이에 입각한 미·러 관계는 공개와 상호신뢰 및 협력에 기초하게 된다. 새로운 전략적 틀은 다음과 같은 다섯 가지 요소로 구성되었다. ① 비확산Non-Proliferation 외교 ② 확산저지Counter Proliferation 전략 ③ 미사일 방어Missile Defense 구축 ④ 실질적인 핵 군축을 통해 최소한의 핵무기로 신뢰할 수 있는 억제력 유지 ⑤ 상호신뢰와 투명성 증진방안 실천144)

---

142) Paul Wolfowitz, *Prepared Testinomy at the Senate Armed Services Committee on the Fiscal Year 2002 Defense Budget for Ballastic Missile Defense Program*, p. 5.

143) ABM은 대륙간탄도미사일(ICBM) 등 날아오는 적의 탄도탄을 조기에 탐지, 격추하기 위한 미사일방어체계로 1969년에 개발됐다. 그러나 ABM 개발로 핵전쟁 위험이 높아지자 미·러 양국은 협상을 통해 ABM 조약을 체결했다.

144) The White House, *Adminstration Missile Defense Papers*, pp. 3, 5.

2002년 1월 8일 의회에 보고된 제2차 NPR은 미군 전체의 구조조정 방향을 담고 있는 '4년 주기 국방태세검토'QDR: Quadrenial Defense Review에 바탕으로 하였다. 럼스펠드 국방장관은 '새로운 핵태세 검토'NPR의 필요성을 다음과 같이 3가지로 제시했다. 첫째, 냉전 종식 이후 러시아가 과거 소련과 같이 적대적인 위협을 제거한다는 전제하에 상응하는 핵전력을 유지할 필요가 없어졌다. 둘째, WMD로 무장한 불량국가들과 테러집단들이 새로운 위협으로 등장한 상황에서 과거와 같은 공격력에 의존하는 억제만으로는 안전을 보장하기 어렵다. 적절한 망어망 구축이 필요하다. 셋째, 핵전력의 3축 체제Triad System: ICBM-SLBM-ALBM에 의존했던 기존의 공격력에서 탈피하여 비핵전력을 강화하고 이를 전략핵과 통합 운영함으로써 대통령에게 보다 다양한 선택옵션을 제공해야 한다.

21세기 새로운 안보환경과 관련해서 '2001 핵태세 보고서NPR'는 핵무기 사용이 필요한 세 가지 "긴급상황"Contingency Situation을 상정했다. 즉각적 상황, 잠재적 상황, 예견되지 않은 상황이 그것이다. 첫째, 즉각적Immediate 상황: 즉각적 상황은 잘 조직된 당면위협을 말하는데, 이스라엘에 대한 이라크 공격, 남한에 대한 북한의 공격 및 대만해협에서의 분쟁 등 세 가지 사례가 해당된다. 둘째, 잠재적Potential 상황: 즉각적이지는 않지만 가능성이 있는 사태를 말하는데 대량살상무기를 보유한 새로운 적대집단의 등장이 그 예이다. 셋째: 예견되지 않은Unexpected 상황으로서 기존 핵 국가의 지도부가 적대세력으로 교체되거나 쿠바미사일 위기와 같이 적대국이 갑작스럽게 WMD 능력을 과시하는 등의 예상치 못한 긴급한 안보적 도전을 말한다.

2001 NPR은 북한, 이란, 이라크, 시리아, 리비아 등 5개국을 위의 3가지 긴급 상황에 모두 개입할 수 있는 국가들로 지목했고, 중국은 즉각적 및 잠재적 긴급 상황에 개입할 수 있는 국가로 보았다. 러시아는 예견되지 않은 긴급 상황에 개입할 수 있는 국가로 분류했다. 결과적으로 2001 NPR은 이상의 7개국에 대해서 다음의 경우 핵무기가 사용될 수 있다고 규정했다. ① 재래식 공격을 견디어 낼 수 있는 표적에 대해서 ② 대량살상무기를 이용한 선제공격에 대한 보복공격시, 혹은 ③ "놀랄만한 군사적 사태"Surprising Military Development가 전개되는 경우 등이다.145)

이상의 검토를 기초로 조지 W. 부시 행정부의 핵전략을 종합해 보면 다음과 같이 요약할 수 있다

첫째, '대량파괴전략'MAD에서 '핵 전투전략'Warfighting으로 변화되었다. NPR이 제시하고 있는 'ABM'조약 탈퇴 재확인, 미사일방어MD 강행, 핵무기생산인프라 개선, 새로운 3축 체제Triad System: ICBM, SLBM, ALBM를 통한 핵 대응수단의 다양화, ICBM 등 공격핵무기 개선 등은 '핵 전투전략'의 전형적인 패턴이라 할 수 있다. 이러한 전략은 4단계대응전략 즉 "보증Assure→단념

---

145) 김태우·김재두, 『미국의 핵전략 우리도 알아야 한다』(서울: 살림, 2003).

Dissuade→억제Deter→격퇴Defeat"에서도 잘 나타난다. "억제Deter→격퇴Defeat" 부분은 핵억제 실패 시 핵전쟁을 싸워 이기겠다는 의지의 표출로서 적극적인 '핵 전투의지'를 밝힌 것이라 할 수 있다.146)

둘째, 선제 핵공격 포기No First Strike 정책의 후퇴이다. 미국은 비핵국인 NPT회원국에 대해서는 선제핵공격을 하지 않는다는 정책NSA: Negative Security Assuarence을 천명해 왔고 다른 핵보유국들도 마찬가지이다. 그러나 부시행정부의 NPR에서는 구체적으로 핵공격 가능 국가와 핵공격 가능조건을 구체적으로 명시하였다. 특히 그동안 NSA의 보장국가 범주에 들어있던 북한을 핵공격 가능 대상국에 포함시킨 것은 획기적인 것이었다.

셋째, 미국중심 단일 핵질서의 구축이다. 전술핵무기와 재래식무기의 통합운영, 미사일방어 강행, 전략핵의 첨단화, 지휘통제체제의 강화 등이 대변하는 '핵 전투전략'의 본질은 러시아나 중국에 대한 확고한 핵우위를 점하는데 있으며, 미국이 이런 체제 구축을 완성한다면 이론상 러시아와 중국의 핵 군사력은 무력화된다 할 수 있다. 다시 말해 '핵 전투전략'은 과거 핵 균형시대의 대러 핵 관계를 청산하고 핵 우위에 입각한 단극적斷極的 핵질서를 구축하겠다는 발상인 것이다.147)

특히 NPR이 제안한 '실전배치 핵무기의 감축'이란 핵탄두를 투발수단으로부터 분리한다는 의미일 뿐 대부분의 분리된 탄두는 재사용 가능상태로 비축함을 나타낸다. NPR이 강조하는 '일방적 감축'의 의미는 강제성이 있는 감축조약을 거부함으로써 필요시 즉시 재배치 할 수 있는 신축성을 보유하겠나는 의미로 새배치를 불가능하게 하는binding and irreversible 핵 군축 조약을 원하는 러시아의 입장과 배치되어왔다.

결국 부시 행정부의 핵정책은 미국중심의 일극적—極的 핵 체제 및 강력한 비확산·반테러 국제질서를 추구하고 이를 위해 핵 우위에 입각한 '핵전투전략'을 보다 적극적으로 추진한다는 것을 골자로 하고 있다.148)

핵 작전계획

2002년 조지 부시 대통령이 NPR-2002를 발표하고 핵무기 의존도를 줄이는 '신 삼원전략New Triad Strategy을 채택함으로써 2001-2008년 사이에 핵무기 숫자는 다시 반으로 줄었다. 2003

---

146) 김태우, 「9.11 테러 이후 미국의 핵전략과 한반도」, 충남대학교 아시아지역연구소 세미나, (2002. 4. 2), p. 4-5.
147) 김태우, 「핵태세검토(NPR)와 미국의 신핵정책」, p. 9.
148) 이진영, 「미국 핵전략의 변천과 결정요인 분석」(2003, 12, 국방대학원). pp. 92-93.

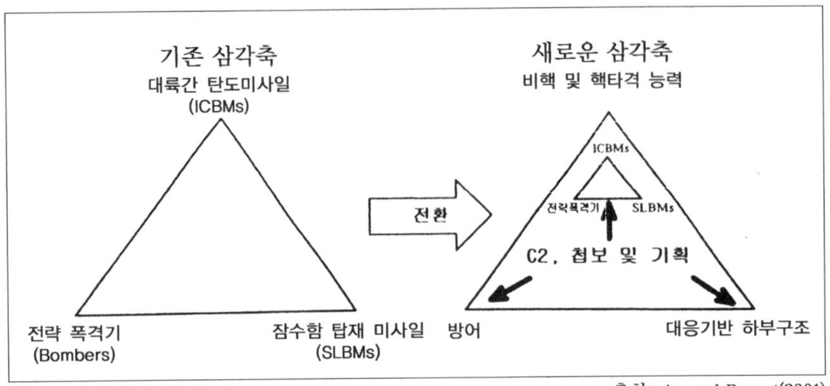

출처: *Annual Report*(2001)

<그림> 삼원전략(왼쪽)과 신삼원전략(오른쪽)

냉전시대의 '단일통합작전계획'(SIOP)를 받쳐주던 '삼원전략'(Nuclear Triad)과 '신삼원전략'
을 나타낸다. 핵과 재래식으로 무장한 공격무기, 능동, 수동적 방어 및 사태변화에 즉각 대응
할 수 있는 기술, 인력, 및 물적 인프라를 포함하는 것이 색다르다.

년에 효력을 발생하는 '단일통합작전계획'SIOP를 준비하는 과정에서 부시행정부는 러시아와의
핵전쟁은 별로 현실성이 없는 것으로 판단하였다. '미국 전략사령부'STRATCOM: United States Strategic
Command 사령관 엘리스James Ellis 제독은 '단일통합작전계획'SIOP의 '단일single'이란 단어가 새로운
작전계획을 제대로 표현하지 못한다고 생각했고 그리하여 '단일통합작전계획'SIOP 대신
OPLANOperation Plan 또는 "작전계획 8044"Operations Plan 8044; OPLAN 8044라고 불렀다. 「OPLAN 8044
Revision 03」는 대량살상무기WMD: Weapons of Mass Destruction로 무장한 지역 국가들을 공격하는 옵션
을 포함하였다. 2004년 10월에는 더욱 보강된 「OPLAN 8044 Revision 05」를 발효시켰다.[149]
　　신삼원전략은 핵 의존도를 낮추고 대량살상무기 확산을 재래식 무기로 막기 위해 새로운
재래식 공격무기 시스템을 포함하는 것이 특징이다. 원래의 삼원전략은 핵 삼원전략을 의미하
며, 핵전략의 근간은 ICBM, SLBM, ALBM(핵폭격기)의 세 축으로 구성된 것을 의미하였다.
그러나 신 산원전략은 이것을 대폭 확장하여 핵 및 재래식 공격력, 능동·수동적 방어력과 변화
하는 국방요구에 즉시 반응하는 국방 인프라Responsive Defense Infrastructure의 세 축으로 구성된다. 원래
의 삼원전략은 신 삼원전략의 한 축인 핵 및 재래식 공격력의 일부인 핵공격능력 부분으로 역
할이 축소되었다. 러시아나 중국 같은 군사강국, 대량살상무기를 보유한 군소국들, 테러리스트
같은 비국가단체로부터 국가를 방위하기 위해 오로지 핵에만 의지한다면 현실적으로 사용할

---

149) 정규수, 앞의 책, p. 353.

수 있는 옵션이 별로 없다는 판단에서 부시행정부가 신 삼원정책을 내놓게 된 것이다.[150]

● 1시간 이내 전 세계 타격: '재래식 초정밀 탄도탄'CPGS 개발

핵 강국, 군소 핵보유국 및 테러집단으로 대변되는 냉전이후 다변화된 전략 환경에서 핵무기에 의존하던 냉전시대의 전략은 현실성이 없어졌다. 정확한 실시간 표적정보 획득기술의 발달로 초정밀 장거리 재래식 무기 시스템은 핵무기를 대신하여 대량살상무기를 제거하고 시간이 관건인 표적을 무력화하며, 재래식 전쟁이 핵전쟁으로 확전하는 것을 막아주는 수단으로 떠올랐다. 이러한 재래식 무기 시스템중의 하나가 '재래식·초장거리·신속타격'CPGS: Conventional Prompt Global Strike이라고 알려진 '재래식 초정밀 탄도탄'이다. 미군과 연합군의 전진배치가 없어도 '재래식 초정밀 탄도탄'CPGS은 세계 어느 곳의 표적도 15-60분 사이에 무력화 시키는 것을 목표로 하고 있다. '재래식 초정밀 탄도탄CPGS'은 재래식 탄두를 탑재한 탄도탄이나 폭격기에 발사하는 장거리 극초음속 기체가 될 수 있고, 시간을 다투는 극히 중요한 목표를 표적으로 삼는다. 견고한 지휘통제센터, 테러리스트 집합장소, 방공망, 탄도탄 발사대, CBRNE[151]의 생산과 보관장소 및 운반체가 '재래식 초정밀 탄도탄'CPGS의 주요 표적이다. CPGS는 미군이 전진배치 되지 않은 지역에서도 거의 실시간으로 작전을 수행할 수 있는 장점이 있다.

국방부 국방과학위원회DSB: Defense Science Board는 2009년 3월 보고서에서 '재래식 초정밀 탄도탄'CPGS 신속공격을 요하는 다섯 가지 시나리오를 다음과 같이 제시하였다.[152]

○ 시나리오 1: 대우주 공격무기의 초보단계에 있는 국가가 미국의 인공위성을 공격하려
　　　　　　　 하는 경우
○ 시나리오 2: 테러단체가 특수 핵물질을 포함한 짐을 중립적인 국가로 수송할 경우
○ 시나리오 3: 소량의 대량 살상무기가 중립적인 국가의 교외지역에 임시로 저장된 경우
○ 시나리오 4: 테러단체 지도자들이 중립적인 국가의 알려진 장소에 모여 있을 경우
○ 시나리오 5: 핵보유 불량국가가 미국의 동맹국을 핵으로 공격하겠다고 위협할 경우

---

150) 위의 책, p. 354.
151) CBRNE는 "Chemical, Biological, Radiological, Nuclear and high-yield Explosives"의 머리글자를 딴 것으로 화학, 생물, 방사능, 핵 및 고위력 재래식 화약을 뜻한다.
152) Amy F. Wolf, "Conventional Prompt Global Strike and Long-Range Balastic Missile: Bacground Issues," http://www.fas.org/sgp/crs/nuke/R41464.pdf.

위의 각 시나리오마다 미국은 지역 국가와의 전쟁 또는 충돌의 시작 및 진행단계에서 '재래식 초정밀 탄도탄'CPGS를 사용할 수도 있다는 것이다.

8) 핵 없는 세계 구축 전략: 오바마 행정부(2010년대)

● 핵 군축, 핵안전(3S), 핵무기 사용제한, 재래식억제 강화

오바마 대통령은 2009년 4월 5일 체코 프라하 대통령궁 앞 광장에서 수 만 명의 군중들이 환호하는 가운데 "핵이 없는 세계-핵 군사무기가 없는 세계를 만들겠다."고 선언하였다. 그리고 2010년 4월 8일 프라하를 다시 방문하여 메드베데프 러시아 대통령을 만나 '신 핵 군축 조약'과 '핵확산 방지조약'NPT과 함께 양국이 보유한 핵탄두 2만 5천여 개를 절반으로 줄이자는데 서명하였다.

오바마 대통령은 2010년 3월 5일 핵확산방지조약NPT 발효 40주년을 기해 발표한 성명을 통해 미군이 보유하고 있는 핵무기를 대폭 삭감해 국가안전보장 전략 면에서 핵무기 역할을 축소시킬 생각임을 밝혔다. 평소 지론인 "핵무기 없는 세계"의 실현을 위해 미국 스스로가 핵무기에 관한 국가전략을 수정하기로 한 것이다. 성명에서는 핵의 균형에 의한 안전보장 확보를 시대착오적인 냉전시대적 사고라고 비판했다. 이러한 구상은 "핵태세의 재검토"NPR에 포함할 것임을 밝혔다 그리고 2010년 4월 6일(미국 현지 시각) 비핵보유국에 대해서는 자국에 대해 재래식 무기나 생화학무기를 사용할지라도 핵무기의 사용이나 위협을 하지 않겠다는 새로운 핵정책을 담은 핵태세검토보고서(이하 NPR)를 발표했다.

미국은 2010년 2월 발표한 QDR에서 유사시 미국 또는 다른 지역에서 1시간 내 특정목표물을 타격하는 '글로벌 즉응타격'Prompt Global Strike: PGS 체제 개념을 도입했다. 핵무기 사용을 제한하는 대안으로 재래식 무기 탄두를 사용하는 새 대륙간탄도미사일ICBM을 개발하여 핵 억제력을 대채 할 수 있도록 한다는 것이다. 이것의 목표는 테러조직이나 적국의 도발에 대한 새로운 억제 수단인 것이다.153) 버락 오바마 대통령은 2010년 4월 5일 뉴욕타임즈와의 인터뷰에서 "비핵국가들의 공격은 재래식 무기나 신형무기 등 다른 옵션으로 저지될 것"이라고 밝혔다.

특히 이 보고서는 체코 프라하에서 열리는 미·러 1단계 전략무기감축협정(START-Ⅰ) 후속협정 조인식과, 워싱턴에서 개최되는 핵 안보정상회의를 목전에 두고 나온 것이어서 의미가 컸다. 내용면에서도 전임 행정부의 핵정책을 대폭 수정해 '핵무기 없는 세계' 약속을 실천하겠다는 오바마 대통령의 의지가 구체화되었다.

---

153) Washington Post, 2010. 4. 8.

오바마 행정부의 NPR이 최우선으로 추구하는 목표는 핵무기 비확산 체제를 만들어내겠다는 것으로 요약할 수 있다. 즉 NPT 조약을 골자를 하는 비확산체제를 강화하고 4년 내에 전 세계 핵물질 방호체제를 확보하며 포괄적핵실험금지조약CTBT을 비준하는 등 결과물을 만들어 내겠다는 목표를 천명한 것이다. 이를 위해 미국은 핵무기 사용 조건을 과거에 비해 대폭 제한해 핵무기비확산조약NPT에 가입해 의무를 준수하는 비핵국가에 대해서는 핵무기를 사용하지 않겠다고 선언했다. 핵보유국이 아니더라도 생화학 무기나 대규모 재래식 무기 공격이 미국이나 동맹국에 감행될 경우 미국이 핵무기 공격으로 응징하겠다는 부시 정부의 노선과는 확연한 차이를 보이는 내용이다. 물론 이는 일방적인 포기는 아니며 동맹국에 대한 핵 억제력은 유지하겠다는 단서를 달고 있다. "NPT를 탈퇴했거나 비확산 의무를 지키지 않고 있는 국가들에 대해서는 핵 옵션을 그대로 남겨두겠다"는 뜻을 분명히 한 것이다. 여기에는 미국과 동맹국, 파트너 국가들의 중차대한 이해를 방어하기 위해 극단적인 상황에서만 핵무기 사용을 고려할 것.이라는 설명이 붙어 있지만 핵 억제력을 유지하겠다는 의지는 확고하다.

오바마 행정부는 이처럼 핵 비보유국에 대한 핵공격 포기 선언을 내놓으면서도 예외상황을 만들 수밖에 없었다. 바로 북한과 이란이라는 핵무기 추구국가들의 핵 야망을 고려해 넣은 선택이다. 로버트 게이츠 국방장관은 북한, 이란과 같은 국가들은 기본적으로 핵공격 배제대상에서 제외했으며 모든 옵션을 사용할 수 있다는 점을 분명히 정리했다. 이는 북한의 경우 핵무기를 동원하지 않고 재래식 혹은 생화학 무기 공격을 가할 경우에도 미국 핵무기의 응징을 받을 수 있다는 점을 확인한 것이다. 결국 핵무기를 동한 사위권 행사라는 북한의 비현실적인 고집이 낳은 상황이라 할 것이다. 그러나 이번 NPR는 이런 경고와 함께 북한과 같은 핵무기 추구국가들도 핵 야망을 포기할 경우 인센티브가 제공될 것임을 암시하는 내용도 담고 있다.

워싱턴에서 개최된 제1차 핵 안보 정상회의에서 오바마 대통령은 "핵이 없는 세계를 만들자"고 주장하면서 "원자력 발전소에 연료로 사용되는 235 고농축 우라늄을 사용하지 않는 원자력 발전소를 건설하도록 신기술을 개발해야 하며 저농축 우라늄을 사용, 방사능이 없고 핵폭탄을 만들 수 없도록 하는 기술을 필요로 하고 있다"고 강조하였다. 47개국 전상들과 UN사무총장, IAEA사무총장 등 50여 개국의 정상들은 "세계는 보다 안전한 원자력 발전소를 건설하는 데 모든 노력을 경주한다"고 결의하였다. 2012년 3월 서울에서 개최된 제2차 핵 안보정상회의에서는 더욱 구체적인 로드맵을 확정하였고 사용 후 핵연료에 대한 안전관리 대책을 미국, 프랑스, 한국 3국이 공동으로 발전시키기로 하였다.

이러한 결단의 배경에는 핵무기전용이 불가능한 원자력 발전의 신기술 개발과 사용 후 핵연료의 저농축 기술 개발 등에 따른 자신감에 따른 것이다. 자연상태의 천연우라늄을 사용할 수 있는 기술이 미국에서 개발되었고 한국에서 사용 후 핵연료의 고농축우라늄을 저농축화 할 수 있는 기술이 개발되었기 때문인 것으로 보인다.154)

핵 작전계획

오바마 행정부가 들어서고 나서 미국의 핵정책은 다시 한 번 변화를 겪게 되었다. 오바마 대통령은 「OPLAN 8010」에 서명하였다. 핵무기 외에는 사용할 수단이 없었던 '단일통합작전계획'SIOP에 비해 OPLAN 8010은 동맹국이 신뢰 할 수 있을 뿐 아니라, 적대세력에게는 적대행위를 단념하도록 압력을 가할 수 있고 필요한 경우 적을 제압하는데 현실적으로 적용할 수 있는 재래식무기 옵션이 중요한 역할을 담당하고 있다. OPLAN 8010은 처음으로 '단일통합작전계획'SIOP에서 완전히 벗어난 전쟁계획이고, 냉전 종식이후 17번째의 전쟁계획이며 「OPLAN 8044 Revision 05」를 대체하였다.155) OPLAN 8010에서 핵공격은 군사력Military Forces, 대량살상무기의 기반, 군과 정부 지도자, 전쟁을 지원하는 기반을 표적으로 삼는다.

클린턴 행정부에서는 '단일통합작전계획'SIOP에서 러시아와의 장기적 핵전쟁을 배제하였고, 부시행정부는 러시아와의 핵경쟁이 별로 실효성이 없는 것으로 판단하고 '단일통합작전계획'SIOP을 OPLAN으로 전환하였다. 이러한 배경에서 클린턴과 부시행정부는 핵무기의 역할을 축소하고 핵무기 수를 줄일 것을 약속하였다. 그 대신 전략가들은 더 넓은 지역의 더 많은 표적에 대한 더 많은 공격 옵션을 만들어야 했다. 이러한 전략의 변화는 군축회담에서 많은 수의 핵탄두와 운반수단을 제거할 수 있는 여유를 만들어 주었고, 그 결과 시효 만료된 전략무기감축조약START을 새롭게 협정한 뉴스타트New START의 조인이 가능했다. 미국 국방부는 2009년 까지만 해도 OPLAN 8010의 목적을 달성하기 위해 최소한 모스크바 협약SORT의 상한선인 2200기의 전략탄두를 배치할 필요가 있다고 주장하였으며, 이 가운데 900발은 갑자기 발생할 수 있는 위기에 대처하기 위해 즉각 실전에 투입할 수 있는 경계태세를 유지해야 한다고 주장했었다.

그러나 2010년 뉴스타트 조약을 맺은 후 미국과 러시아는 각국에 허용된 전략탄두발사대Launcher 수를 800기로 제한했고, 이중 700기만 핵탄두를 탑재한 이른바 '작전배치 된 발사대'

---

154) 안전한 원자력발전의 기술인 Green Nuclear Energy는 미국의 GEC와 SPARAR(미해군우주전쟁시스템연구소)가 17년 동안 공동연구개발에 성공 상용화에 들어갔다. Ge-NiE라는 신기술은 238-238u 자연상태에서 분리농축과정 없이 바로 연료로 사용하는 기술이다. 238에서 바로 연료로 사용 95%를 태우기 때문에 방사능 위험이나, 핵폭탄을 만들 수 있는 찌꺼기가 나오지 않기 때문에 안전상 문제가 없으며 폭탄을 만들지 못한다. 이러한 기술은 회기적인 에너지 혁명을 가져오며 핵의 안전 확보는 물론 미국의 엄청난 경제적 이익을 가져다 줄 것으로 예상된다. 손충무, http://blog.naver.com/PostView. 검색일 2012. 4. 20.

155) Obama and Nuclear War Plan. http://www.fas.org/programs/ssp/nukes/publications1/WarPlanIssueBrief2010.pdf.

Deployed Launcher로 허용하였다. 전략탄두 수는 어느 운반체에 몇 기를 탑재하느냐에 상관없이 총 1550발만 허용했다. 그러나 작전배치 된 중폭격기Heavy Bomber는 무조건 탄두 1발만 탑재하는 것으로 카운트다운 함으로써 구 전략무기감축조약(START Ⅰ/Ⅱ)과는 탄두 수의 계산방법이 다르다. 따라서 OPLAN 8010의 목표도 이 허용된 수량 한도 내에서 달성하는 방법을 찾아야 한다. 미국이 '재래식 초정밀 탄도탄'CPGS 시스템을 ICBM이나 SLBM을 이용해 구축하려면 700기의 운반수단 한도 내에서 찾거나, 아니면 '작전에서 배제된' 폭격기에서 발사할 수 있는 극초음속 재래식 순항미사일과 같이 뉴스타트 카운트 규약에 어긋나지 않는 방법을 찾아야 한다. 그러나 INF 조약과 맞물려 폭격기를 이용한 극 초음 순항미사일 사용도 쉽지 않은 문제이다.

그러나 오바마 대통령은 핵탄두 수를 300-400기 수준으로 까지도 더 감축할 수 있는지 검토하고 있다고 하였다.[156] 이 숫자는 냉전이 시작되기 이전의 핵탄두 숫자이다.

2012년도 세계 핵보유 현황					
구분	Deployed Warheads	Other warheads	Total 2012	Total 2011	핵실험 횟수
미국	2150	5850	8000	8500	1030
러시아	1800	8200	10000	11000	715
영국	160	65	225	225	45
프랑스	290	10	300	300	210
중국		200	240	240	45
인도		80~100	80~100	80~100	3
파키스탄		90~100	90~100	90~100	2
이스라엘		80	80	80	45
합계	4400	14600	19000	20530	

Source: SIPRI Year Book 2012. ※ 'Deployed' means warheads placed on missiles or located on bases with operational forces

---

156) <에이파>(AP) 통신, 2012. 2. 14. 미국이 많게는 80% 이상의 핵무기를 감축하는 방안을 검토 중인 것으로 알려졌다. 버락 오바마 행정부는 보유 중인 전략핵무기의 수를 △1000~1100개 △700~800개 또는 △300~400개로 줄이는 최소 3가지 이상의 선택지를 놓고 검토하고 있다고 익명의 전직 고위 관리의 말을 인용하여 보도하였다

4. 핵무기 없는 세계 구축: 이상과 현실[157)]

가. 서론: 오바마의 '핵무기 없는 세계 제안'

2009년 4월 미국 오바마 대통령이 "핵무기 없는 세계"를 만들겠다고 선언한 이후 국제사회는 핵무기의 운명과 역할에 대해 다시 관심을 기울이기 시작했다. 동년 9월 UN정상회의에서 핵무기 없는 세계를 향한 정상회의가 개최되었으며 결의안이 채택되었다. 이어서 2010년 4월 미국의 워싱턴에서 오바마 대통령 주재로 핵 안보정상회의가 사상 최초로 개최되었고 제2차 회의가 2012년 3월 서울에서 개최되었으며 역사상 최초로 57명의 세계정상(53개국 정상+국제기구 4)들이 참가하였다. 핵무기 없는 세계가 미국에서 처음 제안된 시기는 1981년 레이건 대통령 시절로 거슬러 올라간다. 당시 레이건은 소련에게 유럽에서 중거리 핵무기를 제거하자는 제로옵션을 제안했다. 실제로 1987년 레이건-고르바초프 정상회담에서 유럽에서의 중거리핵무기INF 폐기협정에 합의했고 폐기여부를 확인하는 각종 사찰을 거쳐 1991년까지 총 2900여기의 중거리핵무기를 유럽에서 전량 폐기시키기도 했다.

미소간의 핵 군축회담은 1972년의 요격미사일제한협정과 전략무기제한협정을 필두로 시작되었다. 냉전의 양상과 미소 양국간의 관계의 변화에 따라 핵 군축회담은 진보와 후퇴를 거듭했으며 탈냉전 직전까지는 미소간의 핵군비경쟁은 천문학적인 군사비 지출과 엄청난 규모의 핵보유고를 갖게 해 세계평화에 가장 큰 위협요인이 되어 왔다. 이보다 앞서 핵을 평화적 목적으로만 사용하고, 핵무기 확산을 해서는 안 된다는 이상주의적 주장은 아이젠하워 미국 대통령의 1953년 "평화를 위한 원자"atoms for peace라는 연설에서 시작되었다. 그러나 미국, 소련, 영국, 프랑스, 중국으로 이어지는 숨 가쁜 핵실험과 핵보유로 말미암아 21세기가 되면 세계의 핵보유국이 30-40개국이 되리란 비관주의적 전망이 세계를 휩쓸게 되었다. 핵무기로 전 인류가 공멸할 수 있다는 비관주의가 팽배하자 미국, 소련, 영국 3국이 모여 핵확산금지조약Nuclear Nonproliferation Treaty: NPT을 성안했으며, 1970년 미·소·영·프·중 5개국의 핵보유를 인정하고 다른 국가들은 핵을 보유하지 못하게 하는 NPT가 발효되었다.

그 후 핵보유국이 최대 40개국에 달하리란 비관적인 전망과는 달리 2010년 현재 NPT가 공인하는 핵보유국 5개국, NPT 체제 밖에서의 핵보유국인 이스라엘, 인도, 파키스탄, 가장 최근에 핵을 보유한 북한, 여전히 핵보유국을 꿈꾸며 독자적인 핵능력을 개발하고 있는 이란, 이렇게 핵보유국은 10개국 이하로 제한되고 있다. 북한이 NPT의 가입과 탈퇴를 자의적으로 계속

---

157) 이 부분은 한용섭, "핵무기 없는 세계: 이상과 현실", 국제정치 논총 제50집 2호(2010) pp. 251-271 내용을 저자의 양해아래 수록한 것이다.

하고 있는 유일한 국가임을 감안할 때, NPT는 핵확산을 방지하는 국제적인 규범과 제도가 되고 있다는 데에 큰 이견은 없다. 다만 NPT체제가 핵확산 방지에 효과적이냐 아니냐의 논란이 있을 뿐이다. UN 다음으로 가장 많은 187개국을 회원국으로 갖고 있는 NPT체제는 국제사회의 핵확산 행위를 규율하고 있는 제도가 되고 있는 것은 사실이다.

세계적 차원의 냉전 종식과 더불어 미국과 러시아 간에는 상대방을 공격하고 억제하는 무기로서의 핵무기 존재 이유가 사라져 버렸다. 탈냉전 후 핵억제이론은 여러 가지 측면에서 적실성을 잃어가고 있다. 강대국 간의 전쟁가능성이 상실됨으로써 억제해야 할 전쟁도 없어지게 되어 억제력으로서의 핵무기의 보유필요성 또한 반감 되었다. 이스라엘, 인도, 파키스탄, 북한 등이 핵무기를 보유했지만 미국을 비롯한 대다수의 핵보유국들은 현재의 규모 보다 훨씬 낮은 수준에서 핵억제를 달성할 수 있다고 보고 있다. 9.11테러 이후 미국과 러시아, 영국, 프랑스, 중국 등이 반테러, 반분리주의, 반극단주의에 협력할 필요성이 높아지고, 테러주의자들이 핵무기를 가지거나 핵물질을 획득하게 되면 문명을 파괴할 수 있는 재앙적 위협이 발생할 수 있기 때문에 이들 5개국을 비롯한 국제사회에서는 핵확산 및 핵 테러 방지를 위해 국제적인 제도를 갖출 필요성에 대해 공감하게 되었다. 따라서 미국의 주도로 많은 국가들이 핵무기 없는 세계를 염원하면서 이를 실현할 수 있도록 국제적인 제도화 노력을 경주하고 있다. 한편 국제적인 핵 군축과 비확산의 움직임에 대항하여 북한, 이란 등은 핵무기를 지속적으로 개발하고 있다. 특히 2009년에는 북한이 제2차 핵실험을 감행했고, 이란이 독자적인 우라늄 농축시설이 있음을 국제원자력기구IAEA에 통보했다. 중국은 핵 군축에 미온적이며, 이스라엘, 인도, 파키스탄은 각각 국제 핵 비확산체제NPT 밖에서 핵보유를 지속하고 있다. 핵 군축과 관련하여 이러한 상반된 국제동향은 현재 미국 오바마 대통령이 주창하고 있는 핵무기 없는 세계에 어떤 영향을 미칠 것인가? 핵무기 없는 세계는 달성 불가능한 이상에 불과한가? 혹은 달성 가능한 현실이 될 수 있는가? 핵무기 없는 세계를 달성하려면 어떤 장애요인을 극복해야 하며 어떤 국가가 어떤 역할을 해야 하는가? 이런 문제에 대해서 국제사회는 뜨거운 논쟁을 시작했다.

나. 핵확산 이론에 대한 논쟁

왜 국가들은 핵무기를 만드는가? 왜 국가들 간에 핵무기를 개발하기 위한 군비경쟁이 발생하는가? 이를 설명한 국제정치의 이론으로서 동기이론158)과 기술이론159), 유사동기이론160),

---

158) Lewis Dunn, *Controlling the Bomb: Nuclear Proliferation in the 1980s* (New York: Yale University Press, 1979).

159) Stephen M. Meyer, *The Dynamics of Nuclear Proliferation* (Chicago: The University of Chicago Press, 1984).

160) Thomas Dorian and Leonard Spector, "Covert Nuclear Trade and International Nuclear Regime," *The Journal*

그리고 연계이론161) 등이 있는데 본장에서는 이들 이론과 각 이론에서 파생된 핵확산을 방지하기 위한 정책적 처방을 그동안의 핵개발 역사와 비추어 설명해 보기로 한다. 아울러 핵 없는 세계를 지향하는 데 있어서 핵확산 이론상 고려해야 할 사항들을 도출해보자.

1) 동기이론

무정부상태의 국제사회에서 한 국가는 자국의 안보에 대한 최종책임을 지고 있으며 자구책self-help을 구할 수밖에 없으므로 안전보장을 위해서 가장 파괴력이 강한 핵무기를 보유하기를 원한다는 것이다. 즉 핵확산국가는 군사안보적 동기에서 핵무기 개발을 시도한다. 핵무기를 만들려는 의지가 있으면 반드시 만든다는 것이다. 현재 핵을 보유한 미국, 러시아, 영국, 프랑스, 중국뿐만 아니라 이스라엘, 인도, 파키스탄 등은 안보동기에서 핵무기를 개발했다. 아울러 북한과 이란은 미국의 핵위협을 구실로 자국의 안보를 확보하기 위해 핵무기를 개발하고 있다고 주장하고 있다. 이 이론에 의하면 핵확산을 막기 위해서 핵개발 시도국가와 기존의 핵 국가 사이에 대화와 외교관계 개선을 통한 긴장완화, 핵무기국가들이 군사동맹을 결성함으로써 핵확산시도국가의 핵개발동기를 억제, 핵 국가들이 비핵 동맹국에 대해 핵우산과 확장억제력을 제공, NPT 회원국이면서 비핵국인 국가에 대한 핵 국가들의 소극적 안전보장과 적극적 안전보장의 제공 등을 통해서 비핵국가들의 안보우려를 해소해 주려고 하고 있다. 미국과 소련은 동맹국들에게 핵우산과 확장억제를 제공하겠다고 약속함으로써 동맹국들의 핵개발 동기를 막아왔다. 예를 들면 1975년 한국의 박정희 정부가 핵무기 개발을 시도했을 때 미국은 캐나다와 협력하여 대한국 경제제재를 시행하는 한편, 핵우산을 확실하게 제공함으로써 한국의 핵개발 시도를 막았다.162)

미국이 동맹관계를 해체하거나 핵우산과 확장억제를 제공해주지 않으면 핵개발에 뛰어들 나라들이 있다. 우선 동북아시아에 북한의 핵위협에 직면한 한국, 일본 등이 있고, 중동에서 이스라엘의 핵보유가 계속되고 이란의 핵개발이 성공할 경우 터키, 사우디아라비아, 시리아, 이집트 등이 안보상의 이유로 핵개발을 추구할지 모른다는 것이다.163) 냉전기 미소 양국 간에는 핵개발 경쟁을 해왔으나 탈냉전 후 이들 국가 간의 군비경쟁은 미국의 승리, 미·러 간의

---

of International Affairs 35-1 (Spring/Summer 1981).

161) William C. Potter, "Nuclear Proliferation: US-Soviet Cooperation," *Washington Quarterly* 8-1 (Winter 1985), pp. 141-154.

162) Daniel W. Drezner, *The Sanctions Paradox: Economic Statecraft and International Relations* (Cambridge, UK: The Cambridge University Press, 1999), pp. 249-304.

163) Chaim Braun and Christopher F. Chyba, "Proliferation Rings: New Challenges to the Nuclear Nonproliferation Regime," *International Security* 29-2 (Fall 2004), pp. 5-49.

합의에 의한 핵 군축 등으로 군비경쟁은 끝이 났다. 그 이후 미국과 러시아, 중국 간에 마지막 남은 공간인 우주에서의 경쟁으로 치닫고 있다. 기존의 핵 군축 레짐과 비확산에서 모범을 보여야 되는 책임감으로 인해 미국과 러시아는 핵 군축과 NPT체제를 강화시키기를 원하고 있다. 그러나 최근 마지막 남은 군비경쟁의 장인 우주에서 미국과 중국 간에 위성무기와 대위성무기의 개발경쟁, 지구상에서 MD구축과 이에 반대하는 국가들 간에 논쟁이 전개되고 있다. 예를 들면 MD가 군비경쟁을 부추기느냐 안보상황을 안정화 시키는가 불안정화 시키는가에 대한 논쟁도 지속되고 있는 것이다.164) 부시 행정부 시절 미국이 폴란드와 체크공화국에 대해 미사일 방어시스템을 배치하려고 했고, 러시아는 이에 강력 반발함으로써 미러 간의 핵 군축에서의 후퇴를 가져왔다. 그래서 오바마 행정부는 동유럽에서 미사일방어시스템의 배치 계획 철회, 러시아와 신전략무기감축협정new START을 재개함으로써 적어도 미러 간에 핵 군축에서 야심찬 진보를 달성하고자 하는 것이다. 미·소간, 미·중간의 군비경쟁은 경쟁에서 이기고자 하는 동기이론을 적용하면 설명이 가능하다.

2) 기술이론

경제학에서 시장이 제일 중요하고, 경제적 분석의 대상이 수요와 공급이듯이, 핵무기확산과 관련되어 공급적 측면의 요인을 다루는 것이 기술이론이다. 기술이론은 1950년대와 1960년대에 형성된 학설로서 국가들이 핵기술능력을 보유하게 되면 핵무기를 만들게 된다는 것이다.165) 핵기술을 가지는 것은 어렵지 않기 때문에 국가들은 결국 핵기술을 가지게 될 것이고 따라서 핵무기 보유 국가들은 기하급수적으로 증가하리란 것이다. 핵도미노현상은 바로 핵확산의 연쇄적인 현상을 지칭한다. 이 이론을 신봉하는 정책담당자들과 전문가들은 핵기술의 공급을 막는 것이 핵무기 확산을 막는 지름길이라고 주장했으며, 거의 모든 핵수출통제제도와 봉쇄정책은 이 이론에 근거하고 있다. 그러나 이 이론은 일본, 독일, 스웨덴, 한국, 브라질, 아르헨티나와 같은 핵기술과 능력을 가진 국가들이 왜 핵무기를 만들지 않는가에 대한 해답을 주지 못한다는 한계를 가지고 있다.

핵기술확산에 대한 통제는 NPT에서 연유하는데, 각종 NPT의 보조장치들은 이 취지를 반영하여 만들어졌다. NPT의 보조장치들은 쟁거위원회Zangger Committiee, 런던핵공급국클럽London Nuclear Suppliers Group, 호주클럽 등이 있다.

---

164) Yong-Sup Han, *Peace and Arms Control on the Korean Peninsula* (Seoul: Kyungnam University Press, 2005), pp. 287-310.

165) Stephen M. Meyer, *The Dynamics of Nuclear Proliferation* (Chicago: The University of Chicago Press, 1984), p. 5.

쟁거위원회는 NPT 제3조의 회원국은 안전조치를 이행하지 않는 국가에게는 핵물질과 장비를 제공하지 않는다는 조항에 근거하여 1974년 8월에 설립되었다. 2010년 현재 총 37개국이 가입해 있으며 주요 미가입국은 인도, 파키스탄, 이스라엘, 북한 등이다. 우리나라는 1995년 10월에 가입하였다.

런던 핵공급국클럽은 인도가 캐나다의 원자로를 수입하여 핵폭발에 성공하자 핵수출통제체제를 강화하기 위해 1978년 1월에 주요 핵기술 수출국의 주도로 설립되었다. 2010년 현재 총 48개국이 회원국으로 있으며 핵기술을 수출하는 국가들이 원자력수출통제 강화방안을 논의하는 조직이다. 원자력기술관련 수출품에 대한 IAEA의 안전조치를 전면 적용하며, 제3국으로의 기술 재이전시 원 공급국의 사전 동의를 받도록 강제하고 있다. 또한 원자로의 물리적인 방호조치와 평화적 목적으로의 사용을 서약하도록 하고 있다. 한국은 1994년 가입했으며 인도, 파키스탄, 이스라엘, 북한은 미가입국으로 남아 있다.

호주그룹Australia Group은 이란·이라크의 8년 전쟁 당시 1982년 이라크가 이란에 대해 화학무기를 사용하자 화생무기의 사용의 재발을 방지하기 위해 호주의 주도로 1984년 설립되었다. 2010년 현재 총 41개국이 가입국이며 우리나라는 1996년 10월에 가입했으며 중국, 러시아, 북한 등은 가입하지 않고 있다. 이 그룹은 화학무기의 확산을 방지하기 위한 회원국 상호간의 협조를 도모하고 화학무기 확산관련 정보를 교환하고 협의하며, 현재 국제기구인 화학무기폐기협정을 이행하는 기구OPCW와 생물무기금지기구BWC를 보완하는 역할을 하고 있다.

NPT체제에서 파생되지는 않았으나 핵기술의 확산을 막고 있는 제도로서 냉전기에 미국 주도로 결성되어 전략물자의 대 공산권 이전을 방지하는데 효과적인 역할을 해 온 대공산권수출통제체제COCOM: Coordinating Committee for Multilateral Export Controls이 있다. 탈냉전 이후 공산권이 붕괴됨에 따라 COCOM이 1994년에 폐지되고, 1996년에 대외적 행동이 의심스러운 국가들(당시 이란, 이라크, 리비아, 북한 등)에 대해 재래식무기 및 민군겸용 상품과 기술의 수출을 금지시키는 '바세나르체제'WA: Wassenar Arrangement가 성립되었다.166) 아울러 1987년 4월에 사정거리 300Km 탄두중량 500kg 이상의 대량살상무기를 운반할 수 있는 로켓, 미사일, 무인비행체, 관련 장비 및 기술의 확산을 막기 위해 '미사일기술수출통제체제'MTCR: Missile Technology Control Regime가 탄생했다. 2010년 현재 총 34개국이 회원국이며 우리나라는 2001년 3월에 가입하였고 중국, 인도, 파키스탄, 이스라엘, 북한 등이 미가입국으로 있다. 중국은 MTCR의 공식적인 회원국은 아니지만 미중 양자 간의 협의 결과 미국의 MTCR 준수 촉구를 수용하고 있다.

---

166) Arms Control Today, "Post-COCOM 'Wassenar Arrangement' Set to Begin New Export Control Role," (December 1995/January 1996), p. 24.

이러한 수출통제그룹과 레짐 들은 회원국의 자발적인 참여와 규범준수를 바탕으로 하고 있기 때문에 국제정치에서 제도론자들의 장점과 약점을 그대로 보여주고 있다. 즉 제도를 만들면 그 제도가 요구하는 규범과 규칙을 준수하게 되어 비확산의 목적을 달성할 수 있는 장점이 있는 반면, 제도 밖의 국가들이 규범과 규칙을 준수하지 않아도 별다른 벌칙을 부과할 수 없다는 약점이 동시에 존재하고 있는 것이다.

3) 유사동기이론

유사동기이론은 동기이론의 변형으로 볼 수 있다. 이 이론은 핵확산의 원인은 동기이론을 원용하고, 확산을 억제하는 정책대안으로서는 기술이론을 적용하고 있다. 유사동기이론에 의하면 핵무기 개발 시도 국가들은 군사안보적 동기에 의해 핵개발을 시도하고 있으며, 이들을 막기 위해서는 국제적 압력과 통제체제를 강화할 필요가 있음을 역설해 왔다.

윌리엄 포터는 핵무기 개발을 시도하는 국가들은 군사안보적, 국제정치적, 대내적 이익 incentives이 있기 때문에 핵무기를 개발한다고 설명한다.167) 또한 핵무기를 만들게 되면 군사안보적, 국제정치적, 대내적 측면에서 손해disincentives를 볼 수도 있기 때문에 핵무기개발을 시도하는 국가는 그 이익과 손해를 비교해서 이익이 크다고 판단할 때에 핵무기를 만든다고 한다. 또한 기술의 측면에서 기술개발을 촉진하는 요인과 억제하는 요인이 있는데 이 두 요인을 비교해서 촉진요인이 클 때 핵무기를 개발한다고 한다. 1970년 NPT 체제의 출범이후 지금까지 핵확산에 대한 이론과 처방은 상기한 동기이론, 기술이론, 이 둘을 혼합한 유사동기이론 등을 종합적으로 사용하여 NPT에서 인정하지 않은 핵무기의 수평적 확산을 막기 위해 노력해 왔다고 볼 수 있다.

4) 연계이론

연계이론linkage theory은 핵보유국들이 그들의 핵독점을 정당화하고 비핵국가들의 핵보유를 막기 위해 불평등조약을 탄생시켰다고 보고 있다. 비핵국가들을 NPT라는 국제비확산체제에 붙잡아두고 있는 동안 미국, 소련, 중국, 영국, 프랑스는 총 2000여회의 핵실험을 감행했으며, 핵무기를 50,000여기 이상으로 증가시켰다. 따라서 NPT체제는 핵무기국가들의 패권주의적 지배의 영속화라는 모순을 안고 있기 때문에 핵무기국가들의 수직적 확산이 비핵국가들에게 나쁜 영향을 주어 수평적 핵확산을 부추긴다는 이론이다.168)

---

167) William Potter, op. cit.

168) Joseph Nye, "Nuclear Proliferation in the 1980s," *Bulletin of the Atomic Scientists* 38-7 (August/September 1982), p. 31.

특히 냉전시기 제3세계 국가들은 미국과 소련을 중심으로 한 기존의 국제질서에 반대하면서 제3세계의 입지를 굳히고자 했기 때문에 수직적 핵확산을 정당화시키는 것은 제국주의적 국제질서를 굳히는 것과 동전의 양면이라고 주장했다. 그래서 미국과 소련의 핵독점을 막기 위해 제3세계의 핵보유를 정당화시켰다. 중국이 이런 운동의 선봉역할을 했으며, 인도와 파키스탄 등이 뒤를 이었다. 그러나 NPT에서 인정받은 핵무기국가인 중국은 인도가 중국의 핵위협 때문에 핵을 개발하기 시작했다고 하는 반격을 받게 되자, 기존핵질서에 대한 공격으로부터 방어적인 입장을 취할 수밖에 없게 되었다.

인도 같은 신흥핵보유국은 자국이 핵보유국이라고 주장하면서 UN안전보장이사회의 상임 이사국이 되어야 한다고 주장하고 있기 때문이다. 수직적 핵확산을 막기 위해서 국제사회에서 추진한 것이 NPT 제6조에 근거하여 기존 5대 핵 국가들 간에 핵무기 경쟁의 중지와 전반적이고 완전한 핵 군축을 위한 성실한 협상 촉구 조항을 준수하도록 요구한 것이다. 아울러 핵 국가들이 전면적 핵실험금지조약Comprehensive Test Ban Treaty: CTBT을 발효시키고 이행하도록 촉구하였다. CTBT는 1996년에 성안되었으나, 미국, 중국, 인도, 파키스탄 등은 국내 비준절차를 밟지 않고 있어 국제적 비판의 대상이 되고 있다. 오바마 행정부는 미국 의회에서 CTBT의 비준 노력을 비롯한 러시아와의 핵 군축을 재개함으로써 연계이론이 설명하는 수직적 확산이 수평적 확산을 촉진한다는 연계 효과를 막고자 노력하고 있다.

현재 세계에서 논의되고 있는 핵확산의 원인에 대한 논쟁은 동기이론, 기술이론, 유사동기이론, 그리고 연계이론으로 집약될 수 있다. 그러면 핵무기 없는 세계로 지향하기 위해서는 각 핵확산 이론에서 설명한 원인의 발생을 방지하기 위한 대응방안들을 집대성하여 관련 국가들을 핵 군축과 비확산으로 인도하는 방안이 필요하다. 따라서 현재 국제사회에서는 오바마 행정부가 선두에 서서 핵 군축과 비확산을 강화시키는 방안을 강구하고 있는 것이다.

다. 핵확산 대 국제질서의 안정성 논쟁

케네스 월츠 같은 신현실주의자들은 핵확산은 불가피한 현상이므로 핵확산을 막기보다는 더 장려할 필요가 있다고 주장한다. 만인 대 만인의 투쟁인 국제사회에서 국가의 안보를 확보하기 위해서 국가들은 핵무기를 개발하고자 한다. 상대국가의 핵위협을 억제하고 핵 군비경쟁에서 이기기 위해 핵 군비경쟁은 무한하게 전개된다. 비핵국가들도 핵 국가의 핵위협을 억제하기 위해 핵무기를 만들고자 한다. 월츠는 "핵무기 보유국의 숫자가 증가할수록 국제체제는 더욱 안정적으로 된다"고 한 걸음 더 나아간다.169) 왜냐하면 신생 핵보유국의 핵보유 동기는 다른 국가의 침략가능성을 억제하는데 사용되기 때문이다.

핵무기 개발은 근본적으로 안보상의 이유이며 재래식 무기보다 더 효력이 센 핵무기로 상대방을 억제하려고 한다. 또한 상대 국가와의 재래식 군비경쟁에 드는 천문학적 군사비 때문에 핵무기로 전쟁을 억제하는 것이 비용 대비 효과적이라는 것이다. 핵무기를 보유하게 되면 군비경쟁도 완화되고 전쟁의 발생빈도도 적어진다고 지적하면서 핵보유국의 수가 증가할수록 국제체제는 더욱 안정된다고 한다. 핵무기를 적게 보유한 국가는 그 핵무기를 전쟁에 실제로 사용하게 되면 핵무기 대량 보유국으로부터 큰 피해를 입기 때문에 전쟁에 사용하기보다는 억제목적으로 보유하고자 한다고 하여 전쟁에서 사용가능성도 희박하다고 주장한다. 미어샤이머는 핵무기는 우수한 억제수단이 되기 때문에 독일, 우크라이나, 일본 같은 국가는 핵무장을 해야 더 안전한 세계질서가 만들어질 수 있다고 보았다.170)

스콧 세이건을 대표로 "핵확산이 국제체제를 불안정하게 만든다"는 주장을 하는 학자들은 핵국의 수가 증가할수록 국제체제는 더 불안정해진다고 주장한다. 신생 핵보유국이 합리적 행동을 하기 때문에 핵을 사용하지 않을 것이란 월츠의 주장에 대해 반박한다. 대부분의 신생 핵보유국은 파키스탄, 북한과 같이 기존 5대 핵 국가와는 다른 군부독재체제이므로 군부의 편협한 생각과 이익을 지키기 위해 일반국민들의 안전은 고려하지도 않고 핵무기를 사용할 가능성이 크다는 것이다. 또한 이들 군부독재체제에서는 국내에서 군부의 독점적 핵사용을 막을 내부적 통제기제가 결여되어 있을 뿐만 아니라 기존 5대 핵국이 숙지하면서 적용해 온 억제이론과 국제규범에 대해 무지하기 때문에 핵사용의 가능성이 높다는 것이다. 한편 이들 신생핵보유국들은 불량국가rogue state라고 불리고 있다. 불량국가는 "인권을 해치고 테러를 지원하며 대량파괴무기를 확산함으로써 세계평화를 위협하는 독재국가"이며, 최근에는 비확산체제를 무시하고 핵무기를 개발하는 국가들을 지칭하고 있다. 월츠와 세이건 간에 제2차 논쟁이 전개되었는데 그 내용을 요약하면 다음과 같다.171)

1995년 월츠와 세이건이 전개한 1차 논쟁에서는 인도와 파키스탄을 똑같은 차원에 놓고 핵확산이 국제체제의 안정을 가져 오는가 혹은 불안정을 가져 오는가라는 질문에 월츠는 안정을 세이건은 불안정을 초래한다고 보았으나, 2005년에 벌어진 2차 논쟁에서는 세이건은 인도와 파키스탄을 분리하여 다루고 있다. 즉 인도는 민주정치체제이므로 군부가 문민통제 하에

---

169) Scott D. Sagan and Kenneth N. Waltz, *The Spread of Nuclear Weapons: A Debate* (New York and London: W.W. Norton and Company, 1995).

170) John Mearsheimer, "Back to the Future: Instability in Europe after the Cold War," *International Security* 15-1 (Summer 1990), pp. 5-56.

171) Scott D. Sagan, "Nuclear Instability in South Asia," in Robert J. Art and Robert Jervis (eds.), *International Politics: Enduring Concepts and Contemporary Issue* (New York:Longman, 2005). Kenneth N. Waltz, "Nuclear Stability in South Asia," in Robert J. Art and Robert Jervis (eds.), *International Politics: Enduring Concepts and Contemporary Issue* (New York: Longman, 2005).

있고 핵사용도 민간지도자에 의해 합리적으로 통제될 수 있는 반면, 파키스탄은 군사독재체제이며 군의 자의적 핵사용을 막을 장치가 결여되어 있으므로 파키스탄의 핵보유가 지역질서에 불안정을 초래하고 있다고 보고 있다. 특히 알카에다를 비롯한 테러분자들이 파키스탄 국경내부로 침투하여 활동함에 따라 파키스탄의 군부가 독점적으로 소유한 핵무기가 테러세력에 의해 장악될 가능성이 더 커짐으로써 지역의 불안정을 심화시킨다고 보고 있다. 그러나 인도와 파키스탄간의 핵무기 경쟁이 지역질서를 더 불안정하게 만들 것이라는 세이건의 견해는 여전하다. 즉 인도와 파키스탄은 지리적으로 근접해 있어 분쟁이 발생하면 핵 위기로 확전될 가능성이 높아 핵무기가 지역질서에서 불안정요인으로 작용한다고 주장한다.

북한이 핵보유를 한 이래로 한반도에서 대담한 군사도발을 시도하고 있는 것은 선군 군사독재체제인 북한의 핵확산이 국제안보질서와 지역안보질서를 더 불안하게 만드는 것으로 볼 수 있다. 이것은 세이건이 주장한 핵확산이 지역안보질서를 더 불안하게 만든다는 것과 일치하는 사례이다.

라. 억제이론에서 핵무기의 필수성 논쟁

억제deterrence란 "국제사회에서 어느 일방이 상대방을 공격하려는 경우 보복으로 인한 피해가 침공으로 인한 이익보다 클 것이라고 위협함으로써 그 일방의 공격을 방지하는 것"이라고 정의된다.[172] 억제가 성립하려면 가공할만한 보복적 공격력이 있어야 하는데 핵무기가 생겨남으로써 비로소 억제가 가능해질 수 있었다. 학자들은 20세기 후반에 강대국간의 전쟁이 발생하지 않은 것은 핵무기의 존재에 기인한다고 설명하고 있다. 오늘날 미국, 러시아, 영국, 프랑스, 중국 같은 강국 사이에 전쟁이 불가능한 이유는 각각 핵무기를 다량 보유하고 있기 때문에 공포의 균형이 존재할 뿐 아니라 국가들이 핵무기를 고려하여 전쟁을 자제하게 된다는 것이다.

핵무기 사용에 대한 억제는 핵무기로 하는 것이 정석이다. 여기서 실존적 억제existential deterrence라는 개념도 생겼다.[173] 실존적 억제란 한 국가가 어떤 핵전략을 가졌는가에 상관없이 핵무기의 고유한 성격 때문에 억제력이 생긴다는 뜻이다. 냉전기간 중 미소 간에 핵 군비경쟁이 전개되면서 억제이론은 몇 단계를 거쳐서 발전하게 된다. 미국은 대 소련 핵 우위를 견지하고 있던 기간 중에는 대량보복전략을 구사했다. 미소 간에 핵 우위가 바뀌면서부터 미국은 소

---

172) Glenn H. Snyder, Deterrence and Defense: Toward a Theory of National Security (Princeton,NJ: Princeton University Press, 1961), p. 4, pp. 14-16.

173) Lewis Page and Rodric Braithwaite, "Should Britain Renew the Trident Nuclear Deterrence?" Prospect (August 2006), p. 22.

련의 핵 기습공격으로부터 살아남은 핵무기로 소련을 보복공격 한다는 제1격과 제2격 능력이라는 개념을 개발시켰다.

핵 군비경쟁이 지속된 시기에는 서로 가공할만한 핵 보복능력을 보유함으로써 핵무기 사용을 억제할 수 있다는 이론이 유효했다. 그러나 미국과 러시아간에는 탈냉전 이후 핵 군비경쟁이 중단되었다. 1991년부터 미국과 러시아, 구소련 공화국 중 핵보유 국가였던 우크라이나, 벨라로시, 카자흐스탄 사이에 미국 의회의 넌-루가 두 상원의원이 초당적인 협력을 통해 통과시킨 '협력적 위협감소 프로그램'이 작동되어 많은 핵무기를 폐기시켰다. 이후 미국과 러시아는 핵무기로 상대방을 억제할 필요성이 약해졌다. 그리고 미국과 러시아는 핵무기 공격 표적에서 상대방을 배제시키는 조치를 취했다.

조지 W. 부시 행정부의 '요격미사일제한조약'ABM의 탈퇴와 폴란드, 체크공화국에 대한미사일방어체제의 배치 등을 둘러싸고 러시아의 푸틴정부와 갈등이 초래되어 상호 핵 군축에 장애요인이 발생하고 미사일방어체제 개발 경쟁을 야기했다. 그러나 오바마 행정부의 등장이후 새로운 전략핵무기감축협정에 대한 합의의 모멘텀을 만들게 되었다. 미국과 러시아간에는 협력적으로 핵무기 감축을 가속화시켜 나갈 전망이다. 미국은 핵무기가 필요 없는 세계안보질서를 지향해 나갈 것이며, 사상 처음으로 핵무기의 보유 숫자를 상세하게 공개하고, 재래식 억제력에 더 중점을 두는 새로운 핵태세 정책Nuclear Posture Review을 발표했다.174)

그러면 미국의 새로운 핵정책은 전혀 핵무기가 필요 없는 억제정책을 추구할 것인가. 여기에 대해서 오바마 대통령은 "아마 핵무기 없는 세계가 가까운 시일 내에 달성되지 않을 지도 모른다. 하지만 장기적인 목표로서 핵무기 없는 세계를 지향하고 있다"고 말했으며 동맹국과 우방국에 대해서는 핵 확장억제력을 제공할 것이라고 함으로써 억제력으로서의 핵무기의 유용성을 부정하지는 않았다.

그러면 핵무기의 보유가 재래식 전쟁도 억제할 수 있는가? 여기에 대해서는 입장이 갈린다. 핵무기를 보유하게 되면 재래식 전쟁도 억제할 수 있다는 주장과 재래식 전쟁은 핵무기보유와 상관없이 발생한다고 하는 주장이 있다. 냉전시기 북대서양조약기구NATO 동맹과 바르샤바조약기구WTO 동맹 사이에 핵전쟁도 없었고 재래식 전쟁도 없었다. 미국이 소련에 대해"소련이 상대적으로 우세한 재래식 무기로 나토국가를 공격해 올 경우 미국은 핵무기를 사용해서라도 전쟁을 막는다"는 확장억제전략을 명확하게 함으로써 유럽에서 전쟁이 발생하지 않은 사례는 핵전력의 균형이 재래식전쟁까지도 억제했다는 것을 말해준다.

핵무기의 전쟁억제력에 근거해서 21세기는 재래식 전쟁도 거의 없는 시대가 될 것이라고

---

174) The U.S. Department of Defense, *Nuclear Posture Review* (April 6, 2010).

과감한 주장을 펴는 전략가들도 있다.175) 하지만 핵전력의 균형이 재래식전쟁을 막지 못한 사례는 많다. 냉전시기 미국과 소련간의 대리전쟁 형식으로 벌어진 아시아와 아프리카에서의 수많은 전쟁들은 미소간의 핵전력의 균형이 재래식 전쟁을 막지 못한 사례들이다. 탈냉전기 인도와 파키스탄이 핵보유를 한 이후인 1999년에 발생한 카길 전쟁은 재래식 전쟁이었다. 이와 관련하여 학자들은 두 가지 다른 주장을 내놓고 있다. 인도와 파키스탄이 각각 핵보유를 선언한 이후에도 캐시미르 지방에서 양국 간 재래식 전쟁이 발생한 사실은 핵보유가 재래식 전쟁을 막을 수 없다는 증거라고 주장한다. 다른 편에서는 카길 전쟁이 발생했지만 인도와 파키스탄은 각각 핵전쟁으로의 확전을 걱정한 나머지 그 전쟁의 범위와 강도를 제한시켰다는 것이다. 이것은 핵보유가 양국 간의 충돌을 제한시킨 것이기 때문에 억제력으로서의 역할을 하고 있다고 본다.

북한 같은 국가는 핵 억제력이 필수적이라고 주장하고 있다. 북한은 1964년 핵실험을 감행했던 중국의 핵실험 선언을 모방하여 "한반도에서 비핵화를 실현하고 세계적인 핵 군축과 종국적인 핵무기 철폐를 추동하기 위해 백방으로 노력할 것"이라고 핵실험의 목적을 위장하면서 "미국의 침략위협에 맞서서 북한의 최고 이익과 안보를 지키고 전쟁을 억제하기 위해 핵실험과 핵보유를 감행한다"고 선언한 바 있다.176) 억제력으로서 핵보유를 정당화하고 있는 것이다. 따라서 억제력으로서의 핵무기의 유용성은 시대가 변하기는 했지만 여전히 유효하다고 결론을 내릴 수 있을 것이다.

마. 핵무기의 실제 사용가능성에 대한 논쟁

핵은 사용할 수 없는 무기인가? 핵무기 무용론을 주장하는 학자들은 핵은 사용할 수 없기 때문에 미래 전쟁에서는 핵무기의 적실성이 사라질 것이며, 국가들이 핵무기를 만들려고 노력하지 않을 것이라고 주장하고 있다. 핵무기의 안보적 필요성을 옹호하는 학자들은 핵은 사용될 수 있으며, 설사 핵무기가 사용될 수 없다고 하더라도 상대방의 핵사용과 재래식 전쟁도발을 억제하기 위해서 핵무기 보유는 지속될 것이라고 주장한다. 핵무기 사용 불가능론자 들은 미국이 혼자 핵을 보유하고 난 직후 일본에 대해 두 차례 핵무기 공격을 함으로써 2차 세계대전을 종식시킬 수 있었지만, 이것이 핵무기가 사용된 유일한 사례라고 주장한다. 그 이후 미국뿐만 아니라 소련, 중국, 영국, 프랑스는 핵무기를 사용한 적이 없고, 이스라엘, 인도, 파키스탄도 핵무기를 사용하지 않은 사례를 예로 들면서 이들은 핵무기는 사용될 수 없다고 확신하고 있다. 설사 포클랜드 전쟁 초기에 미국이 영국과 아르헨티나 양국에 대해서 중립적인 입장을 취하자,

---

175) Martin Von Creveld, *The Transformation of War* (New York, NY: Free Press, 1991).
176) 북한 외교부 성명 (2006.10.3).

영국의 대처수상이 만약 미국이 영국의 입장을 지지해 주지 않으면 핵무기를 사용할 수밖에 없다고 협박함으로써 미국의 영국지원을 이끌어 내었다고 하더라도 이것은 핵무기가 사용될 수 있다는 것을 입증하는 것은 아니란 것이다. 이들은 핵무기가 정치적인 무기이지 군사적 무기가 될 수 없다고 주장하고 있다.

그러나 과거에 핵무기가 사용된 적이 없다고 해서 미래에도 그럴 것인가? 역사상에 유례가 없었다고 해서 미래에도 그런 사례가 없을 것인가. 여기에 대해서 세이건,177) 몬트브리얼 등은 국내 정치가 불안한 개도국과 후진국의 비이성적인 지도자mad ruler들은 핵무기가 있다면 사용을 주저하지 않을 것이라고 본다.178) 군사쿠데타가 자주 발생하는 국가들에서 군국주의적 지도자들이 핵무기를 개발함으로써 이웃 국가들을 강요coerce하는 데 사용할 수도 있다는 것이다.179)

파키스탄 같은 군부가 집권하는 국가는 기존의 선진 핵보유국과 달리 군부의 독재지향성 때문에 핵을 사용할 수 있다고 보는 것이다. 군부는 조직논리상 편협하고 폐쇄적이며 일반 민중들 보다는 군부자체의 편협한 이기주의에 의해 행동을 결정할 가능성이 높기 때문에 핵무기를 갖고 있으면 전쟁도발의 가능성이 높아지고 나아가 핵무기의 사용가능성도 높아진다는 것이다. 합리적 사고와 국민중심의 사고를 하는 선진민주주의 국가나 선진 핵보유국들은 핵전쟁의 억제목적에만 핵무기를 보유하지만, 개도국이나 후진국은 핵무기를 보유함으로써 더 대담해져서 결국 핵무기를 사용할 가능성이 높아진다고 주장하고 있다. 여기서 인도와 파키스탄의 차이점이 드러난다고 한다. 인도는 문민통제와 민주주의 관행이 수립되어 있으므로 핵실험 핵설계 핵관련 지휘통제에 있어서 군부가 배제되어 있어 핵사용을 억제할 국내적 메카니즘이 있다고 지적하고 있다.

1980년대 초 인도의 군부가 파키스탄의 카후타 핵시설에 대해 예방공격을 시도하자고 건의하였으나 문민 정치지도자인 인도 수상은 이를 거부했다는 것을 사례로 들고 있다. 반면 파키스탄은 군부독재정부가 1999년 카길 분쟁을 주도했다는 것이다. 파키스탄 군부가 인도와의 전략적 균형과 안정을 고려하기 보다는 전술적 기습효과에만 착안한 나머지 기습공격을 감행함으로써 핵무기 충돌의 가능성까지도 무릅썼다는 것을 지적한다. 또한 테러세력이 파키스탄 국경 내에서 활동하고 있기 때문에 정정이 불안한 파키스탄의 핵무기는 테러세력의 공격목표가 될 수도 있고 테러세력이 침입하여 핵무기를 탈취할 수 있다는 것이다. 또한 2003년 밝혀진

---

177) Scott D. Sagan, "The Perils of Proliferation: Organaization Theory, Deterrence Theory, and the Spread of Nuclear Weapons," *International Security* 18-4 (Spring 1994), pp. 66-107.

178) Therry De Montbrial, "Perceptions of the Strategic Balance and Third World Conflicts," in Christoph Bertram (ed.), *The Future of Strategic Deterrence* (London: International Institute for Strategic Studies, 1980), p. 94.

179) Lewis A. Dunn and William H. Overholt, "The Next Phase in Nuclear Proliferation Research," in William H. Overholt (ed.), *Asia's Nuclear Future* (Boulder: Westview Press, 1977), p. 5.

A.Q. Khan의 네트워크를 통해 핵 암시장black market과의 연관성이 파키스탄 핵의 불안정성을 말해주고 있다는 주장이 있다.180) 또한 북한도 마찬가지다. 북한의 신정군사독재체제는 국민의 안전을 무시하고 핵무기 사용을 감행할 수 있다는 것이다.

바. 핵 군축 상황에서 확장억제의 유효성 논쟁

냉전기 미국과 구소련은 각각의 본토에 대한 핵억제, 동맹국과 우방국에 대한 핵우산과 확장억제전략을 유지해 왔다. 냉전기 미소 양진영 하에 대부분의 국가들이 수직적으로 편입되어 있었고 미국과 소련의 엄청난 핵무기고 때문에 확장억제는 여전히 작동할 수 있었다. 그러나 핵무기 보유국가가 증가하고, 소련이 해체되고 탈냉전이 된 지금의 상황에서 핵 확장억제가 여전히 작동할 것인가에 대해서 논쟁이 일고 있다. 특히 미국의 핵 패권이 약화되고 오바마 행정부가 적은 규모의 핵보유로도 동맹국과 우방국에게 확장억제를 제공할 수 있기 때문에 큰 문제가 되지 않는다고 하고 있다. 그러나 탈냉전 후 특히 동아시아 지역에서 미국, 러시아, 중국, 인도, 파키스탄 같은 국가가 핵을 보유하고 있고, 북한 또한 최근에 핵보유를 함에 따라 미국의 대한국, 대일본, 대호주, 대동남아 확장억제 공약을 반복한다고 해서 미국이 핵억제가 신뢰성있게 적대국과 동맹국에게 간주될 것인가에 대해 많은 논란이 일고 있다.

냉전기 유럽에서 다자집단방위기구인 NATO를 통해 미국이 유럽국가들에게 제공한 확장억제가 아시아지역에도 의심의 여지없이 작동할 것인가? 그 가능성과 한계에 대해 논란이 일고 있는 것은 사실이다. 1960년대에 영국의 국방장관이었던 데니스 힐리는 "미국의 소련에 대한 억제전략이 유효하기 위해서 미국은 노력의 5%를 러시아에 대해서 미국의 보복이 확실하다고 각인시키는 데 사용하고, 나머지 95%의 노력은 미국이 유럽국가 들에게 억제전략의 신뢰성을 보여주는 데 사용하고 있다"181)고 말한 적이 있다. 미국은 나토지역에서 미국의 확장억제 공약이 유효하고 신뢰성 있게 만들기 위해서 나토국가들과 핵 지휘를 공유하고 회원국의 비행기에 핵무기를 탑재할 수 있을 정도로 미국의 확장억제정책을 유효하게 만들었다.

이와 같은 방식의 접근이 아시아에서도 가능하겠는가? 냉전시기에 미국의 확장억제전략이 원했던 결과를 나왔던 것은 미국의 대량보복전략, 신축대응전략, 나토국가들과의 핵 공유시스템의 구축 등으로 가능했던 것이다. 그리고 소련의 붕괴로 핵 군비경쟁의 한 축이 무너졌기 때문이다. 미국이 핵 패권을 가지고 단극적 질서를 유지하는 동안, 아시아에서는 탈냉전 이후

---

180) David Albright, Paul Brannan, and Andrea Scheel Stricker, "Detecting and Disrupting Illicit Nuclear Trade after A.Q. Khan," *The Washington Quarterly* (April 2010), pp. 85-106.

181) Denis Healey, *The Time of My Life* (London, UK: Penguin, 1990).

오히려 핵보유국의 수가 더 증가했다. 중국의 핵보유고가 질적 양적으로 증가해왔다. 북한이 핵확산의 문턱을 넘어섰으며 인도와 파키스탄의 핵보유로 말미암아 아시아에서는 핵의 과다를 불문하고 다극적 핵질서가 형성되고 있는 것이다. 미국의 핵우산 제공과 확장억제전략은 두 가지 역할을 하였다.

첫째는 비핵국의 핵무기 개발동기를 막았다. 예를 들면 1975년 한국은 월남전에서 월남패망 직후 주한미군 제7사단이 철수하는 것을 보고 핵무기를 만들어 안전보장을 하고자 시도하였다. 그러나 이때 미국과 캐나다는 공동으로 한국에 대해 제재 협박을 하고 핵개발 포기결정을 유도하는 한편, 미국은 핵우산 보장을 한미연례안보협의에서 명문화시킴으로써 한국의 핵개발 포기를 유도했다. 캐나다, 호주, 일본의 핵무장을 막기 위해 미국은 핵우산 제공을 밝히기도 했다. 한편 소련의 공산권 국가에 대한 핵 억제력 제공은 동구 공산권 국가들의 핵개발을 막기도 했다. 비동맹국가의 맹주 중 하나였던 유고슬라비아가 핵개발을 시도한 것은 소련과의 관계에서 독립을 원했기 때문이었다.

둘째는 미국과 소련의 확장억제는 각각의 동맹국들에게 안전보장을 제공했다. 탈냉전 후 미국의 동맹국과 우방국에 대한 확장억제의 제공은 이들 국가들에게 불확실한 안보환경에서 안보를 보장하고 상대 진영의 군사공격을 억제하는 역할을 했다고 볼 수 있다. 만약 미국이 핵무기를 1550기 이하로 대폭 감축하면서 동맹국인 한국, 일본, 호주, 동남아 국가들에 대해 확장억제를 제공하고, 상대편의 침략과 위협을 억제하겠다면 미국이 자발적 핵 군축을 하기 전보다는 더 적은 수의 핵무기로 핵 확장억제를 보장해야 하기 때문에 사정은 더 어렵게 될 것이다. 미국은 2010년 새로 발표된 '신핵태세보고서'에서 "앞으로 안보에서 핵무기의 역할이 감소되는 환경을 만들고 동맹국과 우방국들에게 확장억제를 제공하며, 감소되는 핵무기 대신 미사일 방어체계와 재래식 타격 능력, 비핵능력을 제고시킴으로써 억제력을 강화 시키겠다"[182]고 선언하였다. 이것은 소련이라는 유일 위협이 사라져버린 유럽에서는 유효한 방침이 될지 모르나 탈냉전시기에 중국, 인도, 파키스탄, 북한 등 핵보유국의 수와 핵보유고의 수량이 증가한 아시아에서는 오히려 미국의 동맹국들과 우방국들은 안보우려가 더 증가될 수 있는 소지를 남기고 있다. 이러한 우려를 불식시키기 위해 미국정부는 아시아 국가들의 의견을 광범위 하게 청취하는 한편 아시아지역에 맞는 확장억제정책을 수립하고자 노력하고 있는 것이다.[183] 미국에서는 동맹국과 우방국들에게 반복적으로 제공되는 확장억제의 제공 공약이 이들 국가들을

---

182) The U.S. DoD, *Nuclear Posture Review* (April 2010).

183) Steven Prifer, Richard Bush, Vanda Felbab-Brown, Martin S. Indyk, Michael O'Hanlon and Kenneth M. Pollack, *US Nuclear and Extended Deterrence: Considerations and Challenges* (Washington, DC: Brookings Institution, May 2010).

안심시키고 억제의 신뢰성을 제고시킬 수 있다고 보고 있으나, 중국이나 북한이 감소하는 핵보유고에서 제공되는 미국의 억제력이 그전과 같거나 강할 것으로 간주하고 있는지는 미지수이다. 특히 북한은 선군정치노선을 가지고 국제NPT체제에 도전하여 핵개발을 지속했으며, 6자회담을 보이코트 했을 뿐 아니라 최근 핵보유를 배경으로 남한에 대해서 천안함 공격 등 비대칭위협을 가하고 있으므로 미국의 한국에 대한 확장억제 보장 약속이 북한의 도발을 억제하는 데 기여하고 있다고 볼 수만은 없다는 문제점이 존재하고 있다고 할 것이다.

사. 핵 군축과 비확산의 책임소재와 주도적 역할에 관한 논쟁

어느 국가가 핵 군축과 비확산에 있어서 가장 중요한 책임을 가지고 있는가? 어느 국가 혹은 어느 국제기구가 핵 군축과 비확산에 있어서 가장 주도적인 역할을 수행해야 할 것인가? 1970년 NPT체제의 성립 이후 지금까지 이 문제에 대한 국제적 논의는 연계이론에 의거, 국제사회는 미국으로부터 러시아, 중국, 프랑스, 영국의 순으로 책임을 물어왔다. 그리고 이스라엘, 인도, 파키스탄 등에 책임을 물어 왔으며, 북한과 이란에게도 책임추궁을 해 온 것이다. 그리고 핵 비보유국들 중 비확산운동에 주도적 역할을 해 온 국가로 일본과 호주, 한국 등을 예로 들 수 있다. 세계적인 핵 군축과 비확산에 대한 책임소재와 주도적 역할담당에 대한 논쟁을 정리해보기로 한다.

1) 미국·러시아의 책임과 미국의 주도적 역할

21세기 주요 군사대국간 전쟁위험의 감소에도 불구하고 미·러·중·프·영 5개국이 보유한 핵탄두수는 23,000여개로서 세계 핵무기 총량의 99%에 해당한다.[184] 그중에서 미국과 러시아가 보유한 핵무기 수는 22,000여개로서 세계 핵보유고의 약 96%에 해당한다. 1988년 이후 미·소간에 핵 군축을 해온 결과, 냉전시기 55,000개였던 핵무기가 23,000여개로 감축된 것은 성과라고 할 수 있다. 그러나 핵 군축이 이렇게 진전속도가 느린 것은 탈냉전 이후 유일강대국으로서의 역할을 해 온 미국의 책임이라고 하는 지적이 많은 것도 사실이다. 21세기에 들어와 미·러 간의 핵 군축이 소강상태에 들어가고, 미국 부시행정부가 요격미사일제한협정ABM을 폐기한 이후 미사일 방어체제MD의 동구 배치를 둘러싸고 미·러 간에 갈등이 고조되었으며, 부시-푸틴 간에 합의했던 전략공격무기감축협정SORT이 목표로 했던 미·러의 핵무기 숫자를

---

184) Gareth Evans and Yoriko Kawaguchi, Eliminating Nuclear Threats: A Practical Agenda for Global Policy Makers, *The Report of the International Commission on Nuclear Nonproliferation and Disarmament* (ICNND), 2009.

1700-2200기 수준으로 하자는 약속은 중단되었다. 부시행정부의 일방주의에 의한 핵 군축 중단, CTBT 불 비준, 핵전략의 수정, 선제공격독트린 설정 등으로 미러 간의 핵 군축은 물론 세계적인 차원의 핵 군축과 핵 비확산에도 빨간 불이 켜졌었다. 대량살상무기 폐기라는 명분을 내걸고 개시한 이라크전쟁과 더불어 미국의 일방주의에 대해 세계도처에서 반미주의가 일어났으며, 미국 책임론이 비등했었다. 미국책임론에 대한 회답을 하듯이 오바마 대통령은 세계와 미국의 안보에 있어서 핵무기의 역할을 감소시키겠으며 미국 스스로 핵무기 감축작업을 시작하겠다고 선언했다. 또 미국과 러시아간에 멈춰져 있었던 전략무기 감축 협상을 지속하겠으며 클린턴 정부 말기부터 중단되어 있었던 CTBT의 미국 의회 비준을 추진하겠다고 밝혔다. 핵분열물질의 생산을 중단함은 물론, 검증을 위한 새로운 조약을 추진하겠다고 천명하기도 했다. NPT조약을 강화하며 테러리스트들의 핵무기 획득을 방지하겠다고 했다. 그리고 2010년 4월 제1차 핵 안보정상회의를 주최하였다. 핵 안보정상회의에서는 크게 보아 세 가지 분야에서 중요한 결정을 하였다.

첫째, 핵 안보 확보와 핵 테러 방지를 위한 국제조약을 비준하고 이행함. 둘째, 핵 비확산 체제를 강화하고 IAEA의 권한을 강화시킴. 셋째, 관리가 부실한 전 세계의 핵물질(현재 2000톤 정도로 추산됨)을 안전하게 관리하는 계획을 향후 4년 이내에 수립. 그리고 이 세 가지 분야의 이행계획을 수립하고 양자간, 혹은 다자간에 협정을 체결하여 이 계획을 집행해 나갈 것을 합의한 것은 매우 의미가 깊다고 할 수 있다. 이것은 '핵무기 없는 세계'를 향한 미국의 글로벌 리더십을 입증한 것이며, 핵 군축과 비확산, 원자력의 평화적 이용에 관한 역사적 전환점으로서의 의미가 있다고 평가될 수 있다.

그러나 미국의 핵확산국가에 대한 차별대우는 국제적 비판거리가 되어 왔으며, NPT체제에 부정적 영향을 미칠 것이다. 1998년 인도의 핵실험 이후 미국은 대인도 경제제재조치를 일방적으로 취했다가 6개월이 경과한 후 경제제재조치를 폐지한 바 있다. 그리고 2006년 미·인 원자력 협력 협정을 체결함으로써 미국과 인도의 전략적 동반자관계 수립을 위해 NPT체제의 기본취지를 위반하는 결과를 초래하였다. 이러한 미국의 행위는 NPT 회원국들뿐만 아니라 세계적인 핵전문가들의 거센 비판을 받았으며, 북한 같은 국가는 자국의 핵실험 이후 인도와 같이 핵보유국으로 대접해 줄 뿐 아니라 국제사회가 제재 대신 경제기술협력을 추진해 줄 것을 요구하는 해프닝을 촉발하기도 하였다. 물론 미국의 대인도 원자력협력협정은 부시행정부 때 발생한 일이라서 오바마 행정부가 직접적 책임이 없다고 하겠으나, 오바마의 '핵무기 없는 세계'에 대한 노력에 마이너스 요인으로 작용하게 될 것이다.

2) 중국, 영국, 프랑스의 책임과 역할

미국과 러시아의 핵 군축과 핵 비확산에 있어서 괄목할 만한 노력에도 불구하고, 중국은 핵 군축에 대해서는 부정적인 입장을, 핵 비확산에 대해서는 미온적인 입장을 보이고 있다.[185) 중국의 핵 보유고에 대한 국제적 추정치는 180-400개에 이르기까지 다양하다. 그러나 대부분의 추정치는 200개 정도에 머무르고 있다. 중국 핵 무기고에 대한 국제사회의 다양한 추정에도 불구하고 중국은 핵보유고와 핵정책에 대해 모호성의 전략을 유지하고 있다. 즉 투명성이 결여되어 있는 것이다. 동시에 중국은 말로는 핵 없는 세계를 향한 국제적 요구에 동참한다고 하고 있으나,[186) 지상발사, 잠수함발사 핵미사일의 절적 양적 개선을 계속하고 있는 것으로 파악되고 있다.[187)

NPT체제의 공고화를 위해서는 중국 등 중규모 핵 국가들의 이니셔티브가 중요한 데 중국은 NPT체제 위반 국가인 파키스탄, 북한, 이란에 대해 영향력을 행사하여 NPT규범 준수를 요구할 만큼 책임 있는 대국으로서의 역할을 못하고 있는 것이다. 특히 중국은 전통적 동맹국인 북한에 대해서 제재 부과를 가급적 회피하고자 한다. UN안보리 결의안 1874호의 통과 시 북한에 대해 인도적 지원은 제외되어야 한다고 주장하여 중국의 입장을 반영시켰다. 그리고 그 후 북한에 대한 경제지원을 계속함으로써 북한의 비핵화를 위한 국제적 제재의 효과를 반감시키고 궁극적으로는 북한의 핵개발지속에 아무런 영향을 주지 못하고 있는 것으로 드러나 고 있다.

한편 중국은 미국의 미사일방어(MD)체제 개발과 배치가 중국을 겨냥한 것이란 우려감을 표시하면서 미국에 강력하게 반발한 바 있다. 중국정부는 미국 주도로 이루어지는 '핵없는 세계'가 너무 이상적이며 실현 불가능하다고 주장하고 있다. 중국내에서는 2010년 미국의 NPR에 대해서 긍정적으로 평가할 부분도 있지만 한계가 더 많다고 한다. 긍정적인 점으로는 첫째 미국의 핵보유고 제한, 둘째 국제정치에서 핵무기의 역할 감소, 셋째 핵정상회의에서 향후 4년 이내에 핵 테러 방지를 위한 핵물질 안전보장조치 합의 등이 긍정적인 성과라고 평가하였다.

NPR의 한계점으로서는 첫째, 핵무기의 숫자에만 관심을 기울이고 있을 뿐, 미국의 핵정책에 큰 변화가 생길 수 없다는 점, 둘째, 겉으로는 숫자를 줄임으로써 핵 없는 세상을 위해 중요한 노력을 전개하고 있는 것 같으나 기술적인 측면에서 보면 실질적인 핵 능력은 도리어

---

185) Li Hong, "Seizing the Momentum," *Arms Control Today* (April 2010), pp. 12-14.

186) Hui Zhang, "China's Perspective on a Nuclear-Free World," *The Washington Quarterly* 33-2 (April 2010), pp. 139-155.

187) International Panel On Fissile Materials, Reducing and Nuclear Weapons: Country Perspectives on the Challenges to Nuclear Disarmament (Princeton: IPFM, 2010).

증강시킬 수 있는 방도back door를 열어놓고 있다고 해석될 수 있는 문구가 NPR에 있다는 점, 셋째, 핵 테러리즘에 대한 억제력 확보는 이해할 수 있지만 '잠재적인 위협'이라는 문구에 중국을 타깃으로 하는듯한 미국의 판단이 그대로 유지되고 있다는 점, 넷째, 되돌릴 수 없는 방식 irreversible으로 핵능력 감축에 나설 것이라는 표현이 없다는 점, 다섯째, 핵능력을 감축한다고 하지만 실질적으로 더 큰 불안정 요소가 되는 MD 능력에 관한 군축 노력은 없다는 점 등을 지적하고 있다.

하지만 중국은 미국이 핵능력을 대폭 감축하고 핵 안보정상회의가 지속적으로 개최되고 오바마 행정부가 핵 군축을 지속적으로 추진할 경우 상당한 국제적 압력을 받게 될 것이다. 핵 국가인 미국과 러시아가 한쪽에서 압박하고, 비핵국인 일본과 호주가 다른 쪽에서 압박하게 되면 샌드위치가 될 것이다. 따라서 언젠가는 중국의 핵정책의 투명성이 제고되는 날이 올 것으로 예상된다.

영국과 프랑스는 중규모 핵 국가로서 UN안보리와 국제사회에서 1990년대에 자발적인 핵 군축을 실시하였다. 2000년대에 와서 이런 움직임은 소강상태에 머물러 있으나, 2009년 7월 G-8 정상회의에서 핵무기 없는 세계를 향한 여건을 조성하는데 적극적인 역할을 맡을 것임을 선언하였다.188) 영국과 프랑스의 이러한 움직임은 중국에게 압력요인이 될 가능성이 크다.

3) 이스라엘, 인도, 파키스탄의 책임과 역할

NPT 체제에 가입하지 않은 인도 · 파키스탄의 핵무기 개발경쟁으로 사실상 NPT체제가 무력화되고, 이스라엘의 지속적인 핵무기 개발로 숭농지역 아랍 국가들의 핵개발(이란, 시리아, 사우디 등) 시도를 촉발할 가능성이 상존함에 따라 이들 세 국가는 국제사회의 비판에 직면해 있다.189) 이들 삼국이 NPT체제에 가입하지도 않고 NPT가 요구하는 규범을 준수하지도 않으며, CTBT 미 가입은 물론 국제적인 핵 군축 운동에도 참여하지 않고 있어 NPT체제에 도전요소가 되고 있다. 핵국은 물론 UN안보리나 IAEA에서는 이들 국가의 지속적인 핵보유에 대해 아무런 규제를 행사하지 못하고 있는 것으로 드러남에 따라, 국제비확산체제는 계속 문제를 안고 있다.

---

188) International Panel On Fissile Materials, Reducing and Nuclear Weapons: Country Perspectives on the Challenges to Nuclear Disarmament (Princeton: IPFM, 2010).

189) Praful Bidwai and Achin Vanaik, *New Nukes: India, Pakistan and Global Nuclear Disarmament* (N.Y.: Olive Branch Press, 2000).

4) 북한, 이란 등 핵무기 개발 국가의 NPT 체제 도전과 국제적 응전

북한은 1993년 3월 NPT 탈퇴선언, 1998년 8월 대포동 장거리 미사일 실험, 2006년 10월 제1차 핵실험, 2009년 5월 제2차 핵실험 등으로 탈냉전 이후 NPT체제를 위협한 국가 중의 하나이다. 북한의 핵개발을 막기 위해서 북한의 핵개발 동기를 다루고자 미·일·중·러·남북한 6개국이 2003년부터 6자회담을 개시했다. 북한은 6자회담 공동성명, UN 안보리의 대북제재 결의안 1718호, 1874호에 의한 대북한 제재에도 불구하고 핵개발을 계속하고 있다. 북한은 미국의 핵위협 때문에 핵개발을 했다고 주장하고 있으나, 그것은 명분에 불과하다. 북한의 지속되는 핵개발은 한반도와 동북아, 나아가 세계 평화를 위협하고, NPT 체제에 대해 가장 강한 도전을 제기하고 있는 실정이다.

이란은 미국, 영국, 독일과 프랑스의 반대에도 불구, 핵 자주권을 외치며 농축 우라늄 생산 등 핵연료주기의 완성을 공개 천명하는 등 핵무기 개발의혹을 증폭시키며 NPT 체제에 장애요소로 등장하였다.[190] 이란이 핵무기 보유에 성공할 경우에 이스라엘과의 핵 대결 시나리오가 상정되고 있으며, 이웃 중동국가들의 연쇄적인 핵개발이 전개될 것이란 악몽이 대두되고 있다. 이에 대해서 UN안보리에서는 2010년 6월 이란에 대한 제재결의안을 통과시켰다. 지금까지 대이란 제재에 대해서 반대의견을 나타내었던 중국과 러시아가 제재결의안에 대해 찬성표를 던짐으로써 UN안보리 상임이사국 전원의 일치로 결의안이 통과된 것은 NPT체제의 유지에 바람직한 일이다. 그러나 이란이 핵개발을 계속할 것으로 예상되고 있어 중동에서 핵도미노 현상을 부추기는 불안정 요인이 될 전망이다.

5) 일본, 호주, 한국 등의 역할

일본과 호주는 2002년부터 핵 비확산 및 핵 군축 국제위원회ICNND를 결성하고 핵확산문제와 핵 군축문제가 걸려있는 세계의 주요지역을 순회하면서 회의를 개최하였다. 2010년 NPT 검토회의에 제출할 공동 문건을 합의하고, 제8차 NPT평가회의에 안건으로 제출하였다. 핵 군축과 비확산을 추동하기 위해서는 비핵국가인 선진국과 중급국가middle power들의 역할이 매우 중요하다. 미국과 러시아가 핵 군축을 선도하고, 일본, 호주, 한국 등이 중규모 핵 국가와 핵확산국가들에게 비핵국가의 입장에서 압력과 요구를 병행하면 핵 국가와 핵확산국가들은 샌드위치가 되어 핵 군축과 비확산에 적극적으로 참여할 수밖에 없는 국제환경을 조성할 수 있다.

이와 관련하여 한국의 역할이 매우 중요해졌다. 한국은 1991년 비핵정책을 국가의 정책으

---

190) James M. Lindsay and Ray Takeyh, "After Iran Gets the Bomb," *Foreign Affairs* 89-2 (March/April 2010), pp. 33-49.

로 채택한 이후 북한의 핵개발에도 불구하고 비핵정책을 그대로 고수하였다. 한반도와 세계평화를 위해 비핵정책을 준수하면서 NPT체제 강화에 앞장 서 왔다는 것이 국제적 공헌으로 판명되었다. 플루토늄 재처리와 우라늄 농축시설을 포기하고 오로지 평화적인 원자력 이용을 위한 기술의 개발을 지속해 왔으며, 최근에는 핵확산위험 없는 원자력 기술이 세계적으로 인정을 받게 되어 UAE를 포함한 중동 지역에 원자력기술을 수출하게 되었다. 핵무기 없는 세계로 향한 도정에서 한국은 제일 앞장 서 있는 것이다.

위에서 지적한 바와 같이 일본, 호주, 한국은 미국의 동맹국으로서 핵개발을 완전 포기하는 대신 미국으로부터 핵우산제공 및 확장억제보장을 받고 있다. 다만 이들 국가가 가진 안보상 우려는 감소되는 미국의 핵무기 숫자에 의해 보장되는 확장억제가 신뢰할 만한 수준인가에 대한 것이다. 미국은 일본, 호주, 한국 등과 양자 대화를 통해서 확장억제력 제고 방법을 협의해 나갈 것으로 보인다.

6) 국제기구와 지역 안보협력기구의 책임과 역할

탈냉전 이후 UN안보리에서는 핵 안보와 핵 비확산을 강화시키기 위해 IAEA와의 상호협력을 제고시키는 활동을 전개해왔다. 1992년 IAEA는 북한의 비확산 의무 위반 사례를 UN안보리에 보고했으며, UN차원에서 문제해결을 요청하기도 하였다. IAEA는 북한의 원자력시설들에 대한 감시와 사찰을 실시했으며, 1994년 미·북 제네바합의에 따른 북한의 원자력시설봉인 및 감시 작업을 시행하기도 했다. 2005년 6자회담에서 합의된 9·19 공동성명에 따라 IAEA는 북한 핵시설 봉인과 폐쇄, 감시 작업을 수행하기도 했다. 한편 이라크에 대해서는 유엔안보리의 결의 제687호(1991.4.3)에 의거 특별사찰단을 조직하여 1992년부터 10년여에 걸쳐 대량파괴무기와 미사일을 폐기시키는 활동을 전개하였다. 그리고 UN안보리에서는 1992년 1월에 미·러·영·프·중 5개 핵보유국이 핵 안보와 비확산을 위해서 NPT회원국이면서 비핵국인 국가들에게 개별적으로 소극적 안전보장을 제공하는 조치를 취할 것을 권고한 바 있다.

한편 UN안보리는 핵 테러리즘의 방지를 위해 2004년에 결의안 1540호를 통과시켜 핵무기 등 대량파괴무기와 테러세력의 결합을 억제하는 조치를 취했다. 2005년부터 매년 세계 '핵 테러 방지 구상회의'가 정기적으로 개최되고 있으며 2011년 한국에서 이 회의가 개최될 예정이다. NPT체제를 강화시키기 위해 회원국들은 1975년부터 5년 마다 정기적으로 NPT평가회의를 개최한다. 이 회의에서 세계는 비확산체제의 이행상태를 평가하고 미비점을 보완하는 조치를 취한다. 2010년 5월 개최된 제8차 NPT평가회의에서는 핵 국가들의 핵 군축노력의 재개를 환영하면서 더 많은 핵 군축을 추진할 것을 촉구했다. 또한 비핵국들에 대한 안전보장을 위한 법적

장치 마련에 합의했으며, 중동의 비핵지대화에 대한 논의를 진행시켰다. 원자력의 평화적 이용을 장려하는 조치를 취할 것을 결의하였다.191) 현재 지구는 지구온난화문제와 환경오염문제가 인류의 존재자체를 위협하고 있기 때문에 전 지구적 차원에서 그린에너지 동력 개발을 추구하고 있다. 발전도상국들의 폭발적인 원자력 에너지 수요를 충족시키기 위해 원자로의 건설이 기하급수적으로 증가할 것으로 예상되고 있다. 2010년 현재 세계의 발전 원자로 숫자는 436개이나, 2030년에는 800개에 도달할 것으로 예상되고 있다. 세계적으로 새로운 원전건설의 수요가 증가함에 따라 이들 원자로를 통한 핵확산 위험을 방지할 대책 수립이 시급해졌다. 그래서 2010년 워싱턴 핵 안보정상회의와 제8차 NPT평가회의에서는 평화적 핵에너지 이용을 보장하고 핵물질의 안전관리를 강화하기 위해 핵물질생산중단조약의 조속한 시일 내 합의와 국제핵연료은행의 설립 등을 강구하기로 결정하였다. 이러한 조치들이 합의되고 이행된다면 핵 군축과 비확산, 원자력의 평화적 이용은 삼위일체가 되어 핵무기 없는 세계로 향한 과정에 도움이 될 것으로 보인다.

아. 결론 및 전망

1944년 미국이 핵무기를 최초로 만든 이래 현재까지 핵무기의 역사는 66년을 맞고 있다. 세계의 핵 보유고를 보면 1944년부터 1988년까지는 핵무기가 기하급수적으로 증가하는 시대였으며, 1988년부터 현재까지는 핵무기의 숫자가 감소하는 경향을 보여 왔다. 2010년 현재 세계의 핵 보유고는 23,000여기에 달하고 있다. 여전히 엄청난 숫자임에 틀림없다. 범세계적인 핵무기 확산이라는 악몽을 피하기 위해 1970년에 NPT가 탄생되었고, 1972년부터 미·소간에 핵 군축노력이 시작되었으며,1996년에 CTBT가 합의되었다. 세계 핵보유고의 96%를 차지하고 있는 미국과 러시아의 주도적 역할이 없으면 핵 군축은 진전될 수 없으며, 다른 국가들의 핵무기 증가를 막을 명분이 약했다. 이러한 때 오바마 미국 대통령의 주도로 핵무기 없는 세계를 향한 움직임이 태동되었다. 특히 9.11 테러 이후 비국가행위자인 테러주의자들의 핵무기 획득과 사용가능성이 증대됨에 따라 핵국을 포함한 국제사회는 이제는 효용성이 약화된 핵무기를 감축하고, 테러세력을 포함한 핵확산시도국가의 핵확산방지를 위해 국제적 제도장치를 강화할 필요성에 공감하게 되었다. 이제 세계는 미국의 오바마 대통령이 직접주도하는 핵 군축, 핵 비확산, 원자력의 평화적 이용이라는 삼위일체적 노력에 동참하기로 결정하였다.

아직까지 미국, 러시아, 중국, 영국, 프랑스 등 기존 핵국들 간에, 기존 핵국과 이스라엘,

---

191) UN Department of Public Information, "Nuclear Nonproliferation Treaty Review Adopts Outcome Document at Last Moment," (May 28, 2010), http://www.un.org/News/Press/docs/2010/dc3243.doc.htm.

인도, 파키스탄, 북한, 이란 같은 NPT가 인정하지 않는 핵보유국 내지 핵확산 시도국 간에 핵 군축과 핵 비확산, 원자력의 평화적 이용방법에 대한 다양한 입장차이가 존재하고 있다. 이런 장애요인을 극복하고 핵무기 없는 세계로 지향하는 것은 쉬운 일이 아니다. 우선 국제정치와 안보에서 핵무기의 역할을 감소시킬 필요가 있다는 국제적 공감대의 형성, 핵무기 없는 세계에 대한 비전과 새로운 정체성에 대한 인류의 공통 인식의 형성이 필요하다. 미국이 미러간 핵 군축목표로 제시한 1550기로의 핵감축을 진행하는 과정에서 지금까지 핵무기를 증강시키는 논리적 근거가 되어 왔던 핵확산이론, 핵억제이론, 확장억제 등에 대한 면밀한 재검토가 필요하다. 이 과정을 성공시키려면 각국의 정치지도자들 뿐만 아니라 전문가, 시민사회의 공감대 형성도 중요하다. 그리고 핵 군축과 비확산체제의 강화에 미온적이거나 반대하는 중국, 인도, 파키스탄, 북한, 이란 등을 설득하는 일이 중요하며 이 과정에서 관련 국가들뿐만 아니라 UN안보리, IAEA, 지역안보협력기구 등의 일관성 있고 유기적인 노력의 제도화가 중요하다. 또한 미국이 핵무기를 대폭 감축할 경우 동맹국과 우방국에 제시하고 있는 안보 공약으로서의 확장억제에 대한 신뢰성제고가 필요한 것이다.

미국의 핵 군축 목표인 1550기로의 감축이 성공하고 나면 다음 수순은 무엇이 될 것인가. 동아시아 핵보유 국가들의 역할이 매우 중요한데 중국, 인도, 파키스탄, 북한 같은 국가들이 핵 군축과 핵 폐기에 동참하지 않는 한, 오바마 대통령의 핵무기 없는 세계로 향한 행진은 벽에 부딪칠 가능성이 크다. 미국이 재래식 전력과 미사일 방어체제로써 감소되는 핵무기를 상쇄할 만큼 억제력을 보완할 수 있다고 밀한다고 하더라도, 러시아와 중국이 미국의 재래식 억제력을 무서워하지 않고, 미국의 동맹국이 재래식 억제력보다는 핵 억제력이 더 신뢰할만하다고 생각한다면 더 이상의 미국의 핵 군축에는 한계가 있을 것이다. 미국의 핵무기가 대폭 감축되는 상황에서, 비핵국이면서 미국의 동맹국인 일본, 한국, 호주, 동남아 국가들의 핵 국과 핵확산국가들에 대한 집단적 압박은 핵 군축과 비확산을 촉진시키는 역할을 할 수 있다. 미국과 비핵국들이 중심이 되어 UN안보리와 IAEA, 지역 내 원자력협력과 안보협력을 강화시켜 나가고, 핵물질생산중단체제와 지역핵연료뱅크 등을 설립하여 핵물질의 안전한 제공과 관리를 제도화 할 수 있다면 핵 군축은 또 다시 새로운 모멘텀을 얻을 수도 있을 것이다.

미국주도로 핵무기 없는 세계로 향한 움직임이 시작된 것은 핵 군축과 비확산에 있어 역사적인 전기가 되고 있다. 만약 인류가 꿈꾸던 핵무기 없는 세계가 가시권으로 다가온다면, 비핵정책을 고수하고 발전시켜 온 한국을 비롯한 평화적 원자력기술 선진국들은 새 시대의 주인공이 될 수 있을 것이다. 만약 중간에 이 핵 군축 운동이 멈추게 된다면 비확산체제 밖에 있는 이스라엘, 인도, 파키스탄, 북한 등에 대한 국제적인 책임추궁이 격렬하게 전개될 것으로 보인다.

참고 4

한국의 핵우산과 미국의 전술핵무기

핵무기는 절대적 공격용 무기이자 보복용 무기[192]

박정희 대통령이 국운을 걸고 추진했던 한국의 독자적 핵무기 보유 시도가 수포로 돌아간 1978년 이래 한미 양국은 매년 가을 열리는 연례안보협의회(SCM) 공동성명을 통해 '핵우산의 제공(provision of a nuclear umbrella) 지속'을 재확인 해오고 있다.

북한의 제1차 지하핵실험이 있었던 2006년의 38차 SCM부터는 표현을 바꾸어 '확장억제력(extended deterrence)'이라는 문구를 공동선언에 포함시켰다. 미국이 자국 영토뿐 아니라 동맹국이 핵공격을 받는 경우에도 대신 보복한다는 이 '확장 억제'라는 개념은 우방국의 자체 핵무장을 막기 위해 고안된 것이기도 하다.

이렇듯 핵우산의 존재 자체는 잘 알려져 있지만, 북한의 핵이 실제로 한반도에서 사용될 경우 구체적으로 미국의 어떤 부대가, 어떤 절차를 거쳐, 어떤 핵무기로 이를 '응징'하는지에 대해서는 거의 알려진 바가 없다. 말하자면 '핵우산의 군사적 실체'에 관한 정보는 거의 없다는 것이다. 이는 물론 미국의 핵무기 운용에 대한 대부분의 정보가 엄중한 군사기밀에 묶여 있기 때문이다.

확장억제는 핵우산을 군사전략적 차원에서 더욱 구체화한 것으로, 미국의 동맹국이 핵공격을 받으면 미국 본토가 공격받았을 때와 같은 핵전력 수준으로 응징타격 한다는 개념이다. 미국이 운용중인 핵전력은 2가지로 분류되는데 하나는 전술핵무기이고, 다른 하나는 전략핵무기다.

핵무기는 절대적 공격용 무기이자 보복용 무기이며 또한 동시에 전쟁 억제용, 또는 핵 억제용이라고 할 수 있는데 이는 전략핵무기로 구분된다. 그래서 사실 대부분의 핵무기는 전략적인 운용범주에서 관리된다. 반면에 전술핵무기는 전쟁 발발 시 적에게 직접적인 타격을 주기 위한 용도로서 그 파괴력은 전략핵무기에 비해 매우 낮지만 전장에서의 전시적 효과는 엄청나게 강력한 핵무기다.

전략핵무기는 실제로 전장에서 쓰일 가능성은 거의 없다. 보유만 하고 있어도 억제력을 충분히 발휘한다. 그 이유로는 ① 파괴력이 너무 크다는 점, ② 다른 핵보유국을 자극할 가능성이 크다는 점과 동시에 전 지구적인 핵전장화를 불러올 수 있다는 점, ③ 탄도미사일의 비행궤도를 읽은 다른 핵보유국의 오해로 인한 보복공격의 가능성, ④ 핵보유국에 발사 시 보복 핵공격의 충분성 등의 사유 때문에 직접사용은 불가능하다고 봐야 한다.

---

192) 신성택, 핵무기는 절대적 공격용 무기이자 보복용 무기, 전 국방연구원 책임연구원, 미국 몬트레이 국제학대학교 교수, 뉴스한국, 2009.07.22일자.

반면에 전술핵무기의 경우, 전쟁 발발 시 언제라도 사용 가능하다. 전술핵무기는 소형-저(低)위력-운용 간편한 핵무기로서 주로 전시에 적을 효과적으로 순식간에 괴멸시킬 수 있는 용도로까지 발전되었기에 전략핵무기보다는 오히려 상대국의 전술핵무기에 대한 두려움이 더 크다. 실제로 과거 주한미군에 배치되었던 핵배낭(SADM: Special Atomic Demolition Munition)의 경우 김일성이 가장 두려워했던 제1순위의 미국 핵무기였다.

미국이 비록 물리적으로는 한반도에서 전술핵무기를 철수시켰지만 오히려 더욱 첨단화를 거쳐 이전보다 훨씬 위력적으로 전술핵무기를 운용하고 있다. 그렇다고 전략핵무기는 미국 본토의 저장고에 넣어두고 전술핵무기만 운용한다는 것은 더욱 아니다. 특공대원이 메고 가서 목표지점에 놓고 최대한 빨리 멀리 도망친 후에 버튼(휴대전화)만 누르면 반경 1~3 km정도는 순식간에 초토화된다.

대표적인 미국의 핵탄두들

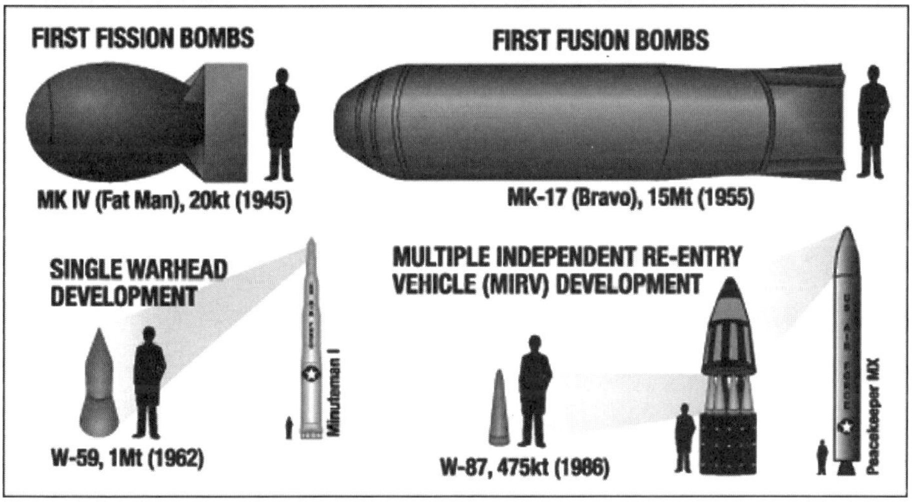

전술핵무기에 못지않게 미국은 전략핵무기의 범위를 확장하고 더욱 구체화하였다. 즉 미국은 동맹국이 핵공격을 받았을 때 ① 대륙간탄도미사일(ICBM)과 ② 잠수함발사미사일(SLBM), ③ 전략폭격기 탑재미사일(ALCM) 등 3대 타격수단으로 응징한다는 계획을 확정하였다. 미국은 이에 더해 2002년 NPR(핵계획검토보고서)을 발표하면서 확장억제 수단으로 이들 3대 전략무기에다 ④ 미사일방어(MD)와 ⑤ 초정밀타격체제까지 추가시켰다.

이론상으로는 메가톤(TNT폭약 100만t 위력)급 핵탄두를 사용하는 전략핵무기도 미국의 핵우산에 포함될 수 있지만, 남북이 인접해 있는 한반도 특성상 100~200킬로톤(TNT폭약 10만~20만t 위력) 이하의 전술핵무기가 대부분이다.

1991년 '한반도 비핵화선언' 이전 주한미군에는 전투기에서 투하되는 핵폭탄, 155㎜/8인치

포에서 발사되는 핵포탄(AFAP: Artillery fired atomic projectile), 랜스 지대지 미사일용 핵탄두, 핵배낭, 핵지뢰 등 151~249발의 전술핵무기가 배치돼 있었다.

1991년 이후 미국은 핵전략 및 작전개념의 변화로 이들 지상배치 전술핵무기를 미국 본토로 철수시키고 단계적으로 폐기하고 있다. 지난 2002년 미국의 '핵태세 검토 보고서'에 따르면 미국이 보유한 전술핵무기는 총 1620발이었다. B-2 스텔스 폭격기, B-52 폭격기, F-15E/F-16/FA-18 전투기 등으로 운반되는 ① B-61 계열의 핵폭탄 1300발과 ② 로스앤젤레스급 공격용 원자력추진 잠수함 등으로부터 발사되는 토마호크 크루즈(순항) 미사일 320발 등이다.

미국은 한반도에 핵우산의 지주(支株)로 전술핵무기를 배치했다가 지난 1991년12월 노태우 당시 대통령이 '한반도비핵화선언'을 발표하기 직전에 모두 철수했다. 비밀문서에서 해제된 美 태평양사령부(USCINCPAC)의 1991년도 작전일지에 따르면 미국은 같은 해 9월 조지 부시 대통령이 발표한 '핵무기 감축선언'에 따라 한반도에 배치됐던 포병발사용 핵포탄을 비롯한 모든 핵무기를 이때 동시에 철수시켰었다고 기록하였다.

미국은 한국 내 핵무기 배치에 관해 시인도 부인도 하지 않는(NCND) 정책을 취해왔으나 이 문서에 의해 한반도에 대한 핵무기 배치 및 철수 사실이 처음 확인됐다.

이 문서에 따르면 주한 미군을 관할하는 태평양사령부 총사령관 라슨 제독은 1991년9월 부시 행정부가 취해온 일련의 핵감축 정책에 따라 주한미군사령관을 비롯한 산하 사령관들에게 비 전략 핵무기(NSNF)의 억제력과 전력 등을 평가, 보고하도록 지시했으며 부시 대통령의 '비축 핵무기 감축선언'으로 한반도 배치 핵무기 철수 문제를 본격적으로 논의했다고 돼 있다.

2천여기의 핵무기를 안전하고 체계적으로 철수시키기 위해서는 각 사령부뿐만 아니라 정부 기관들과 긴밀한 협력이 필요했으며 미 합참의장은 핵무기 철수시 안전과 보안을 최우선으로 하라는 '핵철수 지침서'도 하달했다. 안전장치(PAL: Passive Action Link)가 결여된 노후 핵무기는 최우선적으로 철수, 폐기시키고 함정적재용 핵무기는 해당 함정이 미국내 기지에 재배치되기에 앞서 제거한다는 원칙이 세워졌으며 이에 따라 한반도에 배치된 AFAP가 최우선적으로 철수 대상이 됐다는 것이다.

당시 남한에 배치된 핵무기의 주력은 B-61이었다. 철수 그 시점까지도 군산에 위치한 미국 8전술비행단은 F-16 전폭기 48대중 일부에 핵폭탄 B-61을 탑재하고 핵공격 훈련을 실시했던 것으로 기록돼있다. 문서들에 의하면 당시 8전술비행단 조종사들이 핵폭탄 B-61을 탑재하고 핵공격 훈련을 실시하고 있어서 1991년 상반기에도 미공군 관계 당국의 검열을 거쳤다고 했다.

B-61 핵탄두는 미국이 지금까지 가장 애용(?)했고 지금도 운용중인 전술핵무기중의 한 종류다. 현재 미군이 운영 중인 전술핵은 340킬로톤급 B-61, 통칭 실버 블릿(Silver Bullet) 핵폭탄, 1.2메가톤급 B83 핵폭탄, 유명한 순항 미사일 토마호크도 200킬로톤급 핵탄두를 장착한 버전이 있다.

토마호크의 경우 주로 전함이나 B-52와 같은 중폭격기에서 사용되지만 B-61이나 B-83의 경우 초기엔 수직 이착륙기인 AV-8 해리어에도 탑재가 가능할 정도로 다양한 전투기에 배치돼 사용됐다.

지금은 B-52와 B-2에 전부 떠맡긴 상태다. 그 외에 실전배치 운영 중인 전술핵은 3.8 메가톤급 트라이던트 잠수함 탄도미사일 정도다. 나머지는 모두 지상발사 형태의 전략핵미사일들이다.

60-70년대 한국내 전술핵 배치현황(위키리크스 발표)[193]

YEAR	TOTAL	OKINAWA	KOREA	GUAM	PHILLPIN	TAWAN
1961	1740	756	611	255	62	14
1962	2053	943	617	298	74	26
1963	2355	1148	641	364	98	26
1964	2421	1124	690	364	147	26
1965	2470	1088	762	364	195	32
1966	2898	1191	871	473	249	50
1967	3248	1287	949	587	316	56
1968	3043	1257	901	533	273	56
1969	2808	1197	835	467	231	56
1970	2663	1022	780	569	183	38
1971	2488	835	738	666	153	38
1972	2132	442	684	726	201	26
1973	1752	0	641	774	249	26
1974	1673	0	641	780	183	8
1975	1653	0	635	780	129	0
1976	1341	0	539	726	62	0
1977	1118	0	460	666	0	0

DEPLOYMENT OF US NUCLEAR WEAPON / 1978 DOD

---

193) '한국핵무기 철수를 최우선하라' 미태평양사령부(1991) http://andocu.tstory.com/2864
　　'한국 핵무기배치이전 의정부·안양리 핵예비기지로 지정' 미극동사령부 자료 http://andocu.tstory.com/2854
　　'미태평양함대 제9잠수함전단 임무 일부변경―7월 1일부터 시행' 명령서 http://andocu.tstory.com/2864

참고 5

남·북한의 핵개발

1970년대 남한과 북한의 핵개발 시도를 간략히 정리하면 다음과 같다. 남한의 경우, 1971년 원자력발전소 착공(이중 월성 1호기는 캐나다의 캔두형 중수로 발전소), 1973년 3월 장거리지 대지 미사일 개발 계획을 수립하고 플루토늄을 얻기 위해 프랑스 SGN사의 재처리 시설, 캐나 다의 NRX형 연구용 원자로 등을 도입하기로 함. 1974년 인도 핵폭발 실험 이후 핵확산을 철저 히 경계하던 미국정부의 압력으로 중단. 1975년 핵확산방지조약 체결. 하지만 1976년 사용후 핵연료 재처리 프로젝트를 '국산 핵연료 개발계획'으로 위장한 뒤 추진. 1979년 박정희의 죽음 과 전두환의 군사쿠데타 이후 구체적인 핵보유 시도는 중단된 것으로 알려짐(2004년 IAEA는 한국이 1982년 4~5월 TRIGA Mark Ⅲ 연구용 원자로에서 태우고 나온 열화우라늄(2.5kg)으로 부터 플루토늄·우라늄 혼합물을 추출한 의혹을 제기, 플루토늄 보유는 아니더라도 관련 기술 을 축적하려 했던 시도로 평가됨).

한편 북한은 1973년 실험용 원자로 IRT-200을 4Me급으로 개조, 1975년 미사일 개발 시작, 1975년 플루토늄 생산 실험에 성공. 1979년 5Me급 흑연감속 원자로 공사 시작(1986년 완성).

박정희는 1978년 말까지 핵무기 개발 프로젝트(코드명 '890')를 추진했다. 미국의 압력에 의 해 1976년 말 비밀 핵 프로그램을 중지한 것으로 알려졌지만 77년 이후에도 미사일 사거리 증 대연구와 고폭실험, 핵분열물질 실험 등 핵무기 개발과 관련한 프로젝트를 지속했다. 박정희의 핵 개발은 1960년대 말부터 70년대 초반 북한의 지속적인 도발과 전격적인 미·중 화해, 미국 의 대한 방위공약에 대한 의심 때문이었다. 박정희는 74년 말 핵무기 개발계획인 '890계획'을 승인했지만 76년 미국의 외교압박으로 중단했다. 그러나 77년 1월 카터대통령이 취임 1주일 만 에 핵무기와 보병 2사단을 한국에서 철수하라고 지시하면서 890계획 일부가 재가동 되었다. 국방과학연구소(ADD)에서 고폭실험과 화학무기 개발 연구를 하라는 지시가 내려졌다. 77년 9 월에는 미사일 연구진도 작업장으로 복귀했다. CIA는 "78년 4월 ADD는 개량된 나이키-허큘리 스 지대지 미사일의 시험발사에 착수했다"며 박대통령으로부터 '85년까지 350Km의 미사일 개 발계획'을 승인받았다고 덧붙였다. CIA는 당시 "한국의 핵무기 개발에 대한 확실한 증거는 찾 을 수 없다"면서도 "한국이 개발을 시도했던 핵탄두의 사이즈와 중량은 미사일 개발 프로젝트 에 비추어 수 kt에서 20kt의 재래식일 것"이라고 추론했다.(문정인 & 피터 헤이즈, "미 중앙정보 국 CIA: 한국: 핵개발 전략과 전략적 결정", 『글로벌 아시아』 2011 가을호)

5. 비핵지대 창설 노력과 동북아

가. 개요

인류를 전멸시킬 수 있는 가공할 위력을 지닌 핵무기가 등장한 이래, 핵무기를 근절시키고 핵무기의 위협으로부터 벗어나고자 하는 인류의 노력은 계속되어 왔다. 특히 핵무기가 소수의 강대국들에 의해 독점되고 있는 상황에서, 비핵무기국들은 핵 위협으로부터 자국의 안전과 안보를 확보하기 위한 노력을 경주하여 왔다. 그러한 노력의 하나가 바로 비핵지대를 창설하려는 시도이다. 이러한 노력은 중부유럽을 비롯해서 아프리카, 중동, 동남아, 남아시아, 중앙아시아, 중남미, 남태평양, 발칸반도와 아드리아 해 지역, 발틱 해와 북유럽, 한반도 등 세계 도처에서 있었다.

지금까지 국제사회는 핵 비확산뿐만이 아니라 더 나아가서 핵 군축 달성 차원에서 비핵지대의 효용성을 수없이 강조해 왔으며 대표적인 예로 1995년 NPT연장 및 평가회의에서 '핵확산과 군축을 위한 원칙과 목표'를 채택한 가운데 우선적 이슈로 비핵지대 설치를 장려하였으며, 이로 인해 동남아시아와 아프리카에 비핵지대가 설치되었으며 몽골이 단일국가 비핵지대를 선언하고 중앙아시아 국가들의 비핵지대 설치에 대한 관심을 유발하게 되었다. 이와 같은 사실은 매년 유엔총회 결의안에서도 볼 수 있으며 2010년도 결의안으로는 중동 지역 내 비핵지대 설치를 권유하는 중동 비핵지대 결의안과 아프리카 전 국가들이 서명, 비준과 핵 국가의 조약 부속의정서 서명을 촉구하는 아프리카 비핵지대결의안 등을 들 수 있다.[194]

국제적으로는 1959년의 남극조약으로부터 2009년 7월에 발효된 아프리카 비핵시내 조약에 이르기까지 현재 6개의 비핵지대 조약이 설립 운용 중에 있으며 중동비핵지대 등이 논의 중에 있다. 이러한 결과로 현재 약 120개국 이상이 비핵지대조약 당사국으로 되어 있고 지구 육지면적의 50%를 차지하며 이는 남반구 전체 육지 면적에 해당된다고 할 수 있다.[195]

2009년 오바마 대통령이 프라하 연설에 이어 유엔안보리 최초로 열린 핵 군축과 비확산을 의제로 한 정상회의에서 '핵 없는 세상'을 위한 결의를 채택하였고 이로 인해 '핵무기 없는 세계'를 만들고자 하는 국제적 조류가 형성되고 있다. 더 이상 미국은 경제적 이유로 일방적인 핵패권 유지를 할 수 없는, 또 그렇게 할 필요도 없는 상황이 되었고 이에 따라 미국은 러시아

---

194) UNGA/Res/64/24. African Nuclear-Weapon-Free Zone Treaty. GA/Res/64/26. Establishment of a nuclear-weapon-free zone in the region of the Middle East, 14 January 2010.
195) 임채홍, 「동북아 제한적 비핵지대화에 대한 역사적 고찰」, 『軍史』 第77號(서울: 군사문제연구소, 2010. 12), p. 327.

와의 전략무기감축조약START 조인 등 후속조치를 취하하고 핵 안보정상회의를 주창하며 적극적으로 나서고 있다.

일본에서도 동아시아 공동체를 지향하는 정권이 등장하였다. 2009년 9월 유엔안보리 정상회담에서 일본의 하토야마 총리는 '비핵지대 창설은 핵보유국(P5)과 비보유국 간의 연대 하에 진행될 수만 있다면 핵 군축과 핵확산 방지, 나아가서는 각 지역의 평화와 안정이라는 목적에 이바지 할 것이다'라고 말하며 '동북아 비핵지대 구상'을 발표하였다. 집권 민주당 총리가 공식적으로 제안한 것이다. 일본은 특히 후쿠시마 원전 폭발사고 이후 핵 안보에 관심이 집중되어 비핵지대화에 정책적 비중이 강화될 것으로 예상된다.

북한은 핵보유를 선언하고 핵보유국으로서 핵 군축 협상을 하겠다고 나섰다. 핵 군축 협상은 6자회담을 통한 동북아 비핵지대화 문제와 바로 연계된다. 학계와 전문가들 사이에서 동북아 비핵화 문제가 현안으로 떠오르고 있다.

동북아의 비핵지대화 문제196)는 북한의 핵문제를 해결하기 위한 구체적 대안으로서의 그동안 국내외적으로 일부 시민단체 및 핵 군축을 위한 세계의원연맹PNND197) 그리고 엔디콧 박사를 중심으로 한 동북아 제한적 비핵지대화 논의가 꾸준히 이어져왔으나 북한의 계속된 6자회담 무력화와 핵 도발로 별 진전이 없었던 사안이다. 동북아가 다른 지역과 달리 비핵지대화 추진이 어려웠던 이유는 북한의 무력도발과 이를 방어하기 위한 수단으로 한미동맹과 핵우산이 대치되었기 때문이다. 한국으로서는 공격적인 북한군에 대응하기위해서는 미국의 핵우산이 가장 유일하고 효과적인 수단이었기 때문이며 또 한 가지는 동북아가 핵 국가와 핵 비 보유국이 혼재되어 있으면서 핵보유국과 직접 국경을 맞대고 지근거리에 있는 지리적 특성 때문이다. 기존의 비핵지대 참가 국가들은 핵보유국들과 상대적으로 멀리 떨어져있는 나라들로서 안보에 대한 위협의 심각성 인식이 비교적 약한 나라들이다.

동북아 비핵지대화 문제는 과거와는 달리 6자회담의 성공시 한반도 안전보장의 확보 그리고 핵강대국들의 비확산 노력과 함께 급물살 탈 가능성이 커졌다고 볼 수 있다. 비핵지대화 현황과 동북아 비핵지대화 논의 현황 및 전망에 대하여 살펴보기로 한다.

나. 비핵지대 개념, 성격과 설립현황

---

196) 동북아시아 비핵지대화는 50년대 말 구소련과 중국에 의해 아시아비핵지대 일환으로 꾸준히 제기된 바 있다. 또한 70년대 초부터 알렌 화이트 등 주로 외국 학자들에 의해 한반도를 비롯한 동북아시아를 비핵지대화 하자는 주장이 있었다.

197) PNND: Parliamentary Network for Nuclear Disarmament.

1) 비핵지대 개념

'비핵지대'Nuclear Weapons Free Zone: NWFZ는 일반적으로 핵무기 자체가 완전히 부재할 뿐만이 아니라, 핵무기 사용이 금지된 지역을 의미한다. 기존 비핵지대조약들은 해당지역의 특수성을 반영하여 그 성격에 있어 약간의 차이점들이 있으나, UN총회의 결의들은 비핵지대 개념의 일반적인 정의로서 받아들여지고 있다. 1975년 UN총회에서 채택된 결의안은 '비핵지대 개념'을 다음과 같이 정의하고 있다.

"비핵지대는 각국이 자유롭게 주권을 행사하며 조약 혹은 협약에 의해 설립된 유엔총회가 인정하는 지역으로서, 지역 내 핵무기의 완전 부재상태 유지와 법령에 의한 의무이행을 보장토록 국제적 검증 혹은 통제시스템이 확립된 상태"를 말한다.

비핵지대는 UN총회에서 그 지위가 인정되고, 어떤 국가집단이 주권의 자유로운 행사를 통하여 조약 또는 협약에 의해 설정된 지대로 간주될 수 있다.
 (a) 적용지대의 경계를 설정하는 절차를 포함한, 해당지대에 적용되어지는 핵무기의 전반적인 부재total absence를 내용으로 하는 규정statute이 확립되어 있으며, (b) 그러한 규정으로부터 발생하는 의무를 이행 보장할 '국제적 검증 및 통제체제'가 설립된다.198)

그런가 하면, 1987년에 개최된 'UN군축특별총회'의 최종문서Final Document는 비핵지대 개념에 대하여 다음과 같은 설명을 부가하고 있다.

60. 관련지역 국가들 간에 자유롭게 도달한 '약정'arrangement에 기초한 비핵지대의 설정은 중요한 군축조치를 구성한다.
61. 세계의 서로 다른 지역에서 비핵지대 설정 과정은 핵무기가 완전히 부재한 세계를 달성하려는 궁극적인 목표를 고무할 것이다. 비핵지대 설정 과정에서 각 지역의 특성이 고려되어야 한다. 비핵지대 참여국가들은, 해당지역이 핵무기로부터 진짜로 자유롭기 위하여 비핵지대를 설정하는 합의 또는 약정의 모든 목표와 목적 그리고 원리를 충분히 수락할 것을 약속해야만 한다.199)

---

198) UN Document A/RES/3472B(ⅩⅩⅩ).
199) UN General Assembly Official Record, Final Document, 10ᵗʰ Special Session, 1978, S/10-2, paras. 60-61.

한편 기존 비핵지대 조약들은 목적 달성을 위해 관련 국가들이 취해야 할 구체적인 조치들을 명시하고 있는데, 이를 대별하면 크게 세 가지로 나눌 수 있다. '비보유'non-possession와 '비배치'non-stationing, '비사용 및 비위협'non-use or non-threat of use이다.

핵무기의 확산을 방지하는 노력은 글로벌Global한 접근으로서의 핵무기비확산조약NPT과 지역적Areal인 접근으로서의 비핵지대nuclear free zone 창설로 구분할 수 있는데 전자의 아래에서는 핵무기국이 관리(사용의 결정권)를 유지하고 있을 경우 비핵무기국의 영역에 핵무기를 배치하는 것이 금지되지 않지만, 후자에 있어서는 그러한 배치도 금지된다. 단, 비핵지대에 있어서도 핵무기 탑재의 함선이 비핵지대 구성국의 항구에 기항하는 것이나, 그 영역을 항행하는 것은 일반적으로 비핵지대 조약과 모순하지 않는다고 되어있다.

2) 비핵지대의 현황

현재 6개의 비핵지대조약과 논의가 진행 중이다. 설립된 6개 비핵지대조약은

① 중남미 핵무기금지조약(Treaty of Tlatelolco)
② 남태평양 비핵지대조약(Treaty of Rarotonga)
③ 아프리카 비핵지대조약(Treaty of Pelindaba)
④ 동남아시아 비핵지대조약(bangkok Treaty)
⑤ 중앙아시아 비핵지대조약(Central Asian NFZ Treaty)
⑥ 몽골 비핵지대조약(Mongolia's NFZ Treaty)

이며, 비핵지대 설립 논의가 진행 중인 곳은 '중동비핵지대'Middle East NFZ Treaty, 남아시아, 동북아시아, 중앙유럽 등이다. 비핵지대 논의는 시간이 흐를수록 소극적이지만 법적 구속력을 요하는 비핵지대화에서 적극적으로 군축을 요구하는 흐름을 보이고 있다. 예를 들어 중앙유럽 비핵지대화 논의는 핵무기의 실질적 철수, 해체, 파괴를 요구하며, 동북아시아 비핵지대화 논의는 미국의 핵우산 정책의 철회에 대해 논의하고 있다.

남·북한 간에 있었던 '한반도 비핵화에 관한 공동선언'은 서명, 비준되었으나 북한의 일방적인 조치로 효력이 정지되었다. 핵무기가 존재하지 않는 상태를 창설한다는 의미에서는 '우주조약', '달 협정', '남극조약', '해저 비핵화조약' 등도 비핵지대조약의 일종이지만 일반적으로는 비핵지대란 어떠한 국가의 영역 주권 하에 있는 영역에서 그러한 상태를 창설하는 경우를 말한다.

가장 최근에 창설된 비핵지대의 창설배경을 소개하면 '중앙아시아 비핵지대조약'은 러시아 중심의 구 공산진영과 서방국가 간의 세력 대결 하에 이루어졌다. 1992년 알마티 선언에서 비핵지대 설립 논의가 시작되어 1997년과 2000년 유엔통회에서 전원합의로 결의안이 채택되었다. 카자흐스탄, 키르키즈스탄, 타지키스탄, 투르크메니스탄, 우즈베키스탄 등 5개 회원국으로 구성된 국제조약으로서 '세미팔라틴스크'Semipalatinsk[200) 또는 '세메이'Semei 또는 Semey 조약이라 불린다. 러시아와 중국은 동 조약 설립에 찬성한 반면, 미국·프랑스·영국은 러시아 주도의 집단안전보장 조약인 '타쉬켄트' 조약의 존재[201)여부와 지역·국제안보 및 개인·집단방어에 해가 되도록 현존하는 안보협정체제를 방해하는 어떤 지대 설립도 반대한다는 입장과 함께 동 조약이 지대내 핵무기 통과를 금지할 수 있다는 가능성에 대한 우려로 반대하였다.(NATO의 군사력 약화 우려) 그럼에도 불구하고 2006년 9월 8일 서명이 개방되고 2009년 3월 21일 조약이 발효되었다.

'몽골비핵지대'는 단일국가의 비핵지대화 사례로서 과거 냉전시 몽골과 국경을 연하고 있는 중·소간 핵전쟁 가능성이 존재하였으며 몽골 주변에서 전 세계적인 핵실험의 27%가 실시되었고 핵무기와 핵 저장소 등 20여개의 중국과 러시아의 핵시설이 위치해 있다는 점 등이 1992년 자체적으로 자국의 비핵지대화를 선언하는 계기가 되었으며, 국제사회의 광범위한 지지를 받았다. 1997년 단일국가 비핵지대 설립을 위한 일반지침과 개략적인 요소가 포함된 문서를 작성하였고, 1998년 12월 4일 유엔총회에서 단일국가 비핵지대화를 승인 받아 2000년 2월 28일 발효되었다.

---

200) 중앙아시아 카자흐스탄의 도시 이름. 세메이는 세미팔라틴스크의 새로운 이름이다. 이곳은 구소련 시절의 핵실험 장소였다. 당시 세메이에서 150킬로 떨어진 곳이 핵실험 장소로 선정되어 1949년부터 1989년 사이 456회의 핵실험이 행해졌다. 그중 340회가 지하 실험, 116회가 대기 중 실험이었다. 1949년 첫 실험이 스탈린의 70회 생일을 기념하는 것이었다고 한다. 100만 ha이상이 오염되어 주민들이 방사선 오염으로 고통을 받고 있는 곳이다. 1991년 8월 29일 카자흐스탄 대통령 나자르예바브(N.A. Nazarbaybe) 포고에 의하여 이 지역을 핵실험 지역에서 해제하고 1992년 12월 18일 법률에 의하여 이 지역 주민에 대한 공식적인 지원이 개시되었다. 우리나라는 해외협력단(KOICA)과 국립암센터가 2010년 4월 세메이 암 전문 병원과 MOU를 맺고 암 조기 진단 시스템 구축 사업에 참여하고 있다.

201) 타쉬켄트는 우즈베키스탄의 수도이다. 9.11 이후 대 아프간 군사작전에 적극 협조하는 등 미국·서방과의 외교관계 개선을 추구하였으나(05.5) 무려 2000명의 사망자를 내며 강제 진압된 '안디잔'의 민중봉기 사태이후 국내인권문제를 지속 거론하는 서방과의 관계가 악화되었고(05.11) 우즈벡 주둔 미군기지 철수 및 러우간 군사동맹조약 체결 등 친러 정책을 추진하고 있다. 그리고 2006년 6월 23일 러시아가 주도하는 구소련 권 군사동맹조약인 집단안보조약(CSTO) 에 재가입 했다. 우즈베키스탄은 원래 창설 멤버였으나 1999년 이슬람 카리모프 대통령이 러시아와 거리를 두면서 조약에서 탈퇴, 반러시아 국가들의 모임인 '구암(GUAM)'에 가입 했다. 그러나 안디잔 사태 이후 미국을 중심으로 한 국제사회의 비난이 거세지자 친러 주의로 변신, 구암을 탈퇴하였다. CSTO참가국은 러시아를 비롯하여 벨로루시, 아르메니아, 키르키즈스탄, 카자흐스탄, 타지키스탄 등 6개국이다.

2000년에 국내 입법화된 주요내용은 자국영토 내에서 핵무기 제조·저장·수송·실험의 금지와 무기 급 핵폐기물의 수송·덤핑·저장을 금지하고 있다. 단 하나의 남은 과제는 단일 비핵지대에 대한 핵 국의 공식인정을 받는 것이며 몽골 정부는 몽골·중국·러시아 간의 3자 조약 초안을 2007년 9월 양국에 전달하여 2008년 초부터 협상개시를 희망하였다. 이 초안은 또한 미국·영국·프랑스로 하여금 비핵지대의 보장을 요구하는 부속의정서를 포함하고 있다.

현대에 있어 화약고라 불리며 제3차 대전 또는 핵전쟁 발발 가능성이 제일 크다고 보는 지역인 중동지역의 평화 실현방안으로서 시도된 '중동비핵지대' 방안은 1974년 이집트와 이란이 유엔총회에 '중동비핵지대 결의안'을 제출하였고 그 후 이집트 무바라크 대통령이 1990년 5월 핵·화학·생물무기 금지를 망라한 '중동 비대량살상무기지대 구상'을 발표하였으며 1995년 NPT 평가회의에서 '중동비핵지대 설립 방안'이 논의된 바 있고 2010년 5월 NPT 8차 평가회의에서는 합의문에서 중동 비핵화지대 창설과 관련, "NPT 회원국들은 지난 1995년 마련된 NPT 결의안에 따른 중동 비핵지대 창설에 동의하고, 2012년에 모든 중동국가들이 참석한 회의를 개최해 이 문제를 논의한다"고 명시했다. 하지만 구체적 행동계획 등 세부사항은 언급되지 않았다. 또 2012년 회의 결과에 강한 구속력을 부여하는 데 실패했고, 이스라엘과 이란이 참석한다는 보장이 없어 회의가 개최될지도 불투명하다는 지적을 받았다. 사우디 파이잘(투르키 빈) 왕자도 '중동비핵지대와' 구상을 제안한 바 있다. 그러나 사실상의 핵국인 이스라엘이 자국의 핵태세, 안보전략 및 대외정책을 변경하지 않는 한 중동지역 비핵화는 어려우며 설상가상으로 이스라엘에 대응하여 이란이 핵개발을 시도하고 있어 현재로서 중동비핵지대 방안은 요원하다 할 수 있다. 오히려 사우디는 이란에 대한 핵협상이 실패하고 이란의 핵무장이 가시화되면 사우디도 핵 억제력을 구축해야 한다는 여론이 팽배하다. 최근 2012년 초 이란의 호르무즈 해협 봉쇄와 관련하여 위기가 고조되고 있고 이란의 핵개발이 가시화 되는 순간 이스라엘이 미국을 무시하고 공격할 가능성이 커지고 있다.202)

'한반도 비핵화 공동선언'은 발효되었다가 북한의 핵개발로 정지된 상태이며 향후 남북대화와 6자회담을 통하여 효력을 복원시켜야 할 비핵지대 조약에 준하는 내용이다.

비핵지대 조약들은 3대 기본조치로서 '비보유' '비배치' '비사용 및 비사용'을 골간으로

---

202) 「중앙일보」, 2012. 2. 2일자, '모사드- CIA 극비접촉... 이란공격 담판했나?' 2012년 2월 이란은 핵연료봉 자체 제작 성공을 대외적으로 과시하며 핵개발 임박을 공표하였다. 그러나 이스라엘의 단독적인 이란 공격은 사실상 어렵다고 할 수 있다. 미국의 지원이 필수적인데 미국은 지난 10년간 두 개의 전쟁을 치른 뒤 최악의 경재 위기를 겪으며 군사전략을 전면 수정하는 등 방어적 군사전략으로 전환하여 새로운 전쟁을 벌일 여건이 아니며, 사우디아라비아를 포함한 걸프국가들의 참여와 지원이 없으면 불가능하다. 왜냐하면 이스라엘의 F-151 전투기가 이란에 대한 공습작전을 효과적으로 전개하려면 사우디 영공을 통과해야 하고, 바레인에 있는 미 5함대나 카타르에 있는 미 중부군 사령부가 개입하려 해도 주둔국 협력이 필수적이다.

하고 있으며 해당 지역의 특수성을 반영하고 있다. NPT체제 성립 이전에 체결된 틀라텔롤코 조약을 제외하고 모두 평화적 목적을 포함한 일체의 핵실험을 금지하고 있다. 표-2는 이들 비핵지대조약의 성격을 비교한 것이다.

다. 동북아시아 비핵지대 창설 필요성과 조건

1) 동북아 비핵지대 창설 필요성

그간의 동북아지역 비핵지대화 논의의 초점은 북한의 핵문제 해결과 일본 및 대만의 의 잠재적 핵무장 가능성에 대한 우려가 핵심이었다고 할 수 있다. 그러나 이제는 아이러니칼하게 도 일본의 핵무장 가능성 보다는 후쿠시마 원전사고 이후 핵안전Safety 때문에 오히려 일본이 반핵정책으로 급선회하고 있고 북한도 무작정 핵무장을 고집하며 핵안전을 도외시할 수 없는 상황이 되었다.

이러한 상황은 동아시아의 공동안보 여건 조성에 긍정적인 기여를 하고 있는데 한국과 일본이 주체가 되는 동북아 비핵지대화가 동아시아 공동안보의 시금석이 될 가능성이 커졌다. 북한 핵문제의 궁극적인 해결은 6자회담을 통한 동북아 다자안보체제 구축과 이를 통한 안보 협력 및 군비통제를 통해서 가능하며 이러한 접근을 통하여 조화로운 통일 프로세스가 진행될 수 있을 것이다.

그간 논의되었던 동북아비핵지대화 필요성을 개괄해 보자면 동북아 장기 안보대안으로서 이성삼 교수는 미국이 추진 중인 미사일방어Missile Defense: MD 계획에 대신하여 한국의 '장기 안보 전략'과 '동북아 안보'의 대안으로서 동북아비핵지대화를 제시하였다. 그는 동북아 비핵지대화 는 20세기 핵 군비경쟁이 인류에게 제기한 위험으로부터 탈출할 수 있는 방안으로써 미사일 방어보다 더 근본적이고 궁극적인 대안인 동시에, 한국이 동아시아에서 추구할 공동안보전략 의 중요한 고리가 될 수 있다는 입장을 밝히고 있다. 또한 동북아에 비핵지대를 창설하는 것은 공멸을 가져올 수 있는 한·일간의 핵무장 경쟁을 방지하고, 한국과 일본이 견지해온 비핵원칙 을 계속 유지하는데 필요하며, 동북아에서 본격적인 다자적 안보질서를 형성하는 단초가 되며, 궁극적으로 전 지구적 비핵화에 기여할 수 있다고 말하고 있다.203)

한편, 북한핵문제 해결에 우선적 초점을 둔 것으로서 남북한과 일본의 3국 비핵지대를 주 장하고 있는 전성훈은 비핵지대 창설의 타당성의 효과로서, 북한의 핵개발 기도 차단, 유명무 실화된 '한반도비핵화 공동선언'의 발전적 개편, 일본의 지위와 기술력 활용, 한국의 원자력 정

---

203) 이삼성, 「한반도의 평화에서 동아시아 공동안보로」, 이삼성외, 『한반도의 선택』(서울: 삼인, 2001), pp. 35-57.

책에 대한 의혹 해소, 3국의 원자력 정책에 법적 구속력 부여, 한반도 평화체제 구축을 위한 신뢰구축, 국제적 비확산 노력에 기여, 동북아 다자안보협력 추세에 부응 등을 들고 있다.[204]

2) 동북아비핵지대 창설의 가능 조건

한편 동북아에 비핵지대를 창설하기 위해서는 최소한 다음과 같은 조건들이 필요하다.[205]

첫째, 핵무기국들이―특히 미국―비핵지대에 대한 지지기준으로 내세우고 있는 요구조건들이 어느 정도 충족될 수 있을 때만이 현실적으로 비핵지대의 설립이 가능할 것이다. 공해상에서의 항해 자유와 영해에서의 '무해통항' 및 기항·기착 문제, 핵우산과 군사동맹 관계의 유지문제 등이 그것이다.

공해에서의 항해자유는 'UN 해양법'에서 인정하고 있어 별 문제가 없어 보이나, 핵무기 탑재 함정의 영해 내에서의 '무해통항권'은 여전히 논란의 여지가 많다. 그러나 무해통항의 문제는 기존의 비핵지대 조약들이 원칙적으로 허용하고 있으므로 이를 준용하면 될 것이다. 또한 기항·기착 문제도 해당국가에 일임하고 있는 기존 비핵지대 조약들의 관례를 따르면 문제가 없을 것이다. 이러한 점들에 대하여 핵무기국들과 비핵무기국들 간에 타협이 이루어져야 한다.

둘째, 동북아에 비핵지대를 창설하기 위해서는 핵국가들 간에 핵무기의 감축 및 통제에 관한 사전협상 및 타협이 이루어져야 할 것이다. 다른 지역과 달리 동북아시아에서는 핵무기국들이 많은 핵무기들을 배치해 놓고 있으며, 핵무기가 군사정책 및 전략상 중요한 비중을 차지하고 있다. 비핵지대의 창설은 핵무기국들이 동북아에 배치한 핵무기들의 이동 내지는 철폐를 의미한다. 따라서 동북아에 배치한 핵무기들을 어떻게 할 것이며, 각 핵무기국들이 보유하고 있는 전체적인 핵전력을 어떻게 재조정할 것인가에 대한 협상이 이루어져야 한다.

셋째, 동북아의 비핵지대 창설은 핵무기국가들의 정책 및 전략의 변경을 조건으로 한다. 특히 미국의 핵무기 중시 정책과 핵무기 선제공격전략은 동북아에서 비핵지대 창설을 어렵게 하는 중요한 장애요인이다. 따라서 미국이 지금과 같은 핵무기 선제공격 사용전략과 핵무기 중시 정책을 유지하고 있는 한 동북아에서 비핵지대의 창설은 사실상 불가능하므로 미국의 전략 및 정책 변경이 필수적인 조건이라 할 수 있다.

미국은 비핵지대 설립과 관련하여 지금까지 일곱 가지 기준을 제시해 왔다.

---

204) 전성훈, 「한반도 비핵화 실현과 남·북한·일본 3국 비핵지대 창설방안」, 연구총서 99-03(서울, 통일연구원, 1999).

205) 이철기, 「동북아 비핵지대 창설의 가능성: 동남아 비핵지대와의 비교」, 『아세아 연구』 제49권 1호(2006년). pp. 127-130.

① 비핵지대 설립은 그 해당지역 국가들에 의하여 주도되어야 하며

② 참여의 중요성이 인정되는 모든 국가의 참여가 보장되어야 하며

③ 비핵지대조약은 검증 수단을 확보해야 하며

④ 비핵지대 설립이 기존의 안보협정에 해를 끼쳐서는 안 되며

⑤ 비핵지대 조약은 당사국들이 핵폭발장치를 개발하거나 소유하지 못하도록 효과적으로 금지할 수 있어야 하며

⑥ 비핵지대는 국제법에서 인정하는 권리―특히, 항해 자유의 원칙―행사에 대한 제한을 부과해서는 안 되며

⑦ 비핵지대의 설립은 당사국이 다른 국가의 기항과 영공통과를 포함한 통행권을 보장하는 기존의 권리에 영향을 주어서는 안 된다는 것이다.206)

따라서 동북아에서 비핵지대의 설립은 핵무기 선제사용 정책을 비롯해 핵무기에 의존성이 큰 미국의 안보정책의 수정 없이는 현실적으로 불가능하다.

넷째, 북한 핵문제의 해결과 북한 비핵화의 투명성 확보문제 역시 동북아 비핵지대 창설을 위한 선결과제이다. 북한 자신의 선언대로 핵무기 보유가 사실이라면 북한은 '사실상 핵무기국'defacto nuclear-weapon state인 셈이다. NPT체제에서 '비핵무기국'non nuclear-weapon state인 북한의 핵무기 포기와 핵투명성의 확보는 비핵지대 창설의 조건이다. 실례로 아프리카를 비핵지대대화한 '펠린다바' 조약의 경우, 남아프리카공화국의 핵무기 포기로 가능 했다. '남아프리카공화국은 지체 생산한 고농축 우라늄으로 만든 6개의 핵폭발장치를 제조하여 보유하고 있었는데 NPT 가입 직전에 이를 폐기한바 있다.207)

다섯째, 6자회담의 성공을 통해 한반도 비핵화의 개념과 방안에 관해 관련당사국들 간에 일정한 합의가 이루어져야 한다. 베이징에서 개최된 제4차 6자회담에서 채택된 '9.19 공동성명'은 "6자회담의 목표가 한반도에서 평화적 방식으로 검증 가능한 비핵화를 이루는 것이라는 것을 재확인" 하고 있다. 또 "1992년 한반도 비핵화선언은 엄수되어야 하며 실현되어야 한다"고 합의하고 있다.

그러나 한반도비핵화의 개념과 방안에 대해 북한과 한미간에 이견이 있어 왔던 것이 사실이다. 북한은 한반도 비핵화가 비핵지대조약들에 적용되고 있는 일반적인 '비핵지대화' 개념

---

206) Davis Zachary S. "The Spread of Nuclear-Weapon-Free-Zones: Building a New Nuclear Bargain." Arms Control Today 26, No. 1(February 1966). p. 16.

207) Stumpf, Waldo. "South Africa's Nuclear Weapons Program: From Deterrence to Dismantlement" Arms Control Today 25. No. 10(December 1995/January 1996), p. 3.

에 중용되어야 한다는 입장인데 비해, 한국과 미국은 '한반도 비핵화'denuclearization는 일반적인 '비핵지대'nuclear-free-zone와는 다르다는 입장을 보여 왔다. 다시 말해

① 남한에 대한 핵무기국들의 핵무기 사용 및 사용위협을 배제하지 않으며
② 핵무기국에 의한 핵우산 철폐를 의미하지 않으며
③ 핵무기 적재함정 및 항공기의 영토 내 기항이나 통과를 금지하지 않는다는 것이다.[208]

그런데 북미간의 1994년 '북미 제네바 기본합의문'의 제3조 1항에서 미국은 북한에 대해 '소극적 안전보장'NSA을 보장한 바 있고 또 '9.19 공동성명'에서도 미국은 "핵무기나 재래식 무기로 북한을 공격하거나 침략할 의사가 없다는 사실을 확인"하고 있어, 첫 번째 쟁점은 해결될 가능성이 있다. 그러나 두 번째와 세 번째 이견은 북한과 한·미간의 이견차이를 좁히기가 쉽지 않은 것이 사실이다. 한국과 미국은 한국에 대한 미국의 핵우산을 지속하겠다는 입장인 반면, 북한은 한국에 대한 미국의 핵우산 철폐를 자신의 핵무장 포기에 대한 조건으로 주장하고 있기 때문이다.

라. 동북아시아 비핵지대 설치 방안: 주요 논의와 전망

1970년대 초부터 마에다Maeda, 화이팅Whiting, 커닝햄Cunningham 등의 학자들을 비롯하여 민간 분야에서 한반도와 주변 동북아 지역을 제한적으로 비핵지대화 하자는 논의가 많이 있어왔다. 그중 가장 혁신적인 제안이 미국의 존 엔디콧John Endicott박사의 "동북아 제한적 비핵지대안"과 일본의 우메바야시 히로미치Umebayashi Horomichi안과 이를 기초로 구체화 시킨 일본 민주당 국회의원들의 "동북아비핵지대안"〈참고 6〉, 그리고 전성훈의 안 등이다.

엔디콧 박사의 '동북아 제한적 비핵지대 안'은 한반도 판문점을 기점으로 반경 2,000Km 원형의 대상지역으로 한다. 이 안은 초기에 전략핵을 제외한 전술핵만을 규제 대상에 포함시킨다는 점에서 제한적이라는 단서를 붙였다.

우메바야시 히로미치 안은 동북아 역사와 상황의 긴급성을 감안하여 보다 현실성 있는 제안이 필요하다고 주장하면서 '3+3안'을 제안하였다. 이것은 동북아의 비핵무기국인 한국·북한·일본 3개국이 비핵지대 조약을 체결하고 핵무기국인 미국·러시아·중국 3개국이 '소극적 안전보장'을 보장의정서를 통해 보장한다는 것이다.[209] 이를 기초로 일본 민주당은 이를 안

---

208) 통일원, 「남북기본합의서 해설」(서울: 통일원, 1992) p. 74; 민족통일연구원, 「북한의 핵문제와 남북관계」(서울: 민족통일연구원, 1992) p. 6-9.

보정책 공약으로 제시하고 나섰다.

통일연구원의 전성훈도 이와 비슷한 제안을 하고 있는데 전성훈에 따르면, 남북한과 일본을 대상으로 하는 '3국 비핵지대'를 설정하고, 유엔 안보리 결의를 거친 5개 핵무기국가들에 의한 '포괄적 안전보장'을 제공한다는 것이다. 또한 포괄적 안전보장이 성공적으로 이행될 경우, 대상국과 적용범위를 점진적으로 확대하여 몽골을 비롯해 중국과 러시아 일부지역을 포함시킨다는 것이다. 그는 궁극적으로 '방콕조약'과 '라로통가조약', '틀라텔로코' 조약을 연결하는 '환태평양비핵지대'PPNWFZ: Pan- Pacific Nuclear-Weapon-free Zone의 창설을 제안하고 있다.210)

이 세 가지 방안은 모두 동북아 비핵지대 창설의 어려움으로 인해 현실적인 접근을 하고 있는데 공통점은 첫째, 핵국과 비핵국이 혼재된 특성을 감안하여 비핵국이 비핵화하고 핵국이 이를 보장하는 형태를 취하며 우선 실현 가능한 절차를 밟는다는 것이다. 핵국이 보장하는 방법은 '소극적 안전보장NSA을 개별 국이 하는 방안(우메바야시 안)과 유엔 안보리에 의한 '포괄적 안전보장'(전성훈 안)이며 둘째, 단계적으로 접근하며 확대해 나간다는 것이다. 우메바야시 안은 우선적으로 3국이 당면한 북핵 문제를 풀기 위한 방안으로 제시된 것이라 할 수 있고 그 다음 수순은 명시하지 않았지만 자연적으로 지역이 확대될 수 있는 것이며, 전성훈 안은 단계적으로 동북아 및 환태평양으로 확대하는 큰 그림을 그리고 있다. 엔디콧 박사의 안도 우선 실현 가능한 전략핵무기를 제외한 전술핵무기를 대상으로 일정지역(약 2000Km)을 대상으로 하여 제한적 비핵지대를 설립한 후 확대해 나간다는 것이다.

동북아 비핵지대 창설은 현실적으로 다음과 같은 몇 가지 단계적 접근을 통하여 추진되어야 할 것이다.

첫째, 1992년에 남북이 합의한 '한반도 비핵화 공동선언'을 보완, 강화하고 핵무기 국가들로부터 '소극적 안전보장'NSA 을 확보한다.(남·북한)

둘째, 역내 비핵무기 국가들을 대상으로 하는 제한적 비핵지대를 우선 창설한다. '한반도 비핵화 공동선언'에 기초한 한반도의 비핵화를 확대하여 비핵국가인 일본을 포함하여 남북한과 일본의 3국 비핵지대화를 추진한다.(3+3)

셋째, 핵무기국가인 미국과 러시아, 중국을 포함하는 완전한 형태의 비핵지대를 동북아에 창설한다.

넷째, 동북아 "비핵·화·생물무기지대" 및 환태평양 비핵지대로 확대한다.

---

209) Umebayashi Hiro. .A Northeast Asia NWFZ: A Realistic and Attainable Goal,. INESAP Information Bulletin 10(August), 1996.

210) 전성훈, 「한반도의 비핵화 실현과 남북한, 일본 3국 비핵지대창설」 연구총서 99-3(서울: 통일연구원, 1999), pp 87-116

동북아 비핵지대는 북핵문제 해결과 함께 한반도 통일 그리고 동북아 다자안보협력체제 구상과 맞물려 검토되어야 한다. 그것은 한반도 이해 당사자들인 6자회담을 통해서 이루어져야 할 사안이다.

최근까지 가장 정밀하게 검토되어 온 것이 엔디콧 박사의 동북아제한적비핵지대NELNFZ 방안이다. 이 방안은 위에서 제시한 1,2,3 단계를 한꺼번에 아우르는 방안이다. 1992년 최초 발의되어 최근까지 민간차원에서 매년 회의를 통하여 지속적으로 검토되어 왔으며 2001년 서울 회의에서 조약 초안을 채택한 바 있다.〈참고 7〉 2010년 프랑스 보르도 회의 이후로 정체되어 있다.211)

동북아 제한적 비핵지대화 안은 여건이 조성될 경우 가장 실현성이 높은 안이다. 이 방안이 갖는 안보적 함의는 다음과 같이 요약될 수 있다.212)

우선 국제 및 지역적으로 첫째, 핵보유국들이 포함된 최초의 비핵지대 레짐이다. 이 조약이 실현될 경우 국제사회 특히 북반구 내에 추가적인 비핵지대 설립을 위한 촉진제 역할을 할 수 있을 것이며, 역내 안보에 직간접적으로 긍정적인 기여를 하게 될 것이다. 둘째, 역사상 처음으로 '제한적 비핵지대' 개념의 등장이다. 동북아의 지정학적 여건상 대두된 이 개념은 3대 핵보유국의 긴밀한 이해관계가 맞물려 있고 북한의 핵보유, 일본의 핵무장 가능성, 한국과 대만의 주변 여건에 따른 안보 취약성 등을 고려할 때 역내 핵확산을 잠재우기 위해 취할 수밖에 없는 최선의 대안으로 대두된 것이다. 따라서 제한적이라는 의미는 조약 초안에는 명확히 기술되어 있지 않으나 그동안의 논의를 통하여 핵무기 시스템관련 전략핵무기를 제외한 전술핵무기만 제한적 비핵지대 경계선 밖으로 이전하는 것에 공감대를 형성한 상태이다. 장거리 전략핵무기는 사거리의 특성상 지대 밖 이전이 별 의미를 갖지 못하기 때문이다. 셋째, 이 조약이 성립될 경우 핵확산금지조약NPT, 전면핵실험금지조약CTBT 등 핵비확산 체제 강화에 큰 기여를 할 수 있다. 넷째, 여타지역의 비핵지대 설립을 위한 유엔결의안의 실효성 및 추진력을 제공할 수 있을 것이다. 다섯째, 동북아 긴장완화 및 역내 신뢰안보구축조치에 기여할 수 있다.

한편 국내적으로는 첫째 북한 핵문제 해결의 실마리를 제공할 수 있다. 우선 북한의 핵개발 명분인 미국의 핵위협을 해소할 수 있고 3대 핵국의 비핵화 의지로 북한의 핵개발을 억제할 수 있는 장치가 마련될 수 있어 우리는 북한의 핵문제를 넘어서 새로운 대북정책 패러다임을

---

211) 엔디콧 박사의 '동북아 제한적 비핵지대안'은 1992년 최초 제의되어 2009년까지 총 12회에 걸쳐 트랙II 검토가 이루어졌다. 중국, 일본, 한국에서 번갈아가면서 개최된 검토회의에서 2001년 서울 선언을 통해 조약 초안안이 제시되었다. 판문점 기점으로 2000Km 원형 또는 타원형의 지대 설치 방안이 제시되었고 엔디콧 박사는 이러한 노력으로 노벨 평화상 후보로 추대되기도 하였으며 2009년부터 한국의 우송대학교(대전 소재) 총장으로 초빙되어 재직하고 있다.

212) 임채홍, "동북아 제한적 비핵지대화에 대한 역사적 고찰", 『군사』 제77호(2010.12), pp. 345-351.

추진 할 수 있는 동력을 얻을 수 있게 될 것이다. 둘째, 이미 사문서화 된 한반도비핵화공동선언을 폐기 또는 부활과 핵투명성 보장 하에 상업용 핵 연료주기를 확보할 수 있는 기회가 될 수 있다. 셋째, 북한의 핵무장에 다른 국내의 핵무장론과 일본의 핵무장화 우려에 따른 국민들의 안보 불안감을 일소하고 국민적 안보 자신감 및 동북아 주역국가로서의 자신감을 확보할 수 있을 것이다.

동북아 비핵지대 창설은 이제 그 가능성에 대한 현실적인 검토를 해야 할 시점에 이르렀다. 일본의 집권 민주당은 공식적으로 동북아 비핵지대화를 정책적으로 추진하고 있으며 후쿠야마 원전 사고 이후 일본은 원자력 정책을 전면 재검토를 하고 있는 입장이고, 오바마는 '핵무기 없는 세상'을 천명한 이후 노벨 평화상을 수상하고 핵 안보정상회의를 통해 새로운 핵 안보체제 구축을 추진 중이며 국제사회의 지지를 얻고 있다. 한반도에서는 이미 전술핵을 철수한지 오래이며 북한에 대한 '소극적 안전보장'NSA도 이미 보장한 바 있다. 북한도 김정은 체제 구축과 함께 돌파구 마련이 시급한 상황이며, 중국과 러시아도 이제 북한의 핵 놀음을 끝내야할 시점으로 판단하고 있다.213) 한국 내에서도 오래전부터 정부와 민간 전문가들 사이에서 검토되어왔고 그 필요성을 인정해 왔던 사항이다. 문제는 미국의 동북아시아 전략이다. 일부 평화단체들이 이상적 이념으로 주장하는 주한미군 철수 및 기습공격 포기와 핵우산제거가 아닌 현실적 차원에서 한국과 일본의 동맹체제와 확장억제에 의한 안전이 보장되면서 미·북 관계 개선 및 남북 평화체제가 구축될 수 있는 새로운 동북아 전략이 요구되는 것이다. 일부 전문가들은 한국의 적극적인 자세를 요구하기도 한다. 이러한 문제에 대한 정부의 전향적인 정책전환 시 가능할 것이다.

북핵문제 해결을 위한 6자회담을 통해서 한반도의 안전보장과 평화통일을 위한 다자간 접근과 함께 동북아비핵지대 실현을 위한 유엔결의 추진 등 당위성을 확보하고 비핵지대조약 세부조항을 검토하며, 지역신뢰구축조치(아시아횡단철도망, 러시아-북한-한국 가스관 연결, 군사적 긴장완화 공동연구 등)를 연계하여 적극 추진해 나가는 것이 필요하며, 북한이 동북아 경제시스템에 통합되도록 맞춤형 경제 인센티브 제공 등 구체적인 유인책 개발이 요구된다.

---

213) 중앙일보, 제14회 중앙글로벌포럼(제1회의 : 동북아 핵 안보, 어떻게 풀까), 2010. 09. 06. 세미나에서 중국대표와 토의내용 참조

참고 6

동북아시아 비핵무기지대 조약(안)
(일본 민주당 핵 군축 촉진 의원연맹)

전문

이 조약의 체결국은

1. 동북아시아는 핵무기가 실제로 사용된 세계 유일의 지역임을 상기한다.
2. 두 도시가 파괴되고 수십만 명의 시민들이 피폭당한지 60년이 지난 현재도 계속되는 인간적·사회적 고난이 존재함을 인정한다.
3. 한반도와 일본에는 아직도 수많은 피폭자가 불안에 휩싸여 살아가고 있음을 생각한다.
4. 현재의 핵무기는 당시보다도 훨씬 강력한 파괴력을 가지고 있으며 인류가 구축한 문명을 파괴할 수 있는 유일한 무기임을 인식한다.
5. 한반도에서는 '한반도 비핵화에 관한 공동선언'이 1992년 2월에 발효되고, 일본에서는 오늘날 국시(國是)로 되어 있는 비핵 3 원칙이 1967년 이래 확립되어 있음을 상기한다.
6. 지역 내 협조적 안전보장을 구축하기 위해서 비핵무기지대의 설립이 그 어떤 다른 수단과 대책에 우선되어야 할 제일보임을 확신한다.
7. 이 조약의 설립이 1997년에 발효한 '화학무기 개발·생산·비축·사용금지 및 폐기에 관한 조약', 1972 년에 발효한 '생물 및 독소무기의 개발·생산·비축 금지 및 폐기에 관한 조약'을 비롯한 이미 존재하는 국제적 군축·군비통제조약에 대한 보편적인 가입과 준수를 이 지역에 있어서 촉진할 것임을 희망한다.
8. 이 조약의 설립이 1970 년에 발효한 '핵확산금지조약'의 제 6 조에 규정된, 1996 년 7 월 8일에 나온 국제사법재판소의 '핵무기 사용과 위협에 관한 합법성'에 관한 권고적 의견으로 재확인된 핵 군축 의무의 이행 촉진에 공헌할 것임을 확신한다.
9. 이 조약의 설립이 이미 존재하는 틀라텔롤코 조약(라틴아메리카 핵무기금지조약) 라 로통가 조약(남태평양 비핵지대조약) 펠린다바 조약(아프리카 비핵지대조약) 세미파라틴스크 조약(중앙아시아 비핵지대 조약)과 함께 전세계의 국가와 지역으로 비핵지대를 확대시켜 나가, 언젠가 지구 전체가 비핵지대가 됨으로써 전 인류가 핵의 공포로부터 벗어날 수 있는 날이 찾아오기를 희망하며, 다음과 같이 협정한다.

제 1 조 용어의 정의
이 조약 및 그 의정서의 적용에 있어서
(a) '동북아시아 비핵무기지대'란 대한민국 및 조선민주주의인민공화국, 일본의 영역에 형성되

는 지역을 의미한다.

(b) '영역'이란 영토, 내수(內水), 영해, 이들의 해저 및 지하, 그리고 이들의 상공을 의미한다.

(c) '지대 내 국가'란 대한민국 및 조선민주주의인민공화국, 일본을 의미한다.

(d) '주변 핵보유국'이란 NPT 조약상의 핵 보유국가 중에서 중화인민공화국, 미합중국, 러시아 연방을 의미한다.

(e) '체결국'이란 지역 내 국가와 주변 핵보유국을 합한 6 개국, 본 조약의 규정에 따라 비준서를 기탁한 국가를 의미한다.

(f) '핵폭발장치'란 그 사용 목적을 불문하고 핵에너지를 방출할 수 있는 모든 핵무기 혹은 그 외의 핵폭발장치를 의미한다. 그 중에는 조립되어 있지 않는 형태 및 부분적으로 조립되어 있는 형태의 핵무기 또는 폭발장치는 포함되지만, 그것들의 운송 또는 운반수단이 그것들과 분리가능하며 불가분의 일부를 이루고 있지 않는 경우는 포함되지 않는다.

제 2 조 조약의 적용

1. 별도의 규정이 없는 한, 이 조약 및 의정서는 '동북아시아 비핵무기지대'에 적용된다.

2. 영토에 관한 분쟁이 있을 경우, 이 조약의 어떠한 규정도 영유권의 해석에 관한 현재의 입장을 변경하지 않는다.

3. 이 조약의 어떠한 규정도 해양의 자유에 관한 국제법상의 국가 권리 또는 권리의 행사를 침해하지 않으며, 어떠한 형태로도 영향을 주지 않는다.

4. 비핵지대 내 국가의 영역 안에 있는 주변 핵보유국의 관리 하에 있는 군사시설 또한 '동북아시아 비핵지대'의 일부로써 조약의 적용을 받는다.

제 3 조 핵폭발장치에 관한 기본적 의무

1. 지대 내 국가의 의무지대 내 국가는, 다음 사항을 약속한다.

(a) 동북아시아 비핵무기 지대의 안팎을 불문하고 핵폭발장치의 연구, 개발, 실험, 제작, 생산, 수령, 보유, 저장, 배치, 사용을 하지 않는다.

(b) 다른 국가, 혹은 국가 이외의 집단이나 개인이 지역 내 국가의 영역 내에서 본조 1항(a) 기재의 행위를 하는 것을 금지한다.

(c) 자국의 안전보장정책의 모든 측면에서, 핵폭발장치에 의존하는 것을 완전히 배제한다.

(d) 1945 년의 원자폭탄 투하가 도시 및 시민에게 입힌 피해의 실상을, 현재 및 미래의 세대에 전달할 것을 비롯해서 핵 군축의 긴급성에 관한 교육의 세계적 보급에 노력한다.

2. 주변 핵보유국의 의무

주변 핵 보유국는 다음 사항을 약속한다.

(a) 동북아시아 비핵무기지대에 대해서 핵폭발장치를 사용하지 않으며, 사용 위협을 하지 않는다.

(b) 지대 내 국가에 대한 본조 1 항의 모든 의무사항을 존중하고, 그 이행에 방해가 되는 어떠한 행위에도 기여하지 않는다.

(c) 주변 핵보유국가는 핵폭발장치를 탑재한 선박 또는 항공기를 지대 내 국가에 기항, 착륙 혹은 영공통과 시키려고 할 경우, 또는 무해통항권이나 통과통항권에 포함되지 않는 방법으로 지대내 국가의 영해를 일시 통과시키려고 할 경우에는 해당 지대 내 국가에 허가를 얻기 위해서 사전에 협의하도록 한다. 협의 결과, 허가 여부는 해당 지대 내 국가의 주권적 권리에 기반 한 판단에 맡긴다.

제 4 조 원자력의 비군사적 이용

1. 본 조약의 어떠한 규정도 체결국이 원자력을 비군사적으로 이용할 권리를 침해하지 않는다.

2. 지대 내 국가는 핵 비확산조약(NPT)의 제 3 조에 규정된 안전조치 하에서만, 원자력의 비군사적 이용을 행하는 것으로 한다.

3. IAEA 와 포괄적 안전조치협정 및 추가의정서를 체결하고 있지 않는 지대 내 국가는, 본 조약 발효이후 18 개월 이내에 이것을 체결해야 한다.

제 5 조 동북아시아 비핵무기지대 위원회의 설립

본 조약의 이행을 확보하기 위해서 동북아시아 비핵무기지대 조약위원회(이하 '위원회'라고 한다)를 설립한다.

(a) 위원회는 모든 체결국으로 구성된다. 각 체결국은 외무장관 또는 그 대리에 의해 대표되고, 대표대리 및 수행원을 동반한다.

(b) 위원회의 임무는 본 조약의 이행을 감시하고 모든 조항의 준수를 확보하는 것으로 한다. 또한 그와 관련해서 필요한 경우 본 조약의 전문에 언급한 사항에 관해서 협의한다.

(c) 위원회는 체결국의 요청에 의해, 혹은 제 8 조에 의해서 설립된 집행위원회의 요청에 의해 개최된다.

(d) 위원회는 모든 체결국의 출석으로 성립되며 의견의 일치에 의해 합의를 이룬다. 의견의 일치가 이루어지지 않을 경우는 1 개 국가를 제외한 모든 체결국의 합의에 의해서 결정할 수 있다.

(e) 위원회는 각 회합의 서두에서 의장 및 그 외 필요한 임원을 선출한다. 의장은 체결국내의 3개 지역 내 국가로부터 선출한다. 그들의 임기는 다음 회의에서 의장 및 그 외 임원이 새롭게 선출될 때까지로 한다.

(f) 위원회는 본부의 소재지, 위원회 및 하부기관의 재정, 그리고 운영에 필요한 기타 사항에 관한 규칙 및 절차를 결정한다.

제 6 조 집행위원회의 설립

1. 위원회의 하부기관으로 집행위원회를 설립한다.

(a) 집행위원회는 모든 체결국으로 구성된다. 각 체결국은 체결국의 외무장관이 지명하는 정부 고위급 1 인을 대표로 하고, 대표는 대표대리와 수행원을 동반할 수 있다.

(b) 집행위원회는 그 임무의 효율적인 수행에 필요로 할 때에 개최한다.

(c) 집행위원회의 의장에는, 구성원 내에서 위원회 의장을 대표하는 자가 취임한다. 체결국으로부터 집행위원회의 의장에게 보내진 모든 제출물 및 통보는 다른 집행위원회 구성원에게 배포된다.

(d) 집행위원회는 모든 체결국의 출석으로 성립되어 전원일치로 합의를 이룬다. 전원일치가 성립되지 않는 경우 1 개 국가를 제외한 모든 체결국의 합의에 의해서 결정할 수 있다.

2. 집행위원회의 임무는 다음과 같다.

(a) 제 9 조에 게재된 본 조약의 준수를 검증하는 관리 제도의 적절한 운용을 확보할 것.

(b) 제 9 조 2 항(b)에 게재된 '설명의 요청' 혹은 '실태조사단에 관한 요청'이 있을 경우 그것에 대하여 검토하고 결정할 것.

(c) 본 조약의 관리제도 아래, 실태조사단을 설치할 것.

(d) 실태조사단의 조사결과에 대해서 검토하고 결정하여 위원회에 보고할 것.

(e) 적절하고 필요한 경우, 위원회에 대해 위원회 회합의 소집을 요청할 것.

(f) 위원회로부터 적절한 권한을 얻은 후, 위원회를 위해서 IAEA 와 그 외의 국제기관과 협정을 체결할 것.

(g) 위원회가 위임하는 그 밖의 임무를 수행할 것.

제 7 조 관리 제도의 확립

1. 체결국의 본 조약상의 의무 준수를 검증하기 위해서 관리 제도를 설치한다.

2. 관리 제도는 이하의 내용으로 구성된다.

(a) 제 4 조 3 항에 규정된 IAEA의 보장조치 제도

(b) 본 조약의 이행에 영향을 줄 것으로 판단되는 사태에 관한 보고와 정보 교환

(c) 본 조약의 준수에 관한 의심이 발생했을 때에 있어서의 설명의 요청

(d) 본 조약의 준수에 관한 의심이 발생한 사태를 규명하고 해결하기 위한 실태조사단에 관한 요청 및 절차

제 8 조 서명, 비준, 기탁 및 발효

1. 본 조약은 중화인민공화국, 미합중국, 러시아연방, 대한민국 및 조선민주주의인민공화국, 일본에 의한 서명을 위해서 개방된다.

2. 본 조약은 서명국의 헌법상 절차에 따라서 비준되어야 한다. 비준서는 여기에 기탁국으로 지정된 ○ ○ ○에 기탁된다.

3. 본 조약은 모든 지대 내 국가와 적어도 2 개의 주변 핵보유국이 비준서를 기탁한 날에 발효
한다.

제 9 조 유보의 금지
본 조약에는 유보를 붙여서는 안 된다.

제 10 조 조약의 개정
1. 모든 체결국은 '관리 제도에 관한 부속문서'를 포함한 본 조약 및 그 의정서의 개정을 제안할
수 있다. 개정안은 집행위원회에 제출되고, 집행위원회는 개정안을 토의하기 위한 위원회의
회합을 소집하도록 신속하게 위원회에 요청하도록 한다. 개정을 위한 위원회는 모든 체결국
의 출석으로 성립되고, 개정안의 채택은 의견의 일치 결정에 의해 이루어진다.
2. 채택된 개정안은, 기탁국이 체결국 중 5 개국 이상의 수탁서를 수령한 날로부터 30일에 발효
된다.

제 11 조 재검토 회의
본 조약의 발효 후 10 년 째 해에 본 조약의 운용을 검토하기 위한 위원회의 회합을 개최한다.
위원회를 구성하는 체결국 전체의 의견일치가 있으면, 그 후 동일한 목적을 지닌 재검토 회의
를 수시로 개최할 수 있다.

제 12 조 분쟁의 해결
본 조약의 규정에 기인하는 어떠한 분쟁도 분쟁 당사국인 체결국이 합의하는 평화적 수단에
의해 해결하도록 한다. 분쟁 당사국이 교섭, 중재, 심사, 조정 등의 평화적 수단에 의해서 1 개
월 이내에 해결에 이르지 못 할 경우에는 어떠한 분쟁 당사국도 다른 분쟁 당사국의 사전 동의
를 얻어 해당 분쟁을 중재재판 또는 국제사법재판소에 위탁하는 것으로 한다.

제 13 조 유효기간
본 조약은 무기한으로 효력을 갖는다.

동북아시아 비핵무기지대 조약 부속의정서(안)

본 의정서의 체결국은, 핵무기의 전면적 금지와 완전폐기의 달성을 위한 노력에 공헌하고, 그
에 따라 동북아시아를 포함한 국제 평화와 안전을 확보하는 것을 희망하며, ○○○○년○○월
○○일○○에서 서명한 동북아시아 비핵지대 조약에 유의하며, 다음과 같이 협정했다.

제 1 조 동북아시아 비핵무기지대 조약의 존중

의정서 체결국은 동북아시아 비핵무기지대 조약(이하 '조약'이라고 한다)을 존중하고 조약 체결국에 의한 본 의정서에 위반이 되는 어떠한 행위에도 기여하지 않을 것을 약속한다.

제 2 조 핵무기의 불사용

의정서 체결국은 동북아시아 비핵무기지대에 대해서 핵폭발장치를 사용하지 않으며 또한 사용위협을 하지 않을 것을 약속한다.

제 3 조 기항과 통과

의정서 체결국이 핵폭발장치를 탑재한 선박이나 항공기를 지대내 국가에 기항, 착륙, 영공통과, 또는 무해통항권 및 통과 통항권에 포함되지 않는 방법으로 지대내 국가의 영해를 일시 통과시키려고 할 경우에는 해당 지대 내 국가에 사전통고하고 허가를 요청해서 협의한다. 협의 결과 허가 여부는 해당 지대 내 국가의 주권적 권리에 기반 한 판단에 위임한다.

제 4 조 서명, 비준, 발효

1. 본 의정서는 프랑스공화국과 그레이트브리튼 · 북 아일랜드 연합왕국에 의한 서명을 위해서 개방된다.
2. 본 의정서는 비준되어야 한다. 비준서는 조약 기탁국에 기탁된다.
3. 본 의정서는 각 체결국이 비준서를 기탁한 날에 발효한다.

참고 7

동북아 제한적 비핵지대(LNWFZ-NEA) 조약 초안

(The Seoul Treaty, 2001)

전문

  핵무기 출현 이래 세계는 핵무기 사용의 궁극적 금지를 위한 노력을 해왔으며 이에 따라 세계 여러 지역에서 지역별 혹은 개별적으로 비핵지대를 설립하였으나 여기에 핵국이 포함된 적은 없다. 동북아 국가들은 비핵지대 개염을 통해 핵 안보를 보장받기를 희망하고 있으며 이를 위해 역내 3대 핵국의 비핵지대 동참이 요구된다. 한·미·일·중·러·몽골 등 동북아 6개국과 알젠틴·카나다·핀란드·프랑스 등 4개 지원국의 비정부 대표자들이 9년간의 노력을 거쳐 동북아 지역 내 제한적 비핵지대 초안을 작성하였다.

본문

제1조 (조약의 목적) 핵공격의 위협으로부터 최대한 회원국의 안전과 안보를 제공
제2조 (회원국) 핵국(미국·중국·러시아), 비핵국(한국·일본·북한·몽골)
제3조 (정의)
  ○ 제한적: 핵무기 보유에 대한 제한과 핵무기가 배제되는 지역을 제한
  ○ 영 토: 비핵국의 경우 법률에 따라 주권을 행사하는 영해·영공 및 모든 공간을 포함한 전체 관할구역이며, 핵국의 경우 나중에 지정되거나 혹은 핵국이 동의한 지역을 의미
제4조 (적용지대) 비핵국의 지·해·공 및 기타 주권이 미치는 영토와 핵국의 지정된 영토
제5조 (적용받는 핵무기 시스템)
  ○ 회원국은 조약이 전술 및 전략 핵무기와 동 핵무기의 운용이 필요한 지원시설에 적용될 수 있어야 한다는 것에 동의
  ○ 회원국은 어떤 핵무기와 관련 지원시설이 조약의 적용을 받는지에 대해 검토 및 규정
  ○ 핵국은 자국의 안보적 관점에서 전술핵무기와 전략핵무기를 규정
  ○ 회원국은 조약에 구속될 핵무기 비율을 설정
제6조 (원자력의 평화적 이용 약속)
  ○ 회원국은 조약의 적용지대 내 위치한 모든 원자력 시설의 확인에 동의
  ○ 회원국은 원자력 시설이 핵무기 개발에 전용되지 않는다는 것을 보장토록 국제원자력기구 안전조치 규정을 이행
  ○ 회원국은 지대 내에서 핵에너지의 평화적 이용 개발에 상호협력

제7조 (통제 시스템)

○ 회원국은 조약의무 이행에 대한 최첨단 검증시스템 설립에 동의

○ 회원국은 검증목적 달성에 필요한 모든 기술을 공유

제8조 (기구창설)

○ 회원국은 조약목적 지원에 필요한 기구 창설에 동의

○ 기구의 본부는 회원국이 동의하는 지역 내의 장소에 위치

○ 회원국은 영구적인 기구 운영기금 확보를 위해 최선의 노력 경주

○ 기구의 목적은 지대내 핵무기의 궁극적인 제거 목표를 가진 LNWFZ-NEA의 창설을 위한 정기적 포럼을 제공하며 기구가 인정받도록 여타 관련 국제기구와 협력

○ 기구운용 초기단계에서 다음 사항을 검토

  (i) 조약 적용지대의 크기와 모양

  (ii) 지대내 포함될 핵무기 종류

  (iii) 시간단계별 제거를 위해 지정된 핵무기의 종류

  (iv) 조약의무 이행에 대한 검증체제의 성격과 범위

제9조 (조약유효기간) 조약유효기한은 무기한

제10조-15조 조약탈퇴, 분쟁의 중재, 조약 개정 및 발효문제 등을 포함

6. 핵평화를 위한 새로운 시도

가. 개요

핵 안보 정상회의Nuclear Security Summit는 21세기 국제안보의 심각한 위협 요인인 핵 테러방지를 목표로 하는 최상위 국제포럼으로서 전 세계 핵물질과 핵시설이 테러집단에 이용되지 않도록 각국의 방호조치 강화와 국제협력 증진을 논의하는 회의이다. 오바마 미국 대통령이 2009년 4월 프라하 특별연설에서 핵 대처를 위한 '궁극적으로 핵 없는 세계를 지향하되 우선적으로 중요하고 시급한 핵 테러 방지를 위하여 향후 4년 내에 전 세계 모든 취약한 핵물질을 안전하게 방호secure하기 위한 새로운 국제적 노력을 추진하겠다'고 천명하면서 이 문제를 다룰 핵 안보정상회의 개최를 제안하였다. 제 1차 회의는 2010년 4월 12-13일 한국을 비롯한 47개국 정상들과 국제연합UN, 국제원자력기구AEA, 유럽연합 3개 국제기구 수장들이 미국 워싱턴에 모여 제1차 핵 안보 정상회의가 개최되었다.

핵 안보는 핵물질, 방사성물질 및 관련시설 또는 활동과 직접 관련 있는 내·외적 위협을 사전에 방지하고, 위협이 발생한 경우에는 불법행위에 대한 탐지·지연 및 대응 수단으로 이를 저지하는 한편, 사고로 인한 피해를 최소화하기 위한 일체의 행정적·기술적 조치를 말한다.

워싱턴 핵 안보정상회의합의(워싱턴 코뮤니케 및 11개 분야 50개 항목의 작업계획) 이후의 과제는 각국의 개별 공약사항 등 전반적인 성과 이행을 점검하는 것이다.

워싱턴회의 이후 2012년 2월까지 핵분열물질인 고농축우라늄은 총 400Kg이 회수되었고, 개정핵물질방호협약은 17개국이, 핵 테러방지협약은 12개국이 비준을 완료했으며, 10여 개국이 핵 안보훈련센터 설립을 추진하는 등 각 분야에서 상당한 실질적 성과를 이루었다.

2012년 3월 서울에서 개최된 '2012 서울 핵 안보정상회의'에서는 워싱턴 합의사항들 중 그 중요성과 시급성을 감안하여 10여개의 우선적인 분야의 과제가 설정되고 각 과제별로 각국이 취할 구체적인 조치와 행동지침의 가이드라인이 제시되었고 서울 코뮤니케로 발표되었다.

핵 안보 기본테마인 핵 테러 대응, 핵물질 및 핵시설 방호, 핵물질 불법거래 방지가 핵심 주제이었고 특히 일본 후쿠시마 원전사고 사태를 계기로 국제사회의 주요 이슈로 대두된 원자력 안전문제를 핵 안보 강화에 도움을 준다는 맥락에서 다루는 한편, 방사성 테러 방지를 위한 조치도 아울러 토의 되었다.

핵 안보와 관련하여 논의되는 세부 주제들은 1) 핵물질인 고농축 우라늄HEU과 플로토늄Pu에 대한 관리 강화 및 이용 최소화 2) 핵시설에 대한 물리적 방호 강화 3) 핵 테러 억제협약, 핵물질방호협약 등 국제규범 확대 4) 방사성 물질에 대한 관리 강화 등이다.

구체적으로 원자력 안전이 핵 안보에 어떠한 함의가 있고 상관관계가 무엇이며, 서로 간에 겹치는 부분이 무엇인가 하는 것과 또한 휴먼 팩터를 강조하는 핵 안보문화와 핵 안보교육 훈련센터를 통한 교육 및 훈련의 중요성도 강조되었다. 또한 국가 간 밀수 및 불법거래 방지의 중요성을 감안, 탐지기술 및 장비, 핵 감식forensics강화 그리고 인터폴 등을 활용한 정보교환의 중요성도 강조되었다. 또한 파괴력에서 핵 테러에 비해 약하나, 널리 사용되며 관리가 취약한 방사성 물질에 의한 테러 방지 논의도 이루어졌다.

서울회의는 핵과 관련되어 개최된 최대 규모의 정상회의로 오바마 대통령의 장기적인 안보비전을 위한 출발점으로서의 의미가 크다. 핵과 관련된 중요한 현안인 핵 군축, 핵 비확산 문제를 배제하고 그동안 크게 주목받지 못했던 핵 안보라는 단일주제로 47개국의 정상이 한자리에 모여 회담을 한다는 것 자체가 상당히 이례적인 것이었다. 이는 그동안 발생 가능성이 없다고 생각했던 핵 테러의 위험성을 전 세계가 공감하고 이를 방지하기 위한 국제협력의 필요성을 인식한 결과이다. 한편, 민감한 주제로 국제적인 합의도출이 어려운 핵 군축, 핵 비확산 대신 비교적 합의가 용이한 핵 안보라는 주제를 채택함으로서 핵과 관련된 국제적인 합의를 도출하기 위한 지렛대의 역할을 수행하기 위한 목적도 있다. 한국원자력통제기술원 유호식 박사의 글을 통하여 세부적으로 살펴보기로 한다.214)

나. 핵 안보 개념

'핵 안보'의 주요 개념은 다음과 같다.215)

첫째, IAEA에 따르면 '핵 안보'의 정의는 "핵물질(핵무기용 핵물질, 방사성물질 포함)의 절도, 사보타지, 불법적 접근·이전·활용 등 불법적 행동에 대한 방지, 탐지, 대응행위"이다. 국제정치적으로는 "비국가 행위자가 핵분열물질을 획득하는 것을 저지하는 일련의 조치"를 말한다. 원자력계는 전통적으로 '물리적 방호' 개념을 사용하여 왔는데, 이는 핵(방사성) 물질과 관련시설에 대한 직접적·물리적 방호를 중시한 결과이다. 그런데 최근 '핵 안보' 개념은 전통적인 '물리적 방호'를 대폭 확장하여 핵물질을 포함하는 일체의 불법거래 차단, 국경통제, 수출통제, 기술통제, 핵감식 등 다양한 형태의 외교군사·과학기술적 통제조치를 의미한다. 원자력의 평화적 이용을 가능케 하는 전제조건으로 그동안 핵 비확산안전조치Safeguards와 원자력안전Safety 등이 제기되었으나, 근래 핵 안보Security도 필수적인 전제조건으로 부각됨에 따라 이를 통틀어

---

214) 유호식, 한국원자력통제기술원, www.kinac.re.kr/include/download.asp?attach_seqn=1520&bb 검색. 2012. 1. 17.

215) 전봉근, '미국 핵 안보정책 변천 연구(1991~2010)', 외교안보연구원, 현지정책연구과제, 2010-3. ISSN 2233-6559, 2011. 11. 7

‘3S’로 표현한다.

첫째, 핵 비확산안전조치는 ‘국가행위자’의 핵물질 전용과 핵개발을 저지하기 위한 조치이고, 핵 안보는 주로 개인·범죄집단·테러집단 등 ‘비국가행위자’Non-state Actor의 무기용 핵물질 취득을 저지하기 위한 조치이다. 원자력안전은 일본 후쿠시마 원전사고와 같이 ‘비의도적’, 자연발생적 원인으로 발생한 사고를 방지하기 위한 것이며, 핵 안보는 비국가행위자의 ‘의도적’인 절취·사보타지·불법거래 등을 저지하기 위한 조치이다.

둘째, ‘핵물질’은 통상적으로 ‘핵분열물질’fissile material과 ‘방사성물질’radiological material을 포함하는데, 워싱턴 핵 안보정상회의는 핵 안보 대상 핵물질을 핵무기에 사용되는 ‘고농축우라늄HEU: Highly Enriched Uranium과 ‘분리 플루토늄’Separated Plutonium 등 ‘핵분열물질’로 한정하였다. 따라서 방사성물질 살포장치RDD: Radiological Dispersal Device, 일명 ‘더티밤’dirty bomb에 사용될 수 있는 일반 방사성물질은 워싱턴 핵 안보정상회의 논의대상에서 제외되었다. ‘방사성 물질’은 통상 방사성을 띠는 모든 물질을 말하나, 특히 의학·산업용 등으로 분리·추출된 일부 고방사능 ‘방사선원’은 ‘방사능테러’를 위한 RDD 제조에 사용될 수 있으므로 ‘핵 안보’의 대상이 된다. 현재 세계적으로 핵무기용 핵물질을 포함하여 핵분열물질 재고량은 현재 고농축우라늄 1,600톤, 분리 플루토늄 500톤이 있다고 추정된다. 실제 핵분열물질, 특히 핵무기용 핵물질은 국가가 국가안보 목적상 비밀리에 관리되고 있어 그 실상을 알기 어렵다.[216]

셋째, ‘핵 테러’nuclear terrorism는 핵물질을 이용한 테러 행위를 지칭하는바, 구체적 형태로 핵분열물질을 이용한 핵무기 또는 핵폭발장치에 의한 테러, 방사성물질 살포장치를 이용한 테러, 핵시설에 대한 공격 등 3개 유형이 있다. 워싱턴 핵 안보정상회의는 미국의 방침에 따라 핵 안보의 대상을 좁은 의미의 핵 테러, 즉 핵폭발장치에 의해 테러로 한정하였다.

1) 핵 안보 구성요소

핵 안보는 크게 위협주체, 목표물 및 이에 대응하는 핵 안보체제로 구성된다. 핵 안보에 대한 위협주체는 정부조직이 아닌 테러리스트, 범죄자 및 범죄조직을 생각할 수 있으며 이들의 목표물은 핵무기를 비롯해 핵물질, 방사선원, 원자력시설 등이 포함될 수 있다. 목표물에는 또한 핵관련 기술, 사이버 공간 및 민감정보 등 무형의 자산이 포함된다. 이러한 악의적인 행위를 예방, 탐지 및 대응하기 위해서는 국내조치 뿐만 아니라 국제적인 협조가 필요하다. 특히 핵물질이 국경을 쉽게 통과할 수 있고 핵 테러로 인한 피해가 당사국은 물론 이웃국가에게 까

---

216) International Panel on Fissile Materials, “Global Fissile Material Report 2010,” 2010, http://www.fissilematerials.org.

지 심각하게 영향을 주기 때문에 핵 안보에서 국제협력은 중요하다. 핵 안보와 관련되어 중요한 국내체제로는 관련 법규, 규제 이행 기관, 법 집행기관이 있으며 위협대응 설계 기준을 포함한 위협평가, 핵물질 계량관리 체제 구축 및 핵 안보 문화가 중요한 체제에 포함된다. IAEA 및 UN은 핵 안보와 관련된 국제체제를 구축하기 위해 협약 및 다양한 지침문서 등을 제공하고 있는데 이러한 국제적인 노력이 국가 핵 안보체제를 공고히 하는데 중요한 역할을 한다.

2) 핵 안보와 안전 및 안전조치

일본의 후쿠시마 원전사고를 계기로 일반대중에게 원자력 안전에 대한 인식수준이 높아진 것이 사실이다. 하지만 이 때문에 핵 안보와 안전을 동일하게 인식하는 사람들도 많다. 일부 원자력전문가들도 안전, 핵 안보 및 안전조치의 개념을 명확히 이해하지 못하여 잘못된 정보를 전달하는 경우도 종종 발생한다. 안전은 원자력시설, 핵물질 및 방사선원이 의도하지 않은 행위 및 조건으로 발생할 수 있는 방사성 물질의 누출 및 원자력시설의 파괴 및 운영 중단을 예방하기 위한 일체의 조치를 말한다. 방사성물질의 누출이라는 결과적인 면에서 보면 핵 안보와 안전은 동일하나 수단 및 방법이 상이하다. 안전은 공학적 방어 조치나 안전관리를 통해 대비하고 원전기기의 건전성 및 안전 상황을 점검함으로써 달성할 수 있다. 반면에 핵 안보는 위협 정보 수집과 탐지, 지연, 대응이라는 물리적 방호 3대 수단을 활용하여 목적을 달성한다. 핵 안보는 기밀성 유지가 핵심 사안이고 안전은 모든 정보의 투명성 확보가 필요하기 때문에 상이한 점이 많다. 특히 중요한 물질일 경우 핵 안보 관점에서는 존재자체를 숨기려고 하는 반면에 대중의 안전을 생각하는 안전 입장에서는 공개적으로 위험물질임을 알려야 한다. 이밖에도 위급상황이 발생했을 경우 안전입장에서는 대중의 안전을 위해 위험지역에서의 출입절차를 간소화해야 하는 반면에 핵 안보 관점에서는 2차사고 방지 및 사고 원인파악을 위해서 출입관리를 더욱 엄격히 해야 한다. 핵 안보와 안전이외에 안전조치라는 개념도 많이 사용되고 있다. 안전조치는 핵 안보 및 안전과 달리 주체가 국가가 된다. 즉 모든 핵물질 및 원자력시설이 핵무기로 전용되거나 다른 핵폭발 장치로 사용되지 않고 평화적 목적으로만 사용되고 있는지 확인하는 절차로 IAEA에서 수행한다. 국가가 행위자로 의심되기 때문에 개인 및 단체가 행위자인 핵 안보와 안전과는 구별되는 개념이다. 핵 안보 입장에서는 안전조치의 핵심수단인 핵물질의 계량관리가 내부자에 의한 핵물질 탈취를 예방, 방지할 수 있는 유용한 수단이기 때문에 공동으로 활용한다. 현재 핵 안보, 안전 및 안전조치 개념을 공동으로 적용해 원자력시설을 설계, 건설, 운영하자는 논의가 활발히 진행 중에 있다.

다. 핵 테러 위협과 국제 핵 안보 동향

1) 핵 테러 위협현황

많은 사람들이 국가가 아닌 알카에다 같은 테러집단에 의한 핵무기 폭파가 실제 발생할 수 있는지에 의문을 가지고 있다. 실제 테러집단이 핵무기 제조가 가능한 핵물질을 취득하고 관련기술을 얻는 것이 쉽지는 않으나 불가능하지는 않을 것으로 많은 전문가들이 파악하고 있다. 핵무기에 의한 핵 테러는 결과가 참혹하지만 발생가능성은 매우 낮다. 따라서 핵 테러 관점에서 중요하게 고려해야 되는 것이 원자력시설에 대한 사보타주 또는 다중이용시설에서 방사성물질의 살포에 의한 위협이다. 현재 전 세계적으로 30여개국 이상에서 2,100톤 이상의 고농축우라늄과 분리된 플루토늄이 보관되어 있는 것으로 파악되고 있으며 437개의 상업용 원자로가 가동 중이다. 또한 250개 이상의 연구용 원자로가 운영되고 있다. 특히 방사성물질의 불법적인 수수, 소지, 사용, 이전, 처분, 탈취와 관련된 사건에 대한 데이터베이스를 운영중인 IAEA의 ITDB에 의하면 1993부터 2010년 사이 고농축우라늄과 플루토늄이 관련된 사건이 23건에 이른다. 핵물질 이외에도 의료용, 산업용으로 사용이 증대되고 있는 방사선원 관련 사건도 한해 평균 200여건 이상 보고되고 있기 때문에 이를 사용한 테러에서 자유롭지 못한 실정이다.217)

2) 국제 핵 안보 동향

물리적 방호는 1970년대에 개념이 확립되어 초기에는 핵확산을 방지하기 위한 핵물질 방호에 중점을 두었다. 1987년에는 국제 운송중인 핵물질의 방호조치에 관한 핵물질방호협약이 발효되었고 1999년에는 핵물질뿐만 아니라 원자력시설에 대한 사보타주를 방지하기 위한 방호조치를 상세히 제시한 IAEA 문서가 발간되었다.(INFCRC/225/Rev.4, 핵물질 및 원자력시설에 대한 물리적 방호) 2001년에 미국에서 발생한 9.11 사건은 국제 물리적 방호 체제를 근본부터 바꾸는 계기가 되었다. 모든 관련법, 규제체제 및 방호조치의 적합성에 대한 검토가 이루어졌고 부족한 부분은 즉각 시정되었다. 이때부터 물리적 방호라는 용어와 함께 핵 안보라는 용어가 혼용되어 사용되기 시작했다. IAEA를 중심으로 국제 핵 안보체제를 강화하려는 움직임도 활발히 진행되어 2005년에는 개정핵물질 방호협약과 핵 테러 억제협약이 서명되었다. 2011년에는 물리적 방호 지침서인 INFCIRC /225/Rev.5가 2년여의 논의 끝에 개정본을 발간하게 되었

---

217) 실제로 알카에다가 핵물질을 취득하려고 했던 정황과 정보들이 있으며, 93년 이후 전 세계적으로 핵 또는 방사성물질의 분실, 도난, 불법거래의 건수가 총 2천 건이 IAEA에 보고되었고 최근 몇 년간은 꾸준히 200건이 보고되고 있는데 그 중에서 약 60%가 회수되지 않고 있다고 한다.

다. 특히 IAEA는 핵 안보에 대한 국제 지침 및 기술적 지원을 위해 2008년부터 핵 안보 시리즈를 기본문서, 지침서, 이행문서 및 기술문서의 4개영역으로 전면 개편하여 발간하고 있다.

라. 제1차 핵 안보 정상회의(2010. 4, 워싱턴) 성과

2010년 4월, 워싱턴에서 열린 제1차 핵 안보 정상회의는 47개국과 3개 국제기구 수장이 참석하는 등 외형적인 면에서 상당한 성과를 거두었다. 특히 회의를 앞두고 미국과 러시아가 각각 34톤의 플루토늄을 폐기하기로 합의하였으며 이밖에도 캐나다, 우크라이나 및 칠레는 자국이 보유중인 고농축 우라늄을 전량폐기하기로 하였고 많은 국가가 국제 핵 안보 체제를 강화하기 위한 노력에 동참하겠다고 발표했다. 제1차 회의에서 12개항으로 이루어진 정상성명과 이의 합의내용의 구체적 실천방향을 상세하게 기록한 작업계획이 발표되었다. 정상성명은 핵안보에서 국가의 책임 및 역할, 개정 핵물질 방호협약 등 핵 안보 관련 국제협약지지 및 핵안보 분야에서의 IAEA 역할 강조 등의 내용이 수록되었다. 작업계획은 보다 구체적인 실천방안을 수록하고 있으며 상당히 기술적인 내용이 포함되었다. 회의 성과와 작업계획Work Plan에 대한 구체적 내용은 다음과 같다.

1) 성과

가) 핵테러 위기 공감대 구축

안보전상회의의 가장 큰 성과는 참가국 정상들이 핵테러가 인류가 당면한 최대의 실체적 위협이며, 세계 모든 국가가 핵테러의 대상이 되거나 영향을 받을 수 있다는 인식을 공유하게 되었다. 국제사회는 미국을 중심으로 핵정책의 3대 축(핵군축, 핵비확산, 원자력의 평화적 이용)을 핵안보를 포함한 4대축으로 확대하는데 성공하였다. 또한 IAEA를 중심으로 종래 원자력의 평화적 이용을 위한 전제조건으로 '2S'Safeguard, Safety: 안전조치, 안전가 제기되었으나 여기에 안보Safety를 포함하여 '3S' 원칙을 정립하게 되었다.

나) 국내적 핵안보조치 강화

정상회의에서 채택된 작업계획Work Plan은 상기 공동성명을 이행하기 위한 구체적인 실천방안을 제시하고 있는바, 국내적 조치와 관련하여 핵안보 규제 역량, 핵산업계의 역할, 핵안보 문화 및 인적 역량 구축을 강조하고 있다. 이러한 핵안보 강화조치는 다음과 같은 의미를 갖는다. 첫째, 핵물질관리의 기본적인 책임이 개별국가에게 있다는 점을 재확인하고 이의 관리체제를 구축할 것을 강조하였다. 둘째, 민간부분의 참여와 협력을 강조함으로써 정부노력의 한계를 보완하고자 하였다. 셋째, 핵안보 역량 및 핵안보 문화를 강조함으로써 규제와 강제를 넘어선 자발적 참여와 공감대 확산 및 인류 이념과 연계된 문화로서 정착을 추구하는 등 인간적humanism 접근을 하고 있다는 점이다.

다) IAEA 역할 강화

정상회의는 핵안보를 위한 기술개발과 집행지원을 위한 최선의 기관으로 IAEA를 지목하고, 공동성명에서 동 기관의 초보적인 핵안보 기능을 지지하고 강화하기로 합의하였다.

2) 작업계획

가) 핵 안보 분야에서의 국가책임

핵 안보는 안전조치와 달리 전적으로 해당 국가에 책임이 있어 핵 안보를 위한 국가체제의 수립이 필요하다. 핵 안보와 관련된 법·제도적 체제의 구축은 물론 독립된 규제기관의 설립 및 규제제도의 이행강화 노력이 요구되며 작업계획에서도 이를 국가책임으로 명시하고 있다. 이밖에도 작업계획에는 핵물질의 불법거래를 방지하기 위한 국내법의 완비 및 이를 위한 관련기관간의 협력확대에 대한 내용이 수록되어 있다. 특히 원자력 시설 근무자에 대한 핵 안보 문화의 중요성에 대해 언급하고 높은 수준의 핵 안보 문화를 유지하기 위해 민간부문과의 협력 필요성을 강조하고 있다. 또한, 작업계획에는 원자력시설의 신규시설 계획, 건설 및 운영 시 적절한 방호조치를 반영하도록 하는 이른바 '방호개념이 반영된 설계'security by design를 하도록 권고하고 있다.

나) 핵물질 관리강화

핵물질, 특히 고농축우라늄과 분리된 플루토늄은 핵무기의 원료가 될 수 있기 때문에 특별한 주의가 필요하다. 작업계획에서는 플루토늄, 고농축 우라늄의 통합관리, 연구용원자로에서의 고농축 우라늄을 저농축우라늄으로 대체하는 노력 및 이와 관련된 기술개발의 중요성이 명시되어 있다. 이외에도 핵물질 운송에서 핵 안보의 중요성이 강조되어 있다.

다) 핵 안보 국제협력

핵 안보와 관련된 사건이 발생하면 자국만의 문제가 아니라 이웃국가에게 까지 심대한 영향을 미치기 때문에 국제협력은 필수적이다. 특히 국제 핵 안보 체제 강화를 위한 핵 안보 관련 국제협약(개정 핵물질 방호협약 및 핵 테러 억제를 위한 국제협약)에 대한 조기비준 및 발효문제는 작업계획 뿐만 아니라 정상성명에도 언급되어 있다. 두 협약이외에도 안보리 결의 1540, 핵 테러 방지구상, G-8 글로벌 파트너 쉽 등에 대한 적극적인 참여를 권고하는 내용이 수록되어 있다. 특히 IAEA를 중심으로 한 국제협력의 중요성이 언급되어 있으며 IAEA에서 추진하고 있는 핵 안보 시리즈 문건 발간 및 핵 안보 관련 자문서비스의 활용에 대한 내용도 담겨있다.

마. 제2차 핵 안보정상회의(2012년 3월 26-27, 서울)

서울에서 개최된 제2차 핵안보 정상회의는 미·일·중·러를 포함한 53개국가 정상, 유엔·원자력기구·유럽연합·인터폴 등 4개 국제기구 수장 등 58명의 세계 지도자들이 참가하였다.

서울 핵안보정상회의의 결과는 1차 워싱턴 회의 때보다 구체적인 작업계획 즉 시간계획이 들어갔다는 점이 진전된 점으로 평가된다. 우리 정부는 회의 폐막 후 발표한 보도자료에서 이번회의를 "핵테러 없는 평화로운 세상을 위한 평화서밋"으로 규정하고, 워싱턴 정상회의에서 시작된 "핵안보정상회의 프로세스"를 실천의 단계로 끌어올렸다고 의미를 부여하였다.

서울 핵안보정상회의의 가장 가시적인 결과물은 '서울 코뮈니케'이다. 전문과 11개 항목으로 구성되며 항목별로 구체적 행동조치를 기술하였다.

① 세계 핵안보 구조의 조정과 통합

② IAEA 역할 강화

③ 고농축우라늄과 분리플로토늄의 안전한 관리와 이용 최소화

④ 방사능 물질의 안전한 관리

⑤ 핵 안보와 원자력 안전의 통합접근

⑥ 운송보안의 강화

⑦ 불법거래 방지

⑧ 핵감식 기술 발전과 협력

⑨ 핵안보문화와 역량 강화

⑩ 민감전보 보안 강화

⑪ 국제협력 증대

서울 핵안보정상회의 결과를 평가하면[218] 첫째, 핵테러 방지를 위한 국제 핵안보체제 강화방안을 제시하였다는 것이다. 국제핵안보체제의 핵심요소이지만 아직 발효되지 못한 개정 핵물질방호조약을 2014년까지 발효하도록 합의한 것은 의미 있는 성과라 할 수 있다. 또한 국제원자력기구IAEA의 핵 안보 기능을 강화하고, 핵 안보를 위한 국제협력과 지원을 확대하기로 합의하였다. 국내 핵 안보체제 구축을 위한 핵 안보 문화와 역량의 강화, 핵감식 기술의 진전, 민감정보 보호방안도 제시되었다.

둘째, 더욱 집적적인 성과는 무기용 핵물질의 감축이다. 아르헨티나, 호주, 체코 등 8개국이 핵무기 19개 분량인 고농축 우라늄 480Kg을 완전히 포기하여 새로이 '고농축 우라늄-프리'HEU-Free국가가 되었다. 미·러는 55톤의 무기용 고농축우라늄을 희석한데 이어, 68톤의 무기용 플로토늄을 추가로 제거할 계획이다. 이로써 핵무기 2만개를 제조할 수 있는 핵물질이 제거되는 셈이다. 또한, 고농축 우라늄 사용 최소화를 위한 자발적 조치를 2013년까지 발표, 고농축 우라늄 핵연료 대체기술 개발, 고농축우라늄용 연구로의 저농축용 전환, 고농축우라늄 타겟을 이용한 의료용 동위원소 생산을 2015년까지 중단 등 이행조치에 합의하거나 자발적 공약을 발표하였다. 한국은 고농축 우라늄 핵연료를 저농축으로 대체하는데 필요한 고밀도 저농축우라늄 핵연료 제조기술을 다자공동사업에 제공하기로 공약하여 우리의 원천 핵안보 기술력을 과시하였다.

셋째, 의장국인 한국의 주도적인 역할로 인해 방사성 안보와 핵안보, 그리고 원자력 안전의 통합접근 등 2개의 의제가 새로이 채택되었다. 미국은 제1차 워싱턴 정상회의에서 핵폭탄 테러에만 집중하고 '더티밤'dirty bomb에 대응하기 위한 방사능 안보를 논의하는데 반대하였다. 그러나 후쿠시마 원전사고를 계기로 우리가 제시한 2개 의제에 대한 관심이 고조되었다. 그 결과, 핵 안보가 단순히 미국만의 문제가 아니라 방사능 테러와 원자력 안전 문제에 노출된 모든 국가의 주된 관심사가 되었다.

넷째, 핵안보정상회의와 병행하여 전문가 심포지엄과 산업계회의가 각각 개최되어 핵안보를 위한 국가-전문가 그룹-산업계간 파트너십이 구축되었다. 심포지엄에는 세계적인 핵안보 전문가가 모두 결집하여 정부의 핵안보 노력을 지지하고 미래지향적 정책을 제시하였고, 산업계 회의는 고농축 우라늄 제거방안과 민감정보 보호방안에 합의하였다.

종합하면 서울핵안보정상회의를 통해 다시한번 세계지도자들이 핵테러의 위험성을 주목하고, 제1차 워싱턴회의에서 결집된 정치적 의지와 비전을 현실화하기 위해 보다 실천적이며

---

218) 전봉근, "서울 핵안보정상회의 결과 평가와 후속과제," IUNFANS FOCUS, 2012, 04, 03. 국립외교원 외교안보 연구소

진전된 핵안보 방안에 합의하였다. 이로써 핵테러를 방지하여 세계평화를 강화하며, 궁극적으로 '핵무기 없는 세상'으로 가기 위한 모멘텀을 유지하게 되었다고 말할 수 있다.

향후 과제를 살펴보면, 그 핵심은 어떻게 해야 핵안보정상회의가 산발적인 외교 이벤트로 끝나지 않고 지속가능한 비확산 메카니즘으로 자리잡을 수 있을까 하는 점이다. 다음 회의가 2014년 네델란드에서 열리기로 정해졌지만 그 이후의 계획은 불투명하다. 따라서 확실한 국제 레짐으로 제도화 할 수 있는 노력이 요구된다 하겠다.

1, 2차 핵안보정상회의의 성공적 개최에도 불구하고 아직 세계적으로 핵무기 10만개 이상을 만들 수 있는 2,000톤의 고농축우라늄과 플로토늄이 있으며, 특히 안보가 취약한 민간부분 고농축우라늄도 10톤이나 된다. 일부 비동맹국들은 핵안보 취지에 동의하면서도 핵안보 규범의 강화를 반대하며, 핵국의 핵군축을 우선으로 요구하고 있는 것이 현실이다.

참고 8

제1차 핵 안보정상회의의 결과(2010년 4월 12-13, 워싱턴)[219]

첫째, 47개국 대표들이 고위 정치선언이라고 할 수 있는 공동성명에 합의했다. 전체 12개 항으로 되어 있는 공동성명의 주요 내용은 다음과 같다:

- 앞으로 4년 안에 관리가 부실한 전 세계의 핵물질을 안전하게 관리하자는 오바마 대통령의 제안을 승인함.
- 각국 차원에서 핵물질의 안전과 계량을 개선하기 위한 집중적인 노력을 하고, 특히 고농축우라늄과 플루토늄에 중점을 두고 관련 규정을 강화함.
- 여러 곳에 분산되어 있는 고농축우라늄과 플루토늄을 모아서 집중배치하고 관리해 나감.
- 핵 안보와 핵 테러에 관련된 주요 국제조약에 모든 국가가 가입하도록 해당 조약의 "세계화"(universality)를 추진함.
- "핵 테러에 대응한 지구적 구상"(Global Initiative to Combat Nuclear Terrorism)과 같은 제도의 긍정적인 역할에 주목하면서 법집행, 산업 및 기술요원 차원의 능력을 강화함.
- IAEA가 핵 안보에 관련된 가이드라인을 개발하고 회원국들에게 제공해서 실천하도록 하는 데 필요한 자원을 할당받도록 함.
- 핵 안보를 증진하기 위한 양자 및 다자간 차원의 지원을 추진함.
- 원자력 산업계가 핵 안보에 관련된 규정을 따르도록 장려하면서 동시에 이러한 규정이 원자력의 평화적 이용을 저해하지 않는다는 것을 보장함.

둘째, 공동성명에서 각국 대표들이 약속한 내용을 구체적으로 실천하기 위한 이행계획에 합의했는데, 이행계획의 골자는 다음과 같다:

- 핵 안보 및 핵 테러에 관련된 국제조약을 비준하고 이행함.
- 유엔과의 협력 하에 유엔안보리결의안을 이행하고 다른 나라들의 이행을 지원함.
- IAEA와 협력해서 핵 안보 가이드라인을 개선·실천하도록 함.
- 핵 안보 및 핵물질 거래에 관련된 각국의 규정과 법적 요건을 검토함.
- 고농축우라늄을 사용하는 민수용 원자력 시설을 저농축우라늄을 사용하는 시설로 전환함.
- 새로운 핵연료, 탐지장비 및 핵 지문 기술에 대한 연구를 수행함.
- 핵 안보를 중요시하는 방향으로 산업계 및 기관 차원의 문화를 개선해나감.
- 각국의 관련 시설이 핵물질을 보호하는 데 필요한 인적 자원을 갖출 수 있도록 교육과 훈련체제를 구축함.
- 핵탐지 방법을 개선하기 위해서 법집행 및 세관 요원들 간의 공동훈련을 실시함.

---

219) 전성훈, '제1차 핵 안보정상회의 결과분석평가', 통일연구원 Online Service, Co 10-09.

　셋째, 이번 회의에 참석한 30개 나라가 개별적으로 정책선언을 발표하거나 양자 사이에 협정을 체결했는데, 주요 내용은 다음과 같다.

- 미·러 양국이 각각 34톤씩 모두 68톤의 플루토늄(핵탄두 1만 7000개를 만들 수 있는 양)을 폐기하는 의정서를 체결했는데, 1990년대 클린턴 행정부 때부터 추진했던 사업이 이번에 성사된 것임.
- 우크라이나가 구소련에서 독립하고 핵무기를 해체하는 과정에서 획득한 163㎏의 고농축우라늄을 전량 폐기하겠다고 선언함.
- 칠레는 보유하고 있던 고농축우라늄 18kg을 2010년 3월 전량 폐기했다고 발표함.
- 멕시코는 원자로의 연료로 고농축우라늄 대신 저농축우라늄을 사용하겠다고 발표했으며, 이를 지원하기 위해서 미국·캐나다·멕시코 3국 선언이 채택됨.
- 파키스탄 칸 박사의 핵 밀거래 거점으로 이용된 말레이시아는 자국의 수출통제 제도를 강화해 핵기술의 불법 유출이나 도난을 막겠다고 천명함.
- 이태리는 자국의 주요 항구에 핵탐지 장비를 설치하는 Megaport 협정을 미국과 체결함.
- 일본은 핵 안보정상회의의 합의사항 이행을 지원하기 위한 지역 센터를 설립하고 핵 탐지와 핵 지문에 관한 연구·개발을 추진하겠다고 약속함.

참고 9

제2차 핵 안보정상회의의 결과(2012년 3월 26-27, 서울)

핵 테러 없는 평화로운 세계를 위한 '평화 서밋' 2012 서울 핵 안보정상회의가 2012년 3월 26-27일 서울에서 개최되었다. 2010년 워싱턴 핵 안보정상회의에 이어 두 번째로 열린 이번 핵 안보정상회의는 핵 테러 없는 세상으로 가기 위한 실천적 조치들을 강화한 국제적 합의의 장인 동시에 국제 안보 분야에서 우리나라의 위상을 드높인 자리였다. 53개 초청국, 4개 국제기구에서 온 58명의 지도자들이 참석한 가운데 개최된 서울 핵 안보정상회의는 서울 코뮈니케를 채택하고 막을 내렸다. 이명박 대통령은 정상회의가 끝난 직후 기자회견을 통해 핵 테러 및 방사능테러 방지를 위한 포괄적이고 구체적인 실천조치를 담은 서울 코뮈니케를 발표했다.

서울 코뮈니케에는 국제 핵 안보체제, 국제원자력기구(IAEA)의 역할, 핵물질, 방사성 물질, 핵 안보와 원자력 안전, 운송보안, 불법거래, 핵 감식, 핵 안보 문화, 정보 보안, 국제 협력 등 11개 과제와 과제별 실천조치가 담겨 있다.

서울 핵 안보정상회의는 2010년 워싱턴 핵 안보정상회의에서 시작된 '핵 안보정상회의 프로세스'를 실천의 단계로 끌어올렸다는 데 큰 의의를 갖는다. 정상회의에서 참가국들이 자발적으로 이행했거나 이행 예정인 핵 안보 강화조치를 적극적으로 제시한 결과 ▲고농축우라늄(HEU) 반납 및 제거, 2013년 말까지 HEU 이용 최소화 계획 자발적 발표 ▲핵 안보 관련 국제협약 가입, 2014년까지 개정 핵물질방호협약 발효 추진 ▲핵 안보 교육훈련센터 설립 등 핵 테러 없는 세상을 만들기 위한 구체적이고 가시적인 성과를 거두었다.

또 이번 정상회의에서는 또 워싱턴 정상회의에서부터 논의된 핵물질 및 원자력 시설에 대한 방호와 불법거래 대응 문제뿐만 아니라 ▲원자력 안전과 핵 안보 간 상호관계 ▲방사성물질의 방호 등에 대해서도 새롭게 논의하는 등 핵 안보 관련 국제 논의의 지평을 확대하였다.

서울 코뮈니케 핵심내용

○ 핵테러 방지를 목표로 하는 국제규범 및 국제 핵안보 강화
- 핵물질방호협약이 2014년까지 발효될 수 있도록 공동노력
- 2013년 국제원자력기구(IAEA) 주관으로 핵안보 국제협력체들 간의 조정회의 개최
○ 고농축우라늄(HEU)과 플루토늄의 제거 및 최소화 노력을 통해 핵무기 연료가 되는 핵물질을 줄여나감으로써 핵테러 가능성 차단
- 각국이 HEU 최소화를 위한 목표를 2013년 말까지 자발적으로 수립·발표할 것을 독려
- HEU 연료를 대체할 수 있는 고밀도 저농축우라늄(LEU) 핵연료 개발을 위한 국제협력 환영
○ 방사능테러에 사용될 수 있는 방사성물질의 관리 강화
○ 원자력 안전과 핵안보의 통합적 논의를 통한 원자력시설 방호 강화
- 사용후 핵연료 및 방사성 폐기물 관리를 위한 적절한 계획을 국가차원에서 수립할 것 장려
○ 운송보안 강화, 핵감식능력 증진 등 핵·방사능 물질의 불법거래 대처
- 핵·방사성 물질의 악의적 탈취에 취약한 운송중 물질의 보안 강화를 위해 효과적인 관리
· 추적 시스템 구축 장려
- 인터폴과의 협력을 포함한 불법거래 예방·탐지·대응 능력 강화
○ 핵안보 문화 강화 및 민감한 정보 보안 강화
- 핵안보 교육훈련센터 설립 등으로 인적 역량을 배양해 핵안보 문화 강화
- 사이버 보안문제를 포함해 핵테러 기도에 악용될 수 있는 정보유출 방지노력 강화

특히 이번 핵 안보정상회의에서는 개별국가 차원의 조치뿐만 아니라 ▲핵물질 밀수 방지 ▲민감한 정보 보호 ▲운송 중 핵물질 보호 등 주요 핵 안보 분야에서 여러 국가가 함께하는 자발적인 협력조치도 발표돼 국제 사회에 새로운 협력모델을 제시하기도 하였다.

우리나라는 이번 핵 안보정상회의의 의장국으로서 관련 논의를 활발하게 이끌었을 뿐만 아니라 그간 핵 안보 강화를 위해 우리나라가 취해온 조치를 적극 설명하고, 앞으로 참가국들과의 협력 하에 추진해 나갈 사업들을 제시하였다. 우리나라는 핵 안보정상회의가 진행 중이던 3월 27일 미국·프랑스·벨기에와 공동으로 고성능 연구로에서 사용되는 HEU 연료를 저농축우라늄(LEU) 연료로 전환하는 공동 협력 사업을 발표했다. 4개국 공동성명에 따르면 미국이 2012년 말까지 약 1백10킬로그램의 저농축우라늄을 우리나라에 제공하고, 우리나라는 한국원자력원구원(KAERI)에서 개발한 원심분무기술을 이용해 우라늄-몰리브덴 합금(U-Mo) 분말 1백킬로그램을 2013년 중 제조한다. 이 분말은 프랑스 아레바체르카사에 제공돼 고밀도 U-MO 핵연료로 제조되며, 프랑스·벨기에에서 작동되는 연구로에 사용하게 된다.

한편 이번 정상회의 참가국들은 서울 핵 안보정상회의의 공약 이행성과를 점검하고, 한층 더 심화된 핵 안보 관련 국제협력 방안을 논의하기 위해 2014년 네덜란드에서 제3차 핵 안보정상회의를 개최하기로 합의하였다.

제6절 핵공격과 방어:
미국의 전 지구적 미사일 방어체제 구축과 한반도

1. 개요

북한의 핵과 미사일 위협과 관련하여 이에 대한 대비책 강구에 있어서 한국형 미사일방어 MD 체제 구축문제와 관련하여 논란이 가열되고 있다. 미국이 희망하고 있는 동북아 MD체제는 무엇이고 한국형 미사일 방어(KAMD) 체제는 어떻게 다른가.

2012년 5월 18-19일 미국에서 열리는 G-8 정상회의에 푸틴 러시아 대통령이 불참한다고 외신들이 전했다. "NATO가 추진 중인 유럽미사일방어MD 시스템 구축에 대한 반발 때문"이라고 보도되었다. 나토의 미사일 방어체제 구축은 러시아를 대상으로 한 것이라는 것이다. 곧 이어서 러시아가 유럽의 MD망을 뚫을 수 있는 미사일 발사 실험에 성공했다는 보도가 이어졌다.[220]

2012년 4월 총선에 즈음하여 제주도 강정마을 해군기지 건설반대 운동이 고조에 달했다. 여러 가지 반대 이유 중의 하나로서 미국의 MD의 전진 기지라는 주장까지 제기되었다. 미 해군의 전진기지가 되며 이로서 중국을 자극하여 군비경쟁의 빌미가 된다는 이유였다. 이에 훨씬 앞선 2009년 4월에 "아시아·태평양 MD반대와 군비경쟁 종식을 위한 국제대회"가 국제 군축·평화 운동가들에 의해 서울에서 개최되었다.[221] 이들이 내세운 취지는 다음과 같다.

"미국이 주도하고 있는 미사일 방어MD체제가 우주의 군사화, 국가 간의 군비경쟁

---

220) 2012년 05월 25일 「중앙일보」. 2010년 9월 실패 후 결함을 보완, 러시아가 미국과 북대서양조약기구(나토)의 미사일방어(MD)망을 뚫을 수 있는 새로운 대륙간탄도미사일(ICBM) 시험 발사에 성공했다. 인테르팍스 통신 등에 따르면 러시아 국방부는 23일(현지시간) 신형 ICBM이 북부 아르한겔스크주의 플레세츠크 우주기지에서 발사돼 극동 캄차카 반도의 쿠라 사격장에 있는 목표물에 명중했다고 발표했다. 국방부는 "신형 ICBM은 잠재적 미사일방어망을 뚫을 수 있는 능력을 갖춰 러시아 전략미사일군의 전력을 향상시킬 것"이라고 설명했다. 빅토르 예신 전 전략미사일군 사령관은 이번에 발사된 미사일이 완전히 새로운 것이라고 주장했다. 예신은 "이번 미사일 발사는 유럽 MD에 대한 군사기술적 대응의 일환"이라며 "발사된 미사일은 러시아가 미국과의 MD 협상이 실패할 경우에 대비해 2020년까지 배치하려는 것"이라고 말했다.

221) 주최단체는 1. '아시아·태평양 MD 반대와 군비경쟁 종식을 위한 국제대회' 한국조직위원회 (http://space4peace.tistory.com), 2. 우주의 무기와 핵을 반대하는 글로벌 네트워크 (GN) (Global Network against Weapons and Nuclear Power in Space, (http://www.space4peace.org), 3. 무력갈등 예방을 위한 글로벌 파트너십 동북아지역회의(GPPAC Northeast Asia)(Global Partnership for the Prevention of Armed Conflict, http://www.gppac.net)이었다.

그리고 이로 인한 정치·외교적 갈등을 촉발시키고 있습니다. 체코와 폴란드 등 동유럽에서의 MD배치 시도가 국민들의 강한 반대여론과 러시아의 반발을 불러왔던 것처럼 미국의 동북아에서의 MD구축 시도는 중국, 러시아, 북한의 반발은 물론 동북아에서의 군비경쟁을 격화시키는 요인이 되고 있습니다.

특히 동북아에서 미국이 주도하고 있는 MD구축에 일본과 호주가 동참하고 있고, 한국도 관련 무기체계 도입과 역할 분담을 통해 사실상 MD 참여가 가능해진 상황입니다. 하지만 실효성이 검증되지 않았을 뿐만 아니라 천문학적인 비용이 소요되는 MD체제는 오로지 군산복합체의 이익에 부합하는 것일 뿐입니다.

한반도와 동북아 그리고 국제사회 평화를 저해하는 MD구축에 대해 국제 시민사회의 대응이 필요합니다. 세계 곳곳의 활동가 40~50명을 포함해 한국의 평화운동 활동가들이 참여하는 이번 국제회의는 MD체제 구축의 문제점을 공론화하고 이에 따른 군비경쟁의 실태를 알리는 한편 국제 시민사회의 공동대응을 모색하는 자리가 될 것입니다.”222)

2010년 10월 22일 김태영 국방장관이 천안함 폭침 및 연평도 피격 사건 이후 대책을 묻는 국회 국방위에서 한국의 미국 미사일방어MD 참여 검토를 처음으로 공식적으로 밝혔다. 부시 정부 이래 집요한 강요에도 불구하고 한국의 미국 MD 참여는 동북아 안보지형을 뒤흔드는 중대하고 민감한 문제라서 김대중·노무현 정부는 물론 이명박 정부도 ‘미국의 MD 체제에 참가하기 어렵다’는 입장을 밝혀왔다. 그런데 이명박 정부가 천안함 사건 이후 처음 열린 42차 한미안보협의회의SCM를 계기로 MD 참여를 공개적으로 천명한 것이다. 국방부는 이에 대한 논란이 확산되자 장관 발언이 미국 MD 참여를 의미하는 것은 아니라고 강변하였다. 진보연대는 “한국의 MD 참여는 핵전쟁 위험을 높이고 대미 군사적 종속과 막대한 비용 부담을 초래한다”면서 성명을 내고 강력히 반대하고 나섰다.

2012년 3월 21일 북한은 광명성 3호를 발사하였다. 실패하긴 했지만 계속 발사를 추진하고 있어 이에 대한 대책마련이 필요하다고 인식한 한미 당국은 미사일기술통제 레짐MTCR과는 별도로 탄두중량 300Kg 사거리 500Km로 제한되고 있는 한·미 미사일 협력지침을 800Km 이상으로 확대 개정하여야 한다는 여론이 비등하였다.

미국이 동맹국들과 함께 범세계적 미사일방어체제MD 구축을 추진하고 있고 이것이 완료

---

222) ‘아시아·태평양 MD 반대와 군비경쟁 종식을 위한 국제대회’ 한국조직위원회(2009, 4.16-18, 서울 여성 프라자), 행사안내문. http://space4peace.tistory.com.

되게 되면 그 어느 나라도 미국에 대응 할 수 없는 군사적 패권을 구축하게 된다. 창과 방패의 싸움에서 가장 강력한 창과 방패 모두를 갖춘 유일한 나라가 되는 것이다. 미국은 9.11 테러와 이란, 북한 등과 같은 불량국가들의 대량살상무기 개발과 위협에 대한 불가피한 선택으로 여기고 있다.

미국의 미사일 방어계획을 둘러싼 국제사회의 반응과, 북한의 미사일 개발 위협 그리고 MTCR 및 한·미 미사일 협상 간의 문제를 살펴보기로 하자.

2. 미국의 범세계적 미사일 방어(MD)망 구축 계획

미·소 냉전기간 중 미국과 소련의 핵무기 개발 경쟁은 도를 넘었다. 5만여 기가 넘는 핵탄두로 1, 2차 공격력과 생존성을 따지는 전략으로는 인간의 이성적 판단을 넘어서는 한계에 도달하였다. 전략가들은 적의 핵공격에 대한 효율적인 방어체계 구축에 관심을 기울이게 되었다. 핵미사일 공격을 완벽하게 방어할 수 있게 된다면 핵보유 보다는 오히려 전략적 우위를 점하게 되는 것이다.

이러한 전략적 고려 하에 레이건 대통령의 획기적 안보정책인 전략방위구상SDI이 나오게 되었다. 별들의 전쟁이라 불렸던 이 계획은 결국 소련으로 하여금 더 이상 미국과 군비경쟁을 할 수 없도록 포기시키는 결정적 역할을 하였고 고르바쵸프에 의한 개혁과 개방 정책으로 전환하도록 하는 계기가 되었다.

이후 미국의 미사일 방어계획은 여러 역대 대통령을 거치면서 변화하는 안보환경에 따라 부침을 계속해 오다가 9.11 테러를 계기로 더 이상 미국이 적 또는 테러분자들의 공격으로부터 안전할 수 없다는 절박함에 따라 조지 W. 부시 대통령은 그간 장애물이 되었던 ABM조약을 탈퇴 하는 등 강력히 미사일방어 계획을 추진하였다. 그러나 최근 오바마 대통령에 이르러서는 재정적 어려움에 대한 고려와 미사일방어 기술의 타당성에 대한 재검토가 이루어지면서 정책에 수정이 가해지고 "핵무기 없는 세상" 구현 정책 추진에 따라 미사일방어의 정책적 우선순위가 다소 약화되긴 하였으나 동맹과 우방에 대한 공동참여 요구는 더 강해진 경향을 보이고 있다. 미국의 미사일방어 정책은 보수 강경인 공화당과 온건파인 민주당의 정권변동 여부에 따라서 그 위협인식 정도와 MD 접근강도가 다르게 나타나고 있다.

가. 미사일 방어(MD) 추진배경과 경과

미국의 탄도미사일방어의 역사는 깊다. 2차 대전 말 독일에 의해 탄도미사일이 발명되어 실전에 사용된 지 얼마 지나지 않아 미사일방어의 필요성이 미국의 군사전략가들 사이에서 개념화되기 시작하였다.223) 전쟁직후 미 공군에 의해 "위저드"Wizzard와 "텀퍼"Thumper라는 미사일 방어 개발이 시작되었고 1949년에는 미 육군도 가세하여 현재 패트리어트PATRIOT: Phased Array Tracking Radar Intercept On Target 방어체계로 발전된 미사일 방어 개발에 착수하였다.224)

그 이후 60여년에 걸쳐 미국의 역대 정부는 탄도미사일에 대한 다양한 정책들을 내어 놓았는데 각 행정부가 가진 전략상황과 기술적 타당성에 대한 인식 및 평가에 따라 각기 다른 정책들이 제시되었다. 좀 더 구체적으로는 존슨 행정부의 "파수망"Sentenial(1968), 닉슨 행정부의 "안전조치"Safeguard(1975), 레이건 행정부의 "전략방어구상"SDI, 부시행정부의 "제한적공격에 대한 지구적방어"GPALS(1991), 클린턴 행정부의 "전구방어"TMD와 "국가방어"NMD, 조지 W. 부시 행정부의 "미사일방어"MD 그리고 오바마 행정부의 "탄도미사일방어"BMD 등으로 이어져 왔다.225)

좀 더 구체적으로 살펴보면 1955년부터 미 육군이 '나이키-제우스'Nike-Zeus 탄도탄 요격미사일 개발을 시작하였고 1962년에 '나이키 엑스'Nike-X 프로그램으로 전환되었다. 1967년 '나이키 엑스'를 대체하는 '센티널'SEntinel 요격체계의 배치가 발표되었고, 1969년 센티널 계획이 '세이프 가드'Safeguard 체계로 전환되었다.

한편, 1972년 미국과 소련은 수도권과 ICBM기지 150Km 이내 지역 등 2곳에 각각 100기의 요격미사일을 배치하는 것을 골자로 하는 "탄도미사일방어ADM조약'을 체결하였고 1974년에는 이를 각각 1곳에 100기로 제한하는 것으로 개정하였다. 개정된 미·소간의 ABM조약에 따라 1975년 10월 미국은 노스 다코다주 그랜드 폭스Grand Forks에서 세이프가드 체계를 가동했지만 기술적인 한계와 소련의 선제 핵공격 유발가능성 등 여러 가지 문제점으로 인해 곧바로 폐쇄하였다.

미국의 미사일 방어망 구축이 본격화 된 것은 레이건 대통령의 '전략방어구상'SDI: Strategic Missile Defense, 일명 '별들의 전쟁'Star Wars에서부터 시작되었다. SDI는 소련의 미사일을 발사 및 중간 비행단계에서 파괴하여 미국 전역을 소련의 미사일 공격으로부터 완벽하게 방어하겠다는 목표를 갖고 추진되었다. 그러나 소련의 붕괴로 중단되었고 그 이후 부시 대통령이 1991년 연두교서에서 막대한 예산과 시간이 소요되는 SDI를 축소하여 '제한공격에 대한 전지구적 방어

---

223) Gilbert R. Cook 중장이 이끄는 '미지상군장비검토유위원회'에서 1945년 6월 발간한 보고서에서 이미 미국은 가장 빠른 시일 안에 탄도미사일에 대한 방어를 추진해야 한다고 건의하고 있다. U.S. Missile Defense Agency, *Missile Defense: The First Six Years* (15 August 2008), p. 4.
224) U. S. Missile Defense Agency(2008), pp. 5-6.
225) 미국의 행정부별 미사일방어계획의 개괄적인 내용은 U.S. Missile Defense Agency(2008)을 참조할 것.

GPALS: Global Protect Against Limited Strike 구상을 추진하겠다고 발표하였다.

레이건이 추진한 '전략방위 구상'SDI은 소련의 대규모 핵공격에 대비한 미국 본토 방어를 목표로 한 반면, 부시가 추진한 '전지구적 방위'GPALS: Global Protection Limited Strike는 불특정 국가의 탄도미사일 공격에 대해 미군과 우방국을 방어하고 제한적인 탄도미사일 공격으로부터 미국 본토를 방어하는 등 지구 전체를 목표로 하였다. GPALS체계는 3부분으로 구성되어있는데 첫째, 미 본토를 방어하기위한 '국가미사일방어'NMD: National Missile Defense, 둘째, 해외배치 미군과 동맹국의 보호를 위한 제한된 지역을 방어하는 '전역 미사일방어'TMD: Theather Missile Defense 그리고 세 번째로 전지구적인 우주배치 브릴리언트 페블 요격체의 3가지이다.

이후 클린턴 행정부에 들어서서 1993년 GPALS계획을 계승하되, 그 범위를 대폭 축소시킨 '탄도미사일 방어구상'BMDI: Balastic Missile Defense Initiative을 추진하게 되었고 이 BMDI체계는 크게 NMD와 TMD의 2개 부분으로 구성되어 있다. 여기서 NMD는 중국과 러시아 등 전략핵 보유국들의 우발적인 소수 미사일 발사 및 이란, 이라크, 북한 등 소위 불량국가들에 의한 제한적 전략핵공격에 대응에 전략적 목표를 두고 있으며, TMD는 동맹국과 해외 주둔 미군을 전역핵 미사일로부터 보호하는데 목표를 두고 있다.

한편 동맹국들 간에 미국의 NMD가 자국의 본토방어만을 추구하고 동맹국 보호에는 소홀하다는 비난을 의식하여 2001년 NMD와 TMD를 통합한 개념으로 NMD에서 'N'자를 뺀 MDMissile Defense계획을 공식 발표하였다. 2001년 9월 11일 테러사건 이후 대테러전을 수행하는데 전념하느라 MD계획이 잠시 보류되었으나 이후 더욱 강력히 추진되고 있다.

미국의 MD구상은 냉전기의 핵전략을 대체하는 새로운 전략개념으로써 이 계획이 실현될 경우 군사전략은 물론 국제관계 전반에 걸쳐 엄청난 변화가 일어날 수 있다. 기존의 미국 핵전략이 상대방 국가의 시민을 인질로 하는 '상호확실파괴'MAD: Mutual Assured Destruction에 바탕을 둔 억제전략Deterrence Strategy이었던 반면, MD체계는 적의 공격을 완벽하게 방어Complete Defense Strategy한다는 데에 중점을 두는 방향으로 추진되고 있다.

2010년 4월 미국은 비핵 탑재 미사일을 전 세계 1시간 이내에 공격할 수 있는 미사일 개발계획을 발표 하였다.226) 핵무기 사용 제한을 선언한 미국이 새 대륙간탄도미사일ICBM을 개발, 글로벌 재래식 즉응타격Prompt Global Strike 체제를 갖추려는 것이다. 그것의 필요성은 자국 및 동맹국 등에 대한 핵 억지력 공백을 메우기 위해서다. 미 국방부 관계자들은 "즉응타격PGS 프로그램에 따른 ICBM이 테러조직이나 적국의 도발에 대한 새로운 억지 전력으로 필요하다"고 밝혔으며 백악관도 성능이 개량된 ICBM을 핵 억지력을 대체할 수 있는 새로운 군사적 옵션으로 적극

---

226) 2010. 4. 9. 경향신문.

검토 중이라고 밝혔다.[227] 글로벌 즉응타격 체제는 미국이나 동맹국이 공격을 받거나, 받을 조짐이 보이면 지구의 어느 곳이든 1시간 이내에 미사일로 타격한다는 개념이다.(상세한 내용은 본서 p.230 참조)

MD체계가 완벽히 구축되면 미국은 상대방의 공격은 무력화 시키면서 자신은 마음대로 공격할 수 있는 능력을 갖추게 되며 이로서 유일패권체제를 완성할 수 있게 되는 것이다. 미국의 주도하에 이스라엘과 일본이 적극적으로 참여하고 있다.

나. 미사일 위협의 정도와 종류

1) 미사일 위협의 정도

2010년 초 발간된 미국의 「탄도미사일방어 검토 보고서」BMDR: Ballistic Missile Defense Review에 따르면, 전 세계적으로 미사일 위협은 양적으로나 질적으로 증가하고 있다.[228] 미사일기술의 확산에 따른 보유국 수의 증가는 물론, 사정거리, 정확도, 그리고 사용연료 및 발사방식의 향상으로 인해 탄도미사일의 신뢰도, 생존성 그리고 이동성이 현격히 발전함으로써 미사일의 위력이 급격히 커졌다고 말하고 있다.

국가별로 보자면, 가장 큰 미사일위협의 근원으로 지목되는 것은 역시 이란과 북한이다. 이란의 경우 현재 중동은 물론 동유럽까지 타격할 수 있는 미사일 능력을 갖추고 있다. 사거리 1,300-2,000Km의 "샤하브(Shahab)-3" 미사일이 위협적인데 이것은 북한의 '노동미사일'을 원용한 것이다. 미국 군 징보기관에 의하면 2015년경에는 미 본도를 공격힐 수 있는 ICBM을 개발 할 수 있을 것이라고 평가된다.[229] 이에 더하여 현재 논란이 되고 있는 핵개발까지 성공하게 된다면 이란의 미사일 위협은 심각하다 할 수 있다.

북한은 2012년 3월 인공위성이라고 주장하는 광명성 3호(은하 3호) 발사에 실패하였다. 북한은 사거리 1,300Km의 노동미사일, 3,200- 4,000Km인 무수단, 사거리가 10,000Km 에 이르는 대포동 2호 발사시험을 두 차례(2006/2009)나 하였다. 2012년 실패한 광명성 3호(은하3호)가 성공하게 된다면 사거리 15,000Km의 미 전역타격이 가능한 위력적인 대륙간탄도미사일을 보유하게 되는 것이다.

북한의 미사일 능력은 단거리부터 중장거리 탄도미사일까지 모두 보유하고 있는데 구체

---

227) 「워싱턴 포스트」, 2010. 4. 8, 「중앙일보」 2010, 4. 9일자.

228) U. S. Department of Defense, Ballisic Missile Defense Review(February, 2010), pp. 3, 5-6.

229) "Iran could Put U.S. in missile Range by 2015, Air Force Report Warns," Global Security Newswire (10 June 2009)

적으로 단거리탄도미사일인 스커드미사일은 사거리가 320-500Km에 이르며 한국 전역을 타격할 수 있고 약 600여기를 가지고 있다. 중거리미사일인 노동미사일은 사거리가 약 1,300Km로서 일본전역을 사정권으로 하고 있는데 현재 약 300여기를 보유하고 있다. 중장거리미사일에 해당하는 무수단 IRBM은 사거리가 3,200-4,000Km로서 약 100-200기를 보유하고 있다. 무수단 미사일은 오끼나와와 괌의 미군기지 까지도 공격이 가능하다.

장거리 탄도미사일로서는 대포동 미사일이 있다. 대포동 1호는 1998년 최초 실험을 하였는데 3단계 추진 중 실패하였고 알라스카와 하와이를 위협할 수 있는 것으로 평가되었으며 유엔안보리에서 문제가 제기되었다. 그 후 북한은 사정거리가 10,000Km에 이르는 대포동 2호 ICBM 발사시험도 2006년과 2009년 두 차례에 걸쳐 실시하였다. 2006년의 시험발사는 42초 비행 후 동해 바다에 떨어졌고 두 번째는 2,300Km를 비행하였다. 북한은 성공하였다고 대대적으로 홍보하였으며 미국을 비롯한 서방 정보기관들은 실패로 평가하였다. 만약 개량된 대포동 2호가 성공하게 된다면 북한은 북미대륙 전체를 위협할 수 있는 사거리 15,000Km의 위력적인 탄도미사일을 보유하게 되는 것이다. 2012년의 광명성 3호 사건은 바로 그러한 저의를 가지고 발사된 것이었다.

공식적으로 핵보유국인 중국은 약 110-140기의 핵탄두를 탑재한 전략미사일을 보유하고 있는데, 중거리탄도미사일 둥펑(DF)-21, 중장거리탄도미사일인 둥펑 3과 4, 그리고 장거리탄도미사일 둥펑(DF)-5가 주를 이룬다. 그리고 타이완 맞은편에는 단거리탄도미사일인 둥펑(DF)-11과 15를 배치해 놓고 있다. 또 최근 들어 중국은 둥펑 21을 개선한 중거리 미사일 둥펑(DF)-21C 와 둥하이(DH)-10 크루즈미사일을 배치하기 시작했다.[230]

우리나라와 일본, 괌과 하와이 등을 커버하기 위한 핵탄도탄 DF-21과 DF-21A 그리고 DF-31을 배치하였고, 미국 본토를 커버하기 위하여 DF-5A와 DF-31A를 보유하고 있다. 미국에 대한 더욱 견고한 핵억지력을 확보하기 위한 수단으로 중국은 DF-31을 잠수함 발사용으로 전환한 JL-2를 개발 중에 있다. 그뿐만이 아니라 핵미사일과 더불어 중국은 자국영토에서 2000Km 이내의 영역을 커버하는 초정밀재래식탄도탄 DF-15B와 DF -15C, DF-21C와 대함탄도탄 DF-21D, 순항미사일 DH-10을 배치하여 항공기 및 잠수함과 함께 서태평양 상에서 제해권을 확보하려 하고 있다. 중국이 보유한 핵억제력과 함께 서태평양 상에서 미국함대의 자유로운 작전을 견제할 수 있는 중국의 재래식 전력은 미국의 동아시아 전략에 수정을 강요할 것으로 보이며, 이는 다시 우리나라의 안보와도 직접 관련된다.[231]

---

230) Sino-Defense. Com, "Strategic Missile Force," http://www.sinodefence.com/strategic/default.asp.
231) 정규수, 『ICBM, 그리고 한반도』(서울: 지성사, 2012), pp. 391-392.

한반도, 더 나아가서 서태평양에서 미국과 중국이 어떻게 조화롭게 균형을 잡아가느냐에 따라 한반도와 일본의 안위도 결정된다. 중국은 자국의 군사정보를 전혀 공개하지 않고 있다. 따라서 중국의 전략무기 성능이나 군사력, 미래 계획 등은 미국 정보기관의 추정치만 나돌고 있는데 그 추정치의 신뢰도가 그리 높지 않다. 중국은 자국의 군사정보를 공개하고 투명성을 제공하는 것이 주변국 신뢰구축에 도움이 되며, 주변지역의 안정과 평화에도 기여하는 일이 될 것이다.232)

범세계적으로 긴장과 대결이 완화되고 있으나 유독 한반도 주변에서는 탄도탄 배치와 현대화가 가속되고 있으며 우리가 그 한가운데 놓여있다.

2) 미사일의 종류

미사일의 종류는 전술미사일, 순항미사일, 탄도미사일로 구분되며 그 특성은 다음과 같다.

① 전술미사일Tactical Guided Missile은 전술 용도에 따라 지상, 해상, 및 항공무기로서 함대함, 함대공, 공대지, 지대지 등 다양한 형태로 분류되며, 최대사거리가 대략 200 Km 이내로서 현대전에서 전투의 승패를 결정하는 핵심적인 무기체계이다.

② 순항미사일Cruise Missile은 사정거리가 500Km 이상 1,000Km 내외로서 대기권 내에서 마하 0.9전후의 일정 속력으로 비행하며, 사전에 입력된 지정 경로의 지형지물, 표적점을 이용하거나 위성 또는 관성항법을 이용하여 저고도로 계곡사이와 산간지방을 비행하기 때문에 육상의 감시레이다에 탐지되지 않는다. 발전된 제트엔진을 사용하면 타격거리를 비약적으로 연장시켜 적 후방 깊숙이 종심 정밀타격이 가능한 첨단유도무기의 하나이다.

③ 탄도미사일Ballastic Missile은 통상 2000Km 이상의 거리를 가지며 추진체의 힘으로 지구 대기권 밖을 마하 3 이상으로 통과비행하며 사정거리의 25-30%인 최고 도달고도에 이르러 목표지점에 유도된 후 대기권을 재돌입하여 마하 5-10의 초음속으로 목표물에 명중하는 장거리 전략타격무기체계이다.

순항미사일의 장점이 정밀타격이라면 탄도미사일의 장점은 빠른 비행속도다. 현재 탄도미사일의 속도는 초속 약 3km로 F-15 전투기 최대속도의 약 4배에 이른다. 이에 발사에서부터 목표지점 도달시간이 매우 짧다. 비행고도의 경우 최고 300km 높이로 대기권 밖에서 진입이 가능하고 약 45도의 높은 각도로 직 강하 공격할 수 있어 요격할 수 있는 방어수단도 제한적이다. 또 탄도미사일의 이동이 용이하고 크기가 작아 은폐와 개별적 독립운용이 용이하여 분산배치할 수 있다. 미군축협회ACA에 따르면 탄도미사일을 보유한 국가는 현재 32개국이다.233)

---

232) 앞의 책.

다. 미사일 방어의 개념

미사일 방어란 탄도미사일이 발사되어 목표물을 타격하기 전에 다른 미사일로 요격 격파하는 것을 말한다. 미사일 방어의 종류는 흔히 세 가지 기준에 의해 구분한다.

첫째, 요격대상의 비행거리 혹은 요격미사일의 배치위치에 따른 것으로서 지역/동맹국 방어(전구방어TMD)와 미 본토방어(국가방어NMD)로 나눌 수 있다. 미국을 기준으로 미 본토방어를 국가방어NMD라 하고 중/장거리 ICBM에 대한 방어를 지칭하고 반면에 해외주둔 미군이나 우방 및 동맹국들에 대한 미사일방어를 전구방어TMD라고 하며 단거리 및 중거리 탄도미사일에 대한 방어를 의비한다.

둘째, 미사일 3단계 비행궤도(추진단계, 중간단계, 종말단계)중 요격시점에 따른 구분이다. 추진단계 방어는 3-5분정도의 긴박성으로 인해 대응이 어려운 반면 장점으로는 실제와 기만탄두의 구별이 용이하다는 점이 있다. 또한 면적이 넓은 국가에서 발사된 미사일은 포착이 어려워 요격이 어려운 단점이 있다. 중간단계 방어는 15-20분의 비행으로 시간이 좀 여유가 있으나 탄도의 진위를 구분하기 어려운 점이 단점이다. 끝으로 종말단계 방어는 재진입체의 속도차이로 진위 구별이 쉬우나 요격 후 미사일 파편이 방어국 영토로 떨어질 확률이 크다는 단점이 있다.

셋째, 요격미사일의 발사 플랫폼과 미사일의 탐지 및 요격에 사용된 기술유형에 의한 구분이다. 지상, 해상, 공중 혹은 우주 발사 방어와 그리고 다양한 레이저에 의한 요격이 있다.

일반적으로 현실에서는 이들 세 가지 방법이 조합되어 사용된다. 주로 TMD의 경우 단거리탄도미사일 방어가 주목적이며 이 경우 대개 시간적으로 촉박하므로 종말단계 요격이 이루어지며, 또 요격지점과 가까이 위치하기 위해 해상발사나 공중발사요격이 많이 쓰인다. NMD의 경우는 중/장거리 미사일 요격에 사용되며 주로 대기권 밖에서 요격하는 중간단계 미사일방어체제로 대응하게 된다. 추진단계 방어도 가능하며 이 경우 이동성과 접근성이 상대적으로 뛰어난 항공기탑재 레이저에 의한 방법도 적용될 수 있다.

라. 탄도요격미사일(ABM) 조약과 미사일 방어

1) ABM 조약과 TMD

미국은 2002년 6월 13일 ABM조약 공식 탈퇴를 선언하였다. 이로서 미국과 구소련이

---

233) 양낙규, 「아시아경제」, 2012년 5월 25일자.

1972년 체결한 군비통제 조약으로서 군비경쟁을 완화시키는데 기여했던 조약이 폐기된 것이다. ABM조약은 '탄도미사일 요격시스템'을 '비행중인 전략탄도미사일 또는 그 구성요소에 대응하는 시스템'으로 규정하고 있고, ABM조약은 '탄도미사일 방어체제(ABM=MD)'에 대해 ① 수도首都와 대륙간 탄도탄 기지 반경 150Km 이내에 각각 하나의 ABM 체계만 배치가 가능하고, ② 100기 이상의 요격미사일/발사대 배치금지, ③ 요격시스템 구축한 지역으로 제한, ④ 영토 전역 방어용 요격시스템 구축 금지, ⑤ 이동식 요격시스템 구축 금지, ⑥ 해상, 공중, 우주 또는 이동식 지상발사 ABM 체계/구성요소의 개발, 시험, 배치를 금지, ⑦ ABM 체계/구성품의 타국 이전 또는 국외배치를 금지 등을 명시하고 있다.

2) ABM 조약과 NMD

그런데 클린턴 행정부가 추진했던 NMD는 250기의 요격미사일 배치, 알래스카와 노스 다코타 등 두 곳에 시스템 구축, 미국 본토 방어용 등을 내용으로 추진된 것이기 때문에 ABM 조약을 위반하게 되었다. 그러나 부시 행정부는 클린턴 행정부 때보다 훨씬 강력하고 대규모의 미사일 방어망 구축을 추진하였고 이에 따라 ABM조약의 파기가 불가피하였다.(구체적 내용은 첨부자료 미국 미사일방어 추진경과 참조)

3. 미사일방어체제 구축 현황[234]

미국의 미사일방어MD 계획은 2000년대 조지 W. 부시 행정부에 이르러 최고조에 이르렀는데 이때를 기준으로 지금까지 시험중이거나 배치된 미국의 미사일방어체계는 지, 해, 공중 방어체계 3가지로 대별할 수 있다.

첫째, 지상배치 방어체계는 ① 지상발사 요격미사일GBI ② 육군의 고공전구방어THAAD: Theather High Altitude Area Defense ③ PAC-3 패트리어트미사일 체계 등이 있다.

지상발사요격미사일GBI은 3단 고체연료 요격미사일로 날아오는 탄도미사일을 요격하는 체계로 중장거리 및 장거리 미사일 공격으로부터 미국 본토를 방어하는 국가차원의 미사일방어체계이다. 실제 요격은 탄도미사일 비행의 중간단계에서 이루어지는데, 대기권 밖에서 비행하고 있는 공격미사일들을 '충돌폭파'hit-to-kill 또는 '운동적 충돌파괴'kinetic-kill 방식으로 격추시키

---

234) 김영호, 「탄도미사일 방어: 현황과 한국의 선택」, 쟁점주제 논평, 『국제정치논총』 제50집 5호, 2010. pp. 157-160 참조

게 된다. 현재 알라스카(Poirt Greely)와 캘리포니아(Vandenberg 공군기지)에 각기 26기와 4기씩의 요격미사일이 배치되어 있고 향후 40기까지 증강시킬 계획이다.235) GBI는 지상과 해상에 배치된 레이더에 의해 날아오는 탄도미사일을 추적하는데, 지상의 조기경보 레이더는 알래스카에 설치되어 있고, 보다 개량된 조기경보레이더가 캘리포니아(Beale 공군기지), 영국의 플라잉데일, 그리고 그린란드(Thule)에도 배치되어 있다. 해상에는 해저원유굴착선을 개조한 X-band 레이더를 태평양상에 배치해 놓고 있다.236)

THAAD는 단거리와 중거리 미사일 공격에 대비한 이동식미사일방어체계로서 종말단계에 접어든 공격미사일을 고공에서 요격하는 체계이다. 1999년대 중반부터 수차례 시험을 거쳐 2008년에 최초로 실전 배치된 이 체계는 1개 포대가 1대당 8발발사가 가능한 3대의 이동식발사대, 수송기 C-130로 수송 가능한 1대의 AN/TPY-2 지상레이더, 그리고 발사통제 및 통신장비로 구성된다. 현재 2개포대가 미국 본토에 배치되어 있으며, 해외로는 아랍 에미리에이트UAE에 4개 포대를 판매하기로 하였고, 한국, 독일, 이스라엘, 일본 등도 미국에 구매를 요청한 상태이다.237) PAC-3 미사일방어는 지상배치 미사일방어체계로 가장 널리 알려져 있고 또 가장 많이 실전 배치된 탄도미사일 요격체계이다. 패트리어트 미사일의 최신 개량형인 PAC-3는 단거리, 중거리, 장거리, 순항미사일 등 모든 종류의 공격미사일을 비행종말단계의 저고도에서 요격할 수 있는 만능 미사일체계이다. 이라크전을 수행하기 위하여 중동에 집중 배치되었던 PAC-3는 과거 포대 당 4기의 미사일만을 장착할 수 있었던 PAC-2를 개량하여 16기의 미사일을 장착하도록 만든 것이다. 현재 미국은 연간 200기의 PAC-3를 생산하고 있으며, 대략 총 483기를 실전 배치해 놓고 있다. 현재 패트리어트 요격미사일체계는 미국뿐만이 아니라 사우디아라비아, 이집트, 쿠웨이트, 이스라엘, 독일, 네델란드, 그리이스, 일본, 대만 등 전 세계적으로 널리 운용되고 있다.238)

두 번째 미사일방어 유형은 해상배치체계로 이는 주로 이지스 순양함과 이지스 구축함에 탑재된 SM-2와 SM-3 미사일을 이용한 요격체계이다. 이름이 말해주듯이 '표준미사일'SM: Standard Misile은 해군의 함대공 방어surface-to-air defense의 근간이자 중추를 이루는 미사일로 평가받고 있다. SM-2가 단거리 및 중장거리 방어용이라면, SM-3는 모든 거리의 탄도미사일 방어기능을

---

235) 2012년 5월 미 공화당 마이클 터너 의원(오하이주)이 북한과 이란의 핵개발 위협으로 지상발사미사일 기지 2곳(캘리포니아주, 알라스카주)으로는 부족하다며 동부 해안기지 1곳을 추가 건설해야 한다며 입법 발의를 한 바 있다. 2012. 5. 「중앙일보」.

236) Arms Control Association(2010).

237) MDAA, "Protection: U.S. Deployed System—Theater High Altitude Area Defense," http://www.misiledefenseadvocacy. org/web/page/930/sectionid/557/pagelevel/3/interior.aspx.

238) 앞의 책.

수행하도록 더욱 개선된 요격미사일이다. 오바마 행정부가 내세운 "단계적·적응적"Phased Adaptive 미사일방어계획의 핵심이자 가장 신뢰받는 미사일방어체계가 바로 이 SM-3를 장착한 이지스함 중심 탄도미사일 방어체계이다. 이는 그간 수 십 차례의 시험발사에서 가장 성공률이 높았기 때문이다. 현재 미국은 SM-3탑재 미사일방어 이지스함 19척이 실전에 배치되어 있고, 2015년까지 38척으로 증가시킬 계획이다. SM-3에 기초한 미사일 방어는 향후 유럽에서는 해상 뿐만이 아니라 지상발사 요격체에도 활용될 계획이다.239)

세 번째 유형은 공중배치 미사일방어이다. 공중레이더Airborn Laser, ABL에 의한 미사일방어체계로, 개량된 보잉 747에 초강력 레이저를 장착시킨 것이다. 6개 지역에 전략적으로 배치되어 있는 적외선 추적 레이다로부터 공격미사일이 탐지되면 공중 레이저를 장착한 보잉 747이 출격하여 레이저로 요격하는 체계이다. 모든 종류의 탄도미사일 요격에 활용이 가능하나 주로 추진단계 요격에 주안점을 두고 있다. 그러나 2002년부터 여러 차례 시험을 해 왔으나 여전히 기술적 어려움이 크고 너무 많은 재원 소요 때문에 오바마 행정부에 와서는 이 체계의 대대적인 감축이 이루어졌다.

여러 유형의 미사일방어체계들을 중복해서 운용하는 것을 다층방어multi-layered defense라고 하는데, 이는 더 견고하고 빈틈없는 미사일방어체계를 갖추기 위함이다. 뿐만 아니라, 미국은 이들 여러 겹의 방어체계를 하나의 통합된 방호체계로 상호 연계시키려고 하기 때문에 흔히 "통합다층방어"intergrated multi-layered defense라고 불린다.

오바마 행정부에 들어와 "단계적이고 적응적"인 접근이 강조되면서 현실적으로 변화가 이루어졌는데 이상적인 모든 종류의 미사일방어체계를 동원하는 포괄적인 '다층방어체계'보다는 다소 제한적이지만 선택적이고 집중적인 미사일방어체계를 지향하고 있다.240) 이에 따라 이전 부시행정부에서 계획했던 10기의 지상발사요격미사일의 폴란드 배치계획을 취소하였고, 체코에 설치키로 추진했던 추적레이더의 기지건설계획도 백지화하였다. 대신 이지스함 탑재 SM-3체계를 중점적으로 보강, 활용범위를 넓혀가고 있다. 이 같은 결정은 유럽지역의 주된 미사일위협인 이란의 미사일 개발이 장거리보다는 주로 단거리와 중거리 미사일의 개발이 더 빠른 진도를 보이고 있다는 최신 정보평가에 근거하고 있으며, 동시에 성공적인 SM-3체계 시험발사 결과에 기초한 것이라고 한다. 궁극적으로 향후 2020년까지 4단계에 걸쳐 SM-3 업그레이드를 통해, 순차적으로 보다 먼 사거리의 탄도미사일을 요격할 수 있게 확장시켜 나간다는 것이다.

---

239) Arms Control Association (2010).

240) White House, Office of the Press Secretary, Fact Sheet on U.S. Missile Defense Policy: A 'Phased, Adaptive Approach' for Missile Defense in Europe. (17 September 2009).

이런 오바마 행정부의 미사일정책 지지자들은 조정된 미사일방어정책이 이념이 아니라 기술적 타당성과 소요비용의 합리성을 고려한 현명한 결정이라고 칭찬하는 반면 반대자들과 부정적인 시각을 가진 사람들은 오바마 행정부의 미사일방어정책이 유럽동맹국들에 대한 안보 공약을 잘 이행하고 있다는 점에서 높이 평가될 수 있지만 더 중요한 본연의 임무인 미국 본토에 대한 방어를 소홀하게 하는 무책임한 정책이라며 강도 높게 비판하고 있다. 이렇듯 양측의 주장이 팽팽하게 맞서고 있지만 현재는 어려운 경제 상황으로 인해 크게 표면화되거나 정치적 쟁점으로 부각되고 있지는 않다. 더욱이 나토국가들과 러시아가 오바마 행정부의 정책에 비교적 긍정적 반응을 보이면서 비판은 다소 줄어드는 양상을 보이고 있다. 따라서 적어도 당분간 미국의 미사일방어정책은 장거리보다는 단거리와 중거리 탄도미사일 위협에 초점을 둔 지역 및 전구 미사일방어에 역점이 주어질 것으로 보인다.

자국의 미사일방어를 기술적 타당성과 경제적 효율성에 입각하여 축소, 재조정한 오바마 행정부는 대신에 미사일방어 개발 및 실전배치에 동맹과 우방국들의 협력과 공동참여를 강조한다. 이에 대해 현재는 주로 단거리 및 중거리 탄도미사일 위협에 직면하고 있는 일본, 독일, 이탈리아, 이스라엘 등이 적극 호응하고 있다. 즉, 독일과 이탈리아는 미국과 함께 '중거리 확장대공방어체계'MEADS를 개발하고 있으며, 이스라엘의 경우도 이미 PAC-2와 Arrow-2미사일에 의한 요격체계를 갖추었으며, Arrow-2 체계로는 14차례의 요격실험을 모두 성공시킨바 있다.241)

일본의 경우는 1998년 북한의 대포동 1호 발사에 충격을 받고 미사일방어에 적극적으로 정책적 노력을 경주하였다.242) 일본도 미국처럼 통합다층방어를 지향하고 있는데, 고고도 방어를 위해 SM-3 요격미사일을 탑재한 4척의 이지스함, 종말단계 방어를 위한 16기의 PAC-3 지상발사 방어체계, 그리고 4대의 FPS-5 레이더와 7대의 개량형 FPS-3 레이더, 그리고 지휘통제 시스템 등을 갖추고 있다. 특히 4척의 콩고Kongo급 이지스 구축함에 장착된 미사일방어체계는 2010년 말까지 모두 실전에 배치되었다. 또 일본은 미국과 긴밀한 협조체제를 유지하고 있고, 이미 미국과 공동으로 시험발사를 성공적으로 실시한바 있다. 향후 일본은 북한 뿐 만이 아니라 중국의 군사력 증강에 대비하고 미일동맹을 보다 강화하는 차원에서도 훨씬 더 미사일방어에 적극성을 띨 것으로 보인다.

---

241) MMDAA, Testing,.http://www.missiledefenseadvocacy.org/web/page/559/sectionid/559/pagelevel/1/interior.aspx를 참조

242) 일본의 미사일방어태세에 관해서는 남창희·이종성, 「북한의 미사일 위협에 대한 일본의 대응: 패턴과 전망」, 『국가전략』 16-2, pp. 63-94 참조

4. 미사일 방어체계의 문제점 및 전망

가. 기술문제

기술적 타당성을 둘러싼 논쟁의 핵심은 과연 고속으로 날라 오는 미사일을 아군의 지상, 해상, 우주의 기지에서 발사한 요격 미사일로 격추할 수 있는가의 여부이다. 반대론자들은 핵 미사일에 대한 완벽한 방어는 불가능하며 한 두 발만 빗나가도 의미가 없다고 주장하였다. 1999년 이후부터 본격적으로 기술적 타당성이 문제가 되기 시작하였다. 수차례의 실험이 만족할 만한 수준에 이르지 못함에 따라 일 단계 배치시점을 2003년에서 2005년으로 늦추도록 결정하면서 기술적 타당성이 문제의 핵심으로 떠올랐다. 2005년은 1999년판 국가정보평가보고서 NIE: National Intelligence Estimate가 북한의 미국본토 타격용 탄도미사일 개발을 완료할 것으로 예측한 해였기 때문에 기술적 미비는 기술적 미비는 정책 자체의 효용성 까지 위협하기도 하였다. 실수가 발생하면 TMD의 경우 해외 주둔 미군의 전략적 전투력을 상당부분 상실하거나 동맹국의 정치지도력이나 핵심군사력이 치명적 타격을 입을 수 있다. NMD의 경우 미 본토의 통수권과 군사전략의 요충 및 핵심시설이 큰 타격을 입을 수 있다. 미 국방부와 관련 방산업체, 보수 공화당 의원들이 MD기술 개발에 낙관적인 견해를 보이고 있다.

나. 전략적 비 효과성

MD반대론자들은 미국을 정치, 경제, 전략석으로 약화시킬 수 있는 MD 체세는 아무것도 방어 할 수 없으며 검증되지 않은 MD를 구축하려는 것은 부적절하다는 입장을 보여왔다. 미국 내에서 조차 미사일 방어망이 미국의 국가이익에 도움이 될 수 있느냐 하는 의혹을 제기한바 있다. 이와 관련하여 미국의 민주당 상원의원들이 외교적 갈등과 기술적 한계를 문제 삼으며 MD체제의 일방적 추진이 군비경쟁을 촉발함으로서 국가안보를 더 취약하게 만들 것이라 경고한 바 있다.243) 그러한 주장의 근거들로는 다음과 같다.244)

첫째, 9.11 테러사건 이후 미국에서는 MD정책이 본토방위에 효율적이지 못하다. 미국에 시급한 위협은 불량국가들의 탄도미사일 공격보다. 오히려 테러리스트들의 폭탄이다.

둘째, MD체제의 일방적 배치가 새로운 형태의 군비경쟁을 촉발함으로서 국가안보를 더

---

243) New York Times, May 3. 2001.
244) 이현경, "미국의 미사일방어 체제구상과 전략", 『통일전략』 4권 2호, 통일전략학회(2004), pp. 245-250, 이정민, 현인택, 이정훈, "미사일방어체제의 개념과 쟁점, 『전략연구』 통권 제34호(2005), pp. 165-171 참조

취약하게 만들 수 있다. 만약 미국이 MD체제를 실전배치 할 경우, 중국, 러시아를 포함해 핵무기 국가들의 군비경쟁이 뒤따를 것이다.

셋째, MD체제가 구축되더라도 이에 대응하는 새로운 기술이 개발될 가능성이 있기 때문에 MD가 쓸모없게 된다. 중국과 러시아는 MD체제를 무너뜨리기 위한 새로운 미사일 개발에 나설 것이다. 러시아는 다탄두 장착이 가능한 Topol-M 신형 미사일을 추가 배치 할 것이다.245) 그리고 중국은 다탄두 대륙간 탄도탄MIRV 개발에 박차를 가할 것이며 현재의 핵전력을 10배정도 증강시킬 것이다.

넷째, 테러위협과 비대칭 위협이 존재하는 현실 속에서 실질적 위협이 상대의 핵미사일 공격보다는 미 항구나 국경을 통해 비밀리에 밀반입되는 소형 핵이나 생화학무기로부터 비롯되기 때문에 이때 MD는 무용지물이 된다.

다섯째, MD체계는 상대국의 미사일 공격을 방어할 수 있다 하더라도 제4세대 전쟁과 무기의 밀매, 불법이민, 환경재앙, 마약 등으로 발생하는 분쟁이나 대립을 막지 못하기 때문에 비효율적이다.

다. 외교적 갈등

많은 국가들은 MD체계 구축이 미사일 확산과 군비경쟁을 촉진할 수 있다는 이유로 반대하고 있다. 심지어 미국의 동맹구들조차 이해, 유보 등의 입장을 표현하면서 전략적 모호성을 취하고 있다. 현재 MD체제를 공식적으로 지지하고 있는 국가는 영국, 인도, 일본, 독일, 이탈리아, 이스라엘 등이다

프랑스는 비판적인 입장인데 그 이유는 MD체제 구축 시 프랑스의 핵무기가 잠재적으로 무력화 될 수 있다고 판단하기 때문이다. NATO는 미사일에 대해 공동의 위협을 느끼지 않는다는 회의적인 입장을 보여 왔으나 미국의 끈질긴 설득으로 최근 MD를 수용하는 쪽으로 방향을 선회하였다.

---

245) 이러한 우려는 현실로 나타났다. 2012년 5월 23일 러시아는 유럽의 MD망을 뚫을 수 있는 신형 미사일 발사에 성공하였다. 러시아는 2010년 9월 실패한 미사일 실험을 보완하여 미국과 북대서양조약기구(나토)의 미사일 방어(MD)망을 뚫을 수 있는 새로운 대륙간탄도미사일(ICBM) 시험 발사에 성공한 것이다. 인테르팍스 통신 등에 따르면 러시아 국방부는 23일(현지시간) 신형 ICBM이 북부 아르한겔스크주의 플레세츠크 우주기지에서 발사돼 극동 캄차카 반도의 쿠라 사격장에 있는 목표물에 명중했다고 발표했다. 국방부는 "신형 ICBM은 잠재적 미사일방어망을 뚫을 수 있는 능력을 갖춰 러시아 전략미사일군의 전력을 향상시킬 것"이라고 설명했다. 빅토르 예신 전 전략미사일군 사령관은 이번에 발사된 미사일이 완전히 새로운 것이라고 주장했다. 예신은 "이번 미사일 발사는 유럽 MD에 대한 군사기술적 대응의 일환"이라며 "발사된 미사일은 러시아가 미국과의 MD 협상이 실패할 경우에 대비해 2020년까지 배치하려는 것"이라고 말했다. 2012년 5월 25일 중앙일보

러시아는 당연히 반대다. 짜르의 영광을 재현하겠다고 대통령에 재선된 푸틴 대통령은 취임 후 첫 미국 오바마 대통령과의 만남을 거부하였다. 2012년 5월 18-19일 미국에서 열리는 G-8 정상회의에 푸틴 러시아 대통령이 불참한 것이다. "NATO가 추진 중인 유럽미사일방어MD 시스템 구축에 대한 반발 때문"이라고 보도되었다. 러시아는 냉전 이후 수세적이던 국방전략을 회복된 경제력을 바탕으로 공세적 전략으로 전환하고 있으며 핵 억제력의 강화를 추진하고 있다.

중국은 미국의 MD체제 구축이 궁극적으로 세계안보를 좌우하는 것이기 때문에 이를 반대한다. 미국을 제외한 국가들이 미사일방어체제를 가지지 않은 상태에서 미국이 일방적으로 핵공격과 방어능력을 동시에 갖게 될 경우 중국과 러시아는 전략적으로 취약해질 수밖에 없으며 미국과 군비경쟁을 하더라도 경제적으로 이를 뒷받침 할 수 없기 때문에 반대한다. 특히 중국은 미국이 MD체제를 강행하는 이유는 북한, 이란 등 불량국가들의 위협에 대처한다는 명분을 내세우고 있지만 그 내면적인 이유는 잠재적인 핵경쟁국으로서 중국을 겨냥한 것으로 인식하고 적극 반대하고 있다. 더 구체적으로 살펴보면 ① 중국은 현재 단탄두 ICBM을 약 20기 정도 가지고 있는데 MD가 구축될 경우 중국의 ICBM은 전략적 가치를 상실하게 된다. ② MD에 대응하기 위해서는 엄청난 군비경쟁을 벌여야 하는데 경제발전에 주력하고 있는 중국으로서는 그럴 여력이 없다. ③ MD가 대만 방어를 포함하게 될 것이라는 것이다.

라. 천문학적인 경비소요

미국은 MD체제 구축을 위하여 막대한 비용을 감당해야 한다. 그 비용은 대략 2,400억 달러 이상이 될 것이며 시간이 갈수록 그 비용은 더 늘어날 것으로 예상된다. 그러나 미국은 "비용은 안보이익을 충분히 상쇄할 가치를 가지게 되며, 기술이 발달하면 방어 보장과 함께 비용도 그만큼 절감될 것이라는 논리를 내세우며 그 부담을 줄이기 위하여 참여국들에게 비용분담을 요구하며 참여를 독려하고 있다.

마. 전망

미국은 9.11 테러를 계기로 새로운 위협에 대비하고 유일초강국을 위한 전략적 차원에서 MD를 추진하고 있다. 부시 행정부와 오바마 행정부를 거치면서 세부 추진구상에서 일부 전략적 수정은 가해졌지만 MD추진은 계속되고 있다. 미국의 국가안보목표 달성을 위해서는 어떤 난관에도 불구하고 반드시 달성해야 할 목표이며 필수요소로 인식되고 있기 때문에 결코 포기하지 않을 것이다. 그러나 기술수준에서는 가장 단순한 지상배치요격능력의 작전화도 예상보다 많은 시간을 소요했으며 또한 막대한 비용을 계속 투입해야하는 부담을 안고 있는 것이 현실적인 문제점이다.

그러나 현재 문제가 되는 것은 기술력이지 전략적 효용성이나 비용문제는 아니다. 특히 북한 핵과 이란의 핵무기 계획과 탄도미사일 확산의 문제가 당면한 과제이고 장기적으로 중국의 핵 능력 확대에 따른 대책으로서의 유용성은 명약관화한 일이다. 전략적 핵억제력에 치명적 위협을 느끼는 러시아의 반발도 당연한 것이다. 그럼에도 미국은 MD정책을 포기하지 않을 것이며 문제는 한국의 선택이라 할 수 있다.

5. 북한의 미사일 위협과 한·미 미사일 협정

가. 북한의 미사일 위협

북한은 국제사회의 만류와 우려 속에서 위성이라고 주장하며 대륙간 탄도미사일ICBM 광명성 3호를 2012년 4월 15일 실험 발사하였다. 실패로 끝났지만 그 후유증은 크다. 북한은 이미 20여 년 동안 핵물질을 농축해왔고 2006 및 2009년 두 차례에 걸친 핵무기 실험을 통해 핵보유국으로서의 위상을 일관되게 시도해 왔다. 1998년 대포동 1호를 시작으로 3차에 걸친 탄도미사일 실험으로 북한은 한국은 물론 미국 본토도 사정권 안에 들어왔다는 위협을 하고 있는 것이다. 2010년 대포동 미사일로 사거리 6,000km가 넘는 탄도미사일 실험을 감행했던 북한은 2012년 광명성 3호를 통해 핵무기를 탑재할 수 있는 장거리미사일 체제의 완성을 이루겠다는 것이었다. 사거리가 3,500Km 이상으로 추정되는 무수단은 괌을 표적으로 개발되었고 대포동 2호는 미국 본토를 표적삼아 개발되고 있다.[246]

그동안 북한은 핵무기 개발은 평화적 핵에너지 개발이고 대륙간 탄도미사일 실험은 인공위성 실험이라며 한국과 국제사회를 기만해 왔다. 대한민국을 공격 대상으로 해온 북한이 굳이 미국까지 공격 가능한 대륙간 탄도미사일에 집착하는 이유는 명백하다. 북한은 미국과의 전쟁이란 곧 북한 전멸과 붕괴로 이어진다는 것을 너무도 잘 알고 있다. 북한은 미사일개발로 결코 미국에 맞설 전쟁역량을 갖추겠다는 것이 아니다. 미국까지 도달할 수 있는 미사일개발에 전력을 기울이는 것은 한반도에 대한 미군 개입을 저지할 수 있는 확고한 수단을 확보하겠다는 것이다. 핵무기를 탑재할 수 있는 장거리 미사일을 보유함으로서 한반도 분쟁이나 전쟁 발발시

---

246) 정규수, 『ICBM, 그리고 한반도』(서울: 지성사, 2012), p. 19.

괌과 오키나와는 물론 미국 본토의 증원군이 한반도에 참여하지 못하도록 하는 결정적 위협수단을 갖추겠다는 것이다. 그런 면에서 북한의 대륙간 탄도미사일은 명백히 대한민국을 대상으로 한 것이고 누구보다 우리가 나서서 해결해야 할 문제인 것이다.

　　북한의 탄도미사일 실험은 국제평화에 대한 중대한 위협이자 북한에 대한 국제사회의 제재인 유엔결의(1718 및 1874호)에 대한 전면 위반이다. 유엔은 두 차례에 걸친 핵실험을 감행한 북한에게 핵 운반이 가능한 미사일 기술을 이용하지 못하도록 금지하고 있다. 2012년 3월 서울 핵 안보정상회의에 참여한 모든 국가들도 하나같이 북한의 미사일실험을 규탄하고 반대했다. 특히 핵을 탑재할 수 있는 북한 미사일의 사정거리에는 베이징과 모스코바도 포함된다. 따라서 중국과 러시아도 북한의 핵개발은 물론 미사일 실험을 좌절시키는 노력과 조치에 동참해야 한다. 그렇지 않으면 북한의 미사일은 자신들과는 상관없이 오직 미국과 한국만을 대상으로 한 것이라는 북한의 다짐과 전략에 동조하며 궁극적으론 북한을 내세워 한국과 미국에 대한 위협수단을 갖추라며 부추긴 것이라는 비판에서 벗어날 수 없다.

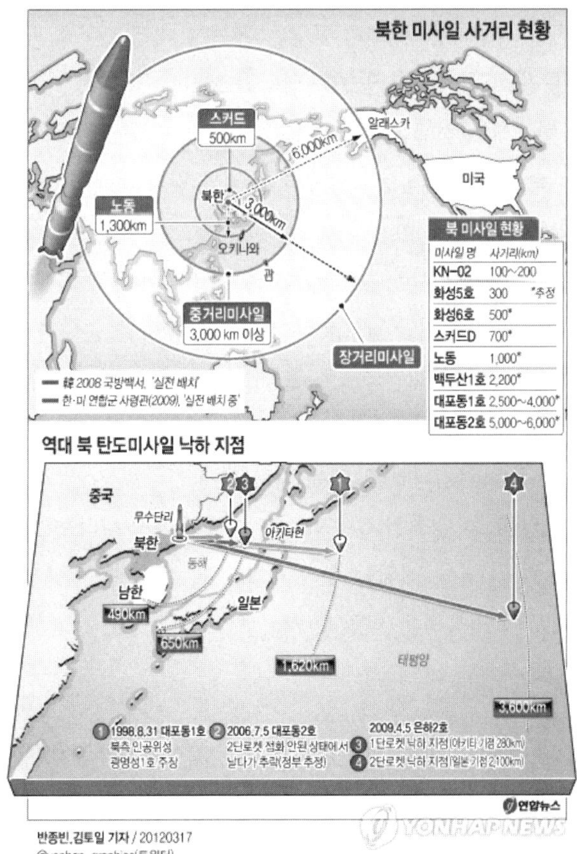

나. MTCR과 한·미 미사일 협정

1) MTCR

'미사일기술 통제체제'MTCR: Missile Technology Control Regime는 미사일의 확산을 막기 위해 미국의 주도로 서방 7개국이(독일, 영국, 이탈리아, 일본, 캐나다, 프랑스) 1987년 4월16일에 설립한 다자간협상기구이다. 설립 목적은 500kg 이상 탄두를 300km 이상 발사해 보낼 수 있는 미사일 및 무인비행체, 이와 관계된 기술의 확산 방지와 대량파괴무기(핵, 화학, 생물학무기)를 발사할 수 있는 장치의 수출을 억제시키는데 있다. MTCR은 미사일 수출통제 지침과 통제 대상이 되는 항목을 정하고, 회원국이 자발적으로 지침을 준수하고 수출을 억제하도록 권고하고 있으며, 만약 위반할 경우 제재하거나 이행을 강제하는 조항은 없다.

MTCR에서 규정하고 있는 수출통제품목은 이중용도로서 미사일과 우주상업기술에 공히 사용되는 것 들이다. 인공위성을 쏘아 올리는 로켓이 탄도미사일의 본체와 동일하며, 유도장치는 인공위성의 기술의 한 부분이다.

MTCR은 공식적인 사무국은 없으며, 프랑스 외무성 내에 소규모 부서에서 회의 일정과 의제를 수립하고 서류 전달 등의 조정 업무를 담당하고 있을 뿐이다. 이와 더불어 모든 모임은 정보 유출을 우려해 비공개로 진행된다. MTCR은 미사일 수출통제 지침과 통제 대상이 되는 항목을 리스트화한 부속서를 만들어 놓고 회원국이 이를 각자 자국의 법률에 반영하여 실행하도록 하고 있다.

한편 북한, 인도, 파키스탄, 이란, 이집트, 시리아, 리비아 등은 가입을 하지 않고 있으며 중국, 이스라엘 등은 비회원국이지만 MTCR의 가이드라인247)을 준수하고 있다. 2001년을 기준으로 한국을 포함해 33개국이 회원국으로 활동하고 있다.

대한민국은 2001년 3월 26일, 프랑스 파리에서 열린 미사일기술통제체제MTCR 특별회의248)에서 회원국으로 정식 가입되었다. 이에 따라, 대한민국은 미국, 러시아, 영국, 프랑스에 등에 이어, 33번째로 MTCR의 정회원국이 되었다. 이로서 우리나라는 사정거리 300km, 탄두 중량 500kg까지의 미사일을 생산, 배치할 수 있게 되었고, 순수 연구 및 개발 차원에서는 사정거리 500km까지도 개발이 가능하게 되었다.

---

247) 가이드라인은, 대량파괴 무기의 확산 여부 및 발사 시스템의 개발 잠재력, 통제 대상 항목을 이전받는 국가의 우주 미사일 발사 계획 목적과 능력, 다국간 합의사항 준수 가능성 등을 주요 내용으로 하고 있으며, 군사용 외에 민수용으로 함께 사용될 수 있는 항목도 통제 대상에 포함된다.

248) 이날 특별 회의에서는 MTCR이외에도 대량살상무기 감축, 비확산 협약 및 다자수출 통제체제에도 가입하게 되었다.

2) 한국의 대응 제한: 한·미 미사일협정

한미미사일 협정은 1979년 북한으로부터의 대응을 위한 미사일 개발 지원을 미국으로부터 제공받는 대신 사정거리를 탄두중량 500Kg 사정거리 180Km로 제한하는 각서를 체결하였다. 민간로켓의 개발도 액체연료만이 가능하도록 제한되었다. 2001년 북한의 위협이 증가함에 따라 미국은 한국이 MTCR에 가입하는 조건으로 사정거리 연장 요구를 수용하여 300km로 완화되었다. 그리고 최근 북한의 광명성 3호 발사시도를 계기로 한미미사일협정의 적실성 여부에 대한 비판이 일었고 이에 따라 2012년 10월 8일 한미미사일협정의 두 번째 개정이 이루어졌고 최고 800Km로 확대 되었다. 북한 전역은 물론 일부 중국 및 동북아 지역까지 사정거리로 규정하며 탄두 중량은 500Kg으로 제한하되 트레이드 오프trade-off원칙에 따라 사거리를 줄이면 비례적으로 탄두중량을 늘릴 수 있도록 하여 사거리를 300Km로 줄일 경우 최대 2톤까지 탄두중량을 늘릴 수 있도록 융통성이 허용되었다. 이로서 대전에서 발사하면 압록강 까지 탄두 약 1톤의 미사일을 발사할 수 있게 되어 북한의 무수단 3개 기지를 포함하여 9개의 미사일기지 전부가 탄두중량 1톤의 사정권 안에 들어오게 되었다.

또한 무인항공기도 항속거리 300Km 이상에서 탑재중량을 2.5톤으로 5배 확대하여 방어와 공격무장을 동시에 탑재할 수 있도록 허용하였다. 한국이 도입예정인 미국의 무인정찰기 글로벌 호크의 탑재중량이 2.2톤이기 때문에 이를 고려한 것으로 보인다.

향후 과제는 첫째, 정확도와 파괴력이 높은 미사일 개발에 총력을 기울여야 한다. 신 냉전이 고조되고 군비경쟁이 가속화되고 있는 동북아 지역에서 한국을 지켜줄 가장 유효한 수단은 명중도가 우수하고 고성능 폭약을 탑재한 미사일을 대량 배치하는 것이나. IT기술이 뛰어난 한국의 미사일이 세계 최고의 수준으로 입증되면 어느 나라도 함부로 한국을 넘볼 수 없는 전쟁억지력이 생긴다. 국방예산이 한정되어 있는 형편에서 군사력의 선택과 집중은 대단히 중요하다. 둘째, 탄두 재돌입에 대한 기술발전을 이루어야 한다. 일반적으로 사거리 600Km를 넘어서면 미사일 궤도의 중간단계에서 대기권 밖으로 나갔다가 재진입해야 한다. 따라서 1000~2000도를 넘는 고열에 견디는 탄두재료가 개발되어야 한다. 기술은 향후 더 멀리 날아가는 미사일 개발이나 인공위성의 회수에도 똑같이 적용되기 때문에 반드시 달성되어야 한다. 셋째, 고성능 폭약에 대한 개발이 꾸준히 뒤따라야 한다. 사거리 800Kg 탄두중량 500Kg 이라는 제약은 아쉽지만 북한의 위협에 한 전쟁억지력을 확보하는데 있어서는 일대 진전이라 할 수 있다. 그리고 나로호 발사가 임박한 가운데 100만 파운드 추력 밖에 못 갖춘 2단 고체연료 킥(kck)의 용량제한도 풀릴 수 있도록 한미간 협의가 지속되어야한다.249)

---

249) 김경민, "정확도·파괴력 높은 미사일 개발 총력을", 조선일보 시론, 2012. 10. 9.

다. 북한 미사일 공격에 대한 방어

2012년 6월 14일 한미 제2차 외교·국방장관 2+2회의 후 발표한 공동성명에서 '북한의 점증하는 미사일 능력에 대응해 미사일 위협에 대한 포괄적인 연합방위태세를 강화하는 방안을 모색하기로 하였다'고 발표하였다.[250] '한국은 하층방어체계로서 미국이 추진하는 체계와는 다르며 포괄적인 연합방위태세란 미사일 사거리 연장, 한국형 MD체제 구축뿐만이 아니라 이를 포함해 탐지, 식별, 타격, 비행 능력 등을 포괄적으로 다루는 의미'라고 설명하였다. 또한 '한국형 MD는 미국주도 MD와는 별개의 개념'이라고 선을 그었다.

한국형 미사일방어KAMD: Korea Air and Missile Defense 체계는 북한이 미사일을 발사할 때 우리 군이 요격 미사일로 대응하는 것을 핵심 내용으로 한다. 미국주도의 MD와는 별도의 개념으로 남한 영토에 떨어지는 탄도미사일만 막는다는 제한적인 요격 개념이다. 미국이 주도하는 MD는 고도 10~1000Km에 이르는 광범위한 권역에서 지상배치 요격미사일GBI과 이지스함 SM3 미사일을 사용해 적의 미사일을 요격하는 '상층방어체계'이다. 이에 반하여 KAMD는 10~30Km 낮은 고도에서 요격하는 하층방어체계이다. 현재 개발 중인 철매-2 개량형 미상일과 기존 지대

---

250) 「문화일보」 2012. 6. 15.

공 패트리어트(PAC-2) 미사일로 요격하게 된다. 한국의 입장에서는 북한의 실질적인 위협이 20-30분 만에 수천Km를 날아가는 무수단, 대포동 미사일이 아니라 3-4분 동안 짧게 낮은 고도로 비행하는 사거리 500Km 이하 스커드 미사일과 사거리 1300Km인 노동미사일이며 이에 대응하는 전략적 대응방안인 것이다.

한미 양국은 2010년 9월 효과적인 '한국형미사일방어체제 구축과 운용을 위한 공동연구 약정'을 체결하고 미사일 방어 협력을 추진해 왔으며 미국은 한국의 MD참여를 요구해 왔다. 그러나 정부는 천문학적인 비용과 중국의 반발 등을 고려해 2009년 6월 북한의 탄도미사일에 대한 공중요격을 해상에서는 이지스 구축함인 세종대왕함에서 요격미사일인 SM3를 발사하고 육상에서는 PAC3급 국산무기(철매 II개량)를 개발하여 활용한다는 내용을 골자로 한 '국방개혁 기본계획 수정안'을 마련하여 독자적인 KAMD를 추진 중이다. KAMD는 정보획득 측면에서 MD와 연계될 뿐이지 미국의 MD에 참여나 종속되는 것은 아니다.

한 나라의 외교안보 정책은 끝없는 딜레마를 극복해 나가는 과정이다. 국토방어의 충분성 원칙에 따라 미사일 능력을 확충하면서 지역의 긴장완화와 군비경쟁의 억제에도 기여해야 하는 모순을 헤쳐 나가야 한다. 미국의 MD 계획에 전면적 참여 문제는 '말로주고 되로 받는 거래'가 될 수 있어 심사숙고해야 한다.251)

---

251) 송민순 전 외교부 장관, 'MD 참여 위험하다', 중앙일보 시론, 2012. 9. 28.

참고 10

미국의 미사일 방어 추진 역사[252]

1. 1940년대
   - ○ 제2차 세계대전 당시 독일의 v-2 로켓공격을 경험한 서방세계가 미사일방어 가능성 검토
   - ○ 1946. 4: 150Km 상공에서 초속 2Km 탄두 격추가능성 검토(Thumper/Wizard 계획)

2. 1950년대
   - ○ 1955: Bell 연구소 시뮬레이션 결과 '총알을 총알로 맞출 수 있다'는 가능성 입증
   - ○ 1958. 1: 미, Nike-Zeus 프로그램을 탄도미사일방어(ABM) 체계로 선정

3. 1960년대
   - ○ 1966. 11: 소 Galosh 탄도미사일방어(ABM) 체계 배치 시작
   - ○ 1967. 9: 2단계 미사일방어체계인 Sentinel ABM 배치결정, Nike-X 대체
     ① Spartan: 장거리 상층방어용 핵탄두 탑재
     ② Sprint: 단거리 하층방어용 핵탄두 탑재
   - ○ 1968. 7: 존슨, 미-소간 전략무기 감축 및 미사일방어 관련 회담계획을 발표했으나 소련의 체코침공으로 연기
   - ○ 1969.3: 닉슨, Sentinel을 Safeguard로 명명하고 배치 재개결정, ICBM Site 보호목적

4. 1970년대
   - ○ 1972. 5: 닉슨-브레즈네프 ABM조약 서명, SALT-Ⅰ 협정의 제2부에 해당
     -주요내용: 전 국토방어용 체계구축금지, 각국 2곳에만 요격미사일 100기씩 배치
   - ○ 1975. 10: Safeguard ABM체계 가동시작(N. Dakota주, Grand Folks 공군기지)
   - ○ 1976. 2: Safeguard ABM체계 가동중지 결정
     - 소련의 다탄두 핵미사일 방어 곤란

5. 1980년대
   - ○ 1984 4: '전략방어구상조직'(SDIO: Strategic Defense Initiative Organiz-ation) 발족, Master Plan 작성
     - 5대 주요무기 개발착수: ① 우주배치 레이저 ② 지상배치 레이저
       ③ 우주배치 빔(Beam)무기 ④ X-Ray 무기 ⑤ C3 체계

---

252) 국방부, 『대량살상무기(WMD) 문답백과』(서울, 국방부, 2004), pp. 168-169.

○ 1986. 10: 레이건, 고르바쵸프 소련대통령의 'SDI 규모 제한' 요청 거절

○ 1989. 2: 5년내 'Brilliant Pebbles'체계 구축 가능하다고 보고.

6. 1990년대

○ 1991. 1: 부시 미대통령 SDI를 GPALS(Global Protection Against Limited Strike)로 변경 발표

○ 1996. 4: 클린턴 "3+3" MND 배치계획 수립(3년간 개발 후 3년간 배치)

  - NMD를 '기술연구' 개념에서 '배치' 개념으로 전환

○ 1997. 8: 미-러 간 ABM조약 상설회의에서 TMD-NMD 구분기준 설정

  - 공격용 사거리 3,500Km 이하, 요격용 초속 3Km 이하는 ABM조약 적용 대상이 아님

○ 1997. 9: 미-러 연방 4개국(러시아, 벨로루시, 카자흐스탄, 우크라이나)간 ABM조약 승계 서명

○ 1998. 8: 북한, 대포동 1호 미사일 발사

7. 2000년대

○ 2000. 7: 3차 NMD 요격시험 실패(요격체가 부스터에서 분리되지 못함)

  - 1차 시험 성공(1999.10), 2차 시험 실패(2000.1)

○ 2001. 3: 럼스펠드 국방장관, NMD를 MD로 명칭 변경

  - NMD와 TMD를 포괄하는 개념으로 수정

○ 2001. 5: 부시대통령, MD추진 논리 및 당위성 발표

  - 새로운 안보환경에 효율적으로 대처하기 위한 '신전략구상'(New Strategic Frame Work)
    이 일부로 추진

○ 2001. 7: 제4차 MD요격실험 성공

○ 2001. 8: 2004년까지 MD초기능력 구축을 목표로 추진할 것임을 강조

○ 2001. 12: 미국, ABM조약 탈퇴 선언

  - ABM 존속시 위반사항

    ① ABM은 전 국토 방어망 구축을 금지하고 있으나, 미국은 알라스카에 요격미사일을
       배치하고 레이더 기지를 건설하려고 함

    ② ABM은 해상·공중·우주·지상 이동용 요격체의 개발이나 시험, 배치를 금지함.
       하지만 미국은 요격용 레이더를 함상 혹은 바지선상에 설치하려고 함

    ③ ABM은 요격미사일 능력을 비요격미사일 체계에 적용하는 것을 금지하고 있으나,
       미국은 이지스함 탑재 미사일과 레이더를 장거리 미사일 방어에 활용.

    ④ ABM은 동맹국과 ICBM 방어기술을 공유하거나 공동으로 연구·작업하는 것을 금지
       하고 있으나, MD는 동맹국과의 ICBM 방어기술 공유 및 공동연구 등을 담고 있음

○ 2002. 6: 미국 ABM조약 탈퇴.

○ 2002. 12: 부시 미대통령, MD조기배치 성명발표

○ 2003. 5: 미, 「MD국가정책(NSPD-23)」 발표

제7절 핵 및 재래식 군비통제: 분별지의 균형과 정의의 실현

1. 개요: 군비통제의 인식론적 배경

취약성을 극복하기 위해 자주국방의 노력을 하게 되면 군비경쟁이 일어나게 되고 군비경쟁은 안보딜레마를 가져오게 된다. 외부의 위협에 대한 작용-반작용의 연계결과가 바로 군비경쟁이다. 리차드슨은 수학공식을 이용하여 이를 모델화하기도 하였다. 군비경쟁이 위협에 대응하기 위해 취약성을 줄이는데 목적을 둔 것이라면, 군비통제Arms Control는 위협 자체를 줄이는데 목적을 두고 있다. 위협이 줄어들게 되면 전쟁의 가능성도 줄어든다. 또한 전쟁이 일어난다고 해도 그 피해를 줄일 수 있다.

통상 군비통제는 재래식 군비통제와 핵 군비통제로 2차원적으로 논의된다. 근래에 이르러 재래식 무기의 파괴력도 작은 핵무기 못지않은 위력을 갖게 되었지만 핵무기와 재래식 무기의 사용의 의미는 그 차이가 크다.

현대 전쟁에 있어 핵의 현실은 핵평화나 핵파멸을 의미하는 것이 아니고 부분적으로 핵위협이 사용되어지면서도 핵평화와 핵전쟁이 공존한다는 것을 의미한다. 핵전에 대한 '난제로섬게임'적 인식은 '레이몽 아롱'의 '클라우제비츠'에 대한 논의와 군비통제 논의에서 더욱 명백하다. 군비통제는 '아롱'에게 있어서 '분별지'分別智, prudence의 실현이며 그는 이것이 실제적으로 무장과 비무장 정책으로 호칭되어져야 한다고 말하고 있다.253)

따라서 군비통제는 핵시대에 있어서 협력(평화)과 갈등(전쟁)의 결합을 상징하고 있으며 이러한 결합이 있는 한, 즉 전면 무장과 멸망 또는 전면 비무장 어느 쪽에도 치우치지 않는 한 전면무장과 비무장에 대한 비합리적인 딜레마는 존재하지 않는다.

군비통제의 논리와 "전쟁은 타 수단에 의한 정치의 연속일 뿐"이라는 '클라우제비츠'의 언명은 밀접히 연관되어 있다. 이것은 둘 다 순수한 갈등에 의한 고립의 거부이며 순수 협력을 의미하고 둘 다 '난제로섬게임'의 논리를 포함하고 있다. 이러한 인식은 '아롱'의 삼위일체 이론에 대한 논의에서 더욱 명백해진다. 그에게 있어 승리란 적의 무력이나 국가를 파괴하는 것이 절대로 아니라는 것이다. 여기서 섬멸이란 용어는 찾아볼 수 없고 실제에 있어 '아롱'은 카토니안catonian 전략254)은 무의미한 것이라고 말하고 있다.

---

253) Aron, Raymond, *Peace and War* (Garden City: Doubleday & Co., Inc., 1986), p. 650.

254) 카토(Cato)는 로마의 장군이자 정치가인 Marcus(234-149, B. C.) 의 증손자로서 역시 정치가이며 철학자(95-46 B. C.)를 말함. 여기서 카토니안 전략이란 상대방을 괴멸시키는 괴멸전략을 말함.

2. 주요 이론과 실천노력

미소 양 진영 간의 군비경쟁이 치열했던 냉전기에서 조차 대결과 경쟁을 지양하고 공존과 협력관계를 만들기 위해 상호 노력했다. 가장 대결이 첨예하게 전개되었던 군사안보관계에서도 공존과 협력을 제도화하기 위해 노력했는데, 국제정치이론은 이러한 노력에 많은 시사점을 제공했다. 여기서는 국제정치이론과 군비통제간의 상호 관계, 안보이론과 군비통제, 군사전문가들이 군비통제에 대해 제시한 실질적인 대안들을 검토해 보기로 하자.[255]

가. 국제정치 이론과 군비통제

국제사회에서 국가 간의 군사적 대결과 과도한 군비경쟁을 지양하고 협력과 공존의 관계로 바꿀 수는 없을까. 국제관계이론은 적대국가 간에도 대화와 협력을 추구함으로써 상호 이익의 균형을 취할 뿐만 아니라 국가관계를 제로 섬 관계에서 넌 제로 섬 관계로 바꾸어 이익의 상호성mutuality of interests[256]을 도모할 수 있다고 보았는데, 이를 국가 간의 안보관계에 적용한 것이 군비통제라고 할 수 있다. 셸링과 헬퍼린의 군비통제에 관한 정의를 보면 "군비통제란 잠재적인 적국 사이에 전쟁의 가능성을 줄이고 전쟁 발발 시에 그 범위와 폭력을 제한하며 평시에 전쟁준비에 소요되는 정치적 경제적 비용을 감소시키기 위해 행하는 모든 형태의 안보협력"[257]이라고 하고 있는데, 국제사회에서 국가 간의 안보대결 상태를 안보협력 상태로 전환시킴으로써 결국 군비통제를 달성한다는 것이다.

이러한 국제정치의 연구결과는 국가 간의 군사관계를 통제하기 위한 군비통제노력에 다음과 같은 시사점을 주었다. 저비스Robert Jervis는 국가 간의 군비경쟁을 감소시키기 위해 개별국가가 일방적 조치를 취해야 하며 또한 협상을 전개해야 한다고 주장했다.[258] 일방적 조치에는 공격적 무기 보다는 방어적 무기체계로의 전환, 방어위주의 동맹 형성, 전략적 완충 역할을 할

---

255) 한용섭, 「한반도 안보문제에 대한 군비통제적 접근: 이론, 평가, 전망」, 『국제정치 논총』 제49집 5호, 2009. pp. 101-127 참조. 저자와 함께 국방부 군비통제 관점에서 북핵정책과, 남북군사회담, 군비통제 정책을 같이 했던 전문가이다. 저자의 양해를 얻어 수록한다.

256) Kenneth A. Oye, "Explaining Cooperation under Anarchy: Hypotheses and Strategies," World Politics, 38-1 (October 1985), pp. 1-24. George W. Downs, David M. Rocke and Randolph M. Siverson, "Arms Race and Cooperation," *World Politics* 38-1 (October 1985), pp. 118-146.

257) Thomas C. Schelling and Morton H. Halperin, *Strategy and Arms Control* (New York: Pergamon-Brassey's Classic, 1961), p. 142.

258) Robert Jervis, "From Balance to Concert: A Study of International Security Cooperation," *World Politics* 38-1 (October 1985), pp. 58-85.

수 있는 국가의 존재, 군비경쟁을 하는 국가에 대한 감시정보능력의 보유 등이 포함된다는 것
이다. 또한 군비통제를 위한 협상전략으로는 군비경쟁을 다른 이슈들 즉 경제자원에 대한 접근
허용, 영토권에 대한 인정, 경제협력 등과 연계시키는 전략을 구사해야 효과적이라고 보았
다.259)

그리고 협상은 죄수의 딜레마 같은 고질적인 교착상태를 해결하기 위한 협상의 디자인이
중요한데, 1회성의 협상을 지양하고 장기적이고 연속적인 협상을 진행하는 것이 좋다고 하였
다. 한편, 기능주의 이론은 "국가 간의 협력은 경제와 사회문화 분야 등 협력이 비교적 용이한
분야부터 기능적 협력을 하게 되면 그 협력이 나중에 확산되어 국가 간의 안보관계도 협력적으
로 될 수 있다"260)고 주장했다. 그러나 한 진영내의 국가들 간에 무역과 경제협력이 먼저 진행
되었던 유럽에서 조차 안보분야로의 협력은 자동적으로 확산되지 않았다.

이에 대한 비판에서 나온 신기능주의 이론은 경제 분야에서 지역 통합도 초국가적 기구가
만들어져야 가능하다고 보았다. 특히 국가의 주권과 핵심이익이 첨예하게 대립하는 군사안보
문제는 경제 분야의 협력이 자동적으로 확산되어 해결되는 것이 아니라 주권을 가진 정부가
정치적 결단을 통해 초국가적인 기구를 만들고 그 기구가 개별 국가의 군사문제에 대한 통제권
을 행사하도록 함으로써 협력이 가능하다고 주장했다.261)

나아가 신자유주의적 제도론의 관점에 의하면 국가들 간의 관계가 제도화 될수록, 국가들
이 국제적 제도의 규범과 규칙을 준수할수록 협력적인 군사관계로의 전환과 발전이 용이하다
고 하였다. 이에 따라 1970년대 초반의 신뢰구축 전문가들은 "신뢰구축이 국가들 상호간에 안
보와 군사문제에 있어서 공포와 기습공격 가능성, 오해와 오산, 오인의 소지를 감소시키기 위
해 군사 분야의 투명성, 공개성, 예측가능성을 증진시킴으로써 국가 간 군사안보관계의 이해와
신뢰를 증진시키는 군사 분야의 특별한 활동"262)이라고 정의했다. 그리고 국가 간의 데탕트는
군비통제에 연결되어야 하며, 군비통제는 데탕트에 도움이 되도록 선순환관계를 만들어야 한
다고 주장했다.263)

---

259) Robert Axelord, *The Evolution of Cooperation* (New York, NY: Basic Books Inc., 1984). Robert Jervis, "Cooperation under the Security Dilemma," World Politics, 30-2 (January 1978), pp. 212-214. Duncan Snidal, "The Game Theory of International Politics," *World Politics*, 38-1 (October 1985), pp. 25-57.

260) David Mitrany, *A Working Peace System* (Chicago: Quadrangle Books, 1966), pp. 70-75.

261) Ernst B. Haas, *Tangles of Hopes: American Commitment and World Order* (Englewood Cliffs: Prince-Hall, 1969), pp. 10-12. Paul R. Votti and Mark V. Kauppi, *International Relations and World Politics: Security, Economy, and Identity* (New Jersey, NJ: Pearson Prentice Hall, 2007), pp. 220-223.

262) Johan Jorgen Holst and Karen Allette Melander, "European Security and Confidence Building Measures," *Survival*, 19-4 (July/August, 1977), pp. 147-148.

263) Disarmament Studies Group of International Peace Research Association, "Building Confidence in Europe," *Bulletin of Peace Proposals*, 11-2 (1980), pp. 150-166.

종래의 국가 간에 상충하는 안보이해에 대한 절충을 중심으로 했던 군비통제의 개념에 신자유주의적 제도론이 도입되면서 군비통제는 하나의 국제적인 규범과 제도로, 그것을 달성한 유럽안보협력회의CSCE: Conference on Security and Cooperation in Europe는 하나의 장기적인 프로세스로서 재정의 되게 되었다. 즉, 신뢰구축은 "국가 간에 상호작용, 정보교환, 군사적 제한constraints을 촉진시키는 조치들을 탐색하고 협상하며 이행하는 포괄적인 과정process"264)으로 인식되게 되었다.

한편 구성주의에 의하면 유럽의 CSCE를 통한 신뢰구축노력이 국가들 간에 상충된 이익의 균형이나 제도화의 결과물이라기보다는 정치지도자와 전문가, 시민사회의 상호작용에 의해 공유된 정체성, 관념과 가치, 문화가 복합적으로 사회화하면서 구성된 결과로 가능했다고 설명한다.265) 이들은 국가의 안보이익과 정체성은 현실주의자들의 주장처럼 선험적으로 결정지어져 있는 것이 아니라 지도자와 전문가에 의해 공유된 관념으로부터 구성되어 진다고 주장 했다. 특히 군비경쟁이 국제안보질서의 주요 특징이었던 냉전기를 벗어나 탈냉전이 되자 국가들은 공동체로부터 독립된 주권 국가라기보다는 그들이 소속된 보다 큰 공동체의 일부라고 하는 정체성인식이 바뀌고, 국가안보가 억제와 군비경쟁에서의 승리를 통해 주어진다는 관념에서 경제적 상호의존성과 평화공존에 근거한 군비통제에 의해 주어진다는 관념으로 바뀌게 되었다.

신뢰구축과 군축에 대한 지식과 정보, 가치관이 바뀌게 됨으로써266) 지역공동체와 지구촌 공동체의 형성과 발전을 위해 신뢰구축과 군축이 필요하다고 하는 공유된 인식이 형성된 결과, 탈냉전 이후 특히 21세기의 국가들은 군비통제를 하나의 가치와 문화로 받아들이게 된 것이다. 그러면 왜 아직도 어떤 국가는 군비통제와 관련된 국제체제의 규범이나 제도를 받아들이지 않고, 기존의 국제안보질서에 도전하기 위해 국방을 독자적으로 추구하거나 국제핵 비확산체제를 거슬리면서 핵과 대량살상무기를 계속 개발하고 있는가. 북한과 이란 같은 국가는 왜 국제 비확산체제를 수용하지 않고 오히려 이 체제로부터 일탈하는 행동을 하고 있는가. 소위 말하는 불량국가rogue state들은 왜 존재하는가.

이것은 비확산관련 국제체제의 취약성을 지적해주는 것과 동시에 이들 국가는 아직도 현실주의적 입장에서 억제와 군비증강에 의해 안보를 확보할 수 있다는 인식에 머물러 있기 때문이다. 또한 유럽은 국가 간의 군사관계에서 투명성과 공개성, 예측가능성을 확보할 수 있는 신뢰구축합의를 하고 그 합의에 대한 구체적인 이행 조치를 수용한 반면, 아시아 특히 중국과

---

264) James Macintosh, *Confidence Building in The Arms Control Process: A Transformation View* (Ottawa, Canada: Canadian Department of Foreign Affairs and International Trade, 1996), pp. 31-36

265) Peter J. Katzenstein (ed.), *The Culture of National Security: Norms and Identity in World Politics* (New York, NY: Columbia University Press, 1996).

266) Edward A. Kolodzi (ed.), *Security and International Relations* (Cambridge, UK: Cambridge University Press, 2005), pp. 259-306.

북한은 구체적 이행조치가 없는 선언적 조치에만 머무르게 되는 경향을 보여 왔다.267) 이 점이 유럽의 군비통제적 제도화 성공과 아시아 지역의 느슨한 제도화, 혹은 제도화의 실패를 가르는 분기점이 되고 있는 것이다.

나. 안보이론과 군비통제

냉전기에 미소 양국을 정점으로 위계적으로 형성된 양극질서 속에서 여타 국가들은 진영 간 군비경쟁체제에 편성되었다. 이 시기의 군사안보는 절대안보absolute security를 바탕으로 진행되었다. 절대안보란 다른 국가의 안보를 희생시켜 자국의 안보를 절대적으로 보장하는 것을 의미했다.268) 절대안보 하에서의 국가들은 안보를 확보하기 위해 억제와 상호확실파괴, 군사동맹의 공고화, 군비경쟁에서 승리를 추구 할 수밖에 없다고 인식하게 되었다.

그 결과 과도한 군비의 지출로 인한 경제피폐, 군비경쟁의 악순환을 초래하게 되었고, 결국 어느 국가나 진영도 군비경쟁 이전보다 더 안보가 불안해질 수밖에 없는 안보딜레마security dilemma269) 현상이 생겨났다. 안보딜레마 현상을 진단하고 극복하기 위해 나온 안보개념이 공동안보, 상호안보, 협력안보 등이었는데 이들은 필수적으로 군비통제라는 새로운 안보접근 개념을 내포하게 되었다. 공동안보는 "국제사회에서 어떤 한 국가도 그 자신의 군사력에 의한 일방적인 결정 즉 군비 증강에 의한 억제만으로 국가의 안보와 평화를 달성할 수 없으며, 오직 상대국가들과의 공존과 공영을 통해서만 국가안보를 달성할 수 있다는 것"이다.270)

공동안보는 자국의 안보이익이 중요한 만큼 상대국가의 생존동기와 안보이익도 중요하기 때문에 각 국가는 지역과 국제사회에서 안보동반자 혹은 안보 공동체의 일원으로서 군사적인 자제를 하고 협력을 해야 한다는 주장을 전개했다. 공동안보개념은 1982년 유엔 산하 군축과 안보문제에 관한 독립위원회(일명 팔메위원회Palme Commission)에서 연구의 결과물로서 소개되었는데, 이후 유럽안보협력회의에서 이 개념을 유럽에 정착시키기 위해 노력했으며, 결국 1986년 스톡홀름 선언의 정신적 지표로 반영되기도 했다.

상호안보mutual security는 "각자가 상대방의 안보를 감소시키거나 저해함으로써 자국의 안보

---

267) Michael Krepon (ed.), *Chinese Perspectives on Confidence Building Measures* (Washington, D.C.: The Henry L. Stimpson Center, 1997), pp. 15-37.

268) 황진환, 『협력안보시대에 한국의 안보와 군비통제: 남북한, 동북아, 국제군비통제를 중심으로』(서울: 도서출판 봉명, 1998), pp. 33-34.

269) John H. Herz, *International Politics in the Atomic Age* (New York, NY: Columbia University Press, 1959), pp. 231-235.

270) Bjorn Moller, *Common Security and Non-Offensive Defense: A Non-realist Perspective* (Boulder, Colorado: Lynne Rienner Publishers, Inc., 1992), pp. 28-30.

를 증진시킨다고 하는 개념에 반대되는 것으로서 결국 자국이나 자기 진영의 안보는 타국이나 타진영의 안보를 똑같이 인정하는 바탕 위에서 화해협력을 추구해야 한다는 인식에 바탕을 두고 있다."271) 상호안보는 미국과 소련 간에 군비경쟁을 군축으로 극복하자는 취지에서 생긴 것으로서 공동안보의 개념과 일맥상통한다.

협력안보는 "국가 간에 군사대립관계를 청산하고 협력적 관계를 설정함으로써 근본적으로 양립 가능한 안보목적을 달성하는 것"272)을 의미했다. 협력안보는 상대국의 안보이익과 동기, 군사체제를 인정하고 상호 공존을 추구한다는 의미에서 공동안보나 상호안보와 유사하나, 탈냉전 이후 국제적인 제도화를 통해 다수 국가들이 안보에 대한 상호 자제, 안보 재보장, 분쟁 예방을 위해 적극적으로 노력한다는 측면을 부각시켰다는 점에서 공동안보나 상호안보와 다르다.

협력안보는 개별국가에 대한 국제적인 규제, 중재, 평화유지활동, 다국적군에 의한 개입, 군사정책에 대한 투명성 조치, 핵 비확산레짐을 비롯한 국제군축 레짐의 강화 등을 중요시 하게 되었다. 냉전시기에 개발된 모든 신뢰구축과 군비통제 조치들이 총망라되어 협력안보개념에 편입되었다.

위에서 보듯이 군비경쟁을 뒷받침한 절대안보 개념의 문제점을 개선하기 위해 나온 것이 공동안보, 상호안보, 협력안보이므로 이들 대안적 안보개념들은 필연적으로 국가들 간의 군사적 신뢰구축과 군축, 이를 포괄한 군비통제를 중요시하게 되었다.273) 이 개념들은 국제사회와 개별 국가들이 안보와 국방정책에 반영되어, 오늘날 국제 안보레짐을 이끌어 가는 중심개념이 되고 있는 것이다. 북한이나 이란 같은 소수의 국가를 제외하고는 세계 거의 모든 국가의 정치지도자들과 정부가 이런 안보개념들을 국가의 외교안보와 국방정책의 중심개념으로 반영하고 추진하고 있기 때문에 이들은 군비경쟁 보다는 군비통제를 선호하고 있다.

다. 군사전문가들의 실천 노력

군사전문가들은 국가의 지도자들이 실제로 군비통제 협상을 통해 상호 타협 가능한 제안을 하고 그 합의결과를 실천했을 때 국가 간의 관계, 지역안보질서를 평화스럽고 안정되게 만드는 실질적인 조치들을 개발하는데 힘썼다. 안보전문가들은 핵 군비경쟁을 지양하고 핵 군축

---

271) Richard Smoke and Andrei Kortunov eds., *Mutual Security: A New Approach to Soviet American Relations* (New York, NY: St. Martin's Press, 1991).

272) Joanne E. Nolan ed., *Global Engagement: Cooperation and Security in the 21st Century* (Washington, D.C.: Brookings Institution, 1994), pp. 3-18.

273) 한용섭, 『한반도 평화와 군비통제』(서울: 박영사, 2004), pp. 174-185.

을 달성하기 위한 여러 가지 개념들을 개발했으며, 협상대안을 제시하기도 했다. 재래식 군비통제에서는 군비통제를 "협상을 통해 상호간의 군사위협을 감소시키거나 제거하려는 노력"이라고 정의하고 실제적인 위협감소를 위해 노력했다.

그리고 미국과 소련 간에 전략핵무기 감축이 시작되자, 재래식 군사 분야에서도 공격용무기 감축을 위한 여러 가지 연구를 통해 협상대안을 제시했다. 군축을 하게 되면 불안정해지는 것이 아니라 재래식 군사력 균형도 달성가능하며, 낮은 수준에서 군사적 안정을 달성가능하다는 것을 연구를 통해 보여주었다.274) 그 결과 1990년 유럽에서 사상최초로 합의에 의한 재래식 무기감축협정CFE: Conventional Forces in Europe이 합의되었으며, 검증과정을 거쳐 군축에 들어가게 되었다.

군사전문가들이 개발한 또 하나의 실질적인 대안은 국가 간의 첨예한 군사대립관계를 신뢰관계로 바꾸기 위해서는 군비통제합의에 대한 상호 검증을 반드시 해야 한다는 인식이었다. 이런 인식에 근거하여 CSCE의 신뢰구축조치, 스톡홀름선언의 신뢰안보구축조치, CFE의 군축협정에 검증제도가 반영되었다. 특히 미소 간에는 미국 측 협상단이 소련의 속담인 "믿어라 그러나 확인하라"trust but verify를 인용하여 소련 협상단을 설득함으로써 미소간의 중거리핵무기폐기협정의 합의문에 역사상 가장 침투성이 높은 검증의 절차와 방법에 기반 한 검증제도를 반영하였다. 핵 군축에 대한 기본합의서와 검증합의서를 동시에 타결시켰다. 왜냐하면 군비통제 합의문과 검증 합의문이 동시에 타결되지 않으면 검증을 시행할 수가 없고, 검증에 대한 협상과정은 더욱 험난해서 따로 합의가 이루어지기 힘들기 때문이다.

3. 군비중심 국방정책과 군비통제의 상호관계

군비통제는 평시에 적국 혹은 잠재 적국과 대화 내지 협상을 통해 상호 위협되는 요소를 감소시키는 일종의 안보협상 내지 안보협력 행위이므로, 손자가 갈파한 싸우지 않고 승리할 수 있는 소위 부전승을 위한 국가전략이라고 볼 수 있다. 전시에 승리하기 위해서는 적을 최대한 파괴시켜야 하지만, 평시에 적이 가진 군사력 중에서 우리 편에 가장 위협적인 군사력을 감소시키거나 제거할 수 있다면, 이것은 상호 파괴적인 전쟁보다 훨씬 나은 국가전력이라고 볼 수 있을 것이다. 그래서 군비통재는 가장 효과적인 국가안보전략의 하나로 볼 수 있다. 아래 표에서 국방정책과 군비통제의 상호 관계를 보면, 군비통제가 국가안보에 기여하는 효과는 더

---

274) Hubert K. Reiner ed., *Military Stability* (Baden-Baden, Germany: Nomos Verklagsgesellschaft, 1990).

욱 확실하게 드러난다.

우선 국방정책의 기본안보철학은 상대방을 희생시켜서라도 우리 편은 생존하고야 말겠다는 절대안보가 기저에 깔려 있는 반면에 군비통제는 상대방의 존재를 인정하고, 공동의 생존과 번영을 지향하는 공동안보와 협력안보를 그 기저에 깔고 있다. 따라서 두 정책은 국가안보의 달성을 목표로 하고 있으면서도 안보개념은 매우 대조적이라고 볼 수 있다.

또한 국방정책은 위협이 주어진 것이라고 가정하거나 위협이 계속 증가하고 있다고 가정하고 거기에 대비해서 대응전력을 건설하는 것이다. 그러나 군비통제는 위협 그 자체를 감소시키고자 한다는 측면에서 매우 적극적인 전략이다. 국방정책과 군비통제 모두 궁극적인 평화를 목적으로 한다. 그런데 국방정책은 억제력을 보유함으로써 전쟁을 억제하고, 만일 적이 침략했을 경우 전쟁에서 승리를 보장할 수 있는 정책을 수립함으로써 평화를 보장한다. 반면에 군비통제는 적과 대화와 협력을 통해 평화를 보장하고자 하며, 상대방 국가의 침략하려는 의도를 공개시키고 투명하게 만듦으로써 침략을 하지 못하도록 한다. 군비중심 국방정책은 일방적 결정에 의해 군비를 증강시킨다.

물론 상대방 국가가 군비증강을 하면 그에 대한 대응으로써 군비를 증강시키기도 하지만 한 국가가 일방적인 판단에 의해 군비증강을 하는 것이다. 그런데 군비통제는 양자 간 혹은 다자간 대화를 통해 상호 위협을 감소시키고자 하는 것이다.

<군비중심 국방정책과 군비통제의 차이점>

구 분	국 가 안 보	
	군비중심 국방정책	군 비 통 제
안보개념	절대안보	공동/협력안보
위협대비	위협대응 군사력 건설	위협 감소 조치
평화본질	억제에 의한 평화	상호 협력에 의한 평화
도발대책	적 도발 시 전승 보장	적 도발의지 약화/제거
성 격	일방적 조치	양자/다자간 조치
관심대상	자국/동맹국의 군사능력	상대방의 협상 의지
정책수단	군비증강	합의에 의한 군비통제

군비중심 국방정책은 억제력과 방위력을 증강시켜야 하므로 자국과 동맹국의 군사능력에 관심이 있으나, 군비통제는 상대방이 협상을 통해 상호 위협을 감소시키려는 의지가 있는지에 대해 관심을 기울이고 그러한 유인책을 쓰고자 늘 상대방의 타협의지에 대해 관심을 경주한다. 군비중심 국방정책의 정책수단은 군비증강이며 군비통제의 정책수단은 상호 협상과 합의라고 할 수 있다. 이와 같이 군비중심 국방정책과 군비통제는 국가안보를 달성하는 두 개의 양립할 수 있는 정책인 것이 분명하다.

4. 유럽 군비통제의 성공사례와 교훈

유럽에서의 군비통제는 냉전기에 이루어졌고, 그 결과 냉전이 평화적으로 종식되었다. 유럽에서는 1973년부터 17년간에 걸쳐 동서 양 진영 간의 군사대결구조를 평화협력구조로 바꾸었는데, 신뢰구축은 '유럽안보협력회의'CSCE: Conference on Security and Cooperation in Europe를 통해서 군축은 '상호균형군감축회담'MBFR: Mutually Balanced Force Reduction talks을 통해서 지속적으로 협의해 갔다. 유럽에서는 CSCE를 통해 동서 양 진영 간에 신뢰구축을 위한 협상이 진전되어 1975년 헬싱키 최종선언에서 신뢰구축이 채택되었고, 유럽안보협력회의가 제도화되었다. 1986년 스톡홀름 협정, 1990년 비엔나 협정 등을 거쳐 신뢰구축과정은 완성을 보게 되었다. 이런 발전과정을 성공을 향해 나아가는 '경로의존적 발전'path dependent development[275]라고 부르기도 한다.

병력과 재래식 무기의 감축을 논의한 회담은 1973년 10월에 출범된 '재래식무기감축협상'MBFR: Mutual and Balanced Force Reductions(1973-1989)이다. 1987년 '유럽재래식무기감축조약'CFE: Treaty on Conventional Forces in Europe으로 회담의 명칭이 바뀔 때까지 군축을 논의했으나 실질적인 성과는 없었다. 하지만 군지도자들 간에 상호 이해가 증진된 결과 기회의 창이 열렸을 때 CFE에서 5대 공격용무기(전차, 장갑차, 야포, 전투기, 헬기)를 당시 보유수준 보다 낮은 수준으로 군축하자는 합의가 이루어졌고, 검증에 의해 군축이 확인되었다.[276]

유럽의 신뢰구축과 군비통제의 성공 요인은 다섯 가지로 요약할 수 있다. 첫째, 안보와 위험관리의 차원에서 안보대화 채널을 제도화시켰다는 것이다. 유럽의 안보문제를 해결하기 위해서 군사적 이해가 걸린 모든 국가들이 참가하는 CSCE라는 대화 레짐이 상설화되었기 때문에 신뢰구축이 가능했고, 결국 군축의 성공에도 기여했다는 것이다. 이것은 조셉 나이가 미소간의 핵 군축도 상호간의 안보 레짐이 있었기 때문에 괄목할만한 진전을 이룩할 수 있었다고

---

275) 홍기준, 「유럽통합의 경로의존성과 창발성」, 『국제정치논총』 제48집 (4)호 (2008), pp. 217-236.
276) 최강, 「한국 신정부의 한반도 군비통제정책 추진방향」, 『전략연구』 통권 29호 (2003), pp. 7-64.

하는 점과 같다.277) 자유주의적 제도론자의 주장과 같이 유럽안보회의라는 대화채널이 제도화되고, 포괄적인 의제가 논의되며 상충하는 안보이해가 포괄적인 방식으로 타협되는 것이 제도화되었으며,278) 합의의 이행여부를 검증하는 검증체제가 제도화가 되었기 때문에 신뢰구축과 군축이 성공했다는 것이다.

둘째, 국가들 간에 군인들과 안보관계 관료, 전문가들이 공동으로 참가하여 군사적 신뢰구축 조치 즉, 정보, 통신, 통보, 참관조치를 취했다는 것이다.279) 이러한 조치들은 군사적 의도를 투명하게 하고 공개한다는 차원에서 유용한 조치들이었다. 군사정보를 상호교환하고, 직통전화를 설치하며, 군사훈련과 기동에 대한 사전 통보를 실시하고, 통보된 훈련과 기동에 대해 참관하는 제도를 만들어서 이행함으로써 신뢰를 공고하게 할 수 있었다. 즉, 군사적으로 상호 대치하고 있던 국가들끼리 안보문제를 해결하기 위해 군인과 민간인들이 신뢰를 구축하고 안보관계를 개선하기 위해 공동으로 작업을 진행하였다.

셋째, 군사적으로 상호 대치하고 있던 미소 양진영의 국가들 간에 재래식 군축을 하기 위한 MBFR이 개최되었으며, 특히 미국과 소련간의 핵 군축이 선행되어 재래식 군사신뢰구축과 군축의 이행이 선 순환적으로 발생했던 것이다. 그러나 소련이 해체되고 난 후 러시아는 핵분야의 군축은 잘 이행하였으나, 재래식 군축합의 즉 CFE의 이행을 별로 원하지 않았다.280) 그 이유는 러시아가 핵 군축의 결과 미국과의 핵 균형이 미국에게 유리하게 전개될 경우 재래식 전력의 우세를 그대로 유지하기를 원했기 때문이다.

넷째 유럽의 국가들은 군비통제합의의 이행 여부에 대한 검증조치를 취했다. 합의에 대한 이행여부를 반드시 검증해야만 국가의 의도와 행위간의 일치성을 발견함으로써 더욱 신뢰할 수 있게 된다는 것이었다. 검증의 목적이 위반행위의 적발가능성을 높임으로써 위반행위를 억제할 뿐만 아니라 합의를 지키고 있다는 신뢰를 발견함으로써 대결의 과거를 청산하고 협력의 미래로 간다는 믿음을 강화시킬 수 있었다는 것이다. 1975년 헬싱키 최종선언에서는 훈련과 기동의 통보와 참관초청을 자발적인 방식으로 했지만 1986년 스톡홀름 선언에서는 통보와 참

---

277) Joseph Nye, Jr, "Nuclear Learning and U.S.-Soviet Security Regimes," *International Organization* 41-3 (Summer 1987), p. 391.

278) 서보혁, 「다자안보협력의 제도화경로: C/OSCE의 경험과 동북아 적용방안 연구」, 『국제정치논총』 제49집 (2)호 (2009), pp. 7-30.

279) Jeonne Walker, *Security and Arms Control in Post-Confrontation Europe* (New York, NY:Oxford University Press, 1994), pp. 49-55.

280) Alexander T.J. Lennon (ed.), *Contemporary Nuclear Debates: Missile Defense, Arms Control, and Arms Races in the Twenty First Century* (Cambridge, MA: The MIT Press, 2002), pp. 12-28. 부시행정부 시기(2001-2008)에는 미국의 ABM조약 폐기와 동유럽 국가에 대한미사일방어체계의 배치 논란으로 인해 미국과 러시아간의 핵 군축조차도 후퇴하게 되었다.

관, 검증을 의무화시켰다는 점에서 유럽의 신뢰구축조치의 발전성을 발견할 수 있다. 특히 1990년 유럽의 재래식 무기 감축 협정을 검증하기 위한 사찰제도는 매우 침투성이 높아서 신뢰를 증진시키는 데 크게 기여했던 것이다.

다섯째, 유럽과 미・소의 정치지도자들이 공동안보와 협력안보의 철학을 가지고 군비통제에 대한 신념과 확신이 있었으며, 합의에 대한 이행의지가 확고했다는 것이다. 또한 대내외의 안보환경이 대체로 군비통제를 지지하고 있었다. CSCE가 개최되기 전 빌리 브란트 서독 수상의 동방정책에서 비롯된 주변국과의 화해 노력, 1985년 이후 고르바초프 공산당 서기장의 '방어적 충분성'에 입각한 일방적인 군축 이니셔티브 취하기와 검증의 수용, CSCE의 틀 내에서 중립국과 비동맹국들의 동서 양진영에 대한 중재와 타협 시도 노력이 있었다는 것이다.

5. 국제군축 및 대량살상무기 비확산 노력

가. 핵무기 군축 및 핵 비확산 레짐

1) 미국과 러시아의 핵 군비통제

미국과 구소련은 제한핵실험금지조약LTBT을 시작으로 핵무기에 대한 쌍무적인 군비통제를 해왔다. '전략무기제한협정'INF: Strategic Arms Limitation Treaty, '중거리핵무기감축협정'INF: Intermediate Range Nuclear Forces Treaty, '전략무기감축협정'START: Strategic Arms Reduction Treaty, 흔히 모스크바조약으로 알려진 '전략적 공격무기감축조약'SORT:Strategic Offensive Reduction Treaty 등이 대표적이다.

1972년에 발효된 '전략무기제한협상'SALT-1은 핵무기의 구조적 군비통제가 아니라 운용적 군비통제에 관한 것이었다. 미국과 구소련이 서로 상대방을 확실히 파괴할 수 있는 능력과 의지가 있을 경우에 억제가 달성된다는 '상호확실파괴'MAD: Mutual Assuard Destruction 개념에 의해 양측의 핵무기를 균형되게 만드는 것이 목적이었다. 이를 위해서는 요격미사일망을 제한ABM: Anti Ballastic Missile할 수밖에 없었다. 따라서 미국은 '노스 타코타'North Dakota 지역에, 그리고 구소련은 모스크바 주변에만 요격미사일을 배치하고 그 외 지역은 개방하도록 하였다.281) 또한 이 조약에서 미국은 대륙간탄도미사일ICBM: Intercontinental Ballastic Missile을 1,024기, 잠수함발사탄도미사일

---

281) 미・소 양국이 각각 자신의 영토 전역을 방어하지 못하도록 함으로써 MAD가 가능하다는 것이 ABM의 핵심이다. 그러나 미국은 2001년 9.11테러 이후 테러집단을 포함하여 외부의 미사일로부터 미국을 보호하는 방향으로 전략을 바꾸었다. 이는 미국의 MD구축의 당위성을 더욱 보강해 주었고 ABM은 MD의 걸림돌이 되었다. 따라서 미국은 ABM을 탈퇴하였고 2002년 6월부로 ABM은 사라졌다.

SLBM: Submarin Launched Ballastic Missile 656기로, 구소련은 ICBM을 1,618기, SLBM을 740기로 제한하기로 했다. 1979년에 체결된 '전략무기제한협상(SALT)'-Ⅱ에서는 양측 모두 전략미사일과 전략폭격기의 수를 1981년까지 각각 2,250개로 제한하기로 하였으나 구소련의 아프간 침공으로 인해 미국은 이를 비준하지 않았다.

1988년에 발효된 INF는 사거리 500-5,500Km의 핵 및 재래식 무기가 탑재 가능한 지상발사 유도탄 및 크루즈 미사일을 제거하는 것이었다. 조약종료일인 1991년 6월까지 총 2,692기의 무기가 폐기되었다. 미국은 846기, 구소련이 1,846기를 각각 폐기하였다.

전략무기를 감축하기 위한 START-Ⅰ은 1991년에 협정을 체결하였으나 1994년 발효되었다. 2001년까지 핵탄두는 6,000개 이하로, 그리고 ICBM, SLBM, 그리고 전략폭격기의 수는 각각 1,600기로 감축하기로 하였다. 1993년 미국과 러시아는 2단계 전략무기감축협정START-Ⅱ에 서명했으나 발효되지는 못하였다. START-Ⅰ은 2009년 12월부로 만료되었다. SORT는 2002년 서명되고 2003년 발효되어 2012년 12월에 만료되는 것으로써 배치된 핵탄두의 수를 각각 1700-2200기로 제한하는 것이 골자이다.

2010년 4월 미국과 러시아의 정상들은 START-Ⅰ 후속협정에 합의하였다. 이 협정의 핵심은 양국이 실전 배치할 수 있는 전략핵탄두 보유 상한 수를 2200기에서 1500기 수준으로 줄이기로 하였다. 대륙간탄도미사일ICBM, 전략폭격기 등 핵무기 운반수단도 1600기에서 800기로 각각 감축된다. 이것은 SORT보다 더 줄어든 숫자이다. 최근 오바마 미국 대통령은 보유 핵무기를 더 줄일 수 있다고 말한 것으로 전해졌다. 미국의 핵무기는 1980년대 말 한때 1만 2000개를 넘기도 했으나 2003년에는 5000개 아래로 떨어졌다. 미국이 이번에 핵탄두를 300~400개까지 줄일 경우, 미국의 핵무기는 미-소간 무기경쟁이 본격화한 1950년 이전 수준으로 되돌아가게 된다.282)

2) 핵비확산 체제

'핵비확산 체제'Nuclear Nonproliferation Regim란 핵무기 확산을 막기 위한 일련의 국제적 합의와 제도 및 기구를 말한다. 1968년 '체결된 핵확산 금지조약'NPT을 근간으로 하며 이를 토대로 많은 합의와 기구들이 상호 연계되어 운용되고 있다. NPT를 근간으로 하는 핵비확산체제의 원칙은 국제평화와 안보에 위협이 되는 핵무기의 수평적, 수직적 확산을 규제해야 한다는 것이다. 핵비확산체제에 나타난 대강의 규범은 참가국들이 핵확산을 촉진하는 모든 행위를 해서는 안 된다는 것으로 규정할 수 있으며, 보다 구체적인 규범으로는 다음을 들 수 있다. ①핵국은 타국

---

282) 한겨레. 2012.2. 15.

이 핵무장력을 보유하도록 도움을 주지 말 것, ②비핵국은 핵보유 노력을 포기할 것, ③원자력의 평화적 이용을 위한 협력을 계속할 것, ④평화적 목적의 원자력 이용이 군사적으로 전용되는 것을 막기 위해 적절한 검증을 실시할 것 등이다. 세부 비확산 레짐으로 전면핵실험금지조약CTBT, 국제원자력기구IAEA, 그리고 원자력공급국 그룹NSG, 쟁거위원회Zangger Committee 등을 들 수 있다.

① 핵확산금지조약NPT: NPT는 핵보유국에 대해서는 핵 비확산의 의무를 부담지우고, 비핵국가에 대해서는 핵무기의 제조와 비확산을 요구한 핵 비확산 조약으로 1968년 미국·영국·소련 등이 서명하였고, 1970년 3월에 발효되었다.283) 조약 주요 내용은 확산금지를 위한 의무사항, 안전조치, 원자력의 평화적 이용, 군축, 비핵국의 안전, 조약 개정·이행·연장 등이다.

조약의 이행여부를 검토하는 평가회의가 1975년 이후 5년마다 개최되었으며, 1995년에는 조약의 이행을 검토하는 평가회의와 조약의 연장문제를 검토하는 회의가 동시에 개최되어 NPT의 무기한 연장에 합의하였다.

2010년 9월 현재 NPT 체약국은 189개국에 달하여 핵보유국 및 비핵국가 간에 핵 비확산이 하나의 보편적인 규범으로 수용되는데 큰 역할을 하고 있다고 평가된다. 그러나 아직 유엔 가맹국인 인도·파키스탄·이스라엘이 NPT에 가맹하지 않으면서 각각 핵실험을 행하거나, 핵을 보유하고 있는 것으로 추정되고 있다. 게다가 2003년 1월 이후에는 북한이 NPT를 탈퇴한다고 표명하면서 핵실험을 행하여 NPT 체제에 도전하고 있다.

② 포괄적 핵실험금지조약CTBT: CTBT는 지하 핵실험을 포함한 모든 종류의 핵실험을 금지하는 조약으로 1996년 9월, 유엔 총회에서 채택되었다. 원래 1963년에 체결된 부분적 핵실험금지조약PTBT이 지하핵실험을 금지 대상에서 제외하고 있었기 때문에 CTBT를 성립시켜 지하핵실험까지 포함한 모든 종류의 핵실험을 금지하는 체제를 구축하려 한 것이다.284) CTBT는 그 조약상에 명문화된 국제 감시제도 규정에 따라 세계 321개소에 감시관측소를 설치하여 국제적 검증제도를 뒷받침하고 있다. 예컨대 2006년 10월에 감행된 북한의 핵실험 시에도 지진학적 감시 및 방사성 핵물질 데이터 정보를 수집할 수 있었다. 다만 CTBT의 발효에는 원자로를 갖

---

283) NPT의 제1조는 핵보유국에 의한 핵무기 확산 방지를, 제2조는 비핵보유국의 핵 비확산 의무를, 제3조는 비핵국가들이 IAEA의 보장조치를 수락할 것을 의무로 규정하였다. 제4조는 원자력 평화이용의 권리를 규정하였고, 제6조는 가맹국에 의한 핵 군축 교섭의무를 규정하였다.
284) CTBT의 제1조는 지하 핵실험을 포함한 핵실험의 실험적 폭발 또는 기타 핵폭발을 금지하도록 규정하였고, 제4조는 지진학적 감시시설, 수중음파 감지시설 등의 국제 감시제도로 각국이 제1조의 규정에 위반했는가의 여부를 심사하게 하였다.

는 등 잠재적 핵개발 능력을 갖는 44개 발효요건국의 비준이 필요하게 되어 있다. 그런데 2011년 9월 현재 CTBT의 서명국이 178개국, 비준국이 155개국에 이르렀지만, 발효요건국 44개국 가운데 서명국이 41개국, 비준국이 36개국이어서 아직 CTBT의 발효요건을 충족시키지 못하고 있다. 발효 요건국 가운데 아직 서명하지 않은 국가는 인도·파키스탄·북한 등 3개국이며, 서명은 했지만 아직 비준하지 않은 국가들은 중국·이집트·이란·이스라엘·미국 등이다. 특히 미국은 1996년 9월에 CTBT에 서명했으나, 1999년 10월 상원에서의 의결과정에서 반대 다수로 CTBT 비준법안이 부결된 바 있다. CTBT가 발효되면 비핵보유국의 수평적 비확산은 물론이고 핵보유국의 수직적 비확산도 제한될 것이다.

③ 국제원자력기구IAEA: IAEA도 핵무기의 군축과 확산방지를 위해 중요한 역할을 수행하고 있다. IAEA의 헌장 제3조 A5에는 우라늄과 플루토늄과 같은 핵물질이 무기 목적으로 이용되지 않도록 하기 위한 보장조치safeguard가 IAEA의 임무라고 명기되어 있다. IAEA는 이 조항에 따라 가입 국가들과 보장조치협정을 체결하고 해당 국가들의 원자력 활동을 검증하는 역할을 담당한다. 검증활동에는 핵물질을 저장한 용기 등을 물리적으로 봉인하거나 감시활동을 하는 것 등이 포함된다. 그런데 90년대 이후 이라크와 북한의 핵의혹이 표면화되면서 신고 되지 않은 핵물질의 군사전용을 방지할 필요성이 대두되었다. 이에 따라 IAEA는 1997년 추가의정서를 채택하여 IAEA 사찰관에 의한 검증 장소를 확대하고, 입회 검사 및 샘플링 채취를 강화하였다.

2012년 9월 현재 IAEA의 보장조치 체약국은 155개국에 달하고 있고, 추가의정서 체약국도 서명 115개국, 체결국은 83개국에 이르고 있다.

이상에서 설명한 NPT, CTBT, IAEA 보장조치 등이 핵무기 비확산, 핵실험 금지, 핵물질 생산 중지 등을 목적으로 하는 국제레짐 및 조약이라고 한다면, 국제사회에는 핵보유 추진국가나 테러조직에 대해 WMD 관련 물자를 수출하거나 확산하려는 움직임을 수출규제를 통해 통제하려는 레짐도 존재한다. 핵무기 제조에 관련되는 물자의 수출을 규제하는 레짐으로는 원자력공급국그룹NSG: Nuclear Suppliers Group, 그리고 쟁거위원회Zangger Committee가 있다. NSG는 1978년 설립되었으며, 자국에서 타국으로 수출되는 물자 가운데 타국의 핵무기 개발에 전용될 수 있는 물자에 대해 엄격한 수출관리를 하겠다는 국가 간의 레짐이다.

원자력공급국그룹NSG은 1974년 인도에 의한 핵실험이 단행되었을 때, 미국이 주도하여 인도에 대한 핵 물자의 공급을 차단하기 위한 목적으로 구상되었다. 그러나 2008년 미국과 인도

사이에 원자력협정이 체결되자, NSG는 총회를 열고 인도에 대한 원자로와 핵연료의 수출을 해금할 것을 승인한 바 있다.[285] 쟁거위원회는 1974년 스위스의 쟁거Zangger 교수에 의해 수출관리의 대상이 되는 핵물질 관련 품목이 리스트로 합의되면서 비롯되었다. 2007년 9월 현재 36개국이 가입하여 쟁거 리스트에 수록된 품목에 대한 수출관리를 실시하고 있다. 2003년 미국의 부시 대통령이 제창한 '대량살상무기확산방지구상'PSI도 소위 불량국가들에 의한 WMD 관련 물질의 확산시도를 복수의 국가들이 공동으로 차단하는 체제 구축을 목적으로 하고 있다.

나. 생화학 무기 감축 및 비확산 레짐

1980년대에 들어서 거의 10년간 지속된 이란-이라크 전쟁에서 이라크는 이란 내 전투요원 뿐만이 아니라 자국 내 민간인에게까지 화학무기를 무차별 사용하였다. 이에 따라 화학무기 확산에 대한 우려가 고조되었고 실질적이고 효과적인 화학무기 규제협약을 체결해야 할 필요성이 고조되었다.

1980년 제네바 군축회의CD 내 화학무기특별위원회가 구성되어 협상이 시작되었으며 1991년 걸프전에서 이라크에 의한 화학무기 사용위협을 계기로 1992년 9월 화학무기 금지협약CWC: Chemical Weapons Convention이 체결되어 1997년 4월 발효되었다. CWC는 전문·본문 24개조와 화학물질·검증·비밀보호 등 3개 부속서로 구성되어 있으며 화학무기의 개발·생산·비축·사용을 전면 금지하고 협약발효 후 10년 이내인 2007년 까지 지구상의 모든 화학무기를 폐기하도록 규정하였다. 검증 부속서는 폐기기한을 단계별로 규정하고 있는데 10년 이내에 100% 폐기를 하도록 되어 있고 불가피한 사정으로 단계별 폐기기한을 준수하지 못할 경우 OPCW 집행이사회의 승인을 거쳐 연장할 수 있다. 그렇다하더라도 최대 5년 2012년을 초과할 수 없도록 되어 있다.

우리나라는 이 의무를 성실히 이행하여 세계에서 제일 첫 번째로 보유 화학무기를 기한 내에 폐기하여 모범 국가로 인정되었다. 미국과 러시아는 단계별로 기한을 연장하여 폐기하였다. 화학무기금지조약(CWC)은 2003년 11월 현재 157개국이 가입하고 있다.

독가스·세균의 전시 군사적 사용을 금지하기 위한 제네바의정서가 1925년 체결된 이후 18개국이 참가한 1968년 제네바 군축회의에서 영국의 제청으로 화학전에 관한 조약으로부터 생물학전의 조약을 분리하자는 안이 제시되었다. 1972년 생물무기금지조약BWC이 체결되고 1975년부터 효력을 발휘하게 되었다. 주요 내용은 첫째, 생물학 작용제 및 독소의 개발 금지

---

285) 이러한 미국과 NSG의 조치는 비확산 정책 기조에 역행할 수 있다는 비판을 불러일으키기도 하였다. Peter Baker, Congress Clears Away for U. S. Nuclear Trade with India, International Herald Tribune (2008.10.3).

둘째, 생물학 작용제 생산을 위한 각종 설비의 폐기 혹은 평화적 목적으로 전환 셋째, 생물학 작용제 생산설비의 이전이나 기타 국가가 획득하는 것을 원조, 고무 또는 권유 금지 등이다.

BWC는 1991년 제3차 평가회의 때 신뢰구축조치CBM에 합의했는데, 회원국은 1992년 이후 매년 4월 15일까지 자국의 협약 CBM이행 실태를 UN군축국에 신고하도록 하였다. 이에 따라 우리나라도 일반연구시설 1곳(생명공학연구소)과 백신생산시설 6곳(제약회사)을 신고하고, 1992년 이후 매년 이행실태를 신고하고 있다. 2009년 3월 현재 가입국은 159개국이다.

생화학무기의 수출관리 레짐으로는 오스트레일리아 그룹AG이 있다. AG은 1984년 이란-이라크 전쟁이 발발하였을 때, 화학산업이 타국의 화학무기 개발에 이용되지 않도록 하기 위한 취지에서 오스트레일리아의 제안에 의해 1985년 창설되었다. 오스트레일리아 그룹은 생물무기금지조약BWC이나 화학무기금지조약CWC을 보완하여 생화학무기의 확산을 막기 위한 장치로서 작동하고 있다. 2007년 9월 시점에 오스트레일리아 그룹에는 40개국이 참가하고 있으며, 매년 회의가 개최되고 있다.

다. 미사일 확산방지 및 기술통제 레짐

헤이그 행동규범HCOC: Hague Code of Conduct against Ballistic Missile Proliferation은 탄도미사일 확산을 방지하기 위한 국제레짐이다. 헤이그 행동규범은 2002년 11월, 네덜란드 헤이그에서 탄도미사일 확산에 대항하기 위한 목적을 갖고 93개국이 참가한 가운데 발족되었다. 그 주요 내용으로는 탄도미사일 확산 방지, 탄도미사일 실험 개발 자제, 신뢰구축 등이다.

미사일 기술 및 부품의 수출을 규제하는 레짐으로는 미사일기술 통제레짐MTCR이 있다. MTCR은 핵무기의 운반수단으로도 사용되는 미사일 기술 및 부품의 수출을 규제하기 위해 1987년 4월, 당시의 G7 국가들을 중심으로 발족하였다. 처음에는 핵무기 운반 미사일만 대상으로 하였으나 1993년 1월 이후 핵무기뿐만 아니라 생화학무기를 포함한 대량살상무기 운반용 미사일의 기술 및 부품으로 규제 대상이 확대되었다.

MTCR의 통제 대상 품목은 Category‑1과 Category‑2로 나누어진다. Category‑1은 사거리 300Km 이상과 탑재중량 500Kg 이상의 미사일 완제품, 그 생산시설 및 주요 하부체계 등이다. Category‑2는 사거리 300Km 이상과 탑재중량 500Kg 미만의 미사일 완제품, Category‑1에 쓰이는 주요부품, 하부체계, 생산시설 등이다. 2007년 9월 현재, 미사일기술 통제레짐(MTCR)의 가맹국은 34개국이다.

라. 재래식무기 통제와 비확산 관련 레짐

재래식 무기의 군축은 과거 국제군축협상에서 주된 논의 의제였다. 그러나 핵무기와 미사일이 본격적으로 개발되고 화생무기의 위협이 가중되면서 그 논의의 중심이 대량살상무기 쪽으로 이동하게 되었다. 그럼에도 불구하고 오늘날에도 재래식 무기로 인한 실질적 위협이 상존하고, 피해가 전투원이나 비전투원을 상대로 한다는 점에서 이 분야의 군축은 여전히 중요한 과제이다. 특히 세계적 분쟁을 일으키는 반군 및 테러단체와 마약·범죄집단으로의 소형무기나 기타 재래식 무기의 불법 이전은 무차별적 민간인 살상을 야기하고 분쟁지역에 대한 복구사업 지연 등의 문제를 야기하고 있다. 따라서 UN 및 국제기구, 비정부 기구NGO 등을 중심으로 이러한 재래식 무기의 사용통제와 불법 이전을 방지하기 위한 국제 레짐이 발달하였다.

그 대표적인 것들을 살펴보면 냉전시대 대공산권 수출통제체제인 「다자간수출통제위원회」COCOM: Coordinating Committee for Export Control to Communist Area가 공산권 국가의 붕괴로 1994년 해체되자 이를 대체할 목적으로 1996년 7월 「재래식 무기와 이중용도품목 및 관련기술의 수출통제에 관한 바세나르체제」를 출범시켰다. 바세나르체제Wassenaar: WA의 통제품목은 과거 COCOM과 유사하나 '유엔재래식무기등록제도'에 포함된 전차, 장갑차, 야포, 전투기, 공격헬기, 전함, 미사일 등 7개 품목이 추가 통제품목으로 확대되었다. 이중용도품목 및 관련기술은 원자력 품목 28개, 군수품목 22개, 그리고 민-군 이중용도품목 등 총 180개 품목이다. 바세나르체제는 회원국의 자발적인 참여에 바탕을 두고 있다.

「유엔재래식무기등록제도」UNRCA: UN Register of Convention - al Arms는 '재래식 무기 수출입현황에 관한 보고서', '군비보유현황에 관한 배경 설명서', '국내생산을 통한 무기조달 및 관련정책이나 입법동향에 관한 배경 설명서'를 유엔에 제출하는 제도로서 1991년 제46차 유엔총회에서 결의되었다.

그 외에도 지뢰, 부비트랩, 그리고 목표물을 불살라 없애는 소이 무기 등의 사용을 금지하는 「비인도적 재래식무기금지협약」CCW: Convention on Certain Conventional Weapon이 1983년에 발효되었으며, 민간인 주도로 이루어진 대인지뢰 금지조약인 '오타와 협약'Ottawa Convention이 1999년 발효되었다.

참고 11

UN안보리 대북 결의안

825호, 1540호, 1695호, 1718호, 1874호

결의안 825호

1993년 5월 발표된 결의안 825호는 NPT에서 탈퇴하겠다는 북한 정부의 의사에 유감을 표시하고 북한의 NPT탈퇴선언에 대한 재고 및 NPT의무이행 재확인, IAEA안전조치협정 준수를 촉구하는 내용을 담고 있다.

결의안 1540호

2004년 4월 8일에 채택된 결의안 1540호는 미국의 부시대통령이 유엔총회에서 회원국들에게 WMD확산 방지를 역설하고 이를 위한 국제사회의 공동조치를 촉구하면서 엄격한 수출통제제도를 마련할 것을 제안하여 추진되었고, 결의안은 만장일치로 채택되었다.

결의안 1695호(대북 1차 제재)

결의안 1695호는 북한이 2006년 7월 5일 대포동 미사일(은하1호) 발사에 따라 채택되었다. 2006년 7월 6일 채택된 이 결의안은 북한의 미사일 발사에 대해 미국과 일본이 UN안보리에서 대북제재 결의안을 촉구하면서 만장일치로 채택되었다. 결의안 1695호는 기존의 결의와는 달리 북한의 미사일 및 핵실험에 대한 경제제재로써 핵무기, 탄도미사일, WMD 및 관련물자의 대북 수출금지 의무를 부과하였다.

결의안 1718호(대북 2차 제재)

결의안 1718호는 2006년 10월 9일 북한이 핵실험을 강행한 것에 대해 10월 14일 기존 WMD 및 탄도미사일을 완전하고 검증이 가능하며, 돌이킬 수 없는 방법으로 폐기하도록 결정하였다. 특히 이 결의안에 따라 결의이행 감시여부를 상설하는 기구로 '제재위원회'를 설치하여 대북 수출입 금지 품목 리스트를 작성하도록 하였고, 안보리에 보고하도록 하였다.

결의안 1874호(대북 3차 추가제재)

2009년 6월 12일 채택된 결의안 1874호는 5월 25일에 있었던 북한의 2차 핵실험을 강도 높게 비난하고 징계하는 내용이 포함되어 있다. 결의안은 북한에 대해 추가 핵실험과 미사일 발사를 하지 말 것을 촉구하고 6자회담에 복귀할 것을 요구하였다. 결의안은 34개 구체적 항목으로 대북 무기금수, 화물검색, 금융·경제제재 등의 내용과 제재 방식을 담고 있다.

제8절　결론

　　현대 세계정치는 행위영역에서 근본적인 변화를 맞고 있다. 근대 국제정치에서는 주된 행위영역이 부국강병의 경쟁무대였다. 부국강병의 무대에서는 국가이익을 극대화하고 국력을 키워서 국가의 생존을 유지하는 것이 가장 중요했다. 이에 따라 냉전이란 질곡 속에서도 우리는 한미안보체제와 경제발전이라는 국가전략을 가장 중요한 국가목표로 삼았다. 21세기를 맞는 현대세계정치에 있어서도 부국과 강병이란 과제는 여전히 우리가 해결해야 할 중요한 의제로 남아있다. 하지만 우리는 부국과 강병, 그리고 이에 더하여 통일의 양식과 방법에 있어서 근본적인 변환을 맞고 있다. 우리는 지구 지역, 사회 및 개인의 안보를 복합적으로 해결해야 하는 과제도 떠맡았다. 우리는 한반도 중심의 번영에 머물지 않고 지구 및 지역의 번영과 국내 복지를 종합적으로 해결해야 하는 과제도 안고 있는 것이다. 점점 그 중요성을 더해가고 있는 가치관의 확립과 정체성의 모색 등 문화적 영향력도 간과 할 수 없다. 이러한 과제들이 세계정치의 핵심 관심사로 등장할 수 있었던 것은 지구화현상의 결과라고 볼 수 있다.[286]

　　세계정치사에서 안보문제는 주로 전쟁문제로 다루어져 왔다. 핵무기의 등장과 냉전을 거치면서 상호안보, 협력안보로, 포괄적 안보로 발전되었다. 탈냉전이후 국가안보는 환경안보, 인간안보 개념이 등장하였다. 기존의 안보연구가 어떻게 국가 간의 전쟁을 방지하고 평화를 유지하는가 혹은 타국으로부터의 침략을 방지하고 물리칠 수 있는가에 초점이 맞추어졌던데 반하여 냉전 이후에는 국가 간의 전쟁보다는 다른 형태의 폭력을 통해 인명살상과 재산피해가 나타나는 사례가 급증하면서, 국가중심의 안보에서 개인중심의 안보에 더 많은 관심을 쏟는 인간안보개념이 주목을 받고 있다.[287]

　　현대전쟁의 양상도 과거와는 완전히 다른 차원으로 획기적으로 변화하였다. 지상, 해상, 공중의 3차원 전쟁에서 기동과 속도가 획기적으로 발전된 4차원전쟁 그리고 우주와 사이버전의 5차원 전쟁으로 그 영역이 확대되었고 전쟁전략의 수행 면에서 제4세대전쟁, 작전 면에서 혼합전Hybrid War의 개념이 대두되었다.

　　또한 핵전략에 있어서도 전면핵전이란 있어서는 안 된다는 전 인류적 차원의 공감대 형성

---

286) 지구화(globalization)란 국제화(internationalization)와 구별되는 용어로서 국제화가 세계질서의 핵심행위자인 민족국가를 바탕으로 정치, 경제, 문화, 사회적 교류가 증대되는 현상이며 지구화란 국민국가를 포함해서 국제기구, 다국적 기업, 지방, 비정부 기구, 그리고 개별 시민들의 초국경적 활동을 의미한다. 한국에서는 지구화가 세계화란 용어와 혼용되어 왔다. 남궁곤, '현대세계정치의 변환과 한국외교의 선택,' 하영선 · 남궁곤 편저, 『변환의 세계정치』(서울: 을유문화사, 2009), p. 102.

287) 신성호, '현대 세계안보질서의 변환과 동아시아', 하영선 · 남궁 곤 편저, 앞의 책, p. 223.

과 윤리·도덕적 이성에 따른 자제와 노력으로 획기적인 핵 군축이 이루어졌으며 핵 안보(3S) 개념이 대두되어 국제사회는 핵 안보정상회의를 통하여 핵안전확보를 추구하고 있다.

이렇듯 현대전쟁의 수행은 군사혁명과 군사변혁에 따라 정밀, 비 살상, 신속기동, 제한전으로 이루어지고 있으며 유엔 및 다자간 협력을 통한 군사개입을 통하여 국제평화를 위한 유지활동을 전개하고 있다. 이러한 변화는 전쟁에 있어 전쟁의 참화를 줄이고 이성적 전쟁을 수행하려는 노력의 결과이다. 그러나 이러한 노력에도 불구하고 현대의 국제안보 상황은 암울하기만 하다. 비 국가폭력의 확산과 테러리즘 그리고 대량살상무기의 확산, 불량국가들의 도전, 그리고 동아시아지역에서의 신 냉전 기류의 부상은 인류에게 새로운 차원의 도전과 위협으로 부상하고 있다.

전략의 철학은 전쟁이 회피할 수 없는 것이라면 전쟁은 어떻게 수행되어야만 하는 것인가? 용납될 수 있는 전쟁은 존재하는가 하는 이성적 질문에 대한 윤리·도덕적 성찰이다. 전쟁철학 접근 모형에 있어서 이념형은 절대전 이론이다. 총력전, 전면전, 대량보복전략 등 전쟁중심적 이론은 현실에 있어 발생할 수 없는 발생해서는 안 되는 개념이다. 단지 이념형으로서 개념적인 정의라 할 수 있다. 전쟁을 대비하는 차원에서 최고의 대비태세 유지를 위한 목표라 할 수 있을 것이다. 또한 좌파적 접근으로서 절대평화 추구이론으로 방어적 방위288), 비무장 평화, 민간주도 방위CBD 등이 있다. 이러한 접근들은 현실적이지 못하다. 특히 우리나라의 경우 전쟁이 끝나지 않고 있으며, 한반도 지정학적 특성 및 동북아 안보현실에서 불가능하다 할 수 있다.289)

현실적 접근법으로서는 현실전쟁이론에 입각한 제한전 및 제한 핵전이다. 이것은 소위 현실주의 정치이론가들인 신 클라우제비츠파Neo Clausewitzian들의 이론이다. 이들에 의하면 전쟁은 현실적으로 불가피하며 따라서 이에 대비해야 하고 승리전략을 추구해야 한다는 것이다. 이러한 관점이 현대 국가안보·군사전략의 토대를 이루어 왔다.

조화적 접근법은 정의의 실현을 위한 진정한Authentic 제한전쟁의 추구이다. 전술핵과 재래식 무기를 사용한 제한전쟁과 군비통제 및 현대 국가이성의 구현 그리고 핵 안보의 실현 등이 세부 실천목표라 할 수 있다. 이러한 접근법은 고도의 분별지分別智, prudence를 요구한다. 따라서 이것은 정의의 전쟁이론차원에서 '유스 인 벨로'(전쟁 수행의 정의)에 대한 논의이다. 현대의 안보전략가는 이러한 차원에서 진정한 안보철학이 요구된다.

---

288) 방어지향적 전략으로서 비공격적 방위, 방어적 방위, 비 도발적 방위, 방어적 억제, 보존적 방위, 상호방위 우월성 등 여러 가지 용어로 사용된다.

289) 이러한 견해들은 국내에서 일부 좌파학자들에 의하여 주장되고 있다. 그 대표적인 것은 강정구·박기학, 『G2 시대 한반도 평화의 길』(서울: 한울, 2012), p 172-174이다

현대에 있어 진정한(오센틱) 안보전략가는 합리적이고 도덕적인 국가이성과 분별지의 균형을 통한 자위自衛를 위한 제한전쟁을 추구하고 군비통제와 국제협력을 통한 국가/국제안보와 인간안보人間安保를 추구해 나가야만 한다. 그러할 경우에 전쟁은 정의로울 수 있으며 정의로운 전쟁의 수행이 가능하다.

제3장

전쟁과 윤리·도덕적 측면의 논리:
전쟁과 정의

전쟁과 정의 개요

전쟁철학의 제 3주제는 전쟁과 윤리·도덕적 측면의 논리이다. 전쟁에 있어서 윤리문제는 인류의 오랜 전쟁의 역사와 같이한다.

전쟁의 도덕성 탐구에 대한 윤리체계倫理體系적 근거를 살펴보면 일반적으로 인간행위에 대한 도덕적 평가 기준을 제시할 수 있는 도덕원리는 두가지 관점에서 파악될 수 있는데, 하나는 '목적론目的論적 윤리체계'teleological ethical system이고 다른 하나는 '의무론義務論적 윤리체계'deontological ethical system이다. 첫째, 목적론적 윤리체계는 어떤 목적을 실현하는 수단으로 한 행위는 옳은 행위라는 '유용성有用性의 원리'the principle of utility에 근거한 공리주의적 관점에서 도덕적 평가의 기준을 제시하며 전쟁은 그것의 도덕성 문제에 있어서 일단 목적론적 윤리체계의 관점에서 정당화의 논거를 가지게 된다. 두 번째, 의무론적 윤리체계는 절대적으로 옳은 행위나 행위의 법칙이 존재한다는 가치실재론價値實在論의 입장으로서 어떤 행위는 결과에 따라 정당화 되는 것이 아니라 오직 옳기 때문에 하지 않을 수 없는 행위여야 도덕적으로 용인된다는 것이다. 즉 행위의 옳고 그름을 결정하는 기준은 그 행위의 결과가 아니라 동기動機가 된다. 윤리적 형식주의形式主義의 대표적인 학자 칸트에게 있어서 도덕의 핵심 개념은 '선의지'善意志였다.

전쟁에 대한 윤리적 성찰, 곧 전쟁윤리학戰爭倫理學, the ethics of war은 크게 두 분야로 이루어진다. 전쟁 자체에 대한 도덕적 성찰, 곧 전쟁의 도덕성戰爭 道德性, morality of war과, 전쟁 발발 후 전쟁 수행 간에 발생하는 도덕적 문제들에 대한 윤리적 성찰, 곧 전시도덕戰時道德, morality in war이 그것이다. 전쟁 도덕이 다루는 분야는 주로 전쟁개시 및 참전參戰에 대한 윤리적 논의로서 정당한 전쟁론(정의전쟁론)이 주를 이루며, 전시도덕 분야는 비전투원의 살상殺傷, 제한된 무기 사용 및 시설 파괴 등에 대한 도덕적 논의가 주를 이룬다.[1] 이런 까닭에 전쟁도덕의 논의 대상은 전쟁의 직접적인 책임자인 정책결정자政策決定者들인 반면, 전시도덕의 대상은 전쟁을 수행하는 군인軍人들이라 할 수 있다.

'정의전쟁론'의 방법론적 접근에 있어서 크게 두 가지 주장으로 요약된다. 하나는 전쟁이 때때로 정당화 될 수 있다는 것이며, 다른 하나는 전쟁수행은 언제나 도덕적 비판의 대상이

---

1) Malham M. Wakin(ed), *War, Morality, and the Military Profession* (Westview Press, Inc., 1986), p. 220.

된다는 것이다. 앞의 명제는 전쟁이 범죄행위라고 믿는 평화주의자들이 거부하고, 뒤의 명제는 "사랑과 전쟁에 있어서는 모든 것이 정당화 될 수 있다는 현실주의자들이 반대한다. 현실주의자들에 따르면 '전시에는 법法이 침묵해야 한다'inter arma silent legers. 따라서 전쟁이론가들은 일부 평화주의자들의 전쟁반대에 대한 지지를 하기도 하고 현실주의자들의 전쟁옹호발언에 귀 기울이기도 한다. 또 한편으로 평화주의자나 현실주의자들은 '정의전쟁론'자들을 회색분자灰色分子로 매도하고 비판하기도 한다.2)

그동안 정의의 전쟁 이론은 중세의 종교적으로 신격화된 이념으로서 신의 의지에 의한 정의의 전쟁 개념으로 규정되어 왔고 국가주의國家主義 시대를 거치면서 국가이성國家理性으로서 간주되었던 정의의 전쟁론은 그 정체성正體性과 형평성衡平性의 문제로 관심이 사그라져 단지 종교적 차원에서 '성전'聖戰 holy war 논의로 토의되고 있었고 2차 대전 이후 핵시대에 접어들면서 핵의 절대성 문제 때문에 정의전쟁 논의가 불이 붙었다. 일본 히로시마와 나가사키에 투하된 핵무기의 가공할 위력을 목격하고부터 시발된 이 논란은 허만 칸Herman Khann이 『생각할 수 없는 것을 생각한다』Think of Unthinkable라는 저서로 모순적인 상황을 표현하였다. 현대에 있어 '정의전쟁론'의 시발은 핵무기의 폐해와 부도덕성으로부터 시작되었다. 요란스럽기도 했고 조금은 단순했던 핵무기사용에 관한 정당성 논란은 핵 균형核均衡에 따라 국제체제가 안정되며 핵평화核平和가 이루어지면서 핵시대에서의 정의의 전쟁 논의는 한계에 달했고 정체停滯되었다.

그 이후 베트남전을 통하여 반전운동이 일어났다. 반전反戰의 논리는 무의식중에 전쟁의 정의 문제와 동일한 논리論理를 취하게 되었고 이에 따라 '정의전쟁론'은 급진急進 평화주의 운동과 함께 60-70년대를 풍미風靡하였다가 실효성 문제 등으로 수면 밑으로 표류하고 있는 상태였다.

그런 정의의 전쟁에 관한 논의가 최근의 이라크전을 수행하면서 되살아났다. 그 배경에는 정치적 현실주의 이론에 의한 전쟁정책戰爭政策 수행이 도덕적 한계限界에 도달하게 되어 모순점이 노출되었기 때문인데 '정의전쟁론' 이론은 그러한 모순점을 명확히 지적하고 해결책을 제시해 줄 수 있는 분석의 틀frame of reference을 제공하고 있었기 때문이다. 현대 '정의전쟁론'의 대부라 불리 우는 왈쩌Michael Walzer는 이것을 현실주의에 대한 '정의전쟁론'正戰論의 승리라고 표현하고 있다.

'정의전쟁론'의 접근방법 즉 전쟁론의 영역은 전쟁자체 또는 전쟁목적(개시)의 정의(유스 애드 벨룸jus ad bellum), 전쟁수행(방법과 수단)의 정의(유스 인 벨로jus in bello), 그리고 전쟁종결 및 이후의 정의(유수 포스트 벨룸jus post bellum)의 세 분야이다. '유스 애드 벨룸'jus ad bellum은 통상 '정

---

2) 마이클 왈쩌, 유홍림 외 역, 『전쟁과 정의』(2009, 서울, 인간사랑). p. 12.

의전쟁론' 전체를 의미하기도 하며 이러한 3개 차원의 접근체계에서는 가장 고차원적인 정치, 정책적 차원의 전쟁정의를 다루며 전쟁원인의 규명 시 논의되는 부분이고, 유스 인 벨로jus in bello 즉, 전쟁수행의 정의는 실제 전투과정에서 이루어져야 하는 정의 문제로서 전쟁 승리를 위한 전략 전술, 그리고 전쟁규칙의 준수여부遵守與否 문제 등이 주요 내용이다. 이 두 분야가 전통적인 정의전쟁 이론의 부분이었다. 최근에 이르러 전쟁 양상이 변하게 되어 전쟁종료 이후 에도 많은 문제들이 수반隨伴하게 됨에 따라 '전쟁 이후의 정의' 유스 파스트 벨룸 jus post bellum의 중요성이 대두되었고 이에 따라 '정의전쟁론' 접근방법론의 3부체계가 형성되었다. 그러나 유스 파스트 벨룸에 대한 중요성만 대두된 채 그것의 구체적인 내용은 아직 제시되지 못하고 있는 것이 현실이다. 저자는 조심스럽게 전쟁 종결의 정의에서 다루어지고 발전되어야 할 내용들을 제시하여 보았다.

'정의전쟁론'에 대한 비판은 두 가지로 요약될 수 있다. 그 첫째는, '정의전쟁론'자들이 전쟁에 도덕적 언어를 끌어들임으로써 결국 개전을 더욱 용이하게 만든다는 것이다. 비판론자들에 따르면 '정의전쟁론'자들은 전쟁의 실상이며 필연적 결과인 인명살상人命殺傷에 언제나 뒤따르는 상흔傷痕을 무시한다는 것이다. 또한 전쟁과 전쟁행위를 판단하기 위한 기준을 세울 때 자기편의적自己便宜的으로 만든다는 것이다. 즉 자의적 판단恣意的 判斷을 한다는 것이다.

둘째로, 정의전쟁론이 본래의 의도를 벗어나 잘못된 방향으로 나가고 있다고 비판된다. '정의전쟁론'은 전쟁 발발의 급박한 쟁점 사안들(예를 들어 근래 이라크 전쟁에서의 무기사찰, 무장해제, 은닉무기 등과 같은 이슈들)이나 각각의 전투 속에서 벌이지는 전시행동에 관심을 집중시킨다는 것이다. 따라서 '정의전쟁론'은 제국주의帝國主義적 야망이나 자원資源 및 패권覇權을 위한 지구적地球的 투쟁이라는 보다 큰 문제들을 회피하고 있다고 비판된다.3)

또한 전쟁의 도덕성을 논하는데 있어 가장 큰 문제점은 전쟁에 대한 도덕적 판단의 가능 여부와는 관계없이 판단 기준의 적용에 권위 있는 기구機構가 없다는 점이다. 왈쩌는 그의 정의전쟁론의 도덕적 논증이 '전쟁의 도덕적 실상實像'과 '전쟁관습'戰事慣習에 근거하고 있다고 밝히고 있다.

이러한 비판에도 불구하고 왈쩌는 정의로운 정의의 이론이 승리했다고 선언한다. 평화주의와 현실주의를 넘어선 승리라는 것이다. 코소보전쟁과 아프카니스탄 전쟁 당시 국방부 대변인이 브리핑을 하면서 전쟁의 정당성과 교전 시 준수했던 교전규칙(제한수칙)들을 설명하면서 정의로운 전쟁 이론의 개념과 범주範疇들을 활용하였다. 이러한 현상은 과거와는 전혀 다른 모습으로서 그만큼 정의의 전쟁 논리와 철학은 이미 우리 사회에 밀접한 도덕률道德律로서 자리매

---

3) 마이클 왈쩌, 앞의 책, pp. 13-14.

김 되었다고 볼 수 있다. 따라서 이제는 정치가나 군인, 전략가들에게는 정의로운 전쟁 이론은 필수적인 교양과목이 되었다 해도 과언이 아니다.

국방대학교에서 2007년 왈쩌의 저술 *Just and Unjust War: A Moral Argument With Historical Illustrations*[4])을 『마르스의 두얼굴: 정당한 전쟁, 부당한 전쟁』[5])이란 이름으로 번역하면서 역자들이 이 책에 관심을 갖게 된 이유로 "군의 교리敎理, doctrin에 빈번하게 등장하는 개념인 '비례성'比例性과 '유용성'有用性이란 두 원칙을 연구하는 과정에서 이 책의 의미를 발견하게 되었다. 더욱이 미군 장교들과 논의하는 과정에서 이 책이 미국의 각 군 사관학교 생도교육 뿐만이 아니라 하버드대학교와 같은 유수한 민간대학교에서 매우 비중 있게 다루어지고 있음을 알게 되었다. 미군장교들의 경우 이 책의 내용을 숙지해야 한다. 전승戰勝과 무관하게 부당한 전쟁을 수행할 경우, 전후戰後 전쟁 수행과 관련해서 책임문제가 따르기 때문이라고 한다. 아울러 미군 장교들은 이 책의 내용이 매우 어려워 여타餘他 국가의 언어로 번역하기가 거의 불가능할 것이라고 말했다"고 기술하고 있다.[6])

이렇듯 미국을 비롯한 선진국들의 각 군 사관학교, 합동참모대학, 국방대학교 등 군사전문교육기관에서 정의의 전쟁이론은 군법軍法, 전략·전술론戰略戰術論 등과 함께 필수 교육과목이 되어 있다.

정의전쟁론의 주제는 다음과 같은 것들이다. 과연 전쟁은 불가항력적이고 불가피한 것인가? 전쟁 수행 당사자들은 모두가 정당한 명분으로 자신의 폭력행위를 정당화하고 있지만 과연 수행되고 있는 전쟁이 정의로운 전쟁이라 할 만한가? 진정 정의로운 전쟁은 논리적으로도 자기모순이 아니고 규범적으로도 정당화 될 수 있으며 현실적으로도 실현 가능한 것인가? 그리고 전쟁은 평화와 어떤 관계이며 진정한 평화란 어떤 것이고 그것을 성취할 수 있는 조건은 무엇인가? 나아가 전쟁이 어느 정도 불가피하고 불가항력적인 것이라면 그것이 인간의 본성적 악에서 유래하는가 아니면 국제간의 구조적 요인에 기인하는 것인가? 본성적인 악에서 유래하였다면 그것이 다른 형태로 지양되거나 승화될 수는 없는 것인가? 또한 그것이 구조적 원인을 갖는다면 그 같은 구조는 재편되거나 개혁될 여지는 없는 것인가? 남성보다 여성이 더 평화주의적이라는게 사실이라면 여성이 지배하게 될 경우 과연 세계 평화가 가능할 것인가? 하는 것

---

4) Michael Walzer, Michael, *Just and Unjust War: A Moral Argument With Historical Illustrations* (new York: Basic Books, inc., 1977).

5) 마이클 왈쩌, 권영근 외 역 『마르스의 두얼굴: 정의의 전쟁과 부정의 전쟁』(서울: 2007, 연경문화사), pp. 10-11.

6) 위의 책, 머리말. 이렇듯 한국군에서 전쟁의 정의를 논하고 전쟁 철학을 논한다는 것은 지난한 일이다. 시중에 나와 있는 번역서들 중에 군인들이 번역한 것은 철학서인 '정의전쟁론'의 이론 내용을 잘 몰라서 오류가 많고 민간인 학자들이 번역한 것은 상대적으로 군사적 용어와 내용을 몰라서 현실과 동떨어진 피상적인 해석을 하고 있는 등 문제가 많다. 본서의 집필 의도중의 하나가 바로 그러한 점에 서 표준적인 레퍼런스를 제시하고 분석틀을 제시하고자 하는 점에 있다.

들이다. 저자는 이 중에서 전쟁과 윤리에 관한 주제로 정의로운 전쟁은 가능한가? 하는 전쟁과 도덕에 관한 것을 다루고자 한다. 저자가 제시하는 '오센틱(진정한) 전쟁철학 접근모형'에서 유스 애드 벨룸(전쟁목적(개시)의 정의) 유스 인 벨로(전쟁 수행의 정의), 유스 파스트 벨룸(전쟁 종결의 정의)의 3부 체계가 그것이다. 전쟁과 윤리에 대한 현실적 접근법은 현실주의 정의전쟁론으로서 공산주의(마르크스/레닌)의 계급사관에 입각한 정의전쟁론과 민족주의 정의전쟁론, 그리고 자유민주주의 이념에 입각한 정의전쟁론 등이 있다. 공산주의 계급사관에 의한 정의전쟁론은 소련의 몰락과 공산주의 이념의 붕괴로 그 정당성이 소멸되었다고 볼 수 있으나 중국 및 북한의 변형된 사회주의 및 주체사상에 의한 정의전쟁론이 잔존하며 민족주의 정의론은 제4 세대 전쟁 등으로 나타나는 분란전등이 그 아류라 할 수 있다. 평화주의 정의전쟁론은 세계경찰 정의전쟁론, 종교/문명적 정의전쟁론 등이 있고 종교/문명적 정의전쟁론은 그 뿌리와 가지가 이루 헤아릴 수 없을 만큼 많다. 조화적 접근법으로서 오센틱 정의전쟁론은 인도주의적 군사개입과 분별적 자위自衛를 제시한다. 분별적 자위의 실천 수단은 제한전과 군비통제이다.

제1절 정의란 무엇인가

1. 정의의 개념과 가치

정치의 개념이 모호하고 다양한 것과 같이 정의의 개념 역시 다양성, 모호성, 그리고 포괄성 또는 특수성을 내포하고 있으며, 더욱이 이는 정치적 가치의 여러 문제와 직접 관련을 갖고 있기 때문에 더욱 다양하고 논쟁적인 성격을 갖고 있다. 정의의 개념은 이를 사용하는 학자 또는 사상가에 의하여 그 내용이 다를 뿐만이 아니라 정의의 개념이 적용되는 정치체계에 의하여 달리 사용되고 있기 때문에 오랜 연구에도 불구하고 어떤 합일점을 찾아내지 못하고 있는 대표적인 사회과학 용어의 하나이다.

정의 개념의 모호성, 다양성은 특히 그 용어의 어원에서 기인된 것이라고 볼 수 있다. 아리스토텔레스에 의하면, 정의란 그리스어의 Dikaiosyne에서 유래된 것으로 영어의 Righteousness와 같은 뜻으로 법적, 윤리적인 측면을 모두 포함하는 것으로서 라틴어의 Jstitia에서 파생된 법적인 의미인 Justice와는 다른 내용을 포함하고 있다.[7] 흄David Hume은 라틴어의 Jungere와 관련된 용어로서 "사회의 결합"the bond of socity으로서 이것 없이 어떠한 인간의 집단도 생존할 수 없다고 함으로써 정의는 법률상의 개념으로 정치 사회에 있어서 인간관계 및 그들이 추구하는 제 가치를 결합시키고 조정하는 것이라고 보았으며, 루카스J.R Lucas는 정의의 개념에 있어서 인간관계에 따른 사회성을 주장하면서도 정의는 평등equality, 자유freedom, 우정fraternity도 아니며, 따라서 이는 "따뜻한 덕목"warm virtue이 아닌 "냉정한 덕목"cold virtue으로서 이성에 따른 "합리성"rationality을 강조함으로써 암시적으로 법률상의 개념을 강조하고 있다. 그러나 오린Sheldon S. Wolin은 아리스토텔레스와 같이 정의란 뜻은 그리스어의 Dike로서 이는 라틴어의 Digitusfinger와 같은 어원으로서 "가리킴"이나 "지적함"showing or indicating 등을 나타내는 것으로 사용하고 있다.[8]

이와 같이 정의의 개념은 다양하게 사용되고 있으며 이는 인간의 특별한 행동원리로부터 정치적 집단의 질서라는 포괄적인 의미에까지 광범위하게 사용되고 있다.

그럼에도 불구하고 특히 현대에 이르러 정의의 개념과 가치는 더욱 절실해 졌는데 현대사회가 다양화 복잡화 되면서 정치적 이해관계에 있어서 공정한 배분과 관련한 국가이성의 실천

---

7) Ernest Barker, *The Politics of Aristotle* (New York: Oxford University Press, 1946), ⅢⅨⅨ-ⅨⅩ, 36. 또한 정의의 개념에 관하여는 김영작, 「사회정의 실현의 기본과제」, 『현대사회』(1988년 겨울호), pp. 165-166.
8) 김영래, 「정치의 본질과 정의의 개념 재정립」, 『현상과 인식』 통권 22호(1982. 9), pp. 214-215.

이란 측면에서 논란이 증폭되고 있다. 현대적 개념의 정의의 문제는 다른 많은 도덕적인 가치, 특히 '선'善과 비교할 때 현대에 와서 더욱 중요성이 강조되는 가치이다. 정의는 의례 평등의 실현을 골자로 하는 가치로 여겨진다. 그래서 정의의 뜻을 해설할 때에는 '각자에게 그의 몫을 돌려주고자 하는 항구적인 의지'Domitius Ulpianus9), '정당화될 수 없는 불평등이 존재하지 않는 상태를 추구하는 것'John Rawls10)과 같은 주장도 있었다.

역사상 가장 뛰어난 정의는 아리스토텔레스에 의한 다음 세 가지 정의의 분류이다. 아리스토텔레스는 폴리스 생활 중에서 정의는 가장 중심적인 덕virtue이라고 주장하면서 형식이론에 입각하여 "일반적 정의"general justice 즉 절대적 정의absolute justice와 "분배적 정의"distributibe justice 및 "시정적是正的 정의"corrective justice로 구분되는 "특수적 정의"particular justice로 구분하였다.11)

여기에서 일반적 정의(절대적 정의)는 사회의 일원으로서 개인이 사회에 져야 할 의무에 관한 일반적 정의이며 특수적 정의는 정치적 정의의 일부로서 특정사회의 질서와 관련된 것으로서 폴리스가 이상적으로 생각하였던 "자기충족"의 달성을 위한 시민간의 정의라 할 수 있다. 현대적 개념으로 특수적 정의로서 배분적 정의는 각자가 개인의 능력이나 사회에 공헌·기여한 정도에 따라 다른 대우를 받아야 한다는 가치로 사회·경제적인 측면에 적용되며, 시정是正적 또는 평균平均적 정의는 모든 사람이 동등한 대우를 받아야 한다는 가치로 현대에서는 정치·사법 분야에서 강하게 적용된다. 평균적 정의는 개인 상호간의 매매와 손해 및 배상 또는 범죄와 형벌의 균형을 찾아내려는 것이다. 그러나 아리스토텔레스의 정치적 정의에 관한 문제는 사연적 정의와 법적 정의에 관한 문세에서 사연법과 실정법 개념의 사용이 명확하지 않기 때문에 많은 논쟁을 일으키고 있다.

정의에 관한 여러 가지 이론은 그 후에 홉즈, 로크 등과 같은 많은 학자들에 의하여 발전되었으며, 최근 롤스John Rawls에 의하여 가장 종합적으로 비판 발전되었다. 롤스는 그의 명저『정의론』A Theory of Justice에서 "진리가 사상체계에 있어서 제1의 덕목인 것 같이 정의는 사회 제도의 제1의 덕목이다"라고 주장하였다.12) 롤스의『정의론』은 그동안 미국의 정치·철학계를 독점하다시피 많은 논쟁을 일으킨 총체적인 이론으로서 정의의 주체로서 사회제도와 관련된 사회정

---

9) 도미티우스 울피아누스(Domitius Ulpianus, 서기 170년 ~ 228년): 3세기 페니키아 출신의 고대 로마의 법학자이다. 출생일은 불확실하며 서기 211~222년경에 저술활동을 한 것이 알려져 있다. 주요저서로는 고시주해告示註解, Libri ad edictum)가 있다. 그 후 유스티아누스의 법전 편찬 작업에 영향을 끼쳤으며 학설휘찬(學說彙纂, Digesta)에 많은 부분이 인용되기도 하였다. 네이버 백과사전.

10) 존 롤스(John Rawls): 미국의 철학자. 하버드대학교 교수를 지냈다.『정의론』에서 공리주의를 대신할 실질적인 사회정의 원리를 '공정으로서의 정의론'으로 전개했다. 가장 불리한 상황에 있는 사람들의 이익을 최대화하기 위해서는 사회경제적 불평등이 정당화된다는 '격차원리(隔差原理)'를 주장했다. 네이버 백과사전.

11) 김영래, 앞의 글, p. 216.

12) John Rawls, *A Theory of Justice* (Cambridge, Mass: The Belknap Press of Harvard University Press, 1971), p. 3.

의를 구체적으로 논하려 했으며, 이는 혁명적 성격을 내포하지 않았다는 의미에서 자유주의적 정치체제나 자본주의적 정치체제의 인사들에게 많은 공감을 일으켰다. 롤스의 정의 개념은 분배의 정의에 기준하여 체제의 극단적인 변혁을 꾀함이 없이 공정한 분배를 달성하려는 사회 보존적 이론, 또는 체제 유지론적 입장을 견지하고 있는 것이다.

한편 롤스의 『정의론』이 가지고 있는 모순성을 지적하는 노직Robert Nozick은 개인의 자유권에 대한 강력한 개념을 주장하는 롤스의 정의론은 불평등의 원칙을 정당화 하고 있다고 비판하면서 고전적 자유주의, 또는 급진적 이론을 내세워 많은 논란을 야기 시켰는데, 노직의 정의에 관한 이론은 롤스의 정의론에 대한 논쟁으로부터 출발된 것으로서 롤스가 자본주의 발달과 함께 대두된 사회 복지국가의 개념을 합리화 하고 개혁하려는 합의이론을 주장하고 있는데 대하여 노직은 복지국가론에 도전하면서 복지국가를 지배하고 있는 실용주의자와 점진적 개혁주의자progmatists and incrementalists를 반대하면서 이상주의자 입장을 견지하고 있다.13)

이와 같이 정의의 개념은 사상가에 따라서 시대적 특성과 기타 상황적 요건에 따라서 변화되고 있으며 계속적인 논란이 되고 있다. 그러면 왜 정의론에 대한 논쟁이 계속되고 있으며, 과연 정의란 왜 그렇게 논란의 대상이 되고 있는가를 알아볼 필요가 있다.

정의란 일반적으로 다른 모든 가치 중에서 조정을 할 수 있다고 가정되는 능력 때문에 제1차적인 가치로 고려되는 것이다. 자유, 평등 또는 질서와 같은 가치의 정립 문제는 정의의 원칙에서 나타날 수 있기 때문이다. 예로 라스웰Harold Lasswel이 정치를 "누가 무엇을, 언제, 어떻게 갖느냐?"Who gets what, when, how라고 표현하고 있는 것과 같이 정의는 "누가 무엇을 어떻게 가져야 되느냐?"Who should gets what, when, how라고 표현 할 수 있다. 즉 정의란 인간이 추구하고 있는 여러 가치의 획득에 대한 방법상의 옳고 그름을 제시하여 주는 중요한 기준이 되는 것이다. 특히 이와 같은 가치의 기준으로서의 정의의 문제는 현대사회의 차별화 등으로 야기된 각종의 사회적 문제의 해결이라는 점에서 더욱 중요시되고 있는 것이다.14)

정의의 개념은 결코 개별적, 또는 독립적이기 보다는 상관성을 띤 개념이다. 특히 정의의 개념은 정치에 대한 본질의 이해와 깊은 관련을 가지고 있다. 정치의 본질을 어떻게 이해하느냐 하는 것은 하나의 정치체계가 추구하는 각종의 정치적 가치에 관한 문제이며, 이와 같이 추구되는 정치적 가치는 정의의 개념에 의하여 좀 더 명확하게 가치선택 기준을 제공 받을 수 있기 때문이다. 즉, 각 개인의 정치적 선입관에 의하여 형성된 정치의 본질에 대한 이해는 가치선호에 의한 정의의 모델을 정립하게 되는 것이다.

---

13) Robert Nozick, *Anarcky, State and Utopia* (New York: Basic Books, Inc., 1974).
14) 김영래, 앞의 글, p. 218.

칸Mark E. Kann은 정치의 본질과 관련하여 두 개의 정의의 모델을 제시하고 있는데 하나는 "공정성公正性으로서의 정의"justice as fairness와 또 다른 하나는 "선성善性으로서의 정의"justice as goodness 이다.15) "절차적 정의"procedual justice라고도 불리 우는 공정성으로서의 정의는 구질서의 정통성에 대한 비판에서 등장된 것으로 단순한 실정법 중심이론의 영역을 벗어나 다수의 행복을 위하여 소수가 수단이 될 수 없다면서 모든 가치의 분배절차에 있어서 구성원의 합의에 의한 "공정한 절차"fair procedure를 요구하는 것이다.

선성으로서의 정의는 1차적으로 공정성으로서의 정의에 대한 비판으로부터 시작된다. 공정성에서 주장하는 정통성에 대한 비판에서 선성의 정의이론을 전개시키고 있다. 갈등 해결로서의 정치가 근본적으로 사회 전체 보다는 개인의 이익을 우선하고 있는 한, 올바른 사회정의는 실현될 수 없다는 것이다. 공정한 규칙을 제정한 법 자체가 특정한 소수를 위하여 합법화 된 것이며 다수에게는 항상 불이익이 따르는 인위적인 덕목이라는 것이다.

선성으로서의 정의는 정의를 논함에 있어 단순한 공정한 절차를 강조하는 공정성의 원리는 2차적인 것으로써 진실로 인간을 위한 가치로 볼 수 없다는 관점에서 시작하고 있으며, 진실로 인간성의 회복을 위한 가치의 문제는 공동사회의 구현을 위한 정치적 관점에서 연유되는 가치에 따라 해결이 가능하다는 논리이다. 더욱 이에 인간의 기본적인 욕망을 해결해 줄 수 있는 경제적 관점에 따른 정치적 문제의 해결을 중요시하고 있는 것으로써 인간의 지고의 조화성, 협력성과 같은 인간의 본성의 재해석에 따른 논리의 전개로 해석 될 수 있다. 결코 인간이 협력적이고 조화적이라는 관점을 버리지 않고, 이에 기초하여 인간의 문제를 해결하고자 시도할 때, 결코 인간이 추구하는 이상사회는 환상의 세계만이 아닌 실현 가능한 세계라는 것이다.16)

이러한 관점이 저자가 주장하는 조화적, 오센틱authentic 전쟁철학의 관점이다.

2. 정의의 접근방법

현대에 있어 정의에 대한 접근 방법론으로 공리주의, 현실주의, 평화주의를 들 수 있다.

---

15) Mark E. Kann, *Thingking about Politics; Two Political Science* (St. Paul, Minnesota: West Publishing, 1980), pp. 44-64.
16) 김영래, 잎의 글, p. 226.

가. 공리주의公利主義

공리주의는 신에 대한 언급이나 천상에 기록된 추상적 도덕률을 모두 배제해 버리고 세속적 행복을 추구하는 사상이다.[17] 벤담은 도덕의 궁극적 원리는 '공리주의'라고 하면서 '여러 행위중의 선택이나 사회정책을 수립할 경우 관계된 모든 사람들에게 최선의 결과가 되는 선택을 해야 한다'고 주장했다. 존 스튜어트 밀은 최대 다수의 최대 행복을 가져오는 것이 도덕이라고 말했다. 더 이상 인간은 신이 창조한 피조물이 아니며 신의 규율을 따르지 않아도 되며 왕이나 기타 제약으로부터 구속되지 않는다는 기본 철학을 바탕으로 하였다.

공리주의는 일반적 행복general happiness을 궁극 목적으로 삼고 이기주의와 이타주의의 종합을 꾀하는 일종의 쾌락주의이다. 그것은 도덕적 선의 근거를 공리, 즉 행복에의 수단으로서 유용성에다 두는 도구주의로서 하나의 행위가 옳은지 그른지를 결정하기 위해서 우리는 그 행위의 결과를 고려해야 한다는 것이다.

공리주의는 여러 가지 문제점을 안고 있음에도 불구하고 복잡하고 다양한 현대사회에서 가장 합리적인 윤리설로 각광을 받고 있다. 그러나 공리주의가 단순히 개인적 차원에서 바람직한 삶을 살기위한 행위의 지침을 마련하는 범위를 넘어 한 국가정책을 결정하거나 사회정의를 구현하기 위해 적용되는 경우에는 예기치 않은 위험성을 내포하고 있는 것도 사실이다.

공리주의는 모든 사람이 동등한 자격으로 행복을 누려야 하고 또 사회 전체의 행복에 이바지해야 한다고 주장한다. 그러나 그러한 주장은 공리성의 원리 즉 "어떤 행위가 행복을 얼마나 증가시키는 경향을 가졌느냐에 따라 선하며 행복에 반대되는 것을 얼마나 산출해 내는 경향을 지녔느냐에 따라 악하다"는 원리를 전제로 하고 있으므로 일반 행복을 위해서는 개인의 행복을 양보해야 하는 경우가 생긴다. 이것을 일반화하여 사회 정의의 이론으로 응용하고자 할 때는 밀J. S. Mill 자신이 염려하는 바와 같이 다수에 의한 다수의 횡포를 막을 수 없다.[18]

'정의전쟁론'의 이론가들은 공리주의를 전쟁규칙의 기반으로 고려해 왔다. 공리주의는 전쟁 수행 과정에 있어 일련의 제한사항들을 정당화 한다. 국가이익과 군사적 필요성은 공리의 원리the Principle of Utility에 의해 적절히 변호될 수 있다. 윤리학에 대한 절대적인 회의론자를 제외하고는 대부분의 사람들은 공리의 원리에 자연스럽게 타당성을 부여하고 있다.

"악을 뺀 최대의 가능한 선"을 증진시키는 행위는 옳으며 그렇지 못할 경우는 그르다."[19]

---

17) James Rachels, 노혜련·김기덕·박소영 역, 『도덕철학의 기초』(나눔의 집, 서울, 2006) p. 186.
18) 김춘태·이대희 공저, 『윤리학의 이해』(형설출판사, 서울, 2000), pp. 73-74.

"우리는 개별적으로나 혹은 제도를 통하여 선을 극대화하고 악을 최소화해야 하며 따라서 더 작은 악을 행함으로써 더 큰 악을 막을 수 있는 가능성에 직면한다면 더 작은 악을 선택해야 한다."[20]

이 같은 이유로 공리주의 원리는 전쟁규칙에 관한 일련의 제한사항들을 정당화 한다. 이에 추가하여 공리주의의 장점은 신속한 의사결정체계에서 빛을 발하는데 "도덕적 주장들이 대립하는 상황에서 최대한의 행복을 도모하는 원리가 있다면 그것은 곧 의사결정의 지침을 제공하는 것"이며 신속한 의사결정의 원리는 전쟁규칙의 기본이라는 점이다.[21] 도덕적 대립의 상황에 봉착했을 때 어떻게 할 것인가를 결정해 주는 이론이 있다면 그렇지 못한 이론보다 나을 것이며, 이런 점에서 이 이론의 주창자들은 공리주의가 최상의 이론이라고 주장하고 있다

나. 현실주의現實主義

현실주의는 이상주의理想主義의 반동으로 등장한 국제정치학의 사조思潮다. 이상주의는 인간의 본성과 국가 간의 관계 현실은 투쟁의 연속이라고 주장하였다. 이상주의는 현실보다는 당위 그리고 실행 가능한 것보다는 바람직한 것에 집착하는 경향이 있다. 그러나 현실주의자들은 도덕적 판단을 배제排除한 채 국가이익의 관점에서 옳은 정책과 틀린 정책만이 존재한다고 주장한다. 국가이익에 합당한 정책은 옳은 정책이고 국가이익에 부합하지 않은 정책은 잘못된 정책이라는 것이다. 이 논쟁에서 현실주의가 승자로 부상하면서 국제정치의 지배적인 패러다임paradigm으로 부상하였다. 이는 냉혹한 국제정치의 현실에서 도덕적 판단보다는 국가이익의 측면이 우선시된다는 현실주의의 판단기준判斷基準을 보여주는 것이다.

현실주의자들의 주요논리는 다음과 같다. 첫째, 도덕적 허무주의虛無主義이다. 이것은 '도덕적 규범은 모두에게 적용되지 않는다'고 하는 광의廣義의 허무주의로부터 '도덕적 규범은 국가에 적용되지 않는다'고 하는 협의俠義의 주장을 하고 있다. 둘째, 국가들 간의 관계를 설정하는 무정부상태無政府狀態의 조건은 다른 조건들에 적용되는 도덕적 요구조건들을 잠시 보류하는 것이라고 주장하며 셋째, 국가형성에 있어서 국가가 개인들의 집합 이상의 의미를 갖는 특이한 묘안이 있다고 주장한다. 그러한 국가는 개인들에게 적용되는 제한을 초월하는 보다 높고 상이한 형태의 종류이다. 하지만 이러한 답의 어떠한 것도 옹호될 수 없고 또한 현실주의가 영향력

---

19) William K. Frankena, *Ethics* (Prentice Hall, 1973), p. 34.

20) Thomas Nagel, "war and Massacre", *War and Moral Responsibility* (Princeton University Press, 1974), p. 5.

21) Barrie Paskins and Michael Dockrill eds., *The Ethics of War* (University of Minnesota Press, 1979), p. 141.

이 있다 하더라도 그것은 도저히 지탱할 수 없는 것이다.

현실주의자들은 전쟁이 국가이익에 공헌貢獻할 때 정당화된다. 반면에 국가 이익에 반할 때는 정당화되지 않는다. 다른 체제나 국가의 이익은 대체로 제도적인 것을 제외하고는 관련이 없는 것으로 간주된다. 그러나 개인들이 다른 개인들의 이익을 보통 무시하지 않기 때문에 많은 국가들은 다른 국가의 이익(또는 다른 국가 국민의 이익)에 더 많은 무게를 주기를 요구받는다. 하지만 제 국가들이 그 국가의 시민들의 이익을 더 많이 강조하는 것과 같이 다른 나라 국민들의 이익을 중시하는, 즉 완벽하게 공평한 집행을 한다는 것은 사실 받아들이기 어려운 일이다. 요컨대 절대적인 편파성이나 완벽한 공정성 그 어느 것도 적절하지 않다. 한 국가가 어떤 상태에서 어느 정도로 자국의 이익에 우선권을 주는가와 다른 국가나 집단들의 이익에 관심을 갖는가를 결정하는 것은 도덕이론道德理論의 미결문제로 남아있다.

니콜라스 포션Nicholas Fotion은 현실주의자들을 극단적極端的인 현실주의자full-body realist, 진정眞正한 현실주의자, 무기력無氣力한 현실주의자Inability, 우유부단優柔不斷한 현실주의자week-kneed realist로 구분하고 각각의 특색을 검토하고 종합적인 논평을 하고 있는데 그것은 다음과 같다.22)

'극단적인 현실주의자들'full-body realist은 전쟁을 부도덕하다immoral라고 말하는 평화주의자들과는 대조적으로 '비도덕적인'nonmoral 것이라고 말한다. 이러한 관점은 첫째, 한 사회에 살고 있는 사람들 사이에 지켜야할 도덕적 관계가 국가 간의 관계에도 그대로 적용되는 것은 아니다. 왜냐하면 국가들은 서로에게 있어 자연 상태state of nature에 놓여있기 때문이다. 둘째, 일단 전쟁이 발발하면 도덕적인 고려를 한다는 것은 부적절하다. 따라서 교전중인 국가는 그들이 교전 중에 싸우는 방법 때문에 비판받을 수 없다. 그들이 부상당한 적군을 죽이거나, 구명보트에 타고 있는 적군선원을 사살하거나, 민간인들을 공격하거나, 적국의 재산을 약탈하거나 다른 유사한 행동을 한다고 하여도 그들은 도덕적으로 잘못을 저지르고 있다고 보지 않는다는 것이다. 그들은 이런 행동을 통해 적을 확실하게 해치우는 것이지만 그들에게 도덕적인 피해를 가하는 것은 아니라는 것이다.

'진정한 현실주의자'들은 도덕성과 전쟁은 구분해야만 한다고 강조한다. 도덕적으로 전쟁을 시작하고 또 그렇게 싸운다는 것은 자가당착에 빠지게 되며, 비열한 행위자로 가득 찬 국제 무대에서 각 국가가 행동해야 할 도덕적 또는 법적 권위는 존재하지 않는다고 주장한다. 이러한 무대에서 생존을 위해서는 자국의 이익을 보호해야 하며 다른 것을 할 여유가 없다는 것이다.

'무기력한 현실주의자'들은 국가가 자국의 이익을 위하여 행동하는 것을 제외하고는 어떠

---

22) 니콜라스 포션, 「전쟁에 대한 세가지 접근법: 평화주의, 현실주의, 정의전쟁론」, 앤드류 볼즈 역음, 김한신 · 박균열 옮김, 『국제정치에 윤리가 적용될 수 있는가』(서울: 철학과 현실사, 2004), pp. 61-67.

한 것도 할 수 없다고 말한다. 전쟁에 있어서 이해관계가 너무 첨예하기 때문에 어떠한 국가도 전쟁을 개시하거나 싸우는 것의 옳고 그름에 대하여 본격적으로 이성적인 고려를 할 수 없다고 말하고 있다. 따라서 국가는 '무한적無限的인 기초'no holds barred basis에 입각하여 싸우는 것 밖에는 선택의 여지가 없다. 이러한 입장에는 두 가지가 있는데 첫째, 우리의 무기력함은 전쟁과 같은 심각한 문제에 대해 윤리적인 행동을 할 수 없다는 입장과 둘째, 전쟁과 평화 시 우리가 다른 사람들과의 관계에 있어서 오로지 우리 자신의 이익을 위해 행동하는 것은 어쩔 수 없다고 주장함으로써 우리의 한계를 일반화 하는 입장이다.

'우유부단한 현실주의자'들은 진정한 현실주의자들과는 달리 끝까지 자신들의 처음의 주장을 계속하지 않고 변형하는 부류들인데 국가의 이익을 위한 행동을 강조하면서도 타국의 이익도 고려해야 하는지 주장이 분명치 않다. 만약 타국의 이익도 고려해야 한다는 입장이면 '정의전쟁론'자들의 입장과 구별이 애매하다.

요약하여 평가하자면 첫째, 현실주의자들은 도덕적 원칙을 따르지 않는다고 하더라도 그들은 그 원칙에 부합되게 행동할 수 있다. 둘째, 현실주의는 전쟁과 관련해서 부도적적인 입장을 취한다. 셋째, 현실주의는 전쟁시작 조건과 실제전투 조건으로 양분되어 이루어진 이론으로 한 부분에서 현실주의가 되었다가 다른 부분에서는 그렇지 않을 가능성이 제기된다. 결국 현실주의는 전쟁수행상의 도덕성의 역할을 거부하거나 축소하거나 고도로 가변적인 입장이다. 현실주의가 말하는 바는 전쟁수행상의 어떠한 것도 공정하다는 것인데 이는 공정公正(정의)과 전쟁이 어떠한 연관성도 없다고 넌지시 말하고 있다.

현실주의 입장에서 국가정책의 수행이 순수하고 신중한 추론에 근거하는 경향이 사실이라고 할지라도 전쟁윤리와 핵억제의 논의는 일반적으로 실제적인 국가 활동으로 부터 사뭇 동떨어진 입장과 정책을 뒷받침하고 있다는 점은 놀라운 일이 아니다. 조심스럽고 의식 있는 윤리적 영향력은 전쟁과 평화 그리고 안보에 대한 확고한 이념을 뿌리째 전복시키는 경향이 있다.

다. 평화주의平和主義

평화주의는 통상적으로 3가지 차원에서 논의되고 있다 그 첫 번째는 평화주의를 '비폭력이론'非暴力理論, theory of nonviolence과 동일시하는 것으로써 이것은 비폭력적 평화주의이다. 이들의 주장은 타인에 대한 폭력의 행사는 어떠한 경우도 금지된다는 것이다. 두 번째는 모든 폭력을 배제하는 것이 아니라 치명적인 폭력을 배제하는 유형의 '비치명적非致命的 평화주의'non lethal pacifism로서 이것은 타인에 대한 치명적 힘의 사용은 도덕적으로 금지한다. 셋째는 '반전反戰 평화주의'antiwar pacifism로서 이들은 전쟁에서 치명적 폭력을 대규모로 사용하는 일에 가담하는 것을 도덕적으로 금지하는 평화주의이다.23) 이들 중에서 정의전쟁론과 직접적인 관련성을 갖는 것은 반전평화주의 이론이다.

1) 원칙론적原則論的 생명 중시 평화주의자

살생의 부도덕성을 강조하는 원칙론적 평화주의자들. 생명은 신성한 것이라는 근거에서 모든 살생을 반대한다. 슈바이쳐Albert Schweitzer가 대표적인 예이다. 성서적 살생금지, 생명의 신성함, 생명에 대한 권리 등을 주장한다.

2) 보편적普遍的 평화주의Universal Pacifist

개인적 관계에서의 폭력이든 나라간의 폭력이든 어떠한 폭력도 부도덕하다고 주장하는 평화주의자들. 간디Albert Schweizer, 톨스토이Leo Tolstoy 등이 대표적인 예이다. 기독교적 평화화주의, 도덕의 원천으로서의 평화주의, 간디의 평화주의 등이 예이다.

3) 개인個人 평화주의

개인적 폭력은 도덕적으로 항상 그른 것이지만 정치적인 폭력은 때때로 도덕적으로 옳은 것이라고 주장하는 평화주의자들. 예를 들면 이들은 국가가 무력을 사용 하는 것은 때때로 도덕적으로 허용될 수 있다고 주장한다. 아우구스티누스St. Augustine는 개인적 폭력은 비난했지만 이교도異敎徒들에 대한 전쟁은 찬성했다. 아우구스티누스의 제한적 평화주의, 자기방어 즉 자위自衛의 문제점 등이 개인 평화주의에서 주된 논점이다.

4) 반전 평화주의

개인적 폭력은 때때로 도덕적으로 허용할 수 있지만 전쟁은 항상 도덕적으로 그른 것이라고 믿는 평화주의이다. 현대 핵전쟁과 전면전의 시대에 지지자들이 점점 더 늘어나고 있다. 전쟁에서 군인들의 죽음, 민간인들의 죽음, 전쟁에서 선과 악의 균형 등이 주요 관심사항이다.

---

23) James p. Steba, *Justice for Here and Now* (Cambridge University Press, 1998), pp. 152-153.

제2절 전쟁과 윤리: 정의의 전쟁은 가능한가?

윤리학Ethics은 도덕의 원리, 기원, 발달, 본질과 같은 인간의 올바른 행동과 선한 삶을 사회 전반에 걸쳐 근원적이고 총괄적으로 구명하는 철학의 주요 분야이다. 그것은 옳고 그름을 따지는 일반적인 통념보다 의미심장하다. 윤리학에서 주로 다루는 것은 "선한 삶"으로, 그것은 일반적으로, 가치 있게 사는 삶이거나 단순히 만족하는 것이 아닌 삶으로, 많은 철학자들은 일상적인 도덕 행위보다 더 중요한 것을 지향하는 삶을 생각했다. 다른 관점에서 도덕 자체는 학문이 아니지만 그것을 방법론적으로 연구하는 것이 윤리학이다. 그 연구 영역은 도덕 현상과 도덕 본질로 크게 나뉜다. 물론 이 두 가지는 서로 뒤섞이며, 더구나 윤리학설은 철학이론과 결부되어 있다.[24]

전쟁의 도덕성을 다루는 분야가 전쟁의 윤리적 측면이다. 전쟁이 도덕적으로 용납이 가능한가 하는 것은 그 전쟁이 정의로운가 아니면 정의롭지 않아 도덕적으로 수용할 수 없는 것인가 하는 그래서 그것을 수행한 정치주체의 정통성과 정체성에 대한 믿음과 불신에 대한 것이다. 전쟁의 도덕성에 관한 논란은 인류 전쟁의 역사와 그 시작을 같이하며 많은 논란이 있어왔다. 전쟁의 정당성과 그 전쟁이 정의로웠는가 하는 문제는 현대에 이르러 어떤 모습을 갖추고 있는가?

1. 정당한 전쟁과 부정의한 전쟁의 개념

정의로운 전쟁 이론은 전쟁의 도덕적 측면을 다루는 철학적 영역이다. 전쟁에 대한 도덕적 평가를 할 때 전쟁 자체에 관한 것 또는 전쟁은 언제 허용될 수 있는지, 혹은 언제 의무적인 것이 되는지를 결정하는 '유스 애드 벨름'jus ad bellum 규칙과 일단 전쟁을 시작 했을 때, 전쟁을 어떤 방법으로 수행해야 할지를 결정짓는 '유스 인 벨로'jus in bello 규칙을 구분하는 것이 중요하다.

전쟁자체 또는 개시의 정의jus ad bellum의 규칙들은 주로 정치 지도자들에게 적용되고 전쟁 수행의 정의jus in bello의 규칙들은 주로 군인(장교와 병사)들에게 적용된다. 어느 경우에나 이 구별을 적용할 필요는 없다. 왜냐하면 전쟁을 수행하는 방식이 전혀 도덕적으로 허용할 수 없는 경우가 있으며, 이 경우에 그 전쟁은 애초부터 수행되어서는 안 될 전쟁이기 때문이다.(어떤

---

24) 위키백과 참조

사람들은 베트남 전쟁에 미국이 개입한 것을 그러한 경우라고 믿는다).

'정의전쟁론'justice war 이론가들은 정의로운 전쟁의 이론이 두 종류의 전쟁을 설명하고 있다는 것을 간과 하는 수가 있다. 그것은 도덕적으로 허용할 수 있는permissible 전쟁과 도덕적으로 의무적인obligatory 전쟁이 그것이다. 개인차원에서 설명하자면 만일 내가 부당하게 공격을 받고 내 자신을 방어해야 할 경우 무력 외에는 방법이 없다면 그것을 사용할 권리를 갖게 된다. 그러나 그 권리를 가진 사람이 꼭 그러한 권리를 행사해야 하는 것은 아니기 때문에 항상 무력을 사용하해야 하는 것이 의무적인 것은 아니다. 그러나 내가 누군가를 보호해 주겠다고 약속했고 그가 공격을 받아 도움을 요청했을 때, 나는 그를 방어해 줄 의무가 발생한다.

국가적 수준에서 허용할 수 있는 전쟁과 의무적 전쟁의 차이점은 전쟁정책 결정과정에 중대한 영향을 미친다. 종종 정책분석가들은 자신들의 무력사용 결정을 엄격한 정의로운 전쟁의 기준을 통과했다고 입증하면서 그 전쟁은 의무로서 치른 전쟁이라고 자평하며 '정의가 그것을 요구 한다'라고 말한다. 그러나 무력사용이 그렇게 단순하게 허용 할 수 있는 경우라면 역으로 그것은 또한 무력의 사용을 쉽게 포기할 수도 있는 경우가 되는 것이 당연하다. 실제로 그렇게 단순히 허용될 수 있는 정의로운 전쟁이라면 구태여 그렇게 싸울 필요가 없는 전쟁이지 않느냐 하는 비판이 제기되기도 한다.

'정의'正義, juste라는 용어와 '부정의'不正義, unjustice, unjust란 용어는 논리적으로 상호 모순되는 말이다. '정의로운'의 반대가 '부정의'한 것이 아니며 부정의 한 것의 반대가 정의가 아니란 말이다. 그러므로 전쟁에서는 기껏해야 한편만이 정의로운 편이 될 수 있을 뿐이다. 그리고 양편이 다 부정의unjustice하게 되는 수도 있다. 그러나 한편이 부정의하다고 판명되었다고 해서 자동으로 상대편이 정의롭게 되었다는 것도 잘못된 생각이다. 예를 들면 적이 악하다 해서 상대적으로 반대편이 선하다고 할 수 없는 것과 같다.

현대에 이르러 전쟁의 정당한 원인을 따지기 위해서는 많은 경우 국제체제의 구조에 대한 정당성이 중요한 판단의 기준이 된다. 따라서 국제사회에서의 유스 애드 벨룸jus ad bellom은 국제사회의 정의를 고려하지 않을 수 없다. 전쟁은 국제사회의 지위와 기능과 관련해서도 발생하기 때문에 전쟁의 원인이 국제사회의 권한entitlement이 전쟁의 주요 원인이 되어왔다. 따라서 정의의 전쟁론 자체만으로 국제체제상의 정의를 논하기에 부족하다. '정의전쟁론'에서 말하는 정당한 원인이 다른 조건들과 분리되어 논의될 수 있어야 한다. 그리고 이것이 국제사회의 포괄적인 정의문제와 결부될 때 '정의전쟁론'正戰論도 그 역할을 다할 수 있을 것이다.25)

국가체제에 있어서 어떤 체제이던 인권人權과 분배分配의 정의를 무시한다면 정의롭다 할

---

25) 권기붕, 「전쟁의 일반이론과 정당한 전쟁론」, 『정의로운 전쟁은 가능한가』(서울: 철학과 현실사, 2006) p. 57.

수 없고, 정의롭지 못한 체제를 수호하기 위한 전쟁은 그 어떤 경우에도 정당한 전쟁이라고 할 수 없다. 그것은 국제사회에 있어서도 마찬가지이다. 존 롤스John Rawls는 '국민국가들 간의 법'The Law of People 즉, 국제사회의 기본적인 정의를 논하면서 질서 있는 국가들 간에는 다음과 같은 일곱 가지의 정의의 원칙이 합의될 수 있을 것이라고 주장하였다.26) 이러한 원칙들은 '국제사회國際社會의 정의'에 해당된다고 할 수 있다.

    ① 자유와 자주에 대한 상호존중
    ② 동등한 당사자로서의 지위
    ③ 자위권과 비전쟁권
    ④ 불간섭의 의무
    ⑤ 조약과 협정의 준수
    ⑥ 전쟁수단의 제한
    ⑦ 인권의 존중

    여기서 주목할 사실은 정의의 관점에서 전쟁은 이미 제한되고 있다는 점이다. 그러면 왜 정당한전쟁론이 왜 특별히 필요한가 하는 의문이 제기된다. 이점과 관련하여 롤스는 정당한 전쟁은 가능하다는 입장을 취하는데 그 이유는 불법적 정권outlaw regim에 대항하는 수단이라는 것이다. 불법적 정권에 대항하여 질서 있는 국민들의 사회를 방어하고 나아가 불법정권에 의해 억압받고 있는 무고한 사람들과 그들의 인권을 보호하기 위한 전쟁은 수행될 수 있다고 한다. 그의 입장을 받아들인다면 정상적인 국민들 사이에서는 정당한 전쟁은 있을 수 없는 것이다.27) 규범적規範的 합의가 있는 사회에서는 분쟁이 있을 경우에 정의를 논하는 것은 당연하다.

    한편 미국의 이라크 전쟁의 목적과 명분을 놓고 전 세계가 양분되어 있는 가운데 정당한 무력사용에 관한 5대원칙이 유엔에 의해서 제시되었다. 2004년 11월 30일 유엔 고위급 자문위원회의 보고서 "보다 안전한 세계: 우리 공동의 책임"에 의해 제시된 이것은 2003년 미국이 안전보장이사회 결의 없이 이라크 침공을 감행한 이후 유엔의 다자안보 역할이 상실되었다는 비판에 따라 안보리 확대 개편안과 함께 마련된 것이다. 그것은

    1) 위협의심각성: 국가나 인류에 대한 위협이 충분하고 심각해야 한다. 국가내부에서 발생

---

26) John Rawls, The Law of Peoples, *Critical Inquiry* 20 (Autumn, 1994), p. 61.
27) 앞의 책, p. 61.

하는 위협인 경우 대량학살이나 대규모 살상, 인종청소, 심각한 국제 인권법 위반이 실제 일어나고 있거나 곧 닥칠 것이 확실해야 한다.

2) 무력사용의 목적: 무력사용의 최우선 목적이 당면한 위협을 막거나 피하기 위한 것임이 분명하고, 뭔가 다른 목적이나 동기가 개입되지 않아야 한다.

3) 최후수단 여부: 군사력을 사용하지 않고 문제를 해결할 수 있는 모든 대안들을 검토했는지 여부와 무력이외 다른 방법이 없다고 판단 할 만 한 합당한 근거가 있어야 한다.

4) 무력사용 적정성: 작전 규모와 기간, 군사력 사용의 강도 등이 위협에 대처하기 위해 최소한도로 필요한 수준인지를 검토해야 한다.

5) 무력사용의 결과: 무력을 사용한 후 결과가 성공적일 것으로 판단할 합리적 근거가 있어야 하고 결과가 무력을 사용하지 않았을 때 보다 더 나쁘지 않을 것이 확실해야 한다.

이 보고서는 또한 세계평화와 안보를 위협하는 6대 위협으로 1) 국가 간 분쟁 2) 내전 3) 경제, 사회적 위협 4) 대량살상무기 5) 테러 6) 조직화된 국제범죄를 들었다.[28] 이 보고서는 전 회원국의 서명을 받아 이의 이행을 보장할 것을 목표로 하고 있다.

2. 정의전쟁론 논의의 역사

정의전쟁론은 중세 기독교 시대와 근세 중기까지 기독교 신학과 자연법에 의거 성행하였다. 정의전쟁론의 본격적인 시작은 로마제국 아래서 기독교 신학과 교회가 당면한 환경변화로부터 기인하였다. 기독교가 로마제국에서 공인되자 기독교 교회는 초기의 평화주의pacifism를 버리게 된다. 변방 이교도들의 끊임없는 침략에 당면한 로마제국 아래서 기독교인이 어떻게 죄를 범하지 않고 전쟁에 참여할 수 있는가의 문제가 대두되었기 때문이다. 이 문제는 아우구스티누스에 의해서 답변되었다. 그는 정의의 편에 서서 정당한 명분을 가지고 평화를 정착시키기 위한 정당한 의도를 가지고 전쟁에 참여한다면 용인될 수 있다고 주장했다. 아우구스티누스의 업적은 전쟁에 대한 급진적 거부를 주창하는 기독교 평화주의를 기독교 군대의 역동적 참여로 대체시켰다는데 있다. 기독교적 급진주의는 평화주의만이 아니라 십자군적 성전聖戰으로도 표출되었다. 아우구스티누스는 평화주의를 거부했고, 토마스 아퀴나스의 신학을 추종하는 중세 스콜라 철학자들은 성전聖戰을 거부했다. 이것은 비토리아Vitoria의 "종교의 차이는 정의로운 전쟁

---

28) 유엔 고위급 자문위원회 보고서 2004. 11. 30 (「조선일보」 2004. 12. 2일자, 19면).

의 명분이 되지 않는다"는 천명으로 나타났다.

그러나 십자군 전쟁으로부터 종교개혁 시대의 종교전쟁에 이르는 수세기 동안 유럽의 교회와 군주들이 종교적 불관용으로 인한 "성전"聖戰, jihard을 무수히 치르게 된 것은 주지의 사실이다. 여기에 반하여 비토리아는 "전쟁을 행하는 유일한 정당한 명분은 해악을 당했을 때이다"라는 점을 명백히 했다. 따라서 정의전쟁론은 기독교적 중심부의 논리로서 한편으로는 성전주의聖戰主義에 대항하여 수립되었던 것이다. 나중에 정의전쟁론은 결국 세속이론으로 정착하게 되었다.

따라서 세속적 군주들은 정의전쟁론을 수용하게 되어 '평화와 정의를 위한다'는 명분 없이는 전쟁을 치르지 않게 되었다. 대부분 이러한 명분은 위선적이었고 결국 정의전쟁론은 "악이 선에 바치는 공물"에 불과한 경우가 비일비재 하였다.

근세 민족국가의 태동과 절대주의 시대에는 전쟁이 국가이성rason dêtat에 따른 "국가의 주권적 권리"war as a sovereign right로 인식되었다. 전쟁은 곧 "군주의 최종적 논변論辯"ultima ratio regum이었던 것이다. 따라서 전쟁 자체의 정의 여부에 따른 도덕적 판결道德的 判決을 지향하는 정의전쟁론은 쇠퇴하였다.

제1차 세계대전 이후 정의전쟁론은 평화를 정착시킬 현실적 방책과 국제기구의 법률적 필요성에 의해서 주목을 받게 된 후, 20세기 중반 이후 비로소 학문적으로 부흥하게 된다. 물론 정의전쟁론의 전통적 시발은 기독교적 전통보다 훨씬 오래된 것이며, 그리스 로마시대에 까지 소급될 수 있나. 또한 정의전쟁론의 전통은 서구뿐만이 아니고 중국과 인도, 이슬람세계에서도 존재한다.

1950년대와 60년대 초반 국제관계에서 현실주의 이론이 지배적이었는데 이 당시의 현실주의 학자들에게 있어서 가장 중요한 참조점은 정의가 아니라 국가적 이익이었다. 그래서 정의전쟁론은 종교학과나 개신교파 신학교 세미나 혹은 가톨릭 대학교에서만 근근이 명맥을 유지하였다. 그러던 정의의 전쟁 논의가 베트남전을 계기로 일대 전기를 맞게 된다. 베트남전쟁에 대한 반대는 대부분 좌파左派에 의해서 이루어졌으며, 마르크스적 제3세계론의 관점에서, 혹은 현실주의적 이익의 관점에서 다양한 비판이 이루어졌다. 무고한 민간인들에 대한 살상에 대한 도덕적 논쟁이 이루어졌고 이에 따라 '정의의 전쟁'이 다시금 뜨거운 화두로 대두되게 되었다. 결국 베트남 전쟁이 끝나자 정의전쟁론은 학문적 주제가 되었고 모든 학자들이 정의전쟁론을 환영했는데 그 이유는 그것이 당시 사회의 적나라한 비판이론이었기 때문이다.29) 이제 국가는

---

29) 이러한 상황은 2011년 한국 사회에서 마이클 샐던의 저서『정의란 무엇이가』가 120만부 넘게 팔린 베스트셀러가 되 연유와 비슷하다. 분석가들은 그 이유로 한국사회가 그만큼 부정의가 팽배하여 정의에 대한 목마름이 심했기 때문이라고 분석하였다.

정의롭게 싸워야 할 이유를 고려해야만 하게 되었으며 정의는 군사적 필요성의 하나가 되었다.

이후 정의전쟁론의 관점과 용어들은 '핵억제전략' 문제를 거쳐 걸프전쟁에 이르러서는 공적公的 토론의 주요 의제가 된다. 따라서 미국의 정치·군사 지도자들도 정의전쟁론의 관점과 용어들을 수용하기에 이르렀다. 오늘날 정의전쟁론이 이렇게 성행하고 그 성과를 높이고 득세를 하고 있는 것은 엄연한 사실이다.

왈쩌는 1989년 미국의 파나마 침공이 정당한 명분을 결여했음에도 불구하고 "정당한 명분작전"Operation Just Cause이라고 명명된 것에 대하여 매우 잘못된 것이라고 힐난하면서 '정의전쟁론'正戰論의 오용 가능성에 대하여 위험성을 경계하였다. 가장 큰 위험성은 정의전쟁론이 성전聖戰, holy war으로 치달을 수 있다는 것이다. 그렇지만 왈쩌는 정의전쟁론은 "내재적內在的 비판批判"으로서 그 오용誤用 가능성 속에서도 여전히 정치·군사 지도자들의 위선적 명분을 신랄하게 밝혀내어 비판 할 수 있는 역량을 가지고 있다고 주장한다.

3. 정의전쟁론 접근방법

현대 정의전쟁론의 이론적 구성 체계는 통상적으로 3개 차원의 체계로 구성되어 있다. 정의의 전쟁이론은 중세 카톨릭 철학자들과 법률가들에 의하여 만들어진 틀이다. 왈쩌도 이러한 3부체계를 수용하고 있다. 첫째는 유스 애드 벨룸JUS AD BELLUM(전쟁목적 혹은 개시의 정의) 둘째, 유스 인 벨로JUS IN BELLO(전쟁수행, 전투행위의 정의) 셋째, 유스 파스트 벨룸JUS POST BELLUM(전쟁종결의 정의)이다.

가. 유스 애드 벨룸JUS AD BELLUM: 전쟁목적 혹은 개시의 정의

1) 개념과 주요 내용

전쟁목적(개시)의 정의는 통상적으로 여섯 가지의 원칙이 있다. 그것은 ①정당한 명분 ②정당한 의도 ③합법적 권위에 의한 공개적 포고 ④최후의 수단 ⑤승리 가능성 ⑥비례성proportionality이다.

정당한 명분just cause은 전쟁을 개시하기 위해서는 정당한 이유를 가져야 한다는 것이다. 즉 전쟁이 정당화 되는 것은 침략으로부터의 방어, 방어를 돕기 위한 개입, 침략으로 강탈된 영토의 회복, 인간의 존엄성 보호를 위한 인도주의적 개입 등이 있다.

정당한 의도right intention는 전쟁을 정당화 하려면 전쟁의 동기와 목표가 합당해야 한다는 것이다. 전쟁의 목적이 앙갚음이나 상대방의 말살에 있는 것이 아니라 잃어버린 평화를 찾고 정의를 되세우는 것이어야 한다.

합법적 권위에 의한 공개적 포고public declaration by a legitimate authority는 주권국가의 최고 통치자가 적법한 절차를 거쳐 자국의 시민들 및 적국에 대한 공개적 선언으로 포고되어야 한다는 것이다

최후의 수단last resort은 말 그대로 전쟁이 최후의 수단으로서만 예외적으로 인정될 수 있음을 강조하는 것이다. 이 기준은 정의전쟁론이 평화주의처럼 어떤 경우에도 전쟁을 피하기 위하여 외교적 노력과 협상, 그리고 국제적 제재와 협력 등을 통해 최선의 노력을 강구해야 한다는 것을 의미한다.

승리의 가능성probability of success은 전쟁을 하는 의도와 목표가 전쟁을 유발하게 한 재난을 극복하고 그 이전의 평화로운 상태를 회복하거나 더욱 안정적인 상태로 만들고자 하는 것이기 때문에 결국 승리의 가능성이 있어야 한다. 즉 전쟁을 통해 의도하는 목적을 성공적으로 성취할 수 있는 전망과 가능성이 분명해야 한다.

비례성의 원칙은 전쟁을 수행하는데 드는 비용과 손실이 그 전쟁의 이득과 보상에 대해 균형적인 비례를 이루어야 한다는 것이다.

과거 역사를 살펴보면 이웃을 사랑하라는 기독교의 가르침에도 불구하고 실제의 세계에서는 악을 제어하고 평화를 회복하기 위하여 전쟁이 필요하다고 했던 아우구스티누스의 사상을 정리하여 당시 중세 전쟁의 무분별성과 무차별성을 제한하고자 했던 아퀴나스Thomas Aquinas는 정당한 전쟁의 조건으로 ①적정한 권위proper authority ②정당한 원인just cause ③올바른 의도right intention를 제시했고, 그로티우스Hugo Grotius는 ①정당한 원인 ②상응성 ③성공의 가능성 ④공적인 전쟁선포 ⑤합법적 권위 ⑥최후의 수단last resort을 제시하였다.30)

현대에 와서는 다양한 견해들이 피력되고 있으며 정당한 전쟁의 조건에 관해서는 다음과 같은 내용에 대해서 일반적인 합의가 형성되어 있다

① 효과적인 평화유지제도가 확립되지 않은 상황에서 국가의 전쟁에 대한 도덕적 권리가 부인될 수 없다.

② 침략전쟁은 더 이상 합법적인 수단으로 간주되지 않지만 국가는 방어적 전쟁을 수행할

---

30) 그로티우스의 정당한 전쟁의 기준에 관한 논의는 Laurie Calhoun, *Just War? Moral Soldiers?*, Independent Review, vol. Ⅳ, no. 3(2000), pp. 325-345.

권리를 가지며 침략의 희생자에 대해서도 지원을 할 수가 있다.

③ 전략적인 전쟁의 경우라도 현대적인 군사기술의 사용이 전투병력과 무고한 민중을 전적으로 무의미하게 할 수 없다.

④ 전쟁이라고 해서 목적이 수단을 정당화 할 수 없고 정당한 원인이 있는 경우라 해도 해당 국가는 전쟁의 수단을 통제하는 법을 지킬 의무가 있다.

⑤ 핵억제가 실패하여 핵을 사용하여야 하는 경우가 발생하더라도 정치지도자는 전면핵전을 피하고 최대한 제한되고 억제된 방식으로 전쟁을 수행할 도덕적 의무가 있다.

⑥ 그렇기 때문에 핵폭탄 자체가 본연적으로 악한 것은 아니다. 전쟁을 피하거나 조속히 종결 시킬 수 있는 경우에는 군사적 목표를 대상으로 제한된 핵무기의 사용은 도덕적으로 가능하다. 그러나 무차별적으로 인구 밀집지역을 대상으로 핵무기를 사용하는 것은 도덕적으로 정당화 될 수 없다.31)

이상 여섯 가지 내용 중 ①항은 정의전쟁론의 기본 전제에 해당되며 ②항은 전쟁원인에 관한 사항이고 나머지 ③에서 ⑥항의 내용은 결국 전쟁의 폐해를 줄이고 무고한 인명을 보호하고자 하는 전쟁수행의 정의, 유스 인 벨로JUS IN BELLO에 관련된 것이다.

현재 정당한 전쟁론을 대표하는 권위 있는 종교단체의 하나인 카톨릭 주교회의가 제안한 조건은 이보다 더 자세한 내용을 담고 있지만 기본적인 사항은 정통적 견해와 별 차이점이 없다. 그 내용은 다음과 같다.

① 정당한 원인just cause: 전쟁은 오직 분명하고 진정한 위험에 대처할 경우에만 가능하다. 예를 들어 무고한 인명을 보호하거나 적절한 삶의 보장에 필요한 조건을 보존해야 할 경우, 그리고 기본적인 인권을 보장하기 위한 경우 등이다.

② 실제적 권위competent authority: 전쟁은 사적인 단체나 개인에 의한 것이 아니라 공공의 질서를 책임지고 있는 당사자에 의해 선포되어야 한다.

③ 상대적인 정의관comparative justice: 쌍방 간에 공히 정당성이 있을 수 있다는 인식하에 분쟁의 당사자들은 자신의 정당성jus in bello에 한계가 있음을 인정해야 하고, 따라서 목표 달성에 있어서 오직 제한된 수단만을 사용해야 한다는 요건을 수용해야 한다.

④ 올바른 의도right intention: 전쟁은 위에서 언급한 정당한 이유의 범위 내에서만 합법적으로legitimately 의도될 수 있다.

---

31) James E. Doughery and R. L. Phaltzgraff, jr., *Contending Theories of International Relations: A Comprehensive Survey*, pp. 204-205.

⑤ 최후의 수단last resort: 전쟁에 의존하는 것이 정당화되기 위해서는 모든 평화적인 수단들이 강구된 후 이어야 한다.

⑥ 성공의 개연성probability of success: 전쟁의 결과가 분명한 경우 무의미하게 저항하거나 비이성적으로 무력에 의존하는 것은 막아야 한다.

⑦ 상응성proportionality: 전쟁으로 인한 폐해나 비용은 무력을 행사함으로 인해 기대되는 혜택에 상응해야 한다.

이상은 전쟁목적(개시)의 정의, 유스 에드 벨룸jus ad bellom의 조건으로 제안된 사항이며 다음의 두 원칙이 추가되었는데 그것은 전쟁수행의 정의, 유스 인 벨로jus in bello에 관련된 것이다.

⑧ 상응성proportionality: 위 ⑦과 같은 원칙이 전쟁수행 중에서도 적용되어야 한다.

⑨ 분별성discrimination: 무고한 인명은 어떠한 이유에서든 직접적으로 해할 수 없다. 침략에 대한 정당한 대응은 자신들이 저지르지 않은 전쟁에 휘말리게 된 무고한 사람들에 대한 것이 아니라 정당하지 못한 침략자에 대항하는 것이어야 한다.

전쟁목적(개시)의 정의 조건들은 대체적으로 두 가지 범주로 나눌 수 있다. 하나는 전쟁의 정당한 원인에 관한 것이고 다른 하나는 전쟁이 발생했을 때 특정 형태의 전쟁이 분쟁해결의 수단으로써 징딩한가를 판단하는 기준이다. 따라서 전쟁발발의 원인과 관련해서 정당싱을 갖추기 위해서는 우선적으로 정당한 원인을 마련하는데 주안을 둘 수밖에 없고, 이러한 이유로 인해 20세기에 오면서 정당한 전쟁론은 주로 침략aggression과 자위self defense라는 개념을 중심으로 논의가 전개되었다. 그 대표적인 예가 왈쩌Michael Walzer의 이론이다.

왈쩌는 침략이 있을 경우 이에 대항하는 전쟁은 정당화 될 수 있다고 주장한다. 그의 이론은 다음과 같은 여섯 가지로 구성되어 있다.

① 국제사회는 자주적인 국가들을 그 구성원으로 한다.

② 국제사회에는 각 구성원들의 권리, 특히 영토의 온전성과 정치적 주권에 대한 권리를 확립하는 법질서가 있다.

③ 타국에 대해서 정치적 주권이나 영토의 온전성을 위협하는 어떠한 형태의 무력사용이나 무력사용의 위협은 침략이고 범법행위이다.

④ 피해자의 자위전쟁, 피해자와 국제사회의 다른 구성원들에 의한 법집행의 성격을 띠는 전쟁은 정당하다.

⑤ 침략에 대한 대응 여부로 만 전쟁의 정당성 여부를 판단 할 수 있다.

⑥ 침략자가 군사적으로 격퇴된 후에는 죄과를 물을 수 있다.

더글레스 P. 래키도 비슷한 다음과 같은 여덟 가지 원칙을 제시하고 베트남 전쟁의 사례를 들어 설명하고 있다.32)

① 합법적(정당한) 권위

② 올바른 의도

③ 정당한 대의명분

④ 예방적 자위自衛와 대의명분: 이스라엘과 6일 전쟁

⑤ 외세 개입과 정당한 대의명분

⑥ 균형(비례)의 원칙

⑦ 정당한 명분과 균형의 규칙 간 비교

⑧ 정의로운 평화의 규칙

2) 주요 사례

가) 예방적 자위自衛 논란: 이스라엘과 6일 전쟁

정당한 명분에 대해서 유엔이 내란 분석에서 가장 급진적인 특징 중의 하나는 예방적 자위를 거부한 것이다. 그것은 1914년이 교훈으로부터 유래되었는데 상대국의 단순한 동원령 발표를 상대로 전쟁포고를 함으로서 전쟁의 참화를 겪었던 것을 반복하지 말자는 취지였던 것이다. 많은 학자들이 예방적 자위의 강력한 금지에 대해서 문제를 제기하고 있는데 국제법적 관점에서 어떤 국가가 전쟁을 일으키고 합법적 변명을 하는 것을 방지하기 위하여 예방적 자위自衛를 거부할 수도 있겠지만 도덕적 원칙의 관점에서는 모든 경우의 예방적 방어가 도덕적으로 악한 것이라고 하는 것은 설득력이 없다.

예방적 자위自衛 연구에서 가장 대표적인 예가 1967년 6월 5일의 이스라엘의 이집트 공격 사례이다. 이스라엘이 먼저 공격했기 때문에 이스라엘을 지지하는 자들은 6월 5일의 이스라엘

---

32) 더글러스 P. 레키, 최유신 옮김, 『전쟁과 평화의 윤리』(서울: 철학과 현실사, 2006), pp. 75-110.

의 행동을 예방적 자위自衛라고 이야기한다. 그들은 이스라엘이 아랍의 공격이 임박했다고 믿은 것은 당연한 것이라고 평가한다. 마이클 왈쩌는 티란 해협의 봉쇄와 전시체제로의 전환은 이스라엘에게는 중대한 군사적 위협이었으며 따라서 이스라엘의 선제공격은 정당했다고 말하고 있다.

그러나 한편에서는 이것이 예방적 자위라는 것을 부정하며 예방적이 아닌 즉시적인 자위에 해당한다고 평가한다. 자위라는 것이 침략에 대한 것이라면 이스라엘 공격은 침략으로 인정되는 이집트의 티란 해협의 봉쇄에 대한 자위라고 볼 수 있기 때문이다. 봉쇄는 전통적으로 전쟁행위로 간주되어왔고 그것은 앞에서 인용한 1977년 유엔이 침략으로 규정한 것 가운데 확실하게 침략행위로 언급되어 있기 때문이다. 이런 기준에서 이스라엘의 행위는 단순히 자위지 예방적 자위가 아니다.

나) 외세개입의 정당성 논란

유엔헌장은 모든 국가들이 공격을 받을 때를 제외하고는 무력의 행사를 금지한다. 그러나 헌장 51조에는 그것의 예외조항이 있는데 바로 '집단적 자위권'集團的 自衛權이다. 합법적인 집단적 자위의 경우 직접 침략을 받지 않고도 침략국가에 대한 무력행사가 가능하다. 국제법에서 인정받고 있는 집단적 자위는 한 나라가 두 나라 사이의 싸움에 개입하는 경우이다. 그러나 한 나라의 정부가 다른 나라 안에서 벌어지고 있는 전투, 즉 국가보다 작은 단위의 집단들 사이에서 벌어지는 전투 혹은 그러한 집단들과 정부사이에 벌어지는 전투에 개입하고 싶은 유혹이 일어나는 경우가 많다. 통상 국제법석으로 국가주권을 침해하는 것으로 용인되지 않고 있으나 군사적 개입이 도덕적으로 정당화 될 수 있는 경우가 있다.

그것은 국가의 주권적 권리와 법적 권리 그리고 도덕적 권리에 관한 경우의 예이다. 개인적인 인간만이 도덕적 권리를 가질 수 있고 도덕적 책임은 자유로운 선택을 할 수 있는 존재에게만 주어질 수 있다. 개인들의 집합체인 국가는 의식을 소유하고 있지 않으며 따라서 도덕적 권리를 가지고 있다는 것은 국민들의 호 불호에 의한 선택과 공동선에 반하는 요구와 행동도 할 수 있다는 것이 보장되어 있다는 의미로서 도덕적 권리를 말한다.

따라서 국가의 권리란 국민들로부터 파생된 권리이고 국가의 이름으로 정책을 추구하는 정부와 정치 지도자들은 그들의 정책이 그들의 선거권자들의 권리를 얼마나 성취하고 옹호했는가에 따라서만 도덕적으로 정당화 된다. 즉 한 국가의 유일한 권리는 그 시민의 권리를 옹호할 권리이다. 만일 정부나 정치지도자 들이 그들 국민의 권리를 억압하는 정책을 추구하게 된다면 그들은 선한 사마리아인(외세)의 개입에 대해서 국가주권이란 이름으로 그러한 정책을 옹호할 수 없다.

그러므로 어떤 정부가 그 국민의 권리를 침해 할 경우에는 다른 나라가 개입하는 것이 정당한 명분을 갖게 될 수도 있는 것이다. 그렇다면 과연 어떠한 권리가 외세 개입에 정당한 명분을 제공해 줄 수 있는가?

대단히 어려운 문제이기는 하지만 그 국가의 주권이 보호하기로 되어있는 기본적인 가치들 예를 들어 국민의 신체적 안전과 외국의 지배로부터 시민들의 자유가 침해 되었을 때 등이며, 이러한 외세의 개입은 그 국민들의 자발적인 요청이 필수적이라 할 수 있다.

이러한 정당한 개입기준을 충족시켜주는 예로서 1971년 인도-파키스탄 전쟁을 들 수 있다. 이것은 1971년 동 파키스탄에 인도가 개입한 경우이다. 이와 반대로 국제사회에서 외세 개입에 있어 문제가 있는 것으로 인식되고 있는 사례는 1981년 이스라엘에 의한 이라크의 오시라크 원자로 공습 사건이다.

다) 정당한 명분 원칙과 균형의 원칙간의 비교

모든 정당한 명분은 정당하다. 하지만 그 중 어떤 정당한 명분은 다른 정당한 명분보다 더 정당하다. 정당한 명분을 추구하는데 생기는 도덕적으로 용인할 수 있는 해악의 양은 그 명분이 지니는 도덕적 중요성의 함수가 되어야 한다. 이러한 판단은 객관성과 개별성에 의해 사안별로 판별될 수밖에 없다.

(1) 1914년의 벨기에 사례

제1차 세계대전 시작될 무렵인 1914년 8월 2일 벨기에 주재 독일공사가 벨기에 왕 앨버트에게 독일군이 프랑스를 공격할 수 있도록 길을 내어달라고 요구하는 최후의 통첩을 보냈다. 앨버트왕은 즉시 거절했고 벨기에는 단지 6개 사단 병력으로 독일의 수 십 개 사단을 맞아 전쟁을 하였다. 겨우 이틀을 버틴 이 전쟁으로 벨기에는 엄청난 피해를 입었다. 벨기에의 명분은 정당한 것이었으나 균형의 원칙에 의하면 싸우지 않고 독일의 요구를 들어주었더라도 그 결정은 부도덕하지 않았을 것이다.

(2) 1939년의 핀란드 사례

1939년 핀란드가 러시아에 대하여 대항하기로 결정한 것은 벨기에 사례와는 전적으로 다르다. 스탈린은 히틀러와 맺은 협정에도 불구하고 나찌를 의심했기 때문에 서부전선의 방어경계선을 구축하려 하였다. 이를 위해 러시아의 경계선을 레닌그라드로부터 멀리 떨어진 북쪽으로 옮길 필요가 생겼다. 스탈린은 핀란드에게 경계선을 다시 배열할 수 있는 영토 일부를 팔라고 요구했다. 그러나 핀란드는 이를 거절했고 이에 따라 러시아는 1939년 11월 핀란드를 공격했다. 겨울 내내 용감하게 싸웠지만 이듬해 3월 월등한 러시아 군대 앞에 무릎을 꿇었다. 1914년의 벨기에처럼 핀란드의 명분은 정당했다. 또한 러시아의 목표도 과중한, 부적절 한 것이 아니었지만 침략을 감행했다. 전쟁의 피해를 고려해 볼 때 핀란드나 러시아 모두 균형 감각을 잃은 선택을 했고 양측은 모두 정의롭지 못한 전쟁을 치렀다고 할 수 있다.

(3) 6일 전쟁 사례

티란 해협의 봉쇄에 따라 이스라엘은 이집트에 대한 공격을 자위적인 공격이라고 주장하였다. 이로서 이스라엘은 정당한 명분을 확보하였다. 그러나 6일 전쟁이 과연 필요했고 균형의 원칙에도 합당했는가 하는 문제는 아직도 논란이 되는 문제이다.

첫째, 만일 이스라엘이 공격하지 않았더라면 전쟁을 피할 수 있었고 2만명의 인명 희생도 없었을 것이라는 주장이다.

둘째, 티란 해협의 봉쇄가 심각하기는 했어도 이스라엘의 생사를 위협할 정도는 아니었다는 주장이다.

셋째, 군대의 동원은 이스라엘 못지않게 이집트에게도 비용이 드는 것이었기 때문에 아랍의 군대들은 곧 전시태세를 포기했을 것이다.

넷째, 만일 이스라엘이 선세공격을 하지 않고 아랍 측에서 먼저 공격을 했더라도 이스라엘은 여전히 생존했을 것이다.

균형의 원칙을 6일 전쟁에 적용할 때, 우리는 전쟁이 실제로 야기했던 파괴 뿐만이 아니라 이스라엘이 그 전쟁을 시작하기 전에 그 전쟁을 함으로써 예상했던 파괴 또한 고려해 보아야 한다. 그들은 그 전쟁이 그렇게 쉽게 끝날 것 이라고는 예상치 못했을 것이다. 이러한 상태에서 그러한 예상되는 피해와 티란 해협의 재개에 따른 결과의 중요성과 비교했을 때 과연 어느 것이 정당하다고 할 수 있을 것인가.

(4) 극단적인 비상사태

정당한 명분과 균형의 원칙에 있어 특별한 경우가 존재한다. 그것은 정당한 명분이 국가의 생존에 걸린 문제일 경우이다. 국가의 존립에 관계되는 사항이면 어떠한 무력의 행사도 도덕적으로 정당화 될 수 있다고 말할 수 있다. 과연 이치에 맞는 말인가? 국가적 수준에서 극단적인 비상사태 하에서도 한 국가가 자신의 생존을 위해서 파괴가 무제한적으로 용납될 수는 없다. 여기서는 2차대전 당시 독일의 영국공습(1940.6~1941.4)을 상정하고 있다.

나. 유스 인 벨로JUS IN BELLO: 전쟁수행, 전투행위의 정의

1) 개념과 주요 내용

전쟁수행의 정의는 전시에 교전 당사국과 참전 군인들이 지켜야 할 행동 규칙이다.33) 왈쩌는 이것을 전쟁관습 혹은 규약war convention이라고 부른다.34) 전쟁은 이러한 규칙을 따라야 한다는 점에서 하나의 규칙준수적 활동으로 간주된다. 이러한 전쟁규약은 정당한 명분에 의한 전쟁을 수행하는 군인과 부정의unjustice한 명분에 의한 전쟁을 수행하는 군인들 모두에게 공통적으로 적용된다.

인류 역사와 더불어 수 세기에 걸쳐서 싸우는 방식에 대한 여러 가지 규칙과 관습이 정교하게 발전되어 왔다. '전시법戰時法 또는 전쟁법'laws of war들은 19세기와 20세기에 걸쳐서 주요 국가들이 서명하고 인준한 일련의 조약, 협정, 그리고 의정서로 성문화되었다. 이러한 일련의 규칙들에 비준한 나라들은 그것들을 자국의 군대에 적용해야 할 의무를 지며 그것을 위반할 때, 기소하고 위반자들을 처벌하기로 약속했다.

미국은 화학전을 금지하는 제네바 협정(1925)과 제4차 제네바 협정의 제2의정서(1977)를 빼고는 전시법규에 대한 대부분의 주요 국제협정에 조인하였다. 미국의 전투교범에 의하면 미국의 다양한 군사행동은 1899년과 1907년의 헤이그 협정, 1929년의 제네바 협정, 그리고 1949년의 4차 제네바 협정을 준수하도록 되어 있다. 즉 전쟁터에서 병든 자와 부상한자에 대해서 지켜야할 규정(Ⅰ), 해상에서의 병든 자와 부상당한 자에 대한 규정(Ⅱ), 전쟁 포로에 대한 규정(Ⅲ), 그리고 전쟁 시에 시민들의 보호를 위한 규정(Ⅳ) 등을 준수해야 한다.

가) 전시법규의 원리: 필요, 균형, 그리고 차별의 원칙

전시법규의 발달과정을 지배해온 주도적인 사고는 다음과 같이 요약될 수 있다.

첫째, 필요성의 원리: 생명과 재산의 파괴는 심지어 적의 생명과 재산의 파괴일지라도 나

---

33) 통상적으로 전쟁수행의 정의는 비전투원을 배제하는 차별성의 원칙, 제한된 목표물, 비례적 수단의 사용 등의 원칙이 있다.(신원하, p. 207; 포션, p. 76). Orend는 왈쩌가 세 가지 원칙을 제시했다고 해석한다. ① 무해한 비전투원인 일반시민들은 전투행위의 직접적 공격대상이 되어서는 안 된다. ② 전투행위에서 이득과 손실의 비례가 달성되도록 고려되어야 한다. ③ 인류의 도덕적 양심을 경악시키는 사악한 무기나 방법이 사용되어서는 안 된다. 그 예는 강간이나 핵무기 사용이다(Orend, p. 5).

34) Michael Walzer, *Just and Unjust Wars: A Moral Argument With Historical Illustrations. New York*: Basic Books, Inc., pp. 44, 127.

쁜 것이다. 그러므로 군사력은 그 목적을 성취하는 데 필요한 이상으로 파괴를 가져와서는 안 된다. 이것이 필요성의 원리이다. 즉 불필요한 파괴는 금지한다.

둘째, 군사적 균형의 원리: 군사적 목표달성을 위하여 허용되는 파괴의 양은 반드시 그 목표가 지닌 중요성에 비례해야만 한다. 이것은 '전쟁목적(개시)의 정의'jus ad bellum에서 '정치적 균형의 원리'political principle of proportionality와는 구별되는 것이다. 이러한 군사적 균형의 원리로부터 다음과 같은 것들이 식별된다. 어떤 목표들은 그것들을 성취하려고 할 때 너무 많은 파괴를 가져올 것이기 때문에 애초부터 고려 대상에서 배제되어야 한다.

셋째, 비전투원 보호의 원리: 시민들의 생명과 재산은 군사력 사용의 대상이 되어서는 안 된다. 즉 군사력은 단지 군사적 목표물만을 향해야 한다. 물론 분명한 것은 비전투원 보호의 원리는 무엇이 '시민에 속하는'civil 것이며 무엇이 '군사적'military인 것인가에 대한 동의가 이루어 질 때만 유효하다. 초기의 헤이그 협정에는 일련의 비 전투적 목표물들이 다음과 같이 명시되어 있다. '종교, 예술, 과학, 혹은 자선 목적으로 쓰이는 건물들, 역사적 기념비들, 병원, … 방어 장비를 갖추지 않은 도시, 건물 혹은 주거지.' 여기에 명시되지 않은 것은 어느 것이든 군사적 목표물이 될 수 있다.

그러나 이 목록은 너무나 지나치게 제한적이며 현대적 개념은 군사적 목표물에 '무장병사, 무기, 군수물자'를 포함시킨다. 그리고 이것들을 수송하는 선박과 차, 그리고 이것들을 생산하는 공장과 노동자들도 포함한다. 그렇게 해서 '군사적'이 아닌 것은 어떤 것이던지 '시민적인 것'이 된다. 이 들 중의 어떤 정의에 의하더라도 비전투원 보호의 원리는 우리가 군사적 목표물로 인징할 수 있는 것과 민간인에 속하는 것을 구별해 주기 때문에, 우리는 종종 이 원리를 '차별의 원리'principle of discrimination라 부른다.(전쟁의 도덕률에서는 차별이 나쁜 것이 아니라 좋은 것이다.)

필요의 원리, 균형의 원리, 그리고 차별의 원리는 전쟁의 모든 면에서 모두 똑 같은 정도로 적용된다. 우리가 정의의 편에 서서 싸운다는 근거로 이 원리들을 위반하는 것이 정당화되거나 용서될 수는 없다. 전시법규를 개발했던 사람들은 경험을 통해서 정당한 명분을 가진 전쟁이라도 반드시 도덕적 제한을 받아야 한다는 사실을 배웠다.

나) 전시법戰時法과 철학적 근거

앞의 세 가지 원리들은 대부분 현대 정부와 군대에서 수용되고 있다. 그러나 이 규칙들 근저에 내포된 도덕적 근거는 무엇인가? 전쟁 철학적 차원에서 검토해 보자. 더글래스 P. 래키는 다음과 같은 의문을 제기한다.

(1) 합의: 전시법은 단지 합의에 불과한 것인가?

전시법규의 도덕적 내용에 대한 급진주의의 평가에 의하면 이러한 것들은 단순한 합의에 의한 것일 뿐이라고 말한다. ‘전쟁수행의 정의’jus in bello의 규칙들은 ‘협의적인’conventional 것에 불과하다고 주장하는 그들은 그러한 규칙들이 십계명 같은 신의 명령이나 아리스토텔레스의 윤리학 원리들처럼 인간의 삶이 지닌 선천적 특성으로부터 도출된 것이 아니라고 말한다. 따라서 만일 협정을 맺은 관계당사자들에게 중요한 손실을 주지 않았다면 얼마든지 현재의 모습과는 달리 만들어졌을 수도 있다. 협의의 위반에 대한 제약은 없고 각 나라는 먼저 그 법규를 위반해서는 안 된다는 정도의 구속력뿐이다. 이처럼 전쟁법규들은 발견해discovering 온 것이 아니라 만들어져inventing 왔다.

그렇지만 단순한 협의 이상의 의미도 가지고 있다. 협의란 당사자들이 이행할 때 의미가 있지 당사자들이 지키지 않으면 무의미하다. 그러나 전시법규는 그렇지 않다. 상대편이 규칙을 지키지 않더라도 아 측이 그 규칙을 지킴으로써 이익이 큰 경우가 존재한다. 예를 들어 적군이 규칙을 어기고 포로들을 굶기거나 죽일 경우 아 측도 상응한 대응을 하는 것보다 규칙을 지키는 것이 이익이 된다. 왜냐하면 우리의 포로들이 경우에 따라서는 우리에게 도움을 줄 수도 있으며, 더 근본적으로는 생명을 구제할 수 있기 때문이다.

전시법이 협의를 넘어서는 구속력이 있다면 그것은 각국들에게 구속력을 갖기에 충분한 도덕적 내용을 갖고 있기 때문일 것이다. 그러나 아직 전시법과 도덕법사이의 관계를 설명하는 이론은 없으며, 전시법이 도덕적 의무가 될 수는 없다. 바로 이러한 점이 저자가 강조하는 철학적인 문제이고 분별지分別智 및 ‘국가이성’적 차원에서 접근해야 할 부분이다.

(2) 약속이론: 약속으로서의 전시법

전시법과 도덕의 원리 사이의 가장 간단한 설명은 여러 나라들이 전시법을 약속했을 경우 그것으로부터 각 나라를 구속하는 도덕적 제약이 발생한다는 견해이다. 이 ‘약속이론’promise theory은 ‘전쟁수행의 정의’jus in bello의 규칙들을 긴밀하게 도덕의 원리들과 연결시킨다. 약속에 의한 도덕적 의무발생으로 전시법에 접근할 때 다음과 같은 몇 가지 문제가 발생한다.

첫째, 전시법을 약속으로 보는 경우 어떤 특정국가가 그 법규에 서명하지 않았다면 그 나라는 그 법규와 관련된 도덕적의무가 발생하지 않는가? 하는 문제이다. 일반적으로 각국은 전시법규에 대한 비준과 서명이 없더라도 국제적인 도덕적 책임이 부여될 수 있다.

둘째, 국제적인 전시법규에 비준한 나라들은 상대국이 그 규칙을 준수하지 않아도 그리고 그 협정을 지킬 때 어떤 군사적 불이익이 있다 해도 그것을 지켜야 할 특별한 의무를 가진다.

(3) 전시법戰時法과 공리주의公利主義

우리는 '전쟁목적(개시)의 정의'jus ad bellum에서 무력을 사용함에 있어 선이 악보다 현저하게 클 경우 자신의 권리를 보존하기 위해서 그 무력의 사용을 허용할 수 있다고 수정된 균형의 원칙을 제시한 바 있다. 우리는 '선과 악'이라는 조건을 붙임으로써 공리주의적 차원을 '정의로운 전쟁이론'에 도입하게 되었다. 그러나 이것은 악보다 더 많은 선을 낳는 정책을 택하는 표준적 공리주의가 아니라 선보다 훨씬 더 많은 악을 낳는 정책을 택하는 것은 항상 그릇된 일이라고 주장하는 약화된 공리주의이다.

어떤 나라가 도덕적으로 용인되는 범위 내에서 자신의 권리를 추구하려면 그 나라의 군사전략의 결과로 초래되는 파괴의 정도가 공리주의의 원칙과 일치할 수 있어야 한다. 필요의 원리와 군사적 균형의 원리, 그리고 이러한 원리들로부터 도출된 전쟁규칙들은 모두 그 도덕적 근거가 공리주의적 개념으로부터 유추된다. 공리주의적 도덕률은 상대편이 어떤 일을 하든 상관없이 무조건적인 의무를 부과하기 때문에 이러한 해석에 근거하면 균형의 규칙과 필요의 규칙은 모든 나라에게 구속력을 갖게 되는데 심지어는 전시법규를 인정하지도 않고 준수하지도 않은 나라와 전쟁할 때도 구속력을 가진다.

그런데 여기서 필요의 원칙, 균형의 원칙 그리고 차별의 원칙의 현격한 차이가 들어난다. 즉 필요와 군사적 균형의 원칙에는 자연스럽게 적용될 수 있는 공리주의적 이론적 근거가 차별의 원칙을 설명하거나 정당화하는 논리적 근거를 제공하지 못한다. 즉, 차별의 원칙은 민간인들을 공격목표로 힘으로써 악을 더 능가하는 상당한 선을 낳더라도 비전투원우 결코 공격의 대상이 되어서는 안 된다.

(4) 비전투원 보호와 기사도 정신

역사적으로 비전투원 보호사상은 중세의 기사도 전통의 한 부분으로 중세 절정기에 발달했다. 기사도 정신은 덕을 갖춘 기사의 이상을 제시했다. 즉 전쟁터에서는 용감하고, 적에 대해서는 공명정대하며 약자에게는 자비로워야 한다. 이때 기사들이 차별의 원칙을 깬다는 것은 기사도 정신에게 어긋나게 무력을 사용하는 것을 말한다. 기사도 정신은 하나의 미덕이지만 그것이 명백한 도덕적 덕목은 아니다.

현대전의 특징에 비추어 현대적 기사도 정신의 발휘 가능성은 희박하다. 과거처럼 대등한 조건에서 일대일로 비슷한 무기로 싸우는 그런 시대가 아니기 때문이다. 이렇게 볼 때 우리는 현대전을 사악한 것이라고 할 게 아니라, 기사도의 기준이 이 시대에 적합한 기준이 아니라고 말해야 한다.

(5) 직접적인 살해와 간접적인 살해

전쟁의 규칙에서 볼 때, 비전투원의 '보호 원리'는 전투원의 '비보호 원리'와 연관되어 있다. 즉 민간인들을 공격대상으로 삼는 것은 결코 허용될 수 없지만 전투원들을 공격 대상으로 삼는 것은 그들이 항복하기 전까지는 언제나 허용되어 있다. 군인들은 죄가 있고 민간인들은 죄가 없다는 생각은 현대 민주사회에서 전쟁정책의 결정이 민간인에 의해 이루어지고 있다는 점에서 역설적이다. 우리는 전시법戰時法에 의해서 전투에서 군인들을 죽이는 것을 허용하는 것이 정의로운 편이나 부정의unjustice한 편이나 모두에게 마찬가지로 적용되기 때문에 군인들을 죽이는 것은 대의명분에도 맞지 않고 정당한 일이라고 할 수 없다.

차별의 원리를 유지하기 위하여 정의전쟁론자들은 '직접적 살해'와 '간접적 살해'를 구별한다. 직접적 살해란 죽이는 것이 행동의 목표가 되거나, 의도한 목표의 수단이 되는 것을 말하며, 간접적 살해란 어떤 목표를 위한 의도적인 행동에서 부차적으로 죽음이 발생하는 경우이다. 정의전쟁론자들은 전쟁에서 민간인들의 직접적 살해는 고의적 살해이며 군사적 목표 달성을 위한 군사작전에서 민간인들이 간접적으로 살해되는 것은 유감스럽긴 하지만 고의적 살해는 아니라고 주장한다.

더글라스 p. 레키는 이렇게 문제를 제기한다. "그렇다면 어떻게 우리는 군사지휘관들이 군사작전의 부작용으로 민간인들이 희생될 것을 알면서도 작전을 감행 했을 때, 그들은 살인범이 아니라 하고 그러한 죽음을 초래한 사람들이 민간인들일 경우에는 살인범이라고 비난하는 정의전쟁론자들의 주장을 받아들일 수 있는가?"

우리는 이러한 관찰을 통해서 비전투원 보호의 원리, 즉 마이클 왈쩌Michael Walzer가 말하는 '암묵적 전쟁협약war convention이라고 생각하는 이 원리는 필요와 균형의 원리보다 훨씬 더 어렵다는 것을 알 수 있다. 실제로 지난 세기에 있어서 비전투원 보호의 원리는 '전쟁수행의 정의'jus in bello원칙에서 제일 지켜지지 않은 원리였다.

2) 주요 사례

가) 전략폭격과 정의

(1) 공군력 대두와 전쟁 패러다임의 변화

비전투원 보호의 원리가 20세기에 그와 같은 어려움을 겪게 된 이유 중의 하나는 현세기가 전략 폭격의 시대가 되었기 때문이다. 항공력이 발달하면서 장거리 공격능력을 확보하게 됨으로써 도시 및 군사시설에 대한 폭격을 함으로써 전쟁을 조기에 종결시킬 수 있고 주도권을 장악할 수 있는 결정적 능력을 확보하게 되었다. 항공력은 가장 늦게 발달한 전투력으로서 100여년의 역사에 불과하지만 첨단 과학의 발달로 그 영역을 우주에로까지 확장하였으며 이제 항공 우주력은 이제 그 자체로서 단독적으로 전쟁종결을 할 수 있는 전략적 수단으로 발전하였다.

전략폭격이 군사적으로 유용하다는 이론은 1차 대전 이후 항공기의 발달과 함께 대두되었다. 그 대표적인 이론가들이 듀헤Giulio Douhet, 세바스키Sevasky, 미첼Mitchell 트랜차드Tranchard 등이다. 방어를 능가하는 공격 수단으로서 항공력은 매력적이었고 더구나 적의 도시나 군사시설을 공격하여 적을 굴복시킴으로서 전쟁을 조기에 종결시킬 수 있는 수단으로서 중요성이 강조되었다.

듀헤는 1921년 그의 저서『제공권』Command of the Air에서 항공력을 이용한 적의 인구밀집 지역에 대한 공격이론을 제시했으며 이러한 공격의 정당성과 관련하여 엄청난 논쟁을 야기하였다. 1923년에 헤이그에서 국제회의가 소집되었고 듀헤의 주장이 실제로 일어나지 않도록 '공중전 규칙'을 만들었고 다음과 같은 조항이 제시되었다.

22조: 민간인들을 위협하려는 목적의 공중 폭격……을 금지한다
24조: 공중폭격은 군사적 목표물만을 향할 때만이 합법적이다.…지상군의 작진지에 직접 이웃해 있지 않은 도시, 읍, 마을, 주거지, 혹은 건물들에 대한 폭격은 금한다.

만일 이 규칙들이 채택되었다면 1923년에 있었던 폭격이나, 2차 대전 중에 있었던 대부분의 공중폭격에 대해 유죄판결을 내릴 수 있었을 것이다. 그러나 그 규칙들은 여러 가지 이유로 채택되지 못했는데 가장 큰 이유는 항공력 옹호론자들의 반대 때문이었다.

도시 및 군사기지의 전략적 폭격을 통해서 전쟁을 조기종결 시킬 수 있다는 항공력 이론가들의 주장은 필요와 균형의 원리를 강조하던 공리주의 논리와 일치되어 공리주의 이론가들도 지지하게 되었다. 문제가 있다면 참호전쟁의 희생자는 거의 모두 군인이었지만 항공전의 희생자는 모두 민간인들이라는 것이다.

공중전의 주창자들은 직접적 살해와 간접적 살해의 구별을 구체적으로 명시한 헤이그 회담의 규칙들에 대해서 아무 말도 안하고 가만히 있을 수 없었고, 또한 비전투원 보호의 기사도적 전통에 대해서도 무언가 입장을 표명하지 않을 수 없었다. 듀헤는 과거의 전통은 이제 쓸모없는 것이 되어 버렸다고 선언하였다.

전투원과 비전투원에 대한 어떠한 구별도 오늘날 사실에 있어서나 이론적으로나 더 이상 받아들일 수 없는 것이 되어버렸다. 이론상으로는 이제는 국가 간의 전쟁에서 국민모두가 가담하기 때문이며 즉 군인들은 총을 메고 여자들은 공장에서 포탄을 제작하고, 농부들은 밀을 생산하고, 과학자들은 연구실에서 실험을 하고 있기 때문이다. 또한 사실에 있어서 오늘날의 공격은 어느 누구에게도 영향력을 미칠 수 있으며, 따라서 오늘날 가장 안전한 곳은 참호일지도 모르게 되었기 때문이다. (Giulio Douhet, *Command of the Air*, p.195)

스파이트J. M. Spaight 또한 마찬가지로 비전투요원의 보호 원리에 정면으로 도전했다. 그는 전쟁이란 이제 군인들만이 싸움이 아니라 국가 간의 싸움이라고 주장했다. 항공전과 민주주의는 전쟁의 전통을 뒤집어 놓았다. 이제 민간인들은 유죄가 되었고 군인들은 무죄가 되었다. 현대 민족국가들의 집단적 책임으로부터 전 국민이 전쟁에 대한 죄가 있다는 스파이트의 주장은 비전투요원의 보호원리 때문에 가책을 느꼈던 양심에게 그럴듯한 답변을 제공해 주었다. 유럽 국가의 국민들은 다음 전쟁에서 유럽대륙의 수도들이 며칠 만에 파괴될 것이라고 믿게 되었으며 전쟁이론가들은 이것이 오히려 참호진지의 전쟁인 지상전 시대로 돌아가는 것보다 낫다고 생각했다.

(2) 영국의 독일에 대한 폭격기 공격: 균형의 원리 위반

1939년 9월 이후 잠시 영국이나 독일은 1923년 헤이그 회담에서 합의한 규정을 지키려 노력하였다. 그러나 그것은 잠시였다. 독일은 1940년 5월 14일 공격을 실시했고 이 공격으로 1천명의 무고한 네델란드 시민이 죽었고 독일 나찌는 이 공격을 영국이 프라이브르크를 공격한 데 대한 보복이라고 발표하였다. 영국은 루르 강변의 석유저장소와 철로들을 공격함으로써 반격을 했고 계속해서 1940년과 1941년에 걸쳐 준군사적 목표물들을 공격했다.

헤이그 규정은 무용지물이 되어버렸고 독일공군Luftwaffe은 영국 도시들을 본격적으로 공격하기 시작해서 1940년 11월에 코번트리를, 그리고 그해 12월에 런던 중앙부를 파괴했다. 영국 공군도 1940년과 1941년 내내 독일의 목표물을 대상으로 야간 폭격을 감행했다. 이 공격으로 수많은 인명이 희생되었으나 군사적 목표물을 공격하는 과정에서 수반된 어쩔 수 없는 일로 치부되었다.35)

영국 공군은 1942년 1월 광역폭격(특정지역이 아닌 지역 전체를 목표로 하는 폭격)을 할

---

35) Chales Webster and Noble Frankland, The Strategic Air Offensive Against Germany, I, p. 154.

것인가 아니면 폭격을 그만둘 것인가 고민에 빠지게 되었는데 처칠은 2월 14일 폭격을 승인하였다. "폭격의 주된 목표는 적국의 국민들의 사기를 떨어트리는 데, 특히 산업 노동자들의 사기를 떨어트리는데 초점을 맞추기로 결정하였다." 그리고 영국 공군은 독일의 민간인 도시들을 무차별 공격하였다.

이렇듯 히틀러의 기습공격으로 4만 명의 영국 국민들이 희생된 뒤 19개월 후 영국은 이에 대한 보복으로 전쟁의 승리를 위해 광역폭격 정책을 택하고 독일에 대한 폭격을 실시하면서 영국은 전투원과 비전투원의 구별은 전혀 무의미하다고 생각하였다.

이러한 전략적 폭격과 관련한 '정의전쟁론'의 도덕적 논쟁에서 대두되는 것은 필요와 균형의 원칙이다. 처칠과 헤리스가 내린 도덕적 계산에서 영국인의 생명은 러시아인이나 독일인의 생명보다 더 큰 것으로 계산되었다. 헤리스는 1945년 그의 편지에서 다음과 같이 썼다. "나는 독일에 남아 있는 모든 도시들은 영국군보병연대 병사 1인의 뼈만한 가치도 없다고 생각하고 싶습니다."36)

1943년의 프랑스의 제2전선과 비교해 볼 때, 폭격기의 공격은 영국에게는 좋은 일이었지만 인류에게는 나쁜 일이었다. 이러한 점에서 영국의 폭격기 공격은 균형의 원리를 위반한 것이다. 왜냐면 전쟁법은 국적과는 상관이 없기 때문이다.

(3) 미국의 폭격과 히로시마: 차별 원리 위반

1943년 미국의 B-17 폭격기들은 1943년 영국의 폭격기 공격에 합류했다. 1945년 2일까지 민 해도 미국온 영국의 도시폭격전략에 뒤졌다. 1944년 6월 일본을 향한 첫 번째 B-29 공격이 수행되었다. 이후 계속되었으며 1945년 1월과 2월에는 도시에 대한 야간 폭격을 실시했고 3월 9일에는 새로운 사령과 르메이Curis Le May에 의해 334대의 B-29 폭격기로 도오쿄에 대한 소이탄 공격이 실시되었다. 이 공격으로 약 8만 4천명이 희생되었다.

소련은 비밀리에 루즈벨트에게 1945년 8월에 일본과의 전쟁에 참전할 것임을 약속했다. 미국으로서는 소련이 참전하여 기득권을 확보하기 이전에 전쟁을 끝내야겠다는 생각을 하게 되었고 원자탄 사용을 고려하게 되었다. 원자폭탄은 1945년 7월 첫 번째 실험에 성공하였고 두 번째 원자폭탄이 준비되었다. 1945년 4월 트루먼 대통령은 원자탄 사용문제를 토의할 임시 위원회(8명)를 구성하였고 이들은 4명으로 구성된 과학자 패널로부터 조언을 받았는데 페르미Enrico Fermi와 오펜하이머J. Robert Oppenheimer가 들어있었다. 독일의 원자폭탄 개발에 대응하여 시작된 이 계획은 1945년까지 연구비 20억 달러가 소용되었고 약 15만 명의 인원이 동원된 프로젝트

---

36) Hastings, *Bomber Command*, p. 402.

이었다. 그러나 독일이 패망함으로서 그 개발 동기가 사라졌는데 일본이 항복하지 않을 경우 사용해 보자는 의견이 대두되었던 것이다.

1945년 6월 1일 임시위원회는 가능한 빠른 시일에 경고 없이 원자폭탄을 군사적으로 사용할 것을 결정하였고 1945년 8월 6일 오전 8시 15분에 히로시마에 원자폭탄을 투하했다. 히로시마에서 12만명 나가사키에서 8만명의 인명이 희생되었고 일본은 무조건 항복을 함으로써 전쟁이 종결되었다.

이것에 대한 정당성을 주장하는 논리들을 살펴보면 당시의 전쟁장관 스팀슨Stimson이 전개한 도덕적 주장은 원자폭탄의 투하가 더 많은 희생을 사전에 막을 수 있었다는 것이다. 이것이 없었다면 일본에 대한 도시 폭격이 계속 되었을 것이고 그렇게 되면 히로시마와 나가사키 역시 폭격되었을 것이라는 것이다. 또 한편으로 일본에 대하여 미국이 해양봉쇄를 했을 경우 대량의 기아가 발생하고 이로 인해 수많은 인명이 희생될 수 있었으며 육지로 상륙하여 교전이 이루어졌다면 이 또한 원폭 희생 이상의 많은 사상자들이 발생하였을 것이므로 원폭의 사용은 효과적인 것이었고 더 이상의 군사적 공격 없이, 해군의 봉쇄 없이, 육상으로부터의 전투가 없이 전쟁을 끝낼 수 있었다고 평가한다.

그러나 많은 일반인들은 히로시마에 원자폭탄을 투하한 것은 부도덕한 일이며 그것 때문에 미국은 수치스럽게 되었고, 엄청난 희생을 통해 얻은 태평양 전쟁의 정의로운 승리의 영광을 손상시켰다고 생각한다. 도덕적 평가에서 가장 분명한 사실은 어떠한 변명에도 불구하고 그 공격이 많은 어린이들을 포함한 일본 시민들에 대한 직접적인 공격이었으며, 따라서 그것은 균형의 원칙과 차별의 원칙을 위반한 것이었다.[37]

나) 혁명전쟁과 반 게릴라전략

2차 대전 이후의 전쟁은 국가 대 국가의 전쟁이 아니라 비 국가 단체인 혁명주의자들이나 분리주의자들이 국가를 상대로 싸우는 전쟁이었다. 중국, 쿠바, 니카라구아에서와 같이 혁명주의자들이 목표한 것은 사회제도의 급격한 변화였으며, 베트남, 알제리, 앙골라 등에서는 그 주된 목표가 외국의 세력을 축출하는 데 있었다. 또 다른 것으로서 파키스탄, 나이지리아, 그리고 에티오피아에서는 분리주의자들이 분열된 민족을 중심으로 새로운 국가를 건설하려는 경우들이 있었다.

이들이 수행하는 전쟁의 형태는 매복, 공격, 습격, 파괴활동 그리고 게릴라 전술 등이었으며 이러한 전쟁에서 군대, 게릴라, 그리고 반 게릴라들은 모두 똑같이 군사적으로도 활동하고

---

37) 이와 관련한 세부적인 분석은 앞의 책, pp. 170-173.

정치적으로도 활동하였다.

혁명전쟁은 도덕적 비평가에게 어려운 문제를 제기한다. 전통적인 전쟁에서 검토되었던 정의로운 전쟁 규칙은 혁명 투쟁의 형태에는 적용되기 어렵다. 예를 들어 전투원과 비전투원의 구별이 혁명전 이론에서는 무의미하다. 그러나 헤이그 협정과 제네바협정의 전쟁법들은 혁명주의자들과 이들과 대치한 게릴라 소탕대원들에게도 적용될 수 있다.

또한 전통적인 전쟁수행의 규칙jus in bello도 적용되어야 한다. 예를 들어 1907년의 헤이그 협정에 명시된 "상대에게 위해를 주는데 삼가야 할 것들"의 내용 중에 다음과 같은 것이 있다. ① 독이나 독이 있는 무기들의 사용 ② 안전규칙을 깬 후에 죽이거나 상해를 가하는 일 ③ 항복한 자를 죽이거나 상해를 가하는 일 ④ 적은 무조건 살려두지 않겠다는 선언 ⑤ 부당한 손살과 고통을 입히는 무기와 발사체의 사용 ⑥ 적십자 병들을 학대하는 일 ⑦ 약탈이나 강탈행위 ⑧ 기타 불필요한 파괴행위 등이다. 이러한 규칙들은 혁명전쟁에도 적용될 수 있고 또 적용되어야만 한다. 혁명전쟁에서 도덕적 제한이 실제적으로 도전을 받는 경우란 어느 한쪽이 전쟁법을 위반함으로써 이득을 볼 것이라고 생각이 드는 경우이다. 이 경우에 해당하는 두 전술이 있는데 포로를 고문하는 경우와 암살의 경우이다.

① 고문: 제 3차 제네바협정은 명백히 전쟁포로를 고문하는 것을 금지한다. 세계 어느 정권도 어떤 명분의 운동도 공식적으로 고문을 인정하는 경우는 없다.

② 암살: 선생법은 정치적 관리들을 전통직으로 비진투원으로 취급힌다. 괸리리는 지체만으로 그들은 합법적으로 군사적 무력의 대상이 아니며 따라서 정치 괄료를 죽이는 것은 전쟁행위로 보지 않고 고의적 살인으로 여긴다. 혁명전에서의 전쟁 목표는 이들을 전복시키는 것이고 따라서 이들의 암살은 전쟁행위로 볼 수 있다.그러나 도덕적으로 합당하다고 할 수는 없다.

③ 사례(베트콩의 암살행위): 1961년 일 년 동안 남베트남에서 베트공은 4천명 이상의 마을 읍장, 경찰관, 정부의 관리들을 암살하였다. 혁명전쟁에서 비전투원들의 개념이 다르다고 해도 그렇게 많은 사람을 암살 한 것은 필요의 원리와 균형의 원리를 위반한 것이다.

다) 반 게릴라전과 명령에 대한 책임: 미라이 대량 학살

베트남에서 대량학살사건이 있었다. 1968년 3월 16일 미군의 메디나Ernest Medina 대위가 이끄는 중대원들은 미라이My Lai에서 2개 소대로 나누어 400여명의 민간인들을 무차별 대량 학살하고는 90여명의 베트콩들을 사살하였다고 허위보고 하였다.

전후 이루어진 군법회의에서 이들의 범법행위를 인정하고 실형을 선고하였는데 이들의 상관들인 메디나 대위, 핸더슨 소령, 코스터 소장들에 대해서는 무죄를 선고하였다. 무죄인 이유는 명령은 정당했는데 이의 수용과 시행이 잘못되었다는 것이었다. 공격하라고 명령한 것을 모두 죽이라고 이해하고 그대로 시행하였다는 것이다.

대 학살극의 주인공이었던 위리엄 켈리는 109명의 적군을 불법적으로 죽였다는 혐의로 재판을 받고 종신형을 받았다. 재심법원에서 20년으로 감형되었고 국방장관은 10년으로 감형하였으며, 실제로 3년의 형기를 마치고 석방되었다. 켈리 외에는 아무도 유죄선고를 받지 않았다.

라) 테러리즘과 반 테러리즘

1970년대 후반 미국의 관심은 혁명문제로부터 테러리즘으로 옮겨졌다. 테러리즘은 정치적 목적을 위하여 비전투원에 대하여 폭력으로 위협하거나 행사하는 것이다. 따라서 전투원이나 군사시설에 대한 공격은 테러라고 할 수 없다.

전통적인 차별의 원리에 의하면 민간인들에 대한 직접 공격은 결코 도덕적으로 정당화 될 수 없다. 이 원리에 따르면 테러리즘은 테러리스트들의 목표가 아무리 도덕적으로 절박한 것이라 하더라도 결코 도덕적으로 정당화 될 수 없다. 그 이유는 "예측할 수 있지만 의도되지 않은 죽음"과 "직접적이고도 의도된 죽음"의 구별에 근거한다. 그러나 일부 철학자들은 이러한 구별에 문제를 제기한다. 여기서 도덕적 기준이 균형의 원리인데 테러리즘이 실제적으로 나쁜 결과를 능가하는 좋은 결과를 가져다준다고 해서 과연 그것이 정당한 명분이 될 수 있는가? 하는 것이다. 역사의 평가는 분명하다. 그런 경우는 결코 없었다. 대부분의 테러리스트들은 정당한 명분을 갖고 있지 않았고 정당한 명분이 있어도 그들의 행동은 거의 효과적이지 못했다.

(1) 엔테베 습격

2차 대전 이후 대테러 작전에서 1976년 우간다의 엔테베Entebbe 공항 에서있었던 이스라엘 작전만큼 대테러 군사행동으로 지지받은 것은 없다. 4명의 테러리스트들이 아테네에 기착해 있던 에어프랑스 비행기에 탑승하여 247영의 승객과 12명의 승무원을 납치 우간다의 엔테베에 착륙하였다. 6명의 테러리스트들이 합류하였고 이들은 유럽 각국에 수감되어 있는 자기들의 동료 53명(이스라엘에 40명, 서독에 6명, 케냐에 5명, 스위스에 1명, 프랑스에 1명)을 6월 30일 오전까지 석방해야 하며, 그렇지 않으면 비행기와 승객들을 모두 폭파시키겠다고 선언하였다. 그런데 지명된 죄수들은 대량학살 및 불법무기 밀매 등 모두 용납될 수 없는 죄를 저지른 중죄인들이었다.

가장 많은 수감자를 가진 이스라엘 정부는 테러분자들과는 협상하지 않겠다고 선언하면서 단호히 거부하였으며 다른 국가들도 마찬가지였다. 6.25일 테러리스트들과 면담한 이디아민 우간다 대통령은 다음조치는 전적으로 이스라엘 정부의 손에 달려있다고 발표했다. 1차 협상에서 47명의 인질들이 석방되었고 그 다음날 10명이 더 석방되었다. 이스라엘은 협상을 추진하면서 구출작전을 시행하였다. 2명의 이스라엘 군인과 50여명의 우간다 군인이 죽었고 테러범들이 사살되었다. 이스라엘 특공대는 107명의 이스라엘 인질 중에서 103명을 귀국시켰으며 2명은 작전 중 희생되었고 한명은 귀국중 수송기 안에서 죽었다.

(2) 1986년 리비아에 대한 공격

1980년대 에는 새로운 형태의 테러리즘이 대두되었다. 그것은 국가가 테러단체를 지원하는 것이다. 가장 두드러진 예는 미국이 니카라구아의 산디니스타Sandinista 정부를 퇴진케 하려는 준군사적인 반대세력을 지원하였다. 그러나 미국이 가장 골머리를 앓았던 것은 리비아의 카다피 정권이었다. 이 정권은 이스라엘 정부와 동맹국들을 반대하는 테러그룹 훈련에 재정을 지원하고 물자를 공급하는 등 여러 면에서 그들을 지원하고 테러를 자행하여 문제를 야기하였다. 이키디피 정권은 최근에는 중동에서 일어난 민주화 운동에 따라 민주화를 요구하는 시위 군중을 학살하고 이에 항의하는 나토국가들을 상대로 전쟁을 하다가 종말을 고하였다.

다. 유스 파스트 벨룸JUS POST BELLUM: 전쟁종결과 이후의 정의

1) 개념과 주요 내용

전쟁종결의 정의는 정의전쟁론 분야에서 가장 덜 발달된 부분이다. 왈쩌의 논의에서도 이 부분에 대한 논의가 앞의 두 주제에 비하여 논의가 치밀하지 못하고 많은 중요한 문제들이 누락되어 있다.

왈쩌는 위의 두 요소들은 중세 가톨릭 철학자들과 법률가들에 의해 만들어진 틀이었지만 이제 이 같은 두 요소에 더하여 '전쟁 이후의 정의'라는 요소를 추가해야만 한다고 말한다. 그는 그의 이전 저서『정의로운 전쟁과 부정의 한 전쟁』에서 2차 대전 이후의 안정시기에 있어서의 정의 문제를 다루었지만, 그것은 지나치게 간단한 논의에 그쳤을 뿐 아니라 코소보, 동티모르, 그리고 최근의 이라크 등지에서 발생했던 많은 문제들을 다루지 못했다고 말한다. 평화구축과 군사적 점령, 그리고 정치적 재건에 관한 많은 연구 작업이 요구된다는 것이다.

이 부분은 왈쩌가 '전쟁수행의 정의'에 관련해서 논의한 '국제법적 모델(법리주의 모형)'

여섯 번째의 원칙인 침략국의 처벌에 관한 수정 문제와 밀접히 연결 되어있다. 즉 침략국에 대한 처벌의 범위는 어느 정도여야 하며, 전쟁 이후에 전쟁이전 상태로 어떻게 복귀하느냐의 문제로서 복구, 배상, 철수, 강화조약, 비무장, 무기통제, 전범재판, 외부적 조정, 정권 혹은 체제 전복, 침략국의 영토에 대한 한시적 점령 등이 그러한 문제들이다.38)

국내에서 김재명은 이 주제를 가지고 박사학위 논문을 썼다(2006). 그의 논문을 기초로 전쟁 종결의 정의에 대한 원칙과 기준, 그리고 발전 방향을 검토해 보기로 한다.39)

2) 원칙과 기준

가) 유스 파스트 벨룸의 원칙으로 다음과 같은 세 가지를 제시해 볼 수 있다.

첫째, 정의로운 평화just peace와 인간안보human security

전쟁이나 폭력의 위협으로부터 인간의 권리와 안전, 생명을 지킨다는 것은 모든 가치행위의 으뜸이다. 인간안보가 지켜지지 않은 한 이 땅에 평화는 없고 정의로운 평화는 더더욱 실현되기 어렵다. 국가의 평화가 '조직의 평화'가 아닌, 인간이 중심의 평화로 이루어질 때, 바로 진정한 '정의로운 평화'가 구현 되었다고 할 수 있다. 정의로운 평화에서의 안보는 국가안보에 머물지 않고 넓게는 '인간 공동체의 안보'이자, 좁게는 '인간 개개인의 안보'로 규정할 수 있다.

둘째, 승자의 전쟁범죄도 처벌받아야 한다.

기존의 정의 전쟁 논의에 있어 전쟁범죄와 그 처벌은 패전국에 초점이 맞추어 있고 승전국이 범한 전쟁범죄에 대해서는 면죄부를 주고 있다. 전범재판이 승자의 정의로 그쳐서는 안 되며, 유스 파스트 벨룸 기준에서 패전국 뿐 만이 아니라 승전국의 전쟁범죄도 처벌이 이루어지는 합리적이고 공정한 전쟁범죄처리가 이루어져야 한다. 물론 형평성에 대한 논란이 야기될 수 있고 이것은 법리적으로 원인 제공자와 강요된 행동에 대한 명확한 구분을 함으로써 논란은 극복될 수 있을 것이다.

셋째, 전승국은 패전국(피점령국)의 민심을 안정시켜야 할 도덕적 의무를 지닌다. 전승과 함께 진정한 승리와 정의의 실현은 패전국 국민들의 민심을 얻는 것이 진정한 승리이며 전후 국가재건을 도움으로써 조속히 평화와 안정을 찾도록 돕는 것이 인간안보와 정의의 실현이라 할 수 있다.

---

38) Michael Walzer, *Just and Unjust Wars: A Moral Argument With Historical Illustrations. New York*: Basic Books, Inc., pp. 121-122.

39) 김재명, 「'정의의 전쟁'이론에 대한 비판적 연구－전쟁 종식의 정당성 논의를 중심으로－」, 박사학위 논문(국민대학교 대학원, 2006), pp. 196-202.

내) 전쟁이 끝나고 평화로 옮겨가는 단계에서도 정의의 전쟁은 다음과 같은 기준의 적용이 요구된다.

첫째, 전쟁종식의 정당한 이유:

전쟁을 합리적인 절차에 따라 끝내려면 침략국가가 항복할 준비가 되어있고, 침략국가가 전쟁 중에 얻었던 이익을 모두 내어놓을 준비가 되어있고, 침략으로부터 피해를 당한 국가의 권리가 모두 회복되어 가고, 침략행위를 사과하고 피해보상을 할 태세가 대 있다면 전쟁을 종식시킬 충분한 이유가 된다.

둘째, 올바른 의도: 패전국에게 가혹한 복수를 하겠다는 생각으로 전쟁을 마무리해서는 안 된다.

셋째, 적법한 권위에 의한 전쟁종식의 공개선언: 전쟁이 그치고 평화가 왔다는 선언은 침략으로부터 피해를 입었던, 정통성을 지닌 정부나 국제기구에 의하여 이루어져야 한다.

넷째, 차별의 원칙: 침략국의 정치·군사 지도자와 일반병사와 시민을 구별, 일반병사와 특히 일반시민들이 부당한 고난을 받도록 해선 안 된다. 침략행위에 대한 징벌은 정치군사 엘리트들에게 한정되어야 한다.

다섯째, 비례의 원칙: 침략국(패전국)이 전쟁 중에 끼친 피해에 비추어 합리적인 선을 넘어 승전국이 가혹한 보상을 요구하는 등의 일방적 징벌을 가해서는 안 된다.

여섯째, 전쟁범죄의 공정한 처벌: 전쟁기간 중에 저질러진 전쟁범죄의 조사에서는 적군뿐만이 아니라 아군이 저지른 범죄에 대해서도 똑같이 엄격한 조사가 이루어져야 한다. 아군의 인권도 중요하지만 적도 인권이 중요하다.

일곱째, 앞의 비례의 원칙과 함께 장래의 새로운 전쟁 가능성을 예방하고 '정의로운 평화' just peace를 확립하자는 것이 유스 파스트 벨룸의 핵심사항이다.

3) 주요사례

전쟁이 끝난 후 정의로운 전쟁은 반드시 정의로운 평화를 구축해야 한다. 자위로 정당한 전쟁을 한 나라는 전쟁 이전의 상태로 원상회복을 요구할 수 있으며 손실에 따른 보상을 요구할 권리가 있다. 전쟁이론가들은 이 범위를 안전보장이 확실히 담보될 수 있는 정도와 전범국이 더 이상 국제적 범죄를 저지르지 않도록 교훈을 줄 수 있는 범위로 합의가 이루어지고 있다. 그러나 그 보상의 범위는 적절 수준 이상을 넘어서는 과도한 것으로서 패전국의 국민들의 권리를 제한하거나 당사국이 아닌 제3국의 권리를 침해하는 것이어서는 안 된다.

가) 1950년 한국전쟁의 사례

자위의 한계를 넘어선 무력 사용 예로서 가장 교과서적인 예는 1950년 한국전쟁에서 맥아더 장군의 인천상륙 작전이다. 1950년 북한은 남침을 하였고 낙동강까지 전진해 한반도를 거의 압도하고 남한 정부를 전복시키기 직전 까지 갔다. 맥아더는 9.15 인천상륙작전을 감행 북한군의 허리를 끊고 38선을 넘어서 북진을 하여 중국 국경선 까지 진출하였다. 그러나 11월 중공군의 반격에 의하여 다시 38선 밑으로까지 밀려났고 그 후 3년 동안 전투와 협상을 통해 38선 위쪽으로 남북 분할이 이루어지고 정전되었다.

만일 연합군이 단순히 전쟁이전 상태로의 회복을 원했다면 맥아더 장군은 1950년 10월 인천 상륙작전 이후 북한의 경계선에서 공격을 멈추었어야 할 것이다. 그러나 북한의 부정의한 남침 공격과 적화야욕을 분쇄하고 통일을 달성하기 위해 북진공격을 했던 것은 도덕적으로 정당한 것이었다. 맥아더의 문제점은 정의로운 평화의 원칙을 무시한 것이 아니라 중공군의 반격을 경솔하게 평가했다는 것이다.

나) 1967년의 이스라엘 공격 사례

이스라엘은 6일 전쟁 이후 티란 해협을 다시 열게 했으며, 시나이, 가자지구, 웨스트 뱅크 West Bank, 동예루살렘 그리고 골란고원에 대한 군사적 지배권을 장악했다. 이 지역들 중 시나이 반도와 가자지구만을 제외하고 오늘날까지 이스라엘이 통제하고 있다. 정의로운 평화의 원리에 의할 때 이스라엘의 6일 전쟁은 정의로운 전쟁이 아니었다.

다) 베트남 전쟁

이와는 대조적으로 왈쩌는 미국의 베트남전 참전을 월맹의 월남침략에 대항하는 국제법의 강제구현으로서의 지원전쟁이 아니며, 오히려 내전상황에 관련된 역 개입으로 해석한다.[40] 월남 정부에 대한 각종 전복활동, 테러, 베트콩 게릴라전 지원 등의 은밀한 군사작전을 편 월맹의 부당한 개입에 대한 미국의 역 개입은 그렇지만 자조적 능력과 합법성을 결여한 월남정부에 대한 지원이었으므로 부정한 역 개입이었다고 해석한다.[41] 그런데 한국전쟁에서 미국과 국제연합의 참전 결정은, 남한에서 좌익 전복활동이 내전이 될 정도로 전개된 것이 아니고, 또한 남한 정부는 상당한 지지를 통해 합법성을 가지고 있었으므로, 북한의 남침에 맞서는 남한의

---

40) Michael Walzer, Michael. *Just and Unjust Wars: A Moral Argument With Historical Illustrations*. (New York: Basic Books, Inc, 1977), p. 97.

41) Michael Walzer, Michael, 앞의 책, p. 79.

정당한 방어전쟁을 국제법의 강제 구현을 위한 지원전쟁에 해당된다고 해석한다.[42]

라. 유스 파스트 벨룸 차원에서 본 정의전쟁 연구의 한계

서구의 강대국들은 전쟁을 벌이는 동기가 올바르면 그 마무리 과정에 문제가 있더라도 괜찮다는 분위기가 지배적이었고, 지금도 그러한 측면이 강하다. 그러나 앞에서 살펴본 바와 같이 전쟁을 벌일 만 한 충분한 이유(유스 애드 벨룸)와 올바른 전쟁 수행(유스 인 벨로)과 더불어 전쟁을 제대로 마무리해야 하는 전쟁 종식의 합리성(유스 파스트 벨룸) 기준을 제대로 지키는 것이 중요해진다.

지금까지 살펴본 기존의 정의전쟁론이 지닌 한계와 문제점은 다음과 같이 정리해 볼 수 있다.[43]

첫째, 정의의 전쟁론의 무게중심이 전쟁을 벌일만한 충분한 이유(유스애드 벨룸)와 올바른 전쟁수행(유스 인 벨로)에 맞추어져 있고 전쟁의 올바른 마무리(유스 파스트 벨룸) 기준은 부차적으로 다루어 왔다는 점이다. 현대 정의전쟁론의 이론체계를 새로 다듬었다고 평가받는 마이클 왈쩌도 그 필요성과 문제점을 지적하면서도 전쟁범죄 부분을 빼고는 아주 짧게 다루고 넘어간다.

둘째, 정의의 전쟁론은 엄격한 전쟁범죄 처벌을 요구해야 한다. 어느 누구도 면죄부를 받아서는 안 된다. 마이클 월쩌는 전쟁범죄를 저지른 정치지도자들을 반드시 처벌할 필요는 없다고 말하고 있다. 비록 "처벌 받지 않는 것으로 그들에게 이익이 돌아가서는 안 된다"는 단서조항을 붙이고 있지만 이러한 주장은 헨리 키신저 등 현실주의 국제정치학자들의 이론과 동일하다. 어떤 전쟁지도자를 전범처리하고 어떤 지도자에게 면죄부를 줄 것인가? 또 그런 것들이 현실적으로 가능한가?

이러한 문제의 대표적인 예가 "전쟁 영웅"과 "싸구려 평화 논쟁"이다. 브리안 오랜드Brian Oland는 전쟁범죄를 저지른 지도자라 할지라도 그 나라에서 대중적 지지도가 높으면 처벌 대상에서 뺄 수가 있다고 본다. 그런 인물을 전범재판소에 세움으로써 점령국의 안정적인 통치에 혼란을 줄 수 있기 때문이라는 것이다. 소위 전쟁영웅에 대한 정치적 흥정과 타협이 가능하다는 논리이며 이러한 것은 나쁜 예외적 선례가 될 수 있다. 실례로 서부 아프리카의 시에라리온에서 포데이 산코P. Sankoh가 이끈 반군 혁명연합전선RUF은 10년 내전을 벌이면서 민간인들의 손목을 도끼로 잘라 악명을 얻었다. 1999년 로메 평화협정Lome Convention으로 지도자 포데이 산코는

---

42) 법리주의 4번째 모형에 해당. Michael Walzer, Michael, 앞의 책, p. 100.
43) 김개명, 앞의 글, pp. 47-47.

전쟁범죄를 백지 사면 받고 거국내각에 참여 '부통령' 예우를 받으며 금의환향錦衣還鄉 했다.44) 이를 두고 국제사회에서 비판여론이 일어났다. 싸구려 평화를 얻으려고 나쁜 전례를 남겼다는 것이다. 이로부터 얻은 교훈은 "전쟁범죄에 대한 백지 사면은 나쁜 선례만 남기고 평화의 길을 막는다"는 것이다.

셋째, 강대국 중심의 정의의 전쟁론이란 비판에서 자유롭지 못하다. 전쟁 종결의 정의(유스 파스트 벨룸)에서 강대국의 책임을 강조하기보다는 시혜施惠와 자비慈悲라는 잣대로 평가한다. '승자의 평화' '승자의 정의'가 되어서는 안 된다는 명시적인 합의가 없다.

넷째, 승자의 전쟁범죄도 처벌되어야 한다는 엄격함이 없다. 공정한 전쟁범죄의 처벌은 유스 파스트 벨룸의 기준에서 빼 놓을 수 없다. 패전국의 전쟁범죄뿐만이 아니라 전승국(강대국)의 전쟁범죄도 단죄되어야 정의로우며 완전한 정의를 이를 수 있는데 그렇지 못하다.

다섯째, 정의의 전쟁 논의의 중심도 국가에 있지 국가끼리의 전쟁으로 고통을 받는 사람에게 있지 않다는 것이다. 즉 국가안보가 우선이고 인간안보Human Security에 대한 고려는 2차적이다. 특히 전쟁을 어떻게 마무리하고 그 이후에 어떻게 평화질서를 구축해 나가야 할지에 대한 국제법이 제대로 정비되어 있지 않다는 것이다. 전승국이 일방적으로 패전국에게 씌우는 의무가 '정의'로써 강요되는 것이 현실이다.

브리안 오랜드는 이에 대하여 "전쟁 뒤처리에 대한 규정이 제대로 되어 있지 않을 경우에 법률적 공백상태, 정치적 불안, 불의injustice 등 여러 심각한 문제들을 일으키기 마련이다. 이를 개선하기 위해서는 이와 관련된 전쟁종식에 관한 국제법을 조속히 확립하는 것이다."

결론적으로 전쟁 종결의 정의가 빠진 전쟁목적(개시)의 정의나 전쟁 수행의 정의 논의는 '승자의 정의' 또는 '승자의 평화'이지 '정의로운 평화'라고는 할 수 없다.

4. 전쟁윤리와 현대 정의전쟁론의 과제

현대국가에 있어서 일반적으로 정치지도자나 군부 지도자들은 전쟁을 벌이기에 앞서 일반적으로 세 가지 사항을 심각하게 검토한다. 첫째는 이 전쟁이 보편적인 정의를 실현하는데 알맞은 전쟁인가(정의의 전쟁), 둘째는 전쟁을 벌인다면 국가이익과 안보에 얼마나 도움이 될

---

44) 로메이 협정은 평화와 민주주의를 확립하기 위하여 그이전의 반군의 잔학행위를 없었던 것으로 하자는 협정이다. 이 협정으로 산코는 사면되었으나 반군은 무장해제를 하지 않았고 평화유지군을 볼모로 잡고 협상을 전개한다. 이에 영국군이 개입하여 산코를 생포하여 재판에 넘겼다. 70여 항목의 전쟁범죄행위로 재판받던 중 폐경색으로 사망하였다.

것인가(현실주의적 접근), 셋째, 아무리 명분과 실제 이익이 좋다 해도 전쟁으로 피를 흘리는 것보다는 그래도 평화가 낫지 않을까(평화주의적 접근) 하는 생각들로 심사숙고한다. 대부분의 정치군사 지도자들은 현실적으로 전쟁이 국가 이익과 국가안보에 얼마나 도움이 되는가를 중점적으로 따져보게 된다. 이름하여 현실주의적 접근이다.

현실주의적 접근에 따르면 힘에 바탕을 두고 국가이익과 국가안보를 극대화하는 것이 '국가 이성'Raison Détere이며 '현실정치'Realpolitik다. 도덕적인 논의는 중심에서 밀려난다. 현실주의자들은 '정의의 전쟁'을 말하는 사람들을 시큰둥하게 바라본다. 일단 전쟁이 벌어지면 무슨 수단을 써서든지 승리를 거두어야 한다고 믿는다. 현실주의자들은 정의의 원칙과 국제법을 제대로 지키려면 국가의 전쟁 수행능력이 떨어진다고 생각하며 그들은 전쟁에서 도덕성과 정의란 그리 중요하지 않으며 전쟁에서 도덕성과 정의를 말하는 것은 속임수이자 위선이라고 여긴다.

이러한 논리에 의하면 한국가의 생존과 승리가 다른 가치보다 앞서며, 윤리는 부차적인 것으로 생각한다. 한국가가 전쟁을 치를 때는 국가이익과 국가안보가 가장 중요하며 도덕적인 측면은 희망사항 또는 장식품에 지나지 않는다고 믿는다.

이러한 생각들은 소위 럼스펠드가 주도했던 공세적 현실주의 시대의 논리라 할 수 있다. 이제는 그런 생각들은 많이 변화되고 퇴색되었다. 이제 세계는 어느 강대국 또는 동맹국들이 일방적으로 이득을 취하는 시대는 지났다. 일방적 안보의 추구는 있을 수 없으며 공동, 협력, 포괄적 안보를 추구하며 국제협력과 국제규범을 통해 공동이익을 추구하며 국가이익과 안보를 추구하는 방어적 현실주의 시대로 변화 하였다.

현대에서의 전쟁은 국가안보와 국가이익이 정의롭게 균형을 이루어 추구되어야 한다. 이러한 오센틱 전쟁철학에 따른 정의의 전쟁 개념은 다음과 같이 요약될 수 있다.45)

첫째, 정의의 전쟁은 세 가지 차원의 검증과정이 요구된다. 오센틱Authentic 한 정의전쟁Just War은 유스 애드 벨룸, 유스 인 벨로, 유스 파스트 벨룸의 3가지 정의의 전쟁 요건을 모두 충족해야 한다. 전쟁목적(개시)의 정의를 충족하였다 하더라도 나머지 조건들이 충족되지 않으면 정의로운 전쟁이라고 할 수 없다.

둘째, 유스 애드 벨룸, 유스 인 벨로를 어기는 것이 전쟁범죄로 평가된다면 유스 파스트 벨룸도 똑 같은 평가를 받아야 하며 전쟁범죄로 인식되어야 하고 그 책임도 추궁되어야 한다.

셋째, 교전 당사국 모두 정의의 전쟁을 벌인다고 주장하지만, 어느 쪽이 정의의 전쟁을 벌였는가 하는 결론은 승자가 내리는 것이 국제정치의 현실이다. 따라서 승자의 전쟁범죄도

---

45) 김새밍, 앞의 글, pp. 198-199.

처벌하는 것이 '승자의 정의'가 아닌 참정의, 즉 오센틱 정의라 할 수 있다.

넷째, 전쟁에서의 '올바른 의도'right intention는 전쟁의 제1 기준인 유스 애드 벨룸(전쟁개시의 올바른 의도), 제2 기준인 유스 인 벨로(전쟁 수행의 올바른 의도)에 적용될 뿐만 아니라 제3 기준인 유스 파스트 벨룸(전쟁을 올바르게 종식시키려는 의도)에도 해당된다.

다섯째, 유스 파스트 벨룸 기준을 지키지 않으면 '정의로운 평화'just peace란 없고 승자가 강요하는 평화가 있을 뿐이며 억압과 고통, 희생, 그리고 혼란이 가중된다.

여섯째, 전쟁이 희생을 치러서라도 보다 나은 평화를 위한 것이라면, 전쟁 전보다 사람들이 더 안전하다고 느껴야 전쟁이 주는 최소한의 보상이다. 국가안보national security도 중요하지만 인간안보human security의 가치도 중요하며 어떤 측면에서는 더 우선하는 가치이다.

일곱째, 승전국은 패전국의 민심public opinion을 얻어야 정의전쟁의 진정한 승자가 될 수 있고 '정의로운 평화'just peace를 실현할 수 있다. 전쟁의 빠른 복구와 박탈감을 해소 할 수 있도록 노력하는 것은 승전국의 도덕적 의무이다.

현대 정의전쟁 연구는 많은 숙제를 안고 있다. 이러한 것들이 실현되기 위해서는 많은 연구와 철학적 사유가 뒤따라야 할 것이다. 시간도 많이 소요될 것이다. 그러나 분명한 것은 인류의 이념을 실현하기 위해서는 이러한 과정은 필수적인 것이고 설사 고통이 있더라도 당연히 감내하여야 한다는 것이다. 희망적인 것은 다행히도 왈쩌의 말처럼 현대국가들은 이러한 문제를 전쟁 전에 고민하기 시작했다는 것이다. 그래서 왈쩌가 현대 정의전쟁의 승리라고 외치고 있는 것이다.

제3절 현대 정의전쟁의 조건: 전쟁법(교전규칙)과 제한전쟁

2010년 3월 26일의 천안함 폭침과 11월 23일 연평도에 대한 북한의 포격사건으로 대한민국은 교전규칙 논란에 휩싸였다. 이 사건으로 국민들은 한반도가 정전체제라는 사실을 실감하고 한미연합 방위체제하에서 우리의 작전권, 교전권 그리고 교전규칙에 문제점이 있다고 절감하였다. 대부분의 국민들과 군인들은 우리가 그렇게 당하는 것에 대하여 이해를 하지 못한다. 무엇을 어떻게 하는 것이 옳은 것이고 어떤 것이 그 반대인 것인가. 우리가 추구해야 할 정의로운 군사행동은 어떤 것이어야 하는가? 이러한 문제들을 검토해 보기위해서는 현대 정의전쟁의 조건을 이해하는 것이 중요하다.

정당한 전쟁교리의 발전과정에서 비교적 늦게 등장한 전쟁법에는 전쟁수행에 대한 두 가지 제약이 규정되었다. 한 가지는 정치적 및 군사적 목적에 대한 군사적 수단의 비례적 대응성을 요구하는 비례적 대응원칙이다. 다른 한 가지는 비전투원과 비군사적 목표에 대한 직접적이고 의도적인 공격을 금하는 분별적 보복원칙이다. 이것들이 정당한 전쟁에 관한 현대의 저서들이 보편적으로 다른 전쟁법규에 대한 제약의 두 가지 범주이다. 그러나 전쟁수행을 제한하려는 노력의 역사를 살펴보면 이른바 제한된 수단이라 할 수 있는 세 번째 범주의 제한이 있음을 알 수 있다.(즉 차별적일 수는 있지만 불균형적이고 사용 불가한 것으로 인식됨을 뜻함) 오브라이어우 이것을 기본적인 전쟁법규의 제한에 대한 세 번째 범주로 간주하고 '본질적 위반mala in se의 수단'과 '금지된 위반mala prohibita의 수단'으로 세분하고 있다.

정당한 전쟁과 국제법상의 전쟁법을 결합하려고 할 때 실정법의 기본원칙에 정당한 전쟁원칙을 조화시켜야 하는 문제가 대두된다. 이들 원칙(즉 군사적 필요성, 인간성, 기사도)은 정당한 전쟁교리에 대한 정당한 전쟁법에 대한 제요소를 포함하는 합법적인 군사적 필요성에 대한 고려가 필요하다. 모든 전쟁법규의 바탕을 이루고 있는 것은 규범적 처방으로서의 제한전쟁 개념인데 이 개념은 군사·정치적 제한전쟁 개념과 중복된다.

1. 전쟁법

가. 개념 및 발전과정

전쟁법戰爭法, laws of war은 전쟁의 개시·수행·종료를 취급하는 국제법의 한 부분이다. 전쟁법은 포고되거나 포고되지 않은 전쟁 모두에 적용되며, 교전국간의 관계 및 교전국과 중립국 사이의 관계를 규율한다. 또한 전쟁에 관련된 개인의 책임과 권리, 무기의 유형과 그 용도, 시민의 권리를 정한다.46)

고대의 전쟁은 거의 규제를 받지 않았으며, 전쟁에서 패한 자들에게는 노예 생활이나 죽음이 기다리고 있었다. 유럽에서는 중세 말기까지 합리적이고 인도적인 정서의 영향과 더불어 종교적 개념들과 기사도의 영향을 받아 상당한 법체계가 발전했다. 예컨대 다른 그리스도 교도를 포로로 잡은 그리스도교도는 포로를 노예로 팔 수 없었다. 그러나 중세 법은 주로 신사 계급의 군인에게 적용되었고, 민간인과 하급 군인들은 혹독한 처우를 받기 쉬웠다.

1625년에 출간된 H. 그로티우스의 『전쟁과 평화의 법』De Jure Belli ac Pacis은 국가는 의무와 금지 규범에 구속된다고 주장함으로써 유럽에서의 국민국가의 발전을 예고했다. 무기가 보다 파괴적이 되면서 전투 행위를 규제하기 위한 노력도 증대되었다. 파리 선언(1856)은 사략선私掠船, 해적선의 나포 행위를 불법화했다. 미국 남북전쟁 기간 중인 1863년에는 에이브러햄 링컨 대통령이 일반명령 제100호 '야전군 통치에 관한 지침'을 발포했는데, 이는 프랜시스 리버가 마련하여 후에 많은 영향력을 행사했던 법전인 리버 법전Lieber code에 근거한 것이었다.

1864년 스위스에서는 전상자 보호를 위한 최초의 제네바 조약이 채택되었다. 1899, 1907년의 헤이그 평화회의는 현행 전쟁법의 상당 부분을 법전화 했다. 1906, 1929, 1949년의 제네바 조약은 민간인·전쟁포로·부상병 및 병든 군인에 적용되는 전쟁법을 확대하고 수정했다. 독가스전에 관한 제네바 의정서(1925)는 치명적 독가스와 세균전을 금지했다. 핵전쟁을 통제하는 조약들 가운데 1967년에 체결된 조약은 핵무기의 우주 배치를 금지하고 천체의 평화적 목적에의 사용을 규정했다.

고대에는 무엇이 정당한 전쟁이 되는가라는 문제가 신학적 맥락에서 논의되었다. 중세의 전쟁은 그 대의가 무엇이건 최고의 권위자, 즉 독립 군주에 의해 수행되면 '정당한' 것이었다. 18세기부터 제1차 세계대전기까지는 개별 국가가 전쟁의 필요성을 판단하는 유일한 심판관으로 간주되었다. 그러나 국제연맹 규약은 침략이 중대한 국제적 비행을 구성한다는 입장을 취했다. 전쟁에 호소하는 것을 비난한 켈로그-브리앙 조약은 제2차 세계대전 후 뉘른베르크의 독일 전범재판에 영향을 끼쳤다. 국제연합UN 헌장(1945)은 전쟁에의 의지를 자위自衛와 국제적인 안전을 강화하기 위한 UN의 행동으로 제한했다.

전쟁법은 무기와 전쟁방법이 무제한적이지는 않다는 원리에 근거해 있다. 전쟁법은 무력

---

46) 브리타니카 백과사전.

분쟁에 대한 한계를 설정함으로써 전쟁의 목적이 적국의 군대를 무력화시키는 것이지 전투원이나 민간인이나 할 것 없이 혹심하고 무차별적인 고통을 당하도록 하는 것이 아니라는 원칙을 강화한다. 전쟁법은 때로는 전범의 사법적 처벌에 의해서 강화되어왔으며, 세계의 여론은 각 국가들에게 관습적인 국제법을 준수하도록 설득해왔다. 그러나 어떠한 초국가적 조직(예를 들면 UN)도 범법국가를 처벌할 권한을 갖지는 못했기 때문에, 전쟁법을 구성하고 있는 조약과 협약의 전체계를 체계적으로 집행하는 것은 사실상 불가능함이 입증되었다. 반 평화범죄(침략전쟁의 계획·수행 등)에 대해서는 정부의 정책에 영향을 끼칠 수 있는 사람들만 처벌할 수 있지만, 집단살해genocide와 반 인도범죄에 대해서는 장교와 사병도 처벌할 수 있다. 장교는 자신이 통솔하는 군대에 의한 폭력을 방지하려고 노력해야 하며, 그렇지 않은 경우에는 그 범행을 몰랐다고 하더라도 그런 행동에 대해 책임을 져야 한다. '명령을 따르는' 부하 역시 전범 유죄 판결을 받을 수 있다. 각 국가는 전범자를 재판하고 처벌할 1차적 책임을 진다.

UN 헌장의 자위 규정은 자위가 시작되는 시기를 문제점으로 남기고 있다. 침략국에 의한 전복활동과 피 침략국의 국경을 향한 침략국의 진격이 무장공격에 선행할 수 있는 것이다. 핵 미사일의 발사는 방어시간을 거의 주지 않을 수도 있다. 이러한 이유로 자위국의 예방조치 문제가 제기되어왔다. 전쟁은 적국 영토나 공해公海 및 이들 지역의 공중에서 수행될 수 있다. 중립국도 자국의 국경 내에서 적성국 군대의 작전수행을 방지하지 못하면 공격 목표가 될 수 있다. 의료시설과 교육적·문화적·종교적 재산은 군사적 목적으로 사용되지 않는 한 공격으로부터 보호되고, 약탈은 금지된다. 전쟁법은 전투원과 비전투원을 구별하고 있지만, 제2차 세계대전중의 무차별 공중폭격은 이 구별을 무색케 했다. 민간인과 구분되는 군인은 사령관의 통제를 받으며 공공연히 무기를 휴대하고 제복을 착용한다. 1949년의 제네바 조약과 1977년의 제네바 의정서는 게릴라도 군사작전 수행중 이 차이를 준수하지 않으면 불법 전투원으로 처벌받아 마땅하다고 규정하고 있다. UN 평화유지군 역시 전쟁법규에 구속된다.

국제법은 적대성을 은폐하기 위해 백기나 적십자기를 이용하는 등의 배신행위treachery를 금지하고 있다. 첩보활동espionage은 허용되지만, 간첩은 처벌될 수도 있다. 포로는 인간적으로 대우해야 하며 교전상태가 종료되면 송환해야 한다. 양측이 전투를 중단하거나 한쪽이 그 상대방을 복종시키면 전쟁은 종료된다. 종종 휴전조약에 이어 체결되는 평화조약은 가장 바람직한 전쟁 종료 수단이다. 조약은 그 시민들이 전쟁법을 위반한 나라에 대하여 배상책임을 지울 수 있다. 침략국에 의한 영토의 합병은 다른 나라들이 승인하지 않을 수 있다.

전쟁법은 크게 두 가지 독특한 경향을 가지고 있다. 하나는 제네바를 중심으로 성문화되어 "제네바 법"으로 불리는 것으로 적군의 장악 하에 들어간 전쟁희생자의 보호에 관한 조약들로 주로 적십자정신에 입각하여 적대행위에 가담하지 않은 인원과 전투능력을 상실한 전투요원의 안전을 보호 하려는 것이다. 제네바법의 보호대상은 전쟁포로, 부상자, 병자, 난선자 등 무력충돌의 희생자가 된 자, 민간인, 무력충돌의 희생자를 돌보는 자(특히 의료원) 등이다. 다른 하나는 헤이그를 중심으로 성문화된 "헤이그법"으로 불리는 것으로 전쟁에서 어떤 수단과 방법이 허용 또는 금지되는가를 구체적으로 규율하는 조약들이다. 오늘날에는 헤이그법과 제네바법 간의 명확한 차이는 점차 감소되고 있다. 예컨대 1977년 체결된 "1949년 제네바 4개 협약에 관한 추가의정서"는 전투행위의 규제와 전쟁희생자의 보호라는 두 가지 측면을 모두 담고 있어 혼합법으로 분류되고 있다.

나. 주요 근거 법규

전쟁법규 중 중요한 것은 다음과 같다.[47]

1) 전쟁법 일반

- 1864년 전지에 있어서의 군대 부상자의 상태 개선에 관한 제네바 협약
- 1899년 헤이그 협약
- 1949년 제네바 4개 협약
- 1954년 문화재 보호에 관한 헤이그 협약
- 1977년 제네바 4개 협약에 추가되는 2개 의정서
- 1993년 화학무기 개발·생산·비축 및 사용의 금지 또는 제한과 이들 무기의 폐기에 관한 협약
- 1997년 대인지뢰의 사용·비축·생산 및 이전 금지와 이들 무기의 폐기에 관한 협약
- 1998년 국제형사재판소에 관한 로마 규정 등
- 2011년 과도하게 유해하거나 무차별적 효과를 가지는 일부 재래무기 사용의 금지 내지 재한에 관한 제네바 협약(CCW)

2) 세부 육·해·공전 법규

가) 전쟁 일반에 관한 법규

---

47) 전쟁법의 상세한 내용은 김현수, 『작전법』(서울: 해군대학, 2001) 참조

    ① 개전에 관한 협약(1907)

    ② 개전시 적상선의 취급에 관한 협약(1907)

나) 육전에 관한 법규

    ① 육전의 법규·관례에 관한 협약(1907)

    ② 질식가스 또는 유독가스의 살포를 유일목적으로 하는 투사물의 사용을 금지하는 선언(1899)

    ③ 질식성·독성 또는 기타 가스 및 세균학적 전쟁수단의 전시사용금지에 관한 의정서(1925)

    ④ 화학무기의 개발·생산·비축 및 비축의 금지와 그 폐기에 관한 협약(1992)

    ⑤ 세균 및 독소무기의 개발·생산 및 비축의 금지 및 그 폐기에 관한 협약(1972)

    ⑥ 환경변경기술의 군사적 또는 적대적 사용금지협약(1976)

    ⑦ 특정재래식무기사용금지·제한협약(1980)

    ⑧ 대인지뢰의 사용과 비축·생산 및 이전의 금지 및 폐기에 관한 협약(1997)

    ⑨ 덤덤탄의 사용금지에 관한 선언(1899)

다) 해전에 관한 법규

    ① 해상법의 요소를 확정하는 파리선언(1856)

    ② 해전법규에 관한 런던선언(1909)

    ③ 상선의 군함으로의 변경에 관한 협약(1907)

    ④ 전시 해군의 포격에 관한 협약(1907)

    ⑤ 자동촉발해저수뢰의 부설에 관한 협약(1907)

    ⑥ 잠수함의 상선에 대한 전투행위에 관한 의정서(1936)

라) 공전에 관한 법규

    ① 공전에 관한 규칙안(1922): 미 발효되었으나 국제관습법으로 존중

2. 제한전쟁의 정당한 전쟁 조건

무제한의 전쟁은 그 정당한 이유가 아무리 중요하다 할지라도 결코 정당화 될 수 없다. 합법적 강제(legal inperative)로서 제한전쟁의 기본 개념은 1907년 헤이그 규칙 제 22조에 다음과 같이 기술되어 있다. "적에게 해를 가하려는 수단을 채용하려는 교전국의 권리는 무제한이 될

수 없다." 동 규칙 제1장에 "적에 대한 가해수단, 포위 및 폭격"의 제2절 "적대행위" 가운데 첫째조항이다.[48]

이 조문은 1977년 제네바 의정서 제1부 제35조 1항의 3가지 "기본 규칙"부터 1949년 제네바협정 제1부 "전쟁의 방법과 수단"에 이르기까지 반복 언급되어 있는데 그 내용은 "어떤 무력분쟁에 있어서도 전쟁의 방법 및 수단을 선택할 분쟁 당사국들의 권리는 무제한 일 수 없다"는 것이다.[49] 이 기본원칙은 적어도 두 가지 의미를 포함하고 있다. 첫째, 교전국은 마음대로 모든 수단을 사용하려는 무제한의 권리open-ended right와 전쟁법의 규칙에 구애받지 않고 적에게 피해를 끼치려는 어떠한 수단의 사용을 결코 가지지 못한다. 둘째, 허용 가능한 무장 강제력은 반드시 제한 및 통제되어야 한다. 이는 교전국이 통제를 벗어나려는 경향을 다음과 같은 원칙 하에서 제지되어야 함을 뜻한다.[50]

가. 비례적 대응의 원칙

전쟁법 차원에서 비례적 대응 원칙은 전쟁의 수단을 판단하는 비례적 대응성의 준거 reference of proporationality 문제가 즉각적으로 야기된다. 최고의 국가정책(국시raison détat)의 조건으로 형성된 전쟁 목적과 관련하여 수단은 어떻게 판단되어야 하는가? 혹은 전쟁의 이유raison de grerre로서 전쟁법에 언급된 중립적 정치·군사적 목표가 전쟁수행에 관한 비례적 대응성의 계산에 있어서 더 적절한 준거가 될 것인가?

전쟁에 있어서 모든 수단의 궁극적 정당화는 국시라는 정치적 목적인 정당한 이유에 포함된다는 것은 의문의 여지가 없다. 그러나 그 목적을 전쟁법에서 비례적 대응의 유일한 준거로 삼는 데에는 많은 어려움이 따른다.

첫째, 모든 전쟁 수단을 전쟁의 최고목표에 관련짓게 되면 별도의 군사적 수단에 대한 이론적 근거나 정당화가 약화된다. 만약 모든 수단이 전쟁 노력을 위해 필요하다고 주장하는 바대로 단순히 사용된다면, 우리는 수단의 도덕성에 대한 고려를 넘어서서 정당한 이유라는 측면에서 이 수단을 전적으로 수용하거나 또는 거부해야 할 것이다. 정당한 이유에 있어서 비례적

---

48) 1907년 10월 18일 지상전에 관한 법규와 관례에 대한 제4차 헤이그 협정(36개국 2277명의 대표조약 시리즈 No. 539)

49) 1949년 8월 12일의 제네바협정에 부가적인 제네바 의정서 및 1977년 12월 12일의 '국제적 무력분쟁의 희생자 보호(의정서 I)'에 관련된 제네바 의정서(UN, A/32/144<1977>)

50) William V. O'Brien, *The Conduct of Just and Limited War*, Praeger Publishers, CBS Educational and Professional Publishing, A Division of CBS, Inc, New York, U.S.A. 1981. 국방대학원 역, 『전쟁의 정당성과 제한전쟁』(서울: 1987, 국방대학교), pp. 68-106 참조

대응성의 계산은 전쟁으로 야기될 가능성이 있는 최악total evil에 대하여 전쟁에 승리함으로써 형
평衡平을 이룬다면 기대할 수 있는 최선total good이 된다.

둘째, 별개의 군사적 수단은 그 매개적 군사목적(전쟁이유)이란 바탕위에서 독자적으로
살펴볼 때, 국시의 차원에서 전쟁의 궁극적 목적에 관계없이 이 수단이 사용된 군사목적에 대
하여 비례적 대응 또는 반비례적 대응일 수 있음이 명백하다. 그러나 별개의 군사수단이 그
군사목적이란 측면에서 비례적 대응이라면, 이 수단은 합법적인 교전국의 행위가 될 수 있다.
만약 군사목적에 반비례적 대응이라면 이 행위는 비도덕적이고 법적으로 허용될 수 없는 것이
다. 따라서 어떤 행위는 국시라는 정당한 이유의 목적에 대한 합법적 군사목적에 비례적 대응
일 수도 있고 반비례적 대응일 수도 있는 것이다.

셋째, 교전국의 행위에 대한 개별적 지휘책임을 평가하는데 있어서는 현실적이고 공평해
야 할 필요가 있다. 좀 더 차원 높은 정치목표와 중간적인 군사목표를 구분해야 할 필요는 제2
차 대전 후 전범재판과정에서 예리하게 나타났다.

나찌 독일이 세운 국시의 목적이 불법침략이었다는 것은 국제법에서 일반적으로 수용되
고 있는 '뉴럼벨그'Nuremberg 법51)에 명시되어 있다. 그러나 뉴럼벨그와 여타의 전범재판소에서는
독일군이 취한 모든 군사행동은 침략전쟁을 추구하기 위해 수행되었기 때문에 본질적으로 전
쟁범죄라는 논거는 거부하였다.52) 독일군의 개별적 군사행위의 합법성은 특히 그중에서도 전
쟁 이유인 중위中位적 군사목표에 대한 군사행동의 비례적 대응성이란 견지에서 판단되었다. 이
는 선범으로 기소된 지휘관에 대한 정의의 문제였다. 또한 이것은 전쟁범죄가 발생했다는 주장
에 대한 실체를 평가하는 합법적인 방법이기도 했다.

군사적 수단의 비례적 대응성의 분석은 이중형식을 갖는다. 첫째, 어떠한 군사적 수단도
개별적이고 합법적인 군사목적에 비례적 대응이어야 한다. 둘째, 개별적이고 합법적인 군사목
적에 비례적 대응인 군사적 수단도 마찬가지로 정당한 이유로서 전쟁 목적에 비례적 대응이어

---

51) 뉴렘베르크 재판은 2차 대전 승전국인 영국 미국 소련 프랑스 4개 연합국이 주관했다. 사상 최대의 인명 피해와
유태인 대학살이란 20세기 최악의 범죄를 단죄하는 역사적 재판은 꼭 11개월간 계속됐다. 24명의 나치 고위
관료와 장성을 '반 평화 범죄(공격적 전쟁 유발)'와 '반 인륜죄(인종 혐오)' '전쟁범죄(전범·전쟁 범죄 위반)' '범
죄 음모죄' 등 4개 죄목으로 기소했다. 이들은 '평화에 대한 죄'를 진 A급, '전쟁 법규를 위반한' B급. '반인륜
범죄'를 진 C급으로 나뉘어 처리되었다. 한편 일본의 전쟁 범죄자들에 대한 동경 재판은 '우리들의 포로를 학
대한 자를 포함한 일체의 전범에 대하여 엄중한 처벌을 가한다'는 포츠담 선언의 제10 항에 의한 것이었다.
A급 전범은 모두 국제재판에서 처리되었다. 그러나 B, C급은 모두 그들이 수용된 나라에서 처리되었다. 따라서
독일의 경우 전범자들은 모두 독일 국민 자신이 처형해야했지만 일본은 단 한 명의 전범자도 자기네 손으로
처형하지 않아도 됐다. 이것이 일본으로 하여금 전쟁에 대한 반성을 안일하게 만들었는지도 모른다.
52) 독일이 저지른 모든 교전행위는 침략이라는 불법적인 목적을 가지고 있었기 때문에 그 자체가 범죄라는 입장
은 당시 Nurenberg에서 프랑스인 검사 M. de Monteon에 의해 개진되었다. 그러나 이 주장은 재판의 판결에
언급되지 않았고 은연중 거부되었다 o'brien, 'The Meaning of Necessity', pp. 142-148.

야 한다. 군 지휘관의 도덕적이고 법적인 책임을 판단하는데 있어서도 합법적 군사목적에 대한 수단의 비례적 대응성이 강조되어야 한다. 국시의 차원에서 수단의 궁극적인 규범적 허용가능성 뿐만이 아니라 신중한 권고 가능성을 판단함에 있어서는 정당한 이유에 대한 비례적 대응성 계산이 강조되지 않으면 안된다.

요컨대, 비례적 대응원칙은 두 가지 차원에서 군사적 수단을 다루고 있다. 첫째, 전술적 차원에서는 전쟁의 이유raison de gurre로서의 합법적 군사목적에 대한 비례적 대응성과 둘째, 전략적 차원에서 국가이성(이익) 또는 국시國是, raison détat로서의 전쟁에 대한 정당한 이유의 목적 just-caus ends of war에 대한 비례적 대응성이다. 합법적 군사목적의 정의定義와 정당한 이유를 추구하는 과정에서 운용된 수단의 비례적 대응성 계산은 성공의 개연성probability of success이란 입장에서 전쟁에 대한 선·악의 개연성간에 균형을 이루는 문제인 것이다. 전쟁법의 분석은 전술적 혹은 전략적 문제와 전쟁의 이유 혹은 국시문제에 초점을 맞추게 될 정도로 국제적 수단의 중요성과 범위에도 의존하게 될 것이다.

나. 분별적 보복의 원칙

분별적 보복 원칙principle of discrimination에 따르면 비전투원과 비군사목표에 대한 직접적이고 의도적인 공격은 금지되어 있다.53) 이 원칙은 정당한 전쟁수행에 대한 중대하고도 특정적인 제약의 가능성을 견지하고 있다. 따라서 분별적 보복원칙의 의미에 대한 논의는 전쟁의 성격이 한층 더 총력전화 하고 핵무기의 등장으로 점차적으로 복잡해지고 중요하게 되었다. 따라서 현대전의 도덕성에 관한 논란은 대부분 분별적 보복원칙에 초점이 맞추어져 있다. 이러한 논란은 분별적 보복원칙을 구성하는 요소의 해석에 따라 이 원칙을 확대 또는 축소하여 정의가 제시될 기회가 많아짐으로써 대단히 복잡해지고 있는데 논쟁의 주요 대상은 직접적, 의도적 공격, 비전투원, 비군사적 목표의 의미 등에 관계된 것이다.

분별적 보복의 원칙 적용의 어려움은 재래식 전쟁에 있어서 뿐만 아니라 핵억제와 핵전쟁에 적용하는 데에도 많은 어려움이 따른다. 구체적인 것은 다음 논의에서 자세히 살펴보기로 한다.

---

53) 현대의 정당한 전쟁원칙에서 분별적 보복원칙에 대한 것은 가톨릭 측의 주요 자료들을 참고 또한 현대의 도덕적 딜레마에 가장 폭넓게 적용하고 있는 예는 Paul Ramsey의 *War and the Christian Conscience* 그리고 *The Just War* 참조

다. 금지된 전쟁 수단

비례적 대응원칙과 분별적 보복원칙에 대한 제한에 추가하여 정당한 전쟁수행은 특정한 전쟁 수단의 사용에 대하여 많은 제한을 받고 있다. 금지된 수단은 '본질적 위반'mala in과 '금지된 위반'mala prohibita으로 나눌 수 있다. '말라인mala in se(본질적 위반, 그 자체로서 악한 것)'은 본래적의로 정의롭지 못한 것으로서 결코 사용되어서는 안되는 것을 말한다. 이 같은 판단의 근원은 도덕성, 전통적 자연법 또는 인간성의 세속적 원칙 등에서 발견될 수 있다. 규범적 원천이 무었이던 간에 본질적 위반으로 인식되는 전쟁 수단은 어떠한 실정법 규정에도 구애되지 않고 불의不義한 것으로 간주된다. 그러한 법적 규정이 존재하지 않는다 해서 본질적 위반의 수단이 사용되는 것을 허용하는 것은 아닌 것이다.

'말라 프로히비타mala prohibita(법·제도 등으로 금지된 위반)'는 반드시 '말라인'이 될 필요는 없다. 이러한 금지된 위반 수단의 사용이 도덕적으로 수용 가능하도록 동조할 수도 있다. 그러나 이를 사용하는 데에 따르는 공과는 입법과정에서 충분히 평가되어 이의 사용이 금지되어 온 것이다. 따라서 금지된 위반의 전쟁수단은 비례적 대응 및 분별적 보복적용이 가능하다 할지라도 법에 의하여 이의 사용이 배제되었다.

1) 본질적 위반mala in se으로서의 전쟁 수단: 인종학살
2) 금지된 위반mala Prohibita으로서 전쟁수단: 국제법에 의해서 금지된 전쟁 수단
   ① 과잉 고통을 야기시키는 수단
   ② 화학전
   ③ 생물학전
   ④ 전쟁법에 대한 심각한 위반

라. 교전국의 의무: 전쟁포로와 민간인

현대의 협정들에 의해 금지된 수단과 행위에 추가하여, 전쟁에 관한 실증적 국제법은 군대의 점령 하에 있는 전쟁포로와 민간인에 대하여 교전국들이 지켜야 하는 의무를 상세히 규정하고 있는데 그 대표적인 것은 다음과 같다.

1) 전쟁포로, 부상자 및 환자는 다음과 같은 자격을 갖는다.
   ① 유예quorter: 항복해서 전쟁포로가 될 수 있는 권리

② 보호protection: 군사적 상황이 허락하는 한 신속하고 안전하게 위험지역으로부터 옮겨질 권리

③ 관대한 처우decent treatment: 1907년 헤이그협정 제4부와 기타 협정들에 의하여 규정되고, 전쟁포로의 처우에 대한 1949년의 제네바 협정에 의해 규정되었으며, 1977년 제네바 의정서 제1부에 의하여 보완됨

④ 국제적십자위원회International Committee of the Red Cross, 또는 지정된 보호국에 의한 관대한 처우의 확인

⑤ 억류국 주민으로부터 보복, 고문, 혹사당하지 않을 권리와 안전 및 규율을 위한 합리적 요건에 의해 학대받지 않을 권리 등이다.

적의 영토를 점령하는 경우에 교전국은 이를 지속적 작전을 위한 기지로 사용할 수 있는 자격을 받게 된다. 일반적으로 점령국은 원래의 통치당국처럼 점령지의 자원을 활용할 권리를 가지며 그러나 이렇게 자원을 사용하는 데에는 대가를 지불해야 하며, 전시법에 의해 점령국에게 부하된 명확한 의무가 있다. 점령국에게 잠정적인 통치 권력의 역할이 주어진 상태에서 점령국이 전쟁법의 지침을 충실히 이행하려 하는 한 전시법에 순종 및 협력할 자격을 부여받는다. 전시포로에 관한 제도와 마찬가지로 피점령국에 대한 법률은 현대 국제법에서 가장 고도로 발달한 부분의 하나이다.

3. 정당한 전쟁과 전쟁법 원칙의 상관관계

오브라이언은 미국이 전쟁에 관한 실증법을 이해하는 데는 첫째, 군사적 필요성 둘째, 인도적 행위 셋째, 기사도 정신의 세 가지가 그 기저를 이루고 있다고 전제하고 이 세 가지를 정당한 전쟁으로서의 기본원칙에 적용하고 있다. 전쟁법에 관한 이 세 가지 원칙은 대부분의 군사교범에 반영되어 있다. 미 공군편람 110-31은 '법의 결정요소'Determininants of the Law라는 제목 하에 '기본원칙' '관습' 및 '국제적 합의'를 다루고 있다. 전쟁법의 기본원칙은 다음과 같다.54)

가. 군사적 필요성

---

54) William V. O'Brien, 앞의 책, pp. 107-111.

교전당사국은 전쟁목적의 실현, 즉 적을 정복하는데 필요한 만큼의 병력과 무기를 사용할 수 있다는 원칙이다. 그러나 교전 당사국은 공격수단攻擊手段의 선택에 관하여 무제한의 권리를 갖는 것은 아니다. 이것은 최소한의 인명 손실과 비용으로 적을 항복시키는 것을 정당화 시킨 원칙이다.

즉 군사적 필요성이란 경제적, 인적자원을 최소한으로 사용해서 적의 신속한 항복을 보장하는데 필수 불가결한, 국제법에 의해 금지되어 있지 않는 규제된 힘의 조치를 정당화하는 원칙이다.55) 미 공군 편람에서는 군사적 필요성의 4가지 기본요소를 다음과 같이 제시하고 있다.

첫째, 사용될 군사력은 사용자에 의해 통제될 수 있어야 하며 실제적으로 통제 받아야 한다.

둘째, 군사력의 사용은 가능한 한 빨리 적대국의 부분적 또는 완전한 항복을 얻어내는데 필요한 것이어야 한다.

셋째, 사용될 군사력은 적의 인원이나 재산에 미치는 영향에 있어서 조기항복을 달성하기 위해 필요한 이상으로 더 커서는 안 된다(군사력의 절약).

넷째, 사용될 군사력은 그 밖의 다른 조건으로는 금지되지 않아야 한다.56)

군사적 필요성의 원칙은 정치 · 군사적인 효용성의 원칙인 동시에 규범적 원칙임을 주목할 필요가 있다. 이 원칙은 규제된 힘의 조치를 정당화 한다. 이는 무장 강제력은 정당화 될 수 있다는 정당한 전쟁에 대한 전제와 일치한다.

나. 인도주의Humanity 원칙

적을 정복하는데 필요하지 않은 양과 종류의 무력은 허용될 수 없다는 원칙이다. 이 원칙에 입각하여 교전당사국들은 점차로 전쟁의 수행과 관련하여 상병자와 포로 및 전쟁에 참여하지 않은 민간인에게 일정한 보호를 부여해야 한다고 생각하게 되었다.

이것은 군사적 필요성의 원칙을 보충하며 사실상 이 필요성의 원칙 내에서 묵시적으로 내포된 것은 합법적인 군사목표를 달성하는데 필요하지 않은 고통, 가해加害 또는 파괴를 가하는 것을 금지하고 있다. 이 인도적 행위의 원칙은 불필요한 고통의 금지, 비례적 대응성에 대한 요건, 그리고 여러 가지 특수한 규제들을 수반한다. 이 원칙에 의해 군사적 분쟁 시 민간인 주민이 공격의 대상이 되지 않을 기본적 권리가 재확인 된다. 여기서 민간인 주민이 공격대상이 되지 않을 권리는 군사목표에 대한 공격도중에 발생할 수 있는 불가피한 우발적 상해를 배제할

---

55) 미공군, AFP 110-31.
56) ΛFP, 1-6.

수 없으며, 예상되는 구체적이고 직접적인 군사이익과 관련해서 과도하지는 않다.[57]

이러한 인도적 행위의 원칙은 전쟁수행에 대한 두 가지 기본적인 제한인 비례적 대응 원칙과 분별적 보복 원칙으로 간주 된다. 정의의 전쟁에서 두 원칙의 근원이 신학, 자연법, 관습법의 혼합이었던 반면, 미국의 실정법에서 나타난 이러한 제한은 인도적 행위의 세속적 원칙에서 도출된 것이라 할 수 있다.

다. 기사도騎士道, chivalry[58]

마지막으로 미 공군 교범은 기사도를 전쟁법의 기본원칙 및 결정요소로서 견지하고 있다. 기사도의 원칙이란 교전당사국들이 공격과 방어에 있어서 불명예스러운 수단·방법 및 행위를 금지하여 공명정대성을 유지하고 서로 존경해야 한다는 원칙이다. 따라서 인도적 차원에서 보호를 받는 의료요원이나 항복자 등으로 위장하는 배신행위는 허용되지 않는다. 기사도는 비록 정의하기에 어려운 점이 있지만 무력분쟁의 행위가 잘 식별될 수 있는 격식과 예절을 지켜야 한다는 것을 말한다. 기사도의 정신은 정당한 전쟁에 관한 전쟁법의 발전에 주요한 공헌을 하였으며 특히 분별적 보복의 원칙 발전에 기여하였다. 정의로운 전쟁수행에 있어서 적을 명예로운 적대자로 인식하는 것과 기사도를 연관시키는 것은 전쟁을 종결짓기 위한 이성적 협상에 대한 정당한 전쟁 요건을 충족시키는데 기본적인 것이다.

4. 전쟁법 준수 보장수단[59]

가. 전시복구

---

57) AFP, 110-31, 1-6.

58) 기사도[chivalry, 騎士道]란 봉건시대의 기사계급, 또는 기사가 갖추어야 할 용맹함과 명예심, 예의바름을 뜻한다. 중세 잉글랜드의 법률에 따르면 영지를 받아 기사로서 봉사하는 것을 가리켰다. 에드워드 3세는 기사법정을 설치해 기사들이 죄를 지을 경우 즉결심판 했는데, 주로 군사상의 문제를 다루었고 보안무관장(保安武官長)과 문장원(紋章院) 총재가 공동재판을 진행했다. '기사로서 가져야 할 명예롭고 예의 바른 행동'이라는 기사도의 개념은 12~13세기 때 최고조에 달했으며 십자군전쟁으로 인해 초창기의 여러 기사단들이 생기면서 그 의미가 한층 더 강화된 것으로 보인다. 이때 생긴 기사단에 구호기사단, 빈자(貧者)기사단(Order of the Poor Knights of Christ), 성전(聖殿)기사단 등이 있는데 뒤의 두 기사단은 성지 순례자들에게 편의를 제공하기 위해 결성되었다. 14~15세기에 들어와 사람들은 기사도 정신의 가치를 전투에 직접 나가는 것보다 귀족들의 과시 행위나 공적인 의식에 더 많이 두게 되었다. (브리테니카 백과사전)

59) 김현수, 『작전법』(서울: 해군대학, 2001), p. 41.

전시복구belligerent reprisal란 교전국이 상대국의 전쟁법 위반행위를 중지시키기 위하여 자국도 전쟁법에 위반되는 행위를 함으로써 그 보복을 하는 것이다. 보복행위 그 자체는 원래 위법행위를 전제를 하는 한 국제 관습법상 인정되어 그 위법성이 조각(감경)된다. 전시복구가 상대국에게 전쟁법을 준수하게 하는 효과가 있음은 분명하지만 실제에 있어서는 번번이 법이 허용하는 한계를 넘어 전쟁국면을 유리하게 전개하기 위한 방법으로 이용될 위험이 크다. 따라서 복구는 재 복구를 부르고 이 연쇄적인 복구행위는 전쟁법 전체를 유명무실하게 하는 효과를 초래할 수 있다.

나. 전시배상

전시배상War Reparations은 전쟁법규의 위반으로 인해 발생하는 손해의 배상을 말한다. 전시배상이란 원래 불법행위는 물론 적법행위라도 전쟁에 관련되어 발생하는 일체의 손실, 손해를 대상으로 패전국이 전승국에 대하여 배상하는 것이지만 전후강화조약에서 전쟁법의 불법행위에 대한 책임면제조항이 삽입되기도 하였다.

다. 전쟁범죄인의 처벌

전쟁법을 위반한자는 군인이나 사인을 막론하고 적군에게 체포된 경우 포로로서 대우받지 못하고 전쟁범죄인으로 처벌된다.

라. 국제여론

국제여론 및 교전국에 대한 제3국의 비판은 전쟁법 위반에 대한 압력이 된다. 특히 중립법의 분야에서 교전국에 의한 중립법규의 준수는 중립국의 정치적 압력에 달려있다.

5. 전쟁법의 세부적용60)

가. 적용범위와 준수조치

---

60) 공군본부 법무감실, 「승리를 위한 전쟁법 핸드북」(대전: 공군본부, 2011. 8) 요약 발췌. 공군은 천안함 폭침과 연평도 피격이후 교전규칙을 포함한 전쟁법 해설서를 펴내고 장병 교육을 실시하고 있다.

1) 적용범위: 1차 대전 이전에는 가입국전체가 조약에 가입한 경우에만 적용된다는 총 가입조항이 있었으나 최근에는 총 가입조항을 배제하고 국제관습법으로 비가입국에도 적용되며 전쟁법은 국제적 무력충돌 외에도 제네바협약 3조 및 제2의정서에 의해 비국제적 무력분쟁 및 비정규군에도 적용된다. 오늘날 전쟁과 관련한 국제협약은 국가 간의 전쟁 뿐 만이 아니라 비국가 간의 무력분쟁에도 적용되므로 국제법학상으로 전쟁법Law of War이라는 용어보다는 무력충돌법Law of Armed Conflict: LOAC이라는 용어가 일반적으로 사용된다. 따라서 북한의 경우에 이를 정식국가로 인정하든 아니하든 북한과의 무력 충돌 시에도 전쟁법이 적용된다.

전쟁법은 군의 작전계획, 및 교전규칙 등에 그 주요한 내용과 정신이 반영되어 있으며 작전계획과 교전규칙 등을 구체적으로 시행하거나 제정 및 개정하는 경우에는 전쟁법적 차원의 검토는 필수적이라 할 수 있다.

2) 전쟁법 위반에 대한 대응: 전쟁법 준수를 보장하는 장치로는 '전시보복'과 '전시배상' 등이 있다. '전시보복'은 교전중 상대국의 전쟁법 위반행위를 중지시키기 위하여 자국도 전쟁법 위반행위를 함으로써 상대방으로 하여금 전쟁법을 준수하도록 강요하는 것으로써, ① 전쟁법 준수 회복을 위한 최후 수단으로서 ② 공식적인 사전 통보절차를 거쳐 ③ 필요한 최소 범위 내에서만 허용된다. '전시배상'은 전쟁법 위반으로 인해 발생하는 손해에 대한 배상을 말하며, 불법 행위 뿐만이 아니라 적법행위라도 전쟁과 관련되어 발생하는 일체의 손실, 손해에 대하여 배상하여야 한다. 육전의 법규 및 관례에 관한 협약(헤이그 협약) 제3조는 "전기 규칙의 조항에 위반한 교전당사자는 손해가 있을 때에는 이의 배상의 책임을 부담하여야 한다. 교전당사자는 그의 군대를 구성하는 인원의 일체의 행위에 관하여 책임을 진다"고 명시하고 있다. 이 외에도 중립국에 대한 중재 또는 간섭을 요청하거나 전쟁범죄자에 대한 법적 처벌을 통하여 전쟁법 준수를 강제할 수 있다.

나. 전쟁의 개시와 표적의 선정

1) 전쟁의 개시와 작전의 법적 근거

가) 전쟁의 시작과 효과

(1) 전쟁의 개시와 효과

● 전쟁의 개시

전쟁개시에 관한 조약에 의하면 전쟁개시는 선전포고, 최후의 통첩, 그리고 적대행위가 있을 경우 전쟁이 개시된다. 선전포고란 개전 의사를 타방 교전당사국에 명시적으로 통보하는 것을 말하며, 최후통첩이란 최후의 요구를 상대국에게 통고함과 동시에 그 요구가 일정기간 내에 수락되지 않는 경우 즉시 전쟁에 돌입하는 것을 명시적으로 통고하는 것을 말하며, 적대행위란 무력에 의한 가해행위로서 관습법으로 확립된 전쟁개시 조건이며 현대전의 보편적인 개시행위이다. 오늘날의 대부분의 전쟁은 선전포고 또는 최후통첩 없이 이루어지고 오히려 쌍방이 동시에 자위권을 원용하고 무력충돌에 돌입하는 경우가 대부분이다.

● 전쟁개시의 효과: 전쟁을 개시하게 되면 그로부터 발생하는 효과는 다음과 같은 것 들이 있다.

첫째, 적성결정: 개전과 더불어 교전당사국은 상호 적대관계가 성립한다. 개인과 재산도 적성을 갖게 된다.

둘째, 외교관계: 양국의 외교관계가 단절되고, 외교사절 퇴거의무, 외교특권 해제, 영사직무가 정지된다.

셋째, 조약관계: 방위조약, 동맹조약, 통상조약 등 정치적 조약은 소멸된다. 국경조약, 영토할양조약 등 처분조약은 그대로 유효하며, 기술적 행정적 전문적 성질의 조약은 소멸하지 않고 효력만 정지된다.

넷째, 통상관계: 교전국이 자유로이 결정한다. 국내적으로 대적 통상금지법 등을 제정·실시할 수 있다.

다섯째, 저 국민관계: 교전당사국은 자국 내의 적 국민에게 상당기간 내에 퇴거하는 것을 허용해야 한다.

여섯째, 적 재산관계: 개전당시 자국의 영역 또는 전투지역에 있는 적국의 국유재산은 몰수되며(단 외교공관은 제외), 자국 내에 있는 적국민의 사유재산은 억류가 가능하나 자제하는 것이 현대 국제법의 새로운 추세이다. 개전당시 교전국의 항구에 기항하고 있는 적의 상선은 일정한 기간을 정하여 출항을 허용하는 것이 관례이다.

(2) 무력사용 및 전쟁의 정당성의 근거

● UN 헌장: UN헌장은 일반적으로 국제사회에서 무력의 사용을 금지하고 있다(제2조 제4항). 합법적인 무력의 사용은 자위를 위한 경우로 제한한다.

● 법: 대한민국 헌법은 침략적 전쟁을 부인하므로(제5조 제1항), 국민과 국토를 방위하기 위한 자위권 행사 차원의 전쟁만이 허용된다.

● 역사적 사례: 역사적으로 1962년 미국의 쿠바 봉쇄, 1981년 이스라엘의 이라크 원자로 폭격, 1986년 미국의 리비아 폭격, 최근의 미국의 이라크(사담 후세인) 공격 등이 자위권 행사로 인정될 수 있는지 여부에 대하여 논란이 되고 있다. 우리나라의 경우 1999년 서해교전 등을 자위권 행사에 의한 무력 사용이라고 볼 수 있다.

나) 전쟁법의 기본원칙

교전당사국은 전쟁목적, 즉 적을 정복하는데 필요한 최소한의 병력과 무기를 사용하여야 하며(군사적 필요성의 원칙), 전쟁에서도 최소한의 기본적 인권을 수호하여야 하고(인도주의 원칙), 공격과 방어에 있어서 불명예스러운 수단, 방법, 및 행위는 금지되며(기사도의 원칙), 비군사적 목표에 미치는 부수적 효과가 군사적 이익을 명백히 초과하는 경우 공격이 금지(비례의 원칙)된다. 그 외에도 환경보호의 원칙, 불필요한 고통의 금지 원칙 등이 전쟁법의 기본원칙으로 거론된다.

(1) 무력행사의 대상

① 교전자 자격요건
● 판단의 필요성: 전쟁법상 교전자격을 가진 자만이 무력행사를 할 수 있고 적에게 체포되었을 때 포로로서의 보호가 가능하다. 상대국에 대하여도 교전자격을 가진 자 만을 대상으로 공격이 가능하며 반면에 순수한 민간인 등 교전자격이 없는 자는 무력행사를 한 경우 전쟁범죄인으로서 처벌대상이 되고, 적에게 체포되더라도 포로로서의 보호를 받을 수 없기 때문에 교전자의 자격요건을 갖추고 있는지 여부의 판단은 중요하다.
● 자격조건: 교전자의 자격조건은 다음과 같다.
  - 부하에 대해 책임을 지는 자에 의하여 지휘될 것
  - 멀리서 인식할 수 있는 고착된 표지를 할 것
  - 공연하게 무기를 휴대할 것
  - 전쟁에 관한 법규 및 관례를 준수할 것

제네바 협약 제1의정서(1977)는 교전자 요건을 완화하여 ②항과 같은 고착된 특수표지를 할 것을 요구하지 않고 전투수행중이거나 그 직전에 무기를 휴대하는 등 민간인과 일부 구분이 되는 조건을 갖추면 교전자격을 인정하였다.

② 교전자

- 정규군: 국가가 정식으로 임명한 지휘자 밑에서 일정한 조직을 갖고, 통상 제복을 착용한 상비군을 말하며, 전투원과 비전투원으로 구분된다.
- 비정규군: 정규군이 아닌 자로 전시에 임시로 군에 종사하는 비 상비군으로서 민병 및 조직화된 저항단체로서의 게릴라 등이 있다. 정규군과 마찬가지로 교전자격이 있다.
- 용병 및 간첩: 용병이란 사적인 이득을 위하여 복무하는 자로서 특히 자신을 고용한 군대에서 복무하는 군인을 지칭하며 1977년 제네바 협약 제1추가의정서에 의하면 이들은 교전자로서의 지위를 갖지 못한다. 또한 간첩이란 타국에 침입하여 첩보를 수집하는 자를 말하는데 국제법상 간첩행위는 합법적이나 국내법에 따라 처벌할 수 있다.

공전규칙(안)에 따르면, 군용항공기(외부에 국적이 표시되고 정식으로 임명된 자가 지휘)만이 교전권을 가진다. 승무원은 항공기에서 분리되는 경우 인식 가능한 특수표지를 해야만 체포될 경우 포로로서 대우를 할 수 있다.

③ 무력행사가 제한되는 대상

- 저항력을 상실한 전투원과 민간인: 저 전투원은 직접공격을 통하여 살해 할 수 있으나 저항력을 상실한 자에 대한 공격은 금지되며, 민간인 및 비전투원에 대한 공격 또한 금지된다.
- 도시 · 촌락에 대한 공격: 무방비 상태의 도시 · 촌락 · 주택 · 건물은 공격이 금지된다. 방비防備지역은 군사목표물을 공격하는 과정에서 부수적으로 민간이 피해가 발생했다 하더라도 전쟁법 위반은 아니나, 민간인 피해를 막기 위한 최대한의 노력을 기울여야 한다.

(2) 무력행사의 수단 및 방법

① 원칙: 과도한 상해 또는 불필요한 고통을 야기하는 성질의 무기, 발사체 및 전투물자와 방법, 자연환경에 대한 광범위하고 장기적으로 극심한 손상을 줄 전투방법 및 수단은 금지된다.

② 생·화학 무기의 사용금지

- 생물무기의 사용금지: 1925년 6월 17일 제네바에서 채택된 "질식성, 유독성, 또는 기타 가스 및 세균학적 전쟁수단의 전시 사용의 금지에 관한 의정서"와 1972년 UN총회에서 채택된 "세균무기(생물무기) 및 독소무기의 개발, 생산 및 비축의 금지와 그 폐기에 관한 협약BWC"의 당사국이라면 생물학적 화학무기의 개발, 보관, 사용 등이 일체 금지되고 비 당사국이라도 이러한 무기의 사용은 국제법상 금지된다.
- 화학무기 금지협약: 화학무기의 개발·생산비축 및 사용금지, 기존화학무기 및 관련시설의 신고와 폐기, 국내적 이행조치의 명문화, 화학무기 금지기구의 설립, 자문·협력 및 사실조사, 제재조치를 포함한 협약이행 확보조치 등을 주요 내용으로 하고 있다. 이 협약의 조항 및 부속서는 유보의 대상이 되지 않는다.

우리나라의 "화학무기의 금지를 위한 특정 화학물질의 제조·수출입규제 등에 관한 법률"은 화학무기금지협약CWC의 국내입법을 위한 법률로서, 이 법률에 생물무기금지협약BWC의 국내이행을 위한 조항도 반영되었다(개정 2006년 4월 28일, 시행 2007년 1월 1일).

③ 지뢰

우리나라는 오타와 협약은 물론 "인도적 특정 재래식 무기 금지협약" 및 "지뢰의정서"에 가입하지 않았다. 그 이유는 아직도 북한과 전쟁이 끝나지 않은 정전상태 국가이기 때문이다. 따라서 한반도 내 지뢰의 사용은 국제법에 위반되지 않으나 위와 같은 협약의 가입여부를 불문하고 지뢰나 부비트랩 등을 부상자·사체·의료장비 등 전쟁법상 보호받는 사람이나 물체에 부착하는 것은 금지된다.

④ 합법적 책략과 배신행위

- 의의: 지휘관은 임무완수를 위하여 자기의 의도나 행위를 감춤으로서 적으로 하여금 오판을 하도록 만들 수 있다. 그러나 허용되는 책략과 허용되지 않는 배신행위는 명백히 구별되어야 한다.
- 합법적 책략: 적을 혼란시키거나 오도하기 위한 정당한 책략은 허용된다.
  - 기습·복병·가상공격·후퇴·도주의 가장
  - 적은 병력으로 많은 병력인 것처럼 가장하기
  - 적의 통신망에 허위 메시지 삽입
  - 적의 신호 및 암호사용

　　　- 조작된 병참이동, 허위정보 유출, 심리전 등
　● 배신행위: 배신행위란 다음과 같은 것들을 말한다.
　　　- 항복기降伏旗 등을 휴대한 협상의도의 가장
　　　- 부상 또는 질병으로 인한 전투능력 상실 가장
　　　- 민간인 또는 비전투원 지위의 가장
　　　- UN, 중립국의 표지·표장 또는 제복을 이용한 피 보호 지위의 가장 등

다) 자위권의 행사 조건

■ 자위권

① 의의 및 근거: 국가 또는 국민에 대한 현실적 또는 급박한 불법행위가 있을 경우 이를 배제하기 위하여 필요한 치소한의 범위 내에서 실력을 행사할 수 있는 권리를 말한다. 이는 국가 고유의 기본권의 하나로서 국제관습법 상 인정되어 오고 있으며, UN헌장 제51조도 이를 규정화 하고 있다.

UN헌장 제 51조

이 헌장의 어떠한 규정도 회원국에 대하여 "무력공격이 발생한 경우", 안전보장 이사회가 국제평화와 안전을 유지하기 위하여 필요한 조치를 취할 때까지 개별적 또는 집단적 자위의 고유한 권리를 침해하지 아니한다. 자위권을 행사함에 있어서 회원국이 취한 조치는 즉시 안전보장이사회에 보고된다. 또한 이 조치는 안전보장이사회가 국제평화와 안전의 유지 또는 회복을 위하여 필요하다고 인정하는 조치를 언제든지 취할 수 있는 이 헌장에 따른 안전보장이사회의 권한과 책임에 어떠한 영향도 미치지 아니한다.

---

② 행사요건
　● 침해행위: 국제법 주체의 행위로 귀속시킬 수 있는 무력공격이 있어야 하며, 침해는 현재의 급박한 침해로서 위법한 것이어야 한다. 1986년 국제사법재판소ICJ는 니카라과 사건에서 ⓐ 정규 무장병력의 국경 넘어 활동 ⓑ 타국에 대해 정규병력에 의한 현실적 무력공격이 될 정도의 비중을 가진 무장한 집단, 단체, 비정규군,

용병의 파견, ⓒ 또는 거기에 깊숙이 개입하는 일 등을 명시하고 침해행위로 규정하고 있다.

- 방해 행위: 방위행위는 부득이한 것(방위의 필요성)이어야 하며, 필요한 한도를 넘지 않아야 한다. (상당성, 비례성의 원칙)
- 보고 및 통보: 자위권을 행사한 국가는 즉시 유엔안전보장이사회에 보고하여야 하고(유엔헌장 제51조), 상대국에도 통보해야 한다.(1707년 적대행위 개시에 관한 헤이그 협약)

라) 선제적 자위권의 행사 조건

유엔헌장 제51조가 "무력공격이 발생한 경우"에 자위권을 행사할 수 있다고 규정하고 있는 것과 관련하여 현실적으로 무력공격을 받기 전이라도 급박한 무력공격이 확실히 예상되는 경우에 "선제적 자위권"을 행사할 수 있는가? 하는 문제가 대두될 수 있다. 이 경우에 있어서 선제적 자위권의 인정여부에 대하여는 논란이 있으나 적어도 적대국에 의해 구체적인 침범계획이 결정되고 명령이 발하여진 경우에는 아직 직접적인 "무력공격이 발생할 경우"가 아니라 하더라도 자위권을 행사 할 수 있다고 보는 것이 자위권의 이념 및 현대의 무기체계를 감안할 때 타당하다고 할 수 있으나 그 행사 요건은 엄격하게 해석되어야 한다.

1946년 뉘른베르크 국제 군사재판소는 1941년 노르웨이 침략이 연합군 상륙이라고 하는 급박한 위협에 대항하기 위한 선제적 자위권이었다고 하는 독일의 주장을 배척한 바 있으며, 1976년 유엔안전보장이사회는 이스라엘의 튀니지 소재 팔레스타인 해방 기구에 대한 전폭기 공습에 대하여 명백한 국제법 위반이라고 결정한 바 있다. 선제적 자위권에 대하여 살펴보자.

■ 선제적자위권의 의의와 요건

① 의의

적의 실제적인 무력공격 이전에 그 공격 위험을 제거하기 위한 무력행사를 인정해야 한다는 개념으로

- 부정하는 견해는 대량살상무기 출현으로 선제적 자위권의 정당화 근거가 될 수 없고 이를 인정하게 될 경우 예방전쟁을 인정하게 되어 국제평화 유지에 치명적인 악영향을 미칠 수 있다는 입장이다
- 긍정하는 견해는 대량살상무기의 치명적인 위해 가능성으로 인해 공격을 받은 후의 방어행동은 무의미하고, UN헌장 51조의 자위권 행사 관련 규정은 전통적인 자

위권을 확인하는 규정이며, 그 행사를 제한하려는 의도로 제정된 것이 아니므로 선제적 자위권을 인정할 수 있다는 입장이다.

"선제적 자위권"은 "예방적 자위권" 등으로 혼용되는 경우도 있으며, 한국군의 작전계획에서는 "우선적 자위권"이라는 용어를 사용하고 있다.

② 요건
- 목적성: 선제적 자위권의 발동 목적이 현상의 유지, 예방에 국한된다.
- 급박성: 국가안전보장 등 필수불가결한 권리의 보호를 위하여 급박한 무력공격에 대응하는 것이어야 한다. 즉, 객관적으로 무력공격이 목전에 임박한 경우에만 인정될 수 있다.
- 필요성: 도발에 조속한 반격을 하지 않을 수 없는 상황이 존재하여야 한다. 즉, 반격하지 않을 경우 심각하고 회복하기 힘든 피해가 예상되어 반격이 불가피한 경우여야 한다.
- 최후 수단성: 외교적 노력 등 모든 평화적 분쟁해결 수단을 강구한 후에 최후의 수단으로 사용되어야 한다.
- 비례성: 피해와 자위권의 목적을 달성하기 위하여 행사된 무력사이에 균형이 유지되어야 한다. 따라서 무력의 사용은 침해를 제거하기 위하여 필요한 최소한의 정도여야 한다.
- 한시성: UN 안전보장이사회가 UN 헌장에 따른 조치를 취할 때 까지만 한시적으로 허용된다.

이러한 "선제적 자위권"에 대한 요건과 관련한 논란의 사례로서 이스라엘의 이라크 원자로 공습을 들 수 있다. 이라크는 원자로 시설을 건설하면서 원자로 건설과 핵무기 개발의 목적이 이스라엘을 대상으로 한 것임을 공식적으로 천명하였다. 1981년 이스라엘은 이에 대한 공격을 감행하여 건설 중인 원자로를 파괴시켰고 이스라엘은 이를 예방적 자위권을 행사하였다고 정당화 하였다. 유엔 안전보장이사회는 이러한 이스라엘의 행위에 대하여 선제적 자위권 행사 요건을 충족하지 않은 공격으로서 국제법 원칙에 위배된다며 비난하는 결의를 만장일치로 채택하였다.

마) 재외 국민에 대한 자위권 행사

자위권에 있어서 제3국에서 위험에 처한 자국민을 보호하기 위한 자위권 행사문제는 어떠할까? 수에즈운하 분쟁 시 영국과 프랑스의 무력개입, 엔테베 공항 사건에서의 이스라엘군의 실력에 의한 인질구출, 리비아의 테러행위에 대한 미국의 리비아 폭격 등의 경우와 같이 재외 자국민 보호를 위한 자위권행사가 이루어지고 있다.

이와 같은 대응 조치가 적법한 자위권의 행사로 되기 위한 조건으로는 ① 재외 자국민의 생명과 재산에 대한 회복 불가능한 침해가 발생할 급박한 위험이 있을 것 ② 현지 정부가 재외 자국민을 보호하지 않으며 그럴 능력이 없을 것 ③ 본국에 의한 개입조치가 엄격하게 자국민 보호의 목적에 한정되어 있을 것 등이 제시되고 있다. 그러나 이에 대하여 상대방 국가의 영토 보존에 대한 위법한 침해 등을 이유로 인도적 이유에 의한 간섭, 복구, 국가적 책임의 추궁 등의 범위로 대응조치가 한정된다는 견해도 있다.

바) 교전규칙에 의한 무력사용 범위

■ **교전규칙**Rules of Engagement: ROE

(1) 의의: 교전규칙이란 군이 적군과 조우 시 전투교전을 개시하고, 계속해야 할 상황 한계를 설정하기 위하여 발령된 훈령으로서, "병력사용"에 관한 지휘관의 규칙을 말한다. 교전규칙은 예하부대에 전쟁법과 국가정책에 따르도록 지침을 제공함으로써 지휘관을 보호한다.

정전교전규칙에는 본문 이외에 유연한 상황대처를 위한 추가조치를 미리 규정하고 이에 일련부호를 부여하고 각 구성군 사령관 및 예하 지휘관들은 지휘계통을 통하여 유엔사·연합사 령관에게 추가조치 부호의 시행건의 및 승인을 얻어 시행한다. 추가조치부호의 시행으로도 적절한 조치를 기대할 수 없을 때에는 교전규칙의 개정을 요구하여 승인을 얻어야 한다.

	정전교전규칙	전시교전규칙
목적	정전협정 준수 보장 전쟁억제를 위한 군사력 사용지침 제공	전쟁 발발 후 전쟁법에 의거한 전쟁수행을 위한 지침
유효 기간	○ 전시교전규칙으로 전환 시 까지 ○ 전시교전규칙 시행전 추가조치 　 부호 시행으로 위기에 대처	연합사령관 명령으로 시행

(2) 정전교전규칙에 의한 공중 무력사용

　　① 자위권을 행사하는 경우

　　② 적성선포가 이루어진 경우: 적성선포 권한 자에 의해 적성 선포가 이루어지면 개별 부대들은 교전에 앞서 적성부대의 적대행위나 적대의사를 확인할 필요 없이 교전이 가능하다.

　　③ 무력행사에 있어서 고려사항

　　　- 식별의 곤란성: 과연 공격대상이 아군에게 위협을 가하는 적성물체인지 여부를 정확히 확인하여야 한다.

　　　- 민간항공기의 존재여부: 민간 항공기를 공격하는 것은 금지되어 있으므로 무력사용이 민간 항공기에게 영향을 미치지 않도록 사전 고려되어야 한다.

　　　- 귀순항공기의 가능성: 안전하게 유도 착륙시킨다.

　　　- 조난항공기 또는 항법착오 가능성: 조난항공기의 경우는 적절한 방법으로 안전 착륙을 유도하고, 항법착오의 경우에는 퇴거를 명령한다.

　　　- 방공체계 고장 가능성: 방공체계의 이상으로 적기가 침범중인 것으로 오인하였을 가능성에 대하여 점검해 보아야 한다.

(3) 전시교전규칙에 의한 무력사용

전쟁억제 실패시 적의 전투작전 수행 능력을 파괴하는데 그 목적이 있으며, 표적 선정에 있어서 군사목적상 필요한 목표만 가능하며, 기타 작전제한구역설정, 무기사용의 제한, 보복행위 등에 대하여 규정하고 있다.

전쟁이외의 군사작전Military Operations Other Than War: MOOTW에 대한 법적 근거를 살펴보면 우선, 전쟁이외의 군사작전이란 "전쟁에 이르지 않는 군사작전에 있어 가용할 수 있는 군사력을 포함하는 작전"을 의미한다. 이에는 평화유지활동PKO, 테러와의 전쟁, 마약퇴치작전 등이 있다.

전쟁 이외의 군사작전의 법적근거는 국제법과 국내법 그리고 권한 있는 기관의 결정으로부터 유래한다. 이것은 유엔안전보장이사회의 결의문, 지역 안보기구 결의문, 국제협약 및 기타 형식으로 표현되고 있으며, 이와 같이 작전의 법적 근거에 대한 명확한 이해는 작전의 정당성을 증진시킴으로써 국내에서의 지원을 유지하고 국외에서의 지지를 획득하는데 필수적이다.

2) 표적 선정과 공격목표물

가) 표적선정의 기본원칙

(1) 군사목표물의 원칙

교전자는 군사목표물만을 공격의 대상으로 할 수 있다는 원칙이다. 군사목표물이란 어떤 목표물의 전부 또는 일부에 대한 파괴가 공격자에게 분명한 군사적 이익을 주는 것들을 의미한다.(1923년 공전규칙안 제24조)

       ① 군사작전에 쓰이는 시설, 물체, 군사요원

       ② 군사행동을 지원하는 경제시설(수송시스템, 전투부대 장비와 재료를 생산, 수리하는 공업시설)

       ③ 군사행동을 지원하는 정치적 목표(정부기관)

       ④ 지형목표(파괴나 중립화가 아군에게 유리할 경우)

(2) 금지되는 공격목표

제네바 협정이나 각종 국제조약 및 관습법으로 보호되는 표적들, 예컨대 ① 비전투원 ② 민간인 관련 시설 ③ 의료요원 ④ 병원 및 기타 의료시설 ⑤ 종교시설 ⑥ 문화재 ⑦ 학교 ⑧ 포로수용소 등은 공격 목표가 될 수 없다.

따라서 무차별적인 전략폭격은 금지된다. 또한 민간인 및 전투능력을 상실한 전투원, 조난된 낙하산병, 병원 및 의무부대, 댐과 같은 위험한 시설물, 문화재 등은 공격할 수 없다. 다만 민간인을 위한 시설이라 하더라도 그것이 군사목적에 사용되고, 그것을 파괴하는 것이 아군의 군사적 이익이 됨이 명백하다면 이는 군사목표물로서 합법적인 표적물이 될 수 있다.

사례로 2차 대전 당시 독일군 참모총장 요들은 노르웨이의 한 지역에 대한 전면적 황폐화를 명령함으로써 3만동의 가옥을 파괴하였고, 모스크바와 레닌그라드를 철저히 파괴하라는 명령서에 서명하기도 하였다. 이러한 민간 시설에 대한 무차별 공격은 허용되지 않는다. 오직 군사목표물만이 공격의 대상이 될 수 있다. 위와 같은 무차별 공격 행위는 전쟁법위반이며 실제로 요들은 뉘른베르크 군사재판에서 사형을 선고 받고 집행되었다.

나) 적군 거주지역(관사)의 공격

적군의 가족이라 하더라도 적대행위에 가담하지 않는 한 여전히 보호받는 민간인이므로 군사목표가 될 수 없다. 군 기지 내에 있는 군인가족 관사도 직접적인 공격 대상이 되어서는 안 된다. 다만, 민간인 거주지역이라 하더라도 방공무기가 배치되어 있거나 적 병력이 주둔하고 있는 경우로서 군사목표물을 공격하는 과정에서 부수적으로 민간이 피해가 발생하였다면 전쟁법 위반은 아니다.

다) 민간인 통행 교량에 대한 폭격

교량 자체가 합법적인 목표물이다. 따라서 폭격으로 인한 민간인 피해가 생겼다 하더라도 이는 고의로 가한 손상이 아니므로 부수적 피해라고 보아야 하고, 공격자가 그 나름의 최선의 주의를 기울인 한 전쟁법 위반이 아니다. 실례로 1999년 유고슬라비아를 공습 중이던 NATO공군 은 세르비아 중앙의 바바린에서 고속도로 교량을 폭격하였는데 유고의 주장에 의하면 교량을 건너던 민간인 11명이 사망하였다고 주장하며 전쟁법 위반이라고 비난하였다. NATO공군은 1999년 유고슬라비아 공습 시 위 사례 외에도 다뉴브 강에 걸려있는 수많은 교량을 폭격하였는데 이는 수도인 베오그라드로 향하는 병참선을 차단하려는 군사적 목적에서 이루어진 것이므로 합법적인 것이라 할 수 있고 민간이의 피해는 부수적인 것이라 할 수 있다.

라) 적국 행정기관

군사작전에 대한 행정적 지원을 하는 건물 등도 공격목표가 된다. 따라서 전시인력동원 및 자원동원, 외교지원 등과 관련하여 중요한 지휘소로 기능하는 경우 적법한 공격목표가 된다.

마) 군사시설 근무 민간인 공격

민간인은 원칙적으로 적법한 공격목표가 아니지만, 적대행위에 가담한 민간인은 교전자로 간주되어 적법한 공격목표가 될 수 있으며, 특히 다음의 경우는 명백한 공격목표가 될 수 있음이 널리 인정되고 있다.

① 군사목표물 내에서 일하는 민간인에 대해 그들이 그 군사목표물 내에 현존하는 동안에 공격 가능

② 통상 군대요원에 의해 수행되는 지위를 민간인이 대신 맡은 경우 공격 가능

③ 어떤자가 군복무를 하는 것보다 군복무에서 면제되어 민간인의 지위에서 계속 근무하는 것이 그 국가의 군사적 능력에 더 중요한 경우에는 그러한 지위의 민간인은 공격 가능

바) 문화재 공격

(1) 일반보호 문화재: 긴급한 군사적 필요성이 있을 때에만 보호가 중지되나, 문화재에 대한 공격 또는 문화재의 손상이 예상되는 군사작전은 각 구성군 사령관의 사전 허가가 필요하다.

(2) 특별보호 문화재: 불가피한 군사적 필요성이 있을 때에만 보호가 중지되나, 다만 이에 대한 공격 또는 문화재의 손상이 예상되는 군사작전은 유엔사·연합사령관의 사전 허가가 필요하다. 유네스코가 세계문화유산으로 지정한 석굴암, 종묘, 창덕궁, 불국사, 팔만대장경 및 수장고, 수원 화성은 특별문화재에 준하여 보호된다.

사례: 걸프전 당시 이라크군은 인류 4대 문명발상지의 하나인 고대 메소포타미아 문명의 중요 유적인 우르 신전 바로 옆에 2대의 전투기를 배치시켰다. 이에 대한 공격 가능성 여부로 논란이 된 적이 있었는데, 결론은 문화재가 본격적으로 군사적 목적으로 이용되고 있다고 보기 어려우므로 군사적 필요성이 인정되지 않아 이를 공격하는 것은 허용되지 않는다.

사) 댐, 재방, 핵발전소 등 위험한 물리력을 포함한 시설의 공격

제네바협정 제1의정서에는 홍수나 방사능에 의한 '심한' 민간인의 손실이 예상되는 경우 "위험한 물리력을 가진 시설", 예컨대 원자력 발전소, 댐, 방파제 등은 비록 군 목표물인 경우라도 공격을 원칙적으로 금지하고 있다. 그러나 공격이 허용되는 예외의 경우는

① 댐이나 제방: 통상적인 기능 이외에 다른 목적으로 사용되고, 지원을 종결시키기 위해 실행 가능한 유일한 방법일 경우 공격이 가능하다.

② 원자력 발전소: 군사작전에 대한 정규적이고 중요한 직접적인 지원으로 전력을 제공하며 그러한 공격이 지원을 종결시키기 위해 실행 가능한 유일한 방법일 경우에 공격이 허용된다. 다만, 허용되는 경우에도 직접적인 파괴가 아닌 진입로 차단이나 흑연폭탄 투하 등 거부작전으로서 비슷한 효과를 기대할 수 있다면 우선 고려하여야 하고, 민간인 피해 최소화 조치를 시행해야 하며, 상황이 허용하는 한 사전 경고하여야 한다.

아) 생화학무기 저장시설

생화학무기 저장시설은 그 자체로서 명백한 군사시설이므로 발전소, 제방 등과 동일한 보호를 받을 수 없다. 지휘관의 결단으로 이를 공격하는 경우라면 가능한 한 피해가 적은 일시와 방법을 택해야 한다.

자) 민간항공기

1923년 헤이그 공전규칙(안)은 "적국의 민간 항공기는 모든 경우에 포획 할 수 있다"고 규정하고 있다. 한편 시카고 조약 및 국제항공기구ICAO 협약에 의하여 민간 항공기는 군사공격의 대상으로 할 수 없다. 따라서 헤이그 안은 의미가 없고 국제조약에 의한 실정법규에 따라 민간 항공기는 군사공격이 될 수 없는 것이 명확하다.

차) 위계 및 배신행위

제네바협약 제1추가의정서에 의거 기망 행위 중 위계는 허용되며, 배신행위는 허용되지 않는다.

(1) 위계행위(전쟁법상 허용): 위장, 유인, 양동작전, 오 정보의 이용, 기습, 복병, 가장假裝적인 공격, 실제로는 사용하지 않는 교량의 구축, 소부대에 강력한 전초前哨를 배치하여 부대규모를 오인시키는 행위, 적이 차단하기 쉽도록 하여 가장신호假裝信號, 전보, 문서를 전달하는 행위 등은 적법하다.

(2) 배신행위(전쟁법상 금지): 배신행위의 개념은 국제법상 보호를 부여받을 권리가 있다거나 의무가 있다고 믿게 하여 적의 신뢰를 유발하는 행위를 한 후 죽이거나 상해를 가하거나 포획하는 것을 의미한다. 이의 구체적인 예로서 제네바협약 제1추가의정서 제37조에 의하면

    ① 정전이나 항복을 의미하는 깃발을 들고 협상할 것처럼 위장하는 것

    ② 상처나 병으로 인하여 무능력한 것처럼 위장하는 것

    ③ 민간인이나 비전투원의 지위인 것처럼 위장하는 것

    ④ 국제연합, 중립국, 비 전쟁 당사국의 부호, 표창, 제복을 사용함으로써 피 보호 자격이 있는 것처럼 위장하는 것 등을 배신행위로 규정하고 있다.

국제형사재판소와 그 처벌을 위한 국내 법률도 배신행위를 처벌 대상으로 규정하고 있고, 전쟁법 위반자는 포로취급도 받을 수 없으므로 반드시 이점은 유념되어야 한다.

차) 전투원에게 금지된 행위

낙하산으로 내려오는 자에 대한 공격이 적법한 경우는 공격임무를 띠고 군용항공기에서 하강하여 아군지역에 침투하는 특수작전부대원에 대한 공격은 적법하다. 그러나 문제되는 경우는

(1) 군용항공기가 전투능력을 상실하고 항공기에 있던 자가 피난하기 위하여 낙하산으로 하강중일 때에는 그 자를 공격해서는 안 된다.(제네바협약 추가의정서)

(2) 조난당한 군용항공기로부터 탈출하여 낙하산으로 하강한 적군이 아군의 영토 내에 도달했다면, 그자에게 항복할 기회를 먼저 주어야 하고, 그럼에도 불구하고 그자가 아군에 투항하지 않고 저항하는 경우 공격이 가능하다.

투항자에 대한 공격문제는 적의 전투원이라 할지라도 제한 없이 공격할 수 있는 것은 아니다. 제네바 추가의정서에 따르면 부상이나 질병으로 인해 전투능력을 상실한자, 전의를 상실하여 투항할 뜻을 명백히 한 자 등에 대한 공격은 위법이다.

암살 등의 행위에 대한 적법성 여부: 전쟁 중인 상황에서 적군을 공격하는 행위는 당연히 인정될 것이나, 헤이그 육전규칙에 의하여 적국이나 적국에 속한 자를 비열한 방법으로 살상하는 것은 금지된다. 즉, 정당한 작전 수행을 통한 공격은 가능하나, 주요인물 암살 등 부당한 방법을 통한 살해 등은 위법하다.

적을 공격하기에 앞서 "지금 항복하지 않으면 공격을 개시하여 전원 사살 하겠다"고 선언하는 것을 "구명거부 선언"이라고 한다. 그러나 이 구명거부 선언은 전쟁법상 비인도적인 것으로서 구명거부 선언 후 투항하는 적군을 살해하는 것은 위법이다. 헤이그 육전규칙 23조는 특히 금지하는 것으로서

① 적국 또는 적구에 속하는 자를 배신의 행위로서 살상하는 것

② 무기를 버리거나 자위수단이 투항하는 적의 사살

③ 투항자를 구명하지 않을 것이라고 선언하는 것, 세 가지를 들고 있다.

다. 전쟁범죄의 처벌

1) 전범에 대한 재판

가) 전쟁범죄의 억제 의무: 제네바 협약은 전쟁법을 위반한 전쟁범죄에 대하여 국제적인 관할이 존재하고, 제네바 협약 당사국은 모든 전쟁법 위반행위를 범하였거나 범할 것을 명령한 자에 대하여 유효한 형벌을 규정하기 위하여 필요한 입법조치를 취할 의무가 있음을 규정하고 있다.

나) 전범에 대한 재판 사례(사안별 임시 법정)

- 제2차 대전 후 전범에 대한 재판을 위해 뉘른베르크 국제군사재판소와 극동 군사재판소를 설치 운영하였다
- 1994년 르완다에서의 전쟁법 위반 행위자를 처벌하기 위한 르완다 국제재판소를 설치 운영하였다. 1994년 유엔 전문가 회의에서 르완다의 후투족이 투치족에 대해

계획적이고 조직적으로 대량 학살한 범죄를 발견하고 이를 처벌하기 위해 설립되었다. 르완다 학살 당시 총리와 장관을 지낸 2/3 이상의 고위관리들과 군 고위관계자들이 수감되어 재판을 받았다. 재판소는 대량학살을 주도한 사람들을 기소한 최초의 국제재판정이며 강간을 처음으로 대량학살의 한 부분으로 인정하였다.

- 1995년 구 유고에서의 전쟁법 위반자를 처벌하기 위한 국제유고전범재판소를 설치 소위 '인종청소'라 불리우는 스레브레니차 학살사건 등의 책임자를 처벌하였다.

유고와 르완다 국제전범재판소는 내전과 독재의 와중에서 각종 잔학행위로 희생된 무고한 민간인들에 대해 국경을 초월하여 정의를 회복하고 유사사건 재발을 억제하려는 국제사회의 공동노력이라는 점에서 크게 평가되어야 할 것이다.

2) 지휘관의 책임

가) 지휘관의 책임

- 전쟁법의 교육, 보급, 전파 및 훈련의 책임
- 작전 수립 및 수행 시 전쟁법 준수 및 이행의 책임

나) 부하의 위법에 대한 책임: 부하의 위법한 행위에 대하여 지휘관이 절대적인 지휘책임을 져야 한다는 견해도 있지만 상관은 자기가 명령한 행위와 허가, 묵인 및 간과한 행위에 대해서만 책임을 진다는 견해(제한적 지휘책임 원칙)가 일반적이다.

다) 지휘관의 책임이 인정되는 경우

- 지휘관이 전쟁법에 어긋나는 명령을 내렸을 경우
- 지휘관이 전쟁법 위반행위가 자행되고 있거나 또는 자행될 것임을 알면서도 이를 중단하기 위한 조치를 취하지 아니한 경우
- 지휘관이 전쟁법 위반행위를 발견하고도 처벌이나 예방조치 등을 취하지 아니한 경우 등이다.

라) 지휘관 책임 관련 국제법

- 제네바 제1의정서 제86조: 제네바 제 협약 및 본 의정서의 위반이 부하에 의하여 행해졌다는 사실은

① 부하가 그러한 위반을 행하고 있는 중이라거나 행하리라는 것을 알았거나

② 당시의 상황에서 그렇게 결론지을 수 있을만한 정보를 갖고 있었을 경우

③ 권한 내에서 위반을 예방 또는 억제하기 위해 실행 가능한 모든 조치를 취하지 아니하였을 경우는 그 상관은 형사 또는 징계 책임을 면하지 아니한다.

- 국제형사재판소 로마규정(제28조): 군사지휘관 등은 그의 관할 및 통제 하에 있는 군대에 의하여 행하여진 행위에 대하여
  ① 군대가 범죄를 저지르고 있다는 사실 또는 저지르려 한다는 사실을 알았거나 또는 알았어야 했을 경우
  ② 부하들의 범행을 방지하거나 제지하기 위하여 또는 그 문제를 수사 및 기소하기 위하여 자신의 권한 내의 모든 필요하고 합리적인 조치를 취하지 못한 경우 그 결과에 대한 형사 책임이 있다.

3) 상관의 명령에 따른 행위

상관의 위법한 명령에 따른 부하의 책임: 명령은 항상 그 자체만으로 정당화를 제공한다는 견해도 있으나, 명령에 따라 수행했다는 사실 자체만으로는 범죄를 행한 부하의 행위가 정당화 될 수 없으며, 위법한 명령을 거부할 기대가능성이 없는 경우에 한하여 부하의 책임이 면책될 수 있다.

실제 사례로 1968년 월남 미라이My Lai 부락에서의 민간인 학살사건에 대한 미군사법원의 판결은 비록 위법한 명령이 주어졌더라도 합리적인 감각과 이해를 가진 군인이라면 그러한 환경에서 그 명령의 불법성을 인식 하였어야 할 것이며, 그 명령의 수행을 거부했어야 할 것이라고 하면서 피고인 켈리Cally 중위에 대하여 유죄로 판결하였다.[61]

라. UN 국제형사재판소 창설 운영

1) 국제형사재판소ICC 설립

1998년 7월 UN총회에서 ICC 설립규정(로마규정)을 채택하여 국제형사재판소가 설립되었다.[62] 네델란드 헤이그에 위치하며 임기 9년인 18명의 재판관과 수석검사 1명, 부 검사 2명을 두고 있다. 한국은 2000년 3월 8일 유엔대표부 대사가 서명하여 가입하였다. 2003년 3월

---

61) 베트콩 및 그 동조자로 의심되는 사람은 모조리 사살 및 체포하라는 평범한 지시가 전선의 중대장에게 전달되는 과정에서 절대 명령화 되어 500여명의 주민들을 무참히 학살하였다. 이와 관련한 자세한 내용은 이민수, 『지휘통솔의 철학적 원리』(서울: 철학과 현실사, 2010), pp. 120-134 참조.

62) 뉘른베르그(Nurnberg) 및 동경 국제군사재판소의 뒤를 이어 '인간성에 반하는 범죄(crime against humanity)'를 단죄하기 위하여 '구유고국제형사재판소(ICTY: International Criminal Tribunal for the Former Yugoslavia)'가 1993년 설립되었으며 이에 고무된 국제사회는 2002년 국제범죄를 범한 개인을 심리·처벌하는 국제재판소, 즉 국제형사재판소(International Criminal Court: ICC)를 설립하였다.

11일부터 재판 활동을 개시하였다.

2) ICC 규정의 주요내용

① 최초의 국제 상설 형사재판소: ICC 창설 이전의 국제형사재판소가 사건 및 전쟁별로 필요시 임시적으로 설립하여 운영하였던 임시재판소였던 것에 반하여 ICC는 상설하여 운영하게 되었다.

② 국제형사재판소 심판대상: 무력분쟁에 있어서 제네바 협약이나 국제법의 위반으로서 계획적, 정책적 또는 대규모로 행해지는 살인 구금, 고문, 포로학대, 민간인 공격, 의료시설 공격, 민간인 거주지 공격, 투항자 공격, 강제이주, 생체실험, 독약 무기나 가스사용, 강간, 성폭력 등의 전쟁범죄를 다룬다.

③ 관할범위: 범죄가 발생한 국가 또는 범죄자의 국적 국 중 최소한 한 국가가 관련 협약인 로마규정에 가입하였거나, 국제형사재판소 재판에 동의한 경우 재판이 가능한데, 범죄와 관련한 당사국이 재판을 하지 않거나, 오로지 범죄자를 보호하려는 목적으로 재판하는 경우에만 보충적으로 재판(보충적 관할)할 수 있다. 따라서 북한군이 한반도 내에서 전쟁범죄를 범할 경우 국제 형사재판소에 기소하여 처벌할 수 있다.

④ 수사 및 재판절차: 당사국이 재판부의 소추부에 회부하거나, UN안전보장이사회가 재판부의 소추부에 회부하거나, 소추부가 직권으로 예비조사 후 전심재판부의 승인을 받아 수사를 개시할 수 있다. 수사 후 소추부가 재판부에 기소하면 재판이 시작된다.

3) 우리나라의 경우

현재 위 국제형사재판에 관한 로마규정의 국내 이행이법인 "국제형사재판소 관할 범죄의 처벌 등에 관한 법률(2001. 12. 21)"이 시행중이다.

마. 국내법의 전쟁범죄 처벌 규정

1) 아군의 전쟁법 위반행위도 역시 국내의 군사재판을 통해서 처벌을 받는다.
2) 국제형사재판소 관할범죄에 대해서 처벌이 가능하며
3) 군 형법상 전쟁범죄에 대하여 처벌이 가능하다
　　가) 전투지역 또는 점령지역에서 주민 또는 상병자의 재물을 약탈하는 행위(군형법 제82조)

나) 이러한 약탈을 행하여 사람을 살해하거나 사망에 이르게 하는 행위(제83조)

다) 전투지역 또는 점령지역에서 부녀를 강간하는 행위(제84조)

바. 기타

이 외에도 많은 전쟁관련 법들이 있다. 인도주의적 법들에 대해서는 제4세대 전쟁 논의에서 계속되며 국내이행 법들에 관해서는 본고의 주제를 벗어나는 것들이므로 상세한 검토를 생략하기로 한다. 주요 내용들은 다음과 같다.

1) 상병자, 포로, 간첩 등의 대우와 보호
2) 전시관계법
   가) 전시관계법의 범위
      (1) 인적자원의 획득을 위한 근거법률: 병역법, 향토예비군설치법, 민방위기본법
      (2) 물적 자원의 획득을 위한 근거법률: 비상대비자원관리법, 징발법
      (3) 국가조직 및 기능의 전환 근거법률: 대통령의 긴급권 관련규정, 계엄법 등
   나) 전시대비법
   다) 전시특례법
      (1) 헌법상 전시특례: 긴급명령, 계엄
      (2) 병역상 전시특례: 병력동원 소집, 전시근무 소집, 징병 및 복무
      (3) 징발법
      (4) 군 인사법상 전시특례
      (5) 군 형법상 전시특례
        ① 전시, 사변 또는 계엄지역에서만 특히 범죄를 구성하는 경우
          - 지휘관의 불법 진퇴죄(법 제20조)
          - 명령 등의 허위전달죄(법 제39조)
        ② 형이 가중되는 경우
          - 직무유기죄(법 제24조 2호)
          - 지휘관 수소이탈죄(법 제27조 2호)
          - 초병의 수소이탈죄(법 제28조 2호)
          - 이탈자비호죄(법 제31조 1호)
          - 근무태만죄(법 제35조 5호)

- 비행군기문란죄(법 제36조 2호)
- 위계로 인한 항해위험죄(법 제37조 1호)
- 허위명령, 통보, 보고죄(법 제38조 1항 2호)
- 초병위반죄(법 제40조 1항 2호)
- 항명죄(법 제44조 2호)
- 집단항명죄(법 제45조 2호)
- 노적군용물에의 방화죄(법 제67조 1호)
- 초병 침범죄(법 제78조 2호)

제4절 현대 군사행동의 논리와 정의성

1. 예방, 선제, 대응적 무력사용의 문제점[63]

가. 서론: 도덕적으로 허용 가능한가?

예방적 무력사용이 도덕적으로 허용될 수 있는가? 예방적 무력에는 예방적 군사력사용을
예방전쟁Preventive War이라고 말하며 예방적 경찰력을 예방구금Preventive Detention이라고 한다. 예방전
쟁은 유엔헌장 51조에 위배된다. 예방적 구금은 헌법과 모순되며(타당한 절차) 국제의정서에도
위배된다. 1988년 미국의회는 2차 세계대전중의 일본계 미국시민들에 대한 예방구금에 대해서
정식으로 사과했다.

9.11 테러 이후 예방전쟁과 예방적 구금조치에 대한 논의가 되살아났다. 찬성론자들은 이
러한 조치는 테러와의 전쟁에서 반드시 필요하고 합법적인 것이라고 주장하였다.[64] 따라서 다
음과 같은 문제가 생겼다. 9.11 사태는 우리가 가지고 있는 도덕적 관념들을 교정할 것을 요구
하는가? 우리는 예방전쟁과 예방적 구금조치를 잘못된 것이라는 생각을 버리고 수용해야 되는
것인가?

이 문제를 논의하기위해서는 먼저 예방적 무력preventive force, 선제적 무력Preemptive force, 대응적
무력responsive force 간의 차이점을 알 필요가 있다. 우선 예방적 무력은 악행을 저지를지 모르는
사람에 대하여 사용되는 무력을 말한다. 이때 '저지를지 모르는' 말의 의미는 악행을 저지를
개연성을 어느 정도 가지고 있다는 말이다. 선제적 무력이란 그것이 가해지지 않으면 곧 악행
을 저지를 사람에 대하여 사용되는 무력이다. 마지막으로 대응적 무력이란 이미 악행을 저지를

---

63) 더글래스 P. 래키, 『전쟁과 평화의 윤리』(서울: 철학과 현실사, 2006), pp. 287-318 참조.

64) 미국의 학자들은 대부분 선제공격을 지지하였다. Lawrence Freedman, *Deterrence* (Malden, MA: Polity Press,
2004); Robert J. Pauly, Jr & Tom Lansford, *Strategic Preemption* (Burlington: ASHGARE, 2005); Harry S. Laver,
Preemption and the Evolution of America's Strategic Defense, *Parameters* Vol.35, No. 2(Summer, 2005); Robert
S. Litwak, .The New Calculus of Pre-emption, *Survival*, Vol. 44, No. 4(Winter, 2002-03); Franklin Eric Webster,
Preemption and Just War, *Parameters*, Vol. 34, No. 4(Winter, 2004-05); Steven L. Kwnny, The National Security
Strategy under the UN and International Law. in John T. Doubuque, selected, edited, and with introductions,
Taking Sides; Clashing views on Controversial Issues in World Politics, 12th ed. (Rourke, Iowa: McGrew-Hill
Companies, Inc., 2006).

중도적 입장에서 선제공격의 개념과 문제점을 지적한 것은 Erich Labara, *Preemptive War*(Washington DC:
Global Security Press, 2004) 참조. 비판적 견지에서 선제공격을 다룬 것은 촘스키(Noam Chomsky) 저, 송은경
역, 『중동의 평화에 중동은 없다』(서울: 북 폴리오, 2005) 참조.

사람에게 적용되는 무력을 말한다.

유엔 헌장은 '무장공격을 받았을 경우에만' 무력을 사용하는 것을 허용하고 있다. 그러나 한편으로 유엔 헌장은 또한 안전보장이사회가 절박한 '평화의 위협'이 있다고 결정을 내릴 때, 이사회가 무력을 사용하는 것을 허용하고 있다. 그러므로 유엔 헌장은 여러 국가로 구성된 집단이 선제적 무력을 사용하는 것을 허용한다.

국제법은 유엔헌장보다 더 엄격하다. 즉 국제법은 절박한 위협이 분명할 경우에만 개개의 국가들이 선제적 군사력을 사용할 것을 승인한다. 유엔헌장도 국제법도 바로 이 선을 넘어가지 않으면 예방적 무력사용을 인정하지 않는다. 그러나 문제는 예방적 무력과 선제적 무력사이의 분명한 경계선을 어떻게 긋느냐 하는 것이다. 무엇이 예방이고 무엇이 선제인가? 예방적 무력 사용에 비판적 견해를 가진 더글라스 P. 터키의 분석을 소개한다.

나. 예방적 무력 찬성론: 예방과 선제는 차이가 없다

논리적으로 예방과 선제의 개념에 차이가 없다는 것은 명백하다. 다음과 같이 설명할 수 있다. 어떤 사건 E가 매우 사악한 것이라고 생각해 보자. 9.11 테러와 같이 수 천 명의 죽음을 가져 온 사건도 이에 속한다고 볼 수 있다. 사건 E는 A, B, C, D의 단계를 거쳐서만 생길 수 있는 사건이다. 각 단계는 사건 E가 이루어지기 위해 있어야 할 거의 필연적인 조건이다. 이 중에 어느 한 단계에서라도 멈추게 되면 사건 E가 일어나지 않을 가능성이 높다. 더욱이 단계 D는 사건 E를 위한 충분조건이다. 즉, 만일 사태가 D단계에 이르게 되면 사건 E는 터질 가능성이 매우 높다. 만일 우리가 단계 A, B, C가 생기지 않게 하려고 무력을 사용한다면 이때 우리는 예방적 무력을 사용하는 것이 된다. 만일 우리가 단계 D가 일어나지 않게 하려고 무력을 사용한다며 선제적 무력을 사용하는 것이 된다. 단계 A, B, C를 멈추기 위해서 무력을 사용하는 것과 단계 D를 멈추기 위해서 무력을 사용하는 것 사이에 어떤 도덕적 차이가 있는가? 사건 E가 일어나지 않게 함으로써 사람의 생명을 구하는 것은 도덕적으로 중요한 일이 아닌가? 그리고 만일 사건 E를 일어나지 않게 하는 것이 그렇게 중요한 일이라면 그 악한 계획이 D의 단계에 이르기 전에 그 싹의 단계에서부터 잘라버리는 것이 더 낫지 않을까? 윤리적 관점에서 볼 때 예방적 무력과 선제적 무력 사이에는 도덕적 차이가 없는 것처럼 보인다. 한마디로 말해서 예방적 무력과 선제적 무력의 차이란 다소 더 많거나 적거나의 문제라고 찬성론자들은 주장한다. 그러나 반대론자들은 이에 대하여

첫째, 이러한 논리가 주장하는 것과는 반대로 예방적 무력과 선제적 무력에는 실제적인 차이가 있으며 그것은 이 두 무력이 인간행동의 전개 단계에서 도덕적으로 명백히 다르다.

둘째, 이 논리는 무력을 사용하는 자가 꼭 갖고 있지 않을 수도 있는 정보나 지식을 이미 갖고 있는 것처럼 가정하고 있다. 예를 들어 악한 계획에 관계된 자들의 도덕적 성격을 아는 것처럼 가정하고 있으며, 그들의 계획과 의도 그리고 그들의 최초 행위가 무엇을 노리는지 아는 것처럼 가정하고 있다.

셋째 이 논리는 예방적 무력이 가져오는 부작용을 정당화하는 측면을 의도적으로 무시해 버리고 있다. 특히 예방적 무력을 사용하면 대개 민간인들을 죽이는 일이 생기게 되고 결국 그들의 권리를 침해하는 일이 일어나게 된다는 사실을 무시해 버리고 있다고 이의를 제기한다.

다음의 논의들은 그러한 것에 대한 구체적인 증거들이다.

다. 예방적 무력 반대론

1) 행동과 계획에 있어 차이가 존재

예방적 공격을 찬성하는 자들은 계획과 실행 단계에서의 도덕적 차이를 인정하지 않는다. 어떤 일이 일어나기 위해서는 ① 구상 ② 준비 ③ 결심(의도) ④ 실행 ⑤ 계획(의도)의 실패의 다섯 단계를 거쳐 진행된다. 여기서 각 단계별로 도덕적 차이점에 대하여 생각해 보자. ②와 ③ 단계에서 뚜렷한 차이점이 있다. 만일 우리가 ② 단계에서 예방적 공격을 한다면 아직 악한 고의intention를 갖지 않은 사람에게 즉, 악행을 저지르지 않은 사람에게 무력을 사용하는 것이 된다. 법적으로 고의성의 요인을 무시하게 되면 형법상에서 많은 차이들을 없애버리게 될 것이다. 예를 들어 고의적 살인muder과 비고의적 살인manslaughter의 차이가 없어져 버린다. 악한 계획을 갖고 있는 사람과 그것을 실제 수행하기위한 조치를 하는 사람은 다르다. 엄격한 차이가 존재한다. 단계 ①에서 ⑤까지의 진행단계를 추상적으로 다루게 되면 이러한 모든 차이점들이 없어져 버린다.

2) 합리적 증거의 부족

위에서 진행되는 다섯 단계는 신의 눈을 가지고 이야기 한 것이다. 현실의 세계에서 각 단계를 식별하고 구분하는 것은 불가능하다. 실정법에서 통계적 증거는 허용되지 않는다. 실제적 증거가 요구되고 그것은 합리적이어야 한다. 구제역의 발생으로 반경 10Km 이내의 모든 소를 도살하는 경우와는 구별되어야 한다.

3) 국제문제의 통계적 증거, 예측의 불확실성

국제사회의 예방적 경찰력으로서 무력을 사용함에 있어서는 첫째, 의도에 대한 숙고 둘째, 무력행위 규명 셋째, 무력행위 합리적 해석이 요구된다. 예방전쟁에 있어서도 마찬가지이다. 우선 의도의 숙고문제를 보자면, 위의 사건진행 예에서 어떤 국제문제가 된 사건이 단지 ①, ② 단계에 있다면 아직 악이 일어나지 않았다. 그러나 그것을 ③의 단계 즉 고도의 의도를 형성하는 단계에 있다고 누가 판단하고 공격한다면 그 책임은 누구한테 있는가? 파리 평화회담이 개최되고 있을 때 키신저가 말했다. "월맹 사람들의 의도에 대해 아무 할 말이 없다. 우리들 자신의 의도를 이해하는 것조차 너무 어렵다."

두 번째, 행위의 규명 문제도 어려운 문제다. 실제 악한 행위가 있다 하더라도 첫째 그러한 행위가 정말로 있었는가? 규명하는 문제와 그것의 해석문제가 대두된다. 국제사회는 너무 복잡다단하기 때문에 진실의 규명이 어렵다. 또한 그 행위의 배경과 구조, 문화의 다차원성으로 인해 해석이 어렵다.

국가들은 정보수집을 위해서 막대한 예산을 쓴다. 미국은 1949년 소련의 원폭 실험을 예측하지 못했고 그 충격과 공포는 엄청났다. 이에 따라 핵개발을 서둘렀고 소련에 대한 우월권을 확보하기 위해 일본에 핵무기를 투하했다. 1974년 인도의 핵실험도 마찬가지였다. 1973년 미국 CIA는 중동에 군사적 행동이 있을 것 같지 않다고 보고했다. 그러나 이틀 후에 세 나라가 이스라엘에 대하여 대규모 군사공격을 감행했다. 2002년 10월 미국의 안보정세 판단은 이라크의 사담 후세인이 대량파괴무기를 만들어 숨겨 놓았다고 판단하였다. 그러나 이라크 전 후에 콜린 파월은 유엔에서 이렇게 선언하였다. "그들은 그러한 무기를 만들지 않았으며 어디에도 숨겨져 있지 않았다."

마지막으로 무력행위의 합리적 해석 문제는 '기대적사고'wishful thinking와 정보왜곡 문제이다. '기대적사고'란 정보 보고서가 상관들이 바라는 바대로 작성되고 그것이 합리적 대응 대안 개발에 부작용을 작용한다는 것이다. 정책학에서 합리적 의사결정의 전형적 장애요인이 바로 기대적사고와 정보 왜곡이다. 이와 더불어 문제가 되는 것은 정보의 해석에 있어 비관적 해석이다. 똑같은 정보라 할지라도 이것을 최악의 경우를 가정한 비관적 해석은 합리적 대응을 방해한다. 최악의 경우를 가정한 예방적 무력사용의 도덕성 문제와 연계된다. 최악을 상정한 선제 또는 예방공격의 유혹은 상대방으로 하여금 똑 같은 유혹을 유발하게 되고 그것은 안보딜레마를 가져오고 군비증강의 논리가 되어왔다.

4) 예방적 무력 부작용의 심각성

예방적 무력이 낳는 부작용은 무고한 희생자들이 발생한다는 것이다. 전쟁에서 민간인들을 살해하는 것을 정당화하는 문제는 도덕적으로 해결하기 매우 어려운 난제이다. 전쟁 의도의 '선한 결과' 자체가 무고한 사람들을 살해하는 것을 정당화하지 않는다.

예: 이 문제를 이해하기 위해 무고한 사람들을 죽이는 것이 정당화 될 수 있는 '비정상적인' 경우들을 생각해 볼 수 있다. 현대 윤리학에서 많이 설명되는 트롤리의 예高架滑車 例, Trolly Case이다. 그것은 악을 저지르는 것과 악의 방향을 바꾸는 것에 대한 설명이다.

트롤리 한대가 궤도에서 고장이나 고삐가 풀려 달려가고 있다고 상정하자. 궤도 저 아래에는 10명의 아이들이 놀고 있다. 트롤리가 계속 내려간다면 아이들을 치게 될 것이다. 다행히 스위치가 있어 트롤리 기사는 트롤리 방향을 바꿀 수 있다. 그 다른 방향에는 어린이 한명이 혼자서 놀고 있다. 이때 기사는 트롤리 방향을 바꾸어야 하는가? 대부분의 사람들은 그러는 것이 옳고 합리적이라고 대답한다.

단순히 10명의 어린아이들을 구할 수 있다는 것으로 한 아이를 선택하여 죽일 수 있다는 것이 정당화 될 수 없다. 무엇인가 다른 용인이 관련되어 있어야 한다. 많은 철학자들이 이 경우에 있어 관련된 요인으로 만일 트롤리의 방향을 바꾸게 되면 그것은 악을 만들어 내는 것이 아니라 악의 방향을 바꾼다는 사실이라고 말한다. 그러나 이와는 대조적으로 10명의 아이를 구하기 위하여 한 아이를 죽여 그 장기를 꺼내어 활용하는 것은 악의 방향을 바꾸는 것이 아니라 악을 저지르는 것이다.

'악을 저지르는 것'과 '악의 방향을 바꾸는 것' 사이의 차이를 이해하기 위해서는 보다 정교한 설명이 필요하지만 이 구별은 어떻든지 간에 옳다. 이 차이를 통해서 우리는 어떤 특정한 전쟁에서는 특정한 민간인들을 살해하는 것이 허용될 수 있는 이유에 대한 단서를 찾을 수 있게 된다.

정의의 전쟁에 대한 대부분의 현대이론에서 전쟁은 악에 대한 대응책이 될 때만이 정당한 전쟁이 된다. 즉 정당한 전쟁의 모범적인 예는 다른 나라의 공격으로부터 자신의 나라를 방어하는 것이다. 공격국가는 악을 저지른다. 그러나 방어하는 국가는 단지 그 악을 공격국가로 되돌릴 뿐이다. 그래서 때때로 공격국가의 민간인들에게도 악이 돌아가기도 한다. 기습은 마치 달리는 궤도에서 풀려난 트롤리와 같다. 기습에 대한 정당한 대응책은 트롤리를 다시 적에게로 돌아가게 만드는 것이다.

만일 이것이 바른 논리라면 우리가 무력을 사용하는 것은 악을 비켜가게 하는 것이지 악을 저지르는 것이 아니라는 것을 입증하는 일은 중요한 일이다. 이것은 분명히 방향 전환의 문제이며 앞서 예로든 사건의 진행단계에서 ③ 단계 이후에 그리고 ④ 단계 전에 개입하는 것과 대응하는 것이다. 트롤리 기사의 행동은 그저 예방적 차원이 아니라 선제적 조치인 것이다.

그렇다면 정당한 예방적 무력 사용의 경우란 어떤 것인가? 트롤리의 예로 설명해 보자. 트롤리가 5블럭 떨어진 곳에서부터 헐거워지는 고장을 감지하고 있었다고 가정해 보자. 매 블록마다 갈라지는 트랙이 있고 각 트랙마다 놀고 있는 어린이가 한명씩 있다 치자. 트롤리는 각 불럭 끝에서 직진할 것인지 트랙을 바꿀 것인지 선택을 할 수 있다. 그렇다면 계속 직진할 경우 10명의 아이들을 치게 될 것이다.

대부분의 사람들은 10명의 아이들을 구하려 확실히 고장 나지도 않은 트롤리를 트랙 1에서 궤도를 이탈시키는 것은 도덕적으로 허용될 수 없다고 생각한다. 도덕적으로 용납되는 경우는 마지막 단계에서 더 이상 선택의 여지가 없을 때 궤도를 이탈시켜 한 어린이의 희생을 택할 때 만 허용될 수 있다. 우리는 첫 번째 블록에서 궤도를 바꾸는 것을 악의 방향을 전환하는 것이라고 생각하지 않는다. 왜냐하면 첫 번째 블록에 있는 트롤리는 아직 실제적인 악이 아니기 때문이다. 고장이 확실하지도 않고 고장이 났다면 고칠 수 있는 여유가 있기 때문이다. 따라서 그것은 잠재적인 악일 뿐이다. 트롤리가 각 블록에서 계속해서 직진할 경우에만 실제적인 악이 될 것이다.

결론: 첫 번째 블록에서 트롤리의 방향을 바꾸는 것은 무력을 예방적으로 사용하는 하나의 예이다. 그러나 첫 번째 블록에서 방향을 바꾸는 것은 악의 방향을 전환시키는 경우가 아니다. 만일 첫 번째 블록의 옆 트랙에 있는 어린아이가 스위치를 작동한 후에 죽게 된다면 그 살인은 도덕적으로 잘못된 것이다. 만일 예방전쟁에 의해서 민간인들이 살해당한다면 그것은 도덕적으로 잘못된 것이다. 예방전쟁의 목표가 아무리 찬양받을 만한 것이라 해도, 그리고 그 결과가 아무리 바람직한 것이라 할지라도 도덕적으로 잘못된 것이다. 간단히 말해서 선제적 무력은 악을 비켜 나가게 하지만 예방적 무력은 악을 만들어내는 것이다. 그러므로 선제적 전쟁과 예방적 전쟁 사이에는 분명한 도덕적 선을 그을 수 있는 것이다.

5) 예방적 조치와 자유의 침해

범죄가 전개되어 가는 초기 시점에서의 무력 사용은 자유에 대한 침해이다. 왜냐하면 그것은 사람들의 행동을 통제하기 위해서가 아니라 사람들이 생각하는 것을 통제하기 위해서 무력을 사용하기 때문이다. 범죄는 교사敎唆, solicitation와 공모共謀에 의해서 일어 날 수 있다. 그러므로 교사와 공모를 분쇄하면 범죄를 막을 수 있다. 그러나 국제범죄를 예방하기 위하여 교사와 공모행위에 선제적 무력을 사용할 수는 없다. 그렇다면 그것이 가능한 무력 사용은 존재하는가? 그것은 폭력의 선동이나 기도企圖, attempt 단계를 넘어선 '공공연한 행동'의 단계에서 가능하다. 경찰의 법집행도 이러한 공공연한 행동의 단계에서 현행범에 대해 이루어진다.

라. 결론

9.11 사태 이후에 여러 사람들이 테러와의 전쟁에서 예방적 구금과 예방적 전쟁이 필요한 도구라고 주장했을 때 예방적 무력에 대한 새로운 논의가 시작되었다. 테러범들이 악한 이유는 그들이 자유적이고 민간인들을 살해하는 자들이기 때문이다. 예방적 구금은 자유의 적이며 예방적 전쟁은 민간인들의 살인을 요구한다. 그러므로 테러를 막으려고 이러한 도구(예방적 국금과 예방적 전쟁)를 사용하는 자들도 또한 테러주의자로 변하게 된다. 테러범들은 그들의 계획이 완전히 이루어질 때 승리한다고 믿는다. 이제 테러범들에게 필요한 것은 계획을 시작해 놓기만 하면 된다. 예방전쟁을 하는 자들이 테러범이 시작해 놓은 나머지를 다 처리해 주기 때문이다.

2. 인도주의적 개입(유엔, 다자적 군사력)과 정의성

가. 인도주의적 개입: 개념과 정의, 조건

2011년 국제사회는 중동지역에서 일어난 자스민 혁명[65]에 고무되었다. 철옹성 같았던 독재국가에서 민주화 혁명이 일어난 것이다. 이집트의 무바라크는 축출되었고 예멘과 리비아에서 시민들이 봉기하여 민주화를 요구하였다. 리비아의 카다피는 시위대를 무자비하게 유혈진압 하였고 많은 희생자를 내었다. 이에 따라 국제사회는 미국을 중심으로 인도적 개입을 결정했고 NATO 국가가 중심이 되어 다자적 군사지원을 하여 2011년 10월 20일 카다피가 제거되

---

65) 북아프리카 중앙부, 지중해에 면한 공화국 '튀니지'에서 2010년 12월 17일 일어난 시민혁명. 지네 엘아비디 벤 알리 대통령의 23년간의 독재정권의 에 맞서 시민들이 분연히 일어났는데 그 계기는 대학을 졸업한 한 노점상의 분신으로부터 시발되었다. 튀니지 국화인 재스민을 들고 시민들이 거리로 나와 민주화를 요구한데서 이름을 따 '재스민 혁명'이라고 부르고 있다. 튀니지 시민 혁명을 촉발시킨 것은 위키리크스의 폭로였다. 벤 알리 대통령 일가의 부패상을 적나라하게 기록한 외교 전문이 공개되면서 물가상승과 고 실업에 신음하던 국민의 분노에 기름을 끼얹었던 것이다.

었다.66)

국제사회에서 인도적 개입의 사례는 아프리카 내전(소말리아, 르완다, 라이베리아, 시에라리온 등)에 대한 미국의 개입과 유고슬라비아 주권(유고슬라비아로부터 분리된 크로아티아와 슬로베니아 지원)에 대한 독일과 미국의 개입 사례가 대표적이다. 또한 1991년 4월 북부 이라크에 '안전한 피난처' 형성 및 1992년 여름 시아파 이슬람교도를 보호하기 위한 남부이라크에 '비행금지구역' 획정, 유엔의 소말리아 개입으로 1992년 1월에 무기봉쇄를 단행하고 그다음에 평화정착을 위해 활동하고 있는 사람들을 위하여 군대를 파병하였다. 유엔은 구 유고슬라비아에 1991년 무기봉쇄를 한 바 있고 1992년 스스로를 방어하기 위하여 유엔군에게 무장을 허용하였다. 인도는 1971년 당시 동파키스탄이었던 지역에 개입하였으며 미국은 1983년에 그라나다에 개입한 바 있다. 또 NATO는 1999년 코소보Kosovo에 개입하였으며 가장 최근에 2010년 카다피의 축출을 위한 리비아에 개입하였다.(제6절 정의의 인도적 군사개입 성공사례: 리비아에 대한 민주화 지원 참조)

인도적 개입에 있어서 개입(간섭)의 정의는 "주권국가 또는 광범위하게 독립적인 정치적 공동체의 관할권의 범위 내에서 외부 당사자 또는 당사자에 의한 강제적 행동"이라 할 수 있다.67) 이 같은 개입은 두 가지 특징이 있는데 그것은 첫째, 간섭 또는 개입intervention은 반드시 강제 또는 강요coercion와 관련되어 있고 두 번째, 개입과 관련된 행위자는 반드시 국가가 아닌 다른 실체 일 수 있다는 것이다. 예를 들어 국가, 국가연합형태, 국제기구, 교회와 같은 사회적 기구 심지어는 기업도 이 실체의 범주에 포함된다.

일부학자들은 좀 더 협의의 정의를 제시하고 있는데 첫째, 개입은 반드시 강제력force 또는 군사력military power의 사용에 의해서 이루어진다는 의견과 두 번째로 개입이 다른 국가의 이해관계 또는 희망에 반하는 행동이라고 정의한다. 일본의 국제법 권위자인 '모가미 도시키'는 인도적 개입을 첫째, 극도의 인권침해 또는 인도에 대한 죄라 부를 수 있는 심각한 박해가 있을 것. 둘째, 해당국 정부가 그러한 박해를 자행하고 있거나 주민간의 박해를 멈추게 할 의사와 능력을 갖고 있지 않을 것. 셋째, 개입하는 것은 통상 다른 국가 또는 복수의 국가일 것. 넷째, '개입'은 통상 군사력을 사용한 '무력 개입'일 것 네 가지로 정의한다.68) 따라서 인도적 개입이란 다음과 같이 종합적으로 정의될 수 있다

---

66) 중동 민주화 운동에 따른 희생자는 리비아 2,5000여명, 이집트 840여명, 튀니지 220여명, 예멘 1870여명, 시리라 5400여명(진행중)으로 추정하고 있다. (2012, 1, 6 현재, 위키피디아)
67) 사이먼 케니, 「인도적 간섭과 국가주권」, Andrew valls, 앞의 책, pp. 223-224.
68) 모가미 도시키, 조진구 역, 『인도적 개입-정의로운 무력행사는 가능 한가』(서울: 소화, 2003), p. 22.

정치공동체 구성원의 복지를 부분적으로 또는 총체적으로 보호하기 위해 진행되는 주권국가 또는 광의로는 독립된 정치공동체에 대한 관할권의 범위 내부 또는 외부 당사자에 의해 이루어지는 강압적인 행동이다. (Bull, 1984:1)

인도적 개입의 조건에 대하여 우선, 조지 클레이 키에George Klay Kieh는 인도적 개입을 미니어, 와이즈와 켐벨Minear, Weiss and Campell, 1991이 제시한 '군사적 인도주의'military humanitarianism에 초점을 맞추고 4가지 조건을 제시하고 있다.

첫째, 인도적 위기가 존재해야 한다. 예를 들면, 긴박한 인권의 침해가 있거나, 광범위한 생명의 손실이 있을 경우이다.

둘째, 다수 국가에 의해 부여된 '적절한 권한'proper authority이 있어야 한다. 이것은 유엔 혹은 지역적 혹은 국지적 기구에 의해서만 내전에 대한 군사적 개입을 적법하게 공식적으로 허가할 수 있다는 것을 말한다.

셋째, 군사적 개입을 위한 국제사회에 통용되는 수단은 내전에서의 명령에 비유될 수 있다. 즉, 비례성의 원칙에 따라 내전을 위한 군사력도 국제사회에 의해 추진되는 군사적 개입의 특성과 동력에 도움을 줄 수 있도록 맞춰져야 한다. 즉 보조를 같이해야 한다.

넷째, 군사적 개입은 내전에 긍정적 영향을 미쳐야 한다. 즉 그것은 인간의 고통을 완화하고 효율적인 평화 조성을 위한 조건을 만들 수 있도록 도와야만 한다. 이 기준은 내전이 진행되는 과정과 종료 이후에도 모두 적용될 수 있다.

키에는 이러한 기준을 가지고 소말리아 내전에 관한 유엔의 개입, 르완다 내전에 대한 유엔과 '아프리카 통일기구'OAU: Organization of African Unity의 개입 그리고 라이베리아와 시에라리온의 내전에 대한 '서아프리카경제공동체'COWAS: Economic Community of West African States의 개입을 평가하고 있다. 반면 왈쩌는 인도적 개입의 정당성 조건을 다음과 같은 3가지로 제시한다.

첫째, 특정한 국가가 한 개 이상의 정치공동체를 포함하며, 그것이 왕정국가이거나 다민족 국가일 경우 그리고 그 공동체 혹은 민족중 하나가 극렬하게 반대한다면, 외부 세력은 폭도 제압에 개입할 수 있다.

둘째, 단일한 공동체가 내전에 의해 분열되었을 때와 한 외국 세력이 특정 당사자를 지지하여 개입한 때에는 다른 세력이 또 다른 당사자를 지지하기 위해 정당하게 개입할 수 있다.

셋째, 한 정부가 자국민에 대한 대량학살 또는 노예화를 일삼을 때, 개입은 언제나 정당하다.[69](Walzer, 1980:216-217)

---

69) Michael Walzer, "The Moral Standing of States", *Philosophy and Public Affairs*, vol. 9. pp. 216-217.

왈쩌는 미국의 인도주의적 개입에 관련해서 최근에 논란이 되고 있는 두가지 관점에 대해서 다음과 같이 말하고 있다. 인도주의적 개입 전쟁에서는 '위험부담 없는 전쟁수행'이 필요하고, 또한 '전쟁 이전의 상태 복구'가 되면 인도주의적 개입을 끝내야 한다는 것이다. 왈쩌는 앞으로 다민족 국가 내에서 민족적 갈등에 따른 분리와 해방, 그리고 그에 따른 인도주의적 개입의 문제가 향후 정의전쟁론의 중요한 의제가 될 것으로 예상하고 있다.[70)

사이먼 케이니(Simon Caney)는 왈쩌의 주장에 불만족하며 다음과 같이 정당한 조건을 수정 제시한다. 즉 인도적 개입은 다음과 같은 경우에 정당하다.

첫째, 그 목적이 사람의 고문, 살인, 감금 또는 노예화되지 않을 권리뿐만이 아니라 어느 정도의 생활수준을 보장받을 권리도 포함하는 근본적인 권리를 보호하는 것일 때

둘째, 이러한 목적을 충족할 수 있는 효과적인 방법일 때

셋째, 바람직하지 않은 효과를 가지지 않을 때

넷째, 적법한 실체에 의해서 수행될 때

다섯째, 개입을 주도하는 권위에 과도한 비용을 부과해서는 안된다.

사이먼 케이니는 인도적 개입이 그 자체가 도덕적으로 정당화 된다고 하더라도 국가주권을 침해하는 것으로서 국제법상의 권한은 없다고 말하고 있다. 가장 좋은 것은 문제가 발생한 후 대응을 하는 것 보다는 그것의 뿌리를 직접 다루고 그것이 발생하는 것을 방지하려고 노력하는 것이 더 설득력이 있다고 결론짓는다.[71)

나. 국가주권과 인도주의적 개입 사례

전통적 국가주권은 1648년 웨스트팔리아 평화조약으로부터 국민국가들이 탄생되기 시작했고 이로써 국민국가들은 정해진 영토에서 주권을 향유하고 그들 국가의 국내문제에 대해서 자유롭게 결정해 왔다. 주권 국가의 성립과 동시에 주권에 대한 외부의 개입은 시작 되었으며 개입의 주체와 수단, 방법, 그리고 그 수준은 다양하였다. 그럼에도 불구하고 탈냉전 이전까지 주권의 개념은 비교적 잘 보존되었다.

이러한 주권이 세계적 담론의 중심으로 부상하게 된 것은 탈냉전 이후의 일이다. 냉전 종식과 더불어 세계 곳곳에 산재해 있었던 국가 간 분쟁이나 국가 내의 분쟁이 유엔 및 국제사회의 노력에 의해 해결되었던 반면 새로운 분쟁이 분출되기 시작했기 때문이다. 그중에서도 가장 문제가 되었던 것은 한 국가 내에서 인도주의 사태가 발생하였을 때 유엔을 비롯한 국제사회가

---

70) Michael Walzer, "Preface to the Third Edition", *Just and Unjust Wars*. 3rd eds.
71) 사이먼 케이니, 「아프리카 내전에 대한 인도적 간섭」, 앤드류 볼즈, 앞의 책, pp. 250-275

국내 관할권을 무시하고 군사적 개입을 할 수 있느냐 여부였다. 이 담론을 촉발시켰던 진원지
는 소말리아였다.

1) 소말리아사태 개요

수년간의 내전 끝에 1991년 심한 가뭄에 기아까지 겹쳐 수십만 명의 난민과 사망자가 속
출하자 국제사회는 유엔에 인도주의적 개입을 요청하게 되었다. 그러나 유엔 안보리는 인도주
의 사태를 이유로 국내 관할권에 개입하는 것은 문제가 있다고 판단하여 구호활동 등 인도주의
지원활동에 치중하고 있었으나 상황이 악화되자 군사적 개입을 고려하게 되었다.

2) 논쟁: 다원주의pluralists와 연대주의solidarists[72]

소말리아의 군사적 개입과 관련하여 그 정당성 문제로 국제사회에서 일대 공방이 일어났
는데 그것은 다원주의와 연대주의 논쟁이다.

다원주의자들pluralists은 국제사회의 다양성을 존중하는 홉즈hobs의 주권 중심적state centered인
관점을 수용한다. 따라서 이들은 상이한 도덕적 가치에 기초한 다양한 정치문화가 국제사회에
존재한다고 주장한다. 이들은 이러한 가치를 보존하고 국가별 고유생활 양식을 유지하기 위해
서는 주권과 비 개입의 원칙이 국제공동체와 질서를 유지하기 위한 핵심이라고 주장하였다.[73]
또한 이들은 국제사회가 유지되기 위해서는 최소한의 공동규범을 형성할 수 있으나 이 규범은
지침 적 수준일 뿐, 규범이 질서를 보장해 주지는 않는다고 생각한다.[74] 개입은 오히려 국제질
서를 파괴하여 국제사회의 혼란을 초래하게 되고 결국 국제사회는 붕괴된다는 것이 다원주의
자들의 주장이다. 인권문제로 국제사회가 개입하는 것은 오히려 국제평화와 안전에 위협을 가
져오기 때문에 유엔 헌장 및 1970년의 "국제법 원칙에 관한 선언"Declaration on Principles of International
Law에서 표방하고 있는 비개입의 원칙이 존중되어야 한다는 인식을 갖고 있다. 다원주의자들이
주권 중심적 시각을 갖고 있다는 점에서 현실주의와 그 맥을 같이한다.

연대주의자들은 이들과는 달리 인류공동체가 주권국가를 능가한다는 신념을 갖고 있
다.[75] 국가의 임무는 사회를 조직하고 시민들에게 복지를 제공하는 것인데, 인권은 당연히 이

---

72) 김열수, 『국가안보: 위협과 취약성의 딜레마』(서울: 법문사, 2010), pp. 427-432 요약 발췌.
73) D.R.L. Ludlow, "Humanitarian Intervention and the Rwandan Genocide", *The Journal of Conflict Studies*, Vol. 19, No. 1(Spring 1999), pp. 26-27.
74) Carsten F. Ronnfeldt, "Beyond a Pluralist Conception of International Society?: A Case Study on The International Response to the Conflict in Bosnia-Hercegovina", *Cooperation and Conflict*, Vol. 34, No. 2(June 1994), p. 145.
75) D. R. L. Ludlow(1999), *op cit*, p. 24.

복지의 범위에 속한다고 본다. 따라서 이들은 주권국가가 인류의 보편적 정의인 인권을 침해한 경우, 국제사회는 이에 개입해야 한다고 주장한다.

이들은 국제적 삶의 초국가적 유대를 강화하고 정의라고 하는 보편적 기준이 존재한다는 것을 가정하는 칸트의 관점을 수용한다. 따라서 이들은 양도할 수 없는 인간의 권리가 자연법적 가치에 그 근거를 두고 있다고 주장한다. 인권에 대한 침해가 죄악시 되는 것은 단순히 인간의 생존, 건강 혹은 필요를 충족시킬 수 없다는데 있는 것이 아니라 인간 존재의 도덕적 가치가 손상됨으로써 인간이 누릴 수 있는 품위와 고결한 삶을 저해하기 때문인 것으로 보는 것이다.76)

노예제도와 인신매매의 금지, 식민지의 독립, 나찌 독일과 일본의 만행에 대한 처벌 등은 국제사회가 모든 인간은 동등한 인권을 가지고 있다는 인권에 대한 보편적 정의를 실천한 역사적 경험이다. 이들은 이런 경험들을 토대로 국제사회는 인간 존엄성에 대한 도덕적 가치를 보다 폭넓게 인식하는 계기가 되었고, 자연법적 가치에 대한 국제적 인권 규범을 형성하기 시작했다고 본다.

연대주의자들의 주장의 핵심은 특정국가에서 인권이 침해 받을 경우에 국제사회는 개입해야 한다는 것이다. 연대주의자들은 자신들의 주장 근거를 인간의 권리와 인간의 근본적인 자유를 강조한 유엔 헌장과 1945년 이후 인류공동체가 발전시켜온 무력분쟁시의 국제 인도주의법, 국제 인도주의 지원의 정신, 그리고 국제 인권법 등에서 찾고 있다. 따라서 연대주의자들은 국제협력을 통해 국제 규범을 강제함으로써 보편적 정의를 달성해야 한다고 주장한다. 연대주의는 칸트의 관점을 공유한다는 차원에서 자유주의와 그 맥을 같이한다.

다원주의자와 연대주의자들의 상반된 입장과 주장은 주권국가의 역사의 오래되고 짧음에 따라, 구조적 문제점에 따라, 개입의 당위성 여부에 따라, 선택적 개입에 대한 입장에 따라(버림받은 분쟁과 이중잣대dual standard 문제), 강대국의 이익 개입 여부에 따라, 군사적 개입의 남용 여부에 따라 국가들이 가지는 다양성의 차이에 따라 각각 다르게 표출되고 있다.

다. 테러와 정의전쟁이론의 적용

왈쩌는 테러리즘을 차단하기 위한 국제적 공조의 문제가 이론적으로나 현실적으로 가장 미진한 부분임을 인정하고 거기에 정의전쟁론의 가장 중요한 미래 과제가 있다고 강조하고 있다. 오늘날 정의전쟁론의 가장 중요한 이론적 현실적 과제는 정의전쟁론이 전 세계에 걸쳐 자

---

76) Jack Donelly, International Human Right: A Regime Analysis, *International Organization*, Vol. 40, No. 3(Summer 1986), p. 17.

행되는 대규모의 전방위적이고 상시적인 테러리즘과 그 공포를 어떻게 다루고 포섭할 수 있는가 하는 것이라고 말한다.

9.11 사건 이전에도 민간인에 대한 무차별적 공격과 공포의 조장을 통해 소기의 목적을 달성하려는 테러리즘을 옹호하는 사람들은 아무도 없었다. 그러나 테러리즘에 대한 도덕적 정당화는 불가능하지만 그것을 이데올로기적으로 옹호하려는 일련의 시도가 있었다고 말하면서 그러한 시도들에 대하여 왈쩌는 통렬히 비판하고 있다.[77] 특히 「존경할만한 좌파는 어디 있는가?」라는 논문은 반미국적 좌파와 미국적 좌파를 날카롭게 양분시킨 격문이 되어 "왈쩌의 면도날"로 불리면서 많은 반향을 불러 일으켰다.[78]

그 논문의 요지는 테러리즘으로 인한 미국 국민들의 고통을 무시한 좌파의 무책임한 입장은 결국 "테러리즘에 대한 변명과 이데올로기의 문화"를 조성할 뿐이라는 것이다. 테러리즘에 대한 변명의 이데올로기는 ① 테러는 최후의 의지 수단이며 ② 테러리스트들은 다른 아무것도 할 수 없는 약자이고 ③ 테러리즘은 결국 인류의 긴 투쟁사 속에서 등장하는 보편적인 호소책일 뿐이며 ④ 순진무구한 사람을 죽이는 것은 잘못된 것이지만 제3세계의 고통을 가중시킨 미국의 국민들은 결코 순진무구할 수 없으며 ⑤ 테러에 대한 대응으로 인정되는 통상적 행위들은 테러리즘보다 더 나쁜 보복이라는 주장이다.

왈쩌는 이러한 주장들과 아울러 반 미국적 좌파들은 여전히 1960-70년대에 유행했던 마르크스주의적 제국주의 이론과 제3세계론에 연연하여 테러리즘의 궁극적 원인을 전 세계적 불평등으로만 보고, 알카에다 테러조직의 전근대적이고 급진적인 종교적 원리주의에 대해서는 무시하고 있다고 비판한다. 또한 왈쩌는 그들이 미국 국민들의 고통과 곤궁으로부터 유리되어 소외감에 빠진 비판만을 되뇌면서, 제국주의 국가인 미국의 죄상을 먼저 비판해야 한다는 도덕적 순수주의와 세계의 유일무이한 초강대국인 미국이 더 가난하고 약한 사람들을 어떻게 비판할 수 있는가? 하는 식의 자괴감에 빠져 있다고 비판한다. 우리는 미국 좌파내의 이러한 논쟁에 대한 판결을 유보할 것이지만, 왈쩌는 반 미국적 좌파가 정의전쟁론에 대한 가장 정교한 전통적 반론, 즉 전쟁의 양 당사자에 대해서 정의 여부를 판정하기 보다는 전쟁의 체계적 원인에 대해서 고찰하는 것이 더 유용할 것이라는 반론을 제기하고 있다는 점에 대해서 심각히 고려해야 할 것이다.[79]

이에 반하여 앤드류 볼즈Andrew Valls는 왈쩌의 이론에 이의를 제기하고 나선다. 정의전쟁론

---

77) Michael Walzer, "Excusing Terror: The Politics of Ideological Apology", *The American Prospect*, vol. 12. 2001; "Can There Be a Decent Left?" *Dissent*. Spring, 2002.

78) Michael Walzer, "Can There Be a Decent Left?", *Dissent*. Spring, 2002.

79) Claude JR. Inis L. 1980. "Just Wars: Doctrines Institutions", *Political Science Quarterly*, vol. 95, p. 84.

의 궁극적인 도덕적 근거를 고려해 볼 때, 비국가행위자들에 의해 시작된 폭력은 원칙상 정의 전쟁의 요건을 충족할 수 있다는 것이다. 철학적 입장에서 왈쩌가 초비상사태 등으로 용인하고 있는 군사력의 사용의 정당화 같은 이중기준이 적용되어서는 안 된다고 말한다. 그는 이러한 주장을 입증하기 위하여 정의전쟁론에 있어서 유스 애드 벨룸의 여섯가지 기준(정당한 명분, 적법한 권한, 올바른 의도, 최후의 수단, 성공할 확률, 비례성), 그리고 유스 인 벨로의 두 가지 기준(비례성, 차별성)에 입각하여 설명하고 각 경우에 있어 비국가행위자들에 의해 자행된 테러가 그 기준을 충족할 수 있다고 말하고 있다.

스스로 평화주의적 입장에서 접근하고 있다고 고백하면서 국가들 사이의 전쟁 및 테러는 둘 다 정당화 될 수 있거나 정당화 될 수 없으며 후자의 입장에 있다고 말하고 있다. 그러나 테러행위의 대부분은 정의전쟁론의 모든 기준을 충족하지 못하며 많은 것들이 그에 훨씬 못 미치고 그러한 것들은 비난 받아 마땅하며 이런 것들에 대한 도덕적 정당화는 잘 허용될 수 없지만 테러에 대한 정당화의 실패 요인이 테러가 정의전쟁론의 요건을 충족하지 못했기 때문만은 아니라면서 전쟁 또한 마찬가지로 정의전쟁론이 부과하는 기준에서 자유로운가 하고 의문을 제기하고 있다. 따라서 국가가 폭력적으로 대응할 수 있다는 것을 인정한다면, 자결권을 향하는 특정한 비국가 집단들에게 그와 같은 동일한 권리를 거부할 만한 이유는 없다고 결론짓고 있다.[80]

라. 유엔 군사개입의 합법성과 정당성의 조건

1) UN 헌장상 합법적 군사개입의 조건

1, 2차 세계대전 중간 시기에 유럽의 평화를 위하여 체결되었던 '켈로그·브리앙Kellog Briand 조약'General Treaty for the Reunification of War[81]이 제2차 세계대전을 막지 못했으나 이 조약의 정신은 유엔 헌장에 반영되었다. 이에 유엔 헌장은 원칙적으로 전쟁을 위법한 것으로 보고 분쟁을 평화적으로 해결할 것을 규정하고 있다.(제2조) 그러나 헌장 51조하의 자위의 경우와 헌장 7장하의 안보리에 의해 인정된 군사력을 사용하는 경우는 예외이다. 한 국가가 다른 국가를 위협할 때

---

80) Andrew valls, Ethics in International Affairs: Theories and Cases(Rowman & littlefield publishers, 2000), 김한식, 박균열 역, 『국제정치에 윤리가 적용될 수 있는가』(서울: 철학과 현실사, 2004). pp. 137-163 참조

81) 1927년 프랑스의 브리앙 외상이 미국의 국무장관인 켈로그에게 '부전조약안(不戰條約案)'을 제의함으로써 성립된 이 조약은 '전쟁포기에 관한 조약'이라고 할 수 있다. 조약의 핵심 내용은 첫째, 전쟁을 반대하며 국가정책 수단으로서 전쟁을 포기한다. 둘째, 전쟁은 평화적 방법에 의해 해결한다. 등이다. 1928년에 15개국이 이에 동의하였으며, 그 이후 63개국이 가입하였다. 오기평, 『세계외교사: 비엔나에서 진주만까지』(서울: 박영사, 1991), pp. 377-78 참조

유엔 헌장은 아주 포괄적으로 군사행동을 포함하여 어떤 행동을 결정하도록 안보리에 그 권한을 부여하고 있다. 따라서 특정 국가가 국제평화와 안전에 위해를 가했을 때에는 국제사회는 유엔 안보리 결의에 따라 이에 합법적으로 개입할 수 있다.

유엔 헌장 상에 명시되어 있는 합법적 군사개입은 다음의 세 가지 조건이 필요하다.

첫째, 유엔 안보리의 결의를 받아야 한다. 안보리 결의는 상임이사국이 거부권을 행사하지 않은 상태에서 안보리 이사국의 9/15 찬성이 있어야 한다. 안보리 상임 이사국 중 한 국가라도 거부권을 행사하면 합법적 군사개입은 불가능하다.

둘째, 지역기구가 무력을 사용할 경우에도 안보리의 결의를 받아야 한다. 지역에서 분쟁이 발생했을 경우에 역내 국가들은 지역적 협정에 의해, 또는 상설적인 지역적 기관에 의해 그 분쟁을 평화적으로 해결하기 위해 노력해야 하나 강제조치를 취할 경우에는 반드시 안보리의 허가를 받도록 규정(헌장 제 53조)하고 있기 때문이다.

셋째, 특정 국가가 외부로부터 침략을 받았을 경우에 그 국가는 자위권의 차원에서 무력을 사용하여(헌장 51조) 이에 개입할 수 있다. 또한 침략을 받은 국가의 요청에 의하여 개별적 또는 집단적으로 개입할 수 있다. 그러나 이 경우는 침략의 경우가 아니라 침략을 받았을 경우로 한정한다.

소말리아 사태가 개입과 주권 논쟁에 불을 붙였다면, 합법성과 정당성 논쟁에 불을 지핀 것은 미국의 이라크 침공이었다. 소말리아 사태 이후의 군사력 사용 논쟁이 유엔 헌장과 국제법의 테두리 내에서 이루어진 것이었다고 한다면, 이라크 침공은 유엔 헌장과 국제법 바깥에서의 군사력 사용 논쟁에 관한 것이었다. 9.11 테러 이후 미국 국가안보 전략의 핵심은 "위협이 국경선에 도착하기 전에 위협을 규명하고 파괴시키고, 필요시 단독으로 행동할 것을 주저하지 않을 것이며, 이런 테러분자들에 대해 선제적으로 우리의 자위권을 행사하겠다"[82]는 것이었다. 미국의 이러한 안보전략은 2003년 이라크를 공격함으로써 현실화 되었고 국제사회에서는 선제공격을 둘러싼 논쟁에 휩싸이게 되었다.[83] 미국이 유엔을 무시하고 이라크에 대한 공격을 감행하자 유엔은 군사력 사용의 합법성과 정당성의 문제를 공식적으로 제기하게 되었다. 유엔은 2004년 말 고위급 수준의 패널에 의해 마련된 보고서 '보다 안전한 세계를 위하여: 우리의 합의'A More Secure World: Our Shared Responsibility를 총회에서 채택하였다.[84]

---

82) The White House, *The National Security Strategy of the USA*(Washington DC, 2002).

83) 미국의 학자들은 대부분 선제공격을 지지하였다. 중도적 입장에서 선제공격의 개념과 문제점을 지적한 것은 Erich Labara, Preemptive War(Washington DC: Global Security Press, 2004) 참조. 비판적 견지에서 선제공격을 다룬 것은 촘스키(Noam Chomsky) 저, 송은경 역, 『중동의 평화에 중동은 없다』(서울: 북 폴리오, 2005) 참조

84) 전 유엔 사무총장인 코피 아난에 의해 2003년 9월에 구성된 15명의 패널은 2004년 12월에 보고서를 제출하였고 이 보고서는 총회에서 채택(A/95/565)되었다.

이 보고서는 한 국가가 긴급하지 않은 위협에 반응하여 자위를 위해 예방적 공격 권리를 주장할 때, 한 국가가 다른 국가나 또는 국경선 밖의 다른 인민들을 실제적이거나 잠재적으로 위협을 하는 것처럼 보일 때, 그리고 위협이 한 국가 내로 한정된 것이기는 하나 그것이 그 국가의 인민들을 위협할 때 안보리는 여기에 대해 무었을 해야 할 것인지에 대한 합의가 없음을 전제로 하며, 그러나 그 해결책은 단독으로 행동하는 것이 아니라 안보리에서 예방적 군사 활동을 선택할 것을 제시하고 만약 그렇지 못하다면 설득이나 협상, 억제, 봉쇄와 같은 다른 전략을 추구할 것을 제시하고 있다.85) 한 국가의 예방적 행위는 범지구적 질서와 비 개입 규범에 대해 너무 큰 위험을 초래하게 되고, 한 국가에게 그렇게 행동하도록 허락한다는 것은 결국 모두에게 허락하는 것이기 때문에 예방공격은 합법적이지 않다고 못 박고 있는 것이다.

이 보고서는 군사개입을 함에 있어서 합법성과 함께 정당성의 기준을 제시하고 있다. 정당성이란 견고한 증거에 바탕을 두어야 하고, 도덕적으로나 법적으로 올바른 이유가 있어야 함을 의미한다.86) 특히, 합법성은 군사력을 포함하여 강제력을 사용하는 것이 적절한지 그렇지 않은지, 안보리가 어떤 결정을 하든 국제적 지지를 최대화하기 위해, 그리고 안보리를 우회하는 국가를 최소화하기 위해 필요하다.

이 보고서는 군사적 개입이 정당성을 얻기 위해서는 다섯 가지의 기준을 충족하여야 한다고 제시하고 있다. 이를 구체적으로 살펴보면 다음과 같다.87)

첫째, 위협의 심각성: 국가나 인간안보에 대해 위협받고 있는 손상harm이 충분히 명백하고 심각히어 군사력 사용이 정당화 될 수 있는가? 국내적 위협의 경우에 제노사이드, 다른 대규모의 살인, 인종청소, 또는 국제 인도주의법에 대한 심각한 침해 등이 실제적이거나 즉각적으로 깨달을 것이 포함되어 있는가?

둘째, 적절한 목적: 제시된 군사력 사용의 일차적 목적이 위협을 중지하거나 전환할 수 있는 것이 확실한가?

셋째, 마지막 수단: 위협을 대함에 있어서 모든 비군사적 옵션이 개발되어 졌는가? 다른 수단들이 성공하지 못할 것이라는 믿음에 대한 합리적인 배경에 근거하여 군사행동을 해야 함

넷째, 적절한 수단: 제시된 군사적 행위의 규모, 범위 및 강렬성이 위협을 대함에 있어 소요되는 최소함인가?

다섯째, 결과의 균형: 군사적 행위라는 합리적 기회가 위협을 대함에 있어서 성공적일 수 있는가? 행위의 결과가 무행위의 결과보다 나빠서는 안 된다.

---

85) 위 보고서, p. 55.
86) 위 보고서, p. 57.
87) 위 보고서, pp. 57-58.

국가안보의 위협이든 인도주의적 위협이든 그 위협을 해결하기 위해 국제사회는 주권을 침해 할 수 있지만 그 목적이 위협을 중지하거나 전환할 수 있어야 하며 모든 수단이 동원된 후 마지막으로 군사적 수단에 의존해야 한다는 것이다. 그러나 이러한 논쟁이 종식되지 않았음에도 불구하고 국제사회의 평화활동은 비교적 활발하게 전개되었다.

2) '국민보호의무'R2P 개념의 대두: 유용성과 한계성

2010년 리비아에 대한 서구 연합군NATO의 리비아 공습은 유엔이 결의한 '국민보호 책임' R2P: Responsibility to Protect의 첫 사례로 적용되었다. 반기문 유엔사무총장은 바람직한 진전이라고 평가하였다.

R2P란 2005년 9월 유엔 세계정상회의에서 채택된 개념이다. 당시 "국제공동체는 유엔을 통해 집단살해, 전쟁범죄, 인종청소 및 인도에 반한 죄로부터 영토관할권 내에 있는 사람들을 보호하도록 개별국가들을 돕기 위해 적절한 외교적, 인도적, 기타 평화적 수단(방법)을 사용할 책임이 있다. (중략) 국가 당국이 실패할 경우 우리는 시의 적절하고 단호한 방법으로 집단적 조처를 취할 준비가 되어 있다"고 밝혔다.

R2P 개념은 집단학살과 인종청소가 자행된 르완다와 코소보 사태 등에서 국제사회가 인도주의적 개입Humanitarian Intervention에 실패했다는 반성에서 나왔다. 당시 유엔사무총장 코피 아난은 내전상황에 효과적으로 대처하는 국제적 합의나 기준을 마련할 것을 촉구했고, 캐나다 정부가 조직한 국제위원회가 2001년 R2P 개념을 최초로 제시하였다. 핵심은 인도적 개입의 기준과 범위 등을 분명히 정하고, 군사적 수단보다는 정치·경제·사회적 수단으로 인권유린과 대량 살상의 근원을 치유하는 것이다. 또 최후의 무력개입에 앞서 외교적 조치를 다한다는 것이었다.

R2P는 기존의 '인도적 개입' 개념과는 달리 '간섭의 권리'가 아닌 '보호할 책임'을 강조한다. 인도적 개입은 사태에 대한 사후적 조치 개념인데 반해 이것은 포괄적이고 지속적이며, 예방-대응-재건의 3단계로 나뉜다.

'제3세계'는 과거의 식민지 경험 등으로 인해 인도적 개입의 탈을 쓴 주권침해가 아니냐고 의문시하기도 하며, 중국과 러시아 등 자국 내 민족갈등을 겪고 있는 나라들은 부메랑이 될 것을 우려해 호의적이지 않다.

인권이란 보편적 가치의 보호를 위한 R2P의 개념 자체에는 이견의 여지가 없다. 그러나 국제사회에서 논란이 되고 있는 이유는 이것이 자칫 주권의 침해 및 내정간섭과 구분이 애매한 경우가 있다는 것이다. 결국 도덕적 규범의 발전과 성숙한 국제적 합의, 선진국의 이중적 태도 지양, 그리고 국가이익과 정치적 현실의 조화문제 등이 과제라 할 수 있다.

3. 제4세대 전쟁과 인도주의

중세부터 관습법적으로 발전해오던 국제인도법은 근대에 들어 전쟁 양상의 변화를 계기로 그때마다 단계적으로 발전되어왔다. 함메스에 의하면 비록 4세대전쟁의 기원은 오래되었지만,[88] 이것이 본격화 된 것은 동서냉전이 종식된 이후 종교나 인종적 갈등이 심화되어 이에 의한 내전이 빈발하면서 부터이다.[89] 따라서 4세대전쟁은 전통적인 국가와 국가 사이의 전쟁의 형태보다는 특정 국가 내에서 내전의 형태로 발생되었거나 이를 진압하기 위하여 유엔군 또는 다국적군이개입한 국제화된 내전의 형태로 나타나고 있다. 내전과 관련해서는 제네바협약 공통 제3조에 의해 최소한도의 규제가 이루어졌다. 그러다가 내전의 증가로 전체 무력충돌 희생자의 약 89%가 내전에 의한 희생자가 되자,[90] 공통 제3조만으로는 부족하다는 인식이 확산되었고, 이를 보완하기 위하여 1977년에 국제 외교회의에서 제2추가의정서를 채택하게 되었다. 하지만 제2추가의정서 만으로는 그 후 변화된 4세대 전쟁을 규제하는데 아직도 부족한 부분이 많으므로 4세대 전쟁의 특성을 살펴보고 특히 민간인의 보호와 관련된 국제인도법의 개선에 대해 살펴보고자 한다.[91]

가. 전쟁양상의 변화와 국제인도법의 발전

1) 1세대 전쟁과 국제인노법

전쟁학자들은 30년 선생을 종식시킨 1648년의 웨스트팔리아조약 후에 현대 전쟁이 시작되었다고 한다. 웨스트팔리아조약 이후 유럽이 봉건체제에서 민족국가체제로 발전해 감으로써 군대체제도 종전의 기사제도騎士制度로부터 국민군대체제로 바뀌어가게 된다. 이렇게 되자 전쟁은 국가만이 수행할 수 있게 되었다. 대규모 군대를 모집·훈련시키고 대포와 소총을 비롯한 장비를 보유·유지하기 위해서는 오직 국가들만이 그 재원을 충당할 수 있었기 때문이다.

이 시기를 이전 시기와 구분하는 것은 무기체계의 전환과 이로 인한 전투전술의 변화에도 그 원인이 있지만 더 주목할 만한 것은 종전 용병傭兵에 의존하던 군대체제에서 모든 국가가

---

88) 함메스는 모택동을 4세대 전쟁의 창시자로 보고 있다. 앞의 책, p. 57.
89) 실제로 함메스보다 먼저 이러한 전쟁을 4세대전쟁이라고 명명한 것은 윌리엄 린드(William S. Lind)이다. William S. Lind et. al., The Changing Face of War: Into the Fourth Generation, Marine Corps Gazzette, October 1989, p. 23. 자세한 내용은 후술한다.
90) 정운장, 『국제인도법』(경산: 영남대학교출판부, 1994), p. 102.
91) 이 부분은 국방대학교 김병렬 교수의 논문 「4세대전쟁에서의 민간인의 보호를 위한 국제인도법에 관한 일고찰」, 『국세법학회, 국제법학회 논총』(2010), pp. 55 77, 내용을 저자의 양해아래 참조하여 서술하였다.

상비군 체제常備軍體制로 전환하였다는 것이다.92) 이처럼 상비군 체제로 전환되었다는 것은 전투에 참가하는 군인의 수가 대폭 증가되었음을 의미한다. 30년 전쟁 중 가장 큰 전투라고 할 수 있는 브라이텐 평원Breitenfeld 전투(1631)에서 양측병력의 합은 75,000명을 넘지 못했으며,93) 얀카우Jankau 전투(1645)에서는 양측 공히 16,000명 정도였던데94) 비해 1815년 워털루Waterloo 전투에서는 200,000명 이상이 직접 전투에 참가했다.95) 이처럼 많은 군인들이 전투를 하게 되면 흔히 말하는 기사도 정신은 쇠퇴하게 되고 이로 인하여 전쟁의 참상이 광범위하게 확산될 수밖에 없기 때문에 양측 모두 인도법의 필요성에 대해 인식을 같이 하게 되었다. 결국 이러한 공감대 속에서 1856년에 해상 포획법의 원칙에 관한 파리선언이 채택되었고, 1859년 솔페리노전투96)의 참상을 목격한 앙리 뒤낭J. Henry Dunant이 솔페리노의 회상Un souvenirde Solferino을 집필하여 그 필요성을 역설함으로써 전쟁 희생자의 보호를 위한 최초의 인도법이라고 할 수 있는 1864년 전지戰地 군대에서의 상병자傷病者의 상태개선에 관한 제네바 조약이 조인될 수 있었고, 1899년과 1907년의 양차 헤이그 평화회의에서 전쟁의 수단과 방법, 절차 등에 관한 수많은 국제인도법 조약들이 체결될 수 있었다.97)

2) 2세대 전쟁과 국제인도법

2세대 전쟁의 특징은 무기의 양과 질적인 개선에 따른 대규모 화력전과 이로 인한 수많은 전·사상자戰死傷者의 발생이다. 함메스는 2세대 전쟁의 대표적인 예로 제1차 세계대전을 들고 있다. 이 시기에는 철도와 무선전신체계를 이용하여 대규모의 병력과 군수물자를 빠르고 정확하게 필요한 지점으로 이동시킬 수 있게 되었으며, 기관총 및 대포의 발달로 참호塹壕중심의 소모전 양상을 보이게 되었으며 종전과는 비교도 할 수 없을 정도로 많은 수의 사상자를 발생시켰다.98) 특히 최초로 독가스와 잠수함이 사용되었으며 공중폭격이 이루어졌고, 수십 만 명의 전쟁포로가 발생되었다. 따라서 전쟁이 끝남과 동시에 이러한 문제들에 대한 논의를 개시하여 1922년에 잠수함 및 독가스 사용 제한에 관한 워싱턴 조약을, 1929년에 포로의 대우에 관한

---

92) Hans Delbruck, Geschichte der Kriegskunst, 민경길 역, 『병법사』(파주: 한국학술정보(주), 2009), 제Ⅳ편, p. 220.
93) 위의 책, p. 202. 스웨텐군과 작센군 39,000명, 황제군과 동맹군 36,000명.
94) 위의 책, p. 215.
95) Thomas X. Hammes, 최종철 역, 앞의 책, p. 23.
96) 양측 모두 16만명 이상이 전투에 참가하였다. R.E. Dupuy and T.N. Dupuy, The Encyclopedia of Military History (New York: Harper & Row, 1976), p. 829.
97) 체결된 조약과 관련해서는 구체적으로 Adam Roberts & Richard Guelff ed., Documents on the Laws of War (Oxford: Oxford Uni. Press, 1982) 참조.
98) 군인 사망자 8,020,780명, 군인 부상자 21,228,813명, 민간인 사망자 6,642,633명 등, R.E. Dupuy and T.N. Dupuy, supra note 10, p. 990.

제네바 의정서와 전장에서의 상병자의 상태개선을 위한 협약 등을 채택하는 등[99] 1세대 인도법과 연계하여 전투수단에 대한 규제와 포로의 대우 및 상병자의 상태개선에 대한 법규를 구체적으로 마련하였다. 뿐만 아니라 정책의 수단으로서의 전쟁 행위 자체를 불법으로 간주하여 전쟁의 발발을 원천적으로 막고 평화를 유지하려는 노력의 일환으로[100] 1928년에 전쟁포기에 관한 조약不戰條約을 체결할 수 있었다.[101]

3) 3세대 전쟁과 국제인도법

제2차 세계대전을 중심으로 형성된 3세대 전쟁의 개념은 한마디로 대규모 화력을 바탕으로 한 기동전과 전략폭격 그리고 이로 인한 수많은 희생자의 발생이다. 2세대 전쟁이 지상화력에 의한 종심縱深 아니면 전면에서 공격하는 적에 대해 참호에 숨어서 화력을 집중하는 것으로 특징지을 수 있다면, 3세대 전쟁은 전차戰車라고 하는 강력한 방호력防護力과 화력으로 무장한 무기를 이용하여 적의 참호를 휘젓고, 전략폭격을 통하여 적의 전쟁의지를 파쇄 하는 것으로 특징지을 수 있다.

이러한 특징에 의해 제2차 세계대전은 제1차 세계대전과는 비교될 수 없을 정도로 많은 인명 사상자를 발생시켰다.[102] 특히 제2차 세계대전은 제1차 세계대전에 비해 군인의사망자 숫자도 증가하였지만 민간인 사망자의 숫자 및 비율이 대폭 증가되었다.[103] 더군다나 제1차 세계대전 시에는 민간인 사망자의 대부분이 기아飢餓에 의해 사망했던 데 비해 제2차 세계대전에서는 상대방의 공중폭격 등 군사적 공격에 의한 사망이 대부분이었다. 따라서 전쟁 이후에 이러한 참상을 완화시키기 위한 노력의 일환으로 1949년의 제네바 4개 협약을 비롯하여 많은 국제인도법이 채택되었으며, 이중 특히 제네바 제4협약은 순전히 민간인의 보호에 관한 내용만을 규정하게 되었다.[104]

그런데 제2차 세계대전이 종식된 이후에는 〈표 3〉에서 보는 바와 같이 지역적인 분쟁이 급증하게 되었다. 그리고 그 내용을 보면 국가 간의 분쟁보다는 주로 국내분쟁으로 이루어졌다.

---

99) H. Laughterpacht ed., *International Law*, vol. II(Disputes, war and Neutrality), 7th ed.(London: Longmans, 1952), pp. 354-355. 체결된 구체적인 조약의 명칭이나 내용과 관해서는 Adam Roberts, supra note 11 참조

100) Ian Brownlie, *International Law and the Use of Force by States*(Oxford: Clarendon Press, 1963), pp. 74-75.

101) 구체적인 조약의 내용과 관련해서는 Adam Roberts, supra note 11 참조

102) 군인 사망자 1,500만 명, 군인 부상자 2,500만 명 이상, 민간인 사망자 2,600-3,400만 명, R. E. Dupuy and T. N. Dupuy, supra note 10, p. 1198.

103) 제1차 세계대전 시에는 전체 사망자 중 민간인 사망자의 비율이 45% 정도였는데, 제2차 세계대전시에는 70% 정도였다.

104) 구체적인 조약의 명칭이나 내용과 관련해서는 Adam Roberts, supra note 11 참조

이처럼 국내분쟁이 급증한 이유로는 구소련에 의한 공산주의 이념의 수출에 의한 분쟁과 민족, 종교 등에 의한 분리·독립운동의 영향이 큰데 특히 구소련의 멸망 이후로는 민족, 종교 등에 의한 분쟁이 대부분을 차지하고 있다.105)

이렇게 되자 종전의 1949년 제네바 4개 협약만으로는 전쟁의 참화로부터 희생자를 보호하는데 부족함을 느끼게 되었다. 더군다나 전투의 수단 및 방법 등과 관련해서는 1907년 헤이그협약 이래로 거의 발전되지 못하였으며,106) 내전과 관련해서는 제네바 제 협약의 공통 제3조 이외에 적용 가능한 조항이 전혀 없는 상황이었다. 각국은 이 문제를 해결하기 위하여 1949년의 협약을 개정하는 것보다는 보완하는 쪽으로 방향을 정하여 1977년에 2개의 추가의정서를 채택하였다.107) 그리고 1977년 2개의 추가의정서 채택을 전후하여 전쟁의 특정수단을 금지하기 위한 협약 및 의정서가 다수 체결되었다.108)

나. 4세대 전쟁과 국제인도법

1) 4세대 전쟁의 정의 및 특징

서독과 동독이 통일되고 구소련이 붕괴되면서 제2차 세계대전 이후 이념을 중시하던 동서대립구도에서 국가, 민족, 종교 등의 실리를 최우선시 하는 정책을 각국이 추구하게 되자 종전과 달리 전쟁 원인이 매우 다양해졌으며, 전통적인 시각에서 전쟁이라고 볼 수없는 전쟁의 형태가 도처에서 나타나게 되었다.109) 즉 국내소요와 긴장상태internal disturbances and tensions인지 내전인지 불분명한 회색상태가 지속되기도 하고, 이라크사태와 같이 전쟁 종식을 선언하고 난 후에도 무력충돌110)이 끊이지 않고 계속되는 형태가 나타났다.

이렇듯 시대의 변화에 따라 무력충돌의 양상은 급격하게 변화하고 있는데 국제인도법은 이에 적절히 부응하지 못함으로써 국제적인 무력충돌이든 비국제적인 무력충돌이든 국제 인도법이 규제하지 못하는 부분이 더욱 증가하게 되었다. 전쟁학자들은 이러한 무력충돌 양상의 변화를 면밀히 고찰한 후, 대규모 화력을 바탕으로 기동전과 전략폭격의 특징을 보이며 수많은

---

105) Jonathan Wilkenfeld, Unstable States and International Crises, J. Joseph Hewitt et al., and Conflict 2008 (Boulder: Center for International Development and Conflict Management, University of Maryland, 2008), pp. 67-78.
106) 아이러니하게도 1928년의 부전조약(不戰條約)이 전투의 수단 및 방법과 관련된 헤이그협약의 발전을 가로막는 역할을 하였다.
107) 최은범, 『제네바 협약 추가의정서』(서울: 국제적십자사 인도법연구소, 1998), p. 250.
108) 국제적십자사 인도법연구소, 『간추린 국제인도법』(서울: 국제적십자사, 2004), p. 11.
109) Jonathan Wilkenfeld, supra note 19.
110) 전쟁과 전쟁에 이르지 못하는 상태를 총칭하여 무력충돌로 표현하였다.

전·사상자를 발생시켰던 제2차 세계대전을 중심으로 한 3세대 전쟁과 구분하여 냉전 종식 이후 나타나게 된 상기의 특징을 지닌 전쟁을 4세대 전쟁으로 구분하고 있다.111) 이러한 4세대 전쟁이라는 용어의 창시자는 전기한 대로 윌리엄 린드William S. Lind이다. 그는 1989년의 논문에서 4세대 전쟁을 "이념이나 종교에 기초해서 적의 정신문명을 직접적으로 공격하며, 언론 조직을 통해 고도로 정교한 심리전을 수행하는 첨단기술을 활용한 테러리즘의 형태를 띤 전쟁"으로 정의했다.112) 이러한 린드의 정의는 테러 혹은 대테러전으로 국한되는 단점이 있었다. 이에 함메스는 린드의 이러한 정의가 적합지 않다고 하면서 새로운 정의를 모색하였다. 하지만 그는 4세대 전쟁을 단일 문장으로 정의하는 것은 그 특성상 불가능하다고 판단하여 동 전쟁이 이전세대의 전쟁과 전략적, 작전적, 전술적으로 어떻게 다른가를 기술함으로써 재 정의에 대신하고 있다.

함메스에 의하면 4세대 전쟁을 추구하는 자들은 전장에서의 우세와 같은 전통적인 방법보다는 민간인에 대한 피해와 언론 네트워크의 적절한 사용을 통해 적 정책결정자들의 심리를 변화시키는 전략을 구사하며,113) 작전적 수준에서는 적의 군대보다는 경찰, 유엔, 중립적 대사관등 적의 정부에 협조적인 기관 또는 민간인에 대한 공격을 목표로 한다.114)

전술적인 수준에서는 재래식 전투방법, 게릴라전, 테러를 구별하지 않고 사용하면서, 가용하면 화학, 생물학, 핵 방사선, 고성능폭발물 등을 이용한 공격행동을 감행한다.115) 이러한 4세대 전쟁을 수행하는 주체 중 일방은 주로 전통적인 군사력 면에서 보다 열세인 반도叛徒 단체이고,116) 일방은 이를 제입하기 위한 정부군 또는 이를 원조하기 위한 유엔군이나 다국적군인 경우가 많다.

2) 4세대 전쟁에서의 국제인도법 적용의 어려움

위와 같은 4세대 전쟁의 특징 때문에 4세대 전쟁에서 국제인도법의 준수를 요구하는 것은

---

111) 1990년의 이라크전쟁을 계기로 구분하기도 하는데 민간인의 보호를 중심으로 논하는 본고와는 성격이 맞지 않아 함메스의 구분을 따랐다.

112) William S. Lind et. al., The Changing Face of War: Into the Fourth Generation, Marine Corps Gazzette, October 1989, p. 23.

113) Thomas X. Hammes, 최종철 역, 앞의 책, pp. 256-265.

114) 위의 책, pp. 265-269.

115) 위의 책, pp. 269-272.

116) 대응단체(Reactionary Groups), 기회단체(Opportunistic Groups), 이념단체(Ideology Groups) 및 민간군사기업(Private Military Company)으로 구분하기도 한다. 자세한 내용은 Thomas X. Hammes,.Fourth Generation Warfare Evolves, Fifth Emerges, http://www.army.mil/professionalwriting/volumes/volume5/july_2007/7_07_1_pf.html 참조(2009.12.18검색)

다음 몇 가지 이유로 대단히 어렵다.

가) 준수의지 박약

상기한 바와 같은 전략적 목적 하에 작전적, 전술적 공격전술을 구사하는 일방의 경우[117] 처음부터 국제인도법을 준수할 의도조차 가지고 있지 않은 경우가 많다. 특히 이들은 목표의 달성에만 관심이 있지 국제인도법의 원칙인 군사적 필요성military necessity이라든가, 구별의 원칙rule of distinction, 비례성의 원칙rule of proportionality 등에 대해서는 거의 관심이 없다. 아니 오히려 주민들의 협조를 얻어내기 위한 목적으로 공포감을 조성하기 위하여 비인도적인 행위를 서슴지 않는 등 이를 의도적으로 무시하는 경향도 있다. 합법적인 정부 측의 입장에서는 이들이 반도집단叛徒集團이기 때문에 국제인도법을 적용하는데 대해 역시 대단히 인색한 모습을 보이고 있다.[118] 그리고 국제사회 또한 국가주권의 문제와 관련하여 이들 문제에 적극적으로 개입하는 것을 주저하는 입장이다.

국제인도법의 본질은 무력충돌에 있어서 희생자의 보호에 있다. 희생자 중에서도 특히 적대행위에 참가하지 않는 민간인의 보호는 전투원에 비해 민간인의 피해가 훨씬 더 많은 현대전쟁에서 아무리 강조해도 지나치지 않다. 그렇다면 내전에 있어서 합법적인 정부의 군대는 물론 평화유지군이나 다국적군뿐만 아니라 의도적으로 4세대전쟁 전술을 구사하는 일방 당사자에게도 당연히 국제인도법의 준수를 요구해야만 한다. 그 이념이 어떻든 종교적 확신이 어떻든 소위 자유의 투사를 자칭하든 하지 않든 무고한 민간인을 희생시킨다는 것은 어떠한 명분으로도 합리화 될 수 없기 때문이다. 다행스럽게도 국제사회는 무력 분쟁 시 국제인도법의 적용에 있어서 사각지대인 이 분야로 최근 관심이 고조되고 있다.[119]

나) 적용법규의 불명확

'국내 소요와 긴장상태'internal disturbances and tensions 때에는 국제인도법이 적용되지 않고 고문, 잔학행위, 비인간적인 취급의 금지 등과 관련하여 국제인권법이 적용되는 것이 원칙이다.[120] 그런데 이처럼 국내 소요와 긴장상태가 발생되었을 경우 대부분의 국가에서 국제인권법의 적용을 잠정적으로 중단하는 경우가 발생할 수 있기 때문에 국제인도법이나 국제인권법 어느 법

---

117) 견해에 따라 자유의 투사(Freedom Fighters)로 부르거나 그렇지 않을 수도 있다.

118) Theodor Meron, Towards a Humanitarian Declaration on Internal Strife, American Journal of International Law, Vol.78, No.4, p. 859.

119) 앞의 책.

120) ICRC, Violence and the Use of Force (Geneva: ICRC, 2008), p. 18.

도 적용되지 못하는 회색지대가 발생될 수 있다. 이와 관련하여 어떠한 국제인권법이나 국제인도법도 위 국내 소요와 긴장상태 및 내전에 대한 정의를 포함하고 있지 못하다. 다만, 제2추가의정서 제1조 제2항에서 "본 의정서는 무력충돌이 아닌 폭동, 연계되지 않고 산발적인 폭력행위 및 기타 유사한 성질의 행위와 같은 국내 소요와 긴장상태에는 적용되지 아니한다"라고 함으로써 국내소요와 긴장상태에 대해 몇 가지 예시를 하고 있을 뿐이다. 따라서 평시의 국제인권법의 적용이 어느 시점에 국제인도법의 적용으로 전환되어야 하는지가 위 조항만으로는 명확치 못하다. 또한 위의 규정은 언제 제2추가의정서의 적용이 다시 제네바 4개 협약과 제1추가의 정서의 적용으로 전환되어야 하는지에 대해서도 명확한 답변을 주지 못하고 있다.

　　예를 들어 미국의 부시대통령이 2003년 5월 1일 이라크에서의 전쟁 종식을 선언한 이후에도 반정부 측 이라크인 들과 미군들의 전투행위가 현재까지 계속되고 있는데, 이들에 대해 국제인도법을 적용해야 하는지 아니면 전쟁 종식을 선언했기 때문에 국제인권법과 국내법을 적용해야 하는지, 아니면 테러리즘 규제를 위한 국제법을 적용해야 하는지 명확치 못하다. 또한 국제인도법을 적용한다면 제네바 4개 협약과 제1추가의정서를 적용해야하는지 아니면 공통 제3조와 제2추가의정서를 적용해야 하는지 역시 명확치가 못하다.

　　생각해 볼 때 이라크 반군이나 아프가니스탄의 반군에게 테러리즘 규제를 위한 국제법을 적용하거나 국내법을 적용하기에는 많은 무리가 따른다. 오히려 국제인도법을 적용하는 것이 민간인 희생자의 보호나 전투원의 보호를 위해서 타당하다고 할 수 있다. 일반적으로 반군의 세력이 약하여 합법적인 정부군만으로 진압작전이 이루어질 수 있다면 공통 제3조와 제2추가의정서를 적용해야 하겠지만, 국제연합외 평화유지군이 작전을 한다든지 다국적군이 작전을 할 경우에는 제네바 4개 협약과 제1추가의정서를 적용해야 할 것이다. 여기에서 반군단체의 경우 특정시점(국제연합의 평화유지군이나 다국적군이 개입하기 전)까지는 공통 제3조와 제2추가의정서에 의해 작전을 하다가 특정시점 이후에는 제네바 4개 협약과 제1추가의정서에 의해 작전을 해야 한다는 번거로움이 발생한다는 문제점이 있다. 또 제네바 4개 협약을 적용하든 공통 제3조를 적용하든 그 적용 조항의 내용이 대단히 불분명하게 되어 있어 희생자 특히 민간인을 보호하는데 한계를 드러내고 있다. 4세대 전쟁의 경우, 목적달성을 위하여 일방 당사자가 합법적인 정부에 협조적인 민간인에 대한 공격을 주요 수단으로 사용하고 있다는 점에서 민간인을 보호하기 위한 규정이 명확하지 못하다고 하는 것은 국제인도법으로서 4세대 전쟁을 규제할 수 있는 핵심적인 내용에 문제가 있다는 지적을 면하기 어렵다.

　　생각해 볼 때 제2차 세계대전에서 민간인의 피해가 막대하게 발생하자 추후 전쟁에서 이를 방지하기 위하여 전적으로 민간인의 보호에 관한 내용만을 규정한 1949년 제네바 제4협약을 제정하였다. 그런데 이 협약의 경우 그 명칭과는[121] 달리 적대행위에 참가하지 않는 모든 민간인을 보호하기 위한 내용은 극히 일부에[122] 국한되고, 대부분의 내용은[123] 점령지역내의 적 국민 및 일방 충돌 당사국내에 억류된 적국 민간인의 보호에 관한[124] 내용으로 되어 있다. 이는 제2차 세계대전에서의 경험만을 참고로 하여 성안成案되었기 때문에 오히려 당연한 결과 이기도 하다.

현행 제4협약에서 적대행위에 참가하지 않은 일반 민간인의 보호에 관한 조항은 인종·국적·종교 또는 정치적 의견의 차이에 의하여 불리한 차별을 해서는 안 되는 제13조를 포함하여 14개 조문이 전부이다.[125] 이들 조문 어디에도 민간인을 직접적인 공격의 대상으로 해서는 안 된다 등 직접적으로 민간인을 보호하기 위한 명시적인 조항이 없다. 국제적인 무력분쟁에 적용되는 제1추가의정서나 비국제적인 무력분쟁에 적용되는 제2추가의정서 역시 마찬가지이다. 비록 이들 의정서가 민간주민의 보호 강화를 위하여 그 내용의 일부를 보완한 것은[126] 사실이지만, 제1추가의정서의 경우 부상자·병자·난선자의 차별금지(제9조) 및 보호(제10조), 신체절단·의학 또는 과학실험 및 이식을 위한 조직 또는 장기의 제거 금지(제11조) 등만을 규정하고 있을 뿐[127] 민간인에 대한 공격 금지는 제51조 1개 조문에만

---

121) 앞의 책.

122) 앞의 책. 전시에 있어서의 민간인의 보호에 관한 1949년 8월 12일자 제네바 협약(1949 Geneva Convention IV Relative to the Protection of Civilian Persons in Time of War).

123) 14개 조문.

124) 133개 조문.

125) 제14조 폭격으로부터 민간주민을 보호하기 위한 병원 및 안전지대의 설치, 제15조 적대행위에 참가하지 않은 민간인을 보호하기 위한 중립지대의 설치, 제16조 부상자·병자·허약자 및 임산부의 특별한 보호 및 존중, 제17조 공격 또는 포위된 지역으로부터의 부상자·병자·허약자·노인·아동 및 임산부의 철수, 동지역으로 향하는 종교요원·의무요원 및 의료기재의 통과를 위한 지역적 협정의 체결 노력, 제18조 민간병원 공격 금지, 제19조 민간병원이 향유할 수 있는 보호는 그러한 병원이 그 인도적인 임무를 벗어나 적에게 유해행위를 하도록 사용된 경우를 제외하고는 소멸되어서는 안 됨, 제20조 민간병원의 운영 및 관리에 정규로 또는 전적으로 종사하는 자는 존중되고 보호되어야 함, 제21조 민간인 부상자 및 병자·허약자 및 임산부를 수송하는 육상의 호송차량 또는 병원열차 또는 해상의 특수 선박은 존중 및 보호되어야 함, 제22조 민간인 부상자 및 병자·허약자 및 임산부의 철수 또는 의무요원 및 의료기구의 수송을 위하여 사용되는 항공기는 특별히 합의된 고도, 시각 및 항로에 따라 비행하고 있는 동안 공격되어서는 아니 됨, 제23조 15세 미만의 아동 및 임산부에게 송부되는 긴요한 식료품·피복 및 영양제 등의 탁송품은 자유로 통과가 허용되어야 함. 제24조 전쟁고아 및 가족과 헤어진 아동의 부양 및 교육을 보장하기 위해 필요한 조치와 무력 분쟁 기간 중 아동이 중립국에 수용되도록 편의가 제공되어야 함, 제25조 무력충돌 기간 중 가족 간의 통신권이 인정되어야 함, 제26조 이산가족의 재회를 위한 조회에 편의를 제공해야 함이 전부이다.

126) 정운장,『국제인도법』(경산: 영남대학교출판부, 1994), pp. 232-233; 이용호,『전쟁과 평화의 법』(경산: 영남대학교출판부, 2001), p. 119.

127) 기타 제48조에서 민간주민과 전투원, 민간물자와 군사목표물을 구분하도록 하고 있다.

"민간개인은 물론 민간주민도 공격의 대상이 되지 아니하며, 민간주민 사이에 테러를 만연시킴을 주목적으로 하는 폭력행위 및 위협은 금지된다. (중략) 우발적인 민간인 생명의 손실, 민간인에 대한 상해, 민간물자에 대한 손상, 또는 그 복합적 결과를 야기할 우려가 있는 공격으로서 소기의 구체적이고 직접적인 군사적 이익에 비하여 과도한 공격을 해서는 안 된다."

고 규정되어 있는 것이 전부이다. 그것도 민간인을 공격해서는 안 된다는 내용이 아니고 공격의 대상이 되지 아니한다는 것과 과도한 공격을 해서는 안 된다는 내용으로 되어 있다.

이처럼 민간인이 공격의 대상이 되지 아니한다shall not be the object of attack와 과도한 공격an attack which would be excessive을 해서는 안 된다는 내용은 공격해서는 안 된다shall not be attacked는 내용과 차이가 있다. 전자는 간접적인 규정이고 후자는 직접적인 규정이다. 간접적인 규정은 민간인에 대한 공격을 감행하고도 민간인을 공격의 대상으로 한 것이 아니고 옆에 있는 적 전투원 또는 물자를 공격 대상으로 한 것이었다거나 과도한 공격이 아니었다고 변명을 할 수 있는 여지가 생긴다. 반면에 공격해서는 안 된다고 직접적인 규정을 하게 된다면 민간인에 대한 공격을 가한 후에는 반드시 공격을 한 당사자가 비례성의 원칙 등에 의해 이를 정당화 하지 않는 한 위법성을 면하기 어렵게 되므로 민간인을 공격하는데 훨씬 신중을 기하게 된다.

제2추가의정서 역시 1949년 제네바 제4협약 제33조(테러행위 및 약탈의 금지)와 시민적 정치적 권리에 관한 국제조약 제8조(노예제도 및 노예매매의 금지)에 기초를 둠으로써[128] 인간의 생명, 건강 및 신체적 또는 정신저 안녕에 대한 폭력행위, 특히 살인 및 고문, 신체절단 또는 모든 형태의 체벌과 같은 잔인한 취급, 집단적 처벌, 인질, 테러행위, 인간의 존엄에 대한 침해, 특히 모욕적이고 치욕적인 취급, 강간, 강제매음 및 모든 형태의 저열한 행위, 노예제도 및 모든 형태의 노예매매, 약탈, 15세 미만 아동의 징모금지徵募禁止(제4조) 등에[129] 국한됨으로써 민간인에 대한 공격을 금지하는 직접적인 내용은 담지 못하고 있는 한계를 보이고 있다.

다) 소위 자유의 투사에 대한 규정 불완전

교전자들에게 국제인도법의 준수를 강조하기 위한 제 수단 중의 하나가 제네바 제3협약에서 규정하고 있는 바와 같이 포로의 자격 획득과 관련하여 전쟁에 관한 법규 및 관행의 준수

---

128) 이민효, 『무력분쟁과 국제법』(서울: 연경문화사, 2008), p. 353.
129) 그밖에 제13조 민간인에 대한 공격목표 금지(shall not be the object of attack), 제14조 민간주민의 생존에 불가결한 대상물의 보호, 제15조 위험한 물리력을 포함하는 사업장 및 시설물의 보호, 제17조 민간인의 강제이동 금지가 있다.

를 요구하는 것이다. 동 협약 제4조 제2항은 조직적 저항운동의 구성원의 경우 4가지 조건[130]을 충족시킬 것을 요구하고 있다. 또한 제2차 세계대전 이후 식민지 독립운동과 관련하여 소위 자유의 투사freedom fighters에 대한 관심이 높아졌고 이로 인하여 제1추가의정서에서 교전자의 자격과 관련하여 고착된 휘장의 패용과 공공연한 무기의 휴대의무가 완화되었다.[131] 하지만 아직도 부하에 대해 책임을 지는 지휘자가 있을 것과 전쟁법규 및 관례를 준수할 것이라는 의무는 명확히 존재하고 있다.[132] 따라서 엄밀히 말하자면 현행법만으로도 소위 자유의 투사들을 포함하여 조직적 저항운동의 구성원에 의한 민간인에 대한 공격행위는 규제되고 있다고 말할 수 있다. 그런데 이러한 소위 자유의 투사는 국제인도법상의 개념이 아니다. 국제인도법상으로는 조직적 저항운동의 구성원만이 규정되어 있을 뿐이다. 그렇다고 하여 소위 자유의 투사를 국제인도법에서 규정하고 있는 조직적 저항운동의 구성원이라고 단정 지을 만한 법적 근거도 없다.

그런데 국제연합에서는 1968년 이래 소위 자유의 투사들을 보호하기 위한 일련의 결의들을 채택해오고 있다.[133] 문제는 이러한 결의 속에서 소위 자유의 투사에 대한 정확한 정의 없이 이들을 제네바 협약에 의해 보호해야 한다고 하고 있다는 점이다. 예를 들어 국제연합 총회 결의 제2707호를 보면 어디에도 소위 자유의 투사에 대한 정의나 이들의 국제인도법 준수의무 등에 대한 언급이 없이 "포르투갈 정부는 앙골라, 모잠비크, 기니비소의 자유의 투사들을 1949년 제네바 제3협약에 의한 포로로서 대우할 것과 제네바 제4협약의 전시 민간인 보호협약에 부합되게 대우할 것을 요구"하는 것으로 되어 있다. 국제적십자위원회 제21차 총회의 결의 18호에서 "1949년 8월 12일자 제네바 제3협약 제4조를 준수한 전투원이 체포되었을 경우 비인도적 또는 잔혹한 조치로부터 보호되는 것과 마찬가지로 동조는 비국제적 무력분쟁에도 적용되어야 하며, 이를 준수한 전투원들은 체포된 경우 전쟁포로에 준하는 대우를 받을 권리가 있다"고 하는 정도의 국제인도법 준수를 요구하는 내용조차 들어가 있지 않은 것이다.

이 문제와 관련하여 소위 자유의 투사에 대한 교전자의 지위를 확보하기 위해서 자유의 투사에 대한 법적 정의를 명확히 하고 민간인에 대한 공격금지 등 국제인도법의 준수를 명문으로 요구함으로써, 민간인에 대한 테러공격을 지시하는 조직 및 이 조직에 소속되어 민간인을 공격한 자들에 대해서는 국제인도법에 대한 중대한 위반grave breaches자로 처벌토록 하는 내용의 보완이 필요하다.

---

130) 책임을 지는 자에 의하여 지휘될 것, 멀리서 인식될 수 있는 고정된 식별표지를 가질 것, 공공연하게 무기를 휴대할 것, 전쟁에 관한 법규 및 관행에 따라 그들의 작전을 행할 것.

131) 제44조

132) 육전규칙 제1조 제3협약, 제4조 A. ②.

133) 예를 들자면 UNGA Res. 2383, 2395, 2396, 2444, 2506, 2547, 2652, 2674, 2678, 2707 등.

라) 이행 및 강제규범의 불비

제네바 제1,2,3협약은 협약의 이행을 위하여 "각 체약국은 중대한 위반행위를 범하였거나 또는 범할 것을 명령한 자에 유효한 형벌을 규정하기 위하여 필요한 입법조치를 취하여야" 하며, "중대한 위반 행위를 범하였거나 범할 것을 명령한 혐의가 있는 자를 수사할 의무를 지며, 이러한 자는 국적 여하를 불문하고 자국의 재판소에 기소되어야 한다." 또한 "각 체약국은 희망하는 경우 또는 국내법의 규정에 따라 이러한 자를 다른 관계체약국에서 재판을 받도록 인도할 수 있다"고 규정하고 있다.134) 제1추가의정서는 "제 협약 및 의정서의 중대한 위반을 억제하고 기타 모든 위반을 억제하기 위하여 필요한 조치를 취하여야 하며",135) "제 협약 및 의정서의 위반이 부하에 의하여 행하여졌다는 사실은 경우에 따라 부하가 그러한 위반을 행하고 있는 중이거나 행하리라는 것을 알았거나 또는 당시의 상황 하에서 그렇게 결론지을 수 있을 만한 정보를 갖고 있었을 경우, 그리고 권한 내에서 위반을 예방 또는 억제하기 위하여 실행 가능한 모든 조치를 취하지 아니하였을 경우에는 그 상관의 형사 또는 징계책임을 면제하지 아니한다"136)고 하면서 이행 강제를 규정하고 있다.

그런데 제2추가의정서에는 이와 관련하여 어떠한 규정도 없다. 제2추가의정서는 국내분쟁에 적용되는 실제적인 인도적 규범에 있어 상당히 발전된 형태이기는 하지만 주권에 집착한 외교회의 참여국들은 강제적 이행규범의 채택을 꺼려 매우 완곡하게 표현된 몇몇 조항들조차 국제적십자위원회 초안의 토의과정에서 모두 삭제하였다.137) 심지어 국제조약에서 가장 일반적인 이행규정인 "당사자는 그 준수를 보장하여야 한다"라는 일반적인 조항조자노 삽입뇌시 못하였다. 따라서 제2추가의정서를 준수하지 않는다고 하여 이를 비난할 또는 비난을 받아들일 주체도 없으며 중대한 위반자를 처벌하기도 쉽지 않다.

다. 국제인도법의 보완 및 발전방향

특정국의 국내에서 평시부터 폭동이 발발하여 내란으로 격화되기 전까지는 일반적인 국제인권법이 적용되고, 내란을 일으킨 폭도가 반도단체 즉 교전자로서의 자격을 획득하게 되면 제네바 협약 공통 제3조 및 제2추가의정서가 적용된다. 그리고 국제적인 무력충돌의 상태로 발전되면 제네바 제 협약과 제1추가의정서가 적용되는 것이 현재의 국제인권법 및 인도법 체

---

134) 제1협약 제49조 제2협약 제50조 제3협약 제129조 제4협약 제146조

135) 제86조 ①.

136) 제86조 ②.

137) 이민효, 앞의 책, p. 411.

계이다.

그런데 어떠한 나라든지 비국제적 무력분쟁이 자국 내에서 발생되었을 경우 공통 제3조나 제2추가의정서 상의 무력분쟁이 아닌 단순한 국내 폭력사태 아니면 전술한 국내소요와 긴장상태가 발생했을 뿐이라고 주장하고 싶은 유혹을 느끼게 된다. 그리고 실질적으로 어떠한 경우에 공통 제3조와 제2추가의정서가 적용되어야 하는지에 관한 특정한 기준도 없다.

이러한 문제점을 해결하기 위하여 국제적십자위원회는 1983년에 초안을 준비하였다. 초안의 목적은 국내적 소요와 관련된 것으로 국제적 소요와는 무관하며, 저강도 폭력을 포함하여 단순한 국내 긴장사태로부터 보다 심각한 국내적 소요사태까지를 망라하여 모든 집단적 폭력을 대상으로 하면서 국제인도법으로 커버되지 않는 사태를 커버하는 것으로 하였다.138) 그리고 국제법협회International Law Association는 1984년 파리회의에서 비상사태가 발생한 국가 내에서의 인권에 관한 최저기준Minimum Standards of Human Rights in a State of Exception을 채택했다.139) 이러한 최저기준을 참고로 하여 1988년에 메론Theodor Meron안, 가서Hans-Peter Gasser안이 제출되었고, 1990년에는 핀란드의 아보아카데미대학교Abo Akademi University 인권연구소안이 제출되었다.

하지만 이들 중 어느 것도 구속성을 가진 국제법규로 발전하지는 못하였다. 또한 이들 안은 기존의 국제인권법과 국제인도법의 단순한 혼합인 듯한 감이 많으며, 이들이 국제법규화될 경우 현법규의 준수마저도 소홀하게 만들 가능성이 있으며, 이제 겨우 초보적인 수준에 머물러있는 국제인권법의 현실을 볼 때 자칫 선언으로 끝나는 탁상공론이 될 가능성이 높다는 지적을 면치 못하고 있다.140)

비록 지적을 받고 있다고 하더라도 국내 소요와 긴장상태internal distur-bances and tensions와 관련해서는 상기한 대로 나름대로 국제적십자위원회 주관으로 논의가 되고 있지만, 4세대 전쟁 특히 소위 자유의 투사들과 관련된 전쟁에 민간인의 보호를 위한 국제인도법을 효과적으로 적용하는 문제는 현재까지 거의 논의가 안 되고 있다. 그렇다면 이러한 문제점을 해결하기 위해 어떻게 해야 할 것인가.

1) 전투수단 및 방법의 명시적인 제한

4세대 전쟁은 전쟁의 수단으로 언론을 이용한 고도의 심리전술을 구사하기 때문에 의도적으로 민간인을 살상하거나 이를 유도한다. 2007년 5월 8일 아프가니스탄의 헬먼드Helmand 지

---

138) Theodor Meron, supra note 32, p. 861.
139) ILA, Report of the Sixty-First Conference, Paris, 1984, pp. 56-96.
140) 이민효, 앞의 책, p. 415.

방 산진Sangin 지역에서 탈레반 왈리 마흐무드Wally Mahmud 일행이 마을에서 매복을 하여 미군들이 공중폭격을 가함으로써 마을 주민 20명이 사망한 적이 있으며,141) 동년 6월 22일 그레슈크Greshk 지역에서는 탈레반이 민간인 가옥으로 도주하여 나토군이 공중폭격을 가함으로써 탈레반 20명과 함께 민간인 25명이 사망하였다. 이 사례에서 공중폭격을 가한 미군이나 나토군의 경우 비례성의 원칙을 무시하였기 때문에 당연히 비난을 받아야 한다. 하지만 나토군 대변인 마이크 스미스Mike Smith 대령이 "민간인의 위험은 분명히 의도적인 것이었다. 사망자 발생에 대한 비난은 바로 이 무책임한 행동을 한 탈레반이 받아야 한다"고 발표한 것142)처럼 민간인을 일종의 인간방패로 사용하고자 한 탈레반 측도 인도법을 위반한 것으로 비난받아야 한다. 또한 우르즈간Uruzgan 지방 코라Chora 지역에서도 탈레반군이 주민들을 집안에 감금한 상태에서 나토군들을 공격하여 나토군의 공습으로 민간인 15명을 사망케 한 일이 있다.143)

국제인도법에 의하면 민간인의 피해를 줄이기 위하여 교전지역에서 민간인을 소개시키도록 되어 있다. 그런데 오히려 주민이 있는 마을에서 매복작전을 하거나 민간인을 집밖으로 나가지 못하게 하면서 적대행위를 함으로써 민간인을 인간방패로 사용하거나 의도적으로 민간인들의 피해를 유인하는 행위를 하는 것은 전투원과 비전투원을 구별한다든지 희생자를 보호한다는 국제인도법의 정신에 명확히 위배되는 것이다.

이러한 문제를 해결하기 위하여 비례성의 원칙 등을 지키지 못하고 과도한 공격을 하여 민간인의 피해를 발생시킨 미군이나 나토군도 당연히 비난을 받아야 하지만 이를 유발시킨 탈레반의 행동 또한 비난을 받고, 나아가 국제형사재판소 등에서 엄중한 처벌을 받도록 이리한 행위를 국제인도법의 중대한 위반grave breaches으로 명문화할 필요가 있다.

2) 민간인에 대한 공격금지 명문화

4세대 전쟁은 전쟁의 수단으로 민간인에 대한 공격을 사용하기 때문에 민간인의 보호측면에서 대단히 취약하다. 2009년 12월 25일 이라크의 바그다드 시내 쉐라톤호텔, 바빌론호텔, 알 하마라 호텔주차장에서 각각 폭탄차량이 폭발해 최소 37명이 사망하고 104명 이상이 부상당했다.144) 또 12월 28일에는 파키스탄의 수도 카라치에 위치한 한 이슬람사원에서 폭탄테러가 발생하여 43명이 넘는 사망자가 발생하였으며,145) 2010년 1월 18일에는 아프가니스탄의 카

---

141) UNAMA, Human Right, AFGHANISTAN Annual Report on Protection of Civilians in Armed Conflict, 2008, pp. 18-21.
142) 앞의 책, pp. 21-22.
143) 앞의 책, pp. 26-27.
144) 아침신문, http://www.i-morning.com/news/(2010.1.27. 검색).

불시내 도심부에서 자살폭탄테러와 대형 쇼핑센터 내부에서 탈레반군과의 총격전이 발생하여 수많은 민간인 사상자가 발생하였다.146) 테러리즘을 규제하기 위한 각종 규범이 있기는 하지만 이것만으로는 민간인을 보호하는데 부족하다. 따라서 관련된 국제인도법 조항이 보완되어야겠지만 우선적으로 제1추가의정서 제51조의 내용을 민간인이 "공격의 대상이 되지 아니한다"shall not be the object of attack는 것에서 "공격해서는 안된다"shall not be attacked는 것으로 개정하여야 할 것이다.

아울러 소위 자유의 투사들에 의한 민간인 공격을 방지하기 위하여 민간인에 대한 테러공격을 지시하는 조직 및 이 조직에 소속되어 민간인을 공격한 자들에 대해서는 자유의 투사로 인정하지 않음으로써 교전자의 지위를 부여하지 않든가 아니면 국제인도법에 대한 중대한 위반grave breaches자로 처벌토록 하는 등의 내용의 보완이 필요하다.

3) 제1추가의정서와 제2추가의정서의 통합

제2추가의정서의 채택과정을 볼 때 제1추가의정서와 제2추가의정서를 통합한다는 것은 거의 불가능에 가깝다. 사실 두 개의 추가의정서를 통합하고자 하는 움직임이 없었던 것은 아니다. 1974년부터 1977년까지 제네바에서 개최되었던 무력분쟁에 적용되는 국제인도법의 재확인과 발전을 위한 외교회의에서 국제적, 비국제적이라는 분쟁의 성격과는 관계없이 모든 분쟁에 적용되는 단일의정서를 채택하여야 한다고 노르웨이 대표가 주장한 바 있다. 하지만 제2추가의정서의 채택에 소극적이었던 국가들이 선뜻 노르웨이 대표의 주장에 동의한다는 것은 기대할 수 없었다.147) 그렇다고 하더라도 제2추가의정서의 효율적인 적용을 위한다는 측면이나 4세대 전쟁의 특성으로 보아 두 개의 추가의정서는 민간인 보호차원에서 반드시 통합될 필요가 있다.

4) 회색지대 방지를 위한 국제인도법의 영역 확대

4세대 전쟁은 전술한 특성에 의하여 회색지대가 발생할 가능성이 높기 때문에 이를 방지할 수 있는 가장 좋은 방법은 모든 영역에서 적용될 수 있도록 국제인도법의 영역을 확대하거나, 아니면 각 단계를 명확하게 정의하고 해당 단계별로 적용될 수 있는 법을 명시적으로 구분

---

145) http://weekly.donga.com/docs/magazine/(2010.1.27.검색).

146) http://news.dong.com/view.php?id(2010.1.27.검색).

147) M. Veuthey, Implementation and Enforcement of Humanitarian Law and Human Rights Law in Non-International Armed Conflicts: The Role of the Red Cross, The American University Law Review, Vol.33(1983), p. 88.

하는 것이다. 이렇게 한다면 무력충돌이 아닌 단순한 폭동은 어떤 것인지, 국내 소요와 긴장상태internal disturbances and tensions는 어느 정도의 상태인지, 내란은 어느 시점부터 시작되는 것인지가 명확해지기 때문에 국제인도법의 적용 회피가 쉽지 않게 될 것이다. 하지만 모든 사회과학이 그러하듯이 아무리 그 경계를 분명히 하려고 해도 반드시 이견이 나오게 되어 있기 때문에 전술한 바와 같이 내전 국제전 구분 없이 모든 경우에 국제인도법이 적용될 수 있도록 국제인도법의 적용 영역을 확대하는 조치가 필요하다.

라. 결론

4세대 전쟁의 특징 때문에 현대전에서는 국제인도법의 준수가 대단히 어렵다. 특히 주민들의 협조를 얻기 위하여 비인도적인 행위를 자행하는 반도단체들은 의도적으로 군사적 필요성이나 구별의 원칙, 비례성의 원칙들을 반대로 이용하고자 하는 경향도 있다. 이들은 민간인의 피해규모가 크면 클수록 여론의 관심을 받을 수 있다고 생각하는 경향이 있다. 따라서 자신들의 목적을 달성하는데 유리하다고 생각이 되면 재래식 전투행위뿐만 아니라 민간인에 대한 테러행위도 거침없이 자행한다. 이러한 가운데 현행 국제인도법규는 소위 자유의 투사에 대한 어떠한 내용도 담고 있지 못하며, 민간인 보호와 관련하여 민간인을 공격해서는 안 된다고 하는 명확한 조문도 부재하다. 나아가 많은 국제법규에서 그러하듯이 미약한 이행 및 강제규범 조항은 전쟁이 되었든 내전이 되었든 국제인도법을 통하여 민간인의 희생을 줄이는데 걸림돌이 되고 있다.

따라서 이러한 문제를 해결하기 위해서는 우선 민간인의 피해를 최소화하기 위하여 관련 조문을 개정하는 직접적인 방법과 국제인도법의 적용을 확대하는 간접적인 방법이 있을 수 있다. 민간인의 피해를 최소화하기 위하여 관련 조문을 개정하는 방법은 민간인에게 피해를 발생시킨 측은 물론 피해를 유도한 측도 규제할 수 있도록 전투의 수단 및 방법을 제한하는 내용을 강화하는 것과 민간인을 "공격의 대상으로 하지 않는" 현행 제1추가의정서의 내용을 "공격해서는 안 된다"는 보다 엄격하고 직접적인 내용으로 강화하는 것이다.

한편, 국제인도법의 적용 영역을 확대하는 방법으로는, 쉽지는 않겠지만, 제1추가의정서와 제2추가의정서를 통합함으로써 내전에서의 국제인도법의 적용을 강화하고 내전에서 국제적인 전쟁으로 확대되는 과정에서도 단절 없이 국제인도법이 적용됨은 물론, 내전에 이르지 못하는 회색지대 즉 국내 소요와 긴장상태에서도 국제인도법이 적용될 수 있도록 하는 것이다. 이처럼 적용범위를 확대하는 것이 4세대 전쟁에서 나타날 수 있는 회색지대를 최소화할 수 있고 그 결과 민간인을 효과적으로 보호할 수 있게 될 것이다.

참고 12

국제인도법 현황

1. 국제인도법

국제인도법(國際人道法, International Humanitarian Law: IHL)이란 국제공법의 하나로 전쟁이나 국제적 또는 비국제적 무력충돌 시에도 인간의 생명과 건강을 보호하고 존엄성을 보장하기 위하여(Inter Arma Caritas: 전쟁 중에도 자비를), 적대행위에 가담하지 않거나 가담할 수 없는 사람(부상자, 병자, 포로, 민간인, 의료요원, 적십자 구호요원, 난민 등)들을 국적, 인종, 종교, 계급, 정치적 견해 등에 따른 차별함이 없이 보호하고, 전쟁의 수단과 방법을 금지하거나 제한하고, 국제인도법의 위반을 억제하고 위반자에 대하여는 처벌하며, 인도적인 문제를 해결하기 위해 체결된 국제조약 즉, 제네바협약, 헤이그협약, 오타와협약, 국제형사재판소 규정(ICC로마규정) 등의 국제법과 관행에 의한 관습법을 통칭한다. 따라서 국제인도법은 전쟁 또는 무력충돌 상황에서도 보장되어야 하는 권리, 유보되거나 제한할 수 없는 인권을 규정함으로써 인간의 생명을 보호하고 존엄성을 보장하려는 국제법이라 말할 수 있다.

2. 용어의 구분

제네바법과 헤이그 법으로 분류되었던 국제인도법(International Humanitarian Law), 무력충돌법(Law of Armed Conflicts) 및 전쟁법(Law of War)이라는 용어는 유사한 것으로 간주된다. 국제기구, 학계 및 일부 국가에서는 국제인도법이라는 용어를 선호하고 전쟁법 또는 무력충돌법은 통상적으로 군대에서 더 많이 사용하는 경향이 있다. 그리고 국제인도법은 인권법, 난민법과는 상호 보완적이지만 별개의 영역을 가지고 있다.

체약국의 영토 내에서 발생하는 국제적 성격을 띠지 아니한 무력충돌의 경우에 있어서 당해 충돌의 각 당사국은 적어도 다음 규정의 적용을 받아야 한다.

무기를 버린 전투원 및 질병, 부상, 억류, 기타의 사유로 전투력을 상실한자를 포함하여 적대행위에 능동적으로 참가하지 아니하는 자는 모든 경우에 있어서 인종, 색, 종교 또는 신앙, 성별, 문벌이나 빈부, 또는 기타의 유사한 기준에 근거한 불리한 차별 없이 인도적으로 대우하여야 한다. 이 목적을 위하여 상기의 자에 대한 다음의 행위는 때와 장소를 불문하고 이를 금지한다.

생명 및 신체에 대한 폭행, 특히 모든 종류의 살인, 상해, 학대 및 고문, 인질로 잡는 일, 인간의 존엄성에 대한 침해, 특히 모욕적이고, 치욕적인 대우, 문명국인 이 불가결하다고 인정하는 모든 법적 보장을 부여하는 정상적으로 구성된 법원의 사전 재판에 의하지 아니하는 판결의 언도 및 형의 집행. 부상자, 병자 및 조난자는 수용하여 간호하여야 한다. 국제적십자위원회와 같은 공정한 인도적 단체는 그 용역을 충돌당사국에 제공할 수 있다. 충돌당사국은 특별협정에 의하여 본 협약의 다른 규정의 전부, 또는 일부를 실시하도록 더욱 노력하여야 한다. 전기의 규정의 적용은 충돌당사국의 법적 지위에 영향을 미치지 아니한다.

3. 국제인도법에서 규정하는 주요사항

'전쟁이나 무력충돌의 상황 하에서도 인간의 생명과 건강의 보호, 고통의 경감 그리고 인간의 존엄성은 보장 되어야 하며, 희생자(보호대상자)들의 국적, 종교, 계급, 인종 또는 정치적 견해에 대하여 차별함이 없이 전투에 가담하지 않거나 또는 더 이상 가담할 수 없는 사람은 모두 보호한다. (이들을 보호하기 위한 표장, 의료요원, 시설, 장비 등도 존중한다.) 전쟁의 수단과 방법을 금지 또는 제한한다. 인도법의 위반은 억제되어야 하며, 이를 위반한 자에 대해서는 처벌한다'라고 할 수 있다.

4. 주요 조약

1864년 제네바 협약이 제정, 채택되면서 발전된 국제인도법은 새로운 형태의 무력충돌과 신무기의 개발에 따른 희생자를 보호하기 위해 여러 조약들이 체결되었는데, 이를 연대순으로 보면 다음과 같다.

1864년 전지(戰地)에 있어서 군대 부상자의 상태 개선에 관한 제네바협약
1868년 400g이하의 폭발탄 및 소이탄 금지에 관한 성 페테르부르크(St. Petersbourg) 선언
1899년 헤이그협약 - 육전에서의 전쟁법규와 관례존중
1864년 제네바 협약의 제 원칙을 해전에 적용
1925년 질식성, 독성 또는 기타의 가스 및 세균학적 방법을 전쟁에 사용함을 금지하는 제네
      바의정서 채택
1929년 2개의 제네바 협약
1906년의 제네바 제 협약 개정 및 발전 - 포로의 대우에 관한 세네바협약(신규 제정)
1949년 제네바 4개 협약
      제1협약 : 육전에 있어서의 군대의 부상자 및 병자의 상태 개선
      제2협약 : 해상에 있어서의 군대의 부상자, 병자 및 조난자의 상태 개선
      제3협약 : 포로의 대우
      제4협약 : 전시에 있어서의 민간인 보호(신규 제정)
1954년 무력충돌의 경우에 있어서 문화재 보호에 관한 헤이그 협약 및 의정서
1972년 세균(생물학적) 무기 및 독소(毒素) 무기의 개발, 생산 및 비축 금지와 폐기에 관한
      협약(BWC협약)
1976년 환경보호에 관한 협약 - 환경변형 기술의 군사적, 적대적 사용 금지
1977년 1949년의 제네바 4개 협약에 추가되는 2개 의정서 제정:
      제1의정서 : 국제적 무력충돌의 희생자 보호
      제2의정서 : 비국제적 무력충돌의 희생자 보호
1980년 과도하게 위해하거나 또는 무차별적인 효과를 지니는 것으로 간주되는 특정재래식

무기 사용의 금지 또는 제한에 관한 협약(CCW협약)

제1의정서: 탐지불능 쇄편(碎片)무기에 관한 의정서

제2의정서: 지뢰, 위장성(僞裝性) 무기 및 기타 장치물 사용의 금지 또는 제한에 관한 의정서

제3의정서: 소이성(燒夷性) 무기 사용의 금지 또는 제한에 관한 의정서

1993년 화학무기의 개발, 생산, 비축 및 사용의 금지 또는 제한과 이들 무기의 폐기에 관한 협약(CWC협약)

1995년 실명(失明)레이저 무기에 관한 의정서(1980년CCW 협약의 제4의정서)

1996년 지뢰, 위장성(僞裝性) 무기 및 기타 장치물 사용의 금지 또는 제한에 관한 개정된 의정서(1980년 협약의 개정된 제2의정서)

1997년 대인지뢰의 사용, 비축, 생산 및 이전(移轉) 금지와 이들 무기의 폐기에 관한 협약(오타와협약)

1998년 국제형사재판소 규정 채택(ICC 로마규정) (2002년 7월1일자 발효) 집단살해죄, 전쟁범죄, 인도에 반한 죄, 침략범죄에 대한 처벌 규정

출처: 대한적십자사 대학생 온라인 홍보단 MIRAE,
    http://blog.naver.com/withmirae/150027658857(검색: 2012. 6. 14.)

제5절 현대전의 정의성 분석: 사례연구

정의전쟁 관련 논쟁은 무수히 많다. 주로 정치학, 법학, 철학, 윤리학적 논구의 주제이다. 기본적으로 정부 당국자에 의한 타당화 논리부터 현실주의 입장, 평화주의 입장 그리고 정의의 전쟁 논리에 이르기까지 무궁무진하다. 여기서는 개략적인 논의의 현황을 알아보고 전략가적 입장에서 무엇이 구체적인 평화를 실현할 수 있겠느냐 하는 차원에서 문제에 접근하고자 한다. 이를 위하여 그간 논의되었던 정당한 전쟁 이론의 적용사례를 우선 살펴보기로 한다. 대부분의 교과서적인 평가가 2차 대전, 한국전, 베트남전 등이고 그간에 이루어져졌던 군사적 개입 등에 관한 논의들이 주류를 이루고 있다.

윌리암 오브라이언William V. O'brien은 그의 저서『전쟁의 정당성과 제한전쟁』The Conduct of Just and Limited War(1981)[148]에서 정의전쟁론을 소개하고 이 이론에 입각해서 미국의 정당한 전쟁 적용 사례로서 2차 세계대전, 한국전쟁, 베트남 전쟁을 분석하고 정당한 전쟁의 비판적 논쟁점으로서 핵억제 및 전쟁과 재래식 전쟁, 혁명전쟁 · 대분란전對紛亂戰, counterinsurgency의 합법성과 교전 규칙에 대하여 분석하고 있다. 카톨릭 신학자인 저자의 탁월한 분석은 이 분야의 고전으로 되어있다. 여기서는 현대 정의전쟁의 사례로서 한국전과 월남전에 대한 오브라이언의 분석을 소개하며 한국전 분석에 있어 필자의 견해를 추가하기로 한다.

베트남전 이후의 기타 전쟁의 징의성과 특히 9.11 사테 이후의 이라크 전쟁과 기타 유엔을 통한 인도적 개입과 관련한 정의성 논란에 대해서는 많은 학자들의 논쟁이 있지만 선제공격과 예방전쟁과 관련한 비판적 견해는 더글러스 P. 래키의 견해를, 이라크 전쟁과 기타의 전쟁에 관한 논의는 왈쩌의 분석을 대표적으로 살펴보기로 한다.

여기서 짚고 넘어가야 할 것은 이러한 분석들은 미국 학자들의 연구를 중심으로 검토된다는 점이다. 불행하게도 현대전은 패권을 유지하고 있는 미국을 중심으로 주도되고 있으며 냉전 이후 소련의 몰락으로 핵 억제 논의는 중단되었고 정의전正義戰 논란에서 보듯이 9.11 테러 이후에 테러리즘이 새로운 위협의 등장함에 따라 안보개념이 변화하고 포괄적 안보 및 인간안보 등 새로운 논의가 전개되었다. 따라서 미국과 서방 주도의 전쟁이 진행되면서 전쟁에 대한 연구는 다분히 미국 중심, 서방 중심의 논의가 주류를 이룰 수밖에 없으며 가치판단 자체가 후쿠야마가「역사의 종언」에서 외쳤던 인류 이념의 완성이라는 "자유 민주주의"철학에 근거할 수

---

148) William V. O'brien, *The Conduct of Just and Limited War*, Preager Publishers CBS Educational and Professional Publishing, A Division of CBS, Inc. New York, U. S. A. 국방대학원 역,『전쟁의 정당성과 제한전쟁』(1987: 서울, 국방내학원).

밖에 없는 것이 현실이다.[149) 중국이나 러시아의 개념은 구 공산권의 계급사관에 의한 마르크스 레닌의 정의전쟁관이 있으나 현대적 개념의 정의전쟁론은 제시된바 없으며 관련 자료 또한 쉽게 찾아볼 수 없는 것이 현실이다.

1. 정의전쟁正義戰爭 사례: 한국전쟁

제2차 세계대전은 미국인들에게 강요된 마지막 선의善意의 전쟁으로, 한국전쟁은 일종의 국제 경찰활동으로 보며(민·군 평가), 베트남전쟁에 대한 미국의 참여는 비합리적이고 비도덕적인 것으로 널리 비판받고 있다(민간평가). 여기서는 정의전쟁 측면에서 한국전쟁을 미국중심으로 오브라이언의 견해를 중심으로 살펴보고, 전쟁종결의 정의(유스 파스트 벨룸) 차원에서 한국적 입장을 살펴보기로 한다.

가) 유스 애드 벨룸

(1) 법적관할당국

한국전쟁에 트루만 대통령이 미국을 참전시킨 것은 법적관할당국에 약간의 회의점이 있다. 이러한 의문점들은 전쟁이 장기화됨에 따라 더욱 커졌으나 존슨의 베트남 전쟁에 반대하는 데 까지는 미치지 못했다. 이러한 이론들은 정의의 전쟁에 있어서 법적관할당국의 문제점의 어떤 점이 심각한 것인지 전혀 파악하지 못했다.

(2) 정당한 이유

한국전쟁에서 정당한 이유가 요구되었던 것은 역사상 유일한 것이었다. 처음으로 한 국가가 자국의 정치적 이익보다는 세계 공공질서를 위해 조직을 대표하여 행동한 것을 의미했다. 미국이 개입하게 된 것은 전략적 이유가 있었다. 예를 들면 세계와 아시아에 있어서 소련과 공산동맹국을 견제하고 특히 일본을 보호하기 위한 것 등이다. 그러나 미국의 입장에서 난점은 북한의 공격이 유엔헌장에서 군사적 도구사용을 금지하는 것을 크게 위반하였으며, 용납될 수 없는 새로운 국제공공질서에의 도전이라는 점이었다. 미국은 유엔을 통해 중재를 시도하였으며, 중공의 축출을 거부해 왔던 소련이 복귀하기 전에 안전보장이사회가 북한의 공격이 침략적

---

149) 후쿠아마는 그의 명저 「역사의 종언」에서 구소련의 몰락으로 이념 대결의 역사는 자유 민주주의 승리로 끝났다고 외쳤다.

이고 평화를 위협하는 것임을 인식하도록 노력하였다. 한국전쟁에서의 정당한 이유는 침략에 대한 집단 자위로 표현될 수 있을 것이다. 즉 평화를 위협하는 침략자에 대한 유엔의 대응조치는 그들을 제압하고, 제재를 가하며, 침략을 억제함으로써 침략에 의한 공산주의 팽창을 견제하고, 극동에서의 자유세계 전략기지를 유지하는 것이었다.

북한의 자유화와 공산주의자가 지배하는 중국본토의 자유화는 본래의 정당한 이유가 되지 않았다. 북한의 자유화와 한국의 통일은 간단히 말하면 맥아더 장군 전성기의 한 가지 이유에 불과했다.150)

비례적 대응성: 선악에 따른 비례적 대응성을 계산함에 있어서는 우선적으로 제2차 대전에서 검토했듯이 물질적인 결과와 직접 관련 되었던 국가들을 초월하여 확인해 보는 것이 필요하다. 한국전쟁은 많은 인명손실, 파괴, 사회적 무질서와 한국인에게 많은 고통을 초래하였다. 한국국민의 이해관계는 그들의 미래, 즉 압제적인 공산주의 정권이나 또는 독재주의 정권, 아니면 반공산주의 정권이 들어설 것이냐에 관련되었다. 최근 한국은 전후 고도성장을 통하여 60여년 만에 G-20 국가로 발전하였으며, 2012년 2050클럽 국가151)에 가입하였고 국제적으로 많은 기여를 하는 나라로 발전하였다.

만약 한국이 공산화 되었다면, 그들은 기본적인 자유를 크게 상실하는 고통을 겪었을 것이고, 보다 낮은 생활수준과 타 공산국가들보다 나은 발전을 기대할 수 없었을 것이다. 반면 북한은 공산국가들 중에서 가장 억압적인 국가 중의 하나이며 3대 세습을 하고 있는 국가이다.

두 번째 검토 차원은 공산독재정권에 의한 강압적인 한국의 재통일 문제를 넘어선 것이다. 미국은 이러한 차원에서 합리적으로 행동하였는바, 이것은 유엔헌장에 의해 최근까지 불법이라고 규정한 침략을 저지하는 자유세계국가들의 의지를 시험하는 것이었다. 한국의 방위는 이러한 침략을 저지할 필요가 있었고 다른 침략행위를 억제하는 것이었다. 한국전쟁은 한국국민만을 위해 싸운 전쟁이 아니었다.

성공가능성 여부: 한국전쟁의 경우 성공가능성 문제는 복잡하다. 정당한 전쟁 교리는 성공가능성에 집착하지 않고, 한국 국민이 그들 스스로를 방위하기 위한 권리로 인식된 것이었다. 집단방위체제에 가입하는 것은 공동운명체적인 집단 방위에 호소할 수 있어 어떠한 토의도 필요하지 않았다. 제3자의 방위에 개입하는 당사자는 성공가능성의 요구조건을 충족시켜야 한다

---

150) 한국전쟁에 있어서 미국의 목표에 대해서는 Truman, Memoirs, 2: 333-34 참고. Robert W. Trucker, The Just War(Baltimore: Johns Hopkins University Press, 1960), pp. 60-63에 있는 한국에서의 미국과 유엔의 목표변화에 대한 Trucker의 비평 참고. David Ress, Korea: The Limited War(New York: St. Martin's Press, 1964), pp. 28-31. and Glem D. Paige, The Korean Decision(New York: Free Press, 1968) 참조.

151) 2050클럽 국가란 소득 2만불, 인구 5천만 국가를 일컫는다. G7국가들이 주 멤버이다. 일본(1987), 미국(1988), 프랑스·이탈리아(1990), 독일(1991), 영국(1996) 이후 16년마이다.

는 것이 최선의 관점이 될 것이다. 이러한 사례를 고려한다면 미국의 전망은 어떠한 것이었을까? 처음에는 미국이 즉각 가용한 군사력이 없었기 때문에 좋지 않았다. 한·미 연합방위는 미국의 증원군이 도착하여 전세를 역전시키기 전 까지는 겨우 지탱하였다. 그러나 처음부터 끝가지 한국과 미국이 북한을 격멸시킬 것이라는데 의심의 여지가 없었다. 모든 군사전문가들은 중공이나 소련 또는 중소 양국이 함께 개입할 것으로 전망하였다.

미국이 개입하기로 결정한 것은 조심스럽게 싸우고 제한전쟁을 수행함으로써 중공 또는 소련의 개입을 회피할 수 있다는 가정 하에서 이루어진 것이다. 이러한 노력은 대 중공관계에서는 실패하고 대 소련관계에서는 성공하였다. 흉악한 침략을 응징하고 억제하려는 정당한 이유는 중공과 소련, 중공 또는 소련의 개입으로 확전될 위험에 직면하게 되었다.

또 다른 문제는 성공가능성 상정에 있어서 성공을 어떻게 정의할 것인가 하는 문제이다. 전통적인 정치-군사 용어에 있어서 성공이란 승리를 뜻한다. 그러나 정당한 전쟁 용어에 있어서 성공이란 정의의 목적을 달성하는 것을 의미하게 된다. 이런 경우 정의의 목적이란 한국을 성공적으로 방위하는 것이며, 한국이나 다른 국가에 더 이상의 침략을 억제하는 것이었다. 이러한 목적은 중공의 개입에도 불구하고 성취되었다. 한편 이러한 결과는 합리적인 예측이었다. 만약 성공에 대한 해석이 2차 대전과 같이 북한의 완전 괴멸을 의미하며 그것을 추구했었다면 중공의 개입에 이어 소련도 개입하게 되었을 것이다. 만약 미국이 장개석의 소원대로 중국본토를 자유화시킬 기회를 가졌더라면 승리를 통한 성공가능성은 희박했을 것이다.

북한이 공격하기 전에 평화적 방법에 대한 철저한 검토가 거의 없었으나 미국의 노력은 상당했었다. 더욱 중요한 것은 미국은 협상을 추구하기 위하여 군사적 상황이 위험하고 적대행위가 진행 중일 때에도 평화적 해결을 위하여 주도권을 행사 하였다는 점이다. 한국전쟁은 미국의 의지대로 협상을 통해 종결됨으로써 더 이상의 확전을 피하게 되었다.

(3) 정당한 의도

한국전쟁에서 미국의 정당한 의도 조건은 이례적으로 좋았다. 그러나 수정된 목표에 문제가 있었다. 미국은 한국을 방위할 목적으로 전쟁에 개입하였고 북한을 공산주의자 통치로부터 자유화시키기 위한 것이 아니었다. 그 목표는 기회가 왔을 때 한국의 통일을 포함하여 확대되었다. 확실히 실질적인 의도는 이타주의적이었다. 그러나 본래 한국의 방위로 제한되었던 전쟁의 비례적 대응성 계산에 있어서 제외되었던 중공이 개입함으로써 새로운 국면을 맞게 되었다. 만약 미국이 북한을 자유화시키기 위해서 전쟁을 계속했더라면 그 노력은 아마도 비례적 대응 원칙에 어긋났을 것이고 위험스러웠을 것이다. 그 외에 전쟁 포로를 포함한 휴전협상은 미국이 정당한 의도를 견지하여 고차원의 정책과 태도로 전쟁에 임하고 있음을 나타낸 것이다. 북한 점령지역에서의 공산군들의 대우뿐만이 아니라 특히 미국과 유엔군의 전쟁포로에 대한 공산군들의 행동과 태도는 증오와 보복을 불러일으키기에 충분했다. 반대로 미국의 태도는 관대하였고 자제하였으며, 여러 가지 어려움에도 불구하고 이 대통령의 치하에 있는 한국정부의 감정을 상하지 않도록 적절히 통제하였다.

이러한 미국의 정당한 의도에 대한 좌파적 해석이 있다. 그것은 미국의 침략전쟁이란 북한의 주장과 동일한 것인데 미국의 수정주의 학자 부르스 커밍스Bruce Cumings(시카고대 석좌교수)에 의해서 주장되어 한국내 좌파들의 반미 운동의 교리가 되었다.

커밍스는 1981년 『한국전쟁의 기원』*The origins of the Korean war*을 출간, 전통주의적 시각을 반박하는 수정주의의 대표 주자로 누가 방아쇠를 먼저 당겼느냐는 것은 의미가 없다며 한국전을 1945년 이후 해방공간에서 형성된 한국내부의 모순에서 비롯된 옹진반도 등에서 산발적으로 일어났던 분쟁이 자연스레 남북 내전으로 발전했다고 보며 한국전쟁을 '내전'으로 성격을 규정했다. 커밍스의 이 같은 주장은 '남침 유도설' 또는 '남침 묵인설'로 명명돼 북한의 남침을 믿는 사람들로부터 비판을 받았고, 이 책은 80년대 공안당국의 '금서' 목록에 올랐다.

또 커밍스의 시각은 주로 80년대까지 공개된 미국 측 자료에 의존하고 있고, 90년대 옛 소련의 전쟁 당시 외교문서가 공개되면서 김일성의 전쟁 책임론을 드러낸 많은 새로운 사실들 때문에 사료의 한계가 있었다는 지적도 받았나.[152] 기존의 전통주의 시각은 물론 수정주의 이후의 새로운 시각들로부터도 공격을 받으며 줄곧 논쟁의 중심에 있었다. 이러한 문제들에 대해 답을 하기 위하여 커밍스는 30년 만에 2010년 10월 이를 수정 보완하여 『한국전쟁』*The Korean War: A History*이란 제목의 신간을 출간했다. 주제별로 9개장으로 서술되고 있는 이 책은 한국전의 전개과정을 상세하게 묘사할 뿐 아니라 한국전이 냉전시대 미국의 세계정책에 미친 영향, 미국인들이 인식하는 한국전 등 '한국전쟁의 기원'에서 다루지 않았던 주제까지 분석의 지평을 확대했다. 커밍스는 여기서도 여전히 내전으로 성격을 규정했다.

워싱턴포스트는 서평에서 한국전이 아무것도 해결하지 못했다는 커밍스의 주장은 한국이 여전히 분단돼 있고, 긴장상태가 계속된다는 점에서는 타당하지만, 대규모 전투가 재발하지 않고 있고, 한국이 구해졌고, 강대국간 충돌 가능성이 없는 방식으로 서방동맹이 구축됐다는 점에서는 틀린 주장이라고 지적했다.

이러한 지적은 2011년 7월 중국(홍콩)의 데이비드 추이(徐) 박사의 논문을 통해 더욱 명확

---

152) 「연합뉴스」, 2010.09.28.

해 졌는데 중국의 기밀자료를 인용해 중공군의 참전 과정 등 한국전쟁을 재조명한 홍콩 정치학자인 그는 1999년 영국 옥스퍼드대에서 박사학위 논문 「조선전쟁에서 중국의 역할」에서 "김일성과 마오쩌둥毛澤東·모택동은 한 줌도 안 되는 남한을 지키기 위해 미군이 개입할 리가 없다고 철석같이 믿었다", "6.25전쟁은 북한과 중국·소련의 합작품이라고 말할 수 있다"라고 말하였다.

중국의 기밀자료를 인용해 중공군의 참전 과정 등 한국전쟁을 재조명한 그는 중국이 이러한 판단에 근거해 김일성의 도발을 승인하고 대대적인 지원을 했다고 그의 박사논문에서 주장하였다. 2000년 초 추이 박사는 이를 책으로 출판하였고 중국 법원은 불법으로 국가정보를 해외로 유출하고 출판한 혐의로 13년형을 선고하였다. 추이 박사는 책에서 마오쩌둥이 참전 결정을 하게 된 과정을 ① 소련으로부터 군사·경제 원조 ② 현대화된 군사 장비로 인민해방군 무장 ③ 한국의 일정 영토를 점령해 대만과 맞교환 카드로 활용 등의 복합적인 계산이 깔려 있었다고 주장했다. 이를 위해 1949~50년 마오와 스탈린이 사전 접촉해 역할 분담을 결정했다고 주장하였다. 이러한 해석은 중국 공산당의 공식 입장인 '항미원조抗美援朝 전쟁관'에 배치돼 파문을 일으켰다. 항미원조 전쟁관은 내전 성격인 6.25전쟁에 미국이 개입해 이를 저지하기 위해 중국이 참전을 결정하게 된 것이라는 중국 공산당의 공식입장에 배치되는 것이다. 2010년 시진핑習近平 중국 국가부주석은 "항미원조 전쟁은 정의로운 전쟁"이라고 강조했었다. 추이의 논문은 미국 학자 브루스 커밍스가 주장한 내전론內戰論 또는 이승만 정부가 남침을 유도했다는 수정주의 사관을 정면으로 뒤집는 것이다. 데이비드 추이 박사는 논문을 쓰면서 인민해방군 측으로부터 입수한 내부 자료들을 인용했다. 그러나 이 자료들이 기밀문서로 분류되는 바람에 11년 동안 중국에서 옥고를 치르다 2011년 7월에 석방됐다. 추이박사는 상급법원에 상고上告중이다.153)

포스트 수정주의 입장으로서 최근 6.25전쟁 전문가인 박명림은 최근저서 「역사와 지식과 사회」에서 커밍스의 오류를 신랄하게 지적하고 있는데 "이제 커밍스의 연구의 시대적 한계를 분명하게 할 때라면서 커밍스의 연구는 민족·민중이라는 두 개의 기준에 초점을 두고 북한에 대해서는 온정적이고 남한에 대해서는 가혹한 비판을 함으로써 역사서술의 객관성·균형성이 흐트러졌으며 전쟁당시 남한과 미군의 민간인 학살은 비판하면서 그보다 비교할 수 없을 정도로 양민을 학살한 북한의 학살은 간략하게 다루는 불공정성을 보였다"고 말하면서 "한국전쟁을 미국의 남북전쟁 같은 내전으로 볼 수 없으며 한국전쟁의 핵심기원인 한반도 분단은 내부사

---

153) 「중앙일보」, 2011.07.30. 그는 남침유도설이나 자연발생 내전론을 주장하는 사람들에 대하여 이미 사료를 통하여 김일성이 주도한 남침으로 증명이 끝난 일이라고 일축하였다. 중앙일보 대담 2011. 10. 4일자.

회의 모순이나 계급갈등과 상관없는 국제요인에 의한 것이기 때문이며 따라서 선제공격을 감행한 북한에 면죄부를 주고, 북한의 독재와 폭력, 반인권 문제를 제대로 거론하지 않는 결과를 초래했다고 비판하면서 더욱 큰 문제는 소련의 깊숙한 개입이 증명된 이후에도 자신의 기본가설을 회의하거나 수정하지 않는 것이라면서 자신의 주장을 새로 발견된 자료와 비교해 수정하는 지적 용기가 필요하다고 지적하고 있다. 또한 커밍스의 연구는 한국의 민주화, 북한의 파탄, 사회주의 붕괴 등이 반영되지 않았으며 게다가 90년대 들어 옛 소련, 중국, 동구권 등의 새로운 문서자료가 발굴되어 한국전쟁이 북침이 아닌 남침전쟁임이 밝혀져 북한 주장의 허구성이 명백히 증명되었음에도 이것을 부정하는 것은 학자로서의 자세가 아니라고 말하고 있다. 이제 남침이냐 북침이냐 하는 기원 논쟁은 무의미해졌다고 볼 수 있다.154)

내) 유스 인 벨로(교전규칙)

미국과 유엔의 교전행위는 정당한 전쟁 평가에 크게 비중을 두었고 여하한 교전규칙 위배의 논쟁점도 제기하지 않았다는 것이 오브라이언의 입장이다. 전략폭격은 제2차 대전의 악명 높은 공격정도는 아니었지만 비례적 대응과 분별적 보복원칙을 위반하였다. 커밍스는 최근의 신간 저서에서 이점을 부각시켜 비판하고 있다. 그러나 거시적인 관점에서 보면 북한이 덜 발달된 나라였기 때문에 이러한 전쟁양상은 상대적으로 치명적인 것은 아니었으며, 전략폭격은 분명히 2차 대전 때보다 잔인하지 않았다. 전체적으로 한국전쟁에 미국이 참여한 것은 정당한 전쟁 조건에 부합되었다 할 수 있다고 오브라이언은 말하고 있다.

그러나 전쟁종결을 위한 전쟁의 확대 즉 "휴선협상에서 승리를 위한 전쟁의 지연"은 한국전쟁의 대표적인 특징으로 인식되고 있으며 전쟁의 승리를 위하여, 휴전협상을 유리하게 이끌기 위하여 핵무기 옵션을 과시하였으며 과도한 공중폭격을 일삼았다. 또한 미국이 포로협상과정에서 자원송환원칙自願送還原則을 고수하였던 것은 전쟁 종결을 위한 것이 아니라 군사적 승리 대신 정신적 승리, 즉 이데올로기의 승리를 위한 것으로서 이를 인도주의와 인권의 원칙과 결부시켜, 문제를 전부 아니면 전무의 명분 싸움으로 변질시켰으며 이러한 명분 싸움은 순수 군사적 문제에만 국한하기로 했던 휴전협상에 걸맞지 않는 것이었다. 이러한 점은 명백히 전쟁수행의 정의에 어긋났다고 할 수 있다.

---

154) 박명림은 6.25 전쟁과 한국현대사 연구수준을 한단계 업그레이드 시킨 진보성향의 정치학자이다. 「한국전쟁의 발발과 기원」(나남, 2003, 전 2권), 「한국 1950 전쟁과 평화」(나남, 2002) 등의 저술이 있고 최근 「역사와 지식과 사회: 한국전쟁의 이해와 한국사회」(2011)를 펴냈다. 여기에서서 1980년 광주민주화운동 이후 지금까지 30년간 6.25 연구의 흐름을 종합하고 있으며 특히 커밍스의 「한국전쟁의 기원」을 정면으로 비판하고 있다. 인용문은 「중앙일보」(2011. 6. 30) 지지외의 대회 및 서평 참조

다) 유스 파스트 벨룸(전쟁 종결의 정의)

미국의 입장에서 한국 전쟁은 전면전이 아니라 제한전으로 이해된다. 그리고 성공적 정의의 전쟁 사례로서 자랑스럽게 예로 든다. 그러나 한국민들에게는 그렇지 않다. 그 제한전은 한반도의 초토화를 대가로 한 것으로서 "잘못된 장소에서, 잘못된 시기에, 잘못된 적과 벌인, 잘못된 전면전"155)이었던 것이다.

한국전쟁은 '확전 금지와 신속 종결'이라는 전쟁종결의 대원칙 면에서 부정의로 점철된 전쟁이었다. 즉, 한국전쟁은 전선을 계속 확대하여 새로운 전쟁을 만들어 갔으며, 휴전협상 개시가 늦었고, 휴전협상에서 군사분계선과 비무장지대에 대한 합의를 보았음에도 전투를 중단하지 않았고, 포로송환에 관한 새로운 윤리적 원칙을 제기하여 휴전협상의 조기타결을 방해하였으며, 휴전협상을 강요하는 수단으로 과도한 공중폭격을 행사하고 심지어 핵공격의 위협까지 하였다는 점에서 전쟁종결의 정의가 실현되지 못했다고 볼 수 있다.156)

한국 전쟁에서 미군이 쏟아 부은 폭탄은 635,000톤으로 태평양전쟁의 503,000톤을 능가하며 베트남전에서 악명을 떨쳤던 네이팜탄도 한국전쟁에서 32,557톤이나 투하되었다. 한국전쟁 동안 2-3백여만 명의 남북 민간인이 숨졌고 40만 국군이 희생되었고 5만 4천명의 미군이 숨졌고 1-2백여만 명의 공산군이 숨졌다. 그러한 희생의 45%가 휴전협상이 개시된 이후에 발생하였다. 특히 포로 자원송환의 원칙으로 논란을 벌인 15개월 동안 희생된 인원이 연합군측은 125,000명이었으며, 공산군측은 25만 명에 달하였다.157)

한국전쟁은 그 발발 뿐만이 아니라 그 지속도 지극히 부조리한 것이었다. 한국전쟁의 휴전회담은 너무 늦게 시작되었다. 한국전쟁은 결국 시작한 자리, 시작한 장소에서 종결되었다. 본격적으로 휴전회담이 개시된 것은 1951년 7월 전쟁이 시작된 후 1년이 지나서였다. 모든 당사자들이 평화의 회복을 외쳤으나, 실제로 평화에의 헌신은 없었던 것이다. 또한 휴전회담은 너무 오래 걸렸다. 사실 휴전회담이 개시된 후 사람들은 휴전이 곧 가시화될 것으로 믿었다. 그러나 휴전회담은 2년여를 더 끌었다. 핵심적인 논란은 바로 포로송환의 문제였다. 인도주의에 입각한 포로송환의 원칙을 둘러싼 논쟁으로 다시 무의미한 살상과 파괴의 시간은 계속되었다. 인도주의의 원칙을 얘기하였으나 그 실체는 반인도주의적 아집과 독선이었던 것이다.

그 결과 한국전쟁의 종결과정은 전쟁종결을 위한 전쟁의 확대라는 모순된 상황이 계속되

---

155) 당시 미 합참의장이었던 브레들리(Omar Bradley)가 상원 청문회에서 중국과의 전면전 위험을 경계하면서 답변한 내용. Foot, Rosemary, The Wrong War: American Policy and Dimensions of the Korean conflict, 1950-1953(Ithaca/London: Cornel University Press, 1985), 23.

156) 정태욱, 「한국전쟁 종결의 부정의」, 『민주법학』 제43호(2010.7), pp. 105-144.

157) Foot, Rosemary, A subsitute for Victory, p. 208.

었고 인도주의를 위해 전쟁의 지속이 되는 아이러니가 발생하였다.

2. 부정의 전쟁不正義 戰爭 사례(민간평가): 베트남전쟁

제2차 세계대전이 미국에게 강요된 마지막 선의善意의 전쟁으로, 한국전쟁이 일종의 국제 경찰활동으로 본다면 베트남전쟁에 대한 미국의 참여는 비합리적이고 비도덕적인 것으로 널리 비판받고 있다. 일본에 대한 핵공격 이후 잠잠해졌던 정의의 전쟁 논란을 다시 불러일으켰던 베트남전쟁에는 두 가지 시각이 존재한다. 카톨릭 신학자이자 정의 전쟁이론가인 윌리엄 V. 오브라이언은 베트남전쟁은 정의의 전쟁으로 합법화 할 수 있는 타당한 요구조건이 존재하며 은폐하려 하기보다는 그 교훈을 주의 깊게 연구해야 할 전쟁이라고 말하고 있다. 베트남전쟁의 많은 물질적 도덕적 문제들이 다시 재현될 수도 있다는 것이다. 오브라이언의 옹호와 이와는 반대로 비판적 입장인 더글래스 P. 래키와 왈쩌의 주장을 살펴보자.

가. 윌리엄 V. 오브라이언의 전통적 입장

1) 유스 애드 벨룸(전쟁의 합법성)

가) 법적관할당국

존슨 대통령이 1965년 미국이 교전당사자로서 선선포고도 없이 베트님 진쟁에 개입힌 것에 대하여 많은 논자들이 법적관할당국의 문제점들을 제시하였다. 그러나 미국에서 8년간의 의회의 지지를 받는 입법과 결의, 전쟁의 합법성에 대한 이의 제기들이 법정에서 거부된 사실, 성공가능성의 결여에도 불구하고 전쟁노력의 합법성에 대한 대다수 국민이 수락하는 등 전체적으로 미국의 참전은 합법적이었다. 베트남전쟁은 국제적 관례로서의 공식적인 선전포고가 요구되지 않았고 공포되지도 않았다.

나) 정당한 이유

베트남전쟁에서의 미국의 정당한 이유는 한국전쟁에서의 목적과 매우 유사했다. 그것은 월남을 침략의 희생으로부터 방위하고 세계 공공질서를 파괴하는 더 이상의 침략을 억제하기 위한 것이었다. 나아가서 미국은 군사력과 협상에 의해 공산주의 팽창을 포함한 특수침략(간접 침략) 억제와 방위를 추구해야 했다. 월남에서의 전투가 단지 내전에 불과했다는 반론에 대해서 미국은 그 분쟁은 월맹에 의해서 지휘되고 지원받는 "간접침략"indirect aggression 행위라고 대답하였다. 월남에 대한 간접침략은 그 후 결정적인 시기에 월맹군에 의한 직접침략으로 전환되었다. 유엔의 법률용어에 의하면, 적대행위는 한 국제인으로부터 발생하고, 어떤 국경선을 넘어 타 국제인의 정치적 독립과 영토를 위협함으로써 발생하는 것이다.(예: 침략행위) 월남은 국제법과 외교적으로 독립된 주권을 가진 실체로서 널리 인식되었으며, 이러한 침략에 대한 자위권을 가지고 있었다. 미국은 유엔 헌장 제 51조에 의해 집단자위행위로서 개입할 권리를 가졌던 것이다.

미국은 한국전쟁과는 달리 공산월맹의 자유화를 전혀 고려하지 않았음을 유의해야 한다. 집단자위와 침략억제에 대해 정당한 이유는 "도미노 이론"Domino Theory과 연계되어 있다. 즉 월남이 공산화 되면 여타 동남아의 평화와 안전은 위태롭게 된다고 믿었던 것이다. 더 나아가 제 3세계를 풍미하고 있었던 내전과 관련된 간접침략을 저지시킬 필요가 있다고 믿었다.

반전론자들은 이러한 전쟁목적을 부정하였다. 그들은 본질적으로 이 전쟁이 내전이고, 사이공 정권은 전복되어 마땅하며, 미국의 개입은 비합법적이고 잘못된 것이라고 주장하였다. 처음에는 존슨행정부의 목표를 지지했었으나 나중에는 여론도 낙심하게 되었고 지지도 하락하였다. 그러나 지지의 감소는 미국의 목표에 대한 본래의 정당성 여부와는 상관없이 성공가능성에 대한 신뢰가 의문시되어 나타난 것이었다. 주요 침략은 직접적인 것이든 간접적인 것이든 집단자위에 의해 저지되고 억제되어야 한다. 더군다나 동남아지역 안전보장을 고려하고 그 지역 방위를 위한 장차전략을 적용한 것은 정당했었다.

베트남 전쟁의 대가對價는 미국과 월남의 목표에 비해 적절했었는가? 그 대가는 월남에서 수많은 인명손실과 물질적 파괴, 사회적 혼란, 그리고 정치적 불안 등을 초래하였다. 미국의 폭격과 라오스 캄보디아로의 확전 때문에 이들 국가의 황폐화와 더불어 월맹에 있어서도 상당한 인원 손실과 파괴가 있었다. 결국 전쟁의 대가는 5만명 이상의 미국인 사망자와 이의 몇 배가 넘는 부상자, 그리고 무엇보다 쓰라린 것은 미국의 체면에 손상을 가져왔다는 것이다. 미국은 1975년 사이공 정권이 무너질 때까지 8년간을 싸웠다. 1960년대 말과 1970년대 초에 반전운동이 중심적 주제가 되자 이 전쟁의 심리적, 사회적인 충격은 온 누리로 퍼져나갔다. 전쟁의 대가는 적절하지 못했고 결과는 참혹했다.

비례적 대응 원칙에 대한 평가는 다음과 같은 3가지 영향요소들에 의해 복잡하게 되었다. 첫째, 종전에 대한 근본적인 반대가 있었다. 이러한 종전거부는 불명확하거나 또는 비현실적인 수단과 비용이 자동적으로 고려되어 비례적 대응 원칙에 어긋났다. 둘째, 결국 전쟁은 실패했고 전쟁목적은 달성되지 않았다. 실패한 전쟁에 대해 불균형한 비용을 수반하였는지 여부를 묻는다면 긍정적인 답이 나올 것은 확실하다. 셋째, 비례적 대응 원칙에 의한 수단은 특수전략과 전술이 추구되었는바, 특히 남쪽에서는 적을 찾아 폭격하는 임무였고 북쪽에서는 폭격으로 대응하는 조치들이 고려되었다.

이러한 고려사항을 전제로 비례적 대응문제를 평가한다면 베트남 전쟁의 수단과 비용은 전쟁 목적 달성을 추구하는데 적절했었다고 결론지을 수 있다. 한국전쟁에서와 같은 기준으로 비교한다면 베트남전 참전으로 성취됨 미국의 국제평화에 대한 기여는 상대적으로 죄악을 능가할 것이다. 이러한 점은 성공가능성 원칙의 고려에 의문을 제기한다.

월남과 미국의 성공가능성에 대한 평가는 미국의 의사결정권자의 몰락으로 입증되었다. 미국은 전쟁을 단순히 군사적 측면에 역점을 두고 봄으로써 월남을 패배와 붕괴로부터 구원하고 월맹과 베트콩이 승리에 대한 희망을 단념하도록 하는 점에 초점을 두었다. 이러한 평가에서 두 가지 비군사적인 변수가 과소평가되었다. 첫째, 미국은 월맹인의 의지와 전투지속능력, 베트콩의 지도력, 충성심, 위계질서의 영속성 등을 과소평가했다. 따라서 전쟁 지속기간에 대한 평가는 지극히 부정확했고 지나치게 낙관적이었다. 둘째, 아시아 공산군에 대항하여 오래 끌어온 전쟁을 전망함에 있어서 미국의 지도자들은 전쟁을 지지하는 주요 엘리트들의 봉사를 과소평가했다. 미국의 적극적 전쟁 주도에 의해 전투에서의 승리는 긍정적이며 합리적이었다. 그러나 잘못된 것은 하노이와 워싱턴 당국의 전쟁 관리적 차원의 의사결정 시차와 전쟁자산에 대한 평가였다.158)

성공가능성을 유추하는 출발섬은 월남정부에 있있으나 방위의 주억인 월남정부는 비관적이었다. 베트남전쟁은 사이공 정권과 그들의 통치권에 의해 정당화되지 못했다. 전쟁을 지지하다 반대하게 된 많은 사람들은 전쟁목표 자체를 싫어한 것이 아니라 성공가능성이 불충분한 전쟁을 비싼 대가를 치루면서 계속해야 할 정당한 이유가 없다고 생각했다. 1975년에 미국의 직접지원이 중단되자 동맹국의 전폭적인 지원을 받아왔던 월남은 월맹의 집중공격에 의해 붕괴되었다.

정당한 이유의 마지막 범주는 평화적 해결책을 검토하는 것이다. 베트남전쟁은 교전 당사자들이 스스로 평화적 해결책을 시도하지 않았던 시대의 전형적인 사례이다. 베트남 전쟁은 본질적으로 협상할 여지가 없었다. 하노이와 베트콩은 베트남의 공산 적화통일을 원했다. 미국은 적극적으로 협상을 시도했다. 그러나 1973년 평화협정은 결국 미국의 체면 유지를 위한 것이었고 협상에 의한 평화로 미국이 전쟁에서 발을 빼는 동안 공산주의자들에 의한 월남의 정복

---

158) 베트남에 대한 워싱턴의 잘못된 상황판단과 베트남 문제를 다루는데 필요한 시간과 자산의 잘못된 판단 등은 Osgood, Limited War Revisited, pp. 35-36; lewy, America in Vietnam, pp. 432-33; 그리고 Gelb & Betts, The Irony of Vietnam, pp. 125-28 & 302-10에서 토의되었다.

과 전쟁의 계속을 허용하고 말았다. 이러한 결말은 전쟁기간 중 협상을 추구한 미국의 과욕의 결과였지만 어떻든 미국은 평화적 해결을 위한 지속적인 노력을 한 것은 틀림없다.

다) 정당한 의도

극좌파의 제국주의 및 인존주의에 대한 비난에도 불구하고 베트남에서의 정당한 의도에 대한 기록은 신뢰할 만 했다. 정당한 이유의 본래 목표는 고수되었다. 존슨 행정부의 선언과 정책은 더 이상의 확전을 고려하지 않는다고 늘 되풀이 하였다. 닉슨 행정부는 결국 1970년 캄보디아 침공의 비난을 받으면서 전쟁을 확대시켰다. 그러나 캄보디아는 공산주의자들의 성역으로서 1970년 이전에는 수년 동안 베트남 전쟁에 참전을 선언하지 않았다. 1970년 캄보디아 침공으로 이루어진 확전이 현명한 동기이든 아니든 간에 베트남을 위한 전진적 전투로서의 이론적 근거는 본래의 정당한 이유에 따른 것이었다.

미국은 증오와 복수심과는 거리가 멀었기 때문에 전쟁에 대한 대중의 지지가 감소되었다. 정부의 선언정책과 여론은 제2차 대전과 판이했다. 미국정부는 딘·러스크가 명명했던 "전쟁정신"war spirit을 고양시키려는 선택을 공개적으로 거부했다. 미국정부와 국민은 미국인의 기본적인 가치관을 공격하고 미군을 죽이고 있었으며 국내분열을 일으키는 적에 대하여 상당히 냉정하고 편견 없는 견해를 유지했다. 베트남전쟁의 의문점중의 하나는 과연 미국정부가 어떻게 의도적으로 '전쟁정신'을 강조하지 않고 국민여론을 유지할 수 있었는가 하는 것이다.

오브라이언은 베트남 전쟁에서 미국은 법적관할당국으로서 유엔헌장 제 51조에 규정된 바와 같은 침략에 의한 연합국의 희생을 집단방위 하는 정당한 이유를 가졌다고 결론짓는다. 한국방위 수준에서 평가하면 소요된 전쟁의 비용에 비해 그 이익은 수지타산이 맞는 적절한 것이었다. 특히 월남정부는 자위를 추구했기 때문에 베트남 전쟁을 정당화하기에 충분한 성공 가능성이 있었으나 미국의 의사결정자들은 성공가능성을 오판하였다. 평화적 해결책은 적과 전쟁의 성격상 본질적으로 제외되었으나 미국은 이러한 해결을 위해 보다 많은 협상기회를 갖고자 노력하였다. 정당한 의도는 전쟁에 대한 대중적 지지가 제한될 때가지 유지되었다.

한국전쟁은 정당한 전쟁 요구조건에 부합되었다고 평가할 수 있고 미국과 유엔측에 전쟁법 위반에 대한 주요 논쟁점은 없었다. 그러나 베트남 전쟁에 있어서는 전쟁의 합법성과 교전규칙의 조건에 대해 비판적이고 반론적인 많은 논쟁점들이 제기되고 있다.

2) 유스 인 벨로(교전규칙)

미국, 월남, 그리고 유엔군에 의한 베트남전의 수행은 다음과 같은 범주의 정당한 전쟁을 전체적으로 평가하는데 영향을 미치는 교전법칙의 논쟁점을 제기하고 있다.

가) 월남에서의 화력과 폭격의 사용

월남에서 거주 지역에 화력을 과도하게 사용했던 것은 미군과 월남군 사이에 광범한 합의가 있었다. 베트콩들은 민간 거주 지역을 이용하여 게릴라 전술을 구사하였는데 이것을 제압하기 위한 전투행동의 유형들은 비례적 대응 및 분별적 보복 원칙을 위반하여 극렬한 논쟁을 야기하였다. 화력의 과도사용의 일부는 군사적 필요성에 의해서 정당화 할 수 있으나 대부분의 경우는 군사적 필요성에 의해서 정당화 될 수 없거나 비례적 대응 및 분별적 보복원칙을 벗어났으며, 반복적이고 많은 회수에 걸쳐 전쟁법의 기본 원칙을 위반하는 기록을 남겼다. 일부의 경우에 있어서는 지휘관 개인의 과잉조치인 경우도 없지 않았으나 합법적이고 도덕적인 교전 당사자들은 지휘관이 선의의 과오로 인하여 개인적 책임이 있다 하더라고 그 결과에 대해서는 관할 당국의 책임을 면하기 어렵다.

나) 탐색 및 격멸 임무의 전략 전술

일반적으로 탐색 및 격멸 임무는 비전투원과 비 군사목표를 직접적이고 의도적으로 공격한 것이 아니므로 통상 분별적 보복원칙을 위반하였다고 볼 수 없다. 탐색 및 격멸작전을 선택한 근본적인 동기는 민간인 사상자와 피해를 줄이려는 것이었다. 적을 인구 밀집지역으로부터 끌어내어 시골이나 확실한 비 주거지역에서 싸우기 위한 것이었으나 베트콩들은 이를 회피 후 다시 돌아왔다. 적의 증원 및 재보급 능력을 과소평가하는 방향으로 발선하였다. 이 과징에시 화력은 과도하게 사용되었고 많은 사상자를 내며 적에 끼친 영향이 지대하였음에도 불구하고 전쟁은 종결되지 않았다. 미국군과 월남군의 의도는 적군과 교전하는 것이었다. 민간인 사상자와 피해는 이중효과 원칙하에 허용될 수 있는 부수적인 피해로 고려될 수 있다.

다) 네이팜탄의 사용

네이팜탄은 베트남전을 반대하는 또 다른 상징이며 초점이다. 그것은 근본적으로 비합법적이고 비도덕적인 것이어서 비난받는 것은 자명한 것이다. 네이팜탄 화염은 격렬한 고통을 야기 시키고 불필요한 고통을 주는 수단상 위반가능성 문제가 당연히 제기된다. 그러나 불필요한 고통의 비사용 원칙을 적용하기에는 어려운 추세이다. 이 원칙이 주장된 시점은 이 무기의 군사적 유용성이 확인되지 않았을 때이고 그 군사적 유용성이 증명된 이후에는 이 무기의 사용에 대해서 견해가 달라졌다. 그것은 강력한 요새와 정글진지에 효과적이었다. 베트남전쟁에서 네이팜탄의 사용은 전쟁법의 위반이 아니었다.

라) 화학전(비살상용 개스 및 고엽제)

1925년 제네바 개스 협정에서 "질식성 유독개스 또는 기타 개스와 모든 유사액체, 물질 또는 기구"의 사용을 일반적으로 금지한 것은 적대행위에 대한 특정한 전쟁법상 가장 뚜렷한 제한 사례가 된다. 베트남에서 미국의 화학전은 두가지 범주에서 수행되었다. 첫째, 비살상용 폭동진압의 개스의 사용이다. 개스 사용을 정당화하기 위하여 주로 최루 개스와 같은 폭동진압용 개스와 구토 개스 등으로 제한했다. 전쟁기간 중 미국의 입장은 비살상 폭동진압용 진압개스는 국제법상 화학전의 금지조항에 포함되지 않았다는 것이다. 이러한 입장은 1975년 1월 22일 미국이 제네바 협정을 승인하면서 바뀌게 되었는데 이로서 이것의 사용을 포기하게 되었다. 그러나 미국은 계속하여 1925년의 제네바 협정은 비살상용 개스 사용을 금지하는 것이 아니라고 해석하고 있다.

오브라이언은 전체적으로 고엽제에 의한 낙엽계획이 화학전의 제한사항을 위반한 것이 아니었고, 일반적으로 비전투원에게 부적절하고 무분별한 피해를 초래하지 않았으며, 그리고 베트남의 생태계를 훼손하지 않았다고 결론짓는다. 그러나 규범적으로 논쟁의 여지는 남아있으며 그럼에도 불구하고 미국이 베트남에서 정의의 전쟁을 수행하는데 결격사유가 되는 심각한 교전규칙의 위반사항은 명백히 아니었다고 결론짓고 있다.

마) 전쟁포로 고문 및 학대

미국과 월남군의 전쟁 포로에 관한 전쟁법의 논쟁점에는 베트남 전쟁에 대한 국제법의 적용, 미국의 대 월남정책과 시행의 책임, 전쟁포로에 대한 고문 및 학대, 그리고 분쟁에서의 전향압력 등이 포함된다. 포로를 보호하려는 국제법에 있어서 일반인들의 내전 참가자에 대한 포로 대우 여부는 상당한 난점과 부동의가 있어왔으며 앞으로도 계속될 것이다. 미국은 1965년 전쟁에 전면 개입하면서부터 1949년 제네바 포로협약의 적용을 선언하였다. 그러나 불행하게도 공산주의 교전 당사자들은 그렇게 하지 않았다. 월맹은 그 협약을 준수하였으나 국제적십자사의 감독을 거부하였다. 민족해방전선은 그 협약의 회원이 아니었으며 이들의 행태는 1949년 제네바 협약 제 3조 공통조항에 현저히 부적합하였다. 공산주의자들에 의한 포로의 대우는 전쟁범죄에 속할 정도로 가혹했다. 그러나 포로에 대한 교전규칙 준수여부 판정은 대단히 어려웠는데 그 이유는 첫째, 다른 혁명전쟁/대분란전에서와 같이 베트남전쟁에서 대중으로부터 전투원과 파괴적인 전투원의 구분이 어려웠고 둘째, 사로잡힌 베트콩을 전쟁포로로 대우해 주기로 동의했지만 이들은 월남 국민들과 구분이 쉽지 않았고 따라서 이들을 설득하여 전향시키고 월남정부에 재규합 시키려는 노력은 합법적인 것으로 간주하였다. 그러나 이러한 전향의 권유는 국제법적으로 허용되지 않는 것이었다.

바) 민간인 억압수단

민간인 억압수단에 대한 책임을 다루는데 있어서 개인과 개별부대, 그리고 교전 당사자의 공식적인 정책과 관례 등에 의해 확산된 행동유형들을 구분하는 것은 중요하다. 명령에 불응한 전쟁참가자 개인에 의해 저질러진 것이냐 아니면 공식적인 정책을 수행한 것이냐에 따라 다르다. 살인, 고문, 학대, 그리고 약탈 등은 비공식적인 행위이다.

미라이 대학살에 대하여 미국은 그것이 정도를 벗어났음을 시인하고 있다. 수많은 전쟁범죄에 대한 재판이 군법회의 형식으로 이루어졌다. 그러나 이러한 미국의 전쟁법 준수노력이 전쟁법 기준에 미달하였다고 결론지을 수는 없다.

사) 월맹폭격

전략적 폭격의 비례적 대응은 전쟁의 목적인 국시國是, raison d'état와 전략적 전술적 필요성인 전쟁의 이유raison gurre를 다 같이 고려하여 판단해야 한다. 우선 국시의 차원에서 본 월맹폭격의 목적은 월맹정부의 베트콩 지원과 월남에 대한 직접침략의 효율성을 감소시켜 단념케 하고, 월맹국민의 사기를 저하시키는 한편, 그 전쟁을 월맹 내부로 끌어들여 월남정부와 국민들의 싸기를 고취시키고, 월맹에게 압력을 가하여 그들을 협상에 응하도록 강요하기 위한 것이었다.

두 번째, 전쟁의 이유 차원에서 본 월맹 폭격의 목적은 베트콩 및 월맹 정규군의 증강과 보급을 차단하고 월맹의 전쟁 잠재력을 파괴하는 것이었다. 이러한 목적으로 광범위한 전략폭격이 수행되었는데 폭탄 투하 수량 및 출격 횟수의 통계는 이전의 현대전 통계를 훨씬 능가하는 것이었다.

월맹폭격의 비례적 대응 평가는 그것이 실패했기 때문에 특히 어렵다. 미국은 2차 대전시대 독일, 일본에 대한 전략폭격의 특징인 대도시공격을 하지 않고, 월맹의 정책을 단념케 하는 점진적인 억제 및 억압정책을 시행하였다. 결과적으로 월맹 폭격은 역설적인 결과를 낳았다. 오브라이언은 이점에 대하여 전쟁이 성공적으로 끝나지 않았기 때문에 그 폭격이 부적절했다고 받아들일 수 없으며, 오히려 그 폭격이 합리적인 목적을 달성하기 위하여 합리적인 수단을 포함하였기 때문에 적절했었다고 결론짓고 있다.

3) 요약 및 결론

베트남 전쟁에서 미국의 전쟁법 기록은 약간의 큰 오점과 많은 사소한 오점들이 있지만 전쟁의 합법성 조건들이 적절했다면 정당한 전쟁 상태로 간주하는데 충분하다고 결론지을 수 있다. 미국은 베트남에서 그러한 조건들을 충족시켰으며 미국과 동맹국이 전쟁법을 위반한 것 중에서 특히 중요한 것은 화력의 남용과 탐색 및 격멸전략·전술의 시행에 관한 문제로서 그것은 비난을 받아 마땅하고 개선해야 한다. 그러나 위반사항 그 자체가 미국이 베트남에서 정의의 전쟁을 수행하였다는 것을 무력화 시키지는 않는다.

나. 더글래스 P. 래키의 비판적입장

레키는 민족적 측면에서 베트남전쟁을 분석하고 정의롭지 못한 전쟁이었다고 비판한다. 래키는 ① 합법적 원위 ②올바른 의도 ③ 정당한 명분 ④ 균형 ⑤ 정의로운 평화의 다섯 가지 측면에서 검토하고 정의롭지 못한 전쟁이었다고 비판한다.

첫째, 합법적 권위가 있었느냐 하는 측면에서 사이공 정권이 미국의 괴뢰정권이었고 합법적인 국민정부가 아니었다고 본다. 미국은 공산주의와 싸운다고 생각했지만 사실은 베트남의 민족주의와 싸웠고 사이공 정권은 베트남민족의 진정한 정부가 아니었다는 것이다.

둘째, 올바른 의도로 수행된 전쟁이었느냐 하는 분석에서 미국의 의도가 베트남에게 해가 되는 결과를 막는 것이었다면 정당성을 인정받을 수 있으나 그렇지 못하다고 평가한다. 미국의 의도가 공산주의의 확산을 막고 미국의 위신을 제고시키기 위해서 베트남을 그 도구로 이용한 것으로서 도덕적으로 용납될 수 없는 것이라고 말한다.

셋째 정당한 명분이 있었는가 하는 것은 많은 부분에서 합법적 권위 무제와 연계되어 있는데 정당한 명분은 무력사용은 침략이 아닌 자기방어를 위한 것이어야 하며 자기방어성을 평가할 때, 누가먼저 무력을 사용하였는지 그 무력이 어디에 사용되었는지의 분석이 중요한데 그러한 측면에서 처음으로 무력을 사용한 것은 사이공 정권이었으며 그 무력은 부당하게 사용되었다. 그 대표적인 것이 통킹만 사건이다.

넷째, 균형이 유지 되었는가 측면에서 그렇지 못했다고 평가한다. 균형의 규칙을 적용할 때 군사적 행동에서 정당화 할 수 있는 가해의 양은 정당성에 비례해야 한다. 베트남전쟁의 개입이 정당했다고 주장하는 사람들이 말하는 그 개입의 정당한 목적이 그것을 포기했을 때의 악보다 더 컸다고 말 할 수 없다. 한마디로 균형유지가 되지 못하고 불필요한 피해가 컸다는 것이다.

다섯째, 정의로운 평화가 이루어졌느냐 하는 측면에서 결정적이다. 평화는 미군의 철수로서 이루어졌다. 그렇다고 정의로운 평화가 이루어졌다고는 할 수 없다. 월맹은 베트남으로부터 외세를 몰아낸다는 정당한 명분을 가지고 싸웠으나 그 결과로 이루어낸 승리는 정의가 아니라 극도의 피로와 광기만 가져다주었다. 폭력을 사용한 전쟁이 어느 정도 이상 길어지면 그것은 승자나 패자나 모두를 사악하게 만든다고 말하고 있다.

다. 왈쩌의 견해

이와는 대조적으로 왈쩌는 미국의 베트남전 참전을 월맹의 월남침략에 대항하는 국제법의 강제구현으로서의 지원전쟁이 아니며, 오히려 내전상황에 관련된 역 개입으로 해석하고 있다.159) 월남 정부에 대한 각종 전복활동, 테러, 베트콩 게릴라전 지원 등의 은밀한 군사작전을 편 월맹의 부당한 개입에 대한 미국의 역 개입은 그렇지만 자조적 능력과 합법성을 결여한 월남정부에 대한 지원이었으므로 부정한 역개입 이었다고 해석한다.160) 그런데 한국전쟁에서 미국과 국제연합의 참전 결정은, 남한에서 좌익 전복활동이 내전이 될 정도로 전개된 것이 아니고, 또한 남한 정부는 상당한 지지를 통해 합법성을 가지고 있었으므로, 북한의 남침에 맞서는 남한의 정당한 방어전쟁을 국제법의 강제 구현을 위한 지원전쟁에 해당된다고 해석하고 있다.161)

3. 자스민 혁명과 리비아: 다국적 군사개입 사례

가. 자스민 혁명과 리비아 사태 개요

2010년 8월 어산지가 운영하는 폭로전문 사이트 '위키리크스'의 비밀외교문서의 폭로는 국제사회에 지각변동을 일으켰다. 튀니지 대통령 밴 알리의 부정부패가 적나라하게 폭로되었고 12월 17일 대졸 출신 과일노점상 무함마드 부와지지의 분신자살을 기폭제로 국민적 분노가 폭발하였다. 국민들은 튀니지의 국화國花인 자스민jasmin162)을 들고 나와 민주화를 외쳤으며 24

---

159) Michael Walzer, *Just and Unjust Wars: A Moral Argument With Historical Illustrations. New York*: Basic Books, Inc., p. 97.

160) Michael Walzer, *Just and Unjust Wars: A Moral Argument With Historical Illustrations. New York*: Basic Books, Inc., p. 79.

161) 위의 책, p. 100.

년을 통치해온 독재자 밴 알리는 해외로 도피하였다.

이러한 결과는 인터넷을 발달에 의한 소셜네트워크의 위력이다. 정보의 공유와 개방이라는 인터넷이 가진 특성은 소수의 지배권력에 의한 정보의 독점화라는 패러다임에 큰 변화를 가져오게 된 것이다. 최근 페이스북, 트위터, 유투브 등 소셜네트워크서비스Social Network Service가 튀니지 재스민 혁명과정에서 보여준 파급력은 엄청났다. 실시간으로 전해지는 뉴스는 한 나라의 독재 정권을 무너뜨릴 정도가 된 것이다. 이 거대한 파도는 그대로 이라크의 무바라크를 하야시켰다. 또한 예멘, 바레인, 알제리, 요르단 등지에도 거세게 민주화 불꽃이 피어올랐다. 재스민 혁명의 물결은 리비아의 카다피에게도 예외 없이 들이닥쳤다. 2011년 1월 13일 카다피의 퇴진을 요구하는 리비아의 반정부 시위가 대규모로 일어났다. 리비아 정부는 무차별 진압작전을 감행하였고 그 결과 3월 11일까지 최소 6000여명의 사상자가 발생하였으며 장기전으로 돌입하였다. UN은 무고한 시민들의 희생에 대하여 엄중 경고하였고 미국을 중심으로 한 나토군이 개입하게 되었다. 리비아 정부군은 3월 17일 반군에 대해 최후통첩을 하였고 이에 20일 오전 2시 24분 다국적군은 정부군을 향해 군사공격을 감행하였다. 이번 공격은 미국, 프랑스, 영국, 이탈리아, 캐나다 5개국이 참여하였으며, 지상군 투입은 없었다.163) 리비아의 경우 재스민 혁명에 의한 이집트와 튀니지, 두 국가들이 평화로운 민주화 시위, 운동을 전개했던 것과는 달리 무장한 반정부 세력이 NATO군과 같은 외국의 군사적 지원에 힘입어 카다피의 전제정권을 무너뜨렸다는 점에서 큰 차이점을 보이고 있다.

2월 15일에 벵가지에서 발생한 반정부 시위는 처음에는 무장투쟁의 성격을 지니지 않았으나 카다피의 정부군에 의해 민간인 유혈진압이 지속됨에 따라 무장 투쟁의 성격으로 변화하였다. 이후 UN이 리비아에 대한 군사적 개입을 승인하는 내용의 결의를 채택하고 유럽연합EU을 중심으로 하는 NATO군이 리비아 영공의 비행금지구역NFZ를 설정함에 따라 리비아의 반정부 시민군과 NATO군의 카다피에 대한 공격이 거세졌다. 유엔은 2010년 3월 17일 채택한 안전보장이사회 결의 1973호에서 '민간인을 보호하기 위해 모든 필요한 수단을 동원한다(R2P)'며 군사개입을 승인했다. 결과적으로 42년간 1인 독재를 해온 카다피 체제가 붕괴됐다. 반군의 트리폴리 점령은 NATO의 군사개입이 있었기 때문에 가능했다. NATO군은 리비아 영공의 비행금지구역 설정 등 민간인 보호를 위한 모든 조치를 승인한 안보리 결의안은 R2P 개념을 처음 적용했다.

---

162) 물푸레나무 영춘화에 속하는 식물의 총칭. 페르시아어로 'Yasmin'이며 이는 '신의 선물'이라는 뜻이다.
163) 「서울경제」, 2011. 3. 21.

나. 인도적 개입의 정당성 분석

1) 유스 애드 벨룸

리비아에 대한 군사개입이 정당했느냐 하는 문제는 현금現今의 국제정치에 있어 핫 이슈이다. 아직 유엔의 변화된 역할과 방향에 대한 비판과 논란이 뜨겁게 진행되고 있다.

우선 개입의 근거가 된 R2Presponsibility to Protect(보호책임)는 국가주권이 단순히 영토와 국민을 지배하는 권리가 아니라, 국민을 보호하는 책임이며 이를 토대로 주권국가가 자국민을 보호할 능력이나 의지가 없어 집단학살 · 전쟁범죄 · 인종청소 · 인권유린 등 반인륜적 범죄가 자행되는 경우, 국제 사회는 개입할 책임이 있다는 이론이다. 즉, 최후 수단으로 필요하면 무력 개입도 해야 한다는 규범적 개념이다.

집단학살과 인종청소가 자행된 르완다와 코소보 사태 등에서 국제사회가 인도주의적 개입Humanitarian Intervention에 실패했다는 반성에서 나왔으며, 당시 UN 사무총장 코피 아난은 내전 상황에 효과적으로 대처하는 국제적 합의나 기준을 마련할 것을 촉구했고, 캐나다 정부가 조직한 국제위원회가 2001년 R2P 개념을 처음 제시했다. 핵심은 인도적 개입의 기준과 범위 등을 분명하게 정하고, 군사적 수단보다는 정치 · 경제 · 사회적 수단으로 인권유린과 대량살상의 근원을 치유하는 것이다. 또 최후의 무력 개입에 앞서 외교적 조치를 다한다는 것이다. 2005년 UN 총회에 의해 채택되었다. 리비아 영공의 비행금지구역 설정 등 민간인 보호를 위한 모든 조치를 승인한 안보리 결의안은 R2P 개념을 처음 적용했다. 그래서 반기문 UN사무총장을 필두로 많은 이들이 획기적 진전이라고 반겼다.

리비아에 대한 인도주의적 개입에 대하여 주권침해 논쟁이 재연되었다. 내정불간섭의 원칙을 외면한 주권침해는 물론 선제공격의 정당성, 서방의 이해관계를 반영한 선별적 개입, 민간인 희생문제 등이 대두되었다. 또한 군사적 개입은 최후의 수단이었느냐 하는 논란도 더해진다. 140여 부족으로 나뉜 갈등 상황에서 한쪽 편을 드는 게 옳으냐 하는 지적도 있다. 따라서 잘 포장된 서구 제국주의가 아니냐는 비판은 타당한 면을 지니고 있다. 그것은 여론을 통해서도 드러나는데 프랑스와 함께 군사개입을 이끈 영국의 여론만 봐도, 7월 당시 국민의 37%가 군사개입에 반대하고 36%가 찬성했다. 영국인의 64%가 카다피가 제거되기를 원했지만, 이들 중 절반이 연합군이 리비아 국민에게 적으로 간주될 것을 우려했다. 이 때문에 나토 28개 회원국 가운데서도 8개국만이 이번 작전에 참여했고, 그마저 영국과 프랑스가 주로 맡았다. 이는 이라크, 아프가니스탄, 르완다 그리고 코소보 등의 군사개입이 많은 부작용을 가져다주었던 '학습효과'였다고 할 수 있다.

미국은 '후원전략'leading from behind을 유지했다. '제한적 개입'이다. 과거 부시 행정부 시절 이라크에 대량살상무기wmd가 있다는 거짓 정보를 갖고 유엔 동의도 없이 전면 침공했던 것과는 크게 차이가 난다. 나토는 리비아 군사개입에 앞서 안보리 결의를 거치고 아랍연맹의 지지도 이끌어냈다.

이러한 조건은 앞서 검토한 샤이먼 케이니가 제시하는 인도적 개입의 정당한 조건 다섯가지를 모두 충족한다고 볼 수 있다.

2) 유스 인 벨로

(1) 군사작전

2011년 3월 19일 부터 미국의 오디세이 새벽 작전, 영국의 엘라미 작전, 프랑스의 아르마탕 작전, 캐나다의 모바일 작전이 시작되었다. 나토가 비행금지구역을 관리하고, 나토군 최고사령관(미국 해군 대장)이 작전을 지휘하며, 나토 이사회가 아니라 '다국적군' 참여국들이 큰 차원에서 작전을 감독하였다.[164]

(2) 비행금지구역No-fly zone enforcement[165] 설정

리비아 비행금지구역은 UN헌장 제42조 군사적 강제조치에 근거하여 UN 안보리가 2011년 3월 17일 설정한 구역이다. 리비아 전역을 대상으로 한다. 2011년 리비아 봉기에서 카다피가 공군을 동원해 민간인을 학살하자, 인도에 반한 죄를 저지르는 것에 대한 국제사회의 강력한 항의가 있었고, UN 안보리는 UN헌장 제41조 비군사적 강제조치를 결의했다. 미국, 영국, 프랑스가 리비아 공습 준비를 완료한 가운데, 2011년 3월 18일 UN 안전보장이사회가 리비아 상공에 대한 비행금지구역을 설정했다. 안보리가 UN헌장 제41조 비군사적 강제조치에 이어 제42조 군사적 강제조치를 결의한 것이다. 찬성 10표 기권 5표였으며, 거부권을 가진 중국, 러시아가 기권했다. 안보리 결의는 상임이사국 5개 국가의 반대가 없고, 15개 이사국 가운데 9개국이 찬성하면 통과된다. UN헌장 제42조는 국제사회에서 유일하게 침략전쟁을 합법적으로 사전 승인하는 다자조약 조문이다. UN은 UN헌장 제41조 비군사적 강제조치, 제41조 군사적 강

---

164) 「한겨레」, 2011. 3. 23.
165) 비행금지구역은 항공기의 비행이 허가되지 않은 지역을 말한다. 흔히 군사적인 이유로 지정되며, 공중에서의 비무장지대와 같은 성격을 띤다. 단, 금지 대상 비행기가 뜨지 못하도록 감시하기 위한 비행기, 식량이나 의약품을 실은 비행기 등, UN이 필요하다고 보는 비행기는 제외한다. 1991년에 미국, 영국, 프랑스가 이라크에 만든 비행금지구역이 첫 사례이며, 1991년 UN 안보리가 결의안 688호를 통과 시키면서, 이 결의안을 바탕으로 미국, 영국, 프랑스 등이 이라크 북부와 남부에 비행금지구역을 설정한다. 주요 명분은 공중 공격으로부터의 민간인 보호이다. 위키백과 참조

제조치의 2개 조항을 통해 모든 국제법 위반행위를 통제하고 있다.

미국과 영국, 프랑스를 주축으로 구성된 다국적군이 비행금지구역 설정과 직접적인 민간인 학살을 막기 위한 예방적 활동을 규정한 안보리 결의안의 범위를 넘어서 리비아 전역에 수차례에 걸친 야간공습과 미사일 발사를 진행하고, 카다피의 목숨을 제거할 목적임이 거의 명백한 미사일을 통한 관저 폭격을 감행하고, 나아가 무수한 민간인 피격의 사례를 만들었다. 리비아의 비행금지구역 설정을 적극적으로 제안하고 지지해온 아랍 지역의 국가연합기구인 아랍연맹이 리비아에 대한 공격적 공습에 반대를 했던 이유가 여기에 있다. 그러나 유엔 안보리 결의를 근거로 해 민간인 보호라는 명분 아래 공습에 나선 만큼 나토도 민간인 보호 차원에서는 지상목표물 타격에 정당성을 갖는다. 리비아 상공에 비행금지구역을 설정함으로써 벵가지 등지의 반군 세력을 대상으로 한 대량학살을 방지할 것을 결의한 UN 안보리의 결정은 르완다 및 보스니아 내전 등에서 국제사회의 때늦은 대응이 엄청난 인종 학살로 귀결되었던 것을 생각하면 바람직한 대응이었다고 할 수 있다.

(3) 민간인 폭격

일단 공습이 시작되면 그 때부터 민간 피해는 지속적으로 발생하기 마련이다. 민간 시설이 파괴되고, 직접 민간인이 죽기도 한다. 또한 연료탱크나 화학공장 등이 파괴되면서 그로 인한 환경파괴는 또한 민간인들에게 피해를 준다. 인권을 보호하겠다고 진행한 군사개입에서 인권이 침해되는 결과를 가져오는 것이 인도주의적 개입의 현실이다. 실제로 리비아 사태에서도 트리폴리의 민간 시설이 폭격 당했고, 서부의 주요 도시 미스라타에서는 연료 저장 탱크가 피폭당하기도 했다. 또한 트리폴리 교외의 베이르 알-오스타 밀라드 병원이 폭격 당했고, 서북부 도시 주와라와 동부 벵가지 외곽에도 폭탄이 떨어졌다. 인권을 보호하겠다고 개입을 했지만 인권이 여러 가지 방법으로 침해되는 문제점은 리비아 사태뿐 아니라 코소보나 소말리아 같은 다른 인도주의적 개입에서도 많이 발생하는 문제이다.

2011년 11월 루이스 모레노 오캄포 국제형사재판소cc 수석검사는 리비아 사태 당시 발생한 모든 범죄 혐의를 조사하겠다면서 이는 나토를 포함한 양측 분쟁당사자 전원을 대상으로 할 것이라 밝혔다. 나토군 전투기는 지난해 7개월에 걸쳐 리비아에 약 1만8천회 출격한 것으로 집계됐다.

유엔 산하 리비아 조사위는 2012년 3월 2일 발표한 보고서에서 당시 나토가 고의로 민간인을 표적으로 삼지는 않았으나, 나토의 공습으로 민간인 60여명이 숨지고 55명이 부상했다고 집계했다. 보고서는 또 나토가 군사지휘통제본부나 군부대였다고 주장한 5건의 공습 대상지역에서 그 어떤 군사목표물도 발견하지 못했다고 밝혔다. 하지만 조사위는 증거가 부족해 결론을 내리지 못했다며 추가 조사를 촉구했다.

나토(북대서양조약기구)군의 공습으로 민간인 60명이 희생됐다는 유엔 조사보고서에 대해 나토는 오직 군사기지만을 공격했다며 강하게 부인했다. 아네르스 포그 라스무센 나토 사무총장은 이날 기자들에게 리비아 공습의 목표물 선정과정부터 공습 이후 수집한 모든 정보를 분석해 나토에 제기된 민간인 피해 혐의를 검토해 본 결과 민간인을 위험에 빠뜨릴 일말의 가능성이 있는 목표물에 공습을 허가하거나 공격한 바 없다고 주장했다. 그러나 나토가 민간인 희생자를 만들지 않기 위한 군은 의지 아래 매우 정확한 군사작전을 펼쳤다는 유엔 조사위의 지적에 대해서는 만족감을 표시했다.166)

3) 유스 파스트 벨룸

서방에서 주장하는 것처럼 리비아의 보호책임은 성공한 것인가? 상대적으로 성공했다는 평가가 있는 리비아 사태조차 리비아에 군사적으로 개입한 나라들은 인도주의적 이유를 내세웠지만 실제로는 석유시장에 대한 이권과 리비아 재건에서의 경제적 이득과 정치적 대가를 계산중이다. 이것은 과도국가위원회NTC 측에서도 "우리를 도와준 국가에 특히 재건사업과 관련한 특혜를 약속한다"고 밝힌 바 있다. 당연히 이런 상황에서 리비아의 재건은 앞으로 혼란 국면에 빠질 수밖에 없다. 당장은 반군이 카다피 축출이라는 공통의 목표아래 뭉쳤지만 이제는 어느 부족이 얼마만큼의 권력투쟁으로 갈라질지 모르는 상황이다. 조지 부시 미국 대통령은 2003년 이라크 침공 43일 뒤 사담 후세인 정권 붕괴에 승리를 선언했다. 하지만 이라크의 혼란은 그로부터 8년이 지난 지금까지 이어지고 있다. 보호책임은 예방, 대응, 재건의 3단계로 나뉜다. 대응 뒤 재건이 뒤따라주어야 할 것이다.

다. 결론

과거 소말리아에 대한 개입, 코소보 사태, 이라크와 아프간 침공과 같은 사건과 비교해 볼 때 리비아에 대한 국제사회의 개입은 상대적으로 피해가 적었고 성공적이었다고 평가할 수 있다.

인도주의적 개입은 이제 보호책임R2P이라는 용어의 사용으로 좀 더 온화한 개념으로 변화중이다. 그렇지만 여전히 그 애매한 정의에서 오는 강대국의 군사개입 오남용은 해결될 수 없

---

166) 「연합뉴스」, 2012. 3. 6.

다. 국제법상으로는 제네바 합의에서 정의된 비국제적 무력분쟁과 국내적 소요 및 긴장상태를 제대로 판단해야 국제인도법 적용의 유무를 적용할 수 있다. 실제로는 안보리 결의조차 없이 개입하는 경우도 있지만 국제법적인 틀 안에서 인도주의적 개입을 한다 하더라도 그것은 매우 어려운 문제일 수 있으며, 이는 필연적으로 강대국이 자신들의 이권을 위해 이용한다는 부작용의 가능성을 내포하고 있다. 하지만 이론적 모호성이나 실제 적용의 관행과 사례의 모순이나 근본적 제약에도 불구하고 국제사회는 인도적 개입, 나아가서는 보호책임의 관점에서 국제분쟁과 대규모 인권유린사태를 논의 혹은 규명하는 경향이 증가하고 있다. 개별 주권국가들의 부정적인 인식과 입장에도 불구하고, 유엔 안보리나 총회, 그리고 유엔인권위원회의 논의에서 인권유린은 국제평화 및 안전에 대한 위협요소로서 지속적으로 고려되고 있는 것이 현실이다. 현재 중동의 민주화와 분쟁 복구를 위한 재건은 장기화 될 것으로 보인다.

4. 마이클 왈쩌의 현실전쟁에 대한 평가

가. 마이클 왈쩌와 현대 정의전쟁론

현대 정의전쟁론은 마이클 왈쩌Michael Walzer에 의하여 부활하였다. 9.11 테러 사건의 대응과 관련해서 진보주의, 자유주의, 보수주의, 자유지상주의라는 미국의 정치판도와 좌표는 상당한 혼란을 초래하였는데 왈쩌의 정치평론『존경할만한 좌파는 존재할 수 있는가?』(*Dissent*, Spring 2002)라는 글이 '왈쩌의 면도날'Walzer's Razor이라 불리면서 진정 미국을 위하는 좌파와 미국을 혐오하는 좌파의 논란과 반향을 불러 일으켰다. 물론 그 면도날은 유럽의 좌파도 겨냥한 것이었다. '불필요한 실체는 가정되어서는 안 된다'는 오컴의 면도날을 빗댄 이 논문의 요지는 테러리즘으로 인한 미 국민들의 고통을 무시한 좌파의 무책임한 입장은 결국 '테러리즘에 대한 변명과 이데올로기의 문화'를 조성할 뿐이라고 왈쩌는 강조하였다.

9.11 테러 이후 출간된 왈쩌 교수의 대작『정의로운 전쟁과 부정의한 전쟁: 역사적 사례를 통한 논증』*Just and Unjust Wars: A Moral Argument With Historical Illustrations*(1977)이 다시 주목을 받았다. 그 책은 베트남 전쟁에 대한 반대 입장에서 쓰여 졌다. 왈츠의 이 책은 현대에 있어서 정의의 전쟁이론의 교과서가 되었다. 최근 후속 작업으로『전쟁과 정의』*Arguing about War?*를 출간하면서 앞의 책에서 다루지 못했던 것들을 보완하여 설명하였다.167)

---

167) Michael Walzer, *Arguing about War*, 유홍림 외 옮김,『전쟁과 정의』(서울: 인간사랑, 2009).

왈쩌의 정의전쟁론 주요 개념과 특징은 첫째, 사례중심적 비판적 결의론casuistic method 둘째, 전쟁의 도덕적 차별성과 현실주의 및 평화주의 비판 셋째, 권리준거적 자유주의 이론과 공리주의 배척의 3가지로 요약될 수 있다. 주요 현실전에 대한 그의 평가를 살펴보기로 한다.

나. 왈쩌의 현실전에 대한 평가[168)

1) 이스라엘-팔레스타인 분쟁, 9.11 테러사건과 테러리즘에 대한 평가

이스라엘 팔레스타인 분쟁: 왈쩌가 존경받는 판관이 된 것은 베트남 전쟁에 대한 미국의 부당한 개입과 부도덕한 전쟁수행방식에 대한 신랄한 비판과 반대 때문만은 아니다. 그는 유대계 지식인으로서 이스라엘과 팔레스타인 분쟁에서도 이스라엘을 비난할 때는 비난하면서 비교적 공정하게 판정을 한 것으로 널리 인정되고 있다. 그는 「이스라엘-팔레스타인의 네 전쟁」이라는 논문에서 그러한 판정을 요약하고 있다. '이스라엘 국가를 파괴하고 전복시키려는 팔레스타인의 전쟁은 부정의 했으나, 이스라엘에 인접하여 국가를 수립하려는 팔레스타인의 전쟁은 정의로운 것'이었다는 것이다. 그리고 팔레스타인에 맞서 국가를 방위하려는 이스라엘의 전쟁은 정의로운 것이었으나, 더 큰 이스라엘을 위한 이스라엘의 전쟁은 부정의하다는 것이다.[169)

9.11 테러사건과 테러리즘, 아프카니스탄 전쟁: 9. 11 사건 이전에도 민간인에 대한 무차별적 공격과 공포의 조장을 통해 소기의 목적을 달성하려는 테러리즘을 옹호하는 사람들은 아무도 없었다. 그러나 테러리즘에 대한 도덕적 정당화는 불가능하지만 그것을 이데올로기적으로 옹호하려는 일련의 시도가 있었다고 말하면서 그러한 시도들에 대하여 왈쩌는 통렬히 비판하고 있다.(2001;2002e) 특히 「존경할만한 좌파는 어디 있는가?」라는 논문은 반미국적 좌파와 미국적 좌파를 날카롭게 양분시킨 격문이 되어 "왈쩌의 면도날"로 불리면서 많은 반향을 불러 일으켰다.[170)

그 논문의 요지는 테러리즘으로 인한 미국 국민들의 고통을 무시한 좌파의 무책임한 입장은 결국 "테러리즘에 대한 변명과 이데올로기의 문화"를 조성할 뿐이라는 것이다. 테러리즘에 대한 변명의 이데올로기는 ① 테러는 최후의 의지 수단이며 ② 테러리스트들은 다른 아무것도 할 수 없는 약자이고 ③ 테러리즘은 결국 인류의 긴 투쟁사 속에서 등장하는 보편적인 호소책

---

168) 박정순, 「마이클 왈쩌의 정의전쟁론-그 이론적 구성 체계와 한계에 대한 비판적 고찰」, 철학연구회 편, 『정의로운 전쟁은 가능한가』(서울: 철학과 현실사, 2006), pp. 152-160.

169) Michael Walzer. "An Interview with Michael Walzer", *Imprints*, vol. 7. p. 5.

170) Michael Walzer. "Can There Be a Decent Left?", *Dissent*. Spring.

일 뿐이며 ④ 순진무구한 사람을 죽이는 것은 잘못된 것이지만 제3세계의 고통을 가중시킨 미국의 국민들은 결코 순진무구할 수 없으며 ⑤ 테러에 대한 대응으로 인정되는 통상적 행위들은 테러리즘보다 더 나쁜 보복이라는 주장이다.

왈쩌는 이러한 주장들과 아울러 반 미국적 좌파들은 여전히 1960-70년대에 유행했던 마르크스주의적 제국주의 이론과 제3세계론에 연연하여 테러리즘의 궁극적 원인을 전 세계적 불평등으로만 보고, 알카에다 테러조직의 전근대적이고 급진적인 종교적 원리주의에 대해서는 무시하고 있다고 비판한다. 또한 왈쩌는 그들이 미국 국민들의 고통과 곤궁으로부터 유리되어 소외감에 빠진 비판만을 되뇌면서, 제국주의 국가인 미국의 죄상을 먼저 비판해야 한다는 도덕적 순수주의와 세계의 유일무이한 초강대국인 미국이 더 가난하고 약한 사람들을 어떻게 비판할 수 있는가? 하는 식의 자괴감에 빠져 있다고 비판한다. 우리는 미국 좌파내의 이러한 논쟁에 대한 판결을 유보할 것이지만, 왈쩌는 반 미국적 좌파가 정의전쟁론에 대한 가장 정교한 전통적 반론, 즉 전쟁의 양 당사자에 대해서 정의 여부를 판정하기 보다는 전쟁의 체계적 원인에 대해서 고찰하는 것이 더 유용할 것이라는 반론을 제기하고 있다는 점에 대해서 심각히 고려해야 할 것이다.171)

2) 아프가니스탄 전쟁에 대한 평가

아프가니스탄 전쟁에 대해서 일단 왈쩌는 9.11 테러 사건을 획책하고 주도한 것이 알카에다 조직과 오사마 빈 라덴이라는 것이 사실이라는 전제하에 논의를 전개한다. 왈쩌는 그러한 테러조직을 후원하고 보호하면서 테러리스트 훈련을 방조했지만 그늘의 신병 인도에 관해 미국이 필수적이고 정당한 요구를 거부한 탈레반 정권에 대한 군사적 공격인 아프가니스탄 전쟁은 정의롭고 정당할 뿐 아니라 도덕적으로 불가피한 방어전쟁 이었다고 평가한다. 물론 그것이 '전쟁수행의 정의'를 준수할 만큼 과연 세심하고도 효과적인 전쟁 이었는가에 대해서는 상당한 비판적인 태도를 견지하고 있다.172) 이러한 비판적인 태도는 미국이 걸프전을 벌인 것은 정당했지만 미국이 공중 폭격한 이라크의 사회기반시설 중 적어도 수도와 발전 시설에 대한 폭격은 결국 민간인에 대한 심각한 피해를 야기했으므로 민간인에 대한 면제성과 제한된 목표물의 원칙에 어긋난다고 비난한 것과 일맥상통한다.173)

---

171) Claude, p. 84.

172) Michael Walzer. "An Interview with Michael Walzer", *Imprints*, vol. 7, p. 6.

173) Michael Walzer. The Triumph of Just War Theory and The Dangers of Success, *Social Research* vol. 69, p. 931. : "The Triumph of Just War Theory and The Dangers of Success", *Social Research* vol. 69.

3) 이라크 전쟁에 대한 평가

이라크 전쟁에 대해서 왈쩌는 미국의 이라크에 대한 전쟁과 이라크의 미국에 대한 전쟁으로 나누어 평가한다. 왈쩌에 의하면 미국의 이라크에 대한 전쟁은 부정의하다. 이라크에 대한 무장해제는 도덕적으로 정치적으로 합당한 목표이었지만 이것은 전면전이 아니고서도 달성될 수 있다는 것이다. 왈쩌는 2003년 3월 당시는 전면전이 아니라 강력한 견제정책, 즉 경제제재, 비행금지구역 확대, 국제연합에 의한 무기사찰 등으로 이라크의 위협이 제거될 수 있었다고 주장한다. 따라서 "조기에 착수된 전쟁은 정의로운 전쟁이 아니다"라고 단언한다.174) 그리고 미국이 전쟁 중에 사회기반시설을 폭격하고 많은 민간인 사상자를 낸 것은 전쟁수행의 정의 관점에서 비판을 받아야 한다는 것이다. 물론 왈쩌는 미국정부의 일방주의적 태도에는 문제가 많기는 하지만 프랑스와 독일 등 유럽 국가들의 무책임도 심각하다고 평가한다. 그들은 전쟁은 "최후의 수단"the lasr resort이라는 원칙 뒤에 숨어 한정 없이 전쟁만을 반대했지, 전쟁의 대안으로 고려되는 강력한 실행을 위한 최소한의 군사적 행동에도 동참하지 않았다고 비판한다. 소규모라도 군사적 행동과 위협이 없으면 그러한 견제정책은 결코 성공할 수 없다는 것이다.175)

왈쩌는 비록 후세인이 전쟁을 시작하지 않았지만 후세인의 전쟁도 부정의unjustice한 것이라고 평가한다. 그는 점령군에 맞서 나라를 지킨 것이 아니라 자신의 정권을 지켰다는 것이다. 쿠웨이트를 침략한 전력과 이라크 내에서의 무자비한 탄압행위를 감안한다면 그의 정권은 아무런 도덕적 정당성도 가지지 못한다는 것이다. 물론 그렇다고 정권 교체를 위한 인도주의적 개입이 정당화되는 것은 아니지만, 국제연합의 무기사찰, 군비축소 등을 받아들이거나 혹은 이라크를 위해서 망명의 길을 나섰더라면 피할 수 있었을 전쟁을 벌인 것은 잘못이라는 것이다.176)

이라크 전쟁과 왈쩌의 정의전쟁론에 관련된 국내에서의 전반적인 평가는 매우 비판적이다. 즉 왈쩌의 선제공격preempty strike 이론, 예방전쟁 이론preventive war, 인도주의적 개입humanitalian intervention 이론이 적어도 미국 부시정권의 이라크 전쟁에 대한 이론적 정당화를 제공했거나, 혹은 더 나아가서 마치 그가 그러한 이론들을 통해 이라크 전쟁을 옹호한 것처럼 평가되고 있다. 그러나 이러한 주장은 모두 피상적인 것으로서 정확하지 못한 것이다.177) 물론 미국의 부시행정부가 그러한 정의전쟁론의 이론들을 통해서 이라크 전쟁을 옹호하고 정당화하는 것은(전쟁

---

174) Michael Walzer. "So Is This a Just War?", *Dissent*. Spring p. 21.
175) Michael Walzer. "An Interview with Michael Walzer", *Imprints* vol. 7. p.2.
176) Michael Walzer. "So Is This a Just War?", *Dissent* Spring, p. 21.
177) 정태욱, 1892; 신언하, p. 215, pp. 218-219.

을 벌이는 국가는 어떻게든 전쟁을 정당화 하려 할 것이므로) 정의전쟁론의 성행을 볼 때, 필수 불가결하고 당연한 일일 것이다. 그러나 왈쩌는 그러한 정당화는 위선적일 뿐만 아니라 정의전 쟁론을 옹호하는 것이라고 비판한다.

우리는 이미 왈쩌가 특수한 상황에서 선제공격은 정당화 될 수 있지만 예방전쟁은 부정의 unjustice한 전쟁으로 본 점을 논의했다.178) 왈쩌는 부시 대통령이 이라크 전쟁은 정의롭고 필수불 가결한 선제공격 전쟁이라고 선언했지만 그것은 근거가 없다고 비판한다. 이라크의 대량살상 무기의 존재, 그리고 그것의 급박한 사용에 대한 증거가 없으므로 이라크 전쟁은 선제공격적 방어전쟁이 아니라는 것이다. 따라서 왈쩌는 이라크 전쟁은 엄밀히 말하면 선제공격적 전쟁이 아니라, 더 먼 미래의 위협에 대응하는 예방전쟁이라고 해석한다. 그러나 예방전쟁은 미래의 힘의 균형을 목표로 실시되므로 국제법의 국제법적 모델(법리주의 모형)이나 전통적 정의론에 서 결코 인정되지 않는다고 강조한다. 물론 예방전쟁에 대한 그러한 전통적인 불인정은 대량살 상무기나 그 장거리 운반수단이 없을 때의 상황에서 나온 것이므로 시대에 뒤떨어진 것이라는 반론을 왈쩌는 모르지 않는다. 그 반론은 만약 이라크가 그것을 개발하고 장거리 운반수단을 통해서 사용한다면 대응할 시간적 여유가 없으므로 지금 공격해야만 한다는 것을 주장하는 것 이다. 또한 그 반론은 이제는 대량살상무기와 그 장거리 운반수단 때문에 선제공격과 예방전쟁 사이의 간극이 매우 협소해져서 실질적으로 아무런 전략적 차이가 없다고 주장하는 것이다.

그러나 왈쩌는 이러한 선제공격적 예방전쟁a preempty preventive war의 논리는 이미 자신이 선제 공격의 유일한 경우로 인정한 1967년 이스라엘의 6일 전쟁이나, 1981년 후세인이 이스라엘에 대한 즉각적인 공격을 단언했던 경우 인접국가인 이스라엘에게만 적용될 수 있는 것이라고 반 박한다. 따라서 설령 미국이 이라크에 위협받는 이스라엘과 쿠웨이트 등 인접 국가들을 대변한 다고 해도 그러한 선제공격적 예방전쟁 논리는 2002년 미국의 상황에 적용될 수 없다는 것이 다.179)

왈쩌는 이라크 전쟁이 인도주의적 개입으로도 정당화 될 수 없다고 본다. 이미 우리가 논 의한 것처럼 왈쩌에 따르면 "인류의 도덕적 양심에 대한 경악"이 발생할 정도로 끔찍한 인권유 린인 대규모 학살이나 인종청소, 그리고 노예화가 발생하는 경우에만 개입이 정당화 된다.180) 미국정부는 후세인의 야만적 독재정권으로부터 압제받는 이라크 국민들에게 자유를 찾게 하기 위한 인도주의적 개입전쟁을 하는 것이라고 주장한 바 있다.181)

---

178) Michael Walzer, *Just and Unjust Wars: A Moral Argument With Historical Illustrations. New York*: Basic Books, Inc., p. 72, 80.

179) Michael Walzer, "No Strikes: Inspectors Yes, War No", *The New Republic* Sept. 30. p. 21.

180) *Just and Unjust Wars: A Moral Argument With Historical Illustrations. New York*: Basic Books, Inc., p. 101.

181) Crawford, p. 13. 미국정부가 정의전쟁론을 인용하고 있는 실태는 pp 12-14 참조

왈쩌는 비록 후세인 정권이 제3세계에서 가장 심각하고 탄압적인 파시즘 정권이긴 하지만 이 자체가 후세인 정권을 교체하는 인도주의적 개입을 정당화 해 주지는 않는다고 생각한다. 그리고 이라크 북부 비행금지구역의 설정은 쿠르드족을 위한 일종의 인도주의적 개입으로서 쿠르드족 자치를 위한 일종의 정권교체 효과를 가져왔다고 본다. 그러나 쿠르드족의 안전과 어느 정도 자치의 성공은 이라크 전쟁이 후세인 정권의 교체를 위해서 시작했다는 명분을 약화시킨다는 것이다. 물론 왈쩌는 자신이 주장했던, 전쟁이 아니라 강력한 견제정책의 부수작용으로 후세인 정권이 약화되어 몰락하는 것은 어쩔 수 없다고 생각한다.[182] 따라서 결론적으로 왈쩌는 부시행정부의 이라크 전쟁은 "정의롭지도 않고 필요하지도 않았다"고 단언을 내린다.[183]

이상과 같은 최근의 현실전쟁에 대한 왈쩌의 평가는 비교적 공정하다고 생각된다. 그러나 존경받을 만한 판관으로서의 왈쩌 자신에 대한 평가는 앞으로 그의 정의전쟁론과 현실전쟁에 대한 평가가 사회비판의 지침으로서 계속적으로 요청될 것인지, 그리고 전쟁에 관한 논쟁에서 그의 정의전쟁론이 중요한 참조점이 될 것인지에 달려있을 것이다.

---

182) Michael Walzer. "No Strikes: Inspectors Yes, War No", *The New Republic* Sept. 30. p. 21; "An Interview with Michael Walzer", *Imprints* vol. 7. p. 4.
183) Michael Walzer. "No Strikes: Inspectors Yes, War No", *The New Republic* Sept. 30. p. 22.

제6절 결론

정의전쟁론의 역사는 오래되었지만 현대정의전쟁론의 역사는 짧다. 20세기 이후 학문적으로 부흥되었다. 국가이익 또는 국가이성과 핵전략에 대한 정의성 논란으로부터 현대 정의전쟁 논란은 시작되었다. 주제의 광범위성과 국제법적 행위의 규칙 미비로 정의전쟁 이론은 부침을 겪다가 한국전과 월남전을 계기로 회생하였으며, 최근 유엔 및 다자간 인도주의적 군사개입 문제로 또다시 논란이 되고 있다.

전쟁이 정의로웠느냐, 정당한 전쟁이란 무엇이냐, 어떻게 정당하게 전쟁을 수행 할 수 있느냐 하는 문제는 고도로 이념적인 문제이며, 윤리적인 문제이다. 따라서 정의전쟁론은 정의란 무엇이냐, 정의의 차원과 기준은 무엇이냐, 누구를 위한 정의이냐, 어떻게 추구되어야 하며 그 실천 방법은 무엇이냐 하는 측면에서 많은 논란이 있다. 정치, 종교, 사회, 문화적 이념과 철학에 따라서 다양한 견해들이 제시되고 있다.

그 대표적인 것들로 평화주의 접근과 현실주의 접근을 들 수 있다. 평화주의적 정의전쟁론으로는 이상적인 세계경찰 정의전쟁론, 종교적 정의전쟁론 등이 논의되어 왔고 좌파적 정의전쟁론으로서 유물사관에 의한 마르크스 레닌의 정의전쟁론이 한 때 풍미했었다. 이러한 것들은 이상주의적 접근이라 할 수 있다. 이에 반하여 현실주의 접근으로서 민족주의 정의전쟁론, 핵억제와 제한전쟁, 다국적 개입 등이 현실적인 정의전쟁론으로 대두되고 활발히 논의되고 있다. 현실적 접근에서 가장 핵심적으로 대두되는 문제는 국가주권 행사와 국제정의 실현 간에 있어서 발생하는 간섭의 문제이다. 유엔헌장과 다양한 국제법, 그리고 전쟁관련 법규들에 의해 기본적으로 제약되기는 하지만 국가 간의 분쟁과 갈등, 인도적 개입, 그리고 최근에 대두된 국민보호R2P 등의 문제는 그러한 법적 적용범위를 넘어서는 문제들이다.

다행인 것은 현대 인류가 현실주의적 무력분쟁의 필연성을 넘어서서 우선적인 고려사항으로 이러한 문제를 고민하기 시작했다는 것이다. 이제 어느 국가도 과거와 같이 국민들을 폭압할 수 없고, 전쟁을 일으킬 수 없으며, 무제한적인 수단으로 승리를 추구 할 수도 없게 되었다. 전쟁전략 수립에 있어서도 기본적인 정의전쟁 이념이 군사교리의 기본정신이 되었다. 왈쩌는 이것을 정의전쟁론의 승리라고 말하고 있다.

현대정의전쟁론은 3부 체계로 구성되었다. 유스 애드 벨룸(전쟁목적/개시의 정의), 유스 인 벨로(전쟁 수행의 정의), 유스 파스트 벨룸(전쟁 종결의 정의)이다. 유스 애드 벨룸과 유스 인 벨로는 오랜 역사적 전통을 갖고 있으나 유스 파스트 벨룸은 최근에 대두된 개념으로서 아직 구체적인 내용이 발달되지 않았다.

전쟁철학 측면에서 유스 애드 벨룸은 정치와 전쟁과의 관계에서 기본적인 조건을 말한다. 즉 전쟁과 평화 문제로서 전쟁의 목적과 개시의 정의를 말한다. 그것은 정치의 본질인 정의와 평화 그리고 조화의 실현에 있다.184) 전쟁이 정치의 계속이라면 전쟁 또한 정의와 평화 그리고 조화 실현의 계속이다. 유스 인 벨로는 현대 안보 · 군사전략/전술의 건전성과 정당성 그리고 규범성을 말한다. 전쟁 대비를 위한 건전한 군사전략의 수립과 군사력 양성 및 배비 그리고 교전규칙의 준수는 정당한 전쟁 수행의 필수 조건이다. 또한 인명살상을 최소화하고 민간인 피해를 줄일 수 있는 신속, 정밀기동 및 비 살상 무기의 사용은 필수적이라 할 수 있다. 유스 파스트 벨룸은 신속한 전쟁종결과 복구, 민심회복과 안정화 및 민주화 등이다.

정의전쟁론의 긍정적 측면이자 유용성은 첫째, 정의전쟁 교리가 오늘날 국제질서 유지를 위해 필요한 이론적 배경을 제공하고 전쟁 억제와 제한의 지침을 제공하고 있다는 점이다. 정당한 명분과 의도, 적법한 권위, 올바른 의도, 최후의 수단, 승리가능성, 비례성 조건의 확보는 국가가 전쟁을 함부로 일으킬 수 없으며, 또한 전쟁을 무한 절대전으로 추구할 수 없고 전쟁 목적 범위 내로 제한되며 이로서 전쟁을 억제시키는 근거가 된다.

둘째, 현대 국가의 군사력 건설과 운용의 기준을 제공한다. 한 국가가 적정 군사력의 건설과 그 운용 방향은 유스 애드 벨룸과 유스 인 벨로 조건으로부터 도출된다. 적법 권위의 인정을 받기 위해서는 그에 적합한 군사력을 보유하고 있어야 하며 전쟁 수행에 필요한 무기는 전쟁법 규상 금지된 무기를 사용해서는 안 되기 때문에 이러한 무기체계를 보유 및 사용하는 것이 제한된다.

셋째, 현대국가의 전쟁수행 및 전후처리의 필수기준을 제공한다. 유스 인 벨로의 기본적인 조건들은 전쟁법에 규정되어 있다. 필요성의 원리, 군사적 균형의 원리, 비전투원 보호원리 등은 전투 수행에 있어 전투원들이 전투행위를 제한한다. 또한 전쟁의 종결과정에서 이루어져야할 사항들이 명시화됨으로써 승자의 만행에 대한 규제와 패자와 포로에 대한 권리를 보호함으로써 정의를 수호한다.

정의 전쟁론의 문제점이자 한계성으로는 첫째, 정의전쟁론은 사후 평가적 측면의 논의이다. 정당한 명분으로 전쟁이 개시되었다 할지라도 전쟁 수행의 정의Jus in Bello와 전쟁 종결의 정의Jus Past Bellum가 일치될 수 없다. 따라서 전쟁과정 전체가 평가되어야 한다.

둘째, 유스 파스트 벨룸 분야는 아직 문제제기 단계로서 세부적인 내용이 발전되지 못했

---

184) 민주주의 정치철학은 조화의 실현을 목적으로 하는 다양의 종합적 통일의 이념을 제시한다. 이수윤, 『정치철학』(서울: 법문사, 1995), p. 37.

다. 현대전 사례에서 보듯이 군사적 개입 이후에 전후 복구 문제는 구호에만 그치고 아무도 관심 갖지 않는다. 유엔이나 국제기구에서 이런 문제에 개입 조정할 수 있는 기재가 발전되어야 할 것이다.

셋째, 승자위주의 전쟁법 적용이다. 불가피 하기는 하지만 패자의 전쟁법 위반만 처벌되고 도를 넘은 승자의 범죄행위에 대해서는 관용을 베푸는 것은 정의롭지 못하다. 승자의 전쟁범죄도 처벌받아야 한다. 미국의 월남전에서의 '미라이' 대량 학살사건에서 보듯이 범죄행위 당사자로 처벌받은 것은 단 한사람이었으며 그것도 국방장관의 감형에 의해 단기 복역으로 끝났다.

넷째, 전쟁 개시의 타당화 논리에 대한 국제 제재규범이 없다는 것이다. 유엔이 있기는 하지만 유엔의 권고만으로는 실효성이 없고 유엔권고 자체도 강대국들의 이해관계로 합의가 불투명하다.

이러한 유용성과 한계성을 가진 정의전쟁 이론은 철저히 국제이성과 인류의 이념에 의해서 추구될 수밖에 없다. 조화적 접근법으로서 오센틱 정의전쟁론은 인도주의적 군사개입과 국민보호R2P, 분별적 자위自衛를 제시한다. 분별적 자위의 실천 수단은 제한전과 군비통제이다.

〈부록 I〉

한국에서의 정의전쟁 연구 현황

한국에서의 정의전쟁 및 군사행동의 정당성 관련 논의는 대단히 미약하다 할 수 있다. 국제적으로 월남전과 이라크전을 계기로 되살아난 정의의 전쟁관련 논란은 국제법과 국제정치 학계에 대 논쟁을 야기하였고 국제정치에 있어 현실주의와 이상주의 논쟁의 핵심에서 논의가 있어왔으나 한국에서는 일부 법학 및 철학 학계에서 서구 학계의 논의현황 소개 정도가 있을 뿐이었다. 이렇게 미진한 이유는 미국패권과 관련하여 이루어지는 국제정치 및 법적 논의의 장에서 우리가 끼어들 여지가 없었고 국내 학계 및 군 내부에서는 근본적으로 미군의 전략 전술 그리고 군사교리를 학습하기에도 버거웠으며 한미 연합 방위체제 하에서 전·평시 작전권이 미군에 양두된 상황에서 한국군의 독자적인 전쟁철학과 군사교리를 갖는다는 것은 불가능하였기 때문이라 할 수 있다. 이에 더하여 더 솔직한 이유를 들자면 5.16 군사정권 이래로 전두환 정권에 이르기 까지 군사 구테타의 불법성과 이로 인한 주도세력과 반대세력간의 충돌 후유증으로 정의의 전쟁과 군의 윤리 도덕적 논의라는 것이 공식화되기는 어려웠다는 것이 더 솔직한 고백이 될 것이다.

1998년 육사 철학과 이민수 교수[1])가 국내 최초로『전쟁과 윤리—도덕적 딜레마와 해결방안의 모색』이라는 책을 내었다. 전쟁과 도덕, 전쟁범죄, 상급자의 명령과 책임, 최고 덕목 등을 주제로 전쟁과 윤리문제를 다루고 있다. 그러나 이 책은 전쟁이라는 제목을 붙였지만 실제 전쟁에 대한 윤리도덕적인 분석보다는 군인으로서의 전쟁법과 지휘관으로서의 명령과 책임의 한계, 충성과 복종, 진실성, 역사적 통찰력 등 장교에게 요구되는 덕목과 도덕적 갈등 및 해소방안 등에 초점을 두어 다룸으로서 군인에게 요구되는 품성과 자질 함양을 위한 윤리적 교과서 성격을 띠고 있다.

2005년 한국 철학연구회는『정의로운 전쟁은 가능한가』라는 책을 내어 정의의 전쟁이론

---

1) 현, 서울과학기술내학교 교수.

소개 및 칸트의 영구평화론, 마이클 왈쩌의 정의전쟁이론에 대한 소개 및 비판, 이라크 전쟁에 대한 윤리적 평가 등 6인의 논문과 이에 대한 10인의 논평을 모아 엮었다. 이것이 한국에서 유일한 정의의 전쟁관련 저술이라 할 수 있다.

2008년 군내·외 윤리학 교수들이 주축이 되어 8인 공저로 출판된『국가안보와 군대윤리』라는 제목의 책 또한 군인들에게 요구되는 덕목과 군대윤리, 직업군인으로서의 사생관과 국가관 등을 다루고 있어 앞서 소개된 이민수 교수의 저술과 함께 사관생도 및 후보생 교재 사용을 목표로 한 수준에서 집필되었다.

국내에 소개된 번역서로는 1987년 국방대학원에서 학생교육 참고서지參考書誌로 공동번역된 윌리엄 V. 오브라이언의 *The Conduct of Just and Limited War*로서『전쟁의 정당성과 제한전쟁』2)이 최초이다. 이 서지는 전쟁을 제한하는 문제를 정당한 전쟁과 제한전쟁의 관점에서 규범적, 실제적인 문제들을 군사전략으로서 보다는 법과 도덕의 문제로 보고 과거의 전통적인 제한이론들이 현대의 주요 분쟁에서 어떻게 적용되고 있는가를 미국의 군사개입사례를 분석·평가함으로써, 정당한 전쟁은 전쟁의 한계와 도덕적 정당성을 추구하고, 제한전쟁은 전쟁의 한계와 아울러 정치적 정당성을 모색한다는 상호 보완적이고 어느 정도 중복되는 성격들을 알기 쉽게 설명하고 있다. 이 책은 정치적 군사적 사건들 속에서 되풀이되고 있는 정당한 전쟁교리와 현대의 제한전쟁 교리 및 정책들을 연결시키는 노력의 일환으로서 가톨릭 사제인 저자의 특성에 따라 기독교인의 리얼리즘에 입각해서 서술되었다.

2003년 국방대학원 김한식 교수가 앤드류 볼스의 *Ethics in International Affairs: Theories and Case*을 번역하여『국제관계와 윤리: 이론과 실제』(안보총서 97)라는 이름으로 발간하였다. 이 책은 2004년 '철학과 현실사'에서『국제정치에 윤리가 적용될 수 있는가』라는 제목으로 시판되었다. 당시 국내적으로 평화유지군의 동티모르 해외파병과 관련하여 많은 논란이 야기되고 있었던 시기이다. '해외 파병이 과연 정당한가' 또는 '그 전쟁은 과연 명분이 있는가' 등의 주제에 대하여 매우 민감한 시기에 전쟁의 윤리적 접근에 관한 저술이 번역되었던 것이다. 이 책에서는 ① 국제관계에 대한 도덕·윤리적 접근 가능성 ② 정의전쟁론 ③ 테러와 정치적 폭력 ④ 인도적 간섭 ⑤ 국제적 정의 등 다양한 내용을 포괄하고 있다. 발간사에서 안보문제연구소장은 우리나라의 안보 및 국방분야 연구에서 '경성적硬性的 접근'을 탈피하는 계기가 되기를 희망하였는데 오늘날 안보 및 국방의 개념이 포괄적 접근을 요구하고 있는데 반하여 아직도 학문영역에서는 문화·정서적인 소재 및 접근을 통한 안보 및 국방분야 연구를 게을리 하고 있는

---

2) William V. O'brien, *The Conduct of Just and Limited War*, Praeger Publishers, CBS Educational and Professional Publishing, A Division of CBS, Inc. New York, U.S.A. 국방대학원 역,『전쟁의 정당성과 제한전쟁』.

실정이며 반성적 계기를 제공해 주고 있다고 평가하고 있다.

군 밖 민간차원으로 정의의 전쟁 논의가 확산된 계기가 된 것은 2005년 한국 철학연구회에서 기획 편찬한 『정의로운 전쟁은 가능한가』라는 책과, 2006년 더글래스 P. 래키의 *The Ethics of War and Peace*를 선문대학교 철학과 최유신 교수가 번역하여 『전쟁과 평화의 윤리』란 제목으로 출판하면서부터 이다. 한국철학회의 『정의로운 전쟁은 가능한가』는 순수 이론적인 측면의 소개와 비판적 분석적 내용인데 반하여 래키의 『전쟁과 평화의 윤리』는 구체적인 실천적 논의로 이루어져 있어 현실적 이해가 깊다 할 수 있다. 도덕 철학자인 래키는 이 책에서 "한쪽 끝에 있는 평화주의와 다른 쪽 끝에 있는 군국주의에 대해 이야기하면서 양극의 사이에 서서 도덕적인 길을 모색해 보자"고 말하면서 1914년부터 현재까지의 대표적인 군사적 사건들의 잘잘못을 윤리적 관점에서 논의한 책으로 다양한 평화주의를 설명하며, 베트남 전쟁, 6일전쟁, 영국의 독일 폭격, 미국의 일본 폭격, 한국전쟁, 1971년 인도-파키스탄 전쟁, 1976년 엔테베 습격, 1986년 미국의 리비아 공격, 9.11, 그 외의 많은 군사적 사건들에 대해서 자세히 논의하고 있다. 그뿐만 아니라 풍부한 예를 통해서 여러 다른 종류의 전쟁 즉, 예방, 선제, 자위전쟁 등을 평가하는데 필요한 다양한 도덕 이론을 설명하고 있다.

래키는 구체적으로 언제 싸워야 하나, 어떻게 싸워야 하나 그리고 핵전쟁과 핵억제의 논리에 대하여 이상주의 접근의 논리와 현실주의 접근의 논리를 예를 들어 구체적으로 검토하고 있다. 또한 각 주제별로 다양한 읽을거리들을 잘 정리하여 부록으로 수록함으로서 독자들의 편의를 제공하고 있다.

이 책은 현대전쟁의 논리와 정의전쟁 관련 유스 애드 벨룸과 유스 인 벨로에 대한 실천적 대안들을 구체적으로 다룬 수작이라 할 수 있다. 그러나 역자가 철학자로서 군사적 용어 사용과 전쟁 이해에 한계가 있는 것이 아쉬운 부분이라 할 수 있다.

군 내에서 가장 현실성 있게 정의의 전쟁 이론이 검토되기 시작한 것은 2007년 국방대학교 합동참모대학에서 마이클 왈쩌의 *Just and Unjust Wars: A Moral Argument with Historical Illustrations*를 『마르스의 두 얼굴: 정당한 전쟁·부당한 전쟁』이란 제목으로 번역 출판한 것이 계기가 되었다고 할 수 있다. 정의의 전쟁이론과 한국군의 현실을 가장 극명하게 비교해 볼 수 있는 것은 이 책의 역자 서문이다.

"우리 옮긴이들이 이 책에 관심을 갖게 된 것은 군의 교리에 빈번히 등장하는 개념인 '비례성'과 '유용성'이란 두 원칙에 기인한다. 이 원칙들과 관련해서 연구하는 과정에서 이 책이 대단한 의미가 있음을 발견하게 됐다. 더욱이 이 문제와 관련해 미군 장교

들과 논의하는 과정에서 우리는 이 책이 미국의 각 군 사관학교 생도 교육뿐만이 아
니라 하버드 대학교 같은 유수한 민간대학교에서 매우 비중 있게 다루어지고 있음을
알게 됐다. 미군장교들의 경우 이 책의 내용을 숙지해야 한다. 전승과 무관하게 부당
하게 전쟁을 수행한 경우, 전후戰後 전쟁 수행과 관련해 책임문제가 따르기 때문이라
고 한다. 아울러 미군 장교들은 이 책의 내용이 너무 어려워 여타국가의 언어로 번역
하기가 거의 불가능할 것이라고 말했다."

라고 말하며, 그럼에도 불구하고 번역을 결심한 이유로 다음과 같이 들고 있다.3)

"첫째, 정보화시대의 국가안보와 관련해 필수적인 책이기 때문이다. 정보화 시대
가 되면서 미국의 세계전략이 테러와의 전쟁과 같은 지구적 차원의 전쟁을 중요시
하는 방향으로 전환되고 있다. 더욱이 지휘통제체계와 같은 오늘날의 정보기술에 기
반을 둔 체계들이 중요해 지면서 우리군 또한 전시 군사력 기획의 문제를 놓고 보다
많이 고민하지 않을 수 없는 상황이 됐다.

전쟁은 정치, 경제, 외교, 정보 등 국력의 제반 수단을 해결하지 못하는 경우 사
용하게 되는 최후의 수단이다. 이 경우 대통령을 중심으로 한 국가 통수기구에서는
정치적 목표를 결정하게 된다. 이 같은 정치적 목표와 육군, 해군 및 공군이 보유하고
있는 군사력을 상호 연계시킬 목적에서 합참 및 각군 작전사령부 같은 곳에서는 전역
계획戰役計劃: Campaign Plan을 작성하게 된다. 이처럼 전역계획을 작성할 때에는 전쟁수행
이 정당한 형태가 되도록 해야 한다. 소위 말해 전쟁에서 승리하는 문제와 더불어 올
바로 전쟁을 수행하는 문제를 고려해야 한다. 전시작전권이 전환되는 2012년 이후에
는(2015년으로 연기되었음) 한국군이 주도적으로 전역계획을 작성해야 한다는 점에
서 우리는 올바로 싸우는 문제를 놓고 심도 있게 고민하지 않을 수 없는 실정이다.

둘째, 국가안보에 대한 올바른 인식을 고양시킬 목적에서다. 국가안보는 모든 국
민이 관심을 기울여야 하는 분야인데, 우리에게는 국가안보에 관한 전문가들이 충분
하지 않다고 옮긴이들은 생각하고 있다. 예를 들면 지난 몇 년 동안에는 한국전쟁이
내전이라고 주장하는 학자도 없지 않았다. 이 같은 문제와 관련하여 신문지상에서 많
은 논란이 있었지만 대부분의 국민들은 이에 대한 시비를 명쾌하게 식별할 수 없었다

---

3) Micael Walzer, *Just and Unjust Wars: A Moral Argument with Historical Illustrations* 권영근 외 역, 『마르스의
두얼굴: 정당한 전쟁·부당한 전쟁』(서울: 연경문화사, 2007) pp. 10-12.

고 본다. '간섭'의 문제를 다루고 있는 6장을 읽게 되면 한국전쟁이 내전이라는 주장의 오류를 분명히 알 수 있게 될 것이다. 또한 2005년에는 북한의 핵무기 개발이 한반도 안보에 또 다른 변수로 등장했는데, 이 문제는 17장 '핵억제'에서 상세히 다루고 있다. 한편 독도 및 간도 문제 등 우리의 주요 관심 사안들에 대한 이론적인 지식을 '국제사회의 법과 질서'란 제목의 4장 논의를 통하여 얻을 수 있을 것이다. 이 외에도 전쟁법, 규칙 및 규약의 문제를 다루고 있는 이 책은 각 군 사관생도를 포함해 전문 직업장교단이 전쟁관을 형성하는데 큰 도움이 될 것으로 생각한다."

번역자들의 왈쩌에 대한 이해가 충분한지 여부를 떠나 정의의 전쟁과 관련한 전쟁의 윤리적 접근에 대한 필요성과 한국안보 정책 및 전략의 수립, 그리고 건전한 국가관과 전쟁관에 입각한 건전한 안보철학 정립의 필요성과 시급성을 보여주고 있다. 이 책은 역자들은 학문적 배경이 없거나 다른 군인들로서 철학적 윤리·도덕적 배경지식 부족으로 인한 정의의 전쟁과 부정의의 전쟁에 관한 왈쩌의 심오한 사상을 완벽히 전달 할 수 없었다는 점이 아쉬움으로 남는다.

그간 국내에서 정의의 전쟁과 관련한 연구 현황은 다음과 같다.4)

1. 정전론, 정의의 전쟁, 부정의 전쟁 관련 학위논문으로는

신현정, "니버의 사랑과 정의에서 본 전쟁과 평화 및 공산주의"(1964, 한국신학대)

임덕ㅠ, "국제법상 정전론에 관한 연구"(1983, 서울대학교)

김태현, "정전론 연구: 그 역사적 배경과 현대적 전개를 중심으로"(1983, 서울대 대학원)

임덕규, "국제법상의 정전론: 그 역사적 변천과정과 현대적 의미"(1985, 서울대 대학원)

김석인, "정전론 개념의 역사적 변화"(1988, 국방대학원)

김현수, "정의의 전쟁(Just War) 이론에 관한 연구"(1988, 연세대 대학원)

김현일, "정의의 전쟁교리와 미국의 걸프전쟁"(1995, 국방대학원)

최칠문, "다산 정약용의 정전론에 대한 연구"(1999, 창원대 교육대학원)

최윤석, "UN헌장에 투영된 정전론의 의미"(2000, 고려대 대학원)

하수경, "정의의 전쟁에 대한 미국의 인식 변화"(2004, 국방대 안전보장 대학원)

김재명, "정의의 전쟁 이론에 대한 비판적 연구: 전쟁 종식의 정당성 논의를 중심으로"(2007, 국민대 대학원)

---

4) 자료는 국회노서관 사료를 기초로 필지기 수집헤온 것들을 정리하였다.

이명학, "아시아 태평양 전쟁기(1940-1945) 경성부 재정의 전쟁지원과 자금 총동원"(2011, 고려
      대 대학원)

2. 일반저술 및 기사로서

정태욱, "마이클 왈저의 정전론에 대한 소고: 선제방어전쟁(preemptive war)론을 중심으로"(법
      철학 연구, 제6권 1호, 2003)
오종일, "맹자의 정전론과 정전제도의 사상적 연원"(동양철학 연구 제37집, 2004. 3)
김재명, "'정의의' 전쟁 잣대로 본 이라크 침공 4년: 개전에서 종전까지, 어디에도 정당성은 없
      었다."(신동아 2007년 4월호, 50권 4호 통권 571호)
정태욱, "북한 핵 보유에 대한 규범적 평가를 위하여"(민주법학. 통권33호, 2007, 3월)
김형구, "국제법상 전후법(jus post bellum)에 관한 현대적 논의: 개념과 원칙을 중심으로"(국제
      법학회 논총 제54권, 2009년 12월)
김석현, "무력행사금지 원칙의 역사적 발전과 그 의의"(국제법 평론, 통권 제30호 2009-2)
정병호, "핵시대의 정의전쟁이론"(국방대학교 교수논총, 제18권 3호 통권 제54집, 2010. 7)
문정인, "미국과 정의로운 전쟁"(본질과 현상, 평화를 만드는 책, 통권 22호, 2010 겨울)
박영대, "평화에 관한 가톨릭 사회적 가르침과 평화운동"(종교문화 비평 제 18호, 2010. 9월)
전순신, "jus ad bellum에 있어 필요성·균형성 원칙의 기원"(동아법학 제47호 2010. 5월)
정태욱, "한국전쟁 종결의 부정의"(민주법학 통권 43호, 2010)
문혜경, "펠로폰네소스 전쟁중 평화협정의 의미: 니키아스 평화협정과 리더십"(서양사론 제108
      호, 2011. 3월)

3. 일반도서 및 번역서로

사회과학 출판사, 『혁명의 위대한 수령 김일성동지께서 령도하신 조선인민의 정의의 조국해방
      전쟁사』(1972, 사회과학출판사)
과학백과사전종합출판사, 『위대한 수령 김일성동지께서 령도하신 조선인민의 정의의 조국해방
      전쟁사 1-3』(1993, 과학백과사전종합출판사)
모가미 도시키 저, 조진구 역, 『인도적 개입: 정의로운 무력행사는 가능한가』(2003, 소화)
차기문, 『현대사를 통해 본 정의의 전쟁』(2008, 역락)
마이클 왈쩌, 유홍림 외 옮김, 『전쟁과 정의』(2009, 인간사랑)
김현수, 『작전법』(2001, 해군대학)

4. 국제인도법과 관련하여 학위논문으로는

김명우, "국제인도법상 민간인의 '적대행위 직접가담'에 관한 고찰"(2011, 이화여대 대학원)

이명재, "국제테러리스트의 국제인도법상 지위에 대한 연구: 대테러 전쟁을 중심으로"(2011, 고려대 대학원)

도경욱, "비국가행위자의 테러행위에 대한 무력대응"(2010, 서울대 대학원)

김회동, "민간군사기업(Private Militart Companies)의 국제법적 규제에 관한 연구(2009, 서울대 대학원)

백기봉, "국제형사재판소(ICC)의 증거법에 관한 연구"(2008. 한양대 대학원)

김정은, "국제인도법상의 상급자의 형사책임 성립요건에 관한 연구: ICTY 규정 제 25, 28조의 이해"(2007, 이화여대 대학원)

김용진, "국제인도법에 따른 전쟁포로관리에 대한 연구: 제네바 제3협약에 따른 포로 관리와 국제인도법 위반방지를 위한 대책방향을 중심으로"(2005, 한양대 행정대학원)

김종학, "무력충돌을 통해서 본 국제인도법상의 중대한 위반행위에 관한 연구"(2002, 국방대 안전보장대학원)

이민효, "국제인도법상 비국제적 무력분쟁에서의 희생자 보호"(1999, 성균관대 대학원)

최상길, "분쟁시 국제인권법과 국제인도법의 적용관계:분쟁의 정의형식과 양법의 적용형태에 관한 연구"(1996, 성균관대 대학원)

임태근, "국제인도법의 이행조치에 관한 연구"(1995, 영남내 대학원)

심혜남, "국제법상 무력충돌과 이동의 보호"(1994, 성균관대 대학원)

윤여갑, "현대전을 통해서 본 국제인도법의 현실과 과제"(1993, 연세대 행정대학원)

남태욱, "국제인도법의 발전과 교황청의 역할에 관한 고찰

이용호, "terrorism에 관한 국제인도법상 고찰"(1988, 영남대 대학원)

임태근, "국제인도법상 이익보호국제도의 고찰"(1987, 영남대 대학원)

최은범, "국제인도법의 발전과 전시 민간인보호에 관한 연구:제네바 제협약 및 추가의정서를 중심으로"(1986, 경희대 대학원)

주동금, "이산가족의 재회에 관한 국제인도법적 고찰"(1974, 연세대 대학원)

5. 국제인도법과 관련 주요 학술논문 및 기사로는

박동형, "비인도적 재래식 무기 군비통제 연구: 확산탄 금지협약(CCM)을 중심으로"(21세기 정치학회보, 2011년 5월)

황준식, "국가안보, 법치주의 그리고 '대테러전쟁': 미국의 관타나모 수용소를 둘러싼 주요 법적 쟁점 고찰"(국제법 평론, 통권 제 33호, 2011. 1)

유재형, "무력충돌법상 민간인의 보호/유형"(강원법학, 제32권, 2011. 2)

제성호, "전시 민간인 납치의 국제인도법적 고찰: 6.25전쟁시 북한의 민간인 납북 행위를 중심으로"(서울 국제법 연구, 제18권 1호 통권 34호 2011. 6)

이장희, "집속탄 금지협약의 성립 배경과 국제인도법적 문제"(외법논집, 제35권 제 1호, 2011. 2)

도경욱, "무력사용과 비국가행위자"(서울국제법연구, 제17권 2호 통권 33호, 2010. 12)

김병렬, "4세대 전쟁에서의 민간인의 보호를 위한 국제인도법에 관한 일고"(국제법학회 논총, 제55권 제1호, 통권 116호, 대한국제법학회, 2010.3)

오미영, "국제인도법 이행과 관련한 한국의 현황"(인도법 논총 제30호, 대한적십자사 인도법연구소)

김동욱, "대한민국 해군작전과 국제인도법: 『산레모 매뉴얼(San Remo Manual)』의 수용(인도법 논총 제30호, 대한적십자사 인도법연구소, 2010)

이재승, "확산탄금지협약의 발효와 한국의 과제"(민주법학, 통권 44호, 2010)

이민효, "제1차세계대전 이후 주요 해전에서 전쟁수역의 설정과 운영에 관한 연구(군사 제72호, 2009년 8월, 국방부 군사편찬연구소)

김형구, "국제법상 전후법"(jus post bellum)에 관한 현대적 논의: 개념과 원칙을 중심으로"(국제법학회 논총, 제54권 3호, 통권 제115호, 대한국제법학회, 2009.12)

이상윤, "제31차 산레모국제인도법회의: UN평화유지활동에 있어 국제인도법의 적용"(국제법 동향과 실무, vol. 7 no. 3/4 통권 제21호(2008년 12월)

장성운, "미군 작전법을 통해서 본 국제인도법 연구"(인도법 논총, 제 28호, 2008)

김명기 외, "헤이그 협약 100주년 <토론>"(인도법 논총, 제28호, 2008)

최은범 외, "제네바 협약 추가의정서 30주년 <토론>"(인도법 논총, 제28호, 2008)

조시현, "한국전쟁기 미군에 의한 민간인 희생사건의 법적 성격: 국제인도법과 국제인권법을 중심으로"(민주법학, 통권 37호, 2008. 3)

이태엽, "국제형사법상 전시지휘관 책임의 법적 성격"(법조, 제56권 11호 통권 제614호, 2007. 11)

이하 생략

〈부록 II〉

정의전쟁 서지목록 및 해설

전쟁과 평화 윤리에 관한 읽을거리들로 더글래스 P. 래키가 정리한 자료들을 소개하고자 한다. 그는 그의 저서 *The Ethics of War and Peace*에서 현실주의와 평화주의에 있어 도덕문제, 정의전쟁론, 핵전쟁과 핵억제, 예방적 무력사용의 문제점 등의 논지를 다루면서 이와 관련된 읽을거리들을 친절하게 소개하고 있다.[5]

1. 국제적 윤리와 현실주의 도전

Bernard Williams는 *Ethics and the Limits of Philosophy* (Cambridge, MA: Harvard University Press, 1985)에서 조금이라도 중요성을 띤 도덕적 판단은 특정한 사회 안에서의 관계망으로부터 그 의미를 도출하며 따라서 다른 사회에서는 일반화될 수 없는 개념들을 요구한다는 주장을 매우 세련되게 제시한다. 이러한 논의가 제시하는 회의주의가 Williams의 핵의 억제에 대한 도덕의 논의에서 예증되어 있다: Morality, Scepticism, and the Nuclear Arms Race, in Nigel Blake and Kay Pole, eds., *Objections to Nuclear Defense* (London: Routledge and Kegan Paul, 1984). 이러한 Williams의 입장에 대한 비판에 대해서는 Warren Quinn, Reflection and the Loss of Moral Knowledge, *Philosophy and Public Affairs* (Spring 1987)를 보라. 도덕적 지식의 객관적 실재에 대한 더 현대적인 논의를 위해서는 David Coop and David Zimmerman eds., *Morality, Reason, and Truth* (Totowa, NJ: Rowman and Allanheld, 1985)를 보라.

국제적 문제에 대한 도덕적 실재론에 대해서 표준적 설명을 제공한 책으로서, Hans Morgenthau, *Politics Among Nations* (New Your: Knopf, 1949), Henry Kissinger; Force and

---

5) 더글래스 P. 래키, 앞의 책, pp. 28-29, 70-74, 124-131, 200-209, 276-285 인용.

Diplomacy in the Nuclear Age, *Foreign Affairs* (April 1956); Colin Gray, *Strategic Sutdies and Social Policy* (Lexington: University of Kentucky Press, 1982)가 있으며, 그리고 Thomas Nagel 의 준(準) 공리주의적 실재론이 Ruthless in Public Life, in Stuart Hampshire, ed., *Public and Private Morality* (Cambridge: Cambridge University Press, 1978)에 나타나 있다.

George Kennan의 이론적 실재론과 실천적 도덕주의가 혼합된 주장이 *The Nuclear Delusion* (New York: Viking, 1982)에 나타난다. 실재론적 입장에 서 있는 Kennan의 단호한 견해가 개인적 편지에서 인용되고 있다: J. E. Hare and Carey Joynt, *Ethics and International Affairs* (New York: St. Martin's Press, 1982). 또한 Kennan의 "Ethics and Foreign Policy in Theodore Hesburgh and Louis J. Halle, eds., *Foreign Policy and Morality: Framework for a Moral Audit* (New york: Council on Religion and international Relations, 1979)를 보라. 이 문제에 대한 Kennan의 최근의 이론적 설명은 국제적 문제에서의 도덕적 이기주의를 외교관의 역할의무로부터 도출하는데, 이것은 Morality and Foreign Policy, *Foreign Affairs* (Winter 1985/86)에 나타난다.

국제적 문제에 대한 도덕적 규준의 적용 가능성을 옹호하는 것으로는 다음의 것들이 있다. Michael Walzer, *just and Unjust Wars* (New York: Basic Books, 1977); Charles Beitz, *Political Theory and International Relations* (Princeton, NJ: Princeton University Press, 1979); Henry Shue, *Basic Rights* (Princeton, NJ: Princeton University Press, 1980); Hare and Joynt, *Ethics and International Affairs*; Terry Nardin, *Morality, Law, and the Relations of States* (Princeton, NJ: Princeton University Press, 1983); Gary L. Scott and Craig L. Carr, Are States Moral Agents?. *Social Theory and Practice* (Spring 1986); 그리고 Charles Beitz, Marshall Cohen, Thomas Scanlon, A. John Simmons가 편집한 *International Ethics* (Princeton, NJ: Princeton University Press, 1985)에 실린 많은 에세이에 나타나 있다.

2. 평화주의

다양한 평화주의

다양한 주제를 다루고 있는 평화주의 역사를 위해서는 Peter Brock의 다음의 글들을 보라: *Pacifism in the U. S. from the Colonial Era to the 18th Century* (Princeton, NJ: Princeton

University Press, 1968); *Pacifism in Europe to 1914* (Princeton, NJ: Princeton University Press, 1972); *Twentieth Century Pacifism* (New York: Van Nostrand, 1976). 다양한 평화주의에 대해서 깊은 관심을 보이는 최근의 책은 Jenny Teichman, *Pacifism and Just War* (New York: Basil Blackwell, 1986)이 있다.

살생금지

히브리 성경에 나타난 평화주의와 신의 성전(聖戰)에 관한 최근의 논의를 위해서 Paul D. Hanson, War and Peace in the Hebrew Bible, *Interpretation* (October 1984)을 보라.

생명의 신성함으로부터 살생의 절대적인 금지를 도출하는 논의를 위해서는 Albert Schweitzer, *The Teaching of Reverence for Life*, trans. Richard and Clara Masters (New York: Holt, Rinehart, Winston, 1965)을 보라.

생명에 대한 권리의 주장이 평화주의를 의미하는 것이 아니라는 논변은 Jan Narveson, Pacifism, A Philosophical Analysis, in *War and Morality*, ed. Richard Wasserstrom (Belmont, CA: Wadsworth, 1970)에 있다.

보편 평화주의

초기 기독교의 평화주의와 그거의 소멸에 대한 권위 있는 설명은 Adolph Harnack, *Militia Christ*, trans. David McI. Gracie (Philadelphia: Fortress Press, 1981)에 있으며, 또한 C. John Cadoux, *The Early Christian Attitude to War* (New York: Seabury Press, 1982); R. H. Bainton, *Christian Attitudes Towards War and Peace* (Nashville, TN: Abingdon Press, 1960); F. H. Russell, *The Just War in the Middle Ages* (New York: Cambridge University Press, 1975); Victor P. Furnish, War and Peace in the New Testament, *Interpretation* (October 1984)에 있다.

현대 기독교에서 평화주의를 지지하는 교파가 둘 있는데 퀘이커 교파(Quakers)와 메노파 교파(Mennonites)이다. 퀘이커 교파의 평화주의에 대해서는 E. V. B. Foulds, *The Story of Quakerism* (Richmond, IN: Friends United Press, 1967)과 *Quaker Spirituality*, ed. Douglas Steere (New York: Paulist Press, 1984)를 보라. 그리고 메노파 교파의 평화주의에 대해서는 John H. Yoder, *What Would You Do?* (Scottsdale, PA: Herald Press, 1973)과 *When War Is Unjust: Being Honest in Just War Thinking* (Minneapolis: Augsburg, 1984)를 보라.

톨스토이의 '도덕적 본보기'에 근거한 논변은 *My Religion*, Chapters 4 and 6, in *The Collected Works of Count Lev N. Tolstoy*, trans. Leo Wiener (New York: John Wanamaker, 1904)

를 보라. 또한 톨스토이의 평화주의에 대해서는 다음의 책들도 중요하다; *The Kingdom of God Is Within You* 또는 *Christianity not as a Mystical Teaching but as a New Concept of Life*, trans. Leo Wiener (New York: Farrar, Straus, Giroux, 1961); *The Law of Love and the Law of Violence*, trans. Mary Koutouzow Tolstoy (New York: Holt, Rinehart, and Winston, 1971). 비폭력에 대한 간디의 사상은 백여 권이 넘는 그의 전집 여기저기에서 나타난다. 특정한 전쟁들과 군사적 사건들에 대한 그의 의견은 *Nonviolence in Peace and War*, ed. Mahadev Desai, 2 Vols. (Ahmedabad: Navajivan Press, 1945, repr. 1960)에 모아져 있다. 간디 사상의 형이상학적 배경은 William Borman, *Gandhi and Nonviolence* (Buffalo: State University of New York Press, 1986)에 설명되어 있다. 아마도 간디 식의 방법과 정치에 대해 가장 완전하게 논의한 책은 Gene Sharp, *The Politics of Nonviolent Action*, 3 vols. (Boston: Porter Sargent, 1973)이다.

개인 평화주의

전쟁과 자기 방어에 대한 아우구스티누스의 사상은 *On the Freedom of the Will*, I, v.를 보며 또한 *The Political Writings of St. Augustine*, ed. Henry Paolucci (Chicago: Regnery, 1962)에서 정의로운 전쟁에 관한 절을 보라. 아우구스티누스의 견해에 대한 분석으로는 Paul Ramsey, *War and the Christian Conscience* (Durham, NC: Duke University Press, 1961)와 F. van der Meer, *Augustine the Bishop* (New York: Harper and Row, 1961)이 있다.

아퀴나스의 자기 방어에 대한 논의는 *Summa Theolgiae*, II-II, 64에 있다. 자기방어의 개념에 대한 현대적 철학적 분석에 대해서는 Judith Thomson, Self-Defence and Rights.(1976), in *Rights, Restitution, and Risk* (Cambridge, MA: Harvard University Press, 1985); Jeffrey Blustein, Proportionality and the Psychotic Aggressor, *Ottawa Law Review* 10 (1978)과 C. C. Ryan, Self-Defense and the Possibility of Killing, *Ethics* (April 1983)를 보라.

반전 평화주의

어떻게 해서 군인들이 생명에 대한 일반적 권리를 잃을 수 있는가에 대한 흥미 있는 논의가 Michael Walzer, *Just and Unjust Wars* (New York: Basic Books, 1977)에 있다. 왈쩌는 '전쟁 협정(war convention)'에 의해서 군인이 갖는 생명에 대한 권리는 전쟁의 권리, 가령 전쟁포로로서 존경받아야 할 권리와 같은 것으로 교환된다고 주장한다. 이에 대한 비판은 Douglas Lackey, A Modern Theory of Just War, *Ethics* (April 1982)를 보라.

전쟁에서의 민간인의 죽음은 그것이 직접 의도된 것이 아니라면 도덕적으로 정당화될 수 있다는 논변은 '예측할 수 있는(foreseen)' 죽음과 대비되는 '의도된(intended)' 죽음의 도덕적 의미, 즉 보통 '이중 의미의 원리'라고 불리는 원리를 전제로 한다. 이 원리의 역사에 대해서 T. Mangan, A Historical Analysis of the Principle of Double Effect, *Theological Studies* 19 (1949)를 보라. 아마도 이 원리에 대한 가장 힘찬 현대적 변론은 G. E. M. Anscombe의 War and Murder (1961) in *Moral Problems*, ed. James Rachels, 3rd ed. (New York: Harper and Row, 1982); Philip Devine, *The Ethics of Homicide* (Ithaca, NY: Cornell University Press, 1978); Charles Fried, *Right and Wrong* (Cambridge, MA: Harvard University Press, 1978)에 있다. 이 원리에 대한 반론은 Philippa Foot, The Problem of Abortion and the Principle of Double Effect (1967) in *Moral Problems*; Jonathan Bennett, Morality and Consequences, in *Tanner Lectures on Human Values*, II, ed. Sterling McMurrin (Cambridge: Cambridge University Press, 1981); Douglas Lackey, The Moral Irrelevance of the Counterforce/ Countervalue Dis-tinction, *The Monist* (July 1987)에 있다.

전쟁 중에 있는 나라에 '무고한 민간인들(innoent civilians)'이 있다는 생각에 대한 반론은 James Child, Political Responsibility and Non-Combatant Liability, in *Political Realism and International Morality*, ed. Kenneth Kipnis and Diana Meyers (Boulder, CO: Westview Press, 1987)에 있다. Gertrude Ezorsky는 War and Innocence, *Public Affairs Quarterly* (April 1987)에서 직접적으로든 간접적으로든 어린이를 죽이는 것은 도덕적으로 항상 그른 일이며 이것은 대부분의 전쟁이 도덕적으로 수행될 수 없다는 것을 의미한다고 주장한다.

전쟁에서의 선과 악의 균형

전쟁은 싸울 가치가 없다는 전형적인 논변은 Norman Angell, *The Great Illusion: A Study of the Relation of Military Power in Nations to the Economic and Social Advantage* (London: Putnam's, 1912)에 있다. 또한 Donald A. Wells, The War Myth (New York: Pegasus, 1967)을 참조하라. 나치가 저지른 악에 대한 분석적 검토는 Douglas Lackey, Extraordinary Evil or Common Malevolence? Evaluating the Jewish Holocaust, *Journal of Applied Philosophy* 3.2 (1987)에 나와 있다.

3. 정의 전쟁론 I: 유스 애드 벨룸

정의로운 전쟁론에 관한 서론을 다음 책들에서 참조하라: Paul Ramsey의 *War and the*

christian Conscience (Durham, NC: Duke University Press, 1961)와 *The Just War* (New York: Scribner's 1968); James Turner Johnson의 *Ideology, Reason, and Limitation of War* (Princeton, NJ: Princeton University Press, 1975)과 *Just War Tradition and the Restraints of War* (Princeton, NJ: Princeton University Press, 1981)과 *Can modern War Be Just?* (New Haven: Yale University Pres, 1984); Michael Wazler의 *Just and Unjust Wars* (New york: Basic Books, 1977); 그리고 William V. O'Brien, *The Conduct of Just and Limited War* (New York: Praeger, 1981).

합법적(정당한) 권위

1949년의 제4차 제네바 협정의 두 번째 의정서(U.N. Doc. A/32/144 1997)의 본문은 *American Journal of International Law 66* (1978), pp. 438 이하에 인쇄되어 있다.

올바른 의도

여러 제도나 기구가 담고 있는 의도를 분석한 책으로 다음의 것이 있다. Peter French, The Corporation as a Moral Person. *American Philo-sophical Quarterly* 16 (July, 1979); Patricia Werhane, *Persons, Rights, and Corporations* (Englewood Cliffs, NJ: Prentice Hall, 1983).

제2차 세계대전의 태평양 전역(戰域)에 개입한 미국의 동기에 관해서는 John Dower의 *War Without Merch: Race and Power in the Pacific War* (New York: Pantheon Books, 1986)을 보라.

정당한 대의명분

미국인들이 특별히 정당한 명분과 이데올로기의 성전(聖戰)을 잘 구별하지 못하는 이유에 대해서 Robert W. Tucker의 *The Just War* (Balti-more: Johns Hopkins University Press, 1960)을 보라.

유엔헌장에서 '정당한 명분'을 제한하는 것이 어떻게 발전되어 왔는가가 Ruth B. Russell, *A Histoy of the United Nations Charter* (Washing-ton, D.C.: Brookings Institution, 1958)에 설명되어 있다. 국가적 자위(自衛)와 침략에 대한 자세한 분석이 다음 책에 나타나 있다. Julius Stone, *Aggression and World Order* (Berkeley: University of California Press, 1958); D. W. Bowett, *Self-Defence in International Law* (Man-chester: Manchester University Press, 1958); 그리고 Ian Bronlie, *International Law and the Use of Force by States* (Oxford: Clarendon Press,

1963). 1974년 유엔총회에 의해서 채택된 침략에 관한 정의를 주의 깊게 분석한 것이 Yehuda Mezler의 *Concept of Just War* (Leiden: Sijthoff, 1975)에 있다.

예방적 자기 방어와 정당한 대의명분

6일 전쟁에 관해서 표면에 드러나지 않은 정보가 Michael Howard와 Robert Hunter의 공저 *Israel and the Arab World: The Crisis of 1967* (London: Institute for Strategic Studies, 1967)에 실려 있다.

6일 전쟁의 시작에 대해서 본 저서가 분석한 것과는 다른 분석을 제공하지만 결국 이스라엘의 공격을 너그럽게 인정해 주는 분석이 Michael Wazler의 *Just and Unjust Wars*에 나온다.

외세개입과 정당한 대의명분

다음의 책들은 외세개입의 복잡한 문제들을 훌륭하게 논의했다.: Stanley Hoffman, *Duties Beyond Borders* (Syracuse, NY: Syracuse University Press, 1981)와 Roland J. Stanger ed., *Essays on Intervention* (Colum-bus: Ohio State University Press, 1965); James N. Rosenau, The Concept of Intervention, *Journal of International Affairs* 22 (1968): 165-176; R. J. Vincent, *Nonintervention and International Order* (Princetion, NJ: Princeton University Press, 1974); Lan Biuwnli, Humanitarian Intervention, in *Law and Civil War in the Modern World*, ed. Jhon Norton Moore (Baltimore: Johns Hopkins University Press, 1974); Stephen J. Solarz, When to Intervene, Foreign Policy 63 (Summer 1986): 20-39; 그리고 Jefferson McMahan, The Ethics of Intervention, in *political Realism and Interbational Morality*, ed. D. Meyers and K. Kipnis (Boulder: Westview, 1987).

최근 미국의 외세개입에 대해서 날카롭게 비판적 해석을 가한 책으로, Michael T. Klare의 *Beyond the vietnam Syndrome: US Interventionism in the 1980s* (Washington, D.C.: Institute for Policy Studies, 1981)가 있다.

그러나 Klare의 책을 읽고서 초강대국들은 다른 나라의 내정에 전혀 간섭하지 않을 것을 맹세해야 한다고 결론을 내리는 독자들은 악평이 난 불간섭의 예들을 다름의 책을 통해서 숙고할 필요가 있다: William Shawcross, *The Quality of Mercy: Cambodia, Holocaust, and Modern Conscience* (New York: Simon and Shuster, 1984); David S. Wyman, *Abandonment of the Jews* (New York: Pantheon Books, 1984).

1971년의 인도-파키스탄 전쟁

인도-파키스탄의 전쟁의 배경이 Russell Brines, *The Indo Pakistani Conflict* (London: Pall Mall, 1968)에 나열되어 있고 군사적 이야기에 대해서는 Lord Carver, *War Since 1945* (New York: Putnam's 1981)의 11장을 보라. 그 전쟁으로 인도 측에서 변증의 문헌들이 나오게 되었는데 다음의 것들이 있다. B. M. Caul, *Confrontation with Pakistan* (Delhi: Vikas, 1971); D. R. Mankekar, *Pakistan Cut to Size* (New Delhi: India Book Publishing, 1971). 그리고 또한 Thomas M. Franck and Nigel S. Rodley, After Bangladesh: The Law of Humanitarian Intervention by Military Force, *American Journal of international Law* 62 (1973): 275-305.

동파키스탄에서 벌어진 대량 학살의 증거에도 불구하고 미국은 개입을 반대했고 인도에 반대하는 경향을 띠었다. 개입에 반대한 부자연스러운 이론적 근거가 Henry Kissinger가 쓴 *White House Years* (Boston: Little Brown, 1979)에 나와 있다.

1981년의 오시라크 공습

Shai Feldman, The Bombing of Revisited, *International Security* 7, no. 2 (Fall 1982): 114-142를 보라.

균형(비례)의 규칙

균형의 규칙 분석을 위해서 Myres McDougal and Florentino Feliciano, *Law and Minimum World Public Order* (New Haven: Yale University Press, 1961), p. 242 이하를 보라.

정당한 명분과 균형의 규칙 간의 비교

1914년의 벨기에의 결정에 대해서 Barbara Tuchman, *The Guns of August* (New York: Macmillan, 1962)에 다채로운 설명이 나와 있다. 본 저서는 러시아와 핀란드의 전쟁에 대해서 일반적 견해와는 다른 견해를 피력하고 있는데 이를 위해서 D. F. Fleming, *The Cold War and its Origins* (Farden Cith, NY: Doubleday, 1961)를 보라. 정의로운 전쟁의 이론에서 '극단적 긴급사태(extreme emergency)'가 허점이 되는 것에 대한 논의롤 위해서 Michael Walzer의 *Just and Unjust Wars*를 보라.

정당한 결과

한국전에 대한 이야기는 Robert Leckie, *The Korean War* (New York: Putnam, 1962); Barry J. Middleton, *The Compact History of the Korean War* (New York: Hawthorne Books, 1965)에 나와 있다. 1967년에 이스라엘이 점령한 영토들을 도덕적으로 인정할 수 없다고 강력히 주장한 글은 Edward W. Said, *The Question of Palestine* (New York: Times Books, 1979)이다.

Jus Ad Bellum과 베트남

베트남전에서 벌어진 사건들에 관한 이야기는 다음의 책들을 보라: George C. Herring, *America's Longest War: The U.S. and Vietnam* (Philadelphia: Temple University Press, 1982); Stanley Karnow, Vietnam: *A History* (New York: Viking, 1983); The Vietnam Reader, ed. Marcus Raskin and Bernard Fall (New York: New American Library, 1981). 미국 정책의 역사에 관해서는 미 국무성의 한때 비밀 문서였던, *Pentagon Papers*, ed. Mike Gravel (Boston: Beacon Press, 1971)가 가장 뛰어나다.

미국 측의 군사적 전술의 분석에 대해서는 Guenter Lewy, *America in Vietnam* (New York: Oxford University Press, 1978); William Westmoreland, *A Soldier Reports* (Garden City, NY: Doubleday, 1976); Douglas Kinnard, *The War Managers* (Hanover, NH: University Press of New England, 1977); Leslie Gelb and Richard Betts, *The Irony of Vietnam: The System Worked* (Washington, D.C.: Brookings Institution, 1979); Harry Summers, Jr., *On Strategy: A Critical Analysis of the Vietnam War* (Novato, CA: Presidio Press, 1982); 그리고 Andrew F. Krepinevich, Jr., *The Army and Vietnam* (Baltimore: Johns Hopkins University Press, 1986). 베트남 측의 전술에 대한 분석은 Vo Nguyen Giap, *Big Victory, Great Task* (London: Pall Mall, 1968); Robert J. O'Neill, *The Strategy of General Giap Since 1964* (Canberra: Australian National University Press, 1969)를 보라.

베트남전의 배경에 대한 연구로서 훌륭한 책은 Bernard Fall, *Street Without Joy* (Londin: Pall Mall, 1964); G. Kahlin and John Lewis, *The United States in Vietnam* (New York: Dial Press, 1969); 특히 Frances Fitzgerald, Fire in the Lake (Boston: Atlantic, Little brown, 1972)이다.

미국의 베트남전의 개입에 대한, 미 국무성의 법적인 정당화에 대해서는 "Aggression from the North: Legal Basis for United States Actions Against North Vietnam" (February 1965), reprinted in *Fall and Raskin*, pp. 143-155 (이에 대한 비판은 I, F, Stone, *in The Vietnam Reader*, pp. 155-164를 보라); The Legality of United States Participation in the Defense of Vietnam, (4 March 1966), reprinted *The Vietnam War and International Law*, I, ed. Richard Falk (Princeton, NJ: Princeton University Press, 1968); John Norton Moore, The Lawfulness of Military Assistance to the Republic of Viet-Nam, *American Journal of International Law* 1-34 (1967). 베트남전의 미국의 개입에 대한 도덕적 정당성에 대한 논의들이 William O'Brien, *The Conduct of Just and Limited War* (New York: Praeger, 1981)에 있다. 베트남에 대한 개입은 도덕적인 의무였다는 더 강력한 주장이 Norman Podhoretz의 *Why We Were in Vietnam* (New York: Simon and Schuster, 1983)에 나와 있다. 미국의 베트남 개입에 대한 비판은 그 개입이 장기적으로 볼 때 미국의 이익에 반대된다는 것을 입증하는 방향으로 흘러갔다. 예를 들면 J. W. Fulbright, *The Arrogance of Power* (New York: Random House, 1966)와 Barbara Tuchman, *The March of Folly* (New York: Knopf, 1984)와 같은 책이다.

미국의 베트남 개입은 불법적이라는 주장은 다음의 글에서 나온다.: Richard A. Falk in International Law and United States Intervention in Vietnam, *Yale Law Journal 1051-1094* (1967); Charles Caumont in A Critical Study of American Intervention in Vietnam. (1968), reprinted in *The Vietnam War and International Law*, II, ed. Richard Falk (Princeton, NJ: Princeton University Press, 1969). 미국의 개입의 부도덕성에 대한 논의로서 자유주의적 원칙의 관점에서 본 것은 George C. Herring, *America's Longest War* (New York: John Wiley, 1979); 인권의 관점에서 본 것은 Michael Walzer의 *Just and Unjust Wars*; 그리고 기독교적 윤리의 관점에서 본 것은, Clergy and Laity Concerned about Vietnam에 나오는 *In the Name of America* (Annandale, VA: Turnpike Press, 1968)이다. 미국 개입의 악의적 성격에 대한 논의는, Carl Oglesby and Richard shaull, *Containment and change* (Toronto: Macmillan, 1967); Wiliiam Shawcross, *Sideshow: Nixon, kissinger, and the Destruction of Cambodia* (New York: Simon and Schuster, 1979)에 있다.

합법적 권위

사이공 정권의 합법성의 논의에 대한 첫 시작은 1955년의 제네바 협정에서이다. 이것은 재출판한 *The Vietnam War and International Law*, I 에 있다. 베트공(vietcong)의 무력 사용의 합법성에 대해서는 Thomas M. Franck and Nigel S. Rodely, Legitimacy and Legal Rights of Revolutionary Government of south Vietnam. (1970), reprinted in *The Vietnam War and International Law*, ed. Richard Falk, III (Princeton, NJ: Princeton University Press, 1972)을 보라.

베트남전에 대해서 미국 대통령이 선전포고 없이 개입한 것의 합헌성에 대한 논의는, Francis Wormuth의 팜플렛, "The Vietnam War: The President versus the Constitution, reprinted in *The Vietnam War and International Law*, II를 보라.

올바른 의도

미국 측의 의도에 관한 연구는, David Halberstam, *The Best and the Brightest* (New York: Random house, 1972); William Colby and peter Forbath, *Honorable Men* (New York: Simon and schuster, 1978); Wallace Thies, *When Governments Collide: Coercion and Diplomacy in the vietnam Conflict 1964-68* (Berkeley: University of California Press, 1980)을 보라. 베트남전을 일으킨 주요한 인물의 의도에 관해서는, Lyndon B. Johnson, *The Vantange Point* (New York: Holt, Rinehart, and Winston, 1971)를 보라.

정당한 명분

1964년의 통킹만 사건에 대한 이야기는 다음의 책에 자세히 설명되어 있다. Joseph C. Goulden, *Truth is the First Casualty: The Gulf of Tonkin Affair-Illusion and Reality* (Chicago: Rand McNally, 1969); 그리고 Eugene Windchy, *Tonkin Gulf* (Garden City, NY: Doubleday, 1971).

균형

베트남전에 균형의 규칙을 적용한 것이, O'Brien, *The Conduct of Just and Limited War*, 5장에 나오며, 또한 Eliot Hawkins, An Approach to Issues of International Law Raised by United States Conduct m Vietnam, in *The Vietnam War and International Law*, I에 나와 있다.

베트남전에서 미국의 계획을 수행하기가 엄청나게 어렵다는 설명이 NLF를 지지하는 저널리스트 Wilfrid Burchett가 쓴 *Vietnam: The Inside Story of a Guerrilla War* (New York: International Publishers, 1965)에 나와 있다. 그러나 미국의 정책 입안자들은 자기들이 더 잘 알고 있다고 생각하면서 이 논의를 무시했다. 미국의 군사적 방법에 의해서 베트남에서 든 비용이 Jonathan Schell, *The Military Half* (New York: Knopf, 1968)에 상세하게 설명되어 있다.

정의로운 평화

개인적인 입장에서 베트남전쟁의 대단원의 아이러니를 날카롭게 표현한 책은 Truong Nhu Tang, *A Vietcong Memoir* (New York: Random House, 1985)이다.

4. 정의 전쟁론 II: 유스 인 벨로

전시법규와 그것의 역사에 관한 서론에 대해서 2개의 뛰어난 글이 있다. Sidney Bailey, *Prohibitions and Restraints in War* (New York: Oxford University Press, 1972); 그리고 Geoffrey Best, *Humanity in Warfare* (New York: Colombia University Press, 1972). 또한 Michael Howard, *Restraints on War* (Oxford: Oxford University Press, 1979)를 보라.

필요, 균형, 그리고 차별

필요의 원리에 대해서는 다음의 글들을 참조하라. Paul Weiden, Necessity in International Law, *Transactions of the Grotius Society* 24 (1939); N. C. H. Dunbar, Military Necessity in War Crimes Trials. *British Year Book of International Law* 29 (1952); 그리고 William O'Brien, The Meaning of 'Military Necessity' in International Law, *World Policy* I (1957).

균형의 원리에 대해서는 종종 특별한 군사적 보복에 대한 합법성과 연관 되어서 논의된다. 이를 위해서 Nicholas Greenwood Onuf, *Reprisals: Rituals. Rules, Rationales, Research Monograph* 42 (Princeton, NJ: Center for International Studies, Woodrow Wilson School of Public and International Affairs, 1974)를 보라.

비전투원 보호의 원리에 관해서 Lester Nurick, The Distinction Between Combatants and Noncombatants in the Law of War, *American Journal of International Law* 39 (1945): pp. 680-697; Shelly Hartigan, *The Forgotten Victim: A History of the Civilian* (Chicago: Precedent Publishing, 1982)을 참조하라. 전시의 민간인의 권리의 관해 서 가장주도적인 텍스트는 1949년의 제4제네바협정이다. Convention Relative to the Protection of Civilian Persons in Times of War, reprinted in Leon Friedman, *The Laws of War: A Documentary History* (New York: Random House, 1972). 비전투원 보호의 개념에 포함된 복 잡한 철학적 배경에 관해서 다음의 글을 보라. Robert K. Fullinwider, War and Innocence. *Philosophy and Public Affairs* (Fall 1975); Lawrence A. Alexander, Self-Defense and the Killing of Noncom-batants, *Philosophy and Public Affairs* (Summer 1976).

Jus in Bello의 이론의 필요성

새로운 도덕적 기반의 필요를 입증하는 전시 법규에 대해서 회의적 관점에 대해서 Donald A. Wells, *War Crimes and the Laws of War* (Lan-ham, MD: University Press of America, 1984)를 보라.

전시 법규는 단지 합의에 불과한 것인가?

이 견해에 대한 전형적인 옹호는 George Mavrodes, Conventions and the Morality of War, *Philosophy and Public Affairs* (Winter 1975)를 보라.

약속으로서의 전시 법규

전시 법규의 비 계약론적 성격은 제 2차 세계대전 끝에 뉘른베르크의 전범 재판에서 추정된 것이다. 당시에 그러한 추정은 논쟁의 대상이었지만 지금은 일반적으로 받아들여지는 이론이다.

전시 법규와 공리주의公利主義

전시 법규에 대한 한 중요한 공리주의적 분석이 Richard Brandt, Utilitarianism and the Laws of War, *Philosophy and Public Affairs* 1, no. 2 (Winter 1972)에 있다.

여기에서의 공리주의는 전통적인 공리주의로서, 한 행위자가 고정되었다고 가정된 상황에서 (다른 행위자들의 선택을 포함한) 선을 최대화하려고 하는 공리주의를 말한다. 아마도 전시 법규에 대해서 더 강력한 공리주의적 분석은 이러한 가정을 버린 현대의 준 공리주의적 체계를 통해서 제공될 수 있다. Donald Regan, *Utilitarianism and Co-Operation* (Oxford: Oxford university Press, 1982)과 David Gauthier, *Morals by Agreement* (Oxford: Clarendon Press, 1986)를 참조하라.

비전투원 보호와 기사도 정신

기사제도 시기의 전시 법규는 Maurice H. Keen, *The Laws of War in the Late Middle Ages* (Toronto: University of Toronto Press, 1965)에 묘사되어 있다.

직접적인 살해와 간접적인 살해

직접적 살해와 간접적 살해의 구별을 처음으로 개발한 사람은 Jeremy Bentham인 것 같다. 이것은 그의 책 *Principles of Morals and of Legislation*의 8장에 나온다. 이에 대해서 더 읽을거리들은 이 책, 2장 '반전 평화주의'의 더 읽을거리에 있다.

전략적 폭격의 경우

전략적 폭격에 대한 간략한 역사를 훌륭하게 기록한 책은 Lee Kennett, *A History of Strategic Bombing* (New York: Scribnee's, 1982)이다.

Guilio Douhet의 여러 작품들이 Dino Ferrari에 의해서 번역되었고 함께 묶어서 *Command of the Air* (New York: Coward-McCann, 1942)라는 제목으로 출간 되었다. 공중전에 대한 헤이그 협정의 내용이 Leon Friedman, *The laws of War*에 실려 있다.

제 1, 2차 세계대전 사이에 J. M. Spaight가 공군력에 대해서 쓴 많은 책 가운데서 가장 중요한 두 책은 *Air Power and War Rights* (London: Longmans, Green, 1924)와 *Air Power and the Cities* (London: Longmans, Green, 1930)이다.

독일에 대한 폭격기 공격

영국 폭격기 공격에 대한 공식적 역사는 Sir Charles Webster와 Noble Frankland가 쓴 *The Strategic Air Offensive Against Germany*, 4 vlos. (London: Her Majesty's Stationary Office, 1961)이다. 한 권으로 쓰여 진 훌륭한 역사책은 Max Hastings, *Bomber Command* (New York: Dial, 1979)이다. 영국의 폭격 정책의 변화에 대해서 현란할 정도로 자세히 쓴 책은 Anthony Verrier, *The Bomber Offensive* (New York: Macmillan, 1968)이다.

1942년 이후 계속된 폭격전투에 대한 정당화가 그것을 직접 이끌었던 사람에 의하여 쓰인 책이 있다. Arther Harris, *Bomer Offensive* (London: Collings, 1947). 폭격을 더욱 정당화한 책이 J. M. Spaight, *Bombing Vindicated* (London: Geoffrey Bles, 1944)이다.

폭격전을 비판하는 글은 F. J. P. Veale, *Advance to Barbarism* (London: Thompson and Smith, 1948); Sir Gerald Dickens, *Bombing and Strategy: The Fallacy of Total War* (London: Sampson Low, Marston, 1949); Hans Rumpf, *The Bombing of Germany* (London: White Lion, 1963)를 보라. 폭격전의 표적이 되는 것이 어떤 것인가에 대한 설명은 Hastings, *Bomber Command*, 13장, Alexander McKee, *Dresden: The Devil's Tinderbox* (New York: Dutton, 1982);

Martin Middlebrook, *The Battle of Hamburg* (New York: Scribner's, 1981); Kurt Vonnegut, *Slaughterhouse Five* (New York: Delacorte, 1969)에 있다.

Bell 주교의 연설문 전체는 George Bell, *The Church and Humanity* (London: Longmans, 1946)에 실려 있다.

미국의 폭격과 히로시마

미국의 폭격전에 관한 공식적 역사는 Wesley Frank Craven and James Lea Cate, *The Army Air Force in the World War II*, 7 vols. (Chicago: University of Chicago Press, 1948-1958)를 보라. 공준의 전략적 폭격에 대한 전후 평가는 David MacIssac에 의해서 편집되고, *The United States Strategic Bombing Survey*, 10 vols. (New York: Garland, 1976)라는 제목으로 재발행 되었다.

유럽에서의 미국의 폭격 정책의 진전에 대해서는 Thomas M. Coffey, *Decision over Schweinfurt: The U. S. 8th Air Force Battle for Day-light Bombing* (New York: David MacKay, 1977)을 보라. 태평양에서 미국의 폭격 정책의 진전에 대해서 Kennett, History of Strategic Bombing에 잘 요약되어 있다. 일본 폭격에 대해서 폭격 대원의 관점에서 쓰인 책은 Wilbur H. Morrison, *Point of No Return* (New York: Times Books, 1979)이며, 땅에 있는 사람들의 관점에서 쓰인 책은 Martin Caidin, *A Torch to the Enemy: The Fire Raid on Tokyo* (New York: Ballantine Books, 1960)이다. 미국의 폭격 정책에 대해서 가장 자세하게 그리고 설득력 있게 쓴 책은 Michael Sherry, *The Rise of American Air Power* (New Haven: Yale University Press, 1987)이다. 원자폭탄의 발명에 이르게 된 과학적 단계를 다룬 책으로 Ronald Clark, *The Greatest Power on Earth* (New York: Harper and Row, 1980)가 있다. 원자폭탄을 투하하기로 결정하기까지의 역사에 대해서 반 공식적인 문서로 쓰인 책이 Richard Hewlitt and Oscar Anderson, *History of the Atomic Energy Commission, Vol I: The New World* (University Park: State University of Pennsylvania Press, 1962)이다. 그리고 더 비 판적으로 쓰여진 책은 Gregg Herken, *The Winning Weapon* (New York: Knopf, 1980)이다, Leo Szilard와 다른 원자 과학자들이 도시에 원자폭탄을 투하하는 것을 반대한 것에 대해서 연대기적으로 쓴 책은 Alice Kimball Smith, *A Peril and a Hope* (Chicago: University of Chicago Press, 1965)이다.

원자폭탄이 히로시마의 사람들에게 끼친 영향에 대해서는 John Hersey, *Hiroshima* (New York: Knopf, 1946); M. Hachiya, *Hiroshima Diary* (Chapel Hill: University of North Carolina Press, 1955); Masuji Ibuse, *Black Rain* (Tokyo: Kodansha International, 1959)을 보면 된다. 또한

원자폭격에 대해서 어린이들이 감동적으로 묘사한 것들이 Akira Osada에 의해서 *Children of the A-Bomb* (Tokyo: Uchida, 1969)에 편집되어 있다. 원자폭격의 영향에 대한 가장 완전한 보고서는 Committee for the Compilation of Materials on Damage Caused by the Atomic Bombs, *Hiroshima and Nagasaki: The Physical, Medical, and Social Effects of the Atomic Bombings* (New York: Basic Books, 1981)이다. 히로시마의 폭격의 도덕성에 관한 토론을 위해서 제일 먼저 보기에 좋은 글들이 John C. Baker가 편집한 *The Great Decision* (New York: Holt, Rinehart, Winston, 1968)에 나와 있다. 자세한 정보에 근거한 판단을 위해서 가장 중요한 역사적 데이터의 일부가 Herbert Feis, *The Atomic Bomb and the End of World War II* (Princeton, NJ: Princeton University Press, 1966)과 Rufus E. Miles, The Strange Myth of a Million Lives Saved, *International Security* 10, no.2 (Fall 1985): pp. 121-140에 있다.

트루먼 대통령의 히로시마 공습에 대한 발표문이 Barton J. Bernstein이 편집한 *The Truman Administration: A Documentary History* (New York: Harper and Row, 1966)에 있다. 이 책의 인용문에는 '중요한 군사 기지'라고 씌어 있는데, 라디오 방송 테이프에서는 트루먼이 '중요한'이라는 말을 뺐다.

혁명적 전쟁과 반 게릴라전 전략

반 게릴라전에 관한 책에는 다음과 같은 것들이 있다: John McCuen, *The Art of Counter-Revolutionary War: The Strategy of Counter-insurgency* (Harrisburg, PA: Stackpole, 1966); Carl Leiden and Karl Schmitt, *The Politics of Violence* (Englewood Cliffs, NJ: Prentice Hall, 1968); Julian Paget, *Counterinsurgency Operations* (New York: Walker, 1967); Walter Laqueur, *Guerrilla: A Historical and Critical Study* (Boston: Little, Brown, 1976); Douglas Bluefarb, *The Counterinsurgency Era: U. S. Doctrine and Performance* (New York: Free Press, 1977). 특수한 반 게릴라전에 관한 것은 다음의 책들이다: Frances Lucille Starner, *Magsaysay and the Philippine Peasantry* (Berkeley: University of California Press, 1961); Sir Robert Thompson, *Defeating Communist Insurgency: The Lesson of Malaya and Vietnam* (New York; Praeger, 1966); John Talbott, *The War Without a Name: France in Algeria* (London: Faber and Faber, 1981).

고문

반 게릴라 전술의 하나로서의 고문을 이용한 예로서 가장 많이 논의되는 것이 프랑스 군대가 알제리에서 고문을 사용한 예인데, 이것이 Talbott, *The War Without a Name* 5장에 나와 있다. 이 주제에 대해서 몇 안 되는 재미있는 논의 중에 한 철학자의 논의가 있는데, Henry Shue, Torture, *Philosophy and Public Affairs* 7, no 2 (Winter 1978): pp. 124-144에 있다.

암살

이 주제에 대해서 철학자들이 쓴 에세이를 모아놓은 책으로 Harold Zellner가 편집한 *Assassination* (Cambridge, MA: Schenkman, 1974)이 있다.

전범과 명령에 대한 책임: 미라이 대량학살

베트남에서의 미군들의 경험에 관해서는 다음 책들을 보라: Ron Kovic, *Born on the Fourth of July* (New York: McGraw-Hill, 1977); Philip Caputo, *A Rumor of War* (New York: Holt, Rinehart, and Winston, 1977); Tim O'Brien, *Going After Cacciato* (New York: Delacorte Press, 1978); James Webb, *Fields of Fire* (New York: Bantam Books, 1979); Michael Herr, *Dispatches* (New York; Avon, 1980); Al Santoli, *Everything We Had* (New York: Random House, 1981). 미라이 학살에 대해서 최초로 저널 식으로 설명한 책은 Seymour Hersh, *My Lai 4* (New York: Random House, 1970)이다. 군의 공식적 보고서는 W. R. Peers, *The Mylai Inquiry* (New York: Norton, 1979)에 요약되어 있다. Calley 자신의 견해는(그가 John Sack에게 이야기 하는 식으로 쓰였다) *Lt. Calley: His Own Story* (New York: Vintage, 1971)와 Richard Hammer, *The Court Martial of It. Calley* (New York: Coward McCann, 1971)에 있다.

미라이 학살에 대한 책임의 문제를 다룬 것들은 다음을 보라: Taylor, *Nuremberg and Vietnam: An American Tragedy* (Chicago: Quadrangle, 1970); *The Vietnam War and International Law*, III (Princeton: Princeton University Press, 1972)에 실린 Alfred Rubin, Legal Aspects of the My Lai Incident. (1970), Richard Falk, Son My: War Crimes and Individual Responsibility (1971), Legal Aspects of the My Lai Incident: A Response to Professor Rubin (1971); William Hays Parks, Command Responsibility for War Crimes, *Military Law Review* 62 (1973); 그리고 *The My Lai Massacre and Its Cover-up*, ed. Joseph Goldstein, Burke Marshall, and Jack Schwartz (New York: Free Press, 1979). 또한 *Law and Responsibility in Warfare: The Vietnam Experience*, ed. Peter D. Trooboff (Chapel Hill: University of North Carolina Press, 1975)에 실린 에세이들을 보라. 베트남에서 벌어진 다른 전범죄를 보기 위해서는 *Against the Crime of Silence: Proceedings of the Russell International War Crimes Tribunal*, ed. John Duffet

(Flanders, NJ: O'Hare Publications, 1968)를 보라.

테러리즘과 반 테러리즘

테러리즘에 대한 분석은 다음의 글들을 보라: Walter Laqueur, Inter-pretations of Terrorism: Fact, Fiction, and Political Science, *Journal of Contemporary History* 12 (1977): pp. 1-42; *Terrorism* (Boston: Little, Brown, 1977); H. Edward Price. The Strategy and Tactics of Revolutionary Terrorism, *Comparative Studies in Society and History* 19 (1977): pp. 52-56; Martha Crenshaw Hutchinson, *Revolutionary Terrorism: The FLN in Algeria* (Stanford, CA: Stanford University Press, 1978); David C. Rapaport and Yonah Alexander, *The Morality of Terrorism: Religious and Secular justification* (New York: Pergamon press, 1982); Franklin Ford, *Political Murder: From Tyrannicide to Terrorism* (Cambridge, MA: Harvard University Press 1985). 테러리즘에 대한 준 공식적인 관점이 Report of the Vice-President's Task Force on combating Terrorism,(Washington, D.C.: U. S. Goverment Printing Office, February 1986)에 실려있다.

국가가 지원하는 테러리즘과 국가보다 작은 단위의 테러리즘의 비교를 위해서 Edward S. Herman, *The Real Terrorist Network* (Boston: South End Press, 1984)를 보라. 이 책에서 CIA는 국가보다 작은 단위의 테러리즘에 희생당한 수가 3,668명이라고 한다. 또한 *Patterns of International Terrorism, 1980* (Washinton, D.C.: U. S. Government Printing Office, June 1981), p. ii를 보라.

엔테베 습격

이 책에서 설명한 엔테베 습격의 기사는 주로 *New York Times*와 *Facts on File*에서 인용했다. 몇몇 저널에서 나온 이야기 중의 하나는 William Stevenson, *90 Minutes at Entebbe Rescue* (New York: Bantam, 1976)에 있다. 또한 Yesh'yahu Ben Porat, *Entebbe Rescue* (New York: Delacorte, 1977); Michael Goldberg, *Namesake* (New Haven: Yale University Press, 1982)를 보라.

리비아에 대한 공격

이 책에서 리비아에 대한 공격에 대한 기사는 *New York Times*와 *Facts on File*에서 인용했고, Seymour Hersh, Target Qaddafi, *New York Times Magazine* (22 February 1987)를 참조해서 보충했다. Robert Oakley는 "International Terrorism", *Foreign Affairs* 65, no.3 (December 1986)에서 리비아 공격을 옹호하고 있다. 테러리즘에 대한 강경한 노선을 옹호하는 다른 저자들이 있다. George Shultz가 1984년 10월 25일에 Park Avenue Synagogue에서 한 연설들이 *Terrorism*, ed. Bonnie Szumski (St. Paul, MN: Greenhaven, 1986)에 실려 있다. 또한 Robert H. Kupperman, Terrorism and Public Policy: Domestic Impacts, International Threats, in *American Violence and Public Policy*, ed. Lynn A. Curtis (New Haven:Yale University Press, 1985); *Terrorism: How the West Can Win*, ed. Benzion Netanyahu (New York: Farrar, Strauss, Giroux, 1986). 더 광범위한 접근이 George Ball에 의해서 Shultz Was Wrong on Terrorism, *New York Times* (16 December 1984)에서 전개되고 있다.

리비아 공격 이후에 관한 더욱 흥미 있는 연구 중의 일부가 다음에 들어 있다. Christopher H. Pyle, Defining Terrorism, *Foreign Policy* 64 (Fall 1986): pp. 63-78; Richard L. Rubenstein, *Alchemists of Revolution: Terrorism in the Modern World* (New York: Basic Books, 1987); Walter Reich, How the President Can Thwart Terror, *New York Times* (19 February 1987); Jeffrey D. Simon, Misunderstanding Terrorism, *Foreign Policy* 67 (Summer 1987): pp. 104-120.

5. 핵전쟁과 핵억제

핵무기 정책의 요소들

히로시마의 폭격의 결과에 대한 설명은 이 책의 4장 4절에 나와 있는 "American Bombing and Hiroshima"를 참조해서 보라. 핵무기와 핵 발사 체제에 대해서 더 상세한 정보는 *Nuclear Weapons Databooks*, ed. T. Cochran et al. (Cambridge, MA: 1984-)에 있다. 세계의 핵 군사력에 관한 최신의 리스트는 Institute of Strategic Studies(London)에서 매년 발행하는 *The Military Balance*를 보라. 6만 개의 핵탄두란 숫자는 U.S. Department of Defense Study에서 발췌한 것이다. Richard Halloran, "Soviets Said to Lead by 8,000 Warheads", *New york Times* (18 June 1984)를 보라.

상쇄전략

상쇄 전략에 대한 설명은 Desmond Ball, *Targeting for Strategic Deterrence* (London: Institute for Strategic Studies, 1983); Jeffrey Richelson, "PD-59, NSCC-13, and the Reagan

Strategic Modernization Program", *Journal of Strategic Studies* 6, no. 2 (June 1983); Michio Kaku and Daniel Axelrod, *To Win a Nuclear War* (Boston: South End press, 1986)에 있다.

상쇄 전략을 논리 정연하게 옹호한 글은 전 국방장관 Harold Brown이 쓴 *Annual Report of the Secretary of Defense to the Congress of the United States for The Fiscal Year 1979-80* (Washington, D.C.: U.S. Government Printing Office, 1979)과 Colin Gray와 Keith Payne이 쓴 "Victory Is Possible", *Foreign Policy* (Summer 1980)를 보라. 상쇄 전략과 그것의 선구자들이 평화를 지키기 위해서 공들여 만든 논변이 국방 장관 Casper Weinberger가 쓴 "Remarks by the Secretary of Defense to the Massachusetts Medical Society", *New England Journal of Medicine* 307, no. 12 (16 September 1982)와 Joseph Nye, jr.가 쓴 *Nuclear Ethics* (New York: Free Press, 1986)에 있다.

상쇄 전략에 대한 우파로부터의 비판

현재의 핵 정책은 미국을 '무방비' 상태로 만든다는 주장은 Donald Graham, *Shall America Be Defended?* (New york: Arlington House, 1979)와 *We Must Defend America* (Chicago: Regnery Gateway, 1983)를 보라. 현재의 정책하에서의 단계적 우세를 확보하는 것에 실패했다는 것은 Colin Gray, *Nuclear Strategy and Strategic Planning* (Philadelphia: Foreign Policy Research Institute, 1984)을 보라. 핵전쟁에서 주도권을 잡는 것에 관한 설명은 David Alan Rosenberg, "A Smoking Radiating Ruin in About Two Hours: American Plans for Nuclear War with the Soviet Union 1954-55", *International Security* 6. no. 3 (Winter 1981-1982)에 나와 있는 Curtis LeMay의 인용문을 보라. 상쇄전략 하에서는 독일을 방위하려면 미국이 위험에 처하게 된다는 주장에 대해서 *Defending a Free Society*, ed. Robert W. Poole, Jr. (Lexington, MA: Lexington Books, 1984)에 있는 Eric Mack의 에세이를 보라.

전략 방위론

고전적 전략 방위론은 Donald Brennan이 쓴 "The Case for Missile Defense", *Foreign Affairs* (April 1969)이다. 전략 방어를 찬성하는 현재의 제안들을 정당화하는 글들은 Donald Graham, *The Nonnuclear Defense of Cities* (Cambridge, MA: Abt Books, 1983); Ronald Reagan, "Speech on Military Spending and a New Defense" [the 'Star Wars' speech], *New York Times* (24 March 1983); George Keyworth, "The Case for Strategic Defense: An Option for a Disarmed World", *Issues in Science and Technology* (Fall 1984); *The President's Strategic Defense*

Initiative (Washington, D.C.: The White House, January 1985); Alan Chalfont, *Star War: Suicide or Survival?* (Boston: Little, Brown, 1986)을 보라.

전략 방위는 자위권에 근거해서 볼 때 도덕적으로 월등하다는 주장은 Jerry Pournelle and Dean Ing, *Mutual Assured Survival* (New York: Baen Books, 1984)과 Robert Jastrow, *How to Make Nuclear Weapons Obsolete* (Boston: Little, Brown, 1985)에서 볼 수 있다. 전략 방위에 대한 도덕적 주장들을 빈틈없이 분석한 것이 *Ethics and Strategic Defense, ed. Douglas Lackey* (Belmont, CA: Wadworth, 1988)에 나와 있다.

전략방위에 대한 반론

전략 방위에 대한 기술적 그리고 전략적 반론들이 Union of Concerned Scientists, *The Fallacy of Star Wars* (New York: Vintage, 1984); Ashton Carter, *Ballistic Missile Defense Technologies* (Washington, D.C.: Congress, Office of Technology Assetment, 1984); Robert M. Bowman, *Star Wars: A Defense Expert's Case Against the Strategic Defense Initiative* (Los Angeles: Tarcher, 1986)에 있다. 전략 방위는 선제공격 체제로 나아가는 조치라는 주장이 E. P. Thompson etal., *Star Wars* (New York: Pantheon Books, 1985); Michio Kaku and Daniel Axelrod, *To Win a Nuclear War*에 실려 있다. 전략 방위는 더 많은 방어가 아니라 더 많은 공격을 낳는다는 게임이론적인 주장은 Gregory Kavka, Space War Ethics, *Ethics* (April 1985)에 나와 있다. 전략 빙어를 찬성하는 도덕적 주장에 대한 반박의 글들이 Kavka, A Critique of Pure Defense, *Journal of Philosophy* (November 1986); 그리고 *The Philosophical Forum* (Autumn 1986)에 나와 있는 Douglas Lackey, Steven Lee, 그리고 Henry Shue의 논문들에 실려 있다.

상쇄 전략에 대한 좌파로부터의 비판

소련의 외교정책은 본질적으로 보수적인 성격을 띠었다는 주장들이 George P. Kennan, *The Nuclear Delusion* (New York: Viking, 1982)에 나와 있다. 전술 핵무기 그리고 전역(戰域) 핵무기는 본질적으로 자멸이라는 주장이 Solly Zuckerman, *Nuclear Illusion and Reality* (New York: Viking, 1982)에 나와 있다. 핵전쟁은 통제가 되지 않는다는 주장은 Desmond Ball, *Can Nuclear War Be Controlled?* (London: Institute for Strategic Studies, 1979); Ian Clark, *Limited Nuclear War: Political Theory and War Conventions* (Princeton, NJ: Princeton University Press, 1982)에 나와 있다. 상쇄전략 하에서는 핵무기를 먼저 사용하게끔 될 수밖에 없다는 주장이 Robert Aldridge, *First Strike! The Pentagon's Strategy for Nuclear War* (London: Pluto Press,

1983)에 나와 있다.

상쇄전략이 무기경쟁을 일으키는 측면을 지니고 있다는 것이 Louis Rene Beres, *Mimicking Sisyphus: America's Countervailing Nuclear Strategy* (Lexington, MA: Lexington Books, 1982)에 설명되어 있다. 우발적 핵전쟁의 문제점에 대한 조사가 Daniel Frei, *Risks of Unintentional Nuclear War* (Totowa, NJ: Allanheld, Osmun, 1983); Dan Ford, *The Button* (New York: Simon and Schuster, 1985); *Peace Research Review* 10, no. 3과 10, no. 4 (1986)에 나와 있다.

상쇄 전략을 찬성하는 전략적 주장들을 포괄적으로 반박하는 글은 Robert Jervis, *The Illogic of Nuclear Strategy* (Ithaca, NY: Cornell University Press, 1983)이다.

원자폭탄에 대한 두 견해

핵전쟁 이론의 발전을 상세히 검토한 것은 David Alan Rosenberg, The Origin of Overkill: Nuclear Weapon and American Strategy, *International Security* 7, no. 4 (Spring 1983)이다. 또한 Kaku and Axelrod, *To Win a Nuclear War*를 보라. 핵폭탄은 순수한 무기가 아니라는 견해를 옹호하는 글은 Kennan, T*he Nuclear Delusion*; Robert S. McNamara, The Military Role: of Nuclear Weapon, *Foreign Affairs* 62, no. 1 (Fall 1983); Morton Halperin, *Nuclear Fallacy* (Cambridge, MA: Ballinger, 1987)이다.

나가사키에 관한 글은 W. H. Lawrence, Dead Nagasaki Seen From a B-17, *New York Times* (27 August, 1945)로부터 인용했다. 핵무기의 영향이 갖고 있는 특별한 성격에 대한 주장들이 Jonathan Schell, *The Fate of Earth* (New York: Knopf, 1982); Jefferson McMahan과 다른 사람들이 쓴 논문으로 *Nuclear Weapons and the Future of Humanity*, ed. Avner Cohen and Steven Lee (Totowa, NJ: Rowman and Allanheld, 1986)에 실려 있다.

핵폭발로 인한 연기와 먼지가 '핵겨울'을 만들 수 있다는 주장이 R. P. Turco, O. B. Toon, T. P. Ackerman, J. B. Pollack과 Carl Sagan이 쓴 논문들에 나타나는데 이 논문들은 *Science* 222, no. 4630 (December 1983)과 *Scientific American* (August 1984)에 실려 있다. 또한 P. Ehrlich et. al., *The Cold and the Dark* (New York: W. W. Norton, 1984)를 보라. 비판적 평가는 Stanley L. Thompson and Stephen H. Schneider, Nuclear Winter Reappraised, *Foreign Affairs* 64, no. 5 (Summer 1986)를 보라.

한정적 억제

한정적 억제에 요구되는 무기 체제는 다음의 글들에 묘사되어 있다: Richard Garwin, Reducing Dependence on Nuclear Weapons: A Second Nuclear Regime, *Nuclear Weapons and World Politics*, ed. David Gompert et al. (New York: McGraw-Hill, 1977); Boston Study Group, *Winding Down: The Price of defense* (San Francisco: W. H. Freeman, 1978); Harold Feiveson, Richard Ullman, and Frank Van Hippel, Reducing U. S. and Soviet Nuclear Arsenals, Bulletin of the Atomic Scientists 41, no 7 (August 1985), pp. 144-151; Richard Ullman, Nuclear Arms: How Big a Cut? *New York Times Magazine* (17 November 1986); 그리고 Halperin, Nuclear Fallacy.

서부 유럽을 비핵무기로 방위할 수 있는 가능성을 낙관적으로 바라보는 견해가 John J. Mearcheimer, *Conventional Deterrence* (Ithaca, NY: Cornell University Press, 1983); Alternative Defence Commission, *Defense Without the Bomb* (London: Taylor and Francis, 1983)에 논의되어 있다. 이와 관련된 이슈들에 대한 논의를 위해서 McGeorge Bundy, George Kennan, Robert McNamara, and Gerard Smith, Nuclear Weapon and the Atlantic Alliance, *Foreign Affairs* (Spring 1982); *The European Security Study: Strengthening Conventional Deterrence in Europe: Proposals for the 1980's* (New York: St. Martin's Press, 1983); *NATO and the 'No First Use' Question*, ed. Leon V. Sigal (Washington, D.C.: Brookings Institution, 1984)를 보라. 한정적 억제와 같은 체제를 찬성하는 세속적인 도덕적 주장들을 가장 잘 정돈해 놓은 것은 아마도 Gregory Kavka, Nuclear Deterrence: Some Moral Perplexities, in *The Security Gamble*, ed. Douglas Maclean (Totowa, NJ: Rowman and Allanhel, 1984)일 것이다. 한정적 억제와 같은 것을 종교적인 근거에서 찬성하는 주장들이 전국 가톨릭 주교회의에서 승인을 받았는데, 그것이 유명한 목회 편지 "The Challenge of Peace", *Origins* (3 May 1983)에 나와 있다.

우파로부터의 한정적 억제에 대한 비판

한정적 억제는 재래식 전쟁의 위험을 증가시키고, 나아가서 이것은 핵전쟁의 수준으로까지 나아간다는 주장이 Colin Gray, *The MX ICBM and National Security* (New York: Praeger, 1981)에 나와 있다.

미국의 전략 군대를 '꼼짝 못하게 만드는(decapitating)' 공격이 갖고 있는 문제점이 John Steinbruner, Nuclear Decapitation, *Foreign Policy* 45 (Winter 1981-1982); Bruce Blair, *Strategic Command and Control* (Washington, D.C.: Brookings Institution, 1985)에서 논의되고 있다.

1960년대에 핵무기는 모든 핵 국가에게 정복당하지 않을 것을 보장해 준다는 주장이 나왔는데 이것이 Pierre Gallois, *The Balance of Terror* (Boston: Houghton Mifflin, 1961); Karl Kaiser et al., Nuclear Weapons and the Preservation of Peace: A German Response to 'No First Use', *Foreign Affairs* (Summer 1982); 그리고 NATO 사령관 Bernard Rogers의 "The NATO Alliance: Prescriptions for a Difficult Decade", *Foreign Affairs* (Summer 1982)에 실려 있다.

좌파로부터의 한정적 억제에 대한 비판

한정적 억제는 핵무기가 본질적으로 살인적 성격을 지니고 있다는 것을 드러내지 못한다는 주장들을 모은 책이 Richard Falk and Robert Lifton, *Indefensible Weapons* (New York: Harper and Row, 1983)이다. 한정적 억제 전략조차도 도덕적으로 허용할 수 없는 위협과 관련이 되어 있다는 주장이 David Hoekema, The Moral Status of Nuclear Deterrent Threats, *Social Philosophy and Policy* (Autumn 1985)에 제시되어 있다. 그러나 한정적 억제는 살인적인 의도와 관련될 필요가 없다는 주장이 Anthony Kenny, *The Logic Of Detterence* (Chicago: University of Chicago Press, 1985); 그리고 James Sterba, How to Achieve Nuclear Deterrence Without Threatening Nuclear Destruction, in *The Ethics of War and Nuclear Deterrence*, ed. James Sterba (Belmont CA: Wads worth, 1985)에 실려 있다.

한정적 억제는 그 의도에 의해서가 아니라 그 능력에 의해서 '실존적으로' 기능한다는 생각이 McGeorge Bundy, Existential Deterrence and Its Consequences, in *The Security Gamble*, ed. Maclean에 실려 있다.

'X를 의도하는 것'과 'X를 실천하는 것'은 도덕적으로 별개의 것이라는 논제가 Gregory Kavka, Some Paradoxes of Deterrence, *Journal of Philosophy* (June 1978)에서 옹호되고 있다. X를 의도하는 것이 도덕적으로 선한 것이라면 X를 실천하는 것도 도덕적으로 선해야만 한다는 생각이 David Gauthier, Deterrence, Maximization, and Rationality, *Ethics* (April 1984)에 개괄적으로 설명되어 있다.

핵무기 폐기

반격을 하겠다는 위협을 함으로써 핵공격을 저지하려는 정책은 핵전쟁의 위험을 증가시킨다는 주장이 영국의 핵 억제책을 위해서 다음의 책에 그 논리가 전개되어 있다. Jefferson McMhan, *British Nuclear Weapons: For and Against* (London: Junction Books, 1981). 전반적인 핵 억제책은 Douglas Lackey, *Moral Principles and Nuclear Weapons* (Totowa, NJ: Rowman and Allanheld, 1984)에 있다. 핵 폐기가 종말론적 핵전쟁을 미리 막는 데 필요하다는 주장이 Lacky,

Missiles and Morals, *Philosophy and Public Affairs* (Summer 1982)에 게재되어 있다. 핵 억제책이 두 강대국에만 한정되면 더 작은 나라들에게는 공정치 못하다는 주장이 Lacky, *Moral Principles and Nuclear Weapons*에 있다. 핵 억제책은 핵과 무관한 무고한 나라들이 핵의 위험으로부터 자유로워야 한다는 권리를 위반한다는 주장이 Lackey, Immoral Risks, *Social Philosophy and Policy* (Autumn 1985)와 "Taking Risks Seriously", *Journal of Philosophy* (November 1986)에 전개되어 있다.

기독교 윤리에 근거해서 핵 폐기를 주장하는 논변이 연합감리교회 주교 회의에 의해서 제시되었는데 이것이 *In Defense of Creation* (Nashville, TN: Graded Press, 1986)이라는 제목이 붙어 있는 목회 편지와 기초 문서에 실려 있다. 핵 폐기를 주장하는 다른 기독교적 논의들이 *The Moral Rejection of Nuclear Deterrence*, ed. James E. Will (New York: Friendship Press, 1985)에 정리되어 있다.

핵무기 폐기에 대한 비판

핵무기 폐기에 대한 자유주의적 시각으로부터의 반대 주장들이 Leon Wieseltier, *Nuclear War, Nuclear Peace* (New York: Holt, Rinehart, and Winston, 1983)와 Joseph Nye, Jr., *Nuclear Ethics*에 있다. 보수주의적 비판은 Michael Novak, *Moral Clarity in the Nuclear Age* (Nashville, TN: Nelson, 1983); James Child, *Nuclear War: The Moral Dimension* (New Brunswick, NJ: Transaction Books, 1986)에 있다. *The Catholic Bishops and Nuclear War*, ed. Judith Dwyer (Washington, D.C.: Georgetown University Press, 1984)에 실린, 핵전쟁에 대한 전국 가톨릭 주교회의의 입장을 반대하는 많은 비판들은 또한 핵 폐기론에도 적용된다. 미국 대통령은 미국인의 생명을 비미국인의 생명보다 먼저 생각해야 할 특별한 도덕적 의무를 갖고 있다는 주장이 Michael Bayles, *Nuclear War: Philosophical Perspectives*, ed. Michael Fox and Leo Groarke (New York: Peter Lang, 1985)에 나와 있다. 일방적인 핵 폐기에 대한 더 철저한 비판을 위해서는 Gregory Kavka, Doubts About Unilateral Disarmament와 Russell Hardin, Unilateral vs. Multi-lateral Disarmament, *Philosophy and public Affairs* (Summer 1983)를 보라.

군축과 다변적 핵무기 폐기

'전략무기제한협상(SALT-1)' 협정을 이끌어낸 교묘한 전략에 대한 설명을 John Newhouse, *Cold Dawn: The Story of '전략무기제한협상(SALT)'* (New York: Holt Rinehart, and Winston, 1973)에서 보라. 양 핵 강국이 쌍방적 핵 폐기에 참여한다는 것에 대해서 회의적 견해가 Alva

Myrdal, *The Game of Disarmament: How the U.S and the U.S.S.R. Run the arms Race* (New York: Pantheon, 1977)에 나와 있다.

상쇄 전략의 가정 하에서는 두 강대국이 전략 무기에 대해서 죄수의 딜레마에 빠지게 된다. 죄수의 딜레마로부터 빠져나와 제3자로부터의 강요가 필요치 않은 방법들이 Michael Taylor, *Anarchy and Cooperation* (New York: Wiley, 1976); Robert Axelrod, *The Evolution of Cooperation* (New York: Basic Books, 1984); Steven Brams, *Superpower Games* (New Haven: Yale University Press, 1985)에 실려 있다.

원자무기의 국제화를 찬성하는 바루크(Baruch) 안(案)에 관한 비극적 이야기가 Gregg Herken, *The Wining Weapon* (New York: Knopf, 1980)과 Larry G. Gerber, The Baruch Plan and the Cold War, *Diplomatic History* 6 (Winter 1982)에 묘사되어 있다.

상쇄 전략으로부터의 최종적 의견

고도의 정확성을 띤 무기들은 소수로 분산 배치될 때에 선제공격의 위협을 주지 않는다는 주장이 제1급 Scowcroft 위원회(blue-ribbon Scowcroft Commission)에 의해서 MX를 만들기 위한 논변으로 사용되었다. 이 발췌 사본을 *New York Times* (12 April 1983)에서 보라.

전략 방위로부터의 최종적 의견

전략 방어는 불확실성을 낳음으로써 두 핵 강대국의 관계를 안정시켜 준다는 주장이 Herman Kahn, The Case for a Thin System, in *Why ABM?* ed. J. Holst and W. Schneider (New York: Pergamon Press, 1969)에서 시작되었다.

한정적 억제로부터의 최종적 의견

자기 보호를 위해서 위험을 가할 권리(이 권리를 핵의 억제책에는 적용하지 말라는 경고와 함께!)에 대해서 이런 식으로 (이 책, 5장 16절) 하는 주장이 Warren Quinn, The Right to Threaten and the Right to Punish, *Philosophy and Public Affairs* (Fall 1985)에 전개되어 있다.

핵 폐기론에 대한 최종적 의견

테러리스트들에게는 핵을 가지고 공갈을 치는 것이 성공하기 어렵다는 설명이 Thomas Schelling, Thinking About Nuclear Terrorism, *International Security* (Spring 1982)에 실려 있고,

민족국가들에게 성공하기 어렵다는 설명은 Jefferson McMahan, Nuclear Blackmail, in *Dangers of Deterrence*, ed. Kay Pole and Nigel Blake (London: Routledge and Kegan Paul, 1983)에 묘사되어 있다.

'공격 없는 방어'에 대한 설명은 *Defense Without the Bomb*과 Dietrich Fischer, *Preventing War in the Nuclear Age* (Totowa NJ: Rowman and Allanheld, 1984)에 있다. 시민의 저항에 관한 전략은 Anders Boserup and Andrew Mack, *War Without Weapons: Non-Violence in National Defense* (New York: Schocken Books, 1984)와 Gene Sharp, *Making Europe Unconquerable: The Potential of Civilian Based Deterrence and Defense* (London: Taylor and Francis, 1985)에 있다.

| 후기 |

　　전쟁철학 탐구의 대장정을 마치고 난 소회가 깊다. 필자가 클라우제비츠 연구를 한다고 할 때, 공군 전투기조종사 출신이 왜 그런 연구를 하느냐고 모두들 의아해 했다. 클라우제비츠를 지상전 이론가 정도로만 이해하는 전쟁철학을 모르고 하는 말들이었다. 그것이 우리군의 현실이다. 국방참모대학교에서 왈쩌의 『정의의 전쟁과 부정의의 전쟁』을 번역하고 "군사교리를 연구하다보니 비례성의 원칙 등과 관련된 책이어서 번역하였으며 미군장교에게 물어보니 그것은 대단히 어려운 것이며 미국의 군사학교에서는 필수 교과목이라 하더라"6)고 서문에 기술하고 있으며 천안함, 연평도 피격 사건을 겪고 나서야 군에서 '전쟁법' 교육을 실시하는 등 부산을 떨었다. 이러한 정도로 전쟁과 정의를 이해하고 있는 것이 우리 군의 현실이다.

　　또 국방대학교와 각 군 사관학교를 비롯한 일반대학 평화안보대학원 교과목으로 전쟁철학이 개설되어 있지만 세부 요목이 없고 적절한 교재가 없다. 최근 유일하게 전쟁철학이란 제목으로 출판된 책도 강좌 세미나 결과를 엮은 것인데 여기시도 전쟁철학의 개념과 범위를 제시하지 못하고 있다. 이것이 전쟁철학 관련 국내연구의 현 실태이다.

　　2015년 전시작전권이 환수된다. 우여곡절은 겪었지만 전시작전권의 환수는 당연한 것이고 시의적절하다. 당연한 이유라고 하는 것은 그간의 논리대로 자주성에 관한 것이고 시의 적절하다는 것은 통일의 대업을 앞두고 우리의 독자적인 전쟁철학을 정립할 때가 되었다는 것이다.

　　그간 우리는 미국의 전쟁철학, 군사교리와 군사전략을 차용하여 사용하여 왔다. 그러다보니 미군의 군사전략과 작전계획에 우리의 것을 꿰어 넣는 것이 우리의 군사전략이고 작전계획이 되었던 것이다. 전시작전권 환수는 이제 우리의 전쟁철학과 우리의 독자적인 군사교리를 발전시켜야 한다는 것을 의미한다.

　　전쟁철학이란 그러한 것에 대한 지침이 되는 사고를 학문적으로 일컫는 말이다. 저자는

---

6) 마이클 왈쩌, 권영근 외 역 『마르스의 두얼굴: 정의의 전쟁과 부정의 전쟁』(서울: 2007, 연경문화사), pp. 10-11.

본 연구에서 조화적 전쟁철학이란 이름으로 오센틱 전쟁철학 개념을 제시하였다. 전쟁이란 무엇이고 무엇이 되어야만 하는가? 그러한 전쟁은 어떻게 수행되어야하는가? 전쟁이 정당하게 수행되기 위해서는 어떻게 해야 하는가? 하는 전쟁에 대한 규범적 윤리적 접근이다. 불행히도 우리 군은 이러한 문제에 대하여 한 번도 진지하게 고민해 본 적이 없었다. 격동의 역사 속에서 해방과 한국전쟁 그리고 그 이후 한미동맹체제 하에서 북한의 무력도발에 최우선적 대비를 해 오면서 한국의 안보문제를 독자적으로 고민해 볼 여유가 없었고 따라서 미군의 군사제도와 무기체계를 도입하여 운영하면서 미군의 전쟁교훈과 교리를 학습하기에도 버거웠고, 두 번째로는 문제가 있는 것들은 이미 미군들이 감당하여 국내외적으로 심판받은 것들이기 때문에 우리는 그러한 것들에 대해서 신경 쓸 필요가 없었다. 고백하건대 필자도 교리처장으로 재직하면서 한 일이란 미군의 전략전술과 교리를 번역하고 공부하는 일이 전부였다고 할 수 있다.

이제부터 해야 할 일은 너무나 많다. 어떻게 보면 전쟁철학의 범위는 전쟁과 평화에 관한 국제정치와 외교 그리고 국방 군사 분야의 전부라 할 수 있다. 건전한(오센틱) 전쟁철학에 입각한 전쟁과 정치, 전쟁과 전략, 전쟁과 윤리에 관한 과제들을 우선순위를 두어 하나하나 풀어가면서 우리의 독자적인 해법들을 강구해 나가야 할 것이다.

전투에서 싸워 이기는 것의 임무가 군인들에게 주어졌고 이를 위하여 전술 전기를 연마하고 상시대비태세를 유지해야 한다. 일단 전쟁이 벌어지면 전투에서 교전규칙을 준수하여 정당하게 싸워 승리해야 한다(절대전 개념, 군인정신). 이러한 전투의 승리로 국가적 자신감과 대국민 자긍심을 제공하고 억제능력과 협상력을 제고시키며, 전쟁지도자들(정치가)은 전쟁이 확대되지 않도록 제한하며 적국과 협상을 통해 전쟁을 유리한 조건 하에서 종결시켜야 한다. 이러한 전 과정이 국가 이성에 입각한 실천지實踐智(프로네시스)로서 이루어져야 한다.(현실전 개념, 제한전, 정의의 전쟁)

이 두 가지 차원은 확실히 구분이 되어야 한다. 전투와 전쟁 간에 간혹 간섭현상이나 독단현상이 발생하여 문제가 야기된다. 독단현상은 한국전쟁 때 북진을 주장했던 맥아더의 군사중심적 사고가 대표적인 예이며 간섭현상은 2010 천안함 피격을 포함한 북한의 군사적 도발에 대하여 정치 지도부에서 군사적 대응을 못하도록 소극적으로 대응하여 전투 현장이 월남전 말기처럼 우왕좌왕하는 경우이다. 분명한 것은 군사적 대응은 전투에서 단호히 승리하여야 한다는 점이다. 그 승리로부터 정치적 협상력이 생긴다. 실천적 지혜를 발휘해야 할 주체인 정치 지도부에서 전투에서 승리해야할 현장 전투지휘관에게 프르던스Prudence(실천지)를 요구해 왔던 것이 그동안 한국군이 가졌던 문제점이며 상대적으로 북한이 계속적으로 도발을 일삼으며 이득을 챙겨올 수 있었던 이유이다.

  2010년 천안함, 연평도 피격 사건 이후 정부에서 이러한 문제점을 인식하고 북한에 대한 군사전략을 방어적 방어개념에서 공세적 방어(적극적 방어)로 전환한 것은 늦게나마 소 잃고 외양간 고친 격이지만 참으로 다행스러운 일이라 할 수 있다.

  이제 김정일이 죽고 김정은 체제로 3대세습의 완성과정에 있다. 전 세계 시선이 집중되어 있다. 성공할 것인가 실패할 것인가 그 여부에 따라 동북아의 전략환경이 요동치게 되어있다. 모두들 숨죽이고 쳐다보는 이때 우리가 해야 할 것은 차분히 기본적인 안보철학과 자세를 가다듬고 기본에 충실한 준비에 만전을 기하는 것이다. 그것이 본서에서 제시하고 있는 전쟁철학과 조화통일 안보전략이다.

| 참고문헌 |

■ 국내저술과 논문

강대석. 『누구를 위한 정의인가-정의로운 전쟁은 없다-』(서울: 중원문화사, 2011).

강진석. 『전략의 철학』(서울: 평단문화사, 2005).

______. 『한국의 안보전략과 국방개혁』(서울: 평단문화사, 2005).

______ 외. 『핵문제 100문 100답』(서울:국방부, 2003).

구영록. 『인간과 전쟁』(서울: 법문사, 1988).

국방부. 『한반도 군비통제』, 2000-2006(서울: 국방부).

권태영. 『21세기 군사혁신과 미래전: 이론과 실상, 그리고 우리의 선택』(서울: 법문사. 2008).

김근식. 『대북포용정책의 진화를 위하여』(서울: 한울, 2011).

김열수. 『국가안보: 위협과 취약성의 딜레마』(서울: 법문사, 2010).

김철환. 「대량살상무기」, 『국방대학교 참고서지』(서울: 국방대학교, 2004).

김춘태 · 이대희 공저. 『윤리학이란 무엇인가』(서울: 형설출판사, 2000).

김태우 · 김재우. 『미국의 핵전략, 우리도 알아야 한다』(서울: 살림, 2003).

김태현. 「정전론 연구: 그 역사적 배경과 현대적 전개를 중심으로」, 서울대학교 대학원 정치학
      석사학위 논문(1983).

김현수. 『작전법』(서울: 해군대학, 2001).

김홍철. 『전쟁론』(서울: 민음사, 1991).

______. 『전쟁과 평화의 연구: 현대전쟁유형의 이론과 실제』(서울: 박영사, 1987).

나갑수 역. 『군비통제의 이론과 실제』(서울: 국방대학원, 1991).

남만권. 『군비통제 이론과 실제』(서울: 한국구방연구원, 2004).

닉 래곤. 『대통령의 결단』, 함규진 옮김(서울: 미래의 창, 2012).

데이비드 존스턴. 『정의의 역사』, 정명진 역(서울: 부글, 2011).

도거티(J E.)・팔츠그라프(R L.) 공저.『국제정치론』, 최창윤 역(서울: 박영사, 1984).

라이더(Julian Lider).『군사이론』, 국방대학교 역(서울: 국방대학교, 1985).

류광철 외.『군축과 비확산의 세계』(서울: 평민사, 2005).

류재갑・강진석,『전쟁과 정치, 전략의 철학』(서울: 한원출판사, 1989).

마이클 샌들.『정의의 한계』, 이양수 역(서울: 멜론, 2012).

______.『정의란 무엇인가』, 이창신 옮김(서울: 김영사, 2010).

______.『왜 도덕인가』, 안진한・이수경 옮김(서울: 한국경제신문, 2010).

마이클 왈쩌.『마르스의 두얼굴-정당한 전쟁・부당한 전쟁』, 권영근 외 역(서울: 연경문화사,
    2007).

______.「마이클 왈쩌의 공동체주의」(박정순),『자유주의를 넘어서』, 김용환 외 역(서울, 철학
    과 현실사, 2001).

______.『전쟁과 정의』, 유홍림 외 공역(서울: 인간사랑, 2009).

마이클 한델.『클라우제비츠, 손자 & 조미니』, 박창희 역(서울: 평단문화사, 2000).

메츄(Lloyd J. Matthews)・브라운(Dale E. Brpwn).『군대윤리』, 국방대학원 역(서울: 국방대학
    원, 1988).

문시영.「집단행동의 사회윤리적 과제: 의로운 전쟁론에서 본 의사파업」,『한국기독교 신학논
    총』, pp. 135-159.

박균열 외.『국가안보와 군대윤리』(서울: 한국학술정보(주), 2889).

박정순.「공동체주의적 사회비판의 가능성: 마이클 왈쩌를 중심으로」,『범한철학』 제30집.
    2003 가을호. pp. 211-247.

백종천.『한반도 평화안보론』(서울: 세종연구소, 2006).

박채용・정태일.『평화사상 연구』(서울: 세계아기선교출판국, 2008).

______.『평화사상과 영구평화론』(서울: 세계아기선교출판국, 2008).

박희권.『한반도의 비핵화』(서울: 경세원, 1992).

박종철 외.『2020 선진 한국의 국가전략(Ⅰ): 안보전략』(서울: 통일연구원, 2007).

백경남.『한반도 평화론』(서울: 한울아카데미, 2006).

브라운(Seymon Brown).『전쟁의 원인과 예방』, 국방대학원 역(서울: 국방대학원, 1993).

빌 조지.『진실의 리더십』, 정성묵 역(서울: 윈윈북스, 2004).

송대성.『한반도 평화체제 구축과 군비통제: 2000년대 초 장애요소와 극복방안』(서울: 세종연
    구소, 2001).

______. 『한반도 군비통제: 이론과 실제 그리고 대책』(서울: 신태양사, 1996).

______. 『남북한 신뢰구축: 정상회담 이후 근본문제점 및 해결방안』(성남: 세종연구소, 2001).

스티브 툴리우・토마스 슈말버거. 『군비 통제, 군축 및 신뢰구축』, 신동익・이충면 역, 외교부 미발간 자료(Steve Tulliu and Thomas Schmalberger, *Armscontrol, Arms Reduction and Confidence Building*, United Nations Publication, ISBN 2-9045-156-4, UNIDIR/2003/30).

신원하. 『전쟁과 정치: 정의와 평화를 향한 기독교 윤리』(서울: 대한 기독교서회, 2003).

신정현 편. 『선진국방의 비전과 과제』(서울: 나남출판, 1996).

씨베리(Paul Seabury)・코데빌라(Angelo Codevilla). 『전쟁의 목적과 수단』, 국방대학원 역(서울: 국방대학원, 1994).

앤드류 볼즈 편. 『국제정치에 윤리가 적용될 수 있는가』, 박한식・박균열 역(서울: 철학과 현실사, 2004); 「국제관계와 윤리-이론과 실제-」 안보총서 97(서울: 국방대학교 안보문제연구소, 2003).

에드워드 할렛 카. 『20년의 위기: 1919-1939』, 김태현 편역(서울: 녹문당, 2005).

온창일. 『전쟁론』(서울: 집문당, 2007).

유시민. 『국가란 무엇인가』(서울: 돌베개, 2011).

윤여준. 『대통령의 자격』(서울: 메디치, 2011).

이노구치 구니코. 『전쟁과 평화』, 김진호・김순임 역(서울: 대왕사, 2009).

이무성 외 공저. 『국제정치의 신 패러다임』(서울: 높이 깊이, 2008).

이민룡. 「미래의 전쟁양상과 전쟁원칙」, 『군사논단』 52호 (2007).

이민수. 『전쟁과 윤리: 도덕적 딜레마와 해결방안 모색』(서울: 철학과 현실사, 1998).

이선호. 『핵무기와 핵정책』(서울: 법문사, 1982).

이상현. 「2008 미 국방전략보고서 분석」, 『정세와 정책』(2008년 9월).

이성연・이월형・채은동・최종철. 『미래전에 대비한 군사혁신론』(서울: 공학사 2008).

이수윤. 『정치철학: 인식과 실천의 통일』(서울: 법문사, 1995).

이재평 외 공저. 『군사학 개론』(서울: Global, 2010).

이택광 외 10인 공저. 『무엇이 정의인가?』(서울: 마티, 2011).

이헌경. 『미국의 4자회담 전략과 한국의 대응』(서울: 민족통일연구원, 1999).

이호제. 『한반도 군축론』(서울: 법문사, 1989).

임덕규. 「국제법상의 정전론」, 서울대학교 대학원 법학박사 논문(1985).

임마뉴엘 칸트. 『도덕형이상학 원론/영구평화론』, 이규호 역(서울: 박영사, 1974).

장준익. 『북한 핵·미사일 전쟁』(서울: 서문당, 1999).

전성훈. 『군비통제 검증연구: 이론 및 역사와 사례를 중심으로』(서울: 민족통일연구원, 1996).

______. 『북한 핵사찰과 군비통제 검증』(서울, 군사·사회연구소, 1994).

______. 『한반도의 군사적 투명성 제고전략: 점진적 포괄적 구상』(서울: 민족통일연구원, 1999).

정규수. 『ICBM, 그리고 한반도』(서울: 지성사, 2012).

정태욱. 「마이클 왈쩌의 정전론에 대한 소고」, 『법철학 연구』 제6권 1호, pp. 157-184.

제임스 레이첼. 『도덕철학의 기초』, 노혜련·김기덕·박소영 역(서울: 나눔의 집: 2006).

장운용. 『군사학 원론』(서울: 민서각, 2010).

조갑제. 『우리는 왜 핵폭탄을 가져야 하는가』(서울: 조갑제 닷컴, 2011).

조한승. 「전쟁의 삼위일체에 대한 4세대 전쟁 주창자들의 비판 고찰」, 『대한정치학회보』 17집 3호 (2010).

차영구·황병무. 『국방정책의 이론과 실제』(서울: 오름, 2002).

철학연구회 편. 『정의로운 전쟁은 가능한가』(서울: 철학과 현실사, 2006).

최종철·이민룡. 「한국의 저강도 분쟁 전략」, 『국방연구』 42권 2호 (1999).

최   진. 『대통령 리더십 총론』(서울: 법문사, 2007).

최평길. 『대통령학』(서울: 박영사, 2007).

피터싱어. 『응용윤리』, 김성항 외 공역(서울: 철학과 현실사, 2005).

피터 W. 싱어. 『하이테크 전쟁: 로봇혁명과 21세기 전투』, 권영근 역(서울: 지아, 2011).

코너리(Robert H. Connery)·칼레이(Demelrios Caraley). 『국가안보와 핵 전략』(서울: 국방대학교, 1985).

클레벨트(마르틴 벤). 『전쟁의 역사적 변화』(서울: 국방대학원, 1994).

토머스 J. 크라우프웰·에드윈 키에스터 공저. 『모든 책임은 내가 진다』, 엄자현 옮김(서울: 이오북스, 2011).

하영선·남궁곤 편저. 『변환의 국제정치』(서울: 을유문화사, 2009).

한용섭. 『한반도 평화와 군비통제』(서울: 박영사, 2005).

함메스. 『21세기 전쟁: 비대칭의 4세대 전쟁』, 하광희 외 공역(서울: 국방연구원, 2010).

현인택·최강. 「한반도 군비통제의 새로운 접근」, 『전략연구』 제9권 2호(서울: 한국 전략문제 연구소, 2002).

황진환. 『협력안보 시대에 한국의 안보와 군비통제』(서울: 봉명, 1998).

히로세 다카시. 『왜 인간은 전쟁을 하는가』, 위정훈 역(서울: 프로메테우스 출판사, 2011).

■ 국외저술과 논문

Ahrens, David. 1999. Christian Contribution to Just War Theory. U.S. Army War College.

Barnett, Thomas *P.M. Blueprint for Action: A Future Worth Creating* (New York: Berkely, 2005).

Beitz, Charles R. 1980. "Noninterventionand Community Integrity". *Philosophy and Public Affairs*, vol. 9.

Bellflower, John W. "4th Generation Warfare." *Small Wars Journal.* Vol. 4 (February 2006).

Boot, Max. "The New American Way of War." Foreign Affairs. Vol. 82. No. 4 (July/August 2003).

______. "The Struggle to Transform the Military." Foreign Affairs. Vol. 83. No. 2 (March/April 2005).

Boyd, John R. "A Discourse on Wining and Losing." A collection of unpublished briefings and essays. Air University Library. Document No. M-U 43947 (August 1987).

Bull, Hedley. 1979. "Recapturing the Just War for Political Theory". *World Politics*, vol. 15.

Cady, Duane L. 1996. Pacifism". Donald A. Wells, ed. *An Encyclopedia of War and Ethics*, West Port: Greenwood,

Calhoun, Laurie. 2001. "The Metaethical Paradox of Just War Theory", *Ethical Theory and Moral Practice*, vol. 4.

Chin, Warren. "Fourth Generation Warfare in Afghanistan." in Terry Terriff, Aaron Karp and Regina Karp. eds. *Global Insurgency and the Future of Armed Conflict: Debating fourth-generation warfare* (London: Routledge, 2008).

Claude, JR. Inis L. 1980. "Just Wars: Doctrines Institutions". *Political Science Quarterly*, vol. 95.

Clausewitz, Carl von. *On War.* edited and trans. by Michael Howard and Peter Paret (Princeton: Princeton University Press, 1976).

Crawford, Neta C. 2003. Just War Theory and the U.S. Counter terror War", *Perspectives On Politics*, vol. 1.

Creveld, Martin van. *The Transformation of War* (New York: Free Press, 1991).

Dixon, James Burrell. 1980. A Critical Analysis of Michael Walzers Just War Theory. Ph.D. Dissertation. University of Arizona.

Doppelt, Gerald. 1980. "Statism Without Fcnindations". *Philosophy and Public Affairs*, vol. 9.

Douglas, Mark. 2003, Changing The Rules: Just War in tjie Twenty-First Century". *Theology Today*, vol. 59.

Dwyer, Jim. "A Gulf Commander Sees a Longer Road." New York Times (March 28, 2006).

Echevarria, Antulio J. II. *Fourth Generation War and Other Myths* (Carlisle, PA: Strategic Studies Institute, 2005).

Elshtain, Jean B. 1985. "Reflections On War and Political Dis- course". *Political Theory*, vol. 13.

______, 1992. "Epilogue: Continuing Implications of the Just War Tradition". Jean B. Elshtain. ed. *Just War Theory*. New York: New York University Press.

Felderman, Shai. Neuclear Weapons *and Arms Control in the Middle East*.Cambridge, MA: The MIT Press, 1997.

Foster, Gregory D. 2004. "Just War Doctrine in an Age of Hyperpower Plitics". *Humanist.*

Fotion, Nick., Brono Coppieters, Ruben Apressyan. 2002. Intro-ductionBruno Coppieters and Nick Fotion. ed. *Moral Constraints on War*. Lanham: Lexton Books.

Galula, David. *Counterinsurgency Warfare: Theory and Practice* (Westpoint, CT: Praeger Security International 1964, 2006).

Gushee, David P. 2002. "Just War Divide: One Tradition, Two Views". *Christian Century.* August, pp. 14-27.

Hammes, Thomas X. "Insurgency: Modern Warfare Evolves into Fourth Generation." *Strategic Forum.* No. 214 (2005).

______. *The Sling and the Stone: On War in the 21st Century* (St. Paul: Zeith Press, 2004).

Han, Yong-Sup. *North Korean Behavior in Nuclear Negotiation.* The Nonprolifilation Review, Vol. 7. No. 1, Spring 2000.

______, *Nuclear Disarmament and Nonprofilation in Northeast Asia*, New York and Geneva: United Nations, 1995.

______, *Designing and Evaluating Conventional Arms Control Measures: The Case of the Korean Peninsula.* Santa Monica, CA: RAND, 1993.

______, Davis, Paul K, and Darilek, Richard E. *Time for Conventional Arms Control on the Korean Peninsula.* Arms Control Today. Vol 30, No. 10, December 2000.

Hart, B. H. Liddell. 1974. *Strategy*. 2nd. rev. ed. New York: Praeger Publisher.

Hoffmann, Stanley. *Duties Beyond Borders: On the Limits and Possibilities of Ethical International Politics*. Syracuse: Syracuse University Press.

Holmes, Robert L. 1992. "Can War Be Morally Justified? The Just War Theory". Jean B. Elshtain. ed. *hist War Theory*. New York: New York University Press.

Holsti, K.J. The State, *War, and the State of War* (Cambridge: Cambridge University Press, 1996).

Ilesanmi, Simeon 0. "Just War Theory in Comparative Perspectives". *Journal of Religions Ethics*, vol. 28. "Just War Tradition". 2000. *The Pew Forum On Religion & Public Life*.

Jackson, Paul. "Fourth Generation Warfare in Africa: Back to the Future?" in Terry Terriff, Aaron Karp and Regina Karp. eds. *Global Insurgency and the Future of Armed Conflict: Debating fourth-generation warfare* (London: Routledge, 2008).

Jenkins, Brian Michael. *New Modes of Conflict. Report prepared for the Defense Nuclear Agency* (Santa Monica, CA: Rand, 1993).

Keegan, John. *A History of Warfare* (London: Knopf, 1993).

King, Gary, Robert O. Keohane, and Sidney Verba. *Designing Social Inquiry: Scientific Inference in Qualitative Research* (Princeton: Princeton University Press, 1993).

Kitson, Frank. *Low Intensity Operations. Subversion, Insurgency, Peace-keeping* (London: Faber and Faber, 1971).

______. *Bunch of Five* (London: Faber and Faber, 1977).

Kunz, Josef L. 1951. "Bellum Justiim and Bellum Legale". *The American Journal of International Law*. vol. 45. pp. 528-534.

Lee, Suk Jung, Ending The Last Cold War, Ashgate Publishing Company, New York & London, 1997.

Lind, William S. "Fourth Generation War." in Winslow T. Wheeler and Lawrence J. Korb. *Military Reform* (Westport, CT: Praeger Security International. 2007). Appendix V.

______. "Critics of the Fourth Generation: the Good, the Bad and the Ugly." (January 10, 2006). his web essay <http://www.d-n-i.net/lind/lind_1_10_06.htm> (검색일: 2009.3.5.).

Lind, William S., Keith Nightengale, John F. Schmitt, Joseph W. Sutton, Gary I. Wilson. "The Changing Face of War: Into the Fourth Generation." *Marine Corps Gazette* (October

1989).

Luban, David. 1980. The Romance of the Nation-State". *Philosophy and Public Affairs*, vol. 9.

MacIntyre, Alison. 2001. "Doing Away with Double Effect". *Ethics*. vol. 111.

Moon, Jung-in. *Arms Control on the Korean Peninsula*. Seoul: Yonsei University Press, 1996.

O'Brien, William and John Lagan, ed. 1986. *The Nuclear Dilemma and The Just War Tradition*. Lexington, MA: Lextington Books.

Orend, Brian. 2000. *Michael Walzer on War and Justice*. Montreal: McGill-Queen's University Press.

Palmer, Diego A. Ruiz. "Transforming NATO for a Fourth Generation Warfare World." in Terry Terriff, Aaron Karp and Regina Karp. eds. *Global Insurgency and the Future of Armed Conflict: Debating fourth-generation warfare* (London: Routledge, 2008).

Peach, Lucinda. 1994. "An Alternative to Pacifism?: Feminism and Just-War Theory". *Hypatia*, vol. 9.

Power, Carla. 2004. "The New Crusade". *Newsweek*. Nov. 8.

Ramsey, Paul. 1968. *The Just War*. New York: Charles Scribner's Sons.

Rengger, Nicholas. 2002, "On Just War Tradition in the Twenty-First Century". *International Affairs*, vol. 78.

Schelling, Thomas R. and Harperin, Morton H., *Strategy and Arms Control* New York: Twentieth Century Fund. 1961.

Scheuer, Michael. *Imperial Hubris: Why the West Is Losing the War on Terror* (Washington, D.C.: Potomack Books, 2004).

Shalikashvili, John. *Joint Vision 2010* (Washington D.C.: U.S. Government Printing Office, 1996).

Steve Tulliu and Thomas Schmalberger, *Armscontrol, Arms Reduction and Confidence Building*, United Nations Publication, ISBN 2-9045-156-4, UNIDIR/2003/30.

Street, Paul. 2002. "Towards A 'Decent Left?'". *Z Magazine*, vol. 15.

Tamashiro, Howard., Gregory B. Brunlc, and Donald Secrest. 1989. The Underlying Structure of Ethical Beliefs Toward War". *Journal of Peace Research*, vol. 26.

Terriff, Terry, Aaron Karp and Regina Karp. eds. *Global Insurgency and the Future of Armed Conflict: Debating fourth-generation warfare* (London: Routledge, 2008).

Tillema, Herbert K. *International Armed Conflict Since 1945* (Boulder: Westview Press, 1991).

Toffler, Alvin and Heidi. *War and Anti-War: Survival at the Dawn of the 21st Century* (Boston: Little, Brown & Company, 1993).

Toulmin, Stephen and Al Jonson. 1986. *The Abuse of Casuistry*. California: University of California Press.

United States Department of the Army. *Field Manual 100-20: Military Operations in Low Intensity Conflict* (December 5, 1990).

Vitoria, Francisco de. 1991. *Political Writings*, ed. Anthony Pagden and Jeremy Lawrence. Cambridge: The University Press, 1986.

Walzer, Michael. 1973. "Political Action: The Problems of Dirty Hands". *Philosophy and Public Affairs*,

    1977. *Just and Unjust Wars: A Moral Argument With Historical Illustrations. New York*: Basic Books, Inc,

    1980. "The Moral Standing of States". *Philosophy and Public Affairs*, vol. 9.

    1983. *Spheres of Justice*. New York: Basic Books.

    1987. Interpretation and Social Criticism. Cambridge: Harvard University Press.

    1992. "Preface to the Second Edition". *Just and Unjust Wars*. 2nd ed.

    1994. Thick and Thin: *Moral Argument at Home and Abroad*. Notre Dame: University of Notre Dame.

    1995. "The Politics of Rescue". *Social Research*, vol. 62.

    2000. "Preface to the Third Edition". *Just and Unjust Wars*. 3rd eds.

    2001. "Excusing Terror: The Politics of Ideological Apology". *The American Prospect*, vol. 12.

    2002. "The Triumph of Just War Theory and The Dangers of Success". *Social Research*, vol. 69.

    2002. "No Strikes: Inspectors Yes, War No". *The New Republic*. Sept. 30.

    2002. "Can There Be a Decent Left?". *Dissent*. Spring.

    2002. "The Four Wars of Israel/Palestine". *Dissent,* Fall.

    2002. "Five Questions of Terrorism". *Dissent*. Winter.

2003. "So Is This a Just War?". *Dissent.* Spring,

2003. "An Interview with Michael Walzer". *Imprints,* vol. 7.

2004. "An Interview with Michael Walzer: Words of War: Challenges to the Just War Theory". *Harvard International Review.* Spring, pp.26-38.

2004. Arguing About War, New Haven: Yale University Press.

Warkentin, Merrill, Mark B. Schmidt and Ernst Bekkering. "Steganography." in Lech J. Janszewski and Andrew M. Colarik. eds. *Cyber Warfare and Cyber Terrorism* (Hershey, PA: IGI Global 2008).

Woodward, Bob. *State of Denial* (New York: Simon & Schuster, 2006).

Welch, David A. 1993. *Justice and the Genesis of War,* Cambridge: Cambridge University Press.

Wills, Gary. 2004. "What is a Just War?". *The New York Review of Books.* Nov. 18. pp. 1-10.

강진석姜塡錫

공군사관학교
국방대학교 안전보장학(국제관계) 석사
충남대학교 대학원(외교안보), 정치학 박사
공군 전투기조종사(F-5E/F, 예비역 대령)
공군본부 전발단 교리처장
공군대학 정책·전략처장(겸직교수)
국방부 정책실(군비통제, 핵정책, 검증정책 담당)
오스트리아 빈 CTBTO 고위과정, 독일 NATO 스쿨 고위정책과정
뉴욕 UN 제1위원회(안보·군축) 한국 대표(3회)
상훈: 보국훈장 삼일장, 대통령 표창, 장관표창(4회)
공군발전협회 연구위원
『국가안보와 항공력』 편집장
조화 통일·안보전략연구소(Korea HUBL Center) 대표
현, 서울과학기술대학교 교수

주요저술
『전쟁과 정치』(공저, 1986, 한원)
『전략의 철학』(1989, 평단)
『핵문제 백문 백답』(공저, 1992, 국방부)
『한국의 안보전략과 국방개혁』(2005, 평단)
『클라우제비츠와 한반도, 전쟁과 평화』(2012, 동인)

현대전쟁의 논리와 철학

초판 1쇄 인쇄일 2012. 5. 20
초판 1쇄 발행일 2012. 10. 30
강진석 지음

발행처·도서출판 동인 / 발행인·이성모
주소·서울시 종로구 명륜동2가 237 아남주상복합Ⓐ 118호
전화·(02)765-7145, 55 / 팩스·(02)765-7165
Homepage·www.donginbook.co.kr / E-mail·dongin60@chol.com / 등록번호·제 1-1599호

ISBN 978-89-5506-507-7
정가 30,000원

※잘못 만들어진 책은 바꾸어 드립니다.